U0534499

涪水芳华

西南科技大学建校七十周年教学成果论文集

董发勤　苏伟洲 主编

西南科技大学
1952—2022

中国社会科学出版社

图书在版编目（CIP）数据

涪水芳华：西南科技大学建校七十周年教学成果论文集 / 董发勤，苏伟洲主编．
—北京：中国社会科学出版社，2022.7
ISBN 978-7-5227-0616-0

Ⅰ. ①涪… Ⅱ. ①董…②苏… Ⅲ. ①高等学校—教育工作—绵阳—文集②高等学校—教学研究—绵阳—文集 Ⅳ. ①G642.0-53

中国版本图书馆 CIP 数据核字（2022）第 134725 号

出 版 人	赵剑英
选题策划	张　林
责任编辑	孔继萍等
责任校对	杨　林
责任印制	戴　宽

出　　版	中国社会科学出版社
社　　址	北京鼓楼西大街甲 158 号
邮　　编	100720
网　　址	http://www.csspw.cn
发 行 部	010-84083685
门 市 部	010-84029450
经　　销	新华书店及其他书店
印刷装订	北京君升印刷有限公司
版　　次	2022 年 7 月第 1 版
印　　次	2022 年 7 月第 1 次印刷
开　　本	787×1092　1/16
印　　张	35.75
字　　数	723 千字
定　　价	258.00 元

凡购买中国社会科学出版社图书，如有质量问题请与本社营销中心联系调换
电话：010-84083683
版权所有　侵权必究

编 委 会

主　任：董发勤
副主任：苏伟洲　张　强　尚丽平　代　波
委　员：姚　勇　蒋道平　王　姮　吴　斌　陈玉芳
　　　　王德平　谢鸿全　范　勇　陈翰林　李鸿波
　　　　胡尚连　钟　良　韩　宾　王　彬　王月明
　　　　赵旭剑　李显寅　周自刚　宋加山　田彬华
　　　　范　波　徐　文　崔一楠　苟清华　叶　旭
　　　　杨　剑　张宝述　霍冀川　韩永国　李磊民
秘　书：何霖俐　石宇强　谢健民　张庆明　周小波
　　　　龙晓英　母夏宇　倪　鑫　李永桥　王　勇
　　　　王生伟　杜晓斌

序

  1969年10月，我们来到绵阳建清华大学分校。涉密的系都来了，无线电系是整体搬迁。我们在这里建宿舍，是"干打垒"。因是"文化大革命"后期，工宣队和军宣队也跟我们一起来了，所以是军事化管理。1970年3月我们在这里毕业，走向了我们的第一个工作岗位。一些同学留在绵阳分校，直至1978年分校获批搬回北京。听说校园就留给了西南科技大学的前身——四川建材工业学院。1970年我们走的时候在一片荒僻的山坡上只有半截毛坯楼房。

  2003年9月，再次来到这片土地，已是33年之后。我工作8年后，回清华读完研究生，出国读完博士，到同济工作18年，正在教育部副部长任上。时任西南科技大学名誉校长吴佑寿院士是我先生的研究生导师，我们与他相熟，在瑞士时他去欧洲开国际会议曾住在我们家。这次正好约在西南科技大学见面。这时学校已有相当规模，大气的校园，给我印象深刻。吴先生带我参观校史馆，特别强调了与九院的合作，当然也包括与清华的合作。正好我对九院也比较熟悉。觉得这样的合作会是高起点的。

  果然，今年西南科大庆祝七十年华诞，办出了"共建与区域产学研联合办学"的特色，成为四川省唯一一所由省政府与教育部、国家国防科工局"双共建"的高校。对于学校的进步，我感到十分高兴，觉得吴先生当初的谋划使学校找到了自己的支点。

  这本书全面记录了七十年来学校教育教学建设与改革的耕耘和成就。

  值七十年校庆之际，我祝愿西南科技大学持续推进"双一流"建设，办出自己的特色，谱写出新时代的精彩篇章。

  是为序。

吴启迪

目 录

1/ 序 / 吴启迪

▶▶▶ 第一章

五育培养

3/ 西部共建高校一流本科教育教学体系构建研究 / 董发勤

15/ 特色高校军民融合协同育人的创新与实践 / 陈永灿　段　涛

22/ "深度融合、自主体验"大学生综合素质培养课外体系的构建
　　与实践 / 张　强

28/ 以 OBE 理念为引领　推进大学质量文化建设 / 苏伟洲

34/ "一核两翼四驱"本科人才培养体系构建与实践 / 尚丽平

44/ 地方多科性高校专业学位研究生分类培养的改革探索与
　　实践 / 吴　斌

53/ 基于全人教育理念的大学生心理教育创新体系构建与实践 /
　　陈玉芳　杨惠琴　郭友倩

62/ 给青春注入"廉洁基因":大学生廉洁教育引导机制研究 /
　　王俊佳　朱玉颖　张志华

68/ 持续深化的西南科技大学公共体育改革与实践 / 苟清华
　　　石　伟

73/ 新时代大学生美育素养培育的理论与实践 /
　　　赵　洋　许　欢

77/ 劳动教育在高校人才培养中的意义与功能探析 / 辛　婷　周凤生

84/ "藏""展""品""研"科学引阅助推书香校园建设 /
　　　古　松　黄　敏　吴小玉

91/ "一带一路"背景下地方高校国际化人才培养助力"双一流"
　　　建设的思考与探索 / 张贯之　杨舒越

98/ 高校在推进协同创新中的角色与功能 / 谢鸿全

104/ 本科教学质量保障体系运行机制与建设路径的实证研究 /
　　　周小波　杜小静　李俊霖　王志堂

▶▶▶ 第二章

四新建设

117/ 新工科建设背景下学生创新创业能力培养的探索与实践 /
　　　钟　良　朱伏平　张德虎

123/ 专业与学科建设相融合,培养环境科学与工程类创新型人才 /
　　　王　彬　董发勤　杨秀政　姚　勇　黄福杨　谭江月　赵　丽

133/ 基于OBE理念的材料科学与工程专业教育体系建立 / 李秀云 马 雪 高鹏飞 王 辅 李鸿波 廖其龙 李玉香 代 波

141/ 新时代核工业精神融入高校核专业人才培养的探索与实践 / 唐 逸 尤晓建 吕会议

150/ 新工科背景下智能制造工程专业教学体系探索与实践 / 廖晓波

159/ 设计思维驱动的高等教育工程创新人才培养模式研究 / 杨 蕾 王文军 蔡 勇

173/ 借鉴工科教育理念，构建多层次、全过程实践教学体系 / 王朝全 段 杨 张 勇 吴劲松

180/ 面向经管类应用型人才培养的案例生态体系构建 / 张 华

189/ 拉美复合型创新人才培养模式研究与实践 / 范 波 苟淑英

199/ 服务国家战略的西班牙语国际化人才培养实践 / 涂 超

203/ 守正创新：多学科融合的文学与艺术学院"新文科"教学改革探索 / 田彬华 饶晓露 缪智强

209/ 应用心理学专业本科生专业能力提升的教学改革与实践 / 陈幼平

215/ 工科背景下地方院校新农科改革实践探索 / 周 建 胡尚连 侯大斌 陈红春 周 蕾 李卫锋 胡运高

221/ "一校多企"的全产业链农学人才培养实践基地建设探索与实践 / 胡运高 杨国涛 刘 蓉 王学春

▶▶▶ 第三章
课程思政

235/ "五创联动"课程思政育人模式创新与实践 / 蒋道平　顾　倩　孙　炜

242/ 法学类课程思政示范专业的探索与实践 / 徐　文

250/ 建构主义理论视域下"课程思政"建设的探索与实践
　　——以"光电子技术"为例 / 周自刚

258/ 地载厚德　理蕴博学
　　——地理信息科学专业课程思政建设 /
　　王卫红　陈　莉　吴彩燕　武锋强　曾特林

263/ 高校思想政治理论课"2234"实践教学模式探索与创新 /
　　孙　霞　黎万和　李群山

273/ 热血教书归本分，丹心建课续新篇
　　——国家首批一流本科课程建设纪实 / 石　磊

279/ 厚土育木，深基擎梁
　　——基于工程案例的"基础工程"教学创新实践 /
　　张玲玲　陈棠茵　汪　尧　韩如冰

287/ 军民协同、科教融合团队建设学科交叉课程"辐射生物效应"，
　　彰显跨学科人才培养特色 / 王　丹　陈晓明　竹文坤　唐运来
　　段　涛　刘明学　张建国　黄仁华　刘继恺

293/ 线上线下一体化的电类基础实验实训课程开放式教学改革实践与创新／曹　文　罗　亮　李　恒　韩　宾　刘春梅　王顺利　李永桥

301/ 大学物理课程理论与实践"六合一体"教学模式的构建与实践／罗　浩　张　伟　张海军　刘　蕾　马婷婷

309/ 社会体育指导与管理专业方向课程"三双、一体贯通"人才培养模式的构建与实践／黄刚强　王　建　冯兴刚　苟清华　宋英杰　谭　宏　赵　静　马　婷　肖永红

315/ 基础化学课程群立体化教学资源建设与实践／钟国清　胡文远　蒋琪英　张　欢　杨定明

324/ 远程与继续教育一体化教材建设与实践／冉利龙　朱东鸣　周红燕

▶▶▶ 第四章

成果荟萃

335/ 共建与区域产学研联合办学背景下国家级化学实验教学团队建设与实践／霍冀川　叶　旭

344/ 跨校协同双创人才培养研究与实践／尹显明　王银玲

349/ 依托行业协会（学会）实施产教深度融合的育人探索与实践／姚　勇　张春涛　张兆强　刘筱玲等

356/ 模式创新初显成效，人才培养渐成特色
　　——西南科技大学创新实践班探索与实践／李永桥　石宇强

361/ 以实践育人体系建设为突破口的研究生创新创业能力培养模式研究与实践 / 林绍森　宋丹路　高云志　李　强　黄珍富　陈　琳

367/ 西南科技大学高端技术技能人才培养的改革与实践 / 郑祥江　张庆明　龙晓英

374/ "案例链接,校企联动"新经管类人才培养模式探索与实践 / 宋加山　何　波　陈丽娜

382/ 三案融合,四方联动
——工商管理硕士教学模式改革与实践 / 何　波

392/ 一核四驱,校地协同
——法学实践能力培养模式的探索与创新 / 程　皓

398/ 继续教育"四维协同"教学资源体系的构建与实践 / 叶　旭　冉利龙　陈　娜

405/ "五措并举"铸师魂,地方高校推进师德师风建设的有效途径
——西南科技大学师德师风建设成果纪实 / 陈翰林　田宝单　李　佳　曾莹莹　魏　岚

413/ 依托大学科技园建设创新创业教育实践平台的改革试验 / 张　勇　贾　芳

420/ 校企融合共建创新公共实践平台的探索与实践 / 赖思琦　邓洪权

425/ 依托分析测试中心培养创新人才的探索与实践 / 西南科技大学分析测试中心

430/ 应用技术学院人才培养体系的构建与实践 / 莫才友　张　华

第五章
发展纪实

437/ 不忘初心谋发展，砥砺奋进创一流
——西南科技大学本科专业发展纪实／何霖俐　龙晓英

448/ 七秩华诞荟祥瑞，廿载凤雏翱碧霄
——文学与艺术学院母语母文化教学研究工作回顾／郝志伦

457/ 主动适应本科教育新形势，加强材料与化学学院专业内涵建设／
李鸿波　李玉香　廖其龙　孙荣琴　符亚军

466/ 传承农科精神，理工交叉融合，全面提升本科教育教学质量
——生命科学与工程学院教育教学改革纪实／胡尚连　王　丹
侯大斌　郑祥江　段　宁　张　猛　周　建　陈红春

473/ 信息工程学院本科人才培养的举措／姚远程

478/ 与历史同发展，与时代共脉搏
——土木工程与建筑学院发展纪实／王月明

482/ 以学生发展为中心，全面提升数理学院办学质量／田宝单
周自刚

491/ 新时代地方高校计算机人才可持续竞争力培养探索与实践
——计算机科学与技术学院本科人才培养发展纪实／范　勇

495/ 以核为主体，以兵器为两翼
——国防科技学院军民融合人才培养改革实践纪实／李显寅
代晓茜

502/ 文艺融合谋发展,协同育人出实效
——文学与艺术学院教学发展纪实 / 郑剑平　饶晓露

508/ 潮头扬帆竞百舸,立己达人谋发展
——外国语学院教育教学发展历程回眸 / 陈清贵

514/ "专业+"复合型、应用型人才培养模式的探索与实践
——法学院本科专业发展纪实 / 翟　瑞　徐　文　王洪友
　陈幼平　张　鑫

520/ 栉风沐雨奋进路,铸魂育人踏歌行
——马克思主义学院思想政治理论课建设成就回顾 / 崔一楠

526/ 与时俱进,精心打造工程训练与创新实践公共平台
——工程技术中心工程训练与创新教育教学发展纪实 / 张宝述
　张立红　王银玲

534/ 适应社会需要,坚持内涵发展
——应用技术学院专业发展纪实 / 杨　剑　施　蓉

538/ 西南科技大学继续教育发展历程和历史成就 / 王营池　王天恒
　万　嵩　陈　蓉

543/ 应用心理学专业发展的特色之路
——以社会心理服务系列平台孵化建设为例 / 王　斌　翟　瑞
　辛　勇

550/ 西南科技大学教学大事记

556/ 后记

第一章
五育培养

西部共建高校一流本科教育
教学体系构建研究*

董发勤**

摘 要：新的历史时期，高校应重新标注在新时代高等教育中的新坐标，既要保持"大有可为"的信念决心，又要保持"应有所为"的战略定力。作为西部共建高校的西南科技大学，对标新时代构建高水平人才培养体系和建设一流本科教育的新要求，进行了卓有成效的改革与实践。着力从"大思政"育人体系、学科专业一体化发展体系、本科教学体系、学生综合素质体系、质量文化管理体系、综合保障体系等六个方面，加快建设一流本科教育教学体系，不断培养学生创新创业创造能力，稳步提升教师教育教学能力，推动学校本科教育整体进入西部高校一流本科教育第一方阵。

关键词：西部共建高校；一流本科；教育教学体系

世界科技产业革命推动高等教育的变革。大数据、云计算、移动互联网、物联网、人工智能等，不只是一个特定的领域技术，更是一个时代的标志。高等教育必须主动适应新技术、新业态、新模式和新产业的需求，布局未来战略必争领域的人才培养，推动并引领新一轮产业变革。[①] 中国正大步走向世界舞台中央，高等教育也开始向世界第一方阵冲刺，建设一流本科教育正当其时，更是大势所趋。

---

* 基金项目：2019 年中国高等教育学会"大学素质教育研究"专项课题"美国公立研究型大学本科生专业选择机制研究"（编号：2019SZEYB10）；2020 年中国高等教育学会"高等学校立德树人与创新创业教育研究"专项课题"以色列理工学院创新创业教育研究"（编号：2020CYYB13）。

** 董发勤（1963— ），西南科技大学党委书记、校长，教授，博士，博士生导师。研究方向：高等教育管理研究。

① 陈宝生：《坚持以本为本 推进四个回归 建设中国特色、世界水平的一流本科教育》，《时事报告（党委中心组学习）》2018 年第 5 期。

一　新时代本科教育面临的形势

（一）国际高等教育聚焦本科人才培养形成新共识

1. 回归本科教育的发展趋势

哈佛大学本科生院院长哈瑞·刘易斯在《失去灵魂的卓越》一书中，深刻反思了哈佛大学一度忽视本科教育，是失去了灵魂的卓越。斯坦福大学发布的《本科教育报告》和《斯坦福大学 2025 计划》，强调要像对待科研一样重视与支持教学。2016 年 5 月，英国教育部发布了以"知识经济体的成功——教学卓越、社会流动及学生选择"为主旨的《英国高等教育白皮书》，从国家战略层面强调回归本科教学。

2. 以学生为中心的办学准则

1998 年，美国国家研究理事会把脑科学、心理学、教学经验和学校教育四个主题放在一起研究，形成了里程碑式成果——《人是如何学习的：大脑、心理、经验及学校》，该报告确立了以"学生为中心"的教学模式。MIT 发布了《麻省理工学院教育的未来》（2014）、《高等教育改革的催化剂》（2016），重点强调要打造以学生为中心的教育，让学生学会反思、讨论、跨学科思维、自学和掌握学习，要求全体教师、大学的高级管理层、学科和专业负责人、科研团队等必须参与其中。

3. "重视教育质量"的时代命题

1998 年首届世界高等教育大会宣言提出 21 世纪将是更加重视质量的世纪，由数量向质量的转移，标志着一个时代的结束和另一个时代的开始。因此，经济合作与发展组织（OECD）启动了"高等教育学习成果评价项目"（Assessment of Higher Education Learning Outcomes，AHELO），研究学生学习成效。联合国教科文组织（UNESCO）发起了"高等教育内部质量保障（Internal Quality Assurance，IAQ）"项目，同时，出现了一批国际和区域质量保障机构，如华盛顿协议（WA）、国际高等教育质量保障联盟（INQAAHE）、亚太地区教育质量保障组织（APQN）等。我国建立了具有中国特色、世界水平的"五位一体"高等教育质量保障体系，包含自我评估、院校评估、专业认证与评估、国际评估、状态数据常态监测，中国标准开始得到世界认可。

（二）党中央和国家部署高等教育发展新战略

1. 一流本科教育已纳入国家"双一流"建设的核心体系

2018 年 8 月，教育部、财政部和国家发展改革委员会印发《关于高等学校加快"双一流"建设的指导意见》，要求"双一流"建设要"落实根本任务培养社会主义建设者和接班人",并提出了"一流大学"发展路径和"一流学科"内涵建设要求。一流本科教育是高等教育质量的立本强基工程,是"双一流"建设的核心内容,也是一流大学的重要基础和特征。

2. 一流本科教育顶层设计已经完成

2018年,教育部召开了改革开放40年来第一次全国本科教育大会,把本科教育提到前所未有的战略高度,明确了"以本为本、四个回归"是高等教育改革发展的基本遵循,颁布了本科专业教学质量国家标准[①]。此后,中共中央、国务院印发了《中国教育现代化2035》,谋划了教育现代化目标和十大战略任务;教育部启动了实施一流本科专业"双万计划",召开了"中国慕课大会"和"六卓越一拔尖计划2.0"启动大会。目前,"金专""金课"建设正在全国高校掀起一场"质量革命"。

二 新时代一流本科教育的基本要求

(一) 筑牢本科教育的基础地位

重视本科教育要推进"回归常识、回归本分、回归初心和回归梦想"。高教大计、本科为本;本科不牢、地动山摇。本科教育是青年学生成长成才的关键阶段;是学生思想观念、价值取向、精神风貌的成型期;也是学生知识架构、基础能力的形成期。这要求他们夯实知识基础,了解学科前沿,接触社会实际,接受专业训练,练就独立工作能力。

(二) 构建高水平人才培养体系

高水平的人才培养体系是一流本科教育的重要保障。习近平总书记指出,要努力构建德智体美劳全面培养的教育体系,形成更高水平的人才培养体系。[②] 高校应加强顶层设计和系统谋划,紧紧围绕"立德树人",科学设计集"学科体系、教学体系、教材体系、管理体系"为一体的人才培养体系。第一,要以"双一流"建设为契机,突出特色优势,统筹好高峰、高原和基础学科之间的关系,建设高水平的学科体系,发挥好学科龙头和学科育人功能;第二,要着力建设知识结构完备、方式方法先进的教学体系,提升课堂教学效果,积极推进招生、培养和就业一体化,教学、科研一体化,本科生、研究生培养一体化,德育教育、学业教育一体化建设;第三,要突出价值导向,进一步规范教材管理,建

---

① 吴潜涛等:《新时代党的教育方针的创新发展及其实现路径》,《中国高校社会科学》2019年第2期。

② 教育部课题组:《深入学习习近平关于教育的重要论述》,人民出版社2019年版,第23—24页。

设集思想性、科学性和时代性于一体的教材体系；第四，要着力构建以大学章程为核心的现代大学制度体系，形成党委领导、校长负责、教授治学和民主管理的治理构架，提升学校治理体系和治理能力现代化水平。

（三）加强一流本科教育内涵建设

一流本科教育的标准是什么？其必须有一流的专业、一流的课程、一流的课堂和一流的质量文化。

一是加强专业建设，推进新工科、新文科、新农科和新医科的建设，适应新时代发展和高考制度改革要求。二是加强课程建设，将学科研究新进展、实践发展新经验、社会需求新变化及时纳入课程，不能用过时的知识培养明天的毕业生。三是实施课堂改革，改革传统的教学形态，推广新型教学模式，把沉默单向的课堂变成碰撞思想、启迪智慧的互动场所。四是建好质量文化，树立标准意识和卓越精神，把质量标准落实到教育教学各环节，将质量要求内化为学生的共同价值和自觉行为[①]。因此，我们必须超前识变，清醒认识世界科技革命和产业变革引发的高等教育深刻变革，清醒认识国际高等教育的发展趋势，清醒认识国家战略部署和区域经济社会发展对学校本科教育提出的使命要求，对标新时代构建高水平人才培养体系和建设一流本科教育体系的新要求，因时而进、因势而新。

三 新时代西部共建高校本科人才培养的根本任务

习近平总书记在党的十九大提出"优先发展教育事业"[②]，在全国教育大会上指出"教育是国之大计、党之大计"。这一方面在推进落实人才强国、科教兴国、创新驱动发展、军民融合发展、长江经济带建设、乡村振兴等国家战略进程中，高等教育要有新作为、新成效；另一方面，党中央提出新时代要推进西部大开发，形成新格局，加快推进中西部高等教育振兴，以成都、西安、兰州和重庆、成都、西安这两个"西三角"为战略支点，以区域内高水平大学为发展龙头，充分发挥高等教育集群的"集聚—溢出"效应，引领带动中西部高校提升服务经济、服务社会发展能力。

四川省委十一届三次全会"一干多支、五区协同""四向拓展、全域开放"的战略部署，省委省政府推进科技城加快发展的行动部署、"成渝地区双城经济圈"建设、成渝绵创新"金三角"建设以及绵阳打造区域科技创新示范区、加

---

① 陈宝生：《在新时代全国高等学校本科教育工作会议上的讲话》，《中国高等教育》2018年第15期。

② 习近平：《决胜全面建成小康社会 夺取新时代中国特色社会主义伟大胜利——在中国共产党第十九次全国代表大会上的报告》，人民出版社2017年版，第5页。

快建成川北省域经济副中心，为西部共建高校区域科技创新能力的提升提出了更为迫切的要求，也对本科人才培养工作提出了新任务。

在新的历史时期，高校应重新标注在新时代高等教育中的新坐标，既要保持"大有可为"的信念决心，又要保持"应有所为"的战略定力。建设特色鲜明的高水平大学，必须面向国家重大战略发展需要、面向经济社会高质量发展需要、面向高等教育国内国际双循环发展需要，打好打赢人才培养的"结构优化攻坚战""模式创新攻坚战""学习技术攻坚战"和"质量体系攻坚战"。当前，我国高等教育进入全面提质创新的发展阶段，也进入大学格局与地位调整的重要窗口期。这为西部共建高校提升在国内大学格局中的地位和影响力提供了良好的土壤。因此，西部共建高校应将高质量推动"双一流"建设与发展作为检验标准，贯彻落实《深化新时代教育评价改革总体方案》，推进教师评价、学生评价改革，将质量意识内化为全校师生共同的价值追求和行动指南，培养高质量的本科人才。

四　西南科技大学一流本科教育教学体系构建

为党育人、为国育才是高校的使命所在。作为西部共建高校的西南科技大学，是四川省人民政府与教育部、国防科技工业局共建高校。在长期办学中，形成了"共建与区域产学研联合办学"的办学体制特色。在新材料、建筑建材、环境资源、信息与控制、装备制造、现代农业与生物、国防军工行业特色与军民融合等方面形成了学科专业优势。这为国家创新驱动发展、军民融合发展、建设美丽繁荣和谐四川、国家科技城建设等提供了强有力的人才支持和智力支撑，贡献了智慧和力量。

对标新时代构建高水平人才培养体系和建设一流本科教育的新要求，西南科技大学围绕一流本科建设总体目标，进一步深化体制机制改革，消除制约学校一流本科教育建设的顽症痼疾，进一步加强顶层设计，着力从"大思政"育人体系、学科专业一体化发展体系、本科教学体系、学生综合素质体系、质量文化管理体系和综合保障体系六个方面，加快建设一流本科教育教学体系，推动学校本科教育整体进入西部高校一流本科教育第一方阵。

（一）落实立德树人根本任务，构建"大思政"育人体系

习近平总书记指出："高校立身之本在于立德树人。"[①] 扎根中国大地办大学，必须把坚持社会主义办学方向作为第一要务，确保学校始终是培养社会主义

---

① 《习近平在全国高校思想政治工作会议上的讲话》，《光明日报》2016年12月9日第1版。

事业建设者和接班人的坚强阵地。

1. 强化思想政治引领

第一，加强思想政治理论教育。学校应使习近平新时代中国特色社会主义思想进教材、进课堂、进头脑，一体化构建内容完善、标准健全、运行科学、保障有力、成效显著的高校思想政治工作体系。

第二，完善立德树人思想政治教学体系。学校应构建"制度建设与平台建设""思政课程与课程思政""理论研究与教育实践""经济资助与精神帮扶""育心育德与全人发展""文化营造与教育引领"和"教师队伍与管理队伍"七个方面的协同机制建设；构建"立德树人"和"三全育人"的思想政治工作大格局；以"教书育人"为主线、"管理育人"为中枢、"服务育人"为责任，不断提升学校教职员工管理育人、服务育人意识，强化在课程、科研、实践、文化、网络、心理、管理、服务等育人工作中的协同力度，实现资源共享、优势互补，凝聚育人合力。

第三，丰富立德树人载体。学校应将立德树人内化到专业培养目标、毕业要求和教学环节中，强化每位教师的立德树人意识。根据不同专业的人才培养特点和专业能力素质要求，积极探索立德树人的新方法，建设一批"课程思政"示范课，选树一批"课程思政"优秀教师，形成专业课教学与思想政治理论课教学紧密结合、同向同行的育人格局。

2. 突出价值引领

第一，加强社会主义核心价值观教育。学校应将社会主义核心价值观的教育贯穿融入学生的培养教育中，将核心价值观转化为广大学生的思想认同、情感认同和行为习惯。

第二，加强劳动教育工作。学校应着力培养学生的劳动意识、劳动态度和劳动习惯，建设适合学生劳动教育的环境，建立并逐步完善具有学校特色的劳动教育教学体系，强化大国工匠、劳动模范的榜样引领作用，选树一批学校各领域的劳模和标兵，着力形成正面示范效应。

第三，加强诚信教育。学校应加强考试管理，严格执行补考、重修制度安排和成绩管理办法；加强作业、实验等教学环节的管理，规范毕业设计（论文）全过程管理，杜绝论文抄袭等学术不端行为。

3. 加强文化引领

第一，把牢社会主义先进文化前进方向。学校应巩固马克思主义在意识形态领域的指导地位，弘扬民族精神与时代精神，以社会主义核心价值观引领校园文化建设。

第二，坚持创造性转化和创新性发展。学校应坚持辩证唯物主义和历史唯物主义，将中华民族最基本的文化基因与当代文化发展相适应，将巴蜀优秀传统文化教育与校园文化建设相融合，将"西南科大精神"与校园文化建设相结合。

第三，坚持交流互鉴、开放包容。学校应推进学校多元化国际交流，吸收借鉴国外优秀文明成果，积极参与世界文化的对话交流，以我为主、为我所用、开放合作、取长补短，提升文化话语权，增强文化新活力。

（二）聚焦人才培养核心工作，加快学科专业一体化发展

学科和专业是学术的两个方面，科学研究和人才培养是教师的两项工作任务。学科是知识体系，是科学研究的基本单位，科学研究是教师和学校对经济社会发展、人类思想和科学技术进步的直接贡献。专业是人才培养的基本单位，人才培养是高等学校的中心工作，无论是研究生培养还是本科生培养，必须以科学研究促进学生发展，引导学生学习体验创造新知识、学习体验解决新问题，坚持学科专业一体化建设和发展之路。

1. 统筹规划建设本科专业与研究生学科

第一，建立学科和专业结构调整机制。学校应优化本科专业和硕博士学位点的结构与布局，推进学校本、硕、博贯通培养一体化的学科平台和课程体系建设；应服从"强工升理精文"发展布局，加强优势特色学科建设，加大力度建设支撑高水平本科人才培养和支持经济社会发展的学科。

第二，加大一流专业建设工作力度。学校应秉持一流学科与一流专业同步建设的理念，建设代表西南科技大学特色与水平的一流本科专业，带动学校专业建设整体水平全面提升；应主动应对新一轮科技革命和产业变革挑战，主动对接四川省电子信息、食品饮料、能源化工、先进材料、装备制造等五大支柱产业，加快形成"学科—专业""本科—硕士—博士""招生—培养—就业"的联动互馈机制；应围绕学科专业谱系、专业课程体系、教学内容、教学梯队、教学条件等专业基本要素，推动专业建设内涵发展。推进本科专业认证及评估，完善全过程闭环人才培养链条。

2. 统筹共建共享开放学科科研平台

为了进一步增强国家重点实验室等国家级平台的人才培养功能，推进科教融合，学校应改革本科实验室、研究生培养平台和科研平台的管理体系和考核制度，将它们一起规划、一起建设和一起运行，把平台、项目和队伍三者有机地统一起来，提高平台资源使用效率，研究生培养平台和科研平台必须承担本科建设、改革和教学任务。

3. 统筹配备建设核心师资队伍

一方面，全校教师按学科、专业"归队"建设。学校应紧密结合学科专业发展规划，进一步推进教师的学科归队、专业归队，为每个教师专业发展搭建平台，培养教师对学校、学科和专业的归属感，有力促进学校一流学科建设绩效评估、一流本科专业建设等工作。另一方面，发挥高水平师资在人才培养中的引领和示范作用。学校应推动"长江学者"、"千人计划"、学术带头人等高水平教师将其精深学术造诣、丰富科研经验和人生阅历转化为本科生课程内容，使学生在本科阶段可以和名师面对面地交流，提升学校本科教学水平。

（三）推动回归教书育人本分，完善本科教学体系

为牢固树立"人才培养为本，本科教育是根"的理念，学校应增强教师教学责任感与荣誉感，引导广大教师热心教学、专注教学和享受教学，全面提高育人水平。

1. 优化本科人才培养方案

修订完善人才培养方案，努力培养品德优良、身心健康、基础宽厚、专业扎实、能力突出、视野开阔的复合型和创新型人才，学校的培养方案应落实"三标准"，即满足《普通高等学校本科专业类教学质量国家标准》的基本要求，积极融合国内外专业认证（评估）、行业准入，以及满足本科教学审核性评估等重要规范、标准和要求；强化"一特色"，即依托学校特色优势学科，打造专业特色，努力推动新工科、新医科、新农科、新文科"四新"专业建设，争创国家一流和四川省一流专业。还有，培养方案应基于产出导向（OBE）理念，按照培养目标、毕业要求、课程体系、课程教学和考核评价的思路设计教学体系。

2. 强核心教学资源建设

第一，精心打造金牌课程。学校根据国家一流课程"双万计划"的建设要求与"两性一度"的"金课"标准，精心打造一批彰显学校学科专业优势与办学特色，覆盖各专业教学的"金课"，推动优质教学资源共享，全面提升教育教学质量。推动教材与课程建设相融合，同步开展新形态教材与在线开放课程建设与应用。

第二，着力推动课堂教学革命。一是以学生学习和发展为中心，大力推进启发式、探究式、讨论式和参与式教学，推行小班化教学，加强师生互动，推动课堂教学的主体从"以教为主"向"以学为主"转变。二是开展智慧教学，依托物联网、大数据、云计算技术，形成以数字化、研究型学习为特征的新型课堂教学形态。① 三是改革学生学业评价机制，由结果性评价为主逐步改变为以过程性评价为主，注重考查学生运用知识和分析与解决实际问题的能力。

3. 加强教学改革与研究

深入贯彻"学生中心"（SC）教育理念。学校应按照专业大类完善人才培养方案，逐步开展大类培养和大类招生，构建"基础稳、专业强、素质高"的大

---

① 何伟光等：《一流本科教育迈向人工智能时代的变革》，《中国电化教育》2019年第3期。

类培养体系，扎实推进本科人才培养模式改革依据"尊重意愿与成绩择优相结合、自由选择与规模控制相结合、专业优化与适当保护相结合、公平公正与公开透明相结合"的原则，完善专业分流机制。坚持"夯实基础、拓宽口径、尊重个性、多元培养、全面发展"的理念，落实大类培养各项配套措施，将知识体系转变为学生成长发展的道路，支持学生个性成长。①

4. 完善教师激励评价机制

第一是弘扬"艰苦奋斗、拼搏创新"的西南科技大学精神。师生通过讲述身边人、身边事努力营造崇德修德、甘于奉献的良好氛围，激发立德树人、为人师表的荣誉感和责任感。培育、凝练并弘扬西南科技大学教师精神，鼓励老师具有扎根西部的情怀，有潜心育人、甘为人梯的奉献精神，有胸怀世界的眼界和科教报国的使命感。

第二是学校要改进教师业绩评价考核机制。首先，按照教师三大"科研贡献"，即对社会经济发展的贡献、对人类思想的贡献和对科学技术的贡献，四类"教学业绩贡献"，即课程教学、教学建设、教学改革、教学研究的教学业绩，对教师进行分类、分级评价。其次，学校要改革单一的教学工作量业绩考核指标，坚持教学业绩与岗位聘任、绩效奖励挂钩提高教学质量在教学业绩计算中的权重。最后，学校要深化专业技术职务评审制度改革。施行本科教学工作考评一票否决制，将教学业绩作为教师专业技术职务评聘、岗位晋级的"硬指标"，加强对教学业绩的综合考核。②

（四）引导学生认真求学问知，完善学生综合素质培养体系

1. 优化学生学业评价与考核体系

第一，学校须建立在校生培养质量标准，重点构建以课程学习"达成度"、课外活动成效、身心健康与成长和综合素质提升（特别是价值观、奋斗精神、沟通能力等）为核心的多元化学业评价体系。第二，优化课程评学（考核）机制的同时，学校进一步完善"评学"实施办法，以学生能力达成为导向，探索"全过程评价—非标准答案"评学体系，加强学生分析质疑、评价综合和批判创新能力的培养。第三，学校应改革现有课程考核方式，强化过程性考核成绩在课程总成绩中的比重。

2. 推行大学生全人发展提升计划

教育是以培养和谐发展的人为出发点，学校应从身体、智力、审美、情感意

---

① 薛欣欣等：《高校教学改革的反思——对近两届高等教育国家级教学成果奖获奖项目的实证研究》，《中国高教研究》2019年第2期。
② 白海力：《以"八个着力"促天津本科教育高水平发展》，《中国大学教学》2018年第9期。

识、个人责任、精神价值等多方面整合人类个体知识，将心理教育融合于对人的全方位、全过程塑造之中①。第一，学校应统整学校教育资源，与专业教学、素质选修、社团活动等结合，梳理学生全人教育途径，指导学生制订个性化提升计划，指导学生选课、选择各类校内外活动，参加全人发展主题框架下的各类工作坊，促进学生全人发展水平。第二，学校应发挥第二课堂育人功能，构建理念先进、定位准确、模式新颖、重点突出、体系完备和措施到位的第二课堂工作格局，形成"思想成长类、社会实践类、创新创业类、文体艺术类、社团活动类和能力拓展类"六种类型的第二课堂育人体系。为学生打造"第二课堂成绩单"，客观记录、有效认证和科学评价学生参与第二课堂活动的经历和成果，使之成为人才培养评估、学生综合素质评价和社会单位选人用人的重要依据。

（五）对标一流本科教育要求，强化质量文化管理体系

建立高水平的质量保障体系是推动学校人才培养质量持续改进提升的制度性保证。在新时代，既要进一步加强质量保障体系建设，也要加强质量文化建设。

1. 健全运转有序的质量保障内环控制体系

学校应落实校、院两级质量督导制度，加强督导工作标准建设，建立教育督导后续工作的跟进机制；严格执行领导干部听课制度，增强各级领导干部、管理人员服务教学的意识；开展学情调查分析，落实学业预警和指导帮扶制度；定期发布教学监控数据，形成资源共用、信息共享的一体化教学质量监控组织架构。

2. 完善及时响应的质量跟踪外环控制体系

学校应积极引入校外第三方调查评估机构，对学校的教学运行状态和人才培养质量进行长期的跟踪调查。主动加强与产业的联系，掌握区域行业对人才的需求变化。主动与用人单位进行对接，跟踪毕业生的发展状况，开展人才培养质量的评估与分析。及时反馈评估结果，采取有效措施进行及时的更新培养方案和开展教学改革，使人才培养能够及时反映社会的需求变化，适应经济社会发展需要。

3. 强化乐教好学追求卓越的质量文化

学校应将质量意识落实到教育教学各环节，在教师中形成自省、自律、自查和自纠的质量文化，将质量要求内化为全校师生共同的价值追求和自觉行为。给予学院更多的自主权，充分发挥学院在教育教学工作中的主动性和创造性，促进学院质量文化建设。

（六）服务一流本科建设主业，建设精准的综合保障体系

建设一流本科教育需要功能完善、运行高效、服务优良和保障有力的一流综

---

① 厉佳旭：《构建德智体美劳全面培养的教育体系重在全面》，《人民教育》2018 年第 21 期。

合保障体系。

构建新型文献资源保障体系。学校一要加强文献资源建设，丰富与学校学科相关的数据库，发展特色馆藏与优势馆藏。加强软硬件设施建设，完善多媒体空间、设施与服务，构建师生乐于使用、易于交流、适于激发创造力的图书馆实体空间和虚拟网络空间，以便捷灵活的设施和开放舒适的环境满足师生个性化学习和研究需求。二要加快推进图书资料、档案史料数字化进程，整合学术资源、建设学习资源库，完善移动互联的文献服务，提升图书档案信息化管理服务水平。

全面建设智慧校园。学校进一步推进网上综合办事大厅建设，打造以业务为主线完整生命周期的师生信息化服务中心；建设涵盖教学科研、交通、安全、环境、学生事务、教师事务等信息的校园大数据管理与服务中心，促进教学管理现代化；建立校情展示决策分析平台，盘活数据资产、深化数据服务，构建业务主题模型，支撑教学、科研、资产、教师、学生等业务的即时查询分析、综合报表、预测预警、评估评价等功能，提升服务水平和基于教学大数据的管理决策。

健全模块化高效管理服务体系。学校深化废改立、放管服，全力建设便捷高效的教育教学服务环境，深入推进"一网通办"，实现师生教学事务办理"只进一扇门""最多跑一次"，切实提高校院两级管理效能和服务质量，提升管理育人、服务育人工作水平。持续深入推进"转作风、提质效"的作风建设，着力解决"庸、懒、散、怠"等师生员工反映强烈的突出问题，着力打造一支服务意识强、工作效率高、廉洁自律好的管理与服务工作队伍。树立新时代管理与服务工作人员新形象，营造"人人参与教学、人人贡献教学"的和谐氛围。

参考文献

陈宝生：《坚持以本为本　推进四个回归　建设中国特色、世界水平的一流本科教育》，《时事报告（党委中心组学习）》2018年第5期。

吴潜涛等：《新时代党的教育方针的创新发展及其实现路径》，《中国高校社会科学》2019年第2期。

教育部课题组：《深入学习习近平关于教育的重要论述》，人民出版社2019年版。

陈宝生：《在新时代全国高等学校本科教育工作会议上的讲话》，《中国高等教育》2018年第15期。

习近平：《决胜全面建成小康社会　夺取新时代中国特色社会主义伟大胜利——在中国共产党第十九次全国代表大会上的报告》，人民出版社2017年版。

《习近平在全国高校思想政治工作会议上的讲话》，《光明日报》2016年12月9日第1版。

何伟光等：《一流本科教育迈向人工智能时代的变革》，《中国电化教育》2019年第3期。

薛欣欣等：《高校教学改革的反思——对近两届高等教育国家级教学成果奖获奖项目的实证研究》，《中国高教研究》2019年第2期。

白海力：《以"八个着力"促天津本科教育高水平发展》，《中国大学教学》2018年第9期。

厉佳旭：《构建德智体美劳全面培养的教育体系重在全面》，《人民教育》2018年第21期。

[原载《西南科技大学学报》（哲学社会科学版）2021年第4期]

特色高校军民融合协同育人的创新与实践

陈永灿[*] 段 涛[**]

成果简介：西南科技大学作为委（局）省、省部共建高校，不断深化共建与军民协同育人体制机制改革：以服务国防军队建设为使命，以解决军地条块分割、资源共享不畅机制障碍为突破；以探索军地全过程育人为根本；以共建协同育人平台为抓手，统筹国民教育与国防教育资源，与30余家军工单位签署战略合作协议，建立"学科共建，人才互聘，平台共用，文化共融，协同育人"深度融合机制；建成核、兵器、电子等国防特色学科专业体系；创立多方主体全程参与的军民协同育人新模式；资源共享，构筑军民融合协同育人平台。通过改革，促进了学校办学水平与人才培养质量的显著提升，为国防军工单位输送大批优秀人才，走出了依托普通高校培养军民融合人才的新路子、新模式，拓展了当前军事科技人才的培养渠道，顺应了《关于经济建设和国防建设融合发展的意见》提出的"加强教育资源统筹，完善军民融合的人才培养使用体系"的战略要求，为新时代高校推进军民融合战略、建设"双一流"提供了改革经验和借鉴。

关键词：军民融合；协同育人；特色地方高校；创新；实践

军民融合战略关乎国家安全和发展全局，既是兴国之举，更是强军之策。"国以才兴，政以才治，军以才强"。培养、造就一大批高素质军民融合人才是实现强军梦和中国梦的根本保障。

自2006年国防科工委与四川省人民政府共建西南科技大学以来，学校确立"服务经济社会发展，服务国防军队建设"办学面向，大胆探索军民融合开放办学，统筹利用四川乃至西部独特的军工资源优势，致力构建高素质军民融合人才

---

[*] 陈永灿（1963— ），原西南科技大学党委书记，现任西南石油大学党委书记，教授，博士生导师，主要研究方向为水利水电工程的水环境效应与枢纽泄洪安全。

[**] 段涛（1976— ），西南科技大学党委研究生工作部部长，教授，博士生导师，主要研究方向为环境放射化学。

15

培养新体系，走出了依托普通高校培养军民融合人才的新路，满足了国防军队建设的需要，顺应了《关于经济建设和国防建设融合发展的意见》提出的"加强教育资源统筹，完善军民融合的人才培养使用体系"的战略要求，为新时代高校推进军民融合战略、建设"双一流"提供了改革经验和借鉴。

一　完善军民融合人才培养体系的时代意义

（一）完善军民融合人才培养体系是新时代高校贯彻落实军民融合战略的使命担当

党的十八届三中全会《关于全面深化改革若干重大问题的决定》指出："推动军民融合深度发展，改革完善依托国民教育培养军事人才的政策制度。"中共中央总书记、国家主席、中央军委主席习近平在十二届全国人大五次会议解放军代表团全体会议上强调，"要发挥国家教育资源优势和我军院校特色，健全军事人才依托培养体系，培养大批高素质新型军事人才。依托国民教育培养军事人才的路要继续走下去，同时要坚持军队需求主导，聚焦紧缺专业、重点高校、优势学科，提高人才培养层次和质量"。

如何彻底打破人才培养使用上的军民二元分离，在更大范围、更高层次、更深程度上聚合国家整体资源打造国家战略一体化能力，实现部队和地方人才兼容发展，是高校面对正在加速推进的新军事变革肩负的重要历史使命。

（二）统筹社会资源办出特色和水平是高校深化教育领域综合改革的总要求

长期以来，西部高等教育经费投入不足与传统办学管理体制，制约了地方高校的快速发展。四川集聚了得天独厚的军工科技资源，具有航空航天、电子信息、核工业、兵器等国家级研究机构和门类齐全的军工行业。高校、军工科研院所、大型企业与部队优质资源的稀缺性、异质性、互补性是建立军民融合战略联盟，实现共同发展的内在动因。地方高校自身办学资源匮乏，需要加强军地各方资源统筹。创新高校办学模式、人才培养机制，促进地方高校办出特色，创建"双一流"高校，才能更好地服务经济社会发展与国防军队建设，通过有限投入实现国防经济建设效益的最大化。

（三）探索军民融合人才培养新机制是学校肩负参与四川省系统推进全面创新改革试验的时代重任

2016年，四川被批准成为全国8个全面创新改革试验区之一。按照中央要求，四川要把推动军民深度融合发展作为全面创新改革试验的核心主题。四川"全创"改革就是要充分发挥资源优势，着力打造成德绵军民深度融合发展示范区，使军民深度融合成为四川省创新改革试验的最大亮点。西南科技大学作为中国（绵阳）科技城的最高学府、四川"全创"改革试验试点单位之一，积极参与改革责无旁贷。

二　军民融合人才培养现状及问题

英国古典经济学派代表人物亚当·斯密认为，分工使劳动者专门从事某项行业，从而提高了劳动熟练程度。"二战"以后，军事高等教育开始独立于普通国民教育自成体系。新中国成立后，中国人民解放军通过自办军事院校独立承担了军事人才培养的全过程。这种纵向一体化的传统军校人才培养模式，是军事教育从分散走向集中、走向正规化的重大进步。但是这种自成体系、自我封闭、自我发展的培养模式，培养经费耗费巨大、重复建设严重、培养质量保障困难等弊端日渐显现。

2000年5月，国务院、中央军委联合颁发《关于建立依托普通高等教育培养军队干部制度的决定》，我军先后与100多所普通高校（其中60%为"985"和"211"高校，40%为省属重点或特色专业院校）签署了国防生培养协议，每年招收近万名国防生。但从实践来看，现行国防生培养模式仍然存在权责不明、多头领导、军事训练保障不到位等问题。

值得关注的是，被誉为"国防七子"的哈尔滨工业大学、北京航空航天大学、北京理工大学、西北工业大学、哈尔滨工程大学、南京理工大学、南京航空航天大学为国防军队建设作出了重要贡献，已成为军民融合人才培养的典范。

但是，当前仅仅依靠传统军事院校、少数普通高校培养军事人才的模式无法满足我军建设中国特色世界一流军队的战略需要。依托优质国民教育体系和社会人才优势，提高军队人才培养质量，补充现役力量不足，是美国等世界发达国家的普遍做法。习近平总书记提出"要构建以联合作战院校为核心、以兵种专业院校为基础、以军民融合培养为补充的院校格局"的战略构想，是新时代推进军民融合人才培养改革的根本遵循。

在深化国防军队改革的背景下，国防部宣布自2017年起军队不再依托地方普通高等院校定向招收和培养国防生，而是改为面向地方院校毕业生直接选拔录取。这一调整旨在进一步拓宽军民融合人才的培养之路，为更多的地方优秀人才进入军队和国防系统提供宽阔的平台。

三　军民融合协同育人的创新与实践

10年来，在国防科工委"国防紧缺、重点专业建设项目"、国防科工局国防特色学科建设项目、四川省教育教学改革等项目的支持下，学校抓住军民融合发展战略、中国（绵阳）科技城建设和四川全面深化教育领域综合改革等契机，不断深化委（局）省、省部共建办学体制改革，统筹普通高校国民教育资源与区域国防教育资源，闯出了依托普通高校国民教育培养军民融合人才的新路，成为国防军工高素质人才培养的重要基地，拓展了新时代现有军民融合人才培养模式。

（一）探索共建与产学研联合办学体制，建立完善军民深度融合协同育人的长效机制

体制机制是统筹国民教育资源与国防教育资源的前提。西南科技大学前身之一的西南工学院，自1993年以来开始探索共建与产学研联合办学。2000年8月23日，教育部在《关于同意西南工学院与绵阳经济技术高等专科学校合并组建西南科技大学的通知》中明确指出，"西南科技大学由西南工学院与绵阳经济技术高等专科学校合并组建，由绵阳市政府、中国工程物理研究院（简称中物院）、四川长虹电子集团公司、中国空气动力研究与发展中心参与组建和共建"。学校组建成立以来，成立了四川省、绵阳市政府和中国工程物理研究院、四川长虹电子集团公司等国防科研院所和高科技企业参加的董事会，并由四川省人民政府分管教育的副省长任董事长，参与管理、组织协调、推进共建和产学研联合办学。坚持定期召开董事会，总结合作办学各项工作，集中研究重大事项，加强各方教育资源的统筹协调。正是由于这种独特的体制机制的建立，确保了学校共建与产学研联合办学持续深入推进。

2006年，国防科工委与四川省人民政府签署了"委省共建西南科技大学"的协议，成立了国防科技学院；之后获得民参军准入资格的"军工保密认证、武器装备科研生产许可、军工质量认证"三证，学校军民融合发展迈上新台阶。国家"十二五"规划实施以来，学校实现教育部与四川省人民政府共建，国防科工局与四川省人民政府续签共建协议，委（局）省、省部共建办学体制继续深化。与20余家国防军工单位签署战略合作协议，构建了"学科共建，人才互聘，平台共用，文化共融，协同育人"的深度融合运行机制，为新时期借助社会优质资源、提升学校水平、培育军民融合人才提供了保障。

（二）确立"服务经济社会发展，服务国防军队建设"办学面向，完善国防特色学科专业体系

军民融合人才要面向军地、满足国防建设和经济建设融合发展的共同需求，就必须构建与之相适应的人才培养学科专业体系来支撑。"十一五"末，学校经反复论证调整办学定位，提出"服务经济社会发展，服务国防军队建设"办学

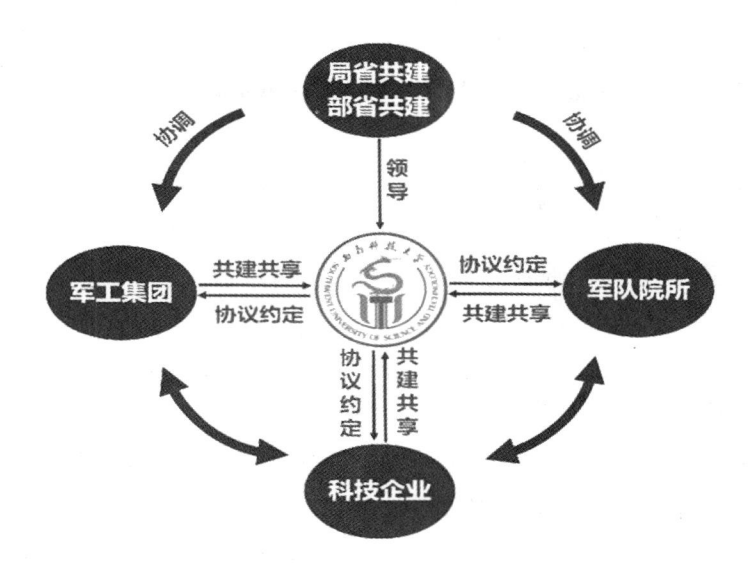

图1　军民融合协同育人共建共享体制机制

面向，着力构建完善的国防特色学科专业体系。

经过十多年建设与发展，基本建立起涵盖核、兵器、电子、航空、军工制造等军民融合行业的本、硕、博的国防特色学科专业体系：先后成立了以军民融合人才培养为首要任务的国防科技学院、四川省军民融合研究院；辐射防护与环境保护、军用关键材料等5个学科被国防科工局批准为国家"十三五"国防特色学科；与中国工程物理研究院等共建核科学与技术、军用关键材料、空气动力学等学科；联合中国工程物理研究院、中国兵器集团等共建核化工与核燃料工程、特种能源与烟火技术、信息对抗等26个军民融合本科专业（占全校本科专业总数的1/3）；共建硕士学位点12个、一级学科博士点4个。

（三）统筹融合国民教育与国防教育优质资源，全方位构筑高水平军民融合协同育人平台

坚持开放办学和"不求所有，但求所用""资源共享，人尽其才，物尽其用，共同发展"的办学理念和指导思想，统筹区域军地优质教育科技文化资源，构筑了全要素、多领域、高效益军民融合协同育人的资源平台。

与中国工程物理研究院、中核集团、中国兵器集团等国防军工单位在学校共建"核废物与环境安全四川省协同创新中心""新型含能材料军民融合协同创新中心"等高水平研究平台15个、共享实验室达14个。与中国工程物理研究院共建的极端条件物质特性实验室等成为军民融合协同育人与创新的典范。共建共享实践育人基地，极大地保障了学生创新实践能力的培养。

利用人才共享机制，建立专兼结合"双师型"教师队伍。聘请包括22位院士在内的422名军工单位专家担任兼职教授，参与本科教学、研究生培养。持续选送骨干教师到中核、中国兵器集团等单位顶岗锻炼；部分教师被中国工程物理研究院聘为博士生导师。

充分发挥军工科研反哺教育教学的育人功能，以军工科研项目带动军民融合人才培养。学校核学科、材料学科等本科毕业设计、硕博士学位论文题目60%来自国防军工科研院所、部队急需的科技攻关项目。

（四）遵循教育规律、满足特殊需求，创立"需求牵引，方案对接；资源共享，军地联动"的军民融合协同育人新模式

根据国防军队建设的战略需求，提出"军民融合协同育人"新理念，探索"政府、军工集团、部队、高科技企业、高校""五位一体"，多要素深度参与全过程育人——科学制定人才培养方案；优化课程方案，及时将国防科技前沿、技术研发、生产案例融入教学内容，编著出版《核技术应用》《含能材料实验》等教材33部；创新教学方式，推出将官上讲台、军工现场授课等品牌课，"827大校教学团队"自20世纪90年代起至今仍在校授课；强化军工生产实践教学，在中国工程物理研究院等单位建立校外实践教学基地，中国工程物理研究院反应堆等生产车间承担了国防特色专业近30%的实践教学量。探索多元化培养模式，为中广核集团等推出了"3+1"和"1+2"菜单式的本科生和研究生培养模式。

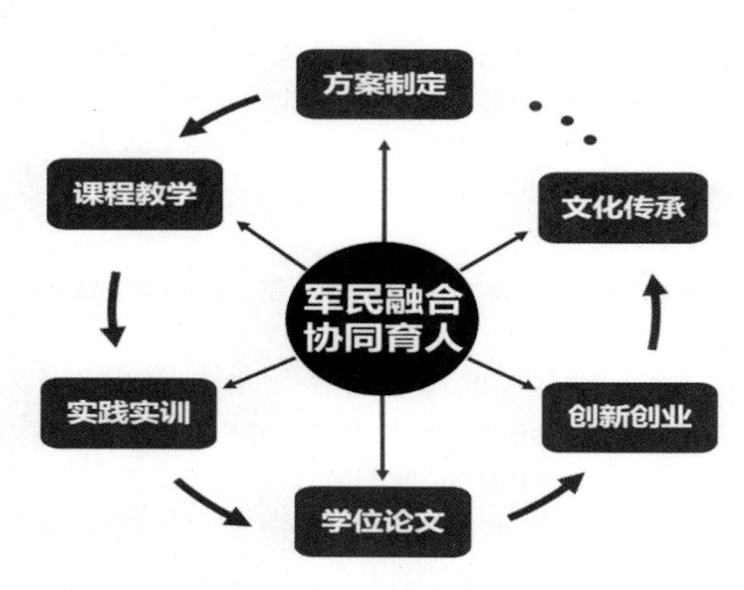

图2　军民融合协同育人培养模式

四　军民融合协同育人的改革成效显著

经过十余年的探索，西南科技大学军民融合协同育人创新实践取得了积极成效。核心竞争力增强，获得博士学位授权单位，建成4个一级学科博士学位授权点，2018自然指数排名位列四川高校第三；人才培养质量显著提升，在2018年高等教育学会正式发布"2013—2017中国高校创新人才培养暨学科竞赛评估结果（本科）"榜单上，西南科技大学所获奖项折算总分位居全国高校第51位。建成军民融合人才培养的重要基地，近五年来，仅是到中广核、中国兵器集团等单位就业的毕业生就达1000余人，并得到高度评价，认为西南科技大学毕业生"基础扎实、甘于奉献、综合素质高、创新能力强、适应现场快、发展后劲足"。联合培养的空气动力学毕业生已成为单位的业务骨干；西南科技大学核专业毕业生成为中广核集团首批反应堆女操作手之一。

共建与军民融合协同育人改革产生广泛影响。中央军委、中央军民融合发展委员会、国防科工局、四川省委省政府等上级领导莅临学校专题调研，对学校推进军民融合人才培养体系的探索与实践给予高度评价。研究成果在《国防科技工业》《中国高等教育》等期刊发表，《人民日报》、《中国日报》、《光明日报》、《科技日报》、《四川日报》、新华网等主流媒体专题报道了学校军民融合协同育人的改革经验，引起了强烈社会反响。

学校改革经验在兄弟院校中介绍推广。应邀在教育部2016年省部共建高校研讨会、2018年四川省教育工作会上作军民融合协同育人专题报告，向全国76所省部共建高校、100多所省内高校推广；东华理工大学、南华大学等到校学习取经。学校被列为四川全面创新改革试点单位，军民融合协同育人改革经验已写成《简报》上报省委、教育部等，向省内外兄弟高校广泛推广。

新时代，新机遇，新挑战。展望未来，我们将借四川成德绵军民融合示范区建设的东风，坚持服务经济建设、服务国防军队建设需求为导向，深入探索与部队、军事院校广泛建立联合培养军民融合人才机制；推进与军事科学院、中国工程物理研究院、中国空气动力研究发展中心等单位筹建军民融合研究生院……努力探索建立国民教育资源体系与国防教育资源体系相互支持、相互依托、资源共享、军地协同、互惠共赢的军民融合人才培养的新格局！

"深度融合、自主体验"大学生综合素质培养课外体系的构建与实践

张 强[*]

成果简介：大学生综合素质培养是党和国家高度重视的战略任务。本成果基于"三全育人"理念及高等教育相关理论，自2012年以来，深入推进大学生综合素质培养课外体系科学化、系统化、体系化建设。提出了以"深度融合、自主体验"为方法论构建大学生综合素质培养课外体系的创新理念；构建了以"一个价值目标为牵引、八个育人子体系为主体、四类学生评价子体系为驱动、四项条件保障子体系为支撑"的大学生综合素质培养课外体系；构建了共享教育资源、共汇育人合力的课外协同育人运行机制；建立了学生自主体验、全程参与综合素质培养的长效机制。成果对高校落实立德树人根本任务，加强大学生综合素质培养具有显著的示范性和推广应用价值。

关键词：综合素质；五育并举；体系构建

时代的发展和社会的进步使得人的竞争激烈，对人才提出了更高、更复杂的要求，综合素质日益成为衡量人才素质的重要标准。党的十八大以来，以习近平同志为核心的党中央对大学生综合素质做出了系列部署。立足中央要求、时代需求、学生诉求以及办学特色和定位，西南科技大学以强化深度融合、自主体验为基本工作遵循，构建了"一个价值目标为牵引、八个育人子体系为主体、四类学生评价子体系为驱动、四项条件保障子体系为支撑"的大学生综合素质培养课外体系，与第一课堂教学互为补充、紧密互动，共同支撑德智体美劳全面发展的教育培养体系构建。

---

[*] 张强（1964— ），西南科技大学党委副书记，教授，硕士生导师，主要研究方向为思想政治教育。

一　成果形成的背景及理论与现实意义

（一）成果形成的背景

大学生综合素质培养历来是党和国家重视的一项重大而紧迫的战略任务，事关"培养什么人""如何培养人""为谁培养人"的根本问题。因此，提升大学生的综合素质和综合能力是贯彻党的教育方针、实现高等学校人才培养根本任务、适应高等教育发展新阶段的必然要求。

党的十八大以来，以习近平同志为核心的党中央从坚持和发展中国特色社会主义、实现中华民族伟大复兴中国梦的战略全局高度出发，对大学生综合素质培养提出了系列新要求。在2013年"五四"讲话中，他提出"坚定理想信念、练就过硬本领、勇于创新创造、矢志艰苦奋斗、锤炼高尚品格"五点希望和要求，对大学生综合素质的丰富内涵作进一步凝练。在2016年全国高校思想政治工作会议上，他指出要"不断提高学生思想水平、政治觉悟、道德品质、文化素养，让学生成为德才兼备、全面发展的人才""要注重发挥共青团、学校社团、学生自治组织的作用，调动学生参与的积极性，开展形式多样、健康向上、格调高雅的校园文化活动"。对大学生综合素质培养的内容、目标、路径做了系统、明确要求。

2018年9月在全国教育大会上，习近平总书记提出，"要在增强综合素质上下功夫，教育引导学生培养综合能力，培养创新思维""要努力构建德智体美劳全面培养的教育体系，形成更高水平的人才培养体系"，对中国特色社会主义进入新时代，培养什么样的人，大学生应具有哪些方面的综合素质提出了明确的指示。为新时代大学生综合素质培养提供了理论依据和行动指南。

习近平总书记关于大学生综合素质培养的系列论述，是高校人才培养的根本指向，为新时代高校大学生综合素质培养奠定了坚实的理论基础。

（二）成果解决的主要教学问题

面对新形势、新任务、新要求，新时代大学生综合素质培养需要着力解决三个问题。

1. 高校第二课堂与第一课堂育人有效衔接和良性互动不足的问题。第一课堂理论学习与第二课堂实践各成体系，对接不深、转化不够，亟待探索构建互联互通、共同支撑德智体美劳全面培养的科学化课外培养体系。

2. 将大学生综合素质培养课外体系融入"三全育人"运行不畅的问题。存在理论与实践结合不深、学校与社会合作不够、校内各部门（平台）协同不力等问题，亟待探索大学生综合素质培养全面深度融入"三全育人"体系的运行机制。

3. 激励学生主动参与综合素质培养机制不健全的问题。学生参与综合素质培养目标导向不明晰，评价方式单一，提供平台载体局限，学生参与意愿不强烈，亟待探索构建激励学生自主选择参与体验的有效机制。

（三）成果的创新点

1. 首次提出了"深度融合，自主体验"理念并系统构建了大学生综合素质培养课外体系。

紧紧围绕育人目标，以"深度融合，自主体验"为方法论指导，科学化构建了大学生综合素质培养课外体系，形成了"三全育人"的西南科技大学鲜明特色，为学生德智体美劳全面发展提供重要支撑。

2. 创建了"深度融合"的大学生综合素质培养课外体系运行机制。

一是课内课外深度融合，互动互促，推动学生知识和能力双线提升。二是校内各部门（平台）深度融合，全校联动，全面协同，实现了学生综合素质培养"联合作战"。三是校内校外深度融合，学校人才培养和"共建与区域产学研联合办学"体制高度契合，同向发力，共促学生成长。

3. 创建了以激励学生"自主体验"为导向的长效机制。

建立了科学合理的学生评价机制，创设了微学分制度，引导学生根据自身实际，自主选择、自身实践、自我提升，突出"参与、体验、互动、思考、掌握"，引领学生综合素质提升。

二 大学生综合素质培养课外体系"深度融合、自主体验"模式的主要措施

（一）长期实践探索，把握育人规律，明晰大学生综合素质培养的目标定位

紧紧围绕"培养什么样的人""怎样培养人""为谁培养人"这一根本问题，将习近平总书记关于教育的重要论述及党中央关于大学生思想政治教育、"三全育人"等一揽子文件精神融入实践，明确了大学生综合素质培养是第一课堂的重要延伸，是"三全育人"的重要载体，是"五育并举"的重要举措，是高校人才培养体系的重要组成部分，确立了"坚定的理想信念、高尚的道德情操、强烈的创新意识、高品位的审美素养和较强的领导能力"的价值目标体系。

（二）抓住深度融合，突出自主体验，构建大学生综合素质培养课外八大育人子体系

1. 推进日常思想政治教育"主题化"，实现"课堂思政"和"课后思政"

的深度融合，夯实理想信念基石。主动对接思想政治理论课，凝练理想信念、爱国主义、诚信、法治等日常思想政治教育主题，以班团活动为载体具体开展。精心打造"青马工程""科大青课"等平台，李培根、江松等院士，大数据专家周涛、奥运冠军张山、青年舞蹈家黄豆豆等一批各领域的领军人才走进校园与青年师生面对面交流，引领学生成长，打造富有时代特色、贴合青年实际的课后思想政治课堂。

2. 推进科技文化体育活动"品牌化"，实现课堂教学、科学研究与第二课堂竞赛项目深度融合，提升创新创造能力。把大学生科技文化活动作为课堂教学的重要延伸纳入培养方案，建立了共青团"主导"、任课教师"主建"和学生"主战"的运行机制。把课堂教学作为学生开展第二课堂活动的发起地。将课堂作业、课后作业、课程考核等环节与学生第二课堂活动深度融合，建立了《第二课堂竞赛分级目录》，集中资源着力打造"挑战杯""创青春""互联网+""机器人大赛""大学生艺术节"五大核心品牌项目，鼓励引导不同院系、学科、专业之间的协同创新，培养大学生机器人创新团队、机电创新团队等10个学科竞赛团队，实现校院两级"一院一品"科技活动全覆盖。

3. 推进社会实践育人体系"系统化"，实现课堂教学与社会实践深度融合，提升学生动手能力。突破社会需求和高校育人之间的壁垒，形成合力。一是"研—学"融合提升实践质量。按照"按需设项、据项组团、双向受益"的原则，通过"项目征集—立项—组织实施—考评审核—认定奖励"模式，组建重点团队和实施专项计划，实现教学活动与社会实践活动的协作、融合与促进。二是"校—社"融合提升实践效果。形成"在校学习—社会实践—研究改进—反馈企业"模式。同时将实践中的问题转化为第二课堂竞赛项目，提升实效。三是"校—地"融合提升实践育人影响。形成了"研究生支教团""陇南文艺支教""小梧桐志愿者"等一系列特色亮点。

4. 推进社团育人体系"规范化"，实现学生自我发展与综合素质培养深度融合，鼓励多维度发展。支持学生组建理论学术、科技创新、社会实践、公益服务、文化艺术、体育运动等类型社团，强化社团"自我教育、自我提升、自我服务、自我管理"能力，以规范化建设促进社团品牌提升。推进大学生"高雅艺术进校园""墨香千年"文化知识竞赛等活动，打造校园文化品牌，以点带面提升学生文化素质。

5. 推进创新创业教育体系"差异化"，实现学生创新发展与综合素质培养深度融合，提升就业创业能力。构建了"以教育培训为内动力、以实践训练为支持力、以园区孵化为牵引力、以制度建设为推动力"的四轮驱动创新创业教育模式。开设"职业生涯发展与就业指导"课程，邀请校内校外教师主讲，对学生分类辅导。充分利用国家大学科技园、大学生创新创业俱乐部、"德诚创意工厂"等资源，搭建学生创新成果转移和创业项目孵化平台，促进学生创新思维向创新成果转化。

6. 推进心理健康教育体系专业化，实现学生心智发展与综合素质培养深度融合，提升心理健康水平。以涵"感"、重"知"、触"情"、坚"意"、持"行"五大教育模块为主体，夯实大学生心理发展关键期健康基础。构建"专业教育""活动教育""朋辈教育"三大平台，促进大学生在心理发展延续期心理素质稳步提升。

7. 推进劳育培育体系全程化，实现劳动品格培养与综合素质培养深度融合，提升社会责任感。确立"以劳树德、以劳增智、以劳强体、以劳育美、以劳创新"的工作理念。一是系统构建劳动教育课程体系。将劳动教育纳入专业人才培养方案。二是持续拓展劳动教育实践途径。将劳动教育融入美化人居环境、社会实践与志愿服务等。三是建立健全劳动素养评价制度。根据《西南科技大学本科生素质发展微学分管理办法》劳动实践模块规定进行认定和评价。

8. 推进新生入学教育体系"全员化"，实现养成教育与综合素质培养深度融合，提升适应能力。一是内容融合。教育内容涵盖校情校史、院情院史教育和爱校教育、适应性教育等各方面，也引入"两弹一星"精神及绵阳本土李白文化、三国文化等，培养学生坚定的政治信仰、公民意识、社会公德。二是队伍聚合。邀请院士专家、英模人物、人大代表、文化大家、本土学者、杰出校友、企业家等进学校、上讲台，以优秀事迹示范引领新生成长。三是形式整合。采取报告会、讲座、主题班会、迎新晚会、座谈会、讨论会、实地参观等多样化的教育形式，丰富教育载体，增强教育效果。

（三）回归育人初心，科学设计评价，激励学生成长

综合素质培养的初心在促进学生成长成才。围绕这一根本目标，建构四大学生综合素质评价体系，包括学生"综合素质测评""综合素质奖励""学生成长档案""第二课堂成绩单"四大评价体系，综合素质培养与评价系统双向互动，不断了解学生、指引学生、激励学生，推动学生德智体美劳全面发展。

（四）强化制度设计，平台资源融合，保障机制运行有效

建构四大条件保障子体系，包括学工平台组织保障、充足的学生工作经费保障、各级科研平台面向所有学生开放的平台保障和辅导员、班导师、创业导师、关工委老同志协同育人的队伍保障。

三 大学生综合素质培养课外体系"深度融合、自主体验"模式的经验与启示

（一）学生综合素质提升效果显著

1. 理想信念更加坚固。"深入推进'四进四信',大力弘扬社会主义核心价值观"项目荣获全国优秀奖。"科大青课"项目荣获教育部第九届高校优秀校园文化建设奖。《青春画卷》获得四川省纪念五四运动100周年快闪视频征集活动优秀奖,近五年累计选拔300余名优秀学生参加央视《五月的鲜花》等高水平演出。

2. 创新能力稳步提高。近三年,学生在各类第二课堂竞赛中获得省级以上奖励2743项。在"全国普通高校大学生竞赛排行榜五轮总排行榜（本科）"中,位列全国第58位。学校被四川省教育厅和团省委确定为首批四川省第二课堂成绩单制度的两所试点高校之一。

3. 志愿服务特色彰显。近三年参与各级各类社会实践活动学生达2万余名,在2017年全国大中专学生志愿者暑期"三下乡"社会实践活动中,学校团委被评为优秀单位,春晖支教服务团被评为优秀团队。青年志愿者组织、社会实践团队、研究生支教团队等多次获得教育部、团中央和省级表彰。

4. 就业竞争力显著增强。毕业生就业岗位供需比例大幅上涨,就业质量稳步提高,用人单位反馈良好。近三年一次性就业率达90%以上。

5. 心理育人更加完善。学校获得"四川省高校心理健康教育先进单位""大学生心理健康教育先进集体"等表彰,成为四川省首批"高校心理健康教育示范中心"培育建设单位。

（二）学生综合素质培养理论研究成果涌现

近年来,先后出版《高校毕业生就业市场对接整合研究》《新时代高校创新创业教育理念与实践》《大学新生课堂》《大学生职业生涯规划》《时代之问与青年之思——新时代高校青年发展研究》等专著和教材6部,围绕大学生综合素质培养、高校美育等问题发表教改论文10余篇。

（三）社会反响好,媒体关注度高

安徽工业大学、湖北工业大学、天津科技大学、广州大学、西南石油大学等省内外多所高校来校进行专题调研。学生综合素质培养获得新华网、学习强国以及《中国教育报》《中国青年报》《中国艺术报》等多家媒体的广泛关注,媒体报道次数达百余次。

以 OBE 理念为引领　推进大学质量文化建设

苏伟洲[*]

摘要：随着专业认证和新一轮本科教育教学审核评估工作在全国高校有序开展，学生中心、产出导向、持续改进的教育理念已深入人心，并融入人才培养各环节。新一轮审核评估指标体系中，质量文化作为二级指标单独列出，借以推动高校进一步完善教学质量保障体系建设，构建自觉、自省、自律、自查、自纠的大学质量文化。本文通过 OBE 教育理念引领质量制度、质量标准、质量评估、质量组织等方面，形成质量意识、质量价值和自觉行为，探索从经验走向制度、从评估走向保障、从控制走向文化的质量文化建设路径。

关键词：OBE 理念；大学质量文化建设路径

2019 年 6 月，全国高校质量保障机构联盟（CIQA）成立，在成立大会上，教育部吴岩司长以《质量意识　质量革命　质量中国——高等教育发展"三部曲"》为题作了报告，强调了质量文化建设的重要意义。从普通高等学校本科教学工作水平评估到普通高等学校本科教学工作审核评估，再到新一轮本科教育教学审核评估，以院校评估、专业认证及评估、国际评估和教学基本状态数据常态监控为主要内容的"五位一体"的高等教育教学评估顶层设计不断发展和创新，各高校质量文化建设受到越来越多的重视。

西南科技大学紧抓新时代振兴中西部高等教育、成渝地区双城经济圈建设、绵阳建设国家科技创新先行示范区等机遇，围绕建设特色鲜明的高水平大学的需要，明确以立德树人为根本任务、以质量为中心的办学宗旨，结合学校办学定位，遵循高等教育教学规律，遵循人才成长规律，锚定人才培养目标，以 OBE 理念为引领，深入推进大学质量文化建设，完善高水平的人才培养体系，培养德智体美劳全面发展的社会主义建设者和接班人，为国家和地方经济社会发展提供人才支持和智力支撑。

---

[*] 苏伟洲（1971— ），西南科技大学副校长，博士，教授，主要研究方向为宏观经济管理。

一　建立健全制度体系　保障质量文化建设

（一）教学质量标准支撑质量文化建设

学校不断深化新时代教育评价改革，积极贯彻落实《深化新时代教育评价改革总体方案》精神，结合教学实际，不断探索、实践与创新，建设富有时代特征、立足学校本土的课堂教学评价制度和体系，引导学生全面发展和健康成长。质量是要有标准的，教学质量评价工作应是建设高质量高等教育体系的重要组成部分，应成为学校高质量发展的有力支撑。全国高校质量保障机构联盟集众智编制而成的《中国大学质量文化建设指南（试行）》为西南科技大学质量文化建设提供了很好的思路和启发。立足于工程教育专业认证和新一轮审核评估大背景，遵循以学生为中心、以成果为导向、持续改进的 OBE 理念，注重学生知识重构、能力培养和人格塑造，学校教学督导委员会研究制定了《西南科技大学教学督导评价标准（试行）》。教学督导委员会成立专门工作组，会同教育质量与评估中心、教务处、学工部等相关部门负责人，统筹推进研制工作。通过深入学习贯彻中央关于教育评价改革精神、OBE 教育理念内涵与精髓，对其他高校进行调研，征求相关部门和学院意见建议等方式，经反复研究论证、修改完善，最终形成《教学督导评价标准（试行）》，明确了线下理论课堂、线上理论授课、设计类课程课堂教学、体育课课堂教学、实验课教学、实习实践类教学质量评价标准。完善评价标准，健全评估体系。

育人要回归课堂教学主渠道，教学质量评价标准大大提高了教师课堂教学设计与实施的效率和深度，激发教师系统规划课程思政，科学设计课程思政，探索新时代课程育人模式的积极性和责任感。以学生为中心、成果为导向的课堂教学设计，强调课程思政，生生互动、师生互动，鼓励自主性学习，关注学生体验和收获，本质上是对以学生为中心的教与学的实践，教师应从教学理念、目标、方法与手段等方面准确把握 OBE 教育理念的内涵，不局限于固定的模式。在督导评价中，关注学生学到了什么，而不是教师教了什么，实行过程性评价和结果性评价相结合，积极探索增值性评价；在教学目标上，必须按照认知规律，设定清晰、可衡量的目标，便于学生评估自己达到目标的程度；在教学方法上，强调参与式教学，力求学生能在课堂上充分发挥主观能动性、独立思考、创造新思维。教学督导及时、准确的督导反馈，能有效实现教督同步，产生情感共鸣，通过 PDCA 循环实现教学活动的持续改进运行机制。

教师、学生、教学督导"互促共长"，积极探索以学生学习为中心的教学方式和学习方式，构建师生学习共同体。① 以立体化、多层次为思路，循序渐进地提升教师教学能力和水平，实现教学体系改革。OBE 教育理念同样可应用于非工程教育乃至研究生教育，教育教学改革发展更加广泛和多元化。

（二）校院两级教学督导制度推进质量文化建设

《西南科技大学教学督导委员会章程》明确提出，学校建立校院两级教学督导体系。明晰校院两级教学督导职责，强化沟通联络机制，形成全校统筹、统一组织、分工明确、齐抓共管、稳步推进的教学督导工作新格局。为进一步健全和完善学校教学质量保障体系，构建教学质量保障文化，理顺校院两级教学督导工作，强化二级学院教学督导主体责任，促进学院教学督导体系建设，提高学院教学督导水平，学校依据《西南科技大学教学督导委员会章程》，出台了《西南科技大学关于加强学院（部、中心）教学督导工作的意见》，意见进一步明确了院级教学督导工作的指导思想与总体要求、体系架构与主要功能、人员组成与队伍建设、工作职责与权利义务、运行机制与考核评价等相关要求。

校级督导主要针对人才培养学校层面共性问题，院级督导主要针对人才培养学院层面个性问题。学院教学督导委员会是对各学院教学秩序、教学状态、教学过程及教学质量进行监督、指导、评价、咨询的组织机构。在学院领导下，校级教学督导委员会指导下，围绕人才培养中心工作，以 OBE 理念为引领，采用综合督导、常规督导、专项督导、随机督导、跟踪督导等工作方式，针对人才培养各个环节有效开展督教、督学和督管工作，实现全过程、全方位、全员育人，构建"三全育人"新格局。

二 完善课程评估体系 助推质量文化建设

教育部吴岩司长说："教学改革改到深处是课程，改到痛处是教师"，课程是人才培养的基本单元，作为育人的主要载体，是人才培养的核心要素。随着形势变化和时代发展，课程建设的理念、目标、内容和方法等都要与时俱进。只有把课程建成一流课程，倾力打造"金课"，才能真正使提高人才培养质量落到实处。个别教师质量意识依然淡薄，对自身承担的教学质量保障职责不够明确，投入精力不足，质量保障制度执行力度不大，执行效果不佳。大学教师还需正视自己"教师"的身份，将"成为好老师"作为一种内在的道德自觉和职业追求，这需要我们进一步提高全员质量责任意识。把课程建设作为一个系统工程来抓，

---

① 黄文祥、李亚东：《识变、应变、求变：打造中国高等教育质量保障新文化》，《北京教育》（高教）2022 年第 1 期。

统一谋划、系统设计、环环相扣、久久为功。

（一）课程评估理念引领

学校以课程评估为契机，通过开展多种形式的学习，广泛宣传质量文化，明确各教学环节的责任主体，形成提升和保障教学质量的长效机制和良好氛围。随着新一轮本科教育教学审核评估工作的展开，将 OBE 教育理念和标准落实到教学改革中，重构课程体系和课程内容，推动信息技术与课堂教学深度融合，促进课程建设高质量发展。完善课程建设标准，强化课程思政内容建设，注重课程思政的教学规范，具备传统课程设计要素，又融入最新理念和思想，针对学生的认知特点，统筹考虑课程评价的科学性、操作性。鼓励通过课程标准、课程评估及课堂教学体现课程特色，改进教学评价，促进教师从重"输入"到重"产出"的转变。

（二）课程评估组织实施

学校将本科专业培养计划所列的全部课程作为评估对象，建立每五年一轮的课程评估机制，实行校院两级评估制度，实现课程评估工作常态化、规范化、科学化。在课程自评自建基础上，学校按一定比例重点评估通识课程、学科基础课程、专业核心课程，学院评估不参加校级评估的其他所有课程。课程评估指标体系以 OBE 理念为指导思想，设定 6 个一级指标和 13 个二级指标，一级指标分别为教学大纲、教学资源、课程教学、课程考核、教学效果和课程特色。课程评估核心是对课程目标实现情况进行评价，重点考察课程目标对毕业要求的支撑度，课程内容和教学方式是否能实现课程目标，课程考核方式、内容和评分标准是否是围绕课程目标设计，考核结果是否能够证明课程目标达成。选树典型课程扎实开展示范课程改革试点，以点带面发挥示范引领作用，最终实现课程全覆盖。

教学督导委员会全体委员担任校内评审专家，评审专家通过外出培训、内部学习交流、开展专题汇报会、线上线下学习政策文件等方式，完善知识结构，增强自身修养，实现自我发展与更新，提高思维水平和督导能力。

（三）课程评估成效固化

随着学校内部质量保障体系建设的不断深化，质量保障活动作为提高质量的重要抓手，对学校全体师生主动性、凝聚力与执行力的影响，最终形成全校师生的共同质量愿景，激发出强大的吸引力、感召力、凝聚力。[①] 从质量评估走向质量文化，教学督导旨在坚持立德树人、推动学校建设和发展上再创佳绩，全体师

---

① 齐艳杰：《高校质量文化建设现状与改进策略》，《中国高教研究》2016 年第 3 期。

生不忘初心、踔厉奋发，以提高质量、持续发展、服务国家作为自觉追求，为西南科大建设特色鲜明的高水平大学贡献智慧与力量。

三 聚焦精准督导 赋能质量文化建设

在西南科大即将迎接新一轮本科教育教学审核评估工作之际，学校教学督导委员会成员积极学习领会《普通高等学校本科教育教学审核评估实施方案（2021—2025年）》文件精神并贯彻落实到教学工作各环节中。教学督导委员会结合学校办学定位和人才培养目标，按照学校自主选择的评估类型，对标对表，将评估要求和内涵落实落细到教学督导每一项工作中。毕业设计（论文）是本科人才培养的关键一环，是学生学习、研究与实践成果的全面总结，是学生毕业及学位资格认定的重要依据，也是衡量高等教育质量和办学效益的重要评价内容，① 因此，毕业设计（论文）专项督导成为督导重点工作之一，强化学生中心、成果导向、持续改进。

教学督导委员会在总结以往毕业设计（论文）专项督导工作的有效经验基础上，汇总以往工作遇到的难题和困境，积极寻求工作新思路和新方法，力求实现突破和创新。召开专门工作会议，进行详细周密的部署和安排，督导委员认真研读各学院制定的《毕业设计（论文）教学标准》及实施细则等文件资料，以小组为单位对联系学院的毕业设计（论文）进行督查，对毕业论文的选题、中期检查、教师指导、预答辩及答辩等各环节的进展情况和薄弱环节进行全方位、多层次、多视角检查。坚持问题导向、目标导向，督导善于从问题表象抓住本质和根源，面向学校未来高质量发展，提出建设性意见和建议。督导情况通报发至各学院，供学院进一步改进和完善教学工作，提高毕业设计（论文）质量，进而提升人才培养质量。

质量文化建设是一项系统的质量工程，学校建立健全质量制度、质量标准和评估督导的同时，开展质量保障工作宣讲和培训，使全校师生对学校内部质量保障制度、方法、流程和质量保障的成效及存在的问题有更全面的认知，树立起高等教育质量保障的主人翁意识，自觉形成提升教育质量的服务意识和使命感。② 从经验走向制度、从评估走向保障、从控制走向文化，需要全校上下一盘棋，全体师生一条心，各部门协同合作，统筹推进，并最终落到内部、沉到下部，把提升质量内化为每位师生的共同价值追求和自觉行动。

---

① 王新杰：《土木工程专业毕业设计教学改革研究与探索》，《黑龙江教育》（理论与实践）2021年第11期。

② 齐艳杰：《高校质量文化建设现状与改进策略》，《中国高教研究》2016年第3期。

参考文献

黄文祥、李亚东：《识变、应变、求变：打造中国高等教育质量保障新文化》，《北京教育》（高教）2022 年第 1 期。

齐艳杰：《高校质量文化建设现状与改进策略》，《中国高教研究》2016 年第 3 期。

王新杰：《土木工程专业毕业设计教学改革研究与探索》，《黑龙江教育》（理论与实践）2021 年第 11 期。

"一核两翼四驱"本科人才培养体系构建与实践[*]

尚丽平[**]

成果简介：西南科技大学始终坚持本科教育的基础地位，以破解制约本科人才培养的关键问题和薄弱环节为突破口，以构建高水平人才培养体系为目标，持续推进教学改革。构建了以培养目标为"核心"，以专业改革和课程建设为"两翼"，以"模式驱动、师资驱动、平台驱动、评价驱动"为"四大驱动力"的"一核两翼四驱"本科人才培养体系。经过长期探索与实践，明确了"品德优良，身心健康，基础宽厚，专业扎实，能力突出，视野开阔，具有责任意识、科学精神和人文素养，德智体美劳全面发展的复合型和创新型人才"的培养目标；形成了"服务建材行业、服务区域军民融合、服务四川经济社会发展、服务国家战略需求"的专业谱系，建设了以学生能力培养为中心的课程体系，构建并实践了四协同育人模式，锤炼了引领学生发展的师资队伍，建成了校内校外一体的实践教学平台，完善了以评价为核心的管理体系。学校育人能力持续提升，创新人才培养成效显著。

关键词：人才培养体系；培养模式；专业谱系；课堂生态；评价改革

伴随科学技术的迅速发展，经济全球化、社会信息化与智能化等接踵而至。科技变革给社会方方面面都带来了巨大影响，作为社会关键组成部分，以培养下一代为己任的教育自然也不例外。科技变革对高等教育的影响尤其明显，它在给高等教育带来新挑战的同时，也不断为大学生学习开启新的机遇。科技变革一方面推动产业的快速转型与升级，进而革新人才规格、人才培养定位等，为高等教

---

[*] 基金项目：四川省高等教育人才培养质量和教学改革项目"基于'和—融—合'文化的'研—学'共同体科研育人模式改革研究"（项目编号：JG2021-851）；2020年中国高等教育学会"高等学校立德树人与创新创业教育研究"专项课题"以色列理工学院创新创业教育研究"（项目编号：2020CYYB13）。

[**] 尚丽平（1968— ），西南科技大学副校长，教授，博士。研究方向：高等教育研究。

育变革提供了强大助推力；另一方面也催生慕课、虚拟实验、智能教师等新型教育手段、方法等，为突破现行高等教育的不足提供了有力技术支持与支撑条件。在高等教育内部"回归本科教育"成为发展趋势，"以学生为中心"成为办学准则，"重视教育质量"成为时代命题。

2007年，西南科技大学以"优秀"等级通过教育部本科教学工作水平评估。在新形势下学校迫切需要总结过去、展望未来，设计与构建符合新时期发展需要的学校本科人才培养体系，进一步提升学校育人能力。为此，学校开展了多轮教育思想大讨论，形成了"教育的本质是让不同的学生绽放生命的精彩，本科教育的根本是建设高水平的人才培养体系"的共识。针对如何做好人才培养顶层设计，支撑和服务国家发展战略与产业转型升级需求，如何找准人才培养体系建设着力点，促进学生解决复杂问题的能力和创新能力的培养，如何破除制约本科人才培养的体制机制障碍，激发人才培养体系的活力等问题，2009年学校启动了以培养目标为"核心"，以专业改革和课程建设为"两翼"，以"模式驱动、师资驱动、平台驱动、评价驱动"为"四大驱动力"的"一核两翼四驱"本科人才培养体系构建改革与实践。

一 "一核两翼四驱"本科人才培养体系构建的理论基础

本成果以心理学的多元智能，哲学的人的全面发展，管理学的协同学等理论为依据，从多学科视角，对本科人才培养体系构建的理论基础进行探讨。

20世纪80年代由美国教育学家和心理学家加德纳博士提出多元智能理论。该理论认为，智能是"解决某一特定文化（特定环境）中被认为有价值的问题或创造某种产品的能力"。[①] 其基本结构认为智能是多元的，在每个人的智能结构中同时存在着八种相对独立的智能，分别是语言、数理逻辑、视觉空间、音乐韵律、肢体运动、人际沟通、自我认识和自然探索。每一种智能都有其独特的运作方式和解决问题的方法，并在人类认识和改造世界的过程中起着巨大的作用，具有同等的重要性。这些智能在不同的人身上有着不同的存在方式，有人可能在某一方面甚至数个方面都具有较高的天赋，而在其他方面则可能极为平庸，或水平低下；有人可能各种智能都很一般，但如果这些智能组合得当，就可以在解决某些问题或在某些领域极为出色。[②] 多元智能理论则反映了人的发展的个性化与多样化，因此，我们应该树立多样化的人才观，尊重学生个性差异，鼓励个性发展，为学生创设有利于发现、展现和促进各种智能的多样化情景，为学生的学习

[①] 霍华德·加德纳：《多元智能》，新华出版社1999年版，第14页。
[②] 王晓辉：《一流大学个性化人才培养模式研究》，博士学位论文，华东师范大学，2014年。

提供多路径选择,激发潜在智能,充分发展个性①。

人的全面发展是马克思主义的基本原理之一,应用到教育学领域,通常是指把人的基本素质分解为德、智、体、美、劳等诸多方面,培养受教育者在这些要素方面得以全面、和谐、自由和充分地发展。全面发展理论反映了人的发展在基本范畴上的全面性和完整性。作为个体的人,只有在能力和知识的协调发展,自然、社会、精神等素质的共同提高的全面发展基础上,才可以按自己的天赋、特长、爱好,自由选择活动领域与发展方向。

协同学由联邦德国物理学家赫尔曼·哈肯在20世纪70年代创立的,其名称来自希腊语"协同合作之学",主要从系统内部各要素相互作用的方式去研究自组织机制。② 协同或协同作用是其最基本概念,指两个或多个不同资源或者个体为共同完成某个目标,相互协调、合作和配合的过程。教育是一种具有多元性的社会文化现象,自然学科、人文学科等多学科之间不是彼此独立,毫无关联,而是有着内在的必然联系。自20世纪80年代以来,世界各国教育逐渐向融合式教育发展,加强学科之间的融合、协同,使之相互渗透、相互影响已成为高等教育发展趋势。此外,教育的完成是多种资源、多种因素合力作用的结果。资源整合、合作共赢,要求高校不仅在学校内部打破条块分割的壁垒,建立各部门之间相互协调、相互配合的机制,还要求完善协同育人机制,与企业事业单位、科研院所等进行深度合作,争取将更多的社会资源转化为优质的育人资源。因此,高校要树立一种大协同理念,跨学科、跨专业、跨领域、跨部门、跨院系、跨校企(所)、校地,多方面协调,相互交流与合作,彼此和谐统一,形成全员、全程和全方位育人的格局。

二 "一核两翼四驱"本科人才培养体系构建

"一核两翼四驱"本科人才培养体系如图1,即:以培养目标为"核心",以专业改革和课程建设为"两翼",以"模式驱动、师资驱动、平台驱动、评价驱动"为"四大驱动力"。

(一)一核:优化培养目标,聚焦人人成才

树立"全面发展为基本点,个性特长为闪光点,一专多能为发力点"③ 的人才观。形成"品德优良,身心健康,基础宽厚,专业扎实,能力突出,视野开

---

① 钟志贤:《多元智能理论与教育技术》,《电化教育研究》2004年第3期。
② 郝爱军:《论协同论在教学实践中的应用》,《教育前沿》(理论版)2009年第1期。
③ 尉峰:《以学生为中心因材施教——北方工业大学校长王晓纯谈分层分流分类人才培养模式》,《北京教育(高教)》2013年第10期。

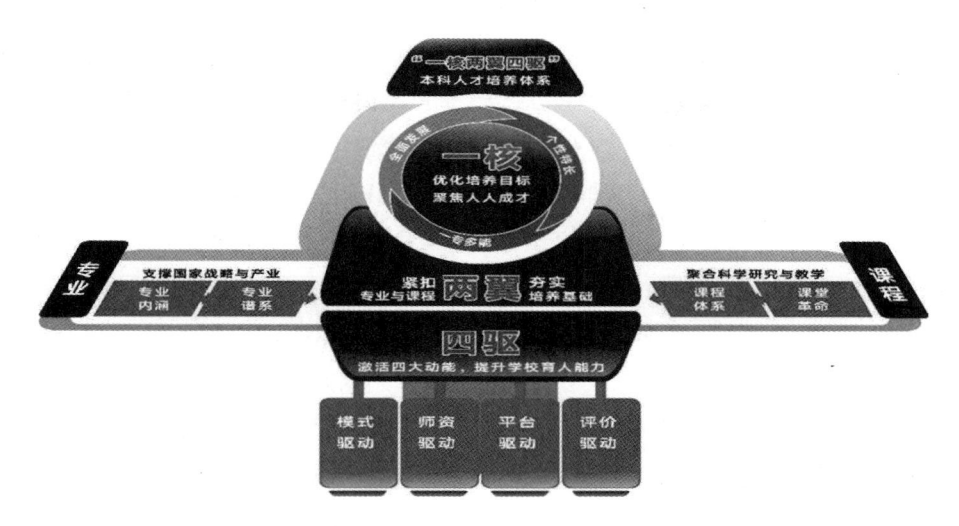

图1　"一核两翼四驱"本科人才培养体

阔，具有责任意识、科学精神和人文素养，德智体美劳全面发展的复合型和创新型人才"的培养目标。结合"三线文化""两弹一星精神"等红色文化资源，实施"三全育人"培根铸魂项目，推进课程思政与思政课程有机融合。

重构以"启迪思想，激发潜能、个性发展"为核心的人才培养方案。基于产出导向（OBE）理念，构建"基础稳、专业强、素质高"的大类培养体系。强化"健康知识＋基本运动技能＋专项运动技能"体育教学模式，完善面向人人的"艺术基础知识基本技能＋艺术审美体验＋艺术专项特长"美育教学模式，构建有效融入劳动教育的学生综合评价体系，并丰富与拓展劳动教育实施途径。

（二）两翼：紧扣专业与课程，夯实培养基础

1. 重构专业谱系，深化专业内涵建设

主动谋划服务区域经济和军工行业发展的特色专业集群建设，面向西部大开发、成渝地区双城经济建设和区域行业产业经济急需，建设一批地质矿产勘查等建材产业链及生产要素传统核心专业和核工程类、兵器类、材料类、电子信息类等军民融合专业；主动应对新一轮科技革命和产业变革挑战，推进新工科、新农科和新文科专业建设，新增机器人、人工智能等战略性新兴产业发展和民生急需相关专业12个；加快专业升级和动态调整，撤销"政治学与行政学""视觉传达设计"2个专业，停招市场营销等5个专业；推进本科专业认证及评估，完善全过程闭环人才培养链条，7个本科专业通过中国工程教育专业认证，2个专业通过住建部评估。

2. 重构课程体系，推进课堂教学革命

科学重组和有效整合课程资源，打造通识教育、学科专业教育和个性化教育有机融合课程体系。实施"公共基础课程提升计划"，提高公共课程效率；实施"优质课程建设计划"，精心打造金课，获批国家级、省级一流课程共47门。以设置独立实验课为主要手段，科学构建开放式实践教学课程体系；推行大学生全人发展提升计划，专设"素质教育微学分"，打造"第二课堂成绩单"，激发学生的自主学习动力和个性发展潜能。

构建集"科研—课程—课堂—创新实践"于一体的跨学科、综合性与集成性课堂形态。实施"互联课堂计划"，推动形成"创意课堂""创新课堂""协作课堂""实践课堂"；建立创新示范课堂，促进教学过程的师生交互协作，让学生在探究式学习过程中迸发智慧；广泛采用小班化、混合式、翻转课堂等教学方式，增强学生课堂获得感；倡导以问题为中心的教学法（PBL）、学科素养知识教学法（LPCK）等，为学生的自主学习和自主探究创造条件。

（三）四驱：激活四大动能，提升学校育人能力

1. 动能一：模式驱动，拓展人才培养新途径

科教融合，突出创新创造能力培养。实施"拔尖创新人才培养计划"，依托重点学科科研平台和优势特色专业，形成多种模式的科教培养新路径。设立校级创新实践班31个，在班人数达5000余人。产教合作，突出应用研发能力培养。实施"卓越工程师培养计划"，与20余家军工董事单位建立产教融合人才培养长效机制，形成多主体参与、多要素集成的合作育人模式。建成"卓越工程师培养计划"专业国家级7个，在班人数达4000余人。实施"产业教授"计划，聘请了150余名行业精英和企业高端人才担任专业顾问，形成"专业双负责人制"，实现了人才培养与产业技术的无缝对接。学科协同，突出交叉复合能力培养。实施"专业+跨越计划""大类培养计划"，开设了77个辅修专业，通过"西班牙语+""人工智能+""农学+"等主辅修培养途径，实现理工结合、文理渗透。校际联合，突出文化交流能力培养。实施"跨文化联合校园培养计划"，36个专业与国外高校开展联合培养；与中国科学技术大学、上海外国语大学、伊犁师范大学等探索"东部—西部—边疆地区""985高校—受援高校—边疆高校""汉族—少数民族"双向联合培养模式，促进了优质资源代际传递。

2. 动能二：师资驱动，锻造学生成长引路人

突出政治引领，锤炼师德师风。实施"龙山人才强校计划"，设立党委教师工作部和教师发展中心，加强教书与育人能力"双提升"，79个教工党支部书记发挥双带头人作用，每人负责1门课程思政示范课建设。强化能力培训，提升育人水平。推行"教师教学能力提升计划"，培养省级教学名师5人，校级教学名

良师 101 人，青年教学之星 17 人；施行"企业访问工程师培养计划"，实现教师教书育人和实践育人协同。

3. 动能三：平台驱动，搭建能力培养大舞台

深挖西部三线军工行业优势，建成军地协同育人平台。搭建跨界集成"高水平科研团队'科研育人'教育平台"，与军工单位在校内共建高水平实验育人平台 15 个、省级协同创新中心 2 个、共享实验室 14 个。发挥共建与区域产学研特色，构筑校企合作育人平台。主动对接四川省电子信息、食品饮料、能源化工、先进材料、装备制造等五大支柱产业，形成"学科—专业""本科—硕士—博士""招生—培养—就业"的联动互馈机制。集成跨学院跨专业科教资源，夯实学科交叉育人平台。环境友好能源材料国家重点实验室、国家城市污水处理及资源化工程技术研究中心、教育部区域国别研究基地拉美研究院等 39 个高水平科研平台承担 400 余门本科课程，服务全部本科专业。

4. 动能四：评价驱动，树立质量文化风向标

构建了"三级管理、两线并行"的质量保障组织方式和"管、办、评、督"适度分离、有机融合的质量保障运行机制，从学生自主选择专业、弹性学制、自助实习、学困帮扶、突出培养潜质学生成长等方面给予充分的保障。建立了"二级学院审核评估、专业认证、专业评估、课程评估、课堂教学质量评价相结合"全链条多维度的教学质量评估体系，实现专业课程评估全覆盖，评估机构全独立，评估时段全周期。建立了在校生及毕业生培养质量标准，持续推进以能力达成为导向的学生学业考核改革，实施"全过程评价—非标准答案"评学体系；加大对教学业绩突出教师的奖励力度，在专业技术职务评聘、绩效考核和津贴分配中把教学质量和科研水平作为同等重要的依据。

三 "一核两翼四驱"本科人才培养体系构建实践及成效

（一）人才培养体系成熟完善

1. 聚焦复合型、创新型人才培养，培养方案持续优化。2009 年，学校聚焦宽口径、厚基础的人才培养模式改革。2012 年，以市场需求为导向，以地方、行业经济结构变化为依据，以支柱产业和高新技术产业发展为重点，突破单一学科式设置模式，设置柔性专业方向。2016 年，构建了通识教育、学科专业教育和个性化教育三维课程平台，促进相近学科专业的融合，拓宽专业口径，科学重组和有效整合课程资源，在 44 个专业实行大类培养。满足学生通识、专业和多元培养的需要。2019 年，构建了"基础稳、专业强、素质高"的大类培养体系，大类培养阶段实施统一课程设置及教学计划，专业培养阶段突出专业特色，全校按 18 个专业类（含 46 个专业）和 31 个专业制定培养方案，满足学生通识、专

业和多元培养的需要，为学生自主学习与研究提供广阔空间。

2. 构建了对接国家战略的专业谱系，专业内涵凸显。建设了服务国家主体功能区规划和区域行业产业经济急需的专业47个，形成了"服务建材行业、服务区域军民融合、服务四川经济社会发展、服务国家战略需求"的专业谱系。获批一流本科专业建设点国家级19个，省级19个，省级应用示范专业2个、省级课程思政示范专业个2个，7个本科专业通过中国工程教育专业认证，2个专业通过住建部评估，4个专业通过了四川省专业评估，优质特色专业数占全校总专业数49%；共建材料、力学等专业，涵盖核工业、兵器、电子、制造等军民融合行业的本、硕、博的国防特色学科专业体系逐步建立并完善提升。

3. 打造了内涵丰富、开放融合的课程体系。获批国家级一流课程3门、国家级精品资源共享课程3门，省级一流课程44门，省级创新创业教育示范课程5门，省级就业创业指导金课2门，省级应用示范课程4门，省级"课程思政"示范课程21门，各类校级重点示范课程100余门，各级优质课程覆盖各专业教学。49门本科课程上线"国家高等教育智慧教育平台"，数量名列四川省属高校前列。与军工单位联合开发课程20余门，新冠肺炎疫情期间建设SPOC开放课程325门，满足学习者发展和多样化终身学习需求。

创设了新颖生动、形式多样的课堂形态。获批省级及以上各类教改项目300余项，资助600余项教学方法与手段类改革项目，70余门课程进行混合式教学改革试点，投入教研教改专项资金1千余万元；"大班授课，小班研讨"等新型教学模式改革深入开展，跨学科、综合性与集成性课堂新形态逐步形成，学生自主学习和自主探究能力不断提升。

（二）学校育人能力持续提升

1. 协同培养路径广阔。获批教育部新工科建设项目2项、新文科建设项目2项、新农科建设项目1项，教育部产学合作协同育人项目130余项。各类拔尖创新人才培养班、卓越工程师培养班、专业+跨越计划班、跨文化联合校园培养班覆盖学生比例超过50%，"一院一品"项目覆盖学生比例达60%。军地全程深度参与教育教学。2017年获批为四川省创新创业示范高校，2019年协同育人模式入选中国高等教育博览会百佳案例。

2. 平台育人载体丰富。建成国家级实验教学示范中心1个，虚拟仿真实验教学中心1个；建成省级实验教学示范中心7个，虚拟仿真实验教学中心2个，大学生创新创业示范俱乐部1个。建成"产权明晰、共建共管，资源优化、特色鲜明"的联合共建共享实验室34个，共建实验室总资产超过4亿元。近五年，累计承担军工科研项目50余项，立项经费8214万元。通过平台共建共享，有力拓展了教育教学资源，为创新型人才培养提供了重要支撑。

3. 教师能力显著提升。《全国普通高校教学竞赛分析报告（2012—2020）》中学校名列全国高校教师教学竞赛第44位。每年组织各类教学比赛，并设立400万元的专项奖励，以赛促练，促进了一批优秀青年教师脱颖而出，在全国高校青年教师教学竞赛、全国高校教师教学创新大赛、全国混合式教学大赛、四川省高校青年教师教学竞赛等高级别赛事中频获佳绩，臧红彬、徐龙玉、马雪、张玲玲、徐文、杨永佳等已在教学中发挥"领头雁"作用。

4. 评价制度科学完善。修订教学管理文件100余个，形成了涵盖学生学业、教师培养、专业建设、课程改革、考核评价、教学经费、资源保障等人才培养关键领域和核心环节质量标准和管理制度，全面服务学生成长。建立了独立的评估机构，开展了全周期的核心课程专项评估和专业评估，实现专业课程评估全覆盖，评估机构全独立，评估时段全周期，30多所兄弟院校来校学习评价改革。

（三）人才培养成效显著

1. 形成了明确的人才培养服务面向。立足四川、面向西部、服务全国，重点为国家科技城、四川经济社会发展和国防科技行业提供人才支持、科技贡献和智库服务。近60%的毕业生主要服务建材行业、军民融合及四川经济社会发展。近五年来，到兵器工业集团等单位就业的毕业生达1000余人。占学校国防、信息、计科、材料、制造等主要工科学院毕业生总人数的10%，成为西部军民融合人才培养的重要基地。

2. 学生综合素质显著增强。近五年，学生共获国家级各类竞赛1948项，省级2290项，"2020全国普通高校大学生竞赛排行榜"中，位列"全国普通高校大学生竞赛排行榜五轮总排行榜（本科）"全国第58位；在"2017—2021年全国地方本科院校大学生竞赛榜单"中，位列全国第23位。本科生读研率达21.53%，推免生进入"双一流"高校继续学习的占89.24%，毕业生一次性就业率达95.58%，考研录取率和就业质量实现双提升。一大批拔尖创新人才和优秀毕业生脱颖而出，在经济社会发展各个行业领域得到广泛认可和高度赞誉。

3. 学生科研能力、创新创业能力显著提升。特种能源工程专业本科生雷雨婷以第一作者在国际顶级期刊 *Nature Communications* 上发表研究成果；应用物理专业本科生曾宇、陈佳佳以第一作者身份分别在 *Applied Surface Science* 和 *Materials Research Express* 发表学术论文；信息对抗技术专业本科生霍建文荣获"2017年度杰出在俄留学人员奖"；会计学专业ACCA教改班王凯琳全球同步统考中获得中国单科第一、全球第八名的好成绩。西南科技大学学生创立了天羽航科技、福德机器人、碳素云科技等一批创新创业典型企业。

（四）改革成效引发社会广泛关注

1. 理论研究成果丰硕。项目组公开发表教改论文30余篇，在《高等教育研究》《中国高等教育》《中国高教研究》等CSSCI期刊发表论文10篇；在中国社会科学出版社等出版专著3部，获批国家级教改项目6项，省级教改10余项。

2. 培养模式全国推广。依托区域产学研联合共建办学，军民融合协同育人模式创新得到了李岚清、刘延东等国家领导人和国防科工局、教育部、科技部、中央军委装备发展部等部委的充分肯定。"设计思维驱动的工程创新人才校企三协同培养模式""军民融合协同育人新模式"入选中国高等教育博览会百佳案例。50多所兄弟院校来校学习培养模式改革，学校多次受邀在教育部省部共建高校研讨会、高等教育博览会、教学指导委员会等全国会议上作经验分享，改革成效在第55届"中国高等教育博览会"作专题推介。

3. 育人成效广受赞誉。中央电视台、中国教育电视台、光明日报、中国教育报、人民网、新华网、学习强国以及四川政协报等媒体多次对学校大学生创新创业、创新人才培养、产学合作协同育人、国内国外联合培养等方面进行了综合报道。中国教育报以《多元协同培养高素质复合型创新型人才——西南科技大学深度融入国家西部发展战略办学实录》为题，对学校多方融合、多元培养、协同育人的改革经验进行了深度报道，引起了广泛的社会关注。

（本成果获2021年四川省教学成果奖）

参考文献

王丽萍：《高校个性化人才培养方案的探索——以南京师范大学为例》，《煤炭高等教育》2017年第6期。

董泽芳等：《普林斯顿大学本科人才培养模式的特点及启示》，《高教探索》2019年第2期。

霍华德·加德纳：《多元智能》，新华出版社1999版。

王晓辉：《一流大学个性化人才培养模式研究》，博士学位论文，华东师范大学，2014年。

钟志贤：《多元智能理论与教育技术》，《电化教育研究》2004年第3期。

郝爱军：《论协同论在教学实践中的应用》，《教育前沿》（理论版）2009年第1期。

尉峰：《以学生为中心 因材施教——北方工业大学校长王晓纯谈分层分流分类人才培养模式》，《北京教育（高教）》2013年第10期。

张继平等：《质量与公平并重：高等教育分流的本质含义及实现机制》，《华中师范大学学报（人文社会科学版）》2018年第2期。

庞烈鑫等：《构建研究型大学多样化人才培养模式和个性化人才培养方案》，《中国大学教学》2015第4期。

地方多科性高校专业学位研究生分类培养的改革探索与实践

吴 斌[*]

成果简介：截至 2021 年 9 月，西南科技大学共有 22 个一级学科，12 个专业学位类别，涵盖经、法、文、理、工、农、管等 7 个学科门类。作为地方多科性高校，于 2006 年开始专业学位研究生培养，2013 年开始探索适合学校专业学位研究生的分类培养体系。

本成果以提高专业学位研究生的培养质量为根本，构建了"五位一体"的专业学位研究生教育体系，即分类制定专业硕士培养目标、"政校企"积极参与的专业学位研究生培养机制、"2+4"联合培养模式、"1+2+3"案例开发与管理方式、"3+4"专业学位导师提升模式，有效解决了分类培养过程中培养目标和培养过程不统一、社会资源利用率不高、学生实践平台及实践经费不能保障、教学方式陈旧、学生知识体系与社会发展实际需求脱节等问题。

关键词：多科性高校；专业学位研究生；分类培养；改革

一 本成果主要解决的教学问题

首先，传统的专业学位研究生培养模式重知识传授、轻实践培养，课程教学重学术、轻应用，不能从根本上将学术型研究生和专业学位研究生的培养区分开。

其次，专业学位研究生联合培养缺乏实体建制，在具体管理过程中不可避免会出现认识不一致、政策不完全、管理不到位和衔接不顺畅等问题。校企联合培养过程中，双方导师积极性不高，双向投入不足，长效机制不健全，培养

---

[*] 吴斌（1965— ），西南科技大学研究生院院长，教授，博士生导师，主要研究方向为自动控制理论。

质量难以保障。

再次，专业学位研究生的培养由于其重实践的特点，培养方案中基础课程的教学和实践环节并重，但在实际的培养过程中，基础课程和实践环节无法有机结合，普遍存在所学知识和实际应用脱节的情况。

最后，"双导师制"由于无具体的推行方案和执行标准，导致很多高校在施行过程中浮于形式。合作导师在学生培养过程、学习成果的考核等方面参与度不够，对学生的思想政治教育作用微弱。校内导师实践指导经验相对欠缺，无法给予专业学位研究生有效的实践指导。

二 本成果解决教学问题的方法

本成果以国家大力推进专业学位研究生教育改革为契机，借助学校"共建与区域产学研联合办学"特色，通过一系列的探索与实践，解决地方多科性高校在专业学位研究生培养过程中面临的共性问题，构建了如图 1 所示的"五位一体"的专业学位研究生教育体系。

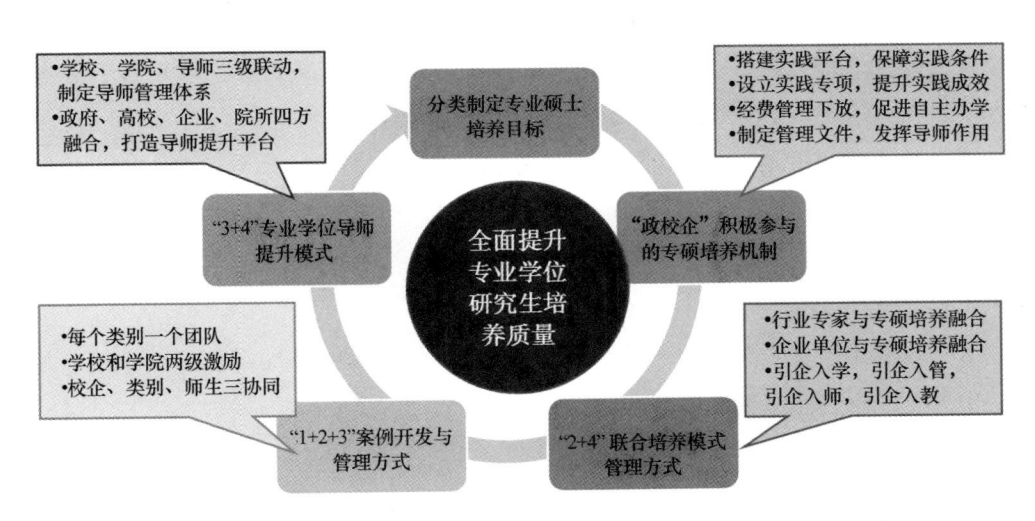

图 1　"五位一体"专业学位研究生教育体系

（一）以提高职业素养为目标，分类制定培养方案

1. 广泛调研现状需求，提高实践课程要求和职业素养

密切结合区域经济发展和行业需求，以提升研究生的创新创业能力和职业素养为导向，强化研究生解决实际问题的实践能力和职业素养的培养。开展课程体系各知识模块的优化以及教学内容调整更新，重视理论性与应用性课程的有机结合，突出案例分析和实践研究。

2. 统筹考虑类别特点，制定特色学位标准和评价制度

根据类别特点制定与类别相适应的专业学位研究生学位标准和评价制度，更加强调研究生的知识应用能力，申请学位的成果多样化，积极响应国家"破五唯"。制定多形式学位论文基本要求及评价指标，强化对论文选题、研究方法和研究成果的实用性及可转化性的考核。

（二）以资源配置为核心，建立"政校企"积极参与的专业学位培养机制

1. 搭建实践平台，保障学生实践条件

依托自身办学优势，充分调动以董事单位为主的各方资源，构建了"校内外＋长短期＋产研政"的多层次实践基地模式，建成实践基地140余个。针对基地建设水平、学生实践情况等方面建立了合理的评价体系。为破解科研成果转化难题，由遂宁市政府牵头，西南科技大学的专家团队与遂宁11家企业建立专家工作站，政校企合作持续深入。

2. 设立实践专项，提升学生实践成效

自2015年起设立专业学位研究生实践专项，学校每年下拨专项经费用于保障专业学位研究生校外实践活动。切实提高了学校专业学位研究生实践积极性，学生实践能力提升显著。

3. 经费管理下放，促进学院自主办学

学校将工商管理硕士、翻译硕士、法律硕士、公共管理硕士四个类别的培养经费管理权下放至学院。实践表明，四个类别的办学自主性不断加强，教育教学改革成效、教师和管理人员的积极性等显著提升。

4. 明确导师职责，发挥合作导师作用

学校制定了《校外合作导师评聘管理办法》，明确校外导师在研究生培养过程中的责权利，积极调动企业导师参与专业学位研究生培养。

（三）以产教融合为途径，构建专业硕士联合培养模式

随着国家提出"推进学校专业学位研究生联合培养工作，强化产教融合育人机制"，学校通过不断探索与实践，构建了如图2所示的"2＋4"联合培养机制。

1. 促进资源共享，创建培养基地

为充分促进资源共享，学校于2017年开始探索专业学位研究生联合培养基地建设，与合作单位共同开展专业学位点建设工作。现已建成涵盖"产、研、政"的8个联合培养基地，可接纳所有专业学位类别研究生开展联合培养。其中与清华四川能源互联网研究院的联合培养成效突出。

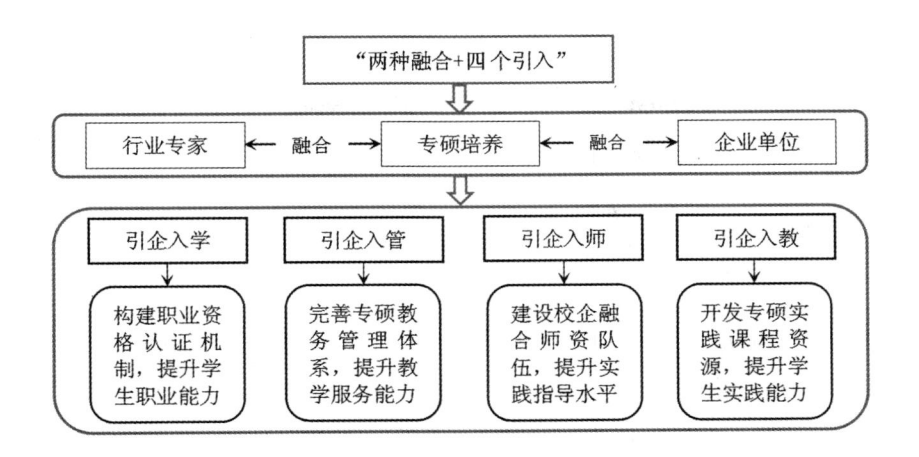

图 2　基于产教融合的全日制专业硕士"2+4"联合培养机制

2. 联合项目申报，发展地域经济

学校充分发挥"共建与区域产学研联合办学"特色，积极推动合作单位与学校科研团队联合开展项目申报等工作。并以此为契机，落实"订单式"精准培养模式，从根本上解决了专业学位研究生招生、培养、就业所面临的问题，切实促进区域经济发展。

3. 加强人才交流，提高师资水平

"校内导师实践化、校外导师理论化"已成为联合培养工作对导师能力提出的新要求。学校充分发挥各方优势，大力推动"校内导师进企业，校外导师进学校"，完善的人才交流机制切实提升了专业学位研究生师资水平。

4. 加强学生管理，共建思政教育

学校在联合培养工作开展过程中，明确要求合作单位配备专职辅导员，配合相关学院做好研究生思想政治教育及奖助学金评定等各项管理工作，努力构建德智体美劳全面培养的教育体系。

（四）以案例建设为突破，衔接理论与实践

近年来国家大力推进案例开发及应用。经过探索和实践，学校形成了一套案例开发及教学管理体系，取得显著成效，获得国内同行高度认可。在专业硕士案例教学方面，构建了如图3所示的"一个团队+两级激励+三种协同"的案例开发与管理方式，有效解决地方高校（尤其是工程类硕士）教学案例资源匮乏、案例教学理念滞后等问题。

1. 完善管理制度，推进开发工作

为充分调动学校专业学位案例撰写积极性，规范专业学位研究生教学案例写

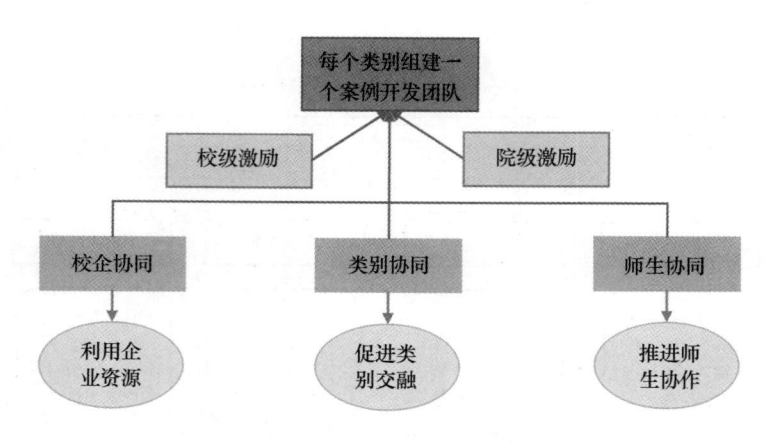

图 3 "1 + 2 + 3"的案例开发与管理方式

作、入库程序，保障课程教学案例产出量。制定了《案例库建设管理办法》等文件，稳步推进案例开发、使用工作。

2. 发挥类别特色，促进类别交融

学校引导各工程类别与工商管理硕士专业学位教师形成案例开发项目组。以解决课程重要知识点为目标，工程类教师选取提炼案例，管理类教师辅助凝练撰写，共同开发工程类专业学位研究生教学案例。

3. 提升案例水平，打造案例高地

学校管理类案例已形成一套完整的案例生态链，近百篇原创案例入选哈佛商学院案例库、中国专业学位案例中心等国内外知名案例库。四次获得全国百篇优秀管理案例"最佳组织奖"，获得全国百篇优秀管理案例 16 篇，名列全国前茅。案例团队受邀到全国 31 所知名高校进行学术交流，获得国内同行高度认可。

（五）以提升导师指导能力为切入点，全面提升师资队伍水平

为切实推动导师提升工作，构建了如图 4 所示的"3 + 4"专业学位导师提升模式。"三级联动"加"四方融合"切实推动了导师能力提升工作的开展。

1. 制定管理文件，规范提升过程

为解决校内专业学位导师"从校门到校门"的问题，以及校外导师参与度低、教学经验缺乏等问题，学校制定了《管理办法》，规范了校内导师实践全过程及考察办法，切实提升校外导师教学指导能力。

2. 设立提升专项，提供经费保障

2015 年起，学校首创专业学位研究生"校内导师实践指导能力提升计划"，每年学校拨款资助校内导师深入行业企业一线工作岗位，将理论与实际相结合，提高了校内导师的实践指导能力，并促进了导师与企业的沟通，助力企业攻坚克

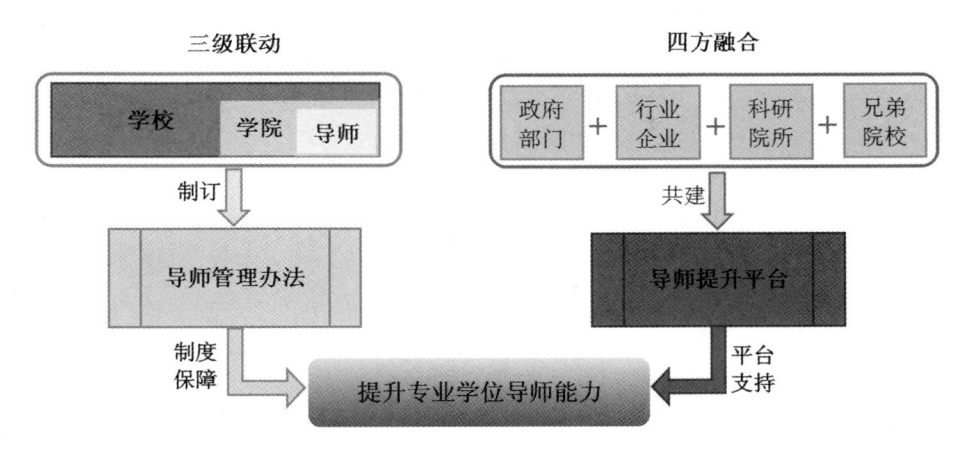

图 4 "3+4"专业学位导师提升模式

难，推动科研成果孵化。

校外合作导师定期进校学习提升，与校内导师共同完成培养方案制定、招生选拔、毕业论文指导等工作。

3. 严格考核流程，确保提升效果

在实践活动后需经过个人申请、学院审核、研究生院复核、专家评审、网上公示等环节。切实做到实践前有计划、实践中有记录、实践后有考核，各级评审进行严格审查，确保提升效果。

三 成果的创新点

首先，本成果形成了以职业需求为导向的培养目标分类定位理念，构建了"政校企"积极参与的培养机制和基于产教融合的"2+4"联合培养模式。通过专项经费投入、引导政企资助等途径，开展专业实践、联合培养、基地建设、导师队伍建设等工作，有效提升学校服务、企业创新、导师指导、学生实践等能力，实现"政、校、企、师、生"五方共赢。

其次，本成果坚持"理论结合实际"的理念，创建"1+2+3"案例开发管理方式。每个类别组建一个案例开发团队，制定院校两级激励制度，构筑了"校企协同、类别协同、师生协同"的格局。有效提升了案例教学水平，提高了案例资源质量。

最后，本成果首创专业学位研究生"校内导师实践指导能力提升计划"。通过"学校、学院、导师"三级联动，制定导师提升管理办法；整合"政府部门、行业企业、科研院所、兄弟院校"四方资源，构筑导师提升平台。切实提升了校外导师教学指导能力和校内导师实践指导能力，导师队伍水平不断提高。

四　成果的推广应用效果

（一）类别迅速增加、规模稳步扩大，人才培养质量显著提高

学校改革探索的八年里，专业学位类别由3个迅速增加到12个，2021年又新增3个专业学位类别（现已在公示期）。专业学位研究生招生规模从550人提升至1167人，一志愿录取率从不到15%提升至95%以上，专业学位研究生招生占比由不足1/2提升至2/3，专业学位研究生参与实践活动的规模由不足20%发展到目前的100%。学生实践环境优越，创新创业能力和职业素养得到了全面提高。

学校不断探索专业学位研究生质量保障体系构建，专业学位研究生教育在不断改革创新中取得一系列新成效。专业学位毕业生选择到国家重点行业关键领域从事相关专业的数量逐年提升，学校近五年专业学位研究生就业率稳定在90%以上，其中近70%进入与专业相关的行业工作，多名研究生校友已成为相关行业翘楚。有近40%的毕业生留在省内工作，为区域经济发展做出了重要贡献。

（二）管理文件体系逐步完备，专业学位点评估结果良好

在培养方案及学位标准制定、学院自主办学、学生实践、联合培养、案例教学以及导师提升等几个面，打造了完备的管理文件体系。2014—2019年学位授权点合格评估过程中，学校工商管理、翻译、法律、农业、金融、汉语国际教育等6个专业学位类别参加了国务院学位办组织的专项评估，学校组织机械工程等12个工程领域开展了自我评估，邀请了包括领域协作组组长在内的校外专家进校评估，评估结果均为"合格"。学校合格评估结果表明，学校专业学位授权点在培养方向、师资队伍、人才培养、专业实践、培养环境与条件、制度建设等方面均达到了教育部要求。

（三）实践平台规模稳步扩大，实践保障体系日趋完善

目前，学校依托自身办学优势，充分调动以董事单位为主的各方资源，建成120余个校外实践基地以及20余个校内实习基地，此外还建有8个跨地域联合培养基地。总体来说，学校的专业硕士实践基地建设布局合理、数量充足，充分满足了专业实践的教学要求。

此外，机制保障是提升学生培养质量不可或缺的部分。制定了《西南科技大学硕士专业学位研究生实践基地建设与管理办法》《西南科技大学硕士专业学位研究生校外合作导师评聘管理办法》《西南科技大学专业学位研究生联合培养基

地管理办法》《专业学位教育教学改革专项——"订单式"联合培养专项工作方案》《硕士专业学位研究生专业实践手册》等文件，制度先行，切实保障了专业学位培养质量。

（四）导师指导能力不断提升，评估专家高度认可

2015 年，西南科技大学开展的导师情况摸底调查显示，有实践经验的校内导师不足 1/4。在制定了《西南科技大学专业学位校内导师提升专项管理办法》后，要求全日制专业学位导师必须参与能力提升专项活动，实践锻炼不少于 30 天，需有相应的实践计划，结题答辩时需提供详细的实践记录、企业鉴定意见、差旅记录等支撑材料，学校组织专家组进行考评。考核结果将作为全日制专硕导师遴选和职称晋升的重要指标。此外，不断加大"校外导师进校园"活动力度，学校为其开展系统性的培训活动。此外，校内导师通过联合培养平台提供的企业技术攻关项目与企业导师有机结合，完成技术攻关、科技开发、产业孵化等工作，服务于区域经济。

同时，"校外导师进课堂"活动也得到学校的大力支持。目前顺利完成"提升项目"的校内外导师有 400 余位，使得专业学位导师指导能力不断提升。近年来，在学校组织的工程硕士领域合格评估工作校外专家进校评估环节，评估专家对西南科技大学的"导师提升专项"工作给予高度认可。

（五）构建案例开发长效机制，教学水平不断提高

坚持贯彻"三协同"的案例开发理念，管理类案例水平位居全国高校前列，目前已形成案例开发、教学、比赛、课程、论文、沙龙"六位一体"的案例工作形态。工程案例实现"0"的突破，现有机械、土木水利、电子信息、资源与环境、材料与化工等 5 个工程类专业学位类别适用于 7 门课程的原创案例十余篇。2020 年开始，《工程伦理》课程全部采用案例教学模式。各工程硕士专业学位类别至少有 3 门课程以小案例教学模式开展。教师通过案例教学，更新了教学观念，准确把握了案例教学的特点和要求，逐步引导学生从感性走向理性，生成原理性知识，形成策略性智慧。

（六）专家领导深切关怀，示范辐射效果显著

本成果在探索与实践阶段，欧阳晓平院士、中国科学院大学党委书记舒歌群等专家到校指导基地建设工作；教育部副部长田学军、四川省副省长罗强等领导参观校内基地。《中国教育报》刊发学校教改成果《多元协同培养高素质复合型创新型人才》《教学督导力促研究生教育质量提升》；学校专业硕士实践被中国科技网、中青在线等国内媒体报道；由学校环境工程专硕生组成的

"污染水体的应急处置"团队受到南充市蓬安县环保局来信致谢;学校案例开发团队受邀到 31 所高校作经验分享。

(七) 持续提炼教学经验,教学成果不断累积

通过对专业硕士教育理念、教育方法和重点举措等核心内容不断地提炼、归纳与总结,完成了省部级等教育教学改革项目十余项,发表教改论文十余篇。

基于全人教育理念的大学生心理教育创新体系构建与实践

陈玉芳[*]　杨惠琴　郭友倩

成果简介："德智体美劳"五位一体的人才培养模式强调人力资本的培养，但心理资本与人力资本同等重要。目前高校心理健康教育普遍存在大学生心理发展需求多维性与教育理念滞后性、教育方法手段孤立性之间的矛盾。本文立足全人教育的核心理念，创造性地将心理教育融合于对人的全方位、全过程的教育培养，提出全人发展教育模式以及心理健康教育的"五心"模型：以德育心、以智促心、以体健心、以美养心、以劳炼心，探索创新性高校心理健康教育，拟对优化新时代高校心理健康教育工作做出积极贡献。

关键词：全人教育；心理教育；"五心"模型

一　引言

现代社会环境日益复杂，诸多因素促使高校要深入思考并采取有效措施回答、应对"培养什么样的人、如何培养人、为谁培养人"的问题。2018年9月全国教育大会上习近平总书记提出要努力构建德智体美劳全面培养的教育体系、要把立德树人融入思想道德教育、文化知识教育、社会实践教育各环节，然而传统的教育模式很难实现大学生的全面培养，这就需要我们勇于探索新的更适合当代大学生的教育模式。党的十九大报告提出了"培养担当民族复兴大任的时代新人"的新要求。因此，作为高校育人重要工作之一的心理健康教育工作也应该顺应时代的发展，紧紧围绕培育时代新人这一目标开展工作，以立德树人为育人根本任务，将育心与育德相结合，实现心理健康教育的全员、全过程、全方位育人功能。

---

[*] 陈玉芳（1977— ），西南科技大学党委学工部部长，副教授，主要研究方向为思想政治教育。

近年来，我国高等教育逐渐步入大众化阶段，随着教育规模的扩张，教育质量下降引起普遍的关注。[1] 新时代大学生要同时兼顾学业与各样技能的发展，但在快节奏与高标准的培养模式下，往往出现多种适应不良现象和诸多发展问题，如因不适应高校的课程模式与授课理念，出现厌学情绪从而沉溺于游戏、赌博等；因学习不得法，学业不达标导致降级、休学、退学；因职业规划不清晰，看似很忙，实则很"茫"，茫然、迷茫，依然找不到前进的方向；因面试碰壁而自信心受损，毕业后，依然"啃老"或是漫无目的地四处飘荡；因心理健康出现严重问题，导致自杀或危害到他人的安全。[2] 因此，高校心理健康教育工作与人才的全面培养密不可分，也越来越得到党和国家的高度重视，在 2017 年颁布的《高校思想政治工作质量提升工程实施纲要》明确把心理育人纳入高校思想政治工作"十大育人体系"，在高校思想政治教育的总体框架下开展心理健康教育，要求各高校不断创新优化心理健康教育，努力培养德智体美劳全面发展的社会主义建设者和接班人。

然而，高校心理健康教育工作发展至今确实存在一定局限性，出现了大学生心理发展需求多维性和心理教育理念滞后性、心理教育方法手段孤立性之间的矛盾。高校心理育人工作最初是为应对和处理大学生中常见的人际关系、学习、恋爱、就业等方面的具体心理问题而得到发展的，随着心理健康教育教师的专业化水平不断提升，逐渐形成了注重以心理方法解决心理问题的发展性心理咨询模式，尽管在实践中取得了不错的效果，但传统的心理健康教育工作侧重的是心理咨询、心理危机干预等心理问题的处理与干预，而对于大学生健康人格的塑造、健康心态的培养等也只停留在传统课程的理论传授或一些零散活动的支撑上，并不能将对学生的培养看作一个整体来看待，心理教育孤立地存在着。因此，单一的心理咨询模式无法实现原本的"大育人"目的。[3]

当代大学生出生在物质生活富足的年代，已经不用为衣食温饱等问题发愁，随着社会的进步，成长的环境越来越好，低级的需要基本被满足。按照马斯洛的需要层次理论，当人们的低级需要得到满足后，将会追求更高层次的高级需要，最高级的需要也就是自我实现的需要。目前大学生也越来越强烈地表现出对自我认识和自我价值探索的需求，除了掌握专业知识外，他们在大学四年中希望能够更清楚地认识自己了解自己发展自己，体现自己的人生价值，非常渴望自我成长成才，而不像以往仅仅满足于解决一般性的心理问题。因此，现在的心理健康教育工作应该是一个多维复合性的工作，不能只侧重于解决心理问题等，应该从学

---

[1] 范怡红：《从整合世界观到全人教育：理论与实践》，西南交通大学出版社 2004 年版，第 86—87 页。
[2] 李湘萍：《本科教育的使命与核心任务：全人发展的视角》，《重庆高教研究》2019 年第 1 期。
[3] 潘莉、董梅昊：《高校心理育人面临的现实难题及其突破》，《心理健康教育》2019 年第 3 期。

生的整体发展来规划，以学生成长成才为出发点，注重引导学生正确地认识自己，认识自己和他人、社会及世界之间的联系，明晰自己的社会责任，有服务社会的意识，具有批判性创新性思维，有健康的体魄，有欣赏美的心灵，有劳动意识，成长为复合型的能够担当社会大任的人才。显而易见，目前心理健康教育工作已无法满足学生的成长需求。为此，本文提出在高校心理健康教育中实施全人教育理念，努力构建全人发展教育模式，倡导育心与育德相结合，育心与对大学生的其他教育相结合，在"三全育人"框架下实现大学生的全面而自主的发展。

二　全人教育理念与心理健康教育相结合

全人教育理念提倡人的整体发展，反对片面的仅重视专业发展的教育，以培养和谐发展的人为出发点，从身心、智力、审美、情感意识、个人责任、精神价值等多方面整合人类个体知识。[1] 全人教育的世界观是系统的生态世界观，它强调全球视野、整体和综合，注重联系的重要性，认为万事万物都是密不可分的整体。[2] 全人教育还认为每个人都有一种潜在的有待发掘的力量，学生是活生生的有机体，是一个充满无限发展潜能的有机体，教育的目的在于唤起大学生对生命的敬畏和对学习追求的内在动力，刺激和引导学生的自我发展，认为所有的学生都有发展成为"全人"的潜质。[3]

全人教育理念的出现最早可以追溯到古希腊时期的柏拉图和亚里士多德，从教育内容出发柏拉图认为受教育者要在德、智、体上和谐发展，亚里士多德认为教育的终极目的在于发展人的理性，使人成为自由、文雅而理性的人，这其实都体现了全人教育的思想理念。[4] 在罗杰斯的教育理想中，他想培养的是"躯体、心智、情感、心力融为一体"的人，也就是既用情感的方式思考又用认知的方式行事的知情合一的"完人"或者"功能完善者"，这便是全人教育的主旨。[5] 日本教育家小原国芳提出：理想的教育应包含人类的全部文化，理想的人应是全人，应具备全部人类的文化，即培养真（学问）、善（道德）、美（艺术）、圣（宗教）、健（身体）、富（生活）全面发展的人。[6] 在我国古代的传统文化中，

---

[1] Ron Miller, *What Are School For? Holistic Education in American Culture*, Brandon, VT: Holistic Education Press. 1977, pp. 206–207.
[2] 谢安邦、张东海:《全人教育的缘起与思想理路》,《全球教育展望》2007 年第 11 期。
[3] Edward T. Clark, Jr., *Designing & Implementing An Integrated Curriculum: A Student-Centered Approach*, Brandon, VT: Holistic Education Press, 2002 (2).
[4] 杨洁、徐文娣:《论小原国芳全人教育思想及现实启示》,《教育文化论坛》2020 年第 1 期。
[5] 张大均:《教育心理学》,人民教育出版社 2011 年版,第 113—114 页。
[6] [日] 小原国芳:《小原国芳教育论著选》（上、下卷）,刘剑乔、由其民、吴光威译,人民教育出版社 1993 年版。

也蕴含着全人教育理念的思想。中国周朝的贵族教育体系要求学生学习六艺，在《周礼·保氏》一书中提到："养国子以道，乃教之六艺：一曰五礼，二曰六乐，三曰五射，四曰五御，五曰六书，六曰九数。"即要求学生掌握礼、乐、射、御、书、数六种基本技能。我国著名的教育家、思想家、儒家思想创始人孔子也曾提出教育学生要学习六艺，希望将学生培养成为德才兼备文武双全的人才。

美国教育思想家隆·米勒（Ron Miller）最早提出了全人教育概念，他将全人教育的内涵归纳为以下六个方面：一是全人教育注重学生的整体发展，关注每个人智力、情感、社会性、物质性、艺术性、创造性与潜力的全面挖掘；二是全人教育寻求人类之间的理解和追寻生命的真正意义，主张师生之间的平等沟通学习，希望培养出健康的、好奇的、整体的学生；三是全人教育注重学生人文精神的培养，主张在培养知识技能的同时增加人文精神的培养，引导学生关注世界，关心周围的人和事物，用人文的方法来达到全人发展的目标；四是全人教育鼓励跨学科间的互通和互动，注重知识的整合，全人教育观认为任何知识都是互通的，不能把每个学科的知识割裂开来学习，要注重它们之间的联系；五是主张学生内在精神世界和外在物质世界的统一，注重内心生活和外部生活的和谐，真正体验到生命的和谐与愉悦；六是注重学生批判思维的培养，促使学生致力于对人类文化的创造和改造，而不仅仅是对现有文化的复制。①

全人教育下的心理健康教育，能够从学生的整体培养出发，注重学生的整体发展。就全人教育的理念而言，它注重将学生培养为"完整的人"，既重视个人价值，又重视社会价值，将"以人为本"和"以社会为本"结合起来，这样的教育理念能够将人培养为既重视社会价值又重视个体价值的人，契合我国高等教育立德树人的总目标。在全人教育理念下实施心理健康教育，不是把心理健康教育单独拿出来讨论，而是在人的整体教育的大框架下谈论心理健康教育，将心理教育与德育、智育、体育、美育、劳育相结合，以学生为本，关注学生的实际心理需求，利用创新性的方法和手段对学生身心、智力、审美、情感意识、个人责任、价值观等进行深层次的引导和干预，从心理层面推动和促进学生全面发展。

随着心理素质的引入，我们构建了全新的"全人发展"教育模式（如图1所示），从德、智、体、美、劳、心六大方面引导学生全面成长提升，培养学生的理想信念、社会责任、创新能力、艺术修养、劳动意识、情绪健康等各方面的品质，让学生清楚作为一个大学生不应只注重专业知识的学习，而更应该学习如何成为一个完整的人，拥有崇高的理想、批判性的思维、健康的体魄、发现美欣赏美的心灵、劳动实践能力和积极的心态等。

---

① 吴立保、谢安邦：《全人教育理念下的大学教学改革》，《现代大学教育》2008年第1期。

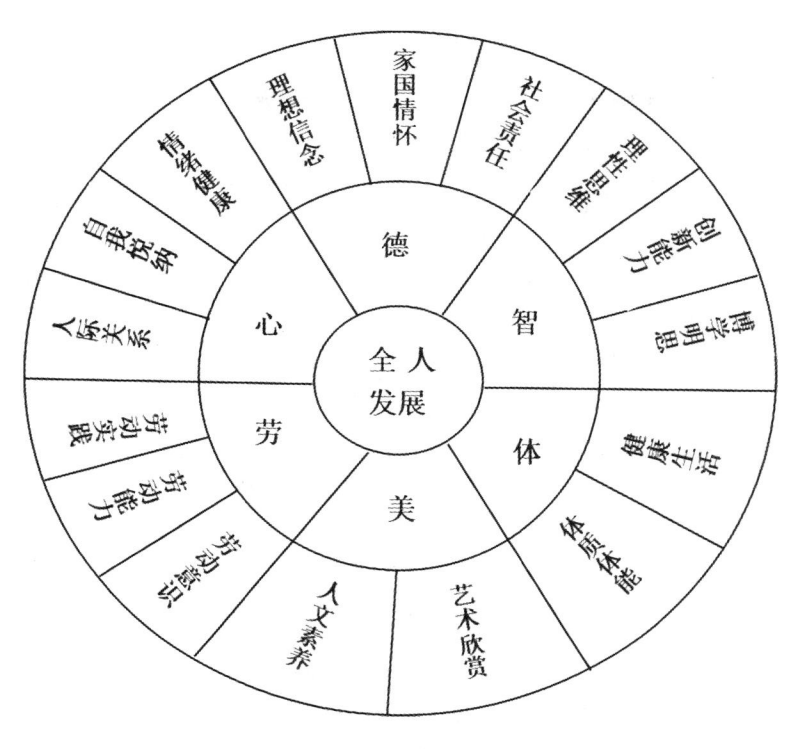

图1 "全人发展"教育模式

三 全人教育理念下高校心理健康教育的理论假设和实践模式

在全人教育的理念引导下，我们致力于研究如何促进学生的整体发展，如何将传统的心理健康教育融入全人教育的理念，如何使心理健康教育和对学生其他方面的教育互相融合互相促进，在"全人发展"教育模式的基础上提出了心理健康教育的"五心"模型，克服了心理教育孤立化的问题，用整体的多元化的创造性的方式引导学生全面健康成长。

（一）全人教育理念下心理健康教育的理论假设——"五心"模型

全人教育的理论观点有三个：一是整体性，追求人的整体的、完整的发展；二是多元化，强调多样化、多层次的通识学习；三是追求灵性的理想，培养人的灵性、独特性。在全人教育看来，大学生不应该是被动地接受教育的对象，而应该注重学生的主观能动性，以学生为中心，激发他们自我成长的动力，引导他们积极地多元地完整地成长自我，最终发展成为那个完整的独特的有社会责任感的最好的自己。

在"全人发展"教育模式下,建立心理健康教育的"五心"模型,即"以德育心、以智促心、以体健心、以美养心、以劳炼心"(如图 2 所示)。将心理教育与德育、智育、体育、美育及劳动教育结合起来,相互促进相互影响,共同对学生的全人发展起推动作用。从整个教育的大目标出发,从促进学生的整体发展出发,心理教育不应该孤立存在,应该和其他教育联系起来,也不应该仅仅是心理辅导中心老师的工作,需要调动起全校师生的积极性,以立德树人为根本,从德智体美劳心各方面提升学生的内涵素质,做到全员、全过程、全方位育人,培养出能够适应时代发展勇担社会责任身心健康的社会主义建设者和接班人。

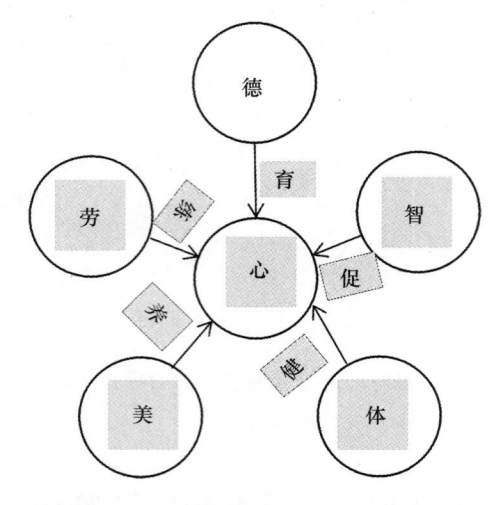

图 2　心理健康教育"五心"模型

(二)全人教育理念下心理健康教育的实践模式

全人教育下心理健康教育的实现需要由多个要素共同构成,其中包括学生、教师、全人教育环境、心理健康大教育平台、个性化全人发展提升方式等,共同组成心理健康教育的实践新机制,即各个要素之间相互契合和有机结合的动态模式。

1. 在对象把握上,开发全人发展测评量表,充分了解学生全人发展状况,为学生制订个性化提升计划及评价提供依据。

了解和把握受教育对象的心理成长规律和特点以及整体的发展状况是心理健康教育的出发点。《全人发展量表》就是根据"全人发展"教育模式编制而成的测量学生在德、智、体、美、劳、心六大方面的发展情况,具体包含了 81 个题目、6 个维度、16 个因子,具体的维度和因子如表 1 所示:

表 1　　　　　　　　　《大学生全人发展量表》维度因子

维度	因子
德	理想信念、家国情怀、社会责任
智	理性思维、创新能力、博学明思
体	健康生活、体质体能
美	艺术欣赏、人文素养
劳	劳动意识、劳动能力、劳动实践
心	人际关系、自我悦纳、情绪健康

以上16个因子的测量数据能够反映和体现学生全人发展的质量，精准分析学生在六大方面的发展状况，并且在意识层面引导学生向这六大方向16个方面不断发展精进自己。同时，精准把握不同学生个体及群体的发展状况，也为学校分析和评估学生的特征和问题所在提供依据，根据学生的需求和情况开展有针对性的个性化教育工作，引导学生根据自身的发展状况选择个性化提升计划，如选择哪些通识类素质选修课、哪些校内外实践活动等。

2. 在课程建设上，开展涵盖领域广，有深度有精度的全人发展工作坊。

在全人教育理念下，传统的课程无法很好地实现对学生的全面而完整的教育，因此需要开拓思路，探索创新的实践路径来实现对学生的完整教育。我们在"五心"模型的基础上，开发了涵盖德、智、体、美、劳、心六大主题的全人发展工作坊，每个主题下打造至少一个精品工作坊，如：以德育心的"德育工作坊"，以智促心的"创造力工作坊"，以体健心的"越己·悦己"工作坊，以美养心的"DO IT YOURSELF—手工艺品设计工作坊"，以劳炼心的"领导力工作坊"以及自我认识、自信心训练工作坊等。工作坊的形式不同于传统的课堂教学，它更注重学生的实践体验，让学生在轻松包容愉快且参与感强的环境下进行自我探索和学习，在这样的环境下，他们的情绪得到改善，精神得到放松，能力得到提升，在积极情绪下产生积极认知，养成积极心态，同时通过自己的亲身体验学习到的东西印象更加深刻。

3. 在教育方式上，引入朋辈教育、翻转课堂等教学方式，促进学生个性自由而充分的发展。

新时代的大学生接受新事物新方法的能力更强，传统的心理健康教育课堂对他们来说显得有些单调，他们愿意有更多的机会展示自己。一是建立朋辈成长小组，完全实现"以学生为中心"，教师在其中应只充当一个推动者或引导者的身份，激励学生表达自己，充分发挥学生的主体性，激励学生开启自我教育，体验建立自信和自我成长的过程。二是运用更多的新的教学手段和方式，推行翻转课堂或混合课堂等教学新模式，使教育方式灵活多样、喜闻乐见，增加教育的趣味性和生动性，让学生能够在多样化多维度的教育中体验个性的自由而充分的发展。

4. 在平台建设上，构建心理健康教育整合平台，助力学生自主成长。

为了形成"三全育人"格局，更好地对学生进行心理健康教育，构建心理健康教育的大整合平台势在必行。首先，开发大学生心理健康教育综合素质APP，利用网络方便快捷有效的优势把各种心理健康教育资源统合在一起，为学生提供考试成绩、综合测评成绩、全人发展测评结果等各种测试结果，根据学生的测验结果进行针对性的信息推送，整合校团委、教务处及学院等各方面的资源为其提供成长提升途径，完善心理咨询、工作坊、朋辈课讲座的预约报名功能等，同学们可以通过这个大平台更好地了解自己的发展状况，根据自身的发展情况选择适合自己的提升途径，可以看到自己在大学四年中的成长与提升。其次，组建教育团队。大教育需要大团队，小部分人的力量毕竟是有限的，只有靠大的教育团队的支持，对学生的完整教育才能实现。需要集结有大教育观的教师，有全人教育理念的教师，充分挖掘全校教师的智慧，发挥不同专业教师的专业优势，共同为学生的自主成长助力。

5. 在质量评估上，优化学生成长评估体系，为学生及社会提供精准的个人成长报告。

质量评估对于教育而言是非常重要的一个环节，它可以帮助我们不断地调整教育的方向和方法，使教育朝着正确有效的方向发展。以往对学生的评估主要以学习成绩为主，显然是远远不够的。我们希望能够建立一套对学生的完整的评估体系，从德智体美劳心各方面进行评估，评估的手段也需要丰富起来，这样可以引导学生的成长方向，也让学生全方位地清楚自己的发展状况，最终在大学毕业时能够提供一份完整的个人成长报告，也为国家社会选拔人才提供有效依据。

四 结语

全人教育理念认为教育首先应该是人之为人的教育，心理健康教育更应该如此。心理育人作为教育的一个重要组成部分，要以培养完整的人为出发点，和其他教育一起共同促进学生的成长。而"五心"理论模型，即"以德育心、以智促心、以体健心、以美养心、以劳炼心"，旨在同时培养与提升学生的人力资本与心理资本，以求实现更广阔的全面人才培养。因此，全人教育理念下的心理健康教育是顺应时代发展的教育，是融合的教育，是全面的教育，这样的创新教育模式和实践路径能够推动高校的心理健康教育不断发展完善，推动我国高等教育人才培养体系更好更快发展。

参考文献

范怡红：《从整合世界观到全人教育：理论与实践》，西南交通大学出版社 2004 年版。

李湘萍：《本科教育的使命与核心任务：全人发展的视角》，《重庆高教研究》2019 年第 1 期。

潘莉、董梅昊：《高校心理育人面临的现实难题及其突破》，《心理健康教育》2019 年第 3 期。

Ron Miller, *What Are School For? Holistic Education in American Culture*, Brandon, VT: Holistic Education Press, 1977.

谢安邦、张东海：《全人教育的缘起与思想理路》，《全球教育展望》2007 年第 11 期。

Edward T. Clark, Jr., *Designing & Implementing An Integrated Curriculum: A Student-Centered Approach. Brandon*, VT: Holistic Education Press, 2002（2）.

杨洁、徐文娣：《论小原国芳全人教育思想及现实启示》，《教育文化论坛》2020 年第 1 期。

张大均：《教育心理学》，人民教育出版社 2011 年版。

［日］小原国芳：《小原国芳教育论著选》（上、下卷），刘剑乔、由其民、吴光威译，人民教育出版社 1993 年版。

吴立保、谢安邦：《全人教育理念下的大学教学改革》，《现代大学教育》2008 年第 1 期。

给青春注入"廉洁基因"：
大学生廉洁教育引导机制研究

王俊佳* 朱玉颖** 张志华***

摘要：廉洁是人才培养的重要目标，开展大学生廉洁教育旨在提升大学生廉洁品质，营造廉洁育人校园文化，进而在全社会倡导廉洁风气。高校要引导大学生坚定马克思主义信仰、树立伟大中国梦共同理想、践行社会主义核心价值观，帮助学生形成有教养、有内涵、有底线、知荣辱的健全人格。西南科技大学积极探索"三大协同"大学生廉洁教育模式，"润物无声、春风化雨"地营造崇洁尚廉的良好生态，帮助大学生扣好人生"第一粒扣子"，为青春注入"廉洁基因"。

关键词：大学生；廉洁教育；三大协同

党的十八大报告明确提出："将廉洁教育纳入国民教育体系，使廉洁价值理念深入人心。"当代大学生是实现中华民族伟大复兴的生力军，开展好大学生廉洁教育，既是高校立德树人根本任务的内在要求，也是构建风清气正社会环境，一体推进"不敢腐、不能腐、不想腐"的必然要求。廉洁教育是一种以崇尚廉洁为主题的道德教育与价值观教育，是从思想源头上消除腐败的治本之举，是筑牢拒腐防变的思想道德防线的固本工程。[①] 新形势下，大学生廉洁教育内涵不断丰富，形式不断创新，是大学生思想政治教育的重要内容。

一 大学生廉洁教育的价值目标分析

高校是直接与社会接轨的人才培养机构，大学生将从这里走向社会，接受祖

---

* 王俊佳，教授，西南科技大学校长助理，长期从事党建工作。
** 朱玉颖，副教授，西南科技大学纪委副书记，长期从事纪检工作和大学生思想政治教育工作。
*** 张志华，讲师，西南科技大学纪委干部，长期从事纪检工作和大学生思想政治教育工作。
① 唐贤秋、梁罡：《廉洁教育面向政治生活的价值意蕴与实现路径》，《中国特色社会主义研究》2017年第5期。

国和人民的挑选，肩负起建设中国特色社会主义事业的历史使命。在大学生中开展廉洁教育，要着力实现以下几个目标。

（一）提升大学生廉洁品质是基本目标

教育部《关于在大中小学全面开展廉洁教育的意见》中指出，积极引导大学生树立正确的三观，提高大学生的廉洁意识，坚定其服务祖国和人民的信念。大学生是未来推动社会发展进步的栋梁之材，大学生能否具备包括廉洁品质在内的良好思想素质不仅关系到高校人才培养质量，也关系到个人能否走上正确的发展道路并实现人生价值，关系到能否为社会发展进步贡献力量。通过廉洁教育帮助大学生建立廉洁理念，遏制大学生中存在的腐败亚文化，增强大学生对腐败的零容忍和道德坚定性，是提升大学生思想素质的应有之义。

（二）营造廉洁育人校园文化是重要目标

校园文化是学校所具有的特定精神环境和文化气氛，具有独特的教育功能。人的正确思想与错误思想的形成和发生都与环境联系密切，环境对人的思想政治品德的形成和发展具有促进作用、感染熏陶作用，以及约束和规范作用。加强大学生廉洁教育，营造廉洁育人校园文化，充分发挥文化的形塑作用，使其在潜移默化中教育引导广大青年学生，以无形的力量全面塑造大学生的内在精神，引导、陶冶、感染大学生的价值观和人生观，使其产生自觉的主观认同，从而抵制各种歪风邪气侵蚀。

（三）倡导廉洁社会文化是长远目标

高校是社会的组成部分，从根本上说，高校开展科学研究、人才培养、文化传承创新都是为社会发展服务的。高校不仅通过教学科研活动作用于社会，还承担着直接服务社会的功能。现代高校的发展趋势，要求高校主动关注社会发展需要，为社会提供直接的、特殊的、丰富多元的服务，引领社会文化发展。在高校加强大学生廉洁教育，为社会输送大量具备廉洁品质的优秀人才，传播廉洁思想，引领社会思想发展，进而在全社会培养倡导廉洁文化。

二 大学生廉洁教育的重点

高校要引导大学生树立正确的世界观、人生观、价值观，帮助学生充分理解世界的本质，形成有教养、有内涵、有底线、知荣辱的健全人格，具体包括：

（一）引导学生坚定马克思主义信仰，树立崇廉尚洁意识

习近平总书记指出，马克思主义博大精深、常学常新，为中国革命、建设、

改革提供了强大思想武器。马克思主义为人类提供了认识世界和改造世界的基本观点和方法，当代大学生只有坚定马克思主义信仰，运用马克思主义最新理论成果指导实践，才能在社会中找准方向，看清事物发展的本质，树立崇廉尚洁意识并将其转化为自觉的行动，不断规范和约束自身行为，从而提升分清是非、拒腐防变的能力。

（二）引导学生树立伟大中国梦共同理想，引领廉洁成长

中华民族伟大复兴中国梦的共同理想是全体中华儿女的精神支柱和强大的思想武器。党的十九大报告中指出，青年兴则国家兴，青年强则国家强。2013 年 5 月 4 日，习近平总书记在同各界优秀青年代表座谈会上提出，中国梦是全国各族人民的共同理想，也是青年一代应该牢固树立的远大理想。大学生是实现中国梦的生力军，他们是否树牢崇廉尚洁意识，是否廉洁奉公、爱岗敬业，是否坚守道德底线、法律红线，在很大程度上影响着整个国家的廉洁生态。引导大学生坚定中国特色社会主义共同理想，勇担起时代赋予的历史使命，将个人的成长发展融入中华民族伟大复兴中国梦的实践中，有助于提高廉洁意识、规范廉洁行为，从而建立正确的价值取向。

（三）引导学生践行社会主义核心价值观，涵养廉洁品质

"核心价值观是一个国家的重要稳定器。一个民族、一个国家，如果没有共同的核心价值观，就会魂无定所、行无依归。"① 社会主义核心价值观中所包含的与廉洁有关的理念、价值、道德准则等，对大学生廉洁品质的养成具有潜移默化的作用，会对大学生的认知水平和行为方式产生重要影响。大学生无论是在校园，还是未来走向社会，都面临着或多或少的诱惑，特别是当他们走上一些重要的工作岗位时，诱惑的砝码可能会越来越重，甚至成为被"围猎"的对象。只有从学生时代就牢固树立和践行社会主义核心价值观，自觉构建一个总的价值判断原则和未来目标，才能认准人生方向，走正人生道路，自觉走向廉洁正直。

三 大学生廉洁教育引导机制探索：
以"三大协同"推动大学生廉洁教育

开展大学生廉洁教育，必须遵循大学生思想政治教育基本规律，坚持方式方

---

① 中央宣传部：《习近平新时代中国特色社会主义思想三十讲》，学习出版社 2018 年版，第 196 页。

法改革创新。教育是人与人精神相契合，文化得以传承的活动。① 因而，充分尊重和发挥大学生的主体性，积极回应学生所思所惑，将廉洁教育融入大学生的话语体系，才能提升廉洁教育的参与感、认同感。西南科技大学积极探索"三大协同"廉洁教育模式，"润物无声、春风化雨"地营造崇洁尚廉的良好生态，帮助大学生扣好人生"第一粒扣子"，为青春注入"廉洁基因"。

（一）第一和第二课堂协同，推动廉洁教育进课堂、进教材、进支部、进社团

1. 廉洁教育进课堂。在入学教育、毕业生教育、党课中设置"廉洁教育"专题模块，廉洁教育进新生课堂、进毕业生课堂、进党校课堂、进大学生骨干培训班（青马班）课堂，充分发挥思政课在大学生廉洁教育中的主阵地作用。

2. 廉洁教育进教材。漫画、故事读本、廉洁教程多管齐下，为广大学生提供喜闻乐见、形式多样、内容丰富的廉洁知识学习资源。学校组织编撰漫画形式读本《大学生入学廉洁教育手册》，以大学生喜闻乐见的方式开展廉洁教育，将手册作为大学生廉洁第一课；编写廉洁教育课外阅读材料《廉洁文化故事普及读本》；编写出版大学生廉洁教程《崇廉尚洁 自律修身》，成为大学新生必修课程和学习读本。经过几年的实践探索和积累，形成了一套较为完整的廉洁教育教材体系。

3. 廉洁教育进支部。指导学生党支部通过理论学习、警示教育、观影、社会实践等多途径开展廉洁教育专题组织生活，让廉洁教育成为支部学习"必修课"，充分激发学生党支部在大学生骨干中开展廉洁教育的"细胞"活力。

4. 廉洁教育进社团。充分发挥大学生社团和社团文化活动在大学生廉洁教育中的"渗透"作用，通过大学生辩论协会、艺术团、戏剧社、漫画协会等学生社团开展形式活泼、丰富多彩的廉洁主题文化活动。如：开展廉洁专题辩论赛、廉洁文化海报征集大赛、艺术设计大赛等，营造浓厚的廉洁文化校园氛围。

（二）廉洁教育和校园文化建设协同，促进廉洁意识入脑、入心

充分发挥文化的浸润教育功能，将新时代廉洁教育融进校园文化建设，增强教育吸引力、亲和力、渗透力。

一是通过党、团支部组织生活会、主题团日等方式，以形式多样的校园文化活动为载体，让学生党员、团员在校园文化活动中主动参与廉洁教育。二是精心培育廉政文化作品，发挥学科特色优势，激励专业老师指导学生创作廉政文化作

---

① ［德］卡尔·雅斯贝尔斯：《什么是教育》，邹进译，生活·读书·新知三联书店1991年版，第2页。

品，如：原创歌曲、黏土动画、3D打印、工艺品，将学生校园文化作品创作与廉洁教育密切结合。三是定期开展廉洁文化主题教育活动，集中展示优秀廉洁文化作品，师生共同参与，以廉洁故事进校园、演讲比赛、知识竞赛、廉洁文化节目展演等形式，鲜活立体地将廉洁教育有机融入文艺节目或竞赛内容，激发学生的参与热情。

（三）校内校外协同，充分调动优势资源和平台丰富廉洁教育内涵

开展大学生廉洁教育，既要充分整合校内资源，也需要大胆"引进来""走出去"，不断拓展大学生廉洁教育的资源和空间。高校应主动挖掘校内的人文学科中廉洁教育资源，同时积极依托高校的人文社科研究基地、普及基地开展工作，邀请专家、实务工作者走进校园为大学生进行廉洁教育。如：西南科技大学与挂靠学校的两个省级社科普及基地——四川省历史文化故事普及基地、四川省社会法制教育普及基地合作，邀请有关人员以"廉洁文化故事展""法纪讲堂""模拟审判"等方式开展大学生廉洁教育。二是主动"走出去"。组织学生以社会实践、竞赛等方式接受廉洁教育。一方面，十分注重发挥所处地域在大学生廉洁教育上的优势，深入挖掘位于"绵阳科技城""中国两弹城"所蕴含的独特廉洁文化因子，组织学生在社会实践中领略和传承红色文化，弘扬"两弹"廉洁文化精神。另一方面，积极带领大学生通过网络"走出去"参与竞赛，以赛促学。近年来，学校以参加教育部办公厅主办的全国高校廉政文化作品征集活动为契机，打造和展示了60余项原创廉洁文化作品，推荐了30余项优秀作品参加全国的作品征集，极大地丰富了学校廉洁教育文化内涵；同时，还充分发挥全国大学生廉洁知识竞赛平台的教育作用，组织了5万余名学生参与在线知识问答，通过竞赛有效提升了大学生廉洁教育的覆盖率和参与度。

大学生廉洁教育要围绕"培养什么人，怎样培养人，为谁培养人"的问题，结合大学生特点和高校特点探索行之有效的方案。西南科技大学在实践中探索出的具有学校特色的廉洁教育方案，有效发挥了大学生廉洁品质塑造作用，营造了崇廉尚洁的良好校园生态，形成了大学生廉洁教育的长效机制。从时间维度看，大学生廉洁教育从入学贯穿到毕业全过程；从教育对象范围看，既实现了学生党员、入党积极分子等学生骨干的全覆盖，又突出了普通学生群体的广泛参与；从教育手段看，既有第一课堂的理论教学，又有第二课堂的文化浸润、实践磨炼，较好地实现了大学生廉洁教育全覆盖、全过程、全方位。

参考文献

《习近平谈治国理政》，外文出版社2018年版。

教育部思想政治工作司：《加强和改进大学生思想政治教育重要文献选编

(1978—2014)》，知识产权出版社 2015 年版。

许峰：《廉政文化建设研究》，北京理工大学出版社 2018 年版。

王俊佳、廖成中、朱玉颖主编：《崇廉尚洁 自律修身——大学生廉洁教育教程》，大连理工大学出版社 2019 年版。

许桂芳：《改革开放 40 年大学生廉洁教育的时代内涵与基本经验》，《广州大学学报》（社会科学版）2019 年第 4 期。

王雅文、张鹏程：《增强高校思想政治教育课实效性的几点探索》，《思想政治教育研究》2012 年第 3 期。

[原载《教育科学》2020 年第 5 期]

持续深化的西南科技大学
公共体育改革与实践

苟清华[*]　石伟[**]

摘　要：从理论依据与政策支持角度分析了西南科技大学公共体育工作不断优化与改进的必然性；介绍了公共体育改革的进程；展望在习近平总书记关于教育、体育的重要论述和全国教育大会精神的引领下，"四位一体"的新时代体育教育目标体系将引领西南科技大学公共体育改革不断深化。

关键词：立德树人；健康第一；公共体育改革

教育强国是强国梦的重要组成部分，高校教育的目标是为国家培养强国所需的人才；体育的发展是国家变得强大的一个重要标志之一。以体育人，强化学校体育工作是实施素质教育、促使学生全面发展的重要途径，对于促进教育现代化、建设健康中国和人力资源强国，实现中华民族伟大复兴的中国梦具有重要意义。多年来为了切实做好西南科技大学公共体育工作，体育与健康学院围绕"立德树人"这一根本，坚持"健康第一"的教育理念，秉承"以体育人"的教育目的，不断深入教育教学研究，持续进行公共体育工作的优化与改革。

一　西南科技大学公共体育工作不断优化与改进的必然性

（一）理论依据：党和国家领导人对体育工作的高瞻远瞩为西南科技大学公共体育改革指明了方向

国家历来重视体育对于个人乃至国家民族的精神面貌之影响，多位国家领导

---

[*] 苟清华（1972—　），硕士，副教授，西南科技大学体育与健康学院副书记（主持工作），研究方向：高校体育教育、体育教学管理、社区体育。

[**] 石伟（1973—　），硕士，副教授，西南科技大学体育与健康学院，研究方向：高校体育教育、民族传统体育。

人都对体育工作做出了重要论述。开国领袖毛泽东从青年时代就对体育有着深刻的论述，在《体育之研究》的文章中突出强调德育、智育、体育的关系，为新中国成立后"健身强国"的体育思想奠定了基础；邓小平同志以其非凡的智慧从国际发展的新维度看待体育，即重视竞技体育，又关心学校体育的发展，多次向有关部门强调要加强学校体育，把学校的体育工作搞好；胡锦涛同志指出，体育是综合国力的重要组成部分，是社会文明的重要标志，国运盛则体育兴。

党的十八大以来，习近平总书记格外重视我国体育工作，对体育发表了大量论述，对我国学校体育、群众体育、竞技体育、体育产业各领域的发展产生了重大影响。习近平总书记在全国教育大会上的重要讲话中指出，要树立"健康第一"的理念，帮助学生在体育锻炼中享受乐趣、增强体质、健全人格、锤炼意志。这为全面加强和改进新时代学校体育工作指明了方向，也为西南科技大学公共体育教学改革拓展了新的思路：作为高校育人的重要环节，大学公共体育工作应以服务学生全面发展、增强综合素质为目标，推动大学生文化学习和体育锻炼协调发展，塑造健康人格、弘扬健康理念，将体育课程与创新人才培养相结合，发扬"艰苦奋斗，拼搏创新"的西南科技大学精神，以体养德、以体益智、以体育美、以体促劳，培养德智体美劳全面发展的社会主义建设者和接班人。

（二）政策依据：国家颁布的一系列教育、体育政策为西南科技大学公共体育改革理清了思路

为了切实加强和改进高校体育工作，促进学生德智体美劳全面发展，国家也陆续出台了一系列指导性文件，为高校体育工作明确了方向。1992年，原国家教委颁布实施了《全国普通高等学校体育课程教学指导纲要》，进一步明确了体育课教学的指导思想、课程类型、教学内容和组织形式等；2005年，教育部颁布实施了《关于进一步加强高等学校体育工作的意见》，在总结了高等学校体育工作的同时，提出了课程改革、课外活动等方面的补充，并要求全面实施《学生体质健康标准》；2014年，教育部又印发了《高等学校体育工作基本标准》，强调要深入贯彻落实立德树人的根本任务，加强高等学校体育工作，并在同年公布了《国家学生体质健康标准（2014年修订）》，要求切实提高高校学生体质健康水平；2016年国务院办公厅下发《关于强化学校体育 促进学生身心健康全面发展的意见》，从深化教学改革、注重体教结合、增强基础能力、加强评价监测以及组织实施五个方面提出了建议。

党的十八大以来，以习近平同志为核心的党中央从全面建成小康社会、实现中华民族伟大复兴的战略高度重视发展体育事业。2016年中共中央、国务院印发了《"健康中国2030"规划纲要》，在此背景下，高校体育工作加强了教学理念、教学内容、教学方式的改革力度；2020年4月27日，中央全面深化改革委员会第十三次会议审议通过了《关于深化体教融合 促进青少年健康发展的意见》，指出："深化体教融合促进青少年健康发展，要树立健康第一的教育理念，推动青少年文化学习和体育锻炼协调发展，加强学校体育工作，完善青少年体育赛事体系，帮助学生在体育锻炼中享受乐趣、增强体质、健全人格、锻炼意志，培养德智体美劳全面发展的社会主义建设者和接班人。"并在同年的 5 月 28 日颁布了《高等学校课程思政建设指导纲要》，凸显了在落实"立德树人"根本教育任务过程中，高校体育课程所蕴含的丰富的思想政治教育元素优势；为全面贯彻与落实习近平总书记在全国教育大会上的重要讲话精神，2021 年 6 月 23 日发布了《教育部办公厅关于印发〈《体育与健康》教学改革指导纲要（试行）〉的通知》，进一步提出了要深化体育教学改革，更好地帮助学生在体育锻炼中"享受乐趣、增强体质、健全人格、锤炼意志"，全面把握"教会、勤练、常赛"的内涵与要求；继 2020 年中共中央办公厅、国务院办公厅印发的《关于全面加强和改进新时代学校体育工作的意见》后，2022 年，四川省颁布了《四川省关于全面加强和改进新时代学校体育工作实施方案》，对切实加强和改进西南科技大学体育工作，促进学生德智体美劳全面发展提出了更高要求。

二 持续优化和改进中的西南科技大学公共体育改革工作

"文明其精神，野蛮其体魄。"体育是撬动素质教育的重要杠杆，理应在校园文化建设中发挥更为积极的作用。公共体育是西南科技大学全体非体育专业学生必修的公共基础课程，教学面广，影响大，是立德树人教育过程中的重要一环。多年以来，西南科技大学公共体育工作都秉承勇于创新、直面挑战的锐意进取精神探索教学改革与优化之路，敢于尝试，在四川省高校公共体育改革中居于领先位置。

（一）从"选项课教学"到"分层次教学模式"，凸显"以学生为中心""健康第一"的现代教育理念

早在 20 世纪 80 年代中期，原四川建材学院即现在的西南科技大学公共体育就在四川省内以及全国高校中较早开展了"三自主"体育课模式，提供了足球、篮球、排球、田径、武术、健美操等项目供学生自主选择，极大地激发了学生的学习兴趣，体育课成为学生出勤率最高的课程之一；2003 年又针对普遍存在的因大学生体育基础参差不齐造成的"一部分学生吃不饱，另一部分则受不了"的现象，在"选项课教学"基础上进行了"分层次教学"模式的探索，进一步做到了因材施教，区别对待，最大限度满足学生的体育需求。

（二）落实终身体育理念，实施特色教学

2009 年，是西南科技大学公共体育改革的特色体育教学改革年；为了切实促进学生体质持续发展，增强应急避险能力，形成良好的锻炼习惯，树立终身体育的理念，原西南科技大学体育学科部（即现"体育与健康学院"）率先在省内开展体育特色教学改革，将游泳和太极拳作为全校学生必选、必考课程贯穿大学始终，在课程设置与教学管理上增加了终身体育的推动力。

（三）"课堂内外一体化"体育教学改革

2013 年，经过多年的测试和调查发现，大学生的体质健康不容乐观，特别是体现心肺功能的长跑测试成绩普遍较差，以及大三、大四学生的体质呈逐年下降趋势。为了增强体质，磨炼意志，养成良好的锻炼习惯，落实学生终身体育理念，西南科技大学公共体育以大体育观为指导，积极探索"课堂内外一体化"公共体育课程模式改革。体质测试与公共体育课程结合，加强运动基本能力的培养，长跑进课堂，以考促练，合理设置考核目标，在通过自身努力获得成果的过程中锤炼意志，增强自信心；团体操表演与课程考核结合，以体育美，培养学生的团队意识、协作能力；将生命安全教育纳入公共体育教学内容，尊重生命，以人为本；改革评价体系，将课外锻炼长跑参与情况纳入体育成绩构成中，引导学生从被动锻炼到主动锻炼，将"跑动校园"变成了一道风景线，使"蓝道"成为一个地标，校园体育文化氛围日益浓厚。

三 "四位一体"的新时代体育教育目标体系将引领西南科技大学公共体育改革不断深化

为深入贯彻习近平总书记关于教育、体育的重要论述和全国教育大会精神，以及《关于全面加强和改进新时代学校体育工作的意见》（中办发〔2020〕36号）文件精神，西南科技大学公共体育以"立德树人"为根本，坚持"健康第一"的教育理念，围绕"享受乐趣、增强体质、健全人格、锤炼意志"的学校体育"四位一体"目标体系，确定了服务学生全面发展、增强综合素质，推动大学生文化学习和体育锻炼协调发展，将公共体育课程改革与创新人才培养相结合，凸显"艰苦奋斗，拼搏创新"的西南科技大学精神，以体育人，以体化人。

2020 年，面向全校学生的体育俱乐部试运行，拉开了西南科技大学公共体育全过程化改革帷幕。体育俱乐部灵活的锻炼形式和多样化的评价体系，极大地激发了学生的参与性；丰富多彩的俱乐部竞赛活动和生龙活虎的竞争场面，让校园体育文化日益浓厚。

面对新时代对高校体育工作提出的新要求，西南科技大学公共体育还将进一步加强体育课程顶层设计，挖掘体育内涵，积极推进体育课程思政体系化建设；探索"互联网+体育"，创新体育教学方式，加强体育教学管理的网络化、信息化、数字化建设，创建线上、线下紧密结合的智能化教学体系；落实"健康知识、基本技能、专项运动技能"的教学要求，贯彻体育教学"教会、勤练、常赛"的基本路径，通过大学体育教育，使学生从"体育技能学习"过渡到"体育专长形成"。

参考文献

陈宝：《我国大学体育政策的历史演进与现实思考（1949—2016）》，博士学位论文，华中师范大学，2018年。

赵扬：《新时代高校体育的育人使命和育人价值探析》，《吉林省教育学院学报》2022年第4期。

赵富学、李壮壮：《习近平总书记体育重要论述融入体育课程思政建设研究》，《武汉体育学院学报》2021年第3期。

楚开轩、杨军：《立德树人视域下高校体育课程思政构建价值、阻碍与践行路径研究》，第十二届全国体育科学大会论文摘要汇编——专题报告（学校体育分会），2022年。

章翔：《"三全育人"视域下大学体育俱乐部课程之思政建设的学理与践行》，第十二届全国体育科学大会论文摘要汇编——专题报告（学校体育分会），2022年。

新时代大学生美育素养培育的理论与实践

赵 洋* 许 欢**

摘 要：高校美育教育亦是文化建设的重要组成部分和题中应有之义。美育教育是一个系统工程，高校各级共青团组织在学校文化建设、文化育人、文化传承中肩负着重要的责任与使命。西南科技大学各级共青团组织积极开展"校园文化品牌建设工程"，努力实现文体活动"有意思"与"有意义"的双向转变，以美育促德育，以艺术化人心。

关键词：美育；教育；文化；共青团

习近平总书记在 2016 年 12 月召开的全国高校思想政治工作会议的讲话中指出："文化滋养心灵，文化涵育德行，文化引领风尚。要注重发挥共青团、学校社团、学生自治组织的作用，调动学生参与的积极性，开展形式多样、健康向上、格调高雅的校园文化活动。"可以说，高校各级共青团组织在学校文化建设、文化育人、文化传承中肩负着重要的责任与使命。高校美育教育亦是文化建设的重要组成部分和题中应有之义。美育教育是一个系统工程，高校各级共青团组织在学校文化建设、文化育人、文化传承中肩负着重要的责任与使命。近年来，西南科技大学各级共青团组织积极开展"校园文化品牌建设工程"，努力实现文体活动"有意思"与"有意义"的双向转变，以美育促德育，以艺术化人心。通过"科大青课""第二课堂成绩单制度"等工作着力点，逐步构建起"以文化人、以文育人"的美育教育体系，使学生不仅能感受美、欣赏美、追求美、传播美，更能努力培育美的素养、践行美的信仰、塑造美的心灵。为此，西南科技大学"六美共青团"建设成为助力学校美育教育的总抓手。

---

* 赵洋（1980— ），满族，西南科技大学马克思主义学院院长，博士，教授，硕士生导师，主要研究方向为当代青年发展问题、马克思主义城乡关系理论。

** 许欢（1982— ），西南科技大学校团委副书记，博士，副教授，主要研究方向为思想政治教育。

一 "科大青课"感受美

"科大青课"是在全面借鉴团中央"青课"形式的基础上,由共青团西南科技大学委员会创办,聚焦当代大学生热点问题,面向校内青年师生开放的课程。课程主讲嘉宾与听众以青年为主,立足于引导青年弘扬与践行社会主义核心价值观,以青年马克思主义者培养工程为载体。近年来,西南科技大学着力构建以"西南科大精神"为内核的育人体系,把培育和践行社会主义核心价值观与校园文化建设紧密结合,以"科大青课"为载体,以重大节庆日、中华民族传统节日等为契机,进一步加强中华传统文化和社会主义先进文化教育。通过理论学习、交流研讨、素质拓展等引领广大青年"与信仰对话,与文化同行",进一步增强师生对中国特色社会主义的道路自信、理论自信、制度自信、文化自信,逐步建立了以美育促德育的校园文化工作机制。奥运冠军张山、舞蹈家黄豆豆、作曲家何占豪、京剧艺术家王珮瑜、歌唱家王喆等先后做客"科大青课",深受师生喜爱。2017 年,"科大青课"项目荣获教育部第九届高校校园文化建设优秀成果奖。

二 "第二课堂竞赛"培育美

习近平总书记曾在 2016 年全国高校思想政治工作会议上指出:"社会是个大课堂。青年要成长为国家栋梁之材,既要读万卷书,又要行万里路。社会实践、社会活动以及校内各类学生社团活动是学生的第二课堂,对拓展学生眼界和能力、充实学生社会体验和丰富学生生活十分有益。要重视和加强第二课堂建设,重视实践育人,让学生在亲身参与中认识国情、了解社会,受教育、长才干。"西南科技大学作为四川省高校共青团"第二课堂成绩单制度"项目改革试点高校,通过围绕新时代青年学生成长需求进一步探索构建"第二课堂"文化育人体系,切实有效地推进"第二课堂成绩单制度"建设,推出新思路、想出新办法、做出新成效。出台《创新创业实践微学分暨第二课堂成绩单认定管理办法》,从工作内容、项目供给、评价机制等方面对"第二课堂"中学生参与文体活动(文体竞赛、人文素质教育类讲座、文化艺术教育实训、文艺创作等)的学分认定、管理进行系统设计和整体推进,客观记录、认证学生参与"第二课堂"文体活动的经历和成果,规范"第二课堂"课程、学分认定的审核流程,保障"第二课堂成绩单制度"的顺利实施。出台《学生第二课堂竞赛分级目录》,对学校科技文体及创新创业竞赛进行了 ABC 级立项分类管理。目录涵盖了全国大学生艺术节等国内高校重要赛事,成为"第一课堂"美育教育的有效拓展和延伸。近年来，西南科技大学学生参加各级文化、艺术、体育等第二课堂竞赛，共获得省级以上奖励 500 余项。

三 "文化艺术活动" 塑造美

西南科技大学以"校园文化艺术节""社团文化节""女生节"三大文化活动体系为抓手，打造了以舞蹈《羌红情》、校园剧《当兵去》、原创小话剧《生命在这里闪光》《桃花渡口》、大地彩绘《青春画卷》、"五四快闪"等为代表的优秀文化作品和品牌活动，扩大了文化育人的覆盖面。积极推进"高雅艺术进校园"项目，引进大型原创话剧《立秋》《生命如歌》、秦腔《西京故事》、舞剧《丝路花雨》、川剧、芭蕾舞剧等高水平文艺演出活动 20 余场。

选拔优秀作品参加中央电视台《歌声与微笑》《五月的鲜花》等高水平文艺演出。依托校园文化素质建设专项，试点推进"人文通识教育平台""理论创新宣讲团""大学生辩论队"三个品牌项目，取得显著成效。以大学生艺术节为重要依托，以赛提质，以赛促建。在全校范围内组织开展"中国文联文艺志愿者小分队走进西南科大"等系列活动，开展艺术表演类、艺术作品类、艺术实践工作坊等竞赛及展演活动，弘扬中华传统文化以及向善、向美、向上的校园文化。

四 "学生社团活动" 追求美

社团活动百花齐放，拨动了大学生的青春旋律。近年来，学校逐步完善了《西南科技大学社团管理办法》，加强了对现有注册的 87 个学生社团的建设与管理，努力构建了百花齐放、百家争鸣的多元校园文化新生态。学生社团每年会员招新超过 16500 人次，约占新生人数的 80% 以上。以百鸣文学社、书画协会、缘梦戏剧社、航空航天学社等为代表的学生社团扎根学校科技创新、校园文化、社会实践等工作体系。近年来，学生社团组织在各级各类比赛中，共获得省级以上奖励 200 余项，两个社团分别获得全国高校"优秀学生社团"和"百强社团"。

五 "志愿服务" 实践美

社会实践与志愿者活动品牌化建设有效推进，西南科技大学共青团组织形成了"研究生支教团""陇南文艺支教""小梧桐志愿者"三大品牌。从 2010 年起共组织 12 届研究生支教团 126 名同学，先后赴西藏拉萨、新疆石河子等地进行为期一年的支教工作。2013 年起参与中国文联文艺支教项目，共计 10 批 90 余名具备文艺、体育特长的志愿者前往甘肃陇南进行支教。成立"小梧桐"志愿服务队伍，活跃在校内外各类活动中。在每年的迎新现场、绵阳科博会、电商峰会上都能看到"小梧桐"们忙碌的身影，很好地诠释了志愿服务精神。同时，建立了星级志愿者服务评价体系，更客观有效地评价了志愿者工作。2017年11月，西南科技大学被团中央学校部、全国学联秘书处评为暑期"三下乡"社会实践优秀单位。通过多年的建设与服务，"陇南文艺支教"已经成为西南科技大学志愿者"致青春"的最好方式，也是积极践行党的十九大报告提出的"要加快推进重点文化惠民工程，加大对农村和欠发达地区文化建设的帮扶力度"的最好回应。

六 "新媒体平台"传播美

习近平总书记指出："谁赢得了互联网，谁就赢得了青年。"西南科技大学各级共青团组织顺应移动互联时代的新特点和青年一代的新需求，积极打造具有时代特色和校园本土风貌的新媒体平台，形成了"一网两微"的智慧校园文化工作矩阵。以微信、微博、易班、"青年之声"等平台建设为依托，通过新媒体平台讲述西南科大故事，传播西南科大文化，实现了深度融合、充分互动、线上线下的美育教育新阵地。2018年，西南科技大学共青团微信公众号在第二届全国校园媒体评选中获"最具人气奖"。学校新媒体的有效覆盖面、关注度、影响力不断提升，微博、微信公众号国内、省内排名持续提升，在四川高校新媒体影响力排行榜中多次名列前茅，学校也多次荣获"四川省十佳校园媒体"荣誉称号。

当代著名思想家李泽厚先生在他的代表作《美的历程》结束语中指出："美是感性与理性、形式与内容、真与善的统一。""单点着力"和"统一发力"进行转化，不能一副药方包打天下、医治百病，要高校各部门、各学院统筹协调，虚功实做，久久为功。

参考文献

李泽厚：《美的历程》，人民文学出版社2021年版。

劳动教育在高校人才培养中的意义与功能探析

辛 婷[*] 周凤生[**]

摘 要：实现培养德智体美劳全面发展的时代新人的教育目标，高校劳动教育不可缺少。文章对劳动教育在高校人才中的重要意义进行了系统阐述，并深刻分析高校劳动教育中蕴含的教育功能和价值，以期为高校实现为党育人、为国育才提供现实启鉴。

关键词：劳动教育；人才培养；功能探析

党的十八大以来，以习近平同志为核心的党中央高度重视学校劳动教育工作，要求各级学校要站在培养合格的社会主义建设者和可靠的接班人的高度开展好学校劳动教育，要在广大学生当中弘扬劳动光荣传统，教育引导学生尊崇劳动、参与劳动，让广大学生在参与劳动中塑造积极的精神品质、树立科学向上的劳动观和扎实可靠的劳动知识技能。习近平总书记对学校劳动教育工作作出的重要指示和要求，不仅体现了党中央对劳动教育在促进学生全面发展中重要作用的肯定，也为新时代高校积极挖掘劳动教育内蕴的教育功能与价值提供了科学指南，对促进大学生的全面发展具有重要的理论与实践意义。

一 劳动教育在培养德智体美劳全面发展的大学生中的重要意义

新时代承载新使命，新使命呼唤新精神。当前，世界正处在百年未有之大变局，我国社会发展也正处在难得的历史机遇期，我们比历史上任何时期都更加接近、更有能力实现民族复兴伟大梦想。但实现中华民族伟大复兴的中国梦，没有捷径可走，唯有以亿万中华儿女的辛勤劳动才能实现。对此，只有在广大青年学

---

[*] 辛婷（1973— ），藏族，西南科技大学辅导员，副教授，主要研究方向为大学生思政与心理教育。
[**] 周凤生（1971— ），西南科技大学学生处副处长，副教授，主要研究方向为大学生思政与心理教育。

生中积极开展劳动教育，才能培育大学生艰苦奋斗、拼搏创新的劳动精神，才能引导大学生将个人小我与时代使命有机统一起来，在实现人生社会价值中彰显个人青春理想追求。

（一）有利于强化新时代大学生对实现民族复兴的使命追求

"实现中华民族伟大复兴的中国梦，必须依靠知识，必须依靠劳动，必须依靠青年。"大学生是国家未来的建设者和接班人，是时代进步的引领者，必须具有强烈的担当精神和意识，才能肩负起时代使命。因此，高校开展劳动教育，就是要培育学生的劳动精神，养成正确的劳动价值理念；就是要塑造学生敢于担当、乐于担当、自觉担当的优秀品质；就是要培育大学生，树立中华民族凭借劳动实现站起来、富起来到强起来的自豪感，笃信劳动承载中国梦、劳动创造幸福和价值的人生梦想，从而增强大学生的底气和信心，为肩负起国家和民族复兴使命打下坚实的思想基础。乐于担当，是建立在大学生把个人发展与国家发展高度结合起来的基础之上，是归属感的体现。在劳动教育中，要让大学生深刻认识到，中华民族伟大复兴中国梦不仅是国家、民族的梦想，也是每一个现实的个体的热切期盼。只有实现中国梦，个人的梦想才有实现的前提，也只有个人追求能助力中国梦的实现，个人的梦想才能有实现的可能，二者是相互促进的辩证统一的关系。青年大学生只有正确认识二者辩证统一的关系，才会不断增强担当意识，才会乐于担当。自觉担当，这是从劳动认知、劳动实践到劳动精神的质的跨越，是建立于大学生自觉认识自身承担的历史使命的基础上的。开展劳动教育就是让大学生认识到自身肩负的使命，把艰苦环境当作磨砺自己的机遇，从而实现由被动到主动，由认知到实践，最终树立起劳动精神和自觉担当意识。

（二）有利于弘扬、传承中华民族优良的劳动传统

纵观人类社会发展的每一阶段，劳动始终与人类社会发展密不可分。从农耕社会、工业社会到当今的信息社会，劳动一直以来都在发挥着特有的作用。当今，我们已经迈进了以人工智能、虚拟技术、大数据等新兴科技为主要标志的信息化时代，科研院所、人才市场等目光和关注焦点也逐渐倾向于科学技术的发展和相关人才的培养，对传统劳动和职业产生较大冲击。特别是我国传统封建思想意识还没有清除，加上应试教育的影响，社会上轻视体力劳动的现象还比较普遍。在这样的大环境下，大学生存在看不起体力劳动者，抵触基层劳动职业的现象。不少大学生不愿回农村，不愿去艰苦的地方。大学阶段是青年学生价值观养成的关键阶段，高校开展劳动教育，不仅可以帮助广大学生深刻了解和学习中华民族优良的劳动传统，也为大学生在实践中感悟劳动的独特魅力、劳动成果的来之不易等提供现实途径，从而引导大学生勇于走到基层，锤炼本领，奉献力量。

（三）有利于为高校落实立德树人根本任务提供路径支撑

党的十八大以来，习近平总书记反复强调，办好中国特色社会主义高等教育，事关国家的发展与民族的未来。高校作为国家人才培养的主要阵地，必须坚持旗帜鲜明地回答好"为谁培养人、培养什么样的人以及怎样培养人"这一根本问题，必须一以贯之地坚守好为党育人、为国育才的政治立场。因此，站在新的历史方位上，高校必须要以积极务实的育人举措全面落实党的育人方针，在"德、智、体、美、劳"教育的五个维度中，积极探索以"劳动教育"为牵引的育人体系，发挥"劳动教育"贯穿"五育"的功能，切实补齐大学原有教育体系中存在的"少体、弱美、缺劳"的短板，提升大学生的实践动手能力和素养，为高校立体式完成好"立德树人"根本任务提供路径支撑。

（四）有利于高校进一步完善人才培养体系、促进学生全面发展

2018年，习近平总书记在全国教育大会上强调指出，新时代高校要努力构建德智体美劳全面培养的教育体系，形成更高水平的人才培养体系。内含德智体美劳全面培养要求的人才培养体系是高校开展人才培养工作的行动方案，具有具体指导的重要作用。然而，长期以来，作为"五育"中的重要内容，劳动教育并没有在高校真正开展，基本上消解于其他"四育"之中。突出表现在，劳动教育的价值还没有得到重视，劳动教育的内容界定模糊、开展劳动教育的具体路径狭窄缺乏相关课程建设等。因此，在新的历史要求与现实要求下，高校通过开展劳动教育，完善相关规章制度，有利于高校补齐人才培养短板，为提升人才培养质量奠定基础。此外，开展劳动教育也有利于满足广大学生全面发展的现实需要。马克思主义认为，劳动不仅是个体实现自我发展的基本前提，也是最根本的途径。个体只有实现自由的劳动，才能摆脱外在力量的束缚，才能实现自我的自由全面的发展。大学阶段是每一个大学生一生中最为宝贵的学习时光。高校通过开展劳动教育，可以为大学生提供理论联系实际的渠道，让他们能够在理论与实践的双向互动中增长才干、锤炼意志，不断提升自身的综合竞争力，实现自由全面的发展。

二　劳动教育在培养大学生全面发展中的功能和价值

劳动是大学生理论与实际相结合的最佳方式。因此，劳动教育作为"五育"中的重要内容，它不仅有自身的独立性，同时也是开展"德、智、体、美"等四育的重要载体和途径，在劳动教育中，培育品德、增长才干、强健体魄、感悟美心。劳动的独特性就在于在有形的实践中实现无形的教育和示范，让学生在潜

移默化中提升自身的综合素养。

（一）提高政治素养

当今社会的迅猛发展，给大学生自我综合素质和能力的培养和提升提出了更高的标准和要求。以往那种"唯分数论""唯名次论""唯奖牌论"等充满应试教育背景下的考核模式难以适应当前大学生发展实际了。对广大大学生来说，要真正地将所学科学知识运用到祖国建设之中，实现人生理想价值，就必须自觉地加强自身政治能力的培养，正确认识到广大劳动群众在人类社会发展中的主体地位，认识到中国特色社会主义制度显著的制度优势，深刻把握社会主义国家劳动人民当家作主的现实意义，努力在现实劳动中增进与人民群众的情感。

1. 劳动教育能增强大学生的马克思主义理论水平

马克思主义认为："思想、观念、意识的生产最初是直接与人们的物质活动，与人们的物质交往，与现实生活的语言交织在一起的。"[1] 劳动决定着人类的产生，决定着人的思想、观念、意识的形成。马克思主义的这一基本观点为大学生解释了人从哪里来，人的思想从哪里来等问题，这些问题深刻影响着大学生对马克思主义基本理论的认识和他们的日常思想和行为。马克思主义的立场、观点和方法是高校马克思主义理论教育的重要内容。劳动教育可以帮助大学生深入理解和认识马克思主义劳动理论，运用马克思主义理论武器正确认识和理解人类社会发展的客观规律，坚定"四个自信"。

2. 劳动教育有利于大学生明辨人类文明的前行方向

在当代现实生活中，不少大学生对人类文明及其走向的认知容易受到干扰，甚至理解错误。因此，阐释好劳动在人类文明产生、发展史上的重要作用以及二者内在演进的辩证规律，讲明白马克思主义唯物史观与唯心史观的历史分野显得尤为重要。通过劳动教育对讲清上述问题正好能起到正本清源的作用，同时对增强大学生的马克思主义理论水平有着重要的意义和价值。

3. 劳动教育能提高大学生对社会主义核心价值观的认识

青年是时代的"晴雨表"。青年一代有朝气、有希望，民族就有希望和力量。作为社会主义最大的价值公约数，社会主义核心价值观引领作用的发挥，在一定程度上也受广大青年一代的影响。为此，要增强大学生对社会主义核心价值观的认同和信仰，在开展理论教育基础上，还必须加强价值观的劳动实践养成。要让大学生在劳动参与中明白，要把我国建设成为"富强、民主、文明、和谐"社会主义现代化强国，离不开劳动。只有建立劳动人民当家作主的社会主义制度，国家的富强、民族的复兴、社会的和谐才有根本保障。只有每个人的现实创

---

[1] 《马克思恩格斯全集》第3卷，人民出版社2002年版，第359页。

造，才能为社会的进步和个体自我的发展提供坚实的基础。

通过劳动教育能够将大学生的理想信念转化为他们的群体感悟。在劳动教育中，学生们的思想在实践中得到检验和碰撞，激发他们去回溯并感悟课堂和书本中接受的理想信念教育，帮助他们在实践中不断升华理想和坚守信念。

（二）培养道德品质

马克思认为："人能够通过实践创造对象世界，改造无机界，人证明自己是有意识的类存在物"①。这深刻揭示了劳动可以赋予个体一定的道德品质的规律。习近平总书记强调："要在学生中弘扬劳动精神，教育引导学生崇尚劳动、尊重劳动，懂得劳动最光荣、劳动最崇高、劳动最伟大、劳动最美丽的道理，长大后能够辛勤劳动、诚实劳动、创造性劳动"②，为新时代高校开展劳动教育、提升大学生道德素养指明了路径。

1. 劳动历练品德

回望新中国走过的七十年，从新中国成立初期的百业待举到新时代的民族复兴崭新篇章，新中国取得的每一项成就都是依靠广大劳动人民的勤劳汗水和伟大智慧浇灌而成的。实践已经证明并将继续证明，中国特色社会主义的伟大成就不是天上掉下来的，更不是靠别人施舍恩赐的，是靠我们自己本着"吃苦耐劳、勤俭节约、诚实守信"的辛勤劳动实现的。社会主义是干出来的，新时代也需要埋头苦干，要想成就国家和个人梦想，就需要付出艰辛劳动。今天我们的大学生面对新时代的各种挑战，唯有在劳动中磨炼出能"诚实守信、吃苦耐劳、勤俭节约"的优秀品德和素养，才能面对挑战愈挫愈勇，才能担负得起民族复兴的伟大使命。

2. 劳动磨炼意志

随着我国经济和社会的快速发展，大学生中的急功近利、好逸恶劳之风悄然兴起，导致部分学生产生了崇尚安逸享乐，推崇不劳而获，对勤劳致富的真实认同感降低，排斥艰苦体力劳动的现象。只有奋斗才会幸福，人民对美好生活的向往必须靠奋斗才能实现，要实现第二个"一百年"的奋斗目标，就要求我们必须保持艰苦奋斗的精神。新时代，我们需要通过劳动教育培育大学生砥砺笃行的苦干精神，锻炼他们拼搏奋斗的意志品质，强化他们艰苦奋斗的政治本色，从而确保他们永葆积极向上的精神风貌。

3. 劳动培养协作精神

实践证明，劳动过程中所形成的精神品质是学生成长成才的关键因素。劳动

---

① 《马克思恩格斯全集》第 3 卷，人民出版社 2002 年版，第 273 页。
② 习近平：《坚持中国特色社会主义教育发展道路　培育德智体美劳全面发展的社会主义建设者和接班人》，《人民日报》2018 年 9 月 10 日第 1 版。

促使人在生产和生活中不断克服困难，经历心智考验，劳动使人懂得生产和生活中的互助、团结、协作是社会关系的纽带，更是社会关系的规则。通过劳动教育可以促进大学生能力的全面发展，通过集体的生产劳动更能培养和激发出大学生的集体主义精神、内在纪律、组织能力等多种精神品质，而这些精神品质将会形成一种定力，无论将来面对怎样的变化，他们的理想和信念不会轻易蜕变。

（三）增强心理素质

通过劳动教育可以帮助大学生感受生活，正确认识自我、社会、世界的关系，开阔他们的视野，缓解压力，锻炼身心，调节情绪，提高他们应对生活的能力。大学生通过劳动实践与社会和自然发生互动联结的过程，可以缓解他们情感上的冲突，情绪上的抑郁、焦虑，提高他们对人和事物的洞察力，发现自我价值。在劳动实践中，大学生们不仅活动了身体，还可以产生一些有意义的联想，有助于调和个人内在思考和外在经验，促进个体人格发展，这些将有助于增强他们的心理素质。

（四）提高创新能力

新时代中国特色社会主义教育发展道路需要以劳动教育为基础，并以此帮助大学生养成正确的劳动观、形成正确的劳动习惯、塑造坚毅的劳动品格。了解和懂得生产技术知识，掌握生活和劳动技能，在劳动中去追求和实现自身的价值。劳动教育本质上也是创新教育，劳动教育之所以具有创造性，源于劳动的多样特征、开放特征和互通特征。现实生活中无论是哪种劳动形式，都是新事物产生的起点。我们常说"智慧在手指上""动手动脑，心灵手巧"都充分说明劳动本身的元教育特质承载了人的创造性活动的本质，所以劳动教育对于提高大学生的创新能力具有很强的现实意义和价值。

劳动教育是我国高校人才培养体系中的重要部分，是培养合格建设者和可靠接班人的重要一环。但在当前，高校对劳动教育的认识还不够深入，劳动教育还处于探索起步阶段，对劳动教育的意义和功能进行深入探讨分析，不仅有利于进一步提高思想，统一认识，也有利于促进高校劳动教育课程体系建设，为推动高校劳动教育的开展奠定坚实的思想基础。

参考文献

《马克思恩格斯全集》第3卷，人民出版社2002年版。

习近平：《坚持中国特色社会主义教育发展道路 培育德智体美劳全面发展的社会主义建设者和接班人》，《人民日报》2018年9月10日第1版。

苏春燕：《劳动教育功能的变迁及其发挥》，《重庆第二师范学院学报》2020年第3期。

王琳、张新成、何晓倩：《新时代高校劳动教育课程体系构建路径》，《山东工会论坛》2020年第3期。

李岁月：《论习近平系列重要讲话中的劳动思想》，《武汉科技大学学报》（社会科学版）2016年第6期。

曾天山：《劳动教育的时代价值与落实机制》，《中国教育报》2018年12月27日。

顾明远：《高度重视学校劳动教育的育人功能和组织》，《中国教育报》2019年5月4日。

吕文清：《劳动教育需要"四个进化"》，《中国教育报》2018年11月7日。

[原载《西南科技大学学报》（哲学社会科学版）2021年第2期]

"藏""展""品""研"
科学引阅助推书香校园建设

古 松* 黄 敏 吴小玉

摘 要：本文通过对西南科技大学图书馆馆藏图书"藏""展""品""研"四大科学用书观的分析研究，梳理回顾了图书馆从1952年建馆发展至今的历史脉络，展示了其七十载发展历程对书香校园建设的积极贡献：由传统图书馆走向现代图书馆，并始终坚守"传承文明、服务社会"的初心、秉持"服务第一，读者至上"的办馆理念，通过"科学'藏'书""按需'展'阅""经典'品'读""创新'研'究"四大途径科学引领全民阅读，全力助推书香校园建设。

关键词：发展脉络；科学引阅；创新服务；书香校园

七十载筚路蓝缕，砥砺耕耘桃李芬芳；七十载风雨兼程，弦歌不辍再续华章。2022年是西南科技大学建校70周年，也是图书馆积极落实习近平总书记"以文化人、以文育人、以文培元"重要讲话精神的关键之年。70年来，学校图书馆作为保障教学科研、打造书香校园的核心阵地，随着学校的变迁分合适时调整步伐、稳中求进，始终坚持"以读者为中心"的服务理念，秉承"藏""展""品""研"的科学用书观指导图书馆服务工作，不断丰富图书藏品、更新推广手段、强化阅读理念、拓展研究渠道，为读者提供更深层次的创新服务，以支撑全校师生教学与科研的信息需求，全力助推学校内涵式建设发展。

一 科学"藏"书，变中求进

赫赫科大，巴蜀骊珠。西南科技大学地处我国"西部硅谷"绵阳市，位于

---

* 古松（1976— ），西南科技大学图书馆馆长，教授，硕士研究生导师，主要研究方向为高等教育管理与研究。

涪江之畔，校园风景秀丽，是人才培养、科学研究和社会服务的理想园地。学校图书馆历史源起于 20 世纪 50 年代创办的重庆建筑工程学校，经过 70 年的发展，实现了由中专到大专到大学图书馆的飞跃。70 年的历史，大致可划分为四个时期。

（一）初创期：图书馆在栉风沐雨中艰难求索

重庆建筑工程学校到四川建筑材料工业学院时期（1952—1978 年）：

书是历史的见证者，它们中的许多走过不平静的历程，有的颠沛流离，有的劫后重生，有的甚至跋涉千里。学校在 1952 年到 1979 年的 27 年中，经历了 6 次以上的迁校搬家运动，人力、物力、财力可谓损失惨重，学校图书馆也在辗转办学中艰难求索，在历经磨难中始终守护着历史文脉。

1954 年，学校在重庆沙坪坝建校时就专门建有图书室用房。多年来，图书馆根据教学需要，不断通过购置、交换、索赠等途径进行图书建设，有计划地收集各类中外文书刊逐渐形成体系，已具建工、建材类工科学校图书馆的特点。但由于受"文化大革命"和几次迁校的影响，1974 年搬到绵阳时，10 万册的图书仅剩一半。1977 年以来进行了整理、添购，图书渐又增多。

（二）蛰伏期：图书馆在改革开放中蓄力待发

四川建筑材料工业学院时期（1978—1993 年）：

改革开放以后，图书馆在社会经济发展中的重要性逐渐凸显，进入了我国图书馆事业发展史上的迅猛期。此时，学校迁入清华大学绵阳分校校址（1979 年 4 月），进入了新的建设时期，图书馆也在学校的稳定办学中有了独立馆舍。

1978 年，学校深入贯彻教育部颁发的《关于加强高校图书资料工作意见》精神，加速了图书馆新馆的建设。1979 年 5 月，规划新建图书馆大楼 9000 平方米，1985 年 3 月正式开馆。藏书由 1984 年底的 14.55 万册增加到 1992 年的 38.62 万册，以非金属矿学科、硅酸盐学科为主，能适应建筑材料工业多科性的需要。至此，图书馆从之前设在 101 教学楼右侧只占用两层楼 1700 平方米、藏书不到 10 万册的图书室一跃而成为馆舍 9000 平方米、藏书逾 38 万册，配备计算机、微缩机、909 桌面印刷系统等新型设备的现代化图书馆，进入了规范化管理阶段。

（三）蜕变期：图书馆在协同发展中革故鼎新

西南工学院时期（1993—2000 年）：

图书馆在区域协同发展中创新服务思路，进入快速发展阶段。通过整合特色资源、科学构建馆藏、更新传统服务，为区域联合办学、创新发展提供"泛在"

知识共享空间。

1993年8月，获国家教育委员会批准，四川建筑材料工业学院更名为西南工学院，同时开始探索"区域产学研"联合发展。图书馆为顺应学校办学定位的转变，进行了馆藏资源的结构调整，在专业上既突出建材特色，又适应地方发展和联合办学的需要。到2000年，馆藏图书达70万册，涵盖理、工、经、法、文五大学科门类34个本科专业的藏书结构，形成了以工科为主，文理兼有、适应国家和地方经济发展需要、兼顾区域和行业特色的资源建构体系。

（四）跃升期：图书馆在科学规划中兼收并蓄

西南科技大学时期（2000年以后）：

2000年，教育部批准西南工学院与绵阳经济技术高等专科学校（简称"绵阳经专"）合并组建成立西南科技大学，2001年成为国家重点建设的西部14所院校之一。由此，绵阳经专的27.15万册图书带着历史烙印汇入了西南科技大学图书馆，其独具特色的农学、经济学、管理学等领域书籍为馆藏增色。随着两校合并，以及2002年新区图书馆的落成投入使用，以崭新形象出现的西南科技大学图书馆馆藏首次突破100万册。

2008年，汶川地震使图书馆遭受重创，约80万册图书散落，累计损失16万册。经过灾后重建，到2010年底基本完成图书的采购增补任务，购入图书48.97万册。2013年7月，学校获批成为博士学位授予单位，图书馆围绕学校中心任务，优化馆藏资源配置，在专业图书设置、支撑科研方向等方面针对性构建重点学科的信息资源体系。到2022年，学校图书馆建筑面积3.78万平方米，纸本藏书253万余册，电子图书756万余册。

二 按需"展"阅，沉淀底蕴

图书馆是学校发展水平的重要标志，反映了厚重广袤的历史文明和风格独特的办学理念。学校图书馆始终坚守"传承文明、服务社会"的初心，勇担"滋养民族心灵、培育文化自信"的使命，秉承"服务第一，读者至上"的办馆理念，通过合理资源布局、有效空间展示、常规展览服务打造多义性展阅空间，以支撑类型更为广泛的文化研讨、学术交流活动，沉淀厚重的大学文化和人文精神。

（一）分科布局，合理配置文献资源

图书馆科学合理的资源布局高度整合学校文献信息资源，打破学科层壁垒，实现资源为学校的教学科研和学科发展创造良好条件。2002年东区图书馆投入

使用，学校图书馆形成了两校区域三馆舍的发展格局，即东区图书馆、西区图书馆和西山图书馆。

图书馆本着方便读者的原则有所针对地分区布置馆藏资源。东区馆为中心馆，馆藏以东区常住学院学科专业书刊及七大特色典藏（教师著作、教学参考、古今套书、地方文化等）文献为主；西区馆为专业馆，馆藏主要以西区常住学院学科专业和适合一年级新生为主，并有两大特色典藏（建筑）库。图书馆业务辖全校18个资料室，文献资源总量1000余万册，覆盖学校各专业，形成了纸本图书与数据文献并存、大众资源与特色资源共有、馆藏收存与远程利用兼具的综合性图书情报文献资源服务体系。

（二）空间展示，积极发挥窗口作用

图书馆作为学校文化展示的重要窗口，是高校办学水平的重要体现，在学校的发展过程中起着至关重要的作用。西南科技大学在发展过程中经历了诸多重大事件，图书馆休戚与共，在学校1997年本科教学工作合格评估、2007年本科教学工作水平评估、2017年本科教学工作审核评估、2013年学校获批博士点建设单位等重大历史事件中，发挥着重要的水平支撑、空间展示作用，以积极的服务接待专家的检查、调研、考察等重要工作。

（三）展览服务，有效创设泛在课堂

图书馆展览服务是传统育人服务项目之一，是对文化积淀的展示、对学校成果的挖潜。多年来，图书馆致力于用与读书文化有关的展览来营造读书氛围，让读者在自觉审美过程中不知不觉地将读书文化内化于心外化于行，在潜移默化中提升自身修养和综合素质。

图书馆每年举办文化展览十余场，通过举办校园成果类"新年美术展""毕业设计展""摄影展""书画展"等展示校园丰硕成果，以创新文化激励人；通过精品馆藏类"新书好书展""珍贵馆藏展""文化成果展"盘活馆藏资源，以传统文化滋养人；通过社会资源类"城市发展史""红色经典展""特色文献展"共享服务资源，以优秀文化引领人。

三 经典"品"读，互促成长

阅读在本质上是基于文本对话而实现人之自我构建的一种实践活动，图书馆以"好书同品共读"方式深入推进全民阅读。活动以育人为本，以完善人的自我构建为目标，依托馆内外资源优势开展经典品读活动，实现大众性与经典性、显性教育和隐性教育相统一的目的。活动通过"真人图书馆"激活文化资源、

"青椒乐学"建立师生共长机制、"读书文化周"引领阅读方向、"书香四季"涵养读书风尚，努力搭建学生成长、教师发展、家园共育、全民阅读基地。年均接待读者超过180万人次，有力地促进了全校学风的改善及教学质量的提高。

（一）真人图书馆：关注个人成长，传递价值导向

名家讲座，激发研学热情。图书馆"书香文化论坛"每年举办1—2次，根据不同节点主题邀请党史专家、文学名家或科研达人等社会精英到图书馆分享专业领域知识启悟后学，通过隐性知识之间的互相转换，在交流与讨论中碰撞出对文化新的认知，开阔思路，培育研究精神。活动为图书馆在人才培养、协同创新、提升品牌等方面提供了更好的决策。

读书沙龙，培养阅读兴趣。活动自2021年12月起平均每月开展一次，邀请学校读书达人、优秀学子或热爱阅读的师生齐聚一堂共品好书。"共读一本书""星推官""影像读书""读书分享会"等活动是图书馆推进深度导读的一种方式。通过活动，图书馆在主讲人遴选、读者资源的开发与利用、活动场地的选择方面有了更明确的目标。

（二）青椒乐学：围绕教师家庭，形成教育合力

"青椒乐学"涵养家风活动依托图书馆个性阅读激发全民阅读，以服务青年教师为核心任务，整合优化、融合升级校内外优势资源，着力打造立体化全方位"终身学习"服务育人新模式。通过服务青年师生创建"青蓝讲堂"、服务教师家庭打造"鸾凤书堂"、关怀职工后代开设"亲子课堂"、助力社会发展创设"全民学堂"，已形成"四堂"品牌。

活动开展形式多样、主题丰富的文育活动，解决青年教师个人成长、治家教子、为人处世、教育教学等后顾之忧，实现"薪火相传，真情育人""文化引领，传承家风""开蒙养正，培根固本""少年养志，明德报国"的长远目标。项目已组织开展活动60余次，吸引了全校100余个教职工家庭及万余名师生的热情参与，搭建了青蓝共秀、共促发展的文化交流平台。

（三）读书文化周：注重集体学习，涵育优良学风

"读书文化周"作为西南科技大学书香校园建设的重要引擎，自2014年到2022年已成功举办了九届。2014年4月23日，学校正式将阅读推广工作的建设与发展纳入校园文化建设体系，每年以"世界读书日"为契机集中开展为期一周的读书活动，逐步在全校范围内建立起与"读书"相联系的为全校师生共同认知、普遍遵循的行为模式，强化读书在校园生活中的渗透。

学校每年投入20万元专项经费，由图书馆统筹安排，全校联动开展有特色、

有创意、有影响的全员阅读活动。活动范围和影响逐年扩大，由最初的 10 余项扩大到线下线上 40 余项精彩读书活动，各大媒体，如学习强国、人民网、搜狐网、中国网、川观新闻、《图书馆报》、《四川教育导报》等都报道过学校读书文化周活动，扩大了学校影响力，提升了学校形象。

（四）书香四季：聚焦全民阅读，培育民族精神

图书馆深入贯彻学校"三全育人"理念，以"培根铸魂、启智润心"为育人观，针对不同阶段学生需求和特点，采取同步发展的"书香四季"读书活动，建立长效阅读推广机制。通过四季阅读，实现助推学校全员育人、全程育人、全方位育人的"三全育人"目标。

"柳林之声"春季阅读，围绕中华传统优秀文化开展德育及健康教育，培养大学生健全人格；"涪水之律"夏季阅读，围绕毕业季开展校园成果展、职业规划讲座，引导大学生立志报国；"九洲之音"秋季阅读，围绕迎新主题开展新生入馆教育，引导大学生树立人生目标；"龙山之韵"冬季阅读，围绕安全主题开展安全教育，培养大学生热爱生命的安全意识。

四 创新"研"究，助推发展

图书馆工作是学校教学和科学研究的重要组成部分，加强知识服务、学术研究，提高图书馆管理水平、人员素质，全面发挥图书馆功能是推进学校内涵建设的有力措施。发展至今，图书馆已形成老中青相结合的图情教师队伍，形成国、省、市、校四级科研平台，为学校协同创新、优势学科建设、知识产权服务提供平台支撑，年均向学校提供学科分析报告 15 份，获批立项科研项目 18 项，组织知识产权培训 2400 人次，完成 3 万字专利分析报告。

（一）学术研究，鼓励馆员自我提升

图书馆是为学校孵化高层次人才的助推器，其中，馆员的综合素质往往是具有承前启后的重要作用。历年来，图书馆积极为馆员搭建自我成长平台，从思想和行动上全面提升专业水平和业务素质能力。

图书馆通过举行"图书馆情报学术交流会"发动全馆同志撰写文章，提升个人发展空间；通过举办"图书馆论坛"聚集图书馆界专家学者进行思想交流，为绵阳市高校图书馆事业发展和绵阳科技城建设注入新思想、新力量；通过出版图书《阅读推广理论与实践》《绵阳市涪城区乡镇（街巷、河流）地名录》，为高校阅读推广、城市文化赋能提供价值参考。

（二）知识服务，支撑一流学科建设

学科服务，提供知识导航。2006 年图书馆获批设立情报学硕士点，2013 年成立情报研究室，2014 年建立学科馆员制，2015 年成立"创客学社"，通过系列举措加强对学校人才培养、资源采集组织、学科发展决策提供知识导航。服务以学科用户需求为驱动、学科知识为内容，通过团队协作，综合各类工具和技术下潜学科服务，共同实现知识创造，进而提升核心竞争力。

情报分析，助力科学研究。2019 年，绵阳市社科联发文批准学校设立"四川图书情报与期刊发展研究中心"，中心挂靠图书馆。中心致力于绵阳市乃至四川省图书情报与期刊发展研究工作，为建设有地域特色的人才培养基地、信息传播基地、创新实验基地发挥理论研究、理论阐释、理论宣讲、实践调研、战略规划、决策参考的作用。

技术创新，开发创新潜能。2021 年 12 月，学校世界知识产权组织技术与创新支持中心（TISC）经过一年的筹建获批正式运行，图书馆作为具体负责单位围绕学校中心工作加强与地方知识产权信息服务机构的联系与合作，面向全校师生及社会创新主体，提供知识产权咨询服务、讲座培训、信息检索、技术分析、成果转化、参与项目研究等专业化增值服务，支撑学校协同创新和优势学科发展，为学校"双一流"建设及地方经济发展提供有力保障。

七十载征程壮阔，九万里风鹏正举。图书馆的更新发展离不开老一辈开拓者、建设者的奋斗。站在新的历史起点上，图书馆将深入学习贯彻习近平总书记致首届全民阅读大会贺信中关于阅读的重要论述，以建校七十周年为契机，落实"五育并举"教育方针，致力于"以文化人、以文育人、以文培元"，激励广大师生深入思考如何握紧历史"接力棒"，跑好"新征程"，在新时代谱写高质量发展新篇章。

参考文献

毛美：《四川建筑材料工业学院校史纲要》，绵阳市魏城印刷厂，1992 年。
朱强：《西南科技大学校史》，电子科技大学出版社 2007 年版。
王俊波、肖正学：《砥砺前行——西南科技大学组建成立十周年纪念文集》，电子科技大学出版社 2010 年版。
张立：《丰盈岁月——西南科技大学六十周年纪念：1952—2012（内部资料）》。

（本文的撰写成稿得到了阮莉萍、李东鑫、武梅、张焱、刘颖、羊岚晖、李元照等老师的帮助，谨此致谢！）

"一带一路"背景下地方高校国际化人才培养助力"双一流"建设的思考与探索*

张贯之** 杨舒越***

摘 要：教育对外开放是我国高等教育实现跨越式发展的重要原因，并随着国家和高等教育发展阶段的不同而呈现不同的阶段性特征。"一带一路"在新时代中国萌芽破土而生，构建人类命运共同体的宏愿已深入世界各国人民的心间。教育国际交流在华夏大地阐扬光大，文明交流互鉴不断增进世界各国人民的了解和友谊。西南科技大学70年办学历程斑斓辉煌，立德树人、弦歌不辍，主动推进教育对外开放，与我国教育对外开放的伟大实践同频共振，教育对外开放成果斐然。创新融合，共建未来，打造高效国际交流桥梁；携手伙伴，精诚合作，助力国际朋友圈不断扩大；搭建平台，双向互动，推动合作办学高质内涵发展；海外办学，文化融合，培养国际青年友好使者；主动引领，有序开放、立德树人化雨春风，国际化办学通行天下。

关键词：高等教育；教育对外开放；国际合作；人才培养

"一带一路"在新时代中国萌芽破土而生，构建人类命运共同体的宏愿已深入世界各国人民的心间。教育国际交流在华夏大地阐扬光大，文明交流互鉴不断增进世界各国人民的了解和友谊。西南科技大学70年办学历程斑斓辉煌，立德树人、弦歌不辍，主动推进教育对外开放，与我国教育对外开放的伟大实践同频共振，教育对外开放成果斐然。创新融合，共建未来，打造高效国际交流桥梁；携手伙伴，精诚合作，助力国际朋友圈不断扩大；搭建平台，双向互动，推动合

---

* 基金项目：四川省高等教育人才培养质量和教学改革项目成果（编号：JG2021-862）。
** 张贯之（1972— ），西南科技大学国际合作与交流处处长、港澳台事务办公室主任，教授，硕士生导师。主要从事英语语言文学教学、研究、翻译与高等教育国际交流合作工作。
*** 杨舒越（1988— ），西南科技大学国际合作与交流处、港澳台事务办公室科员，主要从事高等教育国际交流合作、跨文化交流及法语教学工作。

作办学高质内涵发展；海外办学，文化融合，培养国际青年友好使者；主动引领，有序开放、立德树人化雨春风，国际化办学通行天下。

斗转星移，光阴荏苒。七十载奋斗不息，七十载牢记使命。回顾学校70年的发展历程，西南科技大学立足西部、面向世界，国际合作交流的发展从简单的、局部的、个别性的探索已经逐步发展成多渠道、多层次、多维度的合作交流。

追溯20世纪八九十年代学校国际化办学历程，由加拿大国际发展署（CIDA）资助，加拿大劳伦森大学与西南工学院（西南科技大学前身）合作的"矿物科学合作与交流项目"和"中国西部远程教育项目"堪称学校国际合作的典范。通过"矿物科学合作与交流项目"，学校24名相关领域的教学、科研和管理人员赴加拿大进行课程开发、合作研究、教学资源开发和项目管理等方面的进修，成为学校师资队伍建设国际化送出去的"开眼看世界"的第一批人；"中国西部远程教育项目"使学校成为国家第一批现代远程教育试点高校，对我国发展现代远程教育具有宝贵的推广价值和深远意义。

"十三五"期间学校将国际合作交流作为新时代高等教育五大使命之一，与人才培养、科学研究、社会服务、文化传承创新同部署、同推进，服务于"双一流"建设大局，为学校进一步深化改革加快发展打下了坚实的基础，为国际交流合作打开新局面。

在教育对外开放新时代，学校紧密围绕服务国家需求和事业发展，积极融入"一带一路"建设，已形成了人才培养、科研合作、境外办学（孔子学院）、人文交流、社会服务的多元国际化办学格局，走出了一条具有西科特色的教育国际交流合作道路。学校与美、法、英、德等70余个国家近100所高校建立了校际合作关系；通过团组访问、海外进修、国际学术会议等多种形式让约8000人次教师"走出去"；通过国家引智项目、国际科技合作项目、院校合作等形式让约3000人次的外籍专家"引进来"。学校鼓励学生赴境外交流学习、参加国际会议和专业竞赛等，目前共有万余名学生赴境外参加各类长短期交流活动，同时以专项经费为支撑，设立"优秀学生赴海外交流学习奖助学金"，推动学生出国（境）交流学习和外语能力储备。来华留学生教育发展近20年，规模稳步扩大，培养层次覆盖语言进修生、本科、硕士和博士，参与专业24个，已经培养了来自俄罗斯、加纳等45个国别1500人次的各类留学生，呈现积极的高质量发展态势。学校依托国家、省市科研平台，组织师生积极申报各类国际科研合作项目千余项，举办或承办各类各级国际学术会议百余场，以平台为抓手，促进国际学术交流氛围日益增强。港澳台事务工作有序推进，携手萨尔瓦多大学共建"中文+科技"创新性孔子学院，开展丰富多彩的外籍师生的人文交流活动，推动构建人类命运共同体理念与中华优秀传统文化的核心理念，提升学校软实力。学校将以更宽广的国际视野谋划国际合作交流事业的新发展，抢抓机遇，创新思路，构建国内外协同育人共同体，开创学校教育外事工作的新局面。

新故相推，日生不滞。目前世界格局正在发生重大变化，中国日益走近世界舞台中央，全球高等教育版图正在发生深刻变化。开放办学促进国际化人才培育的探索显得更具有挑战性。新时代背景下，学校围绕提高质量、优化结构、服务需求等目标进一步深化开放办学，从以下方面推进国际化办学高质量内涵式发展。

一 加快和扩大高等教育对外开放，培养创新国际化拔尖人才

改革开放40多年来，中国发生了翻天覆地的变化，在经济领域创造了举世瞩目的"中国奇迹"，中国科技也发展迅速，在某些前沿领域已领先于其他国家，中国教育尤其是高等教育实现了跨越式发展，在规模和质量上都取得了巨大成就。自国家对"双一流"建设进行总体部署以来，更多大学将建成世界一流大学和一流学科作为奋斗目标。中国的高等教育已由过去的跟跑为主，逐渐转变为跟跑、并跑与领跑并存，且并跑和领跑特征呈现主线的状态。在百年未有之大变局和加快构建以国内大循环为主体、国内国际双循环相互促进的新发展格局的大背景下，加快和扩大高等教育对外开放，培养国家急需的创新性拔尖国际化人才具有重要现实意义。

一方面整合资源，创新与国（境）外高校、科研机构合作模式，构建灵活多样的培养模式，拓宽学生境外培养渠道。另一方面加大资源投入，完善学生派出和交流管理机制，学校出台《西南科技大学学生出国（境）交流学习资助暂行管理办法》，鼓励学生积极参与海外学术交流，近年来累计资助400余名学生赴海外交流学习。依托留学基金委和校际友好学校合作项目，通过学生出国留学、国际学术会议、国际学术交流等多种形式加强与国外高校和研究机构建立长期稳定的合作机制，鼓励学生在国际学术前沿热点以及全球重大问题上积极开展国际合作研究，2019年各类学生出国（境）交流学习达到304人次。

时间	学生海外交流学习人数	在校生总人数	比例
2015年	47	32000	0.15%
2016年	69	31465	0.22%
2017年	107	31970	0.33%
2018年	173	33030	0.52%
2019年	304	35247	0.85%

值得一提的是，2021年学校获批国家留学基金委"先进材料高层次创新型人才国际合作培养"项目，该项目是国家为推动国内外合作培养创新型国际化人才，加大对一流大学和一流学科建设的支持而专项设立的项目。学校通过该平台，派出2名访问学者和1名博士于2022年赴法国格勒诺布尔－阿尔卑斯大学进行为期一年的访问学习。

学校优秀留学归国人员霍建文曾参加国家建设高水平大学公派研究生项目，赴俄罗斯莫斯科鲍曼国立技术大学留学，回国后依托其所在的特种机器人技术与数智系统团队，与俄罗斯联邦政府金融大学、喀山国立技术大学、莫斯科鲍曼国立技术大学共同签署了科技项目合作框架协议，主要开展中俄合作研究与交流基金、金砖国家科技与创新合作研究项目、国家自然科学基金优秀青年科学基金项目（海外）的项目合作。目前在仿生智能跨介质变形无人机优化设计方面达成了协议，并申报金砖国家科技合作项目。此外，俄罗斯联邦政府金融大学聘请霍建文为该校客座教授。

2017—2019年，学校连续承办科技部发展中国家技术培训——畜禽养殖加工和废弃物处理培训班。培训了来自马来西亚、孟加拉、老挝、缅甸、越南、尼泊尔、巴基斯坦等国64名政府官员、私营企业主及高校教师，介绍了我国该领域的发展状况和先进技术。学校在沿线国家知名度和"留学西南科大"品牌影响力进一步提升；2018年，学校承办了四川省外侨办和中国驻尼泊尔大使馆组织的尼泊尔农业科技培训班，为四川对口支援尼泊尔农业发展做出了积极贡献。

为深化教育国际合作，学校与美国伊利诺伊理工大学、美国阿肯色中央州立大学、智利发展大学、智利康塞普西翁天主教大学、西班牙马拉加大学、西班牙马德里康普顿斯大学、新西兰商学院、新西兰林肯大学、日本广岛大学等开展丰富的线上线下交换生交流项目，成果丰硕。受疫情影响，国际教育开始探索新模式，实现在地国际化合作，与智利发展大学开展了西班牙语专业的线上交流项目（免费生），已有两批学生共20余人参与该项目，顺利结业并完成学分转换。

与阿根廷布宜诺斯艾利斯大学开启联培硕士人才培养项目，已有5名西班牙语专业本科生参与联培硕士学位项目，并获得国家公派留学全额资助。2022年1月我校获批国家留学基金委（CSC）"国别和区域研究人才支持计划（项目制）"立项实施单位，获资助项目执行三年（2022—2024年），与来自阿根廷、智利、巴西、墨西哥四个国家的阿根廷布宜诺斯艾利斯大学、阿根廷国立拉努斯大学、墨西哥国立自治大学、智利发展大学、巴西圣卡塔琳娜州联邦大学五所高校开展高级访问学者、访问学者、联培硕士项目，涉及经济学、管理学、政治学、法学专业领域。

环资学院固体废物处理与资源化教育部重点实验室瞄准国家"一带一路"倡议需求，为我国有效控制日益严重的环境污染和资源循环利用提供理论支撑与技术储备，是我国在固体废物处理与资源化领域重要的科技创新平台、国际合作与学术交流中心和高层次人才培养基地。

二　加强世界一流大学的实质性合作，将国外优质教育资源有效融合到教学科研全过程

中国已经成为世界最大留学生输出国，世界第三大留学目的地国和引进合作办学项目最多的国家。推进教育国际化已成为当前国家和大学层面的重要发展战略。中外合作办学是中国教育对外开放的重要内容，是中外高校合作最高层次的国家级项目，受中国教育部审批和监管。40多年来，中外合作办学蓬勃发展，已经成为推动中国高等教育改革的三驾马车（公办、民办、中外合作办学）之一。

学校"十四五"规划中明确了学校整体目标"加快建设特色鲜明的高水平大学"。其发展目标之一为：稳步推进国际合作交流行动计划，打造全方位对外开放格局，构建与国际接轨的教育体系。具体任务包括推进人才培养国际化，拓展教师队伍国际视野，深化国际科研创新合作，加强中外人文交流互通等方面。学校将"申报设立中外联合办学，与国际高水平大学合作组建国际联合培养班，探索推动特色优势学科国际联合培养项目""稳步提升合作办学质量""大力引进海外优质课程"等也列入了学校规划之中。学校期望以中外合作办学为突破口，快速提升学校国际化人才培养建设的意愿，西南科技大学人工智能专业是2020年新增专业、学校重点建设学科，自创办以来广受学生欢迎。学校希望通过与英国布鲁内尔大学的优势学科融合共建，共同培养具有全球视野的国际化专门人才，带动两校学术研究，促进科研合作、国际协同创新等。

后疫情时代，学校积极探索线上优质教育资源的引入，注重教学科研融合的全过程。2022年将引进俄罗斯圣彼得堡彼得大帝理工大学"人工智能"在线课程、圣彼得堡国立电子技术大学"绿色经济与可持续发展"在线课程、新加坡南洋理工大学"公司法与公司治理"在线课程，学校信息工程学院、环资学院、法学院创新班为首批试点单位，承接教育教学对接全过程。

三　共建萨尔瓦多大学孔子学院，共进共勉共担当

学校与萨尔瓦多大学共建孔子学院，以奋进之笔谱写开放办学新篇章。携手萨尔瓦多大学共建"中文+科技"创新型孔子学院，开创学校境外办学基地，将促进学校繁荣社会哲学科学和科技交流，在文化交流、技术援助和减贫治理经验分享等方面促进两国人文交流，服务国家总体外交，构建中美洲地区通向中国的友谊桥梁，有力提升学校的国际影响力。

四 推行"西班牙语+"复合型人才培养模式，创新班成果丰硕

为主动适应与"新工科、新医科、新农科、新文科"建设，学校设立有"拉美复合型拔尖创新人才培养班""体育学科部国际化人才培养班""研究生外语教学改革培训班"等形式多样的创新班，旨在培养既掌握专业技能、又熟练掌握西班牙语，同时了解拉美基本知识的符合我国拉美战略发展急需、具有国际视野的复合型人才（即"专业＋西班牙语＋拉美知识"），以培养四种类型的人才为目标：一是能够在国内高校和研究机构从事拉美领域相关研究的教学科研型人才；二是能够代表中国走向拉美和世界提升我国国际话语权的对外交流型人才；三是既能够熟练掌握某项专业知识，又深入了解拉美地区政治、经济、社会、文化等方面的高端复合型人才；四是培育具备跨文化交流能力的国际化体育人才。

其中，虞浩然同学作为"成渝地区双城经济圈内高校赴拉丁美洲学生交流实证研究"项目的负责人成功获得2021年国家级大学生创新创业训练项目；刘好同学作为"中国与萨尔瓦多农村土地制度研究"项目的负责人成功获得2020年四川省大学生创新创业训练项目；车豪等12名创新班学生组成的团队，成功获得"拉美行业协会研究专项"项目；陈湘等4名学生作为第一作者在公开期刊发表拉美方面的文章。

近十年来，依托"西语+"创新班培养模式，选派80余人次优秀学生通过国家留学基金委"优本项目""墨西哥政府互换奖学金项目""哥斯达黎加政府奖学金项目""哥伦比亚政府互换奖学金项目""秘鲁政府奖学金"赴西班牙和拉美地区公派交流学习，培养了一大批具有中国情怀、国际视野的青年学生，丰富了国家拉美地区智库的人才储备。体育健康学院通过创新班的实践与探索，与海外合作伙伴西班牙武康大学联合实施"3＋2"本硕连读联合培养项目。

五 参与全球人才培养，来华留学助力人类命运共同体构建

来华留学工作是我国对外工作的组成部分，是教育国际合作与交流的重要内容。西南科技大学自2016年招收首批来华留学生以来，留学生规模持续扩大，生源结构不断优化，同时大力推进来华科研合作和培训项目。学校积极参与全球人才培养，讲好中国故事，传播中国声音，以"西科力量"助力人类命运共同体构建。

随着"一带一路"教育行动不断走深走实，中国教育对外开放迎来了历史性契机。自学校招收来华留学学历生开始，"一带一路"合作国家的学生来华留

学的意愿更加积极踊跃。2016—2022 年，学校来华留学生规模持续扩大，其中学历生占比从 0 达到 97%，"一带一路"沿线国家生源数量迅速增长，生源国结构不断优化。截至 2022 年 6 月，学校共有来自 28 个国家的留学生 1607 人次，其中学历生 1402 人次（博士研究生 134 人次，硕士研究生 436 人次，本科生 832 人次），分布在材料、环资、生命、信息、土建、计算机、制造、外语、文艺、经管、理学和外语 12 个学院。按生源国统计，亚洲留学生 1268 人次，欧洲留学生 50 人次，美洲留学生 64 人次，非洲留学生 222 人次，大洋洲留学生 3 人次。截至 2022 年 6 月，学校累计毕业获得学士、硕士和博士学位的留学生达到 230 人。

以培养高质量的国际化人才目标为导向，推动来华留学生教育内涵式发展。学校自招收留学生起，为许多国家和地区，特别是广大发展中国家和地区培养出大批科技、教育、管理等领域人才，为我国发展和增强同世界各国政治、外交、经贸的联系，持续开展教育、文化和人员交流做出了积极贡献。

学校文学与艺术学院阿根廷籍留学生宋亦凡毕业后到布宜诺斯艾利斯省政府工作，积极参与中阿两国合作交流项目，疫情期间在当地媒体发表多篇介绍中国抗疫成果的专题文章，并持续发文介绍中国的"一带一路"倡议、"十四五"规划、经济双循环和中阿双边关系，成为两国人民增强了解和增进友谊的桥梁。

生命科学与工程学院马来西亚籍留学生曾志远将学校科研团队的"绿色种植"和"电解水"技术带回家乡，并促成马来西亚能力科技私人有限公司和学校的科研合作，在马来西亚乃至东南亚大力推广普及学校的绿色种植理念和电解水技术，为两国科技务实合作做出了巨大贡献。

学校土木工程与建筑学院 2018 级土木工程硕士专业老挝籍留学生常杰（Outthayoth Thongliene），2020 年毕业后回到老挝积极投入到中老铁路建设当中，通过自己的努力现已成为中老铁路动车司机。中老铁路的开通在中国和老挝两国之间架起了一条便捷的通道，可以极大拉近两国的距离，促进两国的人员往来及教育交流、经贸合作与发展，这条铁路建成后也让中国未来可以和更多东南亚国家展开合作，让东南亚国家与中国的合作更加便捷。作为中老铁路动车司机的常杰为这份工作感到自豪，也深知其中的责任与义务，他也坚信自己能做好中老友好交流的使者。

六　结束语

鉴往知来，共创新章。站在新的历史起点，西南科技大学将一如既往地以习近平新时代中国特色社会主义思想为指导，认真学习贯彻习近平总书记关于教育的重要论述，面向世界，勇于进取，树立自信，保持特色，推进教育国际交流高质量内涵式发展，为早日建成"双一流"大学、服务国家战略做出新的贡献！

高校在推进协同创新中的角色与功能

谢鸿全[*]

摘　要：产学研协同创新是高校的重要使命和必须承担的社会责任。当前协同创新的瓶颈和障碍主要是各协同主体在价值观念及利益趋向上的背离、资源条块分割、管理上的各自为政以及保障机制的缺失。高校在协同创新链条中应协助政府做好规划、协调各方利益、推动行业技术创新以及制度创新。

关键词：协同创新；高校角色

面对世界范围内生产生活方式、经济社会发展格局发生深刻变革的现实，特别是在创新已经成为经济社会发展主要驱动力的大背景下，为提升综合国力和核心竞争力，我国开始实施"高等学校创新能力提升计划"。该计划旨在通过推进高校的体制机制改革，推动高校内部及其与外部企业、科研院所等创新主体之间创新要素的融合发展，建立协同创新模式，从而提升高校创新能力，并带动和引领国家创新能力的整体提升。

一　高校在协同创新中面临的困境

改革开放以来，我国高等教育虽然取得了举世瞩目的成就，对经济社会发展的贡献明显增大，但毋庸置疑的是，长期以来困扰我国高校创新能力提升的顽疾并没有得到解决。当前高校内外部的机制体制壁垒并没有被打破，高校内部创新资源分散、管理封闭、效能低下的问题依然存在，使创新人才能力得以充分释放、创新要素得以有序流动的体制机制还未建立起来，极大地制约了高校创新能力的提升，也阻碍了高校与其他创新主体之间协同创新的推进。这既受长时期以来计划经济体制的影响，也有现实状况造成的阻力，主要表现在以下几个方面。

---

[*] 谢鸿全（1974—　），博士，教授，原西南科技大学高教研究中心主任、教务处处长，现任泸州职业技术学院院长，主要从事高等教育评估与发展规划研究工作。

1. 价值观念和利益趋向上的背离

在组织层面上，由于企业、高校、科研院所的功能和定位不同，在发展目标上存在着差异，所形成的组织文化和行为准则也不尽相同。在产学合作中，从整体上说，企业通常以追求经济利益为目标，以实现利润的最大化为导向，注重合作带来的经济价值，高校则是以科研为导向，考虑合作是否有利于学术研究。[①]而在个体层面上，企业研发人员、高校教师和科研院所的研究人员在思维方式、价值观念、人生追求方面存在着较大差异。这两个层面价值观的背离会影响对合作效益的评价，也会对合作范围和合作模式的选择产生影响，因而导致各方在协同创新过程中产生合作上的问题，甚至内耗。

2. 资源条块分割，管理上各自为政

就高校外部而言，由于企业、高校、科研院所等创新主体的资源条块分割，科技力量自成体系，既分散又重复，因此，科技创新整体运行效力不高。此外，由于各创新主体一般分属于不同主管部门，在协同创新过程中常出现跨行业、跨地区的情况，其结果是增加了组织协调工作的难度。在高校内部，资源条块分割的现象也非常严重。比如，分属于不同学院的各类实验室不能跨院系使用；校内教师不能自由参与交叉学科的研究项目等。这都严重制约了协同创新的推进。

3. 机制缺失，协同创新缺乏保障

在各创新主体之外，我国还没有形成完整的创新生态链条，相应地，也缺乏政府的政策保障。主要表现在：一是我国目前尚未制定有关产学研协同创新方面的专项法规及其实施细则；二是我国现行的知识产权法律对知识产权的保护力度不够，在知识产权归属问题上缺乏明确的界定依据，从而影响新成果向现实生产力转化的进程和效果；三是政府在人事、信贷、税收、奖惩、考核等方面的政策导向太过急功近利，有悖于科技发展规律，不利于调动各方的积极性；四是促进产学研协同创新的公共技术平台和中介服务体系有待健全。

二 高校在协同创新中的角色定位与功能发挥

1. 高校在协同创新中的角色定位

高校在协同创新中的角色根据其在国家创新体系中的责任分工而不同。在人才培养或者面向科学技术前沿开展基础研究的协同创新中，高校应为主要责任主体；在面向行业产业开展的技术创新的协同创新中，应以行业、企业为主要责任主体；在面向区域发展的协同创新中，应以地方政府及其相关方面为主要责任主

---

① 何郁冰：《产学研协同创新的理论模式》，《科学学研究》2012年第2期。

体。① 不论是哪一种角色，作为知识的创造者和人才的主要聚集地，面对国家调整经济结构、转变经济发展方式的新要求，高校都要主动适应、推动并引领经济社会的发展。具体而言，就是要明确自身在协同创新链条中的现实责任和作为，主动寻求与其他创新主体之间有效对接的方式和路径，改变目前闭塞、分散的科研组织模式。

2. 高校在协同创新中的功能发挥

高校在协同创新过程中应该在以下几个方面发挥作用：第一，从战略高度协助政府做好规划。协同创新的根本目的是通过高校以至国家整体创新能力的提高来促进经济发展方式的转变和经济社会的可持续发展，其中，政府的统筹规划和政策支持至关重要。高校作为推进协同创新的重要力量，应着眼于提高我国自主创新能力和水平，协助政府从战略高度做好统筹规划和政策设计（或接受政府委托制定规划），争取政策扶持。政府的政策引导、资源投入与优惠政策，以及中介组织与金融、风险投资机构的作用等，能降低产学研协同创新过程中的搜索成本和风险水平。②

第二，放眼长远，协调各方利益。从国内外协同创新的成功经验来看，高校要真正起到协调的主体作用必须基于两个条件：一个是高校应有长远的眼光和宽广的胸怀，勇于放弃一些自身的眼前利益，以实现教师的社会价值、提高教师的科研能力和水平为价值导向，让利于企业，这样才能不依赖政府而较好地协调各方利益；另一个是高校的科研导向应瞄准符合产业未来发展的实际需求。目前我国产业界的创新能力不足，大多数企业虽然有创新的需求，但只要是经营状况还不错，一般不愿意承担创新带来的风险。在协同创新的链条中，知识创新只有找到其出路或出口，才能实现知识的价值，这就决定了高校具有协同创新的动机和动力。因此，协同创新，应当是高校激活企业，而不是企业激活高校。③

第三，引领行业技术实现持续创新。高校是我国高技术领域原始创新的主力军，为企业做好技术支撑与技术服务是高校的重要任务，但仅仅满足于此是不够的，实现从支撑到引领的跨越应成为高校的目标。而高校要发挥引领作用，一方面，在推进协同创新的过程中应该成为战略性统筹单位，也就是说，高校应该总是站在最前沿，不断提出新问题，不断产生新构想；另一方面，高校应该站在基础研究和行业技术的最前沿，在跟踪研究的基础上，通过消化吸收再创新产出拥有自主知识产权的成果，进而实现持续创新。

---

① 殷翔文：《高校协同创新的角色定位与价值追求》，《中国高校科技》2012年第7期。
② 徐枞巍：《高校应成为协同创新的"发动机"》，《科技日报》2012年1月9日第5版。
③ 郭斌：《知识经济下产学合作的模式》，《机制与绩效评价》，科学出版社2007年版。

第四，实现制度突破与组织保障。协同创新的关键是制度创新，也就是说，突破创新主体各自原有的体制机制壁垒，推动高校内部以及与外部创新力量之间创新要素的融合发展，并充分释放创新要素的活力是确保协同创新取得实效的关键。对高校而言，组织结构创新就是要改变目前校内外资源条块分割的现状，突破组织内外部边界，使资源按照科研创新内在规律的要求在协同创新群体内部无障碍流动。因此，建立远边界、跨边界、无边界的柔性组织是最适应协同创新的组织形式。① 同时，在高校内部，要改革现有的科研组织模式和评价方式，探索建立旨在引导激发教师主动参与协同创新的激励政策和手段，建立科技成果转化型教授的评聘政策，使擅长从事工程技术、勤于发明创造的教师和科研人员也能在学科建设和科研工作中体现自身的价值。此外，建立独立于各方的人财物合理流动和调配制度，在人事管理、绩效考评、科研模式、资源配置方式等方面构建切实可行的运行机制，是有效实施协同创新的制度和组织保障。

三 西南科技大学推进协同创新的实践与探索

西南科技大学是一所以工科为主的多科性高校，从1993年起就成立了主要由绵阳境内大型科研院所和大型企事业单位组成的董事会，旨在调动社会力量参与学校办学的积极性。随着社会经济的发展和学校的变化，董事会成员单位由最初的十几家发展到现在的近50家，合作方式也由原来的联合培养人才、合作开展科研项目、联合共建实验室等逐步向高新技术领域协同创新的方向发展。20年来，学校通过与科研院所和大型企业整合，共享区域内的教育、科技、文化资源，创新人才培养模式的新路径和新方法，有效提升了学校的创新能力，成为绵阳科技城科技创新体系的重要力量。

在探索产学研合作并开展实践的初期，西南科技大学存在"两多一少"现象，即从政府、企业、科研院所获取的多、为我所用的多，以学校为主引领科技创新，从而为企业技术升级和技术进步所作的贡献少，为企业解决重大技术难题和联合攻关的能力不足，在区域协同创新中的贡献度不高。其原因是多年来学校为了解决自身教育资源的不足，联合与合作的着力点放在争取各类资源和支持等方面，对合作过程中的协同创新、实现双赢或多赢效果关注不够。当高校在社会力量的支持下成长壮大以后，要想在迈入"成熟型"高校的道路上走得更远，就要把握好转型的要害和关键，实现学校的可持续发展，避免陷入"成长型高校

---

① 李忠云：《内外兼治破解高校协同创新困境》，中国高校人文社会科学信息网，2011年9月14日，http://www.sinoss.net/2011/0914/36070.html。

陷阱"①，把反哺社会作为当然的使命。

1. 协同创新的制度突破

学校多年来通过不断摸索，突破了人和物两大制约创新要素有效融合互动的制度樊篱。一是共建共享实验室，突破了国有资产管理的政策瓶颈。主要有两种途径：一方面，把联合办学单位的设备优化组合搬进学校；另一方面，实验室相互开放，共同建设，共同使用。这弥补了学校在部分学科教学仪器设备投入上的不足，避免了重复投资和建设，既提高了学校的资金利用率，使学校的办学效益明显提高，同时也使合作单位的仪器设备得到了更充分的利用。二是人才互聘，突破了人事管理的政策瓶颈。考虑到协同各方高层次人才的学科分布及其工作任务，学校成立了由各方专家组成的顾问委员会，统筹考虑人才的互聘，形成了"以人为本，人才互聘；学科互补，协调统筹"人才资源整合运行机制，实现了资源互补、利益互惠，充分调动了各方的积极性。

2. 协同创新的平台建设

平台建设是协同创新的重要依托。近十年来，学校与其他各方建成了"国家绝缘材料工程技术研究中心""生物质材料教育部工程研究中心""四川省生物质资源利用与改性工程技术研究中心""四川省风能工程技术研究中心"等平台。在创新平台的支撑下，学校在材料、能源等国家战略领域开展了大量卓有成效的工作，为区域经济发展作出了贡献。同时，学校以传统优势学科和特色学科为依托发展相关产业。比如，以材料学科为依托充分发挥学校在先进建筑材料、先进陶瓷材料等方面的科技优势发展材料产业，在原材料开发、工业尾矿及废渣的综合利用、矿物原料和建材产品的环境协调性、环境友好材料等方面形成了自己的产业特色。以农学学科为依托，通过组织成立水稻新品种产业化协作组，以及授予其他种子公司学校水稻品种生产经营权两种方式，打造品牌，形成学校自主知识产权产业化推广新模式。

参考文献

何郁冰：《产学研协同创新的理论模式》，《科学学研究》2012年第2期。

殷翔文：《高校协同创新的角色定位与价值追求》，《中国高校科技》2012年第7期。

徐枞巍：《高校应成为协同创新的"发动机"》，《科技日报》2012年1月9日第5版。

郭斌：《知识经济下产学合作的模式》，《机制与绩效评价》，科学出版社

---

① 张胤：《走出"成长型高校陷阱"——"成长型高校"走向"成熟型高校"的战略分析》，《高等教育研究》2012年第10期。

2007年版。

李忠云:《内外兼治破解高校协同创新困境》,中国高校人文科学信息网,2011年9月14日,http://www.sinoss.net/2011/0914/36070.html。

张胤:《走出"成长型高校陷阱"——"成长型高校"走向"成熟型高校"的战略分析》,《高等教育研究》2012年第10期。

[原载《高等教育研究》2014年第11期]

本科教学质量保障体系运行机制与建设路径的实证研究

周小波* 杜小静 李俊霖 王志堂

摘 要： 本文以西南科技大学本科教学质量保障体系建设为例，分析了高校内部本科教学质量保障体系的建设现状与运行机制，重点阐述了本科教学质量保障体系的建设路径和取得的成效，并就本科教学质量保障体系建设的努力方向进行了展望。

关键词： 本科教学；质量保障体系；运行机制；建设路径

一 本科教学质量保障体系的建设现状

《教育部关于加快建设高水平本科教育 全面提高人才培养能力的意见》中指出，高校要构建以学校内部质量保障为基础，教育行政部门为引导，学术组织、行业部门和社会机构共同参与的高等教育质量保障体系。[①] 高校内涵式发展的关键在于不断健全和完善内部质量保障体系。本科教学质量保障体系是高等教育在通过吸收和借鉴工商企业质量管理的成功经验，尤其是全面质量管理思想的基础上，建立起来的对教学工作进行全过程、全方位、全员性质量管理与监控的一套方法系统。高等学校的教学质量最终要由学校自己来保证，外因只是条件，内因才是根本。来自外部的质量评估只能起到引导作用，只有高校建立了内部质量保障机制，才能推动人才培养质量的持续提升。

在国外，不仅有专门的评估中介机构，很多高校内部都已形成了完善的质量监控体系和评估机制，如英国剑桥大学的课程评估、美国斯坦福大学的专业评估

---

* 周小波（1975— ），西南科技大学教育质量与评估中心综合科科长，助理研究员，主要研究方向为高等教育管理。

① 《教育部关于加快建设高水平本科教育 全面提高人才培养能力的意见》，中华人民共和国教育部政府门户网站，http://www.moe.edu.cn。

等。荷兰莱顿大学还在每个院系、研究所或研究中心都设有一个评估委员会，在院级管理人员中，还专门设立了评估员。阿姆斯特丹大学在学校、学院、专业和课程等层面构建了基于 PDCA 循环的内部质量保障体系。在我国，教学评估工作已经开展了 30 多年，但很多高校内部自我评估机制还没有完全建立起来，虽然很多学校也设立了评估中心、质量管理办公室等负责评估的机构，有的学校是在教务处专门设立了负责评估的科室，但这些机构很多时候是作为应付主管部门评估的应急措施，在日常的内部质量监控中没有发挥应用的职能，部门地位常常被边缘化，评估职能常常被弱化。[①]

西南科技大学高教研究与评估中心作为校内本科教学质量保障体系的重要组织机构，成立于 2005 年 1 月，包含高教研究、教学评估和教学督导三大职能。自高教研究与评估中心成立以后，学校本科教学质量保障体系建设得到了明显加强，内部评估工作和督导工作呈现出常态化、周期性等显著特点，质量保障体系日趋健全和完善。

二 本科教学质量保障体系的运行机制

本科教学质量保障体系结构如图 1 所示，各系统功能如下：

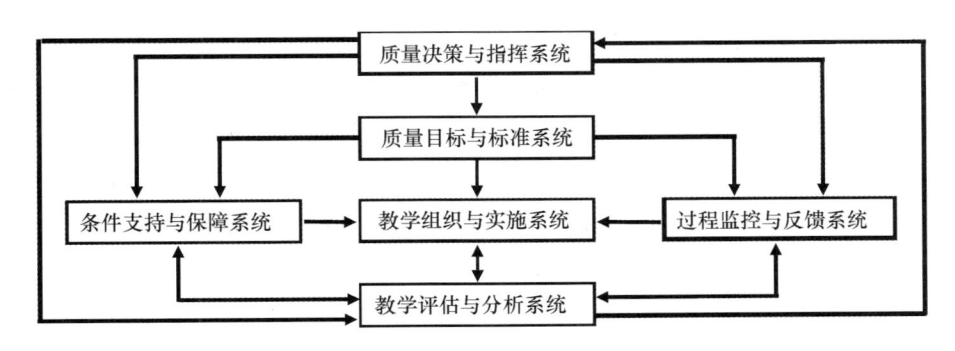

图 1 本科教学质量保障体系结构

质量决策与指挥系统：由学校党委常委会、校长办公会、校学术委员会和教学指导委员会组成，负责学校办学定位、办学理念以及与人才培养质量相关的重大事项的决策与指挥。

质量目标与标准系统：由学校人才培养目标和质量标准体系构成，主要是明确各专业人才培养的质量标准、各教学环节的质量标准和教学建设的质量标准。

教学组织与实施系统：由管理和教学两个子系统构成，管理子系统包括教务

---

① 陈超、闫广芬：《美英荷三国高校内部质量保障机制比较研究》，《外国教育研究》2010 年第 6 期。

处、学生处、校团委和学院（部、中心）的管理机构，教学子系统包括参与教学活动的全体教师与学生。该系统主要负责把决策系统所作出的各项决策落实到具体教学实践中，它是高校内部教学质量保障体系的核心。

过程监控与反馈系统：负责教学质量检查、监控、评价、信息反馈及质量改进等，形成有效的校、院两级质量监控体系，开展常规教学检查、专家督导、领导听课、学生评教、教师评学、学风调查及在校生满意度调查等系列工作。

教学评估与分析系统：负责开展审核评估、专业评估、专业认证、课程评估、二级学院教学工作评估等专项评估工作。

条件支持与保障系统：该系统包括条件投入和支持保障两个子系统。条件投入系统主要负责按照决策系统所确定的办学目标，投入办学所必需的人、财、物等条件并合理配置资源，保证教学工作正常开展，它是高校内部教学质量保障体系的基础。保障支持系统主要围绕教学工作从教职工的思想政治工作、组织机构建设、干部管理、舆论宣传、师德师风、科研促进、成果推广、技术支持、后勤服务等方面保障和支持教学工作，巩固教学工作的中心地位。[①]

学校实行"三级管理、两线并行"的质量保障组织方式和"管、办、评、督"适度分离，有机融合的运行机制。"三级管理"是指校、院、系三级组织对本科生培养质量进行分层级管理，各司其职，各负其责。"两线并行"是指"教学组织运行线"和"教学质量监控线"双管齐下，同步实施。"教学组织运行线"由校长、分管教学副校长、教学指导委员会、教务处、各学院组成，主要负责本科教学的组织、运行、管理和建设工作；"教学质量监控线"由校长、分管教学副校长、校院两级教学督导委员会、高教研究与评估中心、学生信息员等组成，主要负责教学质量的监控、评价、督导和评估工作。"管、办、评、督"运行机制是指教务处管教学，二级学院办教学，高教研究与评估中心评教学，校院两级教学督导委员会督教学的工作机制。

三　本科教学质量保障体系的建设路径

1. 围绕培养目标，完善质量标准

学校对人才培养、教学建设、课堂教学、实践教学、教学管理等各方面的质量标准均做了明确规定，形成了较为完整的本科教学质量标准体系。主要包括以下几个方面。

人才培养质量标准。根据国家经济社会发展需求和本科专业类教学质量标准，立足学校实际情况，科学合理地修订本科专业人才培养方案，对专业培养目

---

① 戚业国：《高校内部本科教学质量保障体系建设的理论框架》，《江苏高教》2009 年第 2 期。

标、毕业要求、培养规格、课程设置等提出明确要求和规范。

教学建设质量标准。学校出台了《西南科技大学本科专业管理办法》《西南科技大学本科课程建设与管理办法》《西南科技大学实践教学基地管理办法》等系列文件，明确了专业建设、课程建设、实验室建设、实践基地建设等教学建设质量标准。

课堂教学质量标准。制定课堂教学和教师教学工作规范，出台《西南科技大学本科课程教学大纲管理办法》《西南科技大学教师本科教学质量评价管理办法》等文件，对教学过程与主要环节提出要求，明确教师在课前备课、课堂授课、课后答疑、作业批改等方面的工作规范。

实践教学质量标准。制定实验、实习、毕业设计（论文）等实践教学环节规范，出台《西南科技大学本科毕业设计（论文）工作管理办法》《西南科技大学本科实验教学管理办法》《西南科技大学本科实习教学管理办法》等文件，对学院、教师、学生在实践教学环节中的教学质量提出明确要求。

教学管理质量标准。出台《西南科技大学本科教学指导委员会工作条例》等文件，明确教学质量管理分工，制定了教学计划管理、运行管理、质量管理等工作的程序规范和质量要求，以及教学管理工作评价指标体系、工作程序和奖励办法。出台了《西南科技大学普通全日制本科生学籍管理办法》《西南科技大学本专科生毕业资格审核实施细则》等文件，对学生修学要求、课程标准、学分标准等做出明确规定，对学生毕业、结业、肄业、学位授予等工作过程进行了规范。

此外，还进一步完善了教学管理和质量监控的制度体系，建立了学生学业管理类制度、教师教学管理类制度、教学运行管理类制度、专业及课程建设类制度、创新创业教育类制度、教学质量评价评估督导类制度、教学信息反馈类制度等，所有教学环节都有相应的实施管理办法，对人才培养过程进行全方位有效保障。

2. 实施全程监控，实现全面覆盖

学校教学质量监控主要包括：日常监督、师生互评、学情调查、教学评估、第三方调查等方面的常规项目（见表1）。

表1　　　　　　　　　教学监控常规项目与方式

监控项目	监控手段/内容	方法措施	实施主体	实施周期
日常监督	期初、期中、期末三次常规教学检查	制订检查计划，实行全面检查	教务处	学期
	辅导员、班主任、导师日常监督	深入学生宿舍，面对面交流督促	学院	学期

续表

监控项目	监控手段/内容	方法措施	实施主体	实施周期
教师自评	课程目标达成度	教师自评，专业负责人核查	教师，专业负责人	学期
领导听课	教师教学情况，学生学习情况	听课	各级干部	学期
专家督导	教师教学情况，学生学习情况	听课、检查、指导	督导委员会	学期
学生评教	教师教学情况	学生网上评教，学生信息员收集意见	学生	学期
同行评价	教学经验交流	教研活动，听课	教研室	学期
教师评学	学生学习情况	课堂提问、作业、考试、问卷调查	教师	学期
学情调查	在校生满意度调查	易班、移动APP	学工部	年度
审核评估	审核评估自评、再评估	制订自评计划，覆盖全部学院	高教研究与评估中心	聘期
专业评估	专业认证、专业评估	制订自评计划，覆盖全部专业	高教研究与评估中心	聘期
课程评估	课程质量评估	制订校院两级评估工作方案计划，覆盖全部课程	高教研究与评估中心、各学院	五年
年度考核	教学工作量、教学规范、教学业绩	制定方案，统计与评议	教务处	年度
毕业生跟踪评价	人才培养效果，培养方案改进，教学过程改进	第三方调查	招生就业处	年度

日常监督。每学期开展期初、期中、期末三次常规教学检查，学校领导、教务、学生工作相关职能部门和院系负责人、校院两级教学督导专家、教师代表、学生代表全面参与教学检查，通过听课看课、师生座谈、查看资料等形式进行检查，听取师生的意见、建议，解答师生的疑问，现场处理问题。

师生互评。师生互评包括学生评教和教师评学两个方面。每学期学校组织学生对所开设的所有课程进行网上评教，系统内学生可以给任课教师提具体意见、建议。评教统计结果及时反馈给任课课程教师、教学院部、职能部处和学校领导。任课教师设计并发放评价学生能力的课程问卷调查，全面评价课程目标达成度。

学情调查。对所有本科生每学期选课情况、出勤情况、课程学习情况、学业进度完成情况等进行统计，并按照学院、专业、课程和教学班进行分析。定期开展学风问卷调查和在校生满意度调查。

教学评估。学校构建了"二级学院审核评估、专业认证、专业评估、课程评估、课堂教学质量评价为主体的多维度、全方位的教学评估体系"。2016年对16个二级学院开展了审核评估，2017—2019年对77个本科专业开展了一轮专业评估。自2020年开始，学校开展了五年一轮的校院两级课程评估工作，将以五年为一个周期，对全校开设的3000多门课程进行全覆盖。此外，积极支持和鼓励特色优势专业参加国家工程教育专业认证。

第三方调查。学校自2012年开始，委托第三方公司进行毕业生社会需求与培养质量半年后跟踪测量评估。针对社会第三方提供的《社会需求与培养质量年度报告》，学校积极反思人才培养目标、培养过程和培养质量，优化人才培养方案，改进教学管理，提高人才培养质量。

总之，学校始终把握人才培养过程中的关键环节和影响教学质量的关键因素，做到常规检查常抓不懈、专项检查重点突出、教学评估定期开展。监控方法通过现场查看、听课看课、问卷调查、师生互评、文档抽阅、座谈研讨、总结报告、通报反馈等方式，有效监控人才培养质量的各个环节。

3. 聚焦质量信息，推动持续改进

（1）动态分析数据，常态监控质量

定期统计分析教学基本状态数据。学校自2015年开始，开展年度教学基本状态数据采集工作，及时采集上报本科教学基本状态数据。2016年学校建立"教学基本状态数据库及评估系统"，把学校与本科教学工作密切相关的数据按照一定的逻辑关系组织起来，以国家教学基本状态数据为基础，补充学校个性化的本科教学工作及质量监控相关数据，形成系统的、能反映学校教学运行状态的数据库，并实现常态化监测。适时监测学生学习基本状态数据。学校自2012年开始，对全校学生的学习状况含选课情况、学习预警、学习成绩从年级、学院、专业、班级、生源地以及性别等方面进行了全面统计分析，从新生到毕业生对教学质量进行全程跟踪评价，并有效开展质量信息统计和分析工作。在教学质量上，通过收集各项教学检查、监控和专项评估结果，及时了解各个教学环节的实际运行情况和学生学习效果。通过学生信息员与教学督导的信息反馈来了解教学工作开展情况。在毕业生质量上，通过第三方调查和发放毕业生就业问卷调查等方式，对毕业生就业的单位性质、工作区域、薪水情况、满意度情况等进行统计、分析和总结，为开展就业工作指导提供相关依据。

（2）适时通报信息，定期发布报告

适时通报教育教学质量信息。教务处、高教研究与评估中心是学校本科教育教学信息收集、分析、评价和反馈的主要机构，通过各种渠道收集"教—学—管"等方面的信息或问题，广泛听取教育教学工作的意见和建议，并对信息进行适时通报。定期发布本科教学质量报告。在学校主页建立信息公开专栏，每年向社会发布《本科教学质量报告》，客观真实地反映学校在教学建设与改革、教学质量保障、师资与教学条件、学生学习效果等方面取得的成绩和存在的问题。报告涵盖教育部高教司要求的 25 项核心支撑数据，如实反映学校在提高本科教学质量方面所做的各项工作和本科教学的实际状况。

（3）加强信息反馈，强化结果运用

全面汇总信息，掌握质量状况。学校相关职能部门按照职责范围，及时汇总统计教学督导监控信息和各级干部听课信息，汇总统计教学基本状态数据、学生学习基本状态数据、学生网上评教数据等，全面掌握本科教学质量状况。及时反馈信息，加强交流沟通。教学质量信息反馈主要是以 OA 文件、教学简报、督导简报、督导通报、教师发展简报等载体，通过教学例会、专题会议、部门网站、电子邮件等途径进行反馈，近三年共发布简报和通报 42 期。此外，学校还通过本科教学质量报告、就业质量报告、应届毕业生社会需求与培养质量跟踪评价报告、教学基本状态数据分析报告和教学评估等方式对教学信息进行定期反馈。综合利用信息，推动持续改进。学校将教学质量监控与评价信息作为学校专业动态调整、教师年度考核、评奖评优、职称评聘和教学单位及管理干部考核的重要依据，在考核和评价中实行师德师风一票否决制。学校对质量信息反馈、利用和改进情况进行跟踪，校领导、职能部门和教学院部针对质量信息及时研究并加以改进。

（4）推动持续改进，形成质量闭环

教务处、高教研究与评估中心、本科教学督导委员会根据各类教学检查和评估的结果情况，向相关职能部门和教学单位提出质量改进的建设意见和要求，各责任单位在职责范围内及时组织整改建设。其中涉及重大问题，需提交教学指导委员会、校长办公会、党委常委会讨论决定。教务处、高教研究与评估中心等部门根据相关会议提出的意见和要求，制定具体的质量改进措施和整改建设方案，并组织落实。各教学单位及相关部门根据整改建设任务，认真落实并及时报告整改建设情况。教务处、高教研究与评估中心负责对整改建设情况进行跟踪监督，收集和传达反馈信息，并对整改结果进行验收与评价。通过多渠道、全方位的教学质量信息采集、分析、评价、反馈及持续改进，形成了 PDCA（计划—执行—检查—改进）质量闭环。

4. 加强队伍建设，提高管理水平

学校重视教学质量管理队伍建设，形成了一支专兼结合、素质优良、结构合理、爱岗敬业的教学质量管理队伍。目前，学校有 1 名副校长主管教学运行和质量监控；教务处、高教研究与评估中心两个职能部门有工作人员 34 人，各学院配备分管教学副院长 1 名，教学办公室主任 1 名，专职教学秘书 1—2 名。同时，学校在教学治理结构上，完善了校院两级教学指导委员会，对教学管理、制度执行进行监督，对教学事务开展论证、咨询、评审和决策。学校成立了专兼结合的校院两级教学督导专家队伍，实行校院两级教学督导工作体系。校级本科教学督导委员会现有成员 24 人，其中，主任 2 人（分管本科教学的副校长和分管研究生教育的副校长担任），副主任 2 人，另有专职督导专家 20 人。学院教学督导组由 3—5 名专兼职督导专家构成，全校 16 个院部共有院级督导专家 78 人。校院两级教学督导专家根据《西南科技大学教学督导委员会章程》等文件，负责对人才培养的全过程开展督促与指导等。学校高度重视教学质量管理队伍和教学督导队伍自身能力素质的转型升级，定期组织管理人员和督导专家在校内进行专题学习研讨，在校外参加各种培训和专项调研，努力提升教学质量管理队伍和教学督导队伍的工作能力和管理水平。

5. 约束激励并举，营造质量文化

规范教学行为，增强质量意识。学校通过制定质量标准，加强教学管理、教学检查和质量评价，明确了教学建设规范与教学活动规范，增强了全校教职员工的质量意识。树立教学典型，加强引领示范。学校有全国优秀教师、全国抗震救灾先进个人、四川省教学名师、四川省优秀共产党员、绵阳市优秀教师、学校教学名师等一批优秀教师，有以全国教学竞赛获得者为代表的青年骨干教师，他们高尚的师德师风、扎实的学识功底和高超的教学水平在全校教职员工中起到了很好的引领示范和带动促进作用。开展教学评估，形成质量文化。通过审核评估、专业评估、专业认证、课程评估等多层次、立体化的评估工作，点、线、面相结合，在校内逐步形成了以内涵建设、持续改进为主线的校园质量文化。

四 本科教学质量保障体系的建设成效

1. 巩固了人才培养的中心地位

在全员参与、全程监控、全面评价基础上形成的教学质量监控与评价体系，明确了从学校领导到职能部门和任课教师的各自的教学质量责任。教学质量保障组织体系为学校各级职能部门制定了组织教学、服务教学的质量标准和工作职责。自我评估及质量监控的全面开展，进一步巩固了人才培养的中心地位、教学工作的基础地位。

2. 增强了广大教师的质量意识

学校教师的教学行为更加规范，教学事故明显减少。2019—2020 学年，学校全年教学事故数量比 2014—2015 年降低 100%。教师的质量意识、责任意识得到显著增强，2019—2020 学年，学生对教师的满意度为 97.33%，学生评教的优良率近三年持续提高。学校教师参与教学质量检查与评价的范围明显增加，学生评教的可信度显著增强。

3. 促进了培养质量的持续改进

教学质量监控体系的有效实施，使得学校的教学水平与人才培养质量得到持续提升。英语四、六级通过率和学位授予率稳步增长，并保持高水平。2020年，学校的本科学生毕业率比2015年分别提高了8.3%，达到96.56%，学生的英语四级通过率比2015年提高了11.56%，达到66.34%，研究生考取率比2015年提高了7.25%，达到17.88%。近三年学校本科生平均就业率保持在90%以上。在近两年对毕业生进行的问卷调查中，96%的学生将本科教学列为对学校最满意的工作，97%的用人单位对学校毕业生质量表示满意。

4. 教学改革与教学建设成效显著

随着学校教师质量意识和责任意识的不断提高，广大教师进行教学改革与质量工程建设的积极性和创造性得到充分激发，教学改革与建设取得丰硕成果。2018—2020年，获批国家级教学改革项目74项，省级262项。学校在四川省教学成果评选中获奖共13项，其中一等奖1项、二等奖4项、三等奖8项，成效显著。夯实专业建设，提升培养质量。学校大力加强优势特色专业建设、新专业建设和传统专业改造，努力提高专业建设水平和人才培养质量。通过开展专业评估和专业认证，全面梳理专业建设与发展中存在的问题和不足，并加以及时改进。目前，学校已有7个专业通过国家工程教育专业认证（评估）。有一流专业28个，占本科专业数的36%。

五 本科教学质量保障体系的建设展望

中共中央、国务院印发的《深化新时代教育评价改革总体方案》中明确提出高校要健全内部质量保障制度，促进学生全面发展。高校应将质量建设作为实现内涵式发展的重要途径，树立学生中心、产出导向、持续改进的教学理念和营造自觉、自省、自律、自查、自纠的质量文化。遵循质量管理共通规律，以学生满意为目标，以循环改进为手段，将质量要求内化为师生的共同价值和自觉行为。对照这一要求，高校本科教学质量保障体系应在以下几个方面加强建设。

1. 完善持续改进的长效机制

建立有效的反馈闭环系统，健全质量监控、质量跟踪和质量改进的工作机制，完善校院两级监控信息反馈与整改工作机制，打通质量"最后一公里"。对教学质量监控和评价信息实行动态管理，及时发现问题，及时反馈沟通，并有针对性地提出改进建议。定期检查，及时总结，将影响教学质量的问题消灭在萌芽中，实现持续改进。通过构建与质量管理紧密结合的激励与约束机制，推动问题整改的落实落地，促进教学质量稳步提升。建立协同整改机制，对于较大范围及反复出现的问题，明确牵头整改部门以及协同配合整改单位，成立整改专项组，协同研究整改，加强对共性问题的研究，找准整改重点，分解整改任务，明确各教学环节、整改要点的责任主体，确保整改落到实处。注重质量信息的挖掘、统计和分析，建立质量问题对策研究机制，分类提出长效解决方案或办法，以避免多部门整改主体出现相互推诿现象，也可以避免由于寻找问题的根源不到位，整改措施不力，而造成整改效果不理想。对一些长期存在、没有根治的问题，通过健全相关制度、加大执行力度重点解决，限期解决，确保质量保障体系的有效运行。

2. 强化大数据在质量保障中的应用

随着高等教育系统日益复杂化，尤其在大数据、云计算时代，传统决策模式已经很难有效地把控质量内涵，高校需要进一步提高教学质量管理、监控、评估的信息化水平，不断完善、升级现有教学质量管理、监控和评估系统。通过建立健全和完善数据采集制度，校内"教学基本状态数据库及分析系统"，结合"智慧校园"建设，确保数据的客观、准确，实现数据交换、共享。此外，加大相关信息系统的开发建设力度，加快开发、完善、使用如"听评课管理系统""实习、实践管理系统""学生学习效果评价系统"等，不断提高工作效率和质量，提升教学管理工作的信息化水平。充分利用大数据的挖掘功能，实时在线监控各教学环节的质量状况，分析二级学院、专业、课程中存在的问题，分析学生学习行为及学习效果，使改进过程更加精准，更有针对性。从而建立科学、智能、动态的内部质量保障机制，使高等教育质量管理从经验走向科学。[①]

3. 营造浓厚的质量文化氛围

质量文化是高校在长期的教育实践过程中形成的有关质量的价值观念、规章制度、环境意识、道德规范、行为习惯等一系列的精神活动和精神行为的总和，是高校的共同信仰、共同追求和共同约束。高校应进一步加强质量文化建设以增强凝聚力和号召力，促使全校教职员工向着共同的目标而努力奋斗。优秀的质量文化可以促进高校自我发展和自我完善，高校应以新一轮审核评估为契机，通过开展多种形式的学习，广泛宣传质量文化，明确各教学环节的责任主体，牢固确立"教学质量、人人有责"的质量意识，形成提升和保障教学质量的良好氛围。通过建立激励机制引导教师投入教学工作、提升教学质量的责任感和荣誉感。[②] 牢牢把握住本科教学质量这个核心主题，不断增强职能部门提高服务人才培养的自觉性。完善教学质量持续改进的长效机制，促进质量自觉和质量自律。建立持续改进的高校质量文化，将质量要求内化为高校师生的共同价值追求和自觉行

---

① 计国君、邬大光、薛成龙：《构建大数据驱动的内部质量保障体系》，《厦门大学学报》2018 年第 2 期。

② 《教育部关于加快建设高水平本科教育　全面提高人才培养能力的意见》，中华人民共和国教育部政府门户网站，http://www.moe.edu.cn。

为，成为高校人才培养质量持续提升的内驱力。①

参考文献

《教育部关于加快建设高水平本科教育　全面提高人才培养能力的意见》，中华人民共和国教育部政府门户网站，http：//www.moe.edu.cn。

陈超、闫广芬：《美英荷三国高校内部质量保障机制比较研究》，《外国教育研究》2010年第6期。

戚业国：《高校内部本科教学质量保障体系建设的理论框架》，《江苏高教》2009年第2期。

计国君、邬大光、薛成龙：《构建大数据驱动的内部质量保障体系》，《厦门大学学报》2018年第2期。

张海军：《试论高校质量文化的价值与构建》，《教育探索》2018年第8期。

朱伟文、李亚东：《试论专业认证推进大学质量文化建设的价值、局限和着力点》，《教育发展研究》2020年第7期。

---

① 张海军：《试论高校质量文化的价值与构建》，《教育探索》2018年第8期；朱伟文、李亚东：《试论专业认证推进大学质量文化建设的价值、局限和着力点》，《教育发展研究》2020年第7期。

第二章 四新建设

新工科建设背景下
学生创新创业能力培养的探索与实践

钟 良[*] 朱伏平 张德虎

摘 要：在新工科背景下，人才培养过程与创新创业深度融合，建立了"5442"创新创业教育体系，并通过多途径搭建平台，为高校的创新创业教育提供支持和保障，实现新工科背景下的创新创业实践平台的可持续发展，经过多年的实践，解决了学生原始创新能力不足、创新理论方法不够、多学科空间观察思考问题较弱、大工程意识观薄弱等创新人才培养中出现的问题，取得了优异的成绩。

关键词：高等教育；新工科；创新创业；实践平台

2014年9月召开的夏季达沃斯论坛开幕式上，李克强总理首次提出"大众创业、万众创新"的理念，将创新创业上升到国家战略层面。对个人而言，创新创业为人生提供动力和保障；对企业而言，创新创业是其生存和发展的需要。创新创业引领着时代的发展，特别是2020年以来，中华民族经历着新冠肺炎疫情的磨难，李克强总理出席全国大众创业万众创新活动周启动仪式重申：创业创新是国家赢得未来的基础和关键。

作为高等教育的践行者，教育部倡导提出了新工科教育，从"天大行动"到"复旦共识"，再到"北京宣言"。新工科人才培养的目标就是：必须面向当前急需的和未来的产业发展，提前进行人才布局，培养具有创新创业意识、数字化思维和跨界整合能力的"新工科"人才。创新和创业能力是当代大学生必须要具有的素质。

---

[*] 钟良（1973— ），西南科技大学制造科学与工程学院副院长，教授，博士生导师。

一　新工科背景下学生应该具备的能力

新工科的建设追求新的理念、新的结构、新的模式、新的质量、新的体系，紧紧围绕以学生发展为中心，面向未来、面向世界、面向产业的人才培养需求。培养学生具有良好的伦理道德、职业操守；具有公共安全、环境保护、法律意识；具有主动学习、随时学习、终身学习的能力；具有运用跨学科的知识解决复杂工程技术的能力，以及快速适应各种变化所必备的心理、知识、毅力等非技术性素质，其中尤其重要的是创新思维、创新方法、创业精神的培养。

二　新工科建设背景下教育教学存在的问题

中国传统的工程教育过分拘泥于专业细节，学生的思维容易蜷缩在狭小的专业空间。然而任何产品都可能涉及多学科问题，涉及电子、物理、材料、制造、机械等诸多学科领域。所以新工科背景下的人才应该有系统观和大工程观，能在大的科学空间去观察、思考问题。

在教学实践中，主要发现存在如下问题：

1. 当下我们的创新多属于在别人基础上的"增量创新"，原始创新、引领未来某个新技术领域的创新还太少。工程教育中如何培养学生的这种原始创新、创造能力，培养学生具有引领、想象、创造未来社会需求的能力，需要我们去思考和探索。

2. 为了使学生具备较强的创新能力与创造能力，如何通过培养方案和课程边界再设计及课程重构，实现理论知识传递与创新实践能力培养相融合？如何改变学生被动接受知识到主动探索创新？如何帮助学生建立多学科交叉的意识和团队协作，养成在多学科空间观察、思考问题的习惯，这是学生创新能力培养的要求，也是工程人才培养的要求，这需要探索新的人才培养模式和方法，实现工程教育重构。

三　解决这些教育教学问题的方法

为了解决这些问题，制造学院早在 2000 年就开始重视并推进创新理论和方法教育，当时学院刘继光教授就开设了机械创新方法课程。制造学院通过多年的探索与实践，挖掘工科学生创新创业能力的内涵，形成了"五种能力、四个融合、四项机制、两类平台"的"5442 创新创业教育体系"（如图 1 所示）。在此基础上提出"四融合创新"，即：目标融合创新：立德树人 + 专业人才培养；课程内容融合创新：基本内容+学科发展前沿+"新工科"；教授技术融合创新：教育教学方法+现代技术；授课模式融合创新：流程重组+结构再造（CDIO）；从而实现一个目标，即：有效提升创新创业能力培养的目标。

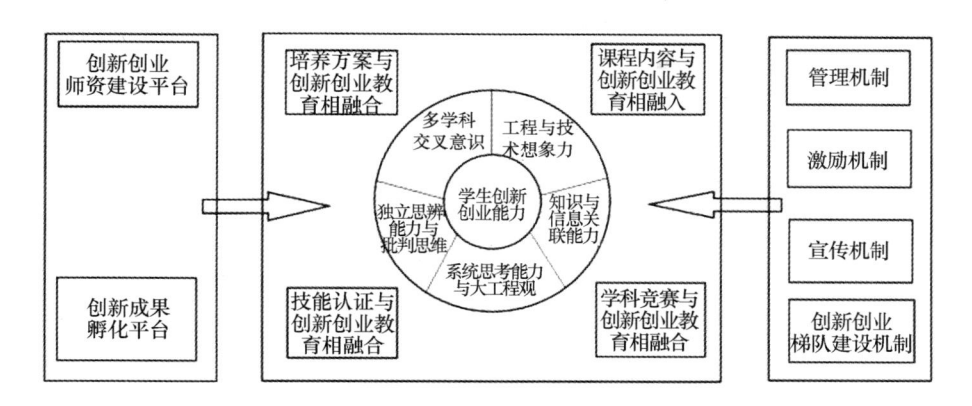

图1 "5442"创新创业教育体系

具体做法如下：

1. 挖掘工科学生创新创业能力的内涵。

深入研究当今社会发展和人才培养对创新能力的需求，挖掘学生创新创业能力的内涵和具体体现形式，识别学生创新创业能力培养的关注重点，使学生创新能力培养有的放矢。在工程教育中，创新能力的培养主要体现在培养学生应具有多学科交叉的意识、与工程和技术有关的想象力、建立专业知识节点或信息源的关联以获取知识的能力、从系统的角度观察和思考问题的能力、独立思辨的能力及批判性思维等。

2. 人才培养过程与创新创业的深度融合。

（1）培养方案与创新创业教育相融合。在制定专业培养方案的过程中，依据新工科建设及工程教育专业认证的要求，在确定培养目标时融入创新能力目标。在课程体系设计时，建立支撑创新能力培养目标的理论课程与实践课程，形成"创新通识课程+创新前沿讲座+创新方法课程+创新实践训练（涵盖CDIO）+个性化选修课程+创新创业微学分（包含学科竞赛）"共10个学分的创新能力培养课程体系。建设依次递进、有机衔接、科学合理的创新创业教育专门课程群，构建一个多层次、立体化的课程体系，探索并形成具有中国特色的新工科课程教育体系。形成专业教育是基石，创新教育是功力，学科竞赛是推手的工科创新人才培养体系。

（2）课程内容与创新创业教育相融合。培养目标的实现需要课程目标的支撑。各类专业课程教学中，做到课程思政与创新创业意识相结合、专业知识基础与前沿相结合、理论知识与创新应用相结合。如机械设计课程设计、创新设计实践、工业工程创新实践等课程，给学生设定题目，学生根据自己的兴趣选择，按CDIO的工程培养模式，提升学生综合运用跨学科的知识，解决复杂工程技术问题的能力，培养学生形成系统观和大工程观，养成在多学科空间观察、思考问题的习惯。

（3）技能认证与创新创业教育相融合。将学院推进的CAD认证、UG认证、数控工艺员认证、见习工业工程师认证等工作与学生的创新创业能力培养相融合，培养学生在创新工业工作时应用相关专业工具的能力。

（4）学科竞赛与创新创业教育相融合。以项目驱动的方式，通过教师指导学生参加各级各类科技竞赛活动，开展创新创业教育项目、各类社会实践活动，训练学生在不同的工程实践环境中创造性地解决问题的能力。

3. 支持创新创业教育的管理体制机制建设。

（1）良好的创新创业教育管理机制。在学院"三全育人"的要求下，学院从多方面支持和鼓励创新创业教育。除了从学院专业教师中选拔培养创新创业导师以外，还聘请国内知名创新专家（如台湾中华大学原校长沙永杰教授）和企业家（如德诚国际集团董事长张连）担任学生创新创业导师。建立各类科技竞赛牵头人制度，负责各类赛事的宣传和过程组织。建立竞赛项目培育经费支持制度。通过"一专业一核心赛事"，鼓励学生加入专业老师的科研团队，支持学生加入各类"创新实践班"，以赛促教、以赛促学、以赛促建。

（2）积极的创新创业教育激励机制。在教师评优考核、绩效奖励等方面与指导学生科技创新活动挂钩，对有潜力的学生科技创新项目给予经费支持，提升教师的积极性。在学生方面，对参加创新创业项目（活动）的学生除记微学分外，在评优评奖、保研等方面给予加分，提高学生的参与度和获得感。

（3）形式多样的创新创业宣传机制。积极营造健康向上的创新创业文化氛围，把创新创业文化融入学生的日常活动中。通过剖析典型案例，激发学生共鸣。学院评选学生科技活动积极分子，激励学生参与。各专业组织与本专业相关赛事的宣讲、工业工程专业每年举行企业创新实践项目成果发布会、工业设计专业每年进行教师工作室成果评比大会等活动，将各创新教育活动信息和参加途径传递到低年级学生。在学院创造了良好的学生科技活动和创新创业氛围，提升学生投身创新创业的积极性和自觉性。

（4）学生创新创业梯队建设机制。学院通过特设导师制度、教师工作室制度、校企联合工作室、创新实践班等方式，每年从大一新生开始就结合学生兴趣，选拔学生加入指导教师团队，形成各年级学生梯队；对创新创业项目形成培育机制，使创新成果不断成熟，形成项目成果梯队。

4. 创新创业教育平台建立。

（1）创新创业师资平台建设。多渠道选聘工程师、职业导师等加入创新创业导师团队；有计划地组织指导教师参加企业挂职锻炼；加强指导教师创客教育培训等措施，打造一支技术过硬、科学素养高，能胜任新工科建设任务的导师队伍。在学院的青年教师能力提升计划中，增加创新创业能力培养环节，提升专业教师的创新创业能力。鼓励专业教师参加培训和获得认证证书。除了从学院专业教师中选拔培养创新创业导师外，还聘请国内知名创新专家、企业家担任学生创新创业导师。

（2）创新成果孵化平台建设。搭建校企创新合作的桥梁，如与企业合作建立了"德诚创意工厂"、与宁波华孚公司合作建立"产品设计工作室"。通过"一专业一核心赛事"以及专业老师组织科研团队，搭建学科竞争平台。使以上平台成为创意的发源地，依托创意工厂搭建联合实验室及企业实践基地，联合开展趋势研究、关键共性技术研究，加强创新研究的新理念、新模式、新工具的推广应用，使创新创业教育与企业实际需求、创新创业教育与学科竞赛相结合，使学生在全程化、系统化的工程实践过程中进行科研素养训练，在解决具体工程实践问题中提高创新创业能力。

四　取得的成绩

1. 通过建设依次递进、有机衔接、科学合理的创新创业教育专门课程群，构建一个多层次、立体化的课程体系，探索并形成了专业教育是基石，创新教育是动力，学科竞赛是推手的工科创新人才培养体系。

2. 针对新工科发展，遴选具有新工科发展潜力的企业，进行深度合作，发挥各自的资源优势，完善创新创业实践平台的基础硬件建设；通过新工科创新创业课程体系建设、新工科创新创业文化氛围建设，以科教融合推动创新创业教育，以教育网络信息化助推创新创业教育，以思想政治视野为创新创业教育保驾护航，并进行新工科创新创业师资队伍的建设，建立相应的管理机制和激励机制，实现新工科创新创业实践平台的可持续发展。

3. 以创新创业实践平台为依托，系统化实践卓越工程师培养计划，个性化实施创新创业实验项目，多元化开展大学生学科创新竞赛，立体化推进产学研用相结合模式，取得较为显著的成果。"先进机电技术创新实践班"2014年获评全国"小平"科技创新团队。校企双方共建的"德诚国际集团—西南科技大学"创意工厂，已成为西南地区规模最大的高校"双创"平台。

4. 学生培养质量和第二课堂成绩显著。近年来，学院邀请名人名家，企业导师参与学生的创新创业教育工作，特别是制造与工程学院聘请的台湾中华大学前校长沙永杰教授每年都到校为本科学生开展为期一周的创新教育课程，知名校友张连捐建的创意工厂更是为制造与工程学院大学生提供了优质的"双创"平台。通过参加和积极承办机械创新设计大赛、工业工程案例大赛等各级科技竞赛，培养学生的团队合作与人际交往能力；2008年、2009年、2011年、2013年、2014年、2016年、2017年、2018年、2019年工业工程专业学生均获清华大学主办的"全国工业工程应用案例大赛"一等奖；连续三年获全国三维设计大赛一等奖，2015年获3D大赛全国总冠军（特等奖）；机器人小组近年来，四次获全国一等奖；为西南科技大学在全国大学生学科竞赛评估排行榜中连续几年高居前百强之列做出了贡献。工业设计学生李田原设计的方案被标致公司采用，实现量产。从毕业生反馈机制和社会评价反馈机制的数据来看，学生就业率高，学生的各项能力得到用人单位的高度认可。

5. 学院连续五年申报并承办"四川省工业工程创新应用案例大赛"，2017承办"四川省机械创新设计大赛"。机械设计制造及其自动化专业2017年通过国家工程教育专业认证，2019年获批国家一流试点建设专业，2021年工业工程、工业设计专业获批国家一流试点建设专业，人才培养质量成效显著。

结束语

以OBE为人才培养抓手，通过从专业学科与课程建设中融入创新教育、双创师资队伍建设、双创平台搭建、创新成果孵化、政策制度保障等方面切实开展双创教育工作，建立了"5442"创新创业教育体系，从教师和学生两个不同维度，为双创教育提供支持和保障。从多途径搭建平台，助力创新创业教育的开展，实现新工科背景下的创新创业实践平台的可持续发展。

参考文献

武群丽：《"挑战式"教学范式与高等教育创新人才培养》，《课程教育研究》2019年第1期。

林健：《面向未来的中国新工科建设》，《清华大学教育研究》2017年第2期。

胡明茂等：《新工科背景下的地方应用型本科院校实践教学建设》，《实验室研究与探索》2019年第7期。

张小惠、白帆、霍亚光：《大学生创新创业实践平台建设的探索与实践》，《实验技术与管理》2020年第3期。

葛宝臻：《完善创新创业教育体系 构建创新创业实践平台（续）》，《实验室研究与探索》2016年第1期。

仝月荣、陈江平、李翠超：《面向新工科的实践教育体系构建——以上海交通大学学生创新中心为例》，《高等工程教育研究》2020年第1期。

专业与学科建设相融合，培养环境科学与工程类创新型人才

王 彬[*] 董发勤[**] 杨秀政 姚 勇

黄福杨 谭江月 赵 丽

摘 要： 为满足中国特色生态文明建设需求，高校应扎实推进环境工程创新应用型人才的培养以满足经济与环境协调发展。在此背景下，西南科技大学以联合办学为依托，以产业需求为导向，依靠校企合作建设了"双师型"教师队伍，探索了引进与培养并重的校内师资培养模式。依托环境工程专业实验室、学科实验室、自建共建实习基地实现了共建共享、优势互补的实践教学平台。并以OBE理念为牵引，改革课程教学与实践教学方法，解决了知识—能力—素质协调发展的问题。此外，通过卓越班、创新班和导师制等教学模式改革，使专业个性化人才培养落到了实处。

关键词： 教学改革；环境工程；创新型人才

2005年8月，时任浙江省委书记习近平同志在安吉余村考察时首次提出"绿水青山就是金山银山"的理念。2020年9月，国家基于推动实现可持续发展的内在要求和构建人类命运共同体的责任担当，宣布了碳达峰和碳中和的目标愿景。如何实现人与自然和谐相处、经济与环境协调发展？如何培养生态文明建设素养高的环境工程创新应用型人才？这是高校当前必须面对的一个严峻挑战。在此背景下，西南科技大学提出了专业与学科建设相融合，综合推进教学改革，培养环境科学与工程类创新型人才教育理念，全面提升了学生知识—能力—素质协

---

[*] 王彬（1984— ），博士，教授，博士生导师，西南科技大学环境与资源学院副院长。

[**] 董发勤（1963— ），博士，教授，博士生导师，西南科技大学党委书记、校长。

调发展。[1] 坚定学生为生态文明建设服务的价值取向，为生态文明建设和"双碳"战略的深入实施培养了知识全面、能力突出的高素质环境科学与工程类创新型人才。[2]

一 以联合办学为依托，以产业需求为导向，建设"双师型"教师队伍

西南科技大学环境工程专业以联合办学为依托，以产业需求为导向，建设了一支以校内教师为主体、企业工程技术人员和科研单位专家为补充、协调互动的"双师型"教师队伍，弥补了校内教师理论基础扎实、工程实践能力较薄弱的短板。

（一）探索了引进与培养并重的校内师资培养模式

近年来，西南科技大学环境工程专业遵循"引进与培养并举"的方针，加强青年教师队伍建设，在国内外选聘优秀人才，师资队伍水平稳步提高。通过"优秀人才"和"学术骨干"人才工程计划，从英国剑桥大学、日本北海道大学、新加坡南洋理工大学、上海交通大学、四川大学、重庆大学等国内外知名大学引进了十余名年轻博士，并通过参加四川省高校青年教师职业技能（岗前）培训、学校教师发展中心基本教学能力培训、现代教育技术培训，提升了教学理论和教学技能。对于在校的骨干教师通过进修、访问学者等形式到加利福尼亚大学、瑞典隆德大学等进行交流，提高了教师的科研能力、学术水平和教学能力。

近五年，本学科教授为本科生授课的比例高达100%。邀请师德标兵代表为新任教师和专业教师作分享交流，引导教师树立严格自律、爱岗敬业、为人师表的良好教师形象，把崇高师德当作自己的生命一样守护和敬畏。教师获学校"教学工程质量一等奖"2人、"青年教育教学之星"称号2人、优秀教师5人、最受欢迎教师5人、十佳岗位青年5人。教师获得"长江学者"奖励计划青年项目1项、"优秀青年科学基金"1项，新增省"千人计划"5名、天府"万人计划"3名和四川省学术和技术带头人后备人选6名，校级"双带头人"4人、"五四奖章"1人。建成省级"课程思政"示范课程1门、校级"课程思政"示范课

---

[1] 汤迪勇、孙杰、叶恒朋等：《环境工程专业人才社会需求分析及人才培养应对策略》，《高教学刊》2021年第14期；李杨帆、张倩、欧阳通：《新工科导向下生态文明工程师本科人才培养模式探讨》，《中国大学教学》2021年第10期。

[2] 杜青平、陈浪城、石瑛等：《新工科背景下环境生态工程创新应用人才培养实践》，Research & Exploration in Laboratory, 2019, (8)；张杏锋、郭越宏、高波：《基于工程教育认证和审核评估背景的环境工程应用型创新人才培养研究》，《教育现代化》2019年第6期。

程 2 门；获批课程思政"集思慧图"名师工作室 1 个、劳模创新工作室 2 个。教师在省级和校级教学比赛、教学实践比赛、师德师风演讲比赛中屡获佳绩。本学科教师被评为优秀班主任、学生科技活动优秀指导教师、研究生优秀论文指导教师等 30 余人次。

（二）依靠校企合作，建立了一支校企合作的"双师型"教师队伍

根据实践教学需要，利用校企合作优势，推进产学研结合，为校内教师主动参与企业的业务实践提供了条件。[①] 本专业积极从企业聘请工程经验丰富的工程技术人员作为兼职教师，与校内专任教师形成能力互补。目前，专业聘请了 30 余名企业工程师作为学生实践教学兼职指导教师，与校内教师一起组成指导小组，指导学生在企业实习过程中学习新技术、新工艺、新方法，了解企业现代生产、管理过程，提升了学生的实际操作技能，在毕业设计、毕业答辩过程中加强运用理论知识解决实际问题的能力。"双师型"教师的建设模式弥补了青年教师缺乏紧跟产业趋势掌握最先进的实践知识，具备高超的实践技能的短板，更好地将行业对人才的需求、行业技术要求规范等引入到教学中，使得教学内容提早与行业接轨，建成了一个稳定、互赢的"双师型"教师队伍。

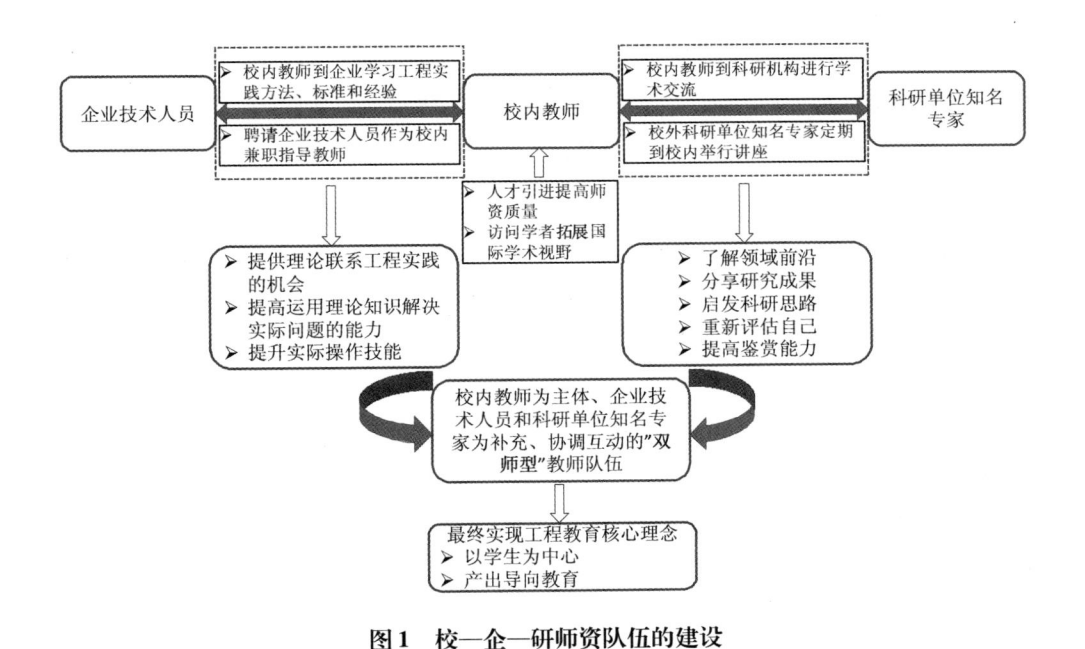

图 1　校—企—研师资队伍的建设

[①] 王家宏、王先宝、于生慧：《环境工程全日制专业学位硕士研究生培养模式探索》，《中国现代教育装备》2021 年第 11 期。

（三）聘请国内外知名专家开展学术讲座，搭建了学生开阔国际学术视野的平台

以西南科技大学"双一流"学科建设和教育部重点实验室为依托，根据学科专业特点，制订学术讲座内容的年度计划，并从国内外遴选中国工程院院士王浩、贺克斌，中国科学院院士陶澍等知名专家构成校外专家队伍，通过专家来校举行学术讲座、指导学科及专业建设，给老师和学生搭建一个更高、更广阔的平台，开阔学生视野，以弥补学校地理位置的劣势。通过聆听专家的讲座报告，让学生站在巨人的肩膀，看得更高、更远，使学生对学科发展及前沿知识有了更好的了解，为学生以后的发展与规划提供更好的服务平台。

二 实现共建共享、优势互补，搭建完善的实践教学平台

统筹规划专业实验室与学科实验室建设，自建共建校内外实习基地，实现共建共享、优势互补，为本科人才培养搭建了较为完善的实践教学平台，构建实践教学体系。[①]。

充分利用环境学科和重点实验室建设的优势，统筹规划本科专业实验室与学科重点实验室建设，将学科实验室纳入本科人才培养教学平台；持续加强四川省环境工程实验教学示范中心的建设，并积极自建和共建了30个校内外实习基地，构成了由专业实验室—学科实验室—自建共建实践基地组成的较为完善的环境工程本科人才培养平台（图2）。

（一）环境工程专业实验室

四川省环境工程实验教学示范中心于2016年通过四川省教育厅组织的建设验收，承担了环境工程专业本科生大部分实验教学任务。该示范中心由环境工程原理实验室、环境微生物实验室、环境监测实验室、水污染控制实验室、大气污染控制实验室等实验室和污水处理厂构成，为本科生开设了"环境监测实验""环境工程微生物学""环境工程原理实验""水污染控制工程实验""大气污染控制工程实验"等课程实验。同时为环境工程本科生提供开放性创新平台，鼓励学生参与教师科研项目，引导学生进行探究性和合作性学习，激发学生对专业知识的热情和兴趣，发挥学生个性和创新潜能。

---

① 陈雪松等：《基于"学—模—验—拓"教学模式的环境工程设计方向的实践与探索》，《高教学刊》2022年第1期；李琛、季晓晖、宋凤敏：《以专业认证为导向的实践教学体系改革》，《中国冶金教育》2021年第6期。

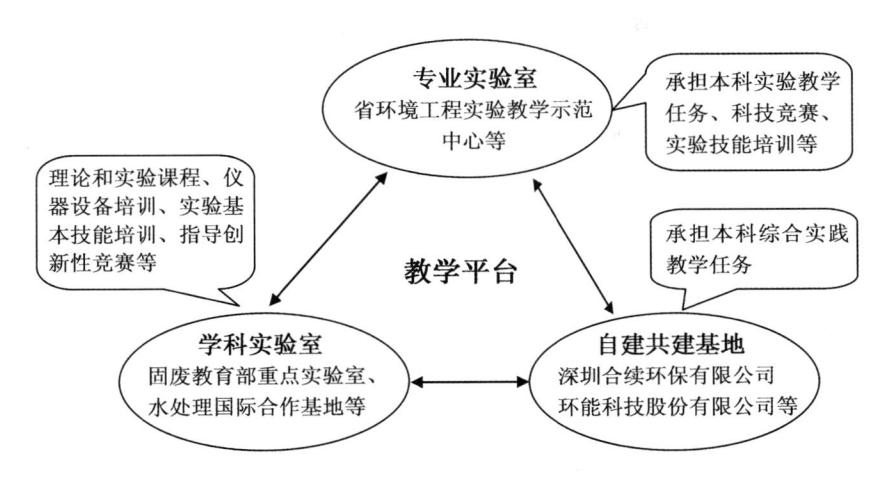

图 2　环境工程本科实践教学平台

（二）学科实验室

固体废物处理与资源化教育部重点实验室为环境工程专业本科生开设了"固体废弃物处理与处置"课程中"固体废物浸出毒性测定""固体废物热解"及"固体废物焚烧"等实验。同时，通过分析测试研究平台，为全体环境工程本科生讲授环境类大型仪器设备 GC–MS、ICP、EPR、XRD 等 20 余台套的操作与分析技术，转化为本科生教学培养的有益资源。为依托该重点实验室开办的校级"资源循环利用科学创新班"开设了"实验基础技能培训"和"现代分析测试技术"两门课程。

低成本废水处理技术四川省国际科技合作基地为"水污染控制工程"和"水处理新技术与工程设计"课程提供现场案例教学资源，并为环境工程专业本科生提供了国际合作交流平台。在《西南科技大学学生出国（境）交流学习资助暂行管理办法》引导下，2017 年共推荐薛祝缘、夏羽两名学生分别赴德国、马来西亚交流学习。

学科实验室科研人员和骨干教师吸纳环境工程专业本科生参与科学研究，指导"挑战杯"全国大学生课外学术科技作品竞赛、全国大学生节能减排社会实践与科技竞赛等国家级和省级大学生创新性竞赛。近三年，本专业学生共获得各类省级以上科技竞赛奖励 185 人次。学科实验室把科技前沿和成果转化为本科课程的教学内容，强化参与科研的意识，推行正向激励和负向激励相结合，达成以教带研、以研促教的现实目标。

（三）自建共建实习基地

依托自建实践基地——西南科技大学污水处理厂，开展污水处理工艺实践、污水处理厂运行监测实践和工程制图实践相结合的综合实践教学,并承担了环境工程认识实习、生产实习和毕业实习部分实践内容,要求学生深入生产一线实习,学习城镇污水处理厂生产与管理、工艺与控制等。

环境工程专业共建有涵盖水污染控制工程、大气污染控制技术、危险废弃物处理与资源化、环保设备与工程设计等专业的校外实践基地 29 个,结合毕业设计(论文)课题,有针对性地选择企业安排实习,重点对毕业设计选题对应的类型进行详细调研。实践教学实现由浅入深、由简到精,逐步、系统地强化了学生的工程概念,培养了学生综合应用所学知识、技能分析和解决工程实际问题的能力。同时在空间上,自建和共建实习基地横跨课内与课外、校内与校外,实现环境工程领域覆盖,有效拓展了实践教学的时间和空间。

三 以 OBE 理念为牵引,解决知识—能力—素质协调发展的问题

以学生为中心,以成果为导向,以过程管理为手段,大力推行课程教学改革,解决了知识—能力—素质协调发展的问题。

(一)改革课程教学方法,培养学生自主学习能力

1. 合理运用 PBL 教学法

"物理性污染控制"课程将 PBL(Project – Based Learning)教学法与 LBL(Lecture – Based Learing)教学法相结合,在教学过程中强调以学生的主动学习为主,把学习内容设置到相对复杂的问题情景中,通过学生的自主探究和合作来解决问题,激发学习兴趣,提高自主学习能力、实践能力和团队合作精神。PBL 教学模式实施包括理论学习、任务下达、小组协作、总结汇报以及集体讨论五部分,有效解决了传统教学模式以授课为基础,以教师为主体,以课堂讲授为主要形式而导致的学生学习主动性较差,师生之间、学生之间互动较少的问题。

2. 灵活运用案例教学法

"水污染控制工程""环境影响评价"等课程采用案例教学法,多形式组织,例如小组讨论、视频案例、现场参观、课堂演示等,任课教师根据授课内容和教学阶段选择合适的组织形式进行案例教学,鼓励、引导学生自主学习,独立思考,变注重知识为注重能力。同时充分利用校内污水处理厂、低成本废水国际科技合作基地、合续环保分散式污水处理设备进行现场案例教学。

3. 积极探索 CBE 教学模式

"大气污染控制工程"积极尝试 CBE(Competence Based Education)教学模式,就近安排学生到相关企业进行参观实践,将课程理论与生产实际相结合。通

过安排学生制定某城市大气综合防治规划大纲，让学生收集资料、查阅文献，了解城市某些污染气体排放量、背景值，从而制定城市大气综合防治规划大纲，实现课程知识的综合应用。

（二）改革实践教学，提高学生实践能力

自 2015 年开始，环境工程专业开始探索本科全过程实践教学模式，整合校内外优势资源，培养本科生的综合实践能力。① 在校外企业，校内教师与企业工程技术人员组成导师组，指导学生在生产现场熟悉工艺和环保设备，使学生将理论知识与生产实际有机结合，并结合生产实际了解环保政策与法律、技术发展趋势和企业管理制度。

充分利用西南科技大学污水处理厂实践教学基地、重点实验室和环境与资源实验中心的教学与科研资源，开展污水处理工艺设计与调试、污水处理厂工艺与运行管理实践和大型仪器设备培训相结合的综合实践教学。在校内实习过程中，学生选择污水处理中试设备模块组成不同的处理工艺，并设置处理参数，采用多种分析测试仪器检测出水指标变化，熟悉污水处理厂运行过程中可能遇到的各种问题。校内实习弥补了校外企业仪器设备有限、学生动手机会不足的缺点。通过校内外有机融合，综合培养了学生的动手能力、设计能力、创新能力、协作能力等，全面提高了学生的专业能力和职业素养（图3）。②

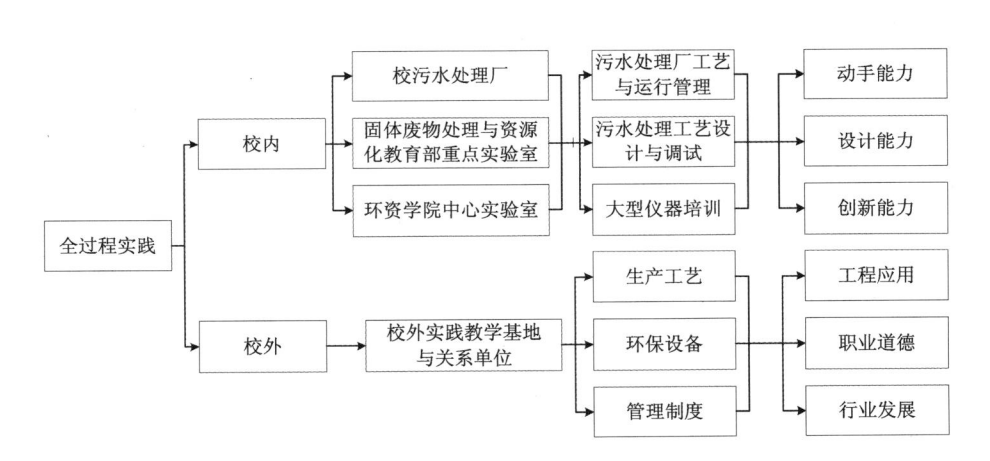

图 3　环境工程专业全过程实践结构

---

① 杨富国：《生态修复工程课程教学改革与实践》，《收藏》2019 年第 14 期。
② 马啸等：《新工科背景下环境工程专业大学生创新创业能力培养探索》，《中国现代教育装备》2021 年第 11 期。

四　以促进学生发展为目标，使个性化培养落到实处

以促进学生发展为目标，专业通过教学模式改革，使学生个性化培养落到实处。环境工程专业通过创新班、卓越班、导师制及全过程实践活动等形式，营造多元化、多层次培养优秀人才的氛围，培养具有浓厚的研究兴趣、德才兼备的优秀创新人才，积极利用现有平台基础，围绕"多向分流、针对培养、交叉覆盖、综合提升"的创新能力培养思路，在教学过程中注重实践能力、协调能力及创新思维等多方面培养，探索教学改革新模式，通过多元化途径，培养环境工程创新应用型人才。[①]

以学、研、产、赛的多元载体优化实践训练项目，推进了系统性、多样性、贯穿性和专业特色的环境工程教学模式改革，重点从以下四个模块做引导：①资源循环利用科学创新实践班对科研分析能力的启发性引导；②国家级卓越工程试点班对工程实践能力的专业化引导；③环境工程本科导师制对综合能力的日常串联式引导；④污水处理全过程系统实践训练对基础实践能力的系统化引导。全过程系统实践和导师制引导锻炼覆盖率达100%。[②]

近五年，获团中央全国大学生志愿者暑期"三下乡"社会实践活动优秀个人，红旗团委、先进研究生会、"基层团组织建设"先进单位、"社会实践"优秀组织单位等荣誉20余项；立项"科技创新苗子工程培育"等省级以上科研项目20项，其中国家级4项，省级16项；获各种专业竞赛和科技活动奖励达180余人次，其中省级以上奖励14项；获国家奖学金15人、涪璋奖学金10人、省优毕业生11人、校优毕业生34人；学生就业形势整体向好，在西南地区行业引领作用逐渐凸显。

五　创新点

长期以来，西南科技大学环境工程专业坚持专业与学科深度融合发展，建设成效斐然，现通过工程教育认证，且为国家级一流本科专业建设点、国家级特色

[①] 郭俊元、韩佳慧、刘盛余等：《"工程教育认证"背景下环境工程专业培养目标特色建设与评价——以成都信息工程大学为例》，《高教学刊》2021年第8期；陈丽萍、颜承初、龚延风等：《建筑环境与能源应用工程专业现代高素质人才培养探讨——以南京工业大学为例》，《高等建筑教育》2021年第1期；鲁金凤、孙红文、展思辉等：《新工科背景下环境工程"六层次一体化"卓越工程师人才培养体系探索》，《高教学刊》2021年第S1期。

[②] 梅运军、黄岚、瞿梦洁：《新工科背景下环境工程人才培养模式的实践探索》，《武汉轻工大学学报》2021年第6期；江芳、刘晓东、李健生等：《工程教育认证背景下国际化人才培养模式的探索与实践——以南京理工大学环境工程专业为例》，《教育教学论坛》2018年第29期。

本科专业、教育部"卓越工程师培养计划"专业及四川省特色专业等，2009年获得"环境科学与工程"博士学位一级学科授权，2017年环境科学与工程被列为四川省材料与环境"一流"学科群。同时坚持培养学生扎根西部的价值取向，以高品质回应经济社会高质量发展新需求，并为西部大开发战略和"双碳"战略的深入实施培养了一大批能力强、下得去、用得好、留得住的高素质专业人才。

（一）提升了教育理念，坚持以学生为中心，强调学生在教学中的主体地位，形成了"分析课程特点，明确课程教学目标—设计教学方案，加强教学改革—强化能力考核，构建形成性评价体系"三位一体的教学模式。初步实现了"以教师为中心"向"以学生为中心"、"以知识传授为主"向"以学生综合能力提升为主"、"以期末考试评价为主"向"注重全过程综合评价"的转变。

（二）以联合办学为依托，以产业需求为导向，建设了一支以校内教师为主体、企业工程技术人员和科研单位专家为补充、协调互动的"双师型"教师队伍；统筹规划，建设了专业实验室—学科实验室—自建共建校内外实习基地相结合的实践教学平台，实现了资源共建共享、优势互补。

（三）通过卓越班、创新班和导师制等教学模式改革，使个性化人才培养落到了实处。

参考文献

张文睿、刘音、乔延路等：《新工科背景下关于本科培养方案的思考与调研——以山东科技大学环境工程专业为例》，《教育教学论坛》2021年第45期。

王铭、曾广能、朱四喜等：《高校环境生态工程本科专业的发展现状与办学思考》，《生态科学》2018年第1期。

杜青平、陈浪城、石瑛等：《新工科背景下环境生态工程创新应用人才培养实践》，《实验室研究与探索》2019年第8期。

汤迪勇、孙杰、叶恒朋等：《环境工程专业人才社会需求分析及人才培养应对策略》，《高教学刊》2021年第14期。

李杨帆、张倩、欧阳通：《新工科导向下生态文明工程师本科人才培养模式探讨》，《中国大学教学》2021年第10期。

张杏锋、郭越宏、高波：《基于工程教育认证和审核评估背景的环境工程应用型创新人才培养研究》，《教育现代化》2019年第6期。

王家宏、王先宝、于生慧：《环境工程全日制专业学位硕士研究生培养模式探索》，《中国现代教育装备》2021年第11期。

陈雪松、郝飞麟、徐冬梅等：《基于"学—模—验—拓"教学模式的环境工程设计方向的实践与探索》《高教学刊》2022年第1期。

李琛、季晓晖、宋凤敏：《以专业认证为导向的实践教学体系改革》，《中国冶金教育》2021 年第 6 期。

杨富国：《生态修复工程课程教学改革与实践》，《收藏》2019 年第 14 期。

马啸、王湖坤、余松林等：《新工科背景下环境工程专业大学生创新创业能力培养探索》，《中国现代教育装备》2021 年第 11 期。

郭俊元、韩佳慧、刘盛余等：《"工程教育认证"背景下环境工程专业培养目标特色建设与评价——以成都信息工程大学为例》，《高教学刊》2021 年第 8 期。

陈丽萍、颜承初、龚延风等：《建筑环境与能源应用工程专业现代高素质人才培养探讨——以南京工业大学为例》，《高等建筑教育》2021 年第 1 期。

鲁金凤、孙红文、展思辉等：《新工科背景下环境工程"六层次一体化"卓越工程师人才培养体系探索》，《高教学刊》2021 年第 S1 期。

梅运军、黄岚、瞿梦洁等：《新工科背景下环境工程人才培养模式的实践探索》，《武汉轻工大学学报》2021 年第 6 期。

江芳、刘晓东、李健生等：《工程教育认证背景下国际化人才培养模式的探索与实践——以南京理工大学环境工程专业为例》，《教育教学论坛》2018 年第 29 期。

基于 OBE 理念的材料科学与工程专业教育体系建立

李秀云* 马 雪 高鹏飞 王 辅 李鸿波
廖其龙 李玉香 代 波

摘 要：西南科技大学材料科学与工程专业以工程教育专业论证为契机，通过持续开展基于 OBE 教育理念的教学模式研究与实践，结合新工科人才培养要求，在学校大类招生的前提下，制定了面向产出的培养方案，确定了促进学科均衡发展的专业及方向分流方案。课程思政的全面融入，全员参与的育人体系和面向产出的评价机制，不断提高专业教学水平，提升专业人才培养质量，确保了国家一流专业建设过程。

关键词：材料科学与工程专业；工程教育专业论证；OBE 教育理念；教育体系

西南科技大学材料科学与工程专业（以下简称"本专业"）前身是原国家建材局在西部布局的四川建筑材料工业学院的硅酸盐工程（水泥）专业，于 1983 年开始招收本科生，其后又设立硅酸盐工程（玻璃）专业、硅酸盐工程（制品）专业，1997 年合并为无机非金属材料工程专业。2002 年以材料科学与工程一级学科专业一本批次招生，现设有无机非金属材料、高分子材料、金属材料三个专业方向；先后被列为国家特色专业建设点、国家级卓越工程师教育培养计划和四川省综合改革试点专业；通过中国工程教育专业认证，入选国家级一流本科专业建设点；被列为四川省"课程思政示范专业"。材料科学与工程学院获"全国建材行业先进集体"荣誉称号。本专业以工程教育专业论证为契机，通过持续开展基于 OBE 教育理念的教学模式研究与实践，结合新工科人才培养要求，不断提

---

* 李秀云（1973— ），西南科技大学材化学院材料教研室主任，副教授，硕士生导师，主要研究方向为高分子材料加工与改性。

高专业教学水平，提升专业人才培养质量，从而在教育模式改革与实践方面取得一定的成绩。

一　专业及方向分流促进学科的均衡发展

本专业是材料类大类招生专业，实行"1+3"培养模式。在一年级结束前，本着尊重学生专业志愿，充分考虑社会的人才需求，并结合学校办学资源和专业布局，体现学生机会平等的分流工作原则，首先按材料科学与工程、材料物理、功能材料三个专业进行分流。

2022年，本专业改变了以前按照学生志愿和学分绩点分流的方式，根据学生意愿、专业方向需求、硬件条件、师资队伍、培养能力等为依据。分流进入到本专业的学生，按无机非金属材料、高分子材料、金属材料三个方向进行专业内分方向，完善了相关的实施细则。每个学生只填报一个志愿方向，依据材料科学与工程专业实际总人数和学生志愿方向情况，对各方向的实际控制人数（即应接收人数）进行适当调整。方向分流首先按申请该方向学生的所有课程学分绩点录取应接收人数的50%；未被分流到志愿方向的所有学生，则由电脑随机抽选至三个方向之一。若某方向申请总人数少于该方向应接收人数的50%时，则该方向所有申请学生全部录取至该方向，再由电脑随机抽选达到该方向应接收人数。

通过专业内分方向实施细则的变化，达到专业及方向分流的目的，改变了以前个别方向优生扎堆的现象，提高了学生学习风气，促进了学科的均衡发展。

二　面向产出的培养方案制定保证培养体系的完善

本专业将2016版培养方案与《材料类教学质量国家标准》和国内外40余个高校的材料科学与工程专业的培养方案进行对比分析，并找出其中的差距与不足。组成调研组赴国内10余家行业内企业就持续提高人才培养质量、高校人才培养模式、人才培养目标、毕业要求、课程体系、行业发展现状、企业人才需求、企业对毕业生能力素质要求、毕业生职业规划及发展等方面进行了全面、深入的交流和探讨。在对比分析和调研的基础上，根据材料大类"1+3"培养模式，结合"西南科技大学2019版本科人才培养方案指导性意见""工程教育专业认证通用标准"和"材料类教学质量国家标准要求"，在2016版培养方案的基础上，在培养目标、毕业要求指标点、课程体系等方面进行了优化和改进，修订形成了2019版培养方案初稿。初稿通过校内专业教师多次研讨修改，再由学校"材料大类专业2019版本科人才培养方案评审会"通过，最后邀请了11位校外专家进行评审。针对上述各个环节提出的意见和建议，本专业组织相关骨干教师开展多次教研活动对培养方案的课程设置、培养目标和毕业要求指标点分解等方面进行了反复研讨，并与功能材料专业和材料物理专业骨干教师充分讨论，最终形成了 2019 版材料大类专业本科人才培养方案。

最终形成的培养方案，在保持 2016 版培养方案整体框架不变的情况下进行了调整和完善，如：针对评估专家的意见和建议，完善了课程体系，增加了实践环节的学分；调整培养标准实现矩阵，将个性培养环节以模块形式纳入培养标准实现矩阵，以支撑毕业要求指标点；将三个方向比较重要的课程从个性化培养平台移至专业教育平台；调整专业核心课程的学时，以更加满足"工程教育专业认证通用标准"和"材料类教学质量国家标准"的要求；与功能材料、材料物理专业共同设置了合理的大类教育平台；完善了培养目标和培养规格及要求。通过调整和完善，2019 版培养方案不但满足"工程教育专业认证通用标准"和"材料类教学质量国家标准"的要求，且在制定过程和培养内容上都更加符合"产出导向"的教育教学理念。

三 课程思政的全面融入确保人才培养的价值观

自学校《西南科技大学课程思政建设实施方案》制定以来，本专业采取课程思政能力提升培训、课程思政示范专业建设交流座谈、网络专题培训等多种方式大力推动"课程思政"建设工作。

在课程思政融入方面充分利用绵阳红色文化资源，推进"学科—专业—行业—材子家园文化"一体化课程思政教学体系建设。着力强化"课程思政"课程建设和教材建设。坚持将价值塑造、知识传授与能力培养融为一体，结合专业特点，基于不同课程类别、思维方法和价值理念，深入挖掘"课程思政"元素和案例，完善课程教学大纲修订，将"课程思政"落实到课程目标设计、教学设计优化、教学内容完善、课堂教学实施等各个环节，贯穿课程教学全过程，构建与专业教学相统一的"课程思政"专业课程体系和教学体系。充分发挥教学运行管理体系和教学质量监控体系在人才培养过程的组织、指挥、监控、评价的功能，完善制度建设，健全考核评价和质量保障体系，为"课程思政"的实施提供保障。构建"课程思政"建设与党支部建设、专业建设、学科建设一体化提升机制，落实以党建促教学科研，提升全体教师的思想水平和觉悟，通过党支部书记"双带头人"作用，将教研活动和党支部组织生活有机融合，促进党建理论学习与业务工作专题研讨、学术交流有机结合，加强党员与党员之间、党员与非党员教师之间的联系，实现进一步统一思想，坚定理想信念，增强教师队伍对"课程思政"建设的内在认同感。建立常态化教研制度，每学期组织教师参加不少于两次"课程思政"专题培训、研讨等活动，建立集体听课、备课并形成相应听课记录和教研记录；形成示范个人、示范团队引领的做法，打造高水平"课程思政"教师队伍，强力推进教师深入开展"课程思政"教学研究与改革，强化班主任、导师、辅导员等角色的育人作用，实现课内外同向同行和全员育人；从学生评教、课程评估、教学督导听课、教师考核、晋升评聘等多渠道记录和评价教师的立德树人作用，激励教师切实落实"课程思政"建设，形成促进全专业、多角色教师参与教学效果评价的有效机制。

通过本专业扎实推进"课程思政"专业课程全覆盖，思政教育进教案、进课件、进大纲、进考核、进评价。本专业建设成省级"课程思政"示范课程1门，校级"课程思政"示范课程6门。主编并出版蕴含"课程思政"元素教材《材料清洁生产与循环经济》1部。获四川省"五一"劳动奖1人，绵阳市优秀教师1人，学校青年教育教学之星1人，校级教学名师1人，教学良师2人。2022年"材料科学与工程专业课程思政教学团队"被列为四川省课程思政示范团队。本专业2020年被列为校级课程思政示范专业，2022年被列为四川省课程思政示范专业。

"课程思政"包括思想政治教育的理论知识、价值理念以及精神追求等的全面融入，潜移默化地对学生的思想意识、行为举止产生影响，确保人才培养的价值观。

四 全员参与的育人体系推进 OBE 教育理念的全面深入

本专业从1983年招收第一届硅酸盐工程（水泥）专业本科生开始，一直实行班主任制，2002年启动本科生导师制。通过近40年的发展，构建了由"专业教师、管理队伍、帮扶团队、学生骨干、后勤保障"组成的"五位一体"育人队伍和全员协同育人体系，完善了辅导员、小班双班导师、"1 + 3"全程本科生导师、帮扶及管理团队协同育人机制及二级学院"大思政 + 大学风""大思政 + 职业生涯规划"等系列育人体系。

近年来，专兼结合、优化结构，队伍思想政治素质过硬、教学科研精湛、工作能力突出，实施"辅导员 + 班导师 + 导师"立体化学生管理模式和"五位一体"全员育人模式；构建专业、课程思政体系，实现思政课、通识课和专业课构成"同心圆"思政体系，切实发挥专业课程和专任教师在思政教育中的作用，实现全员思政教育。本专业学生进校后，由教研室和学办指定导师，在大类分流后，采用双选的方法确定导师，实施"1 + 3"全程本科生导师制；学院组建了近30个课题组，大多数本科生导师均为研究生导师，本科生总生师比为 10∶1 左右，研究生总生师比为 2.5∶1 左右，研究生和本科生的比例为 1∶4 左右，因此各个课题组均易实现"导师—博士研究生—硕士研究生—本科生"层次完整的育人梯队。本专业新引进高层次人才担任本科生班导师，每个行政班级至少配备一名班导师，要求无高校班导师经历的新引进博士必须在有经验的、考核优秀的班导师的带领和指导下，至少担任第二班导师两年（类似于助教）并且考核合格后，才能独立担任班导师带班。为充分发挥家长作用，通过辅导员建立各年级家长微信群、QQ群，家长可以全面了解学生在校的基本情况，也可以向学院提出意见和合理化的建议，建立起学校与家长沟通的信息桥梁。学院关工委参与到学生个性发展教育过程，通过爱国主义教育、校情校史教育、生涯规划教育、实验室教育、学困生帮扶等途径，及时发现和开发学生潜能，对学生不良行为进行全方位矫正，形成人才培养合力。通过"五位一体"育人队伍，全员关注学生心理健康。通过学生骨干对学生在校期间的个性心理现状全面掌握、定期反馈，建立学生个性心理发展档案，加强对学生心理健康的跟踪、评估、教育、指导甚至干预，将培养人格健全、心理健康的学生的措施落细落实。每年开展"心理情景剧"剧本创作大赛。全校范围内整合学科专业相近或相关或互补的学院资源，从第二课堂角度提升人才培养质量，全面提升学生创新创业意识和能力，提高学生核心竞争力，为实现"立德树人"核心目标奠定坚实基础。

全员参与的育人体系实现了"大思政"格局中主渠道、主阵地及全员思政教育的深度融合，实现了对学生全员、全方位、全过程精准化指导，实现了第一课堂和第二课堂有机融合、无缝链接，推进了OBE教育理念的全面深入。

五 面向产出的评价机制提高人才培养的质量

学校及学院通过制度性文件，确保培养方案、课程体系、课程评价方案在不断持续改进中长期稳定执行，形成面向产出的长效机制，以进一步提高人才培养的质量。

（一）课程目标达成情况评价机制

为了合理评价课程目标达成情况，保证课程教学质量、促进课程教学持续改进，支持本专业毕业要求的达成，从2018年开始，本专业就开始进行课程目标达成分析制度。2021年，学院面向所有专业制定了《关于本科专业课程目标达成度评价方法》，规定了课程目标达成度评价的责任机构、责任人与职责、评价周期、评价过程、方法及结果使用，更注重课程教学方法和课程目标达成短板的改进措施。同年，学院建立并运行了课程学习过程形成性评价机制，针对学生在学习过程中存在的问题，提出改进措施，并进行跟踪、评估与评价，以促进学生课程目标的达成。各专业成立了课程学习过程形成性评价工作小组，定期检查或抽查本专业的课程学习过程形成性评价的原始记录、过程考核成绩及成绩评定的合理性，并提出合理可行的改进措施。

（二）课程质量评价机制

学院完善并运行了督导评价制度，制定并实施了《教学督导评价标准（试行）》，形成机制性文件。教学督导评价标准包括理论课程教学评价指标体系、实践类教育评价指标体系和督导座谈学生评教调查表三部分。课程评价逐步从"评教"向"评学"转变，监控教师围绕课程教学目标而开展教学活动的合理性、系统性、有效性，学生围绕课程教学目标的课堂活动参与度、关注与思考度、目标达成度，评价过程更聚焦学生中心，关注学生主体、学生体验、学生成长和收获，有效实现"以学生为中心"的课程质量监督和评价。校级与院级督导随机听课，院级督导紧密跟踪课程目标达成情况，进一步甄别课程达成情况的评价方法与依据，协助优化反映学生能力表现的评价方法，优化实现课程目标的课堂教学方法，辅助任课教师实现课程的持续改进。

为了牢固树立"学生中心、产出导向、持续改进"的教育理念，不断强化课程内涵建设，切实提高人才培养质量，学校于2020年制定了《西南科技大学本科课程评估工作方案》，学院完善并运行了课程评估制度，实现课程评估工作常态化，五年内覆盖专业培养方案中全部课程。评估体系设置了教学大纲、教学资源课程教学、课程考核、教学效果与课程特色6个一级指标，涵盖13个二级指标。2020年至今，本专业已有"材料科学基础"等8门课程参与了学校或学院的课程评估，其中3门评估为优，5门评估为良。

（三）课程体系合理性评价机制

制定并完善了课程体系合理性评价机制。课程体系是专业培养方案的重要内容，反映培养学生知识结果和能力要求，保障专业培养目标的达成。2020年，学院制定了《课程体系合理性评价实施办法》，成立了课程体系合理性评价工作小组，明确了评价对象、评价周期、评价内容、评价过程与结果使用的具体内容，进一步规范了本科专业课程体系合理性评价过程，确保了课程体系的设置是以明确的人才培养目标为前提、以满足社会的需求为最终目的，促进了课程体系及时调整和持续优化，保障了课程体系设置的科学性、合理性、有效性。

课程体系合理性评价机制已得到运行验证。如：2019年，本专业先后走访了四川金发科技发展有限公司、四川嘉华企业（集团）股份有限公司等十余家企事业单位，发放问卷调查表200余份，收回100余份；邀请了十余位校外专家对课程体系进行评审，收集了关于2016版培养方案课程体系的意见和建议。本专业结合"工程教育专业认证通用标准"和"材料类专业教学质量国家标准"，认真分析了执行中的2016版培养方案课程体系设置存在的不足，完善并修订形成了 2019 版本科人才培养方案课程体系。

（四）毕业要求达成评价机制

2017 年，学院试行《关于材料科学与工程专业毕业要求达成度评价的实施办法》。2021 年，在此实施办法的试行基础上，学院制定出台了《本科专业毕业要求达成度评价的实施办法》，形成长效的毕业要求达成评价机制。毕业要求达成度评价采用成绩分析法和间接评价法相结合的方法。该实施办法细化了间接评价法。间接评价法采用定量评价和定性评价相结合的方法，从教师考查学生、学生自我评价和用人单位评价三个视角进行评价，即毕业生自我评价法、教师评价法和用人单位评价法。

《材料科学与工程学院关于本科专业毕业要求达成度评价的实施办法》明确规定，毕业要求达成度评价结果由学院本科教学指导委员会审核后，将《材料科学与工程专业毕业要求 1—12 达成评价表》和《材料科学与工程专业毕业要求达成主观评价报告》反馈至材料科学与工程专业教研室，并由教研室组织相关教师进行持续改进，持续改进效果由评价小组在下一轮评价中确定，形成"评价—改进"循环。毕业要求达成评价为每 4 年 1 次。工程教育认证申请阶段，本专业针对 2018 届毕业生已经开展了毕业要求达成评价，并且即将针对 2022 届毕业生开展毕业要求达成评价。

面向产出的长效机制的建立，使本专业人才培养质量得到显著改善。不仅具有扎实的理论基础、较多的实践经验，更有团队协作、创新的精神，使毕业生在择业中具备宽泛的择业范围、较高的就业率。本专业学生就业率稳步上升，近三届毕业生一次就业率都达到 90% 以上，其中升研率达到 40% 以上。

六 国家一流专业建设过程推动专业的持续发展

本专业以国家战略及区域经济发展需求为导向，立足四川，面向西部，服务全国，培养服务于建工建材、新材料及国防军工领域，从事材料科学与工程专业相关的科学研究、技术开发与改造、工艺与设备设计、生产经营管理等工作的复合型高级工程技术人才。

本专业深化工程教育认证理念，坚持以产出为导向，按照"材料类专业工程教育认证标准"，通过征求校友、用人单位、同行专家、企业专家和专业教师的意见，对社会、区域及行业人才需求进行充分调研讨论，完善了人才培养体系和培养方案。与中国工程物理研究院、东材科技、中核四川环保工程有限公司、峨胜水泥等 30 余家企事业单位签订产学研全面合作协议，建有 20 余个校外实习实践基地，实现资源共享。聘任"产业教授""兼职教授""创业导师"为本科生授课、指导实习实践和大学生职业生涯规划；设立企业奖学金、创新创业基金，培养并提升学生的实践能力。规范卓越工程师培养计划学员遴选办法，进一步加强校企合作，提升学员工程实践能力，实现企业导师联合指导毕业实习和毕业设计（论文）。加强生产安全教育和消防知识、户外素质拓展、爱国主义教育等环节的培养，全方位提高学员的工程素质。组织学生开展多种社会实践和创新实践活动，通过设立经费、立项资助、教师专门指导等方式鼓励、支持学生参与各类实践活动，如假期社会实践、志愿活动等。为做好学生科技创新能力的培养，将"创新创业实践"列为必修课，对学生的科技活动在政策、硬件、师资等方面给予支持。以教改项目为载体，积极推进教学改革。根据培养目标、专业特色和毕业要求，制定全新的 OBE 教学大纲，加大问题探讨、归纳问题、精选案例、多维思辨等互动式教学方法，采用现代化教学手段，加强教与学的有机配合，研究与开发优质网络教学资源；采用文献综述、学习体会、课题小论文、平时作业、课堂测试和期末考试等多种考核与评价方式。

通过多年的发展，本专业形成了自己的专业特色与优势：是国防科技及军民融合产业的重要基地，具有区域优势；为国内建材行业培养了大批精英和骨干，具有行业特色及优势；拥有多个国家级、省部级教学与科研平台，材料科学与工程一级学科博士点及博士后科研流动站，"军用关键材料"国防特色学科，四川省"双一流"建设学科，学科优势明显。2019 年，本专业顺利入选国家级一流本科专业建设点，推动了专业的持续发展。

新时代核工业精神融入高校核专业人才培养的探索与实践

唐 逸* 尤晓建 吕会议

摘 要：以"强核报国、创新奉献"为主要内容的新时代核工业精神，是广大核工业人铸就的崇高精神，是民族精神和时代精神结合的产物，是科学与人文的统一，是"两弹一星"精神、"四个一切"核工业精神在新时代的集中体现。西南科技大学通过构建"文化共通、育人共进"的核文化与贯通式培养融合的育人大循环、"协同育人、全员参与"的校园精神与新时代核工业精神融合创新的思政模式、"理工结合、科研育人"的科学家精神教育与学生创新能力培养结合的大平台，将新时代核工业精神融入核专业人才培养的全过程，为高校新时代核工业人才培养进行了有益探索。

关键词：新时代核工业精神；核专业；人才培养

一 引言

当前，我国核工业正处在由大国向强国跨越的关键时期，核电技术正在走向全球，与此同时，涉核专业人才需求量很大。中国虽建有完整的核工业体系，但核工业产业链长，涉及学科专业方向多，而国内现有涉核专业高校人才输出量有限，中国核专业人才只能满足实际需求人数的15%—20%，巨大的需求使得核类专业大学生日趋紧俏。[①] 特别是，西部地区国防军工企事业单位急需核辐射防护、核反应堆工程、同位素分离、核化工、核分析、应用化学（包括含能材料）等领域应用型专业人才。同时，核学科大学生因在专业技术、工作领域和实际岗

---

* 唐逸（1988— ），西南科技大学党委学工部教育科科长，讲师，研究方向：核专业人才培养、核情报工作。

① 何健：《核电产业发展对我国未来核电专业人才培养规模的影响研究》，《中国大学教学》2017年第4期。

位上的特殊性，不仅要具备专业知识和专业技能，还需要有强烈的爱国情怀、责任意识、严细作风和创新精神。

长期以来，在我国核事业发展过程中，形成了独特的行业精神。2005年1月15日，在纪念中国核工业创建50周年大会上，中国核工业集团公司负责人在报告中首次提出"四个一切"的核工业精神，指出"在我国核工业半个世纪的历史进程中，在创造辉煌业绩的同时，形成了'事业高于一切，责任重于一切，严细融于一切，进取成就一切'的核工业精神"。从此，核工业精神成了核工业改革和发展的内在动力，成了核工业人的日常行为规范和准则。2021年，中核集团发布了以"强核报国、创新奉献"为核心的新时代核工业精神，① 新时代核工业精神是广大核工业人铸就的崇高精神，是民族精神和时代精神结合的产物，是科学与人文的统一。新时代核工业精神是"两弹一星"精神、"四个一切"核工业精神在新时代的集中体现，既一脉相承又与时俱进。新时代核工业精神不仅是一种行业精神，更是民族精神和时代精神的体现，其继承和弘扬了以爱国主义为核心的民族精神，彰显了以改革创新为核心的时代精神，为新形势下我国核工业、核能事业发展和文化建设工作指明了方向。

自2006年由原国家国防科技工业委员会与四川省人民政府共建以来，西南科技大学积极发挥为西部地区国防军工企事业单位培养人才的区位优势、多学科支撑国防军工专业和进行国防军工科研的优势，充分利用"委（局）省共建"和"区域产学研联合办学"体制机制资源、周边得天独厚的办好核专业的社会科教资源，探索特色模式和机制发展西部地区国防军工教育事业，将核工业精神融入核工业人才培养的全过程，办好核专业，服务核工业。

二 弘扬新时代核工业精神的意义

2019年，中共中央、国务院印发《新时代爱国主义教育实施纲要》② 强调，要大力弘扬以爱国主义为核心的民族精神和以改革创新为核心的时代精神。弘扬新时代核工业精神，加强大学生民族精神教育，变民族精神"抽象"为核工业精神"具体"，增强民族精神教育的实效性，具有重要的现实意义。

（一）培根铸魂，弘扬新时代核工业精神是筑牢"立德树人"的必然选择③

全国高校思想政治工作会议上，习近平总书记强调，高校思想政治工作关系

---

① 《重磅！中核集团发布新时代核工业精神》，https://baijiahao.baidu.com/s?id=1690661494311805228。
② 《中共中央 国务院印发〈新时代爱国主义教育实施纲要〉》，http://www.gov.cn/zhengce/2019-11/12/content_5451352.htm。
③ 罗莉蓉：《核类专业大学生核工业精神培养研究》，硕士学位论文，南华大学，2013年。

高校培养什么样的人、如何培养人以及为谁培养人这个根本问题。要坚持把立德树人作为中心环节，德育为先，要培养学生"不断树立为共产主义奋斗的远大理想"，要培育学生坚定为"中国特色社会主义共同理想而奋斗的信念和信心"，要激励学生"珍惜韶华、脚踏实地，把远大抱负落实到实际行动中，让勤奋学习成为青春飞扬的动力"，三个"要"可谓新时代核工业精神的生动描述。其核心在于远大的理想信念、浓厚的爱国主义情怀、高尚的道德情操与优良的品德素养等精神价值，其价值有利于青年学生树立更为健康和更为正确的人生追求。[①]

（二）发挥优势，弘扬新时代核工业精神是深化"三全育人"的题中应有之义[②]

强核是事业，要督促青年学生深入贯彻落实习近平总书记重要指示批示精神，不忘初心，牢记使命，勇担重任，敢于开拓，奋力实现"强核强国、造福人类"的历史使命和"三位一体"奋斗目标；报国是承诺，青年要胸怀大局，心有大我，至诚报国，把爱国之情、报国之志融入核工业建设的伟大事业之中，忠于事业，坚守承诺，出色完成国家战略任务，服务于建设现代化强国、实现民族复兴的伟大目标，续写我国核工业新的辉煌篇章；创新是法宝，人才培养要面向世界科技前沿，抢占科技创新的制高点，寻找重大突破，不畏挫折，敢为人先，在独创独有上下功夫，在解决受制于人的重大瓶颈问题上强化担当作为，着力攻克事关国家安全的基础前沿难题和关键核心技术，建设先进的核科技工业体系，成为国际核科技发展的引领者；奉献是境界，无私奉献是核工业的光荣传统。做强、做优、做大中国核工业需要在核工人才培养阶段就要加强为国家为人民真诚奉献的精神培育。要教育引导青年学生坚持国家利益至上，继承和发扬核工业人"干惊天动地事、做隐姓埋名人"的优秀品质，以建设核工业强国为己任，淡泊名利，勤奋钻研，奋力攻关，不求回报，甘做强核事业的付出者，要不慕虚荣，不计名利，甘做致力提携后学的"铺路石"和领路人。

（三）主动作为，弘扬新时代核工业精神是"局省共建"高校的应担之责

"局省共建"高校应该作为弘扬新时代核工业精神的排头兵，当好建设军工文化的重要阵地，在培养国防科技高层次人才、军工科研及服务社会等领域做出突出贡献。国防科工局明确要求军工院校及共建高校"要结合军工发展的总体要求和高等教育发展形势，进一步凝练办学理念，构筑大学精神，建设大学文化"，

---

① 林娟：《立足思政教育价值实现途径 探究高校宣扬核工业精神新思路》，《改革与开放》2018年第8期，第54—55页。
② 覃蓉、陈志波：《"三全育人"视角下红色文化融入高校思政教育初探》，《高教学刊》2019年第22期，第13—15页。

加强军工基础文化建设和军工特色文化建设。加强高校核文化建设，弘扬新时代核工业精神有利于创新"局省共建"高校大学生思政教育工作模式，有利于加快构建地方高校服务国防科技工业军民特色模式的发展，有利于推动此类融入国防军工企事业单位，扩大学校在国防军工行业的声誉，推动招生、培养、就业工作。

三　构建"文化共通、育人共进"的核文化与贯通式培养融合的育人大循环

西南科技大学着眼于文化育人，在培养方案制订、课程设置、教学实施、第二课堂、校园文化建设、社会实践活动等人才培养的各个环节[①]渗入核工业精神元素，将知识传授、能力培养、文化引领、价值塑造等融会贯通，通过多措并举，构建起培养具有新时代核工业精神的核专业人才培养育人大循环，育人成果"特色地方高校军民融合协同育人创新与实践"荣获四川省第八届高等教育教学成果一等奖。

（一）规范化推进专业建设

在开办核专业之前，学校已与中国工程物理研究院相关学科联合培养核专业方向的研究生，探索出一条有特色的联合培养人才模式，在人才培养规格、课程体系、实践教学内容、教材选用等方面严格按照教指委的要求制定，确保培养学生的规范化、科学化。同时，学校特别注重吸收企业及用人单位的意见和建议，通过多种方式加强与阳江核电、宁德核电、中核建中、中核四川环保、四川省辐射监测站、成都西核仪器等用人单位的沟通。推动辐射防护与核安全专业通过国际工程教育认证，辐射防护与核安全、特种能源材料技术与工程2个专业获批四川省"双一流"专业，进入角逐国家"双一流"专业的行列。

（二）建设专兼职结合的高水平教师队伍

学校汇聚了一支以院士、"杰青"、"长江学者"领衔的专兼职结合的高水平教师队伍，聘任夏佳文院士为国防科技学院名誉院长，"长江学者"、清华大学陈靖教授任国防科技学院学术院长，聘请胡思得院士、傅依备院士、彭先觉院士指导核学科专业建设、人才培养。学校还充分利用地处中国（绵阳）科技城的地域优势，聘请董事单位的专家学者担任本科专业的国防教育导师。大力推进教

---

① 王世斌、顾雨竹、郄海霞：《面向2035的新工科人才核心素养结构研究》，《高等工程教育研究》2020年第4期。

师到核工业一线单位挂职锻炼，如到中核四〇四、中核兰州铀浓缩有限公司、中核四川环保挂职，开展科研合作等形式多样的工程实践能力锻炼，并通过组织"走进阳江核电—西南科技大学核学科教师工程实践能力培训班"、重走军工路、走进核工业科技博物馆等业务培训促进教师队伍自觉继承发扬新时代核工业精神。

（三）加强课程教学渗灌

学校注重将新时代核工业精神融入课程教学，[①] 加强核专业的课程教学，不仅讲授专业技术知识，而且还要介绍军事装备发展背景与历程，在激发学生对所学核学科专业热爱的同时，坚定学生投身国防志向；在思想理论课程的教学过程中贯穿国防文化，重点构建核工业历史、核工业精神与中国装备发展传统教学模块，具体包括在思想政治理论课教学中增加学校核文化特色相关内容，[②] 在"思想道德基础与法律修养"课程中弘扬爱国主义——讲授老一辈军工人的爱国情怀，"形势与政策"课程中讲授"人民军工发展历程与成就""两弹一星精神"等专题。

（四）提升第二课堂体悟

学校充分发挥主题教育、社会实践、学生社团等第二课堂的育人功能，[③] 使学生在实践中体悟新时代核工业精神蕴含的价值取向，强化学生民族自尊心、自信心和自豪感，激发爱国热情。以纪念核领域重大历史事件、重要功勋人物为契机，在诸如全民国防教育日、全民国家安全教育日经常性开展核文化类主题教育活动；组织学生走进核生产一线、与科技人员展开交流，使他们实地感受核行业的独特文化以及核工人的精气神。此外，引导和支持相关专业学生成立军工文化协会、军事爱好者社团、无人机协会等课外活动组织，为在全校传承弘扬军工文化发挥了重要作用，在潜移默化中促进了新时代核工业精神的弘扬。

（五）大力推进核工业就业

学校以新时代核工业精神引领学生职业规划指导和就业指导，增强奉献服务意识，引导学生核工业就业，构建了核专业"专业负责人—辅导员—班主任—本

[①] 尚文浩、季卫兵：《国防特色高校军工文化育人的实践与思考——以南京理工大学为例》，《高教论坛》2018年第11期。

[②] 陈章梅、蒋福明、刘韵清：《浅谈核工业精神在"基础"课教学中的培育路径》，《黑龙江教育》（高教研究与评估版）2013年第8期。

[③] 高琼：《当"新工科"遇上"新思政"——新工科背景下能源动力类大学生第二课堂综合素质培养研究》，《高等工程教育研究》2019年第S1期。

科生导师—研究生导师"全员就业工作体系。历年来，累计为核工业输送工程技术类人才 1000 余名，初步构建起"三分之一核行业工作、三分之一读研深造、三分之一多渠道就业"的就业格局，为核工业特别是西部涉核企事业单位提供了有力的人才支撑。

四 构建"协同育人、全员参与"的校园精神与新时代核工业精神融合创新的思政模式

新时代核工业精神培养应充分发挥思想政治教育的主渠道作用，帮助核专业大学生培养爱国主义、责任意识、严细作风和创新精神，实现核工业精神培养的本质要求。① 近年来，西南科技大学围绕核学科的专业特色，逐步建立活动的长效机制，努力打造活动品牌体系。

（一）厚植爱国主义情怀

学校组织实施了品牌项目"院士进校园系列活动"，以"万千师生同上一门入学教育课"为牵引，院士走进校园与广大师生交流，其中，中国工程院院士胡思得连续五年为学校师生作专题报告，宇航科学家吴伟仁院士为西南科技大学师生作"我国深空探测发展"专题报告，杨振宁、于俊崇、唐立等院士与学生畅谈人生理想，四川陆军预备役高射炮兵师刘潇政委开展国防教育专场报告会。多年来，院士专家的"两弹一星"精神报告已成为学校思政教育标杆。学校师生创作的《一生无悔入"核门"》《行烽火硝烟路 做隐姓埋名人 干惊天动地事》，在教育部关工委 2019 年和 2021 年"读懂中国"活动中获评"最佳征文"（全国 60 篇，四川省属高校唯一作品），并在中国教育电视台 1 套节目展播。

（二）开展核工业精神主题文化活动

学校开展"赞颂辉煌成就，建设强大国防"文化主题月活动，广泛开展"改革开放四十年中国军工成就展"、"我是中国研究生，为祖国点赞"、庆祝中华人民共和国成立 70 周年征文活动以及演讲比赛活动、"五彩画笔绘祖国"海报制作大赛、"我爱我的祖国"70 周年图片展等系列活动；开展"铭记历史，发奋图强"清明祭扫活动、开展"志在祖国最需要的地方"毕业生系列主题班会活动、开展"爱我国防 投身核工业"征文活动，进一步创新"国防文化节""节能减排""核+X""预备役"等文化科技活动品牌的形式和内容，深化其育人内涵，同时建立学生"铸魂逐梦"志愿服务团队，积极面向社会开展核科普；组

---

① 朱向军：《思想政治工作助推核工业改革发展》，《思想政治工作研究》2018 年第 9 期。

织"铸魂逐梦"系列班团组织活动等社会实践活动，走进中核四〇四、中核兰州铀浓缩有限公司、中核四川环保、福清核电站等，让青年学生们在科技文化体育活动的参与过程中体悟新时代核工业精神。

（三）推进校园文化浸润

学校在校园文化环境设计中体现军工元素特别是核元素，[①] 在景点建设中，既有讲述清华大学电子系在川期间服务军工科研、提升军工能力的历史故事的文化长廊，又有纪念邓稼先等老一辈科学家的塑像，还有展示学校服务"国防和军队现代化"的成就展；精心设计核与军工主题教育，借鉴和利用"百家讲坛"形式，开设"军工课堂"，整合绵阳周边军工建设、军品研制、军工人物故事，如邀请总装备部某基地刘政崇将军、中国工程物理研究院"两弹一星"精神青年宣讲团、中核集团"两弹一星"精神和核工业精神宣讲团等走进学校，充分协同董事单位、军工企业、部队，实现军工文化资源共享，构建特色校园文化，极大地提升了学生对国防科技工业的认同度，加强了对学生新时代爱国主义教育，不断提升环境育人的浸润力。

五 构建"理工结合、科研育人"的科学家精神教育与学生创新能力培养结合的大平台

核专业是实践性很强的专业，[②] 新时代核工业精神的培养是一个主观和客观相互作用、相互转化、对立统一的过程，是思政引领、课堂教学与创新实践相结合的过程。西南科技大学以"将科学家精神培育和创新能力培养相结合"的教育理念，按照"以赛代练、以赛促学、赛学相长"的模式，鼓励教师科研育人、提升实践教学质量、引导学生参加科技赛事，锻炼培养学生科研和实践能力。

（一）教师科研与育人时效相结合

学校积极开展各种学术活动，开展"与院士对话""国防论坛""创新创业成果分享会"为学生创新创业研究提供经验交流、展示和分享研究成果、共享各类资源的平台，共同营造创新创业文化氛围，加入天格联盟，突出培养多学科知识技能的交叉、学生自我科研管理的领导力和团队能力，力争培养未来大科学工程的领军人才。核专业学生科技创新实践活动的平台包括国家级实验教学示范中

[①] 代艳丽、赵红、李晓衡：《军工文化融入大学校园文化建设的功用》，《社会科学家》2012 年第 7 期。

[②] 宫晓峰：《核专业人才培养势在必行》，《中国军转民》2005 年第 7 期。

心（工程训练中心）、核废物与环境安全国防重点学科实验室、校级实验中心（化学实验教学中心）等科研实验室 100% 全面向学生开放，鼓励学生在课余参与导师的科研项目，从而积累实验知识和科研经验。近年来，核专业学生在英国著名期刊 Nature 子刊 Nature Communications（《自然·通讯》）发表论文 300 余篇。

（二）国防教育与实习实践相结合

学校注重在学生专业实践环节融入国防科技元素，引导学生近距离感受军工生产环境以及军工科技人员的技术水平和奉献情怀，为其坚定军工报国志向提供丰足的"源头活水"。学校已和包括中国工程物理研究院核物理与化学研究所、中国工程物理研究院国防电离辐射计量实验室、国家核技术工业应用工程技术研究中心、中国工程物理研究院核应急监测中心、中核四川环保、中核建中、中核二四公司、四川核工业地质局签订了实习基地协议，能够为学生实践环节奠定良好基础，有力保障学生认识实习、生产实习、毕业实习等实践环节的教学质量。学校先后参与解决中核四川环保、中核四〇四公司、中国工程物理研究院核设施退役，中核二七二铀业公司铀尾矿治理，飞凤山选址等问题。特别是"特殊环境机器人技术创新团队"成功处置两起卡源事件，在行业领域产生了深远影响。

（三）素质培养与科学家精神培育相结合

学校注重学生创新素质培养，鼓励学生参加科技及学科竞赛、科技发明成果（科研成果）、学术论文、项目研究，组织创新实践活动并组织学生参加市级、省级和国家级科技活动，如全国大学生数学建模大赛、"挑战杯"全国大学生课外学术作品大赛、全国大学生节能减排社会实践与科技竞赛、全国高校学生课外"核+X"创意大赛、创青春全国大学生创业大赛、"中国创翼"青年创业创新大赛和大学生创新创业大赛等。通过创新实践微学分和第二课堂成绩单等制度，对学生创新素质进行评价和奖励。近年来，核专业学生创新创业素质能力在学校各专业中名列前茅。在 2020 年高等教育学会正式发布"全国普通高校大学生竞赛排行榜五轮总排行榜（本科）"中，西南科技大学位列全国第 58 位。

参考文献

何健：《核电产业发展对我国未来核电专业人才培养规模的影响研究》，《中国大学教学》2017 年第 4 期。

《重磅！中核集团发布新时代核工业精神》，https：//baijiahao.baidu.com/s?id=1690661494311805228。

《中共中央 国务院印发〈新时代爱国主义教育实施纲要〉》，http：//www.gov.cn/zhengce/2019-11/12/content_5451352.htm。

罗莉蓉：《核类专业大学生核工业精神培养研究》，硕士学位论文，南华大学，2013年。

林娟：《立足思政教育价值实现途径探究高校宣扬核工业精神新思路》，《改革与开放》2018年第8期。

覃蓉、陈志波：《"三全育人"视角下红色文化融入高校思政教育初探》，《高教学刊》2019年第22期。

王世斌、顾雨竹、郄海霞：《面向2035的新工科人才核心素养结构研究》，《高等工程教育研究》2020年第4期。

尚文浩、季卫兵：《国防特色高校军工文化育人的实践与思考——以南京理工大学为例》，《高教论坛》2018年第11期。

陈章梅、蒋福明、刘韵清：《浅谈核工业精神在"基础"课教学中的培育路径》，《黑龙江教育》（高教研究与评估版）2013年第8期。

高琼：《当"新工科"遇上"新思政"——新工科背景下能源动力类大学生第二课堂综合素质培养研究》，《高等工程教育研究》2019年第S1期。

朱向军：《思想政治工作助推核工业改革发展》，《思想政治工作研究》2018年第9期。

代艳丽、赵红、李晓衡：《军工文化融入大学校园文化建设的功用》，《社会科学家》2012年第7期。

宫晓峰：《核专业人才培养势在必行》，《中国军转民》2005年第7期。

新工科背景下智能制造工程专业教学体系探索与实践

廖晓波[*]

摘 要：为了应对"中国制造2025"国家战略，顺应新工科背景下高等工程教育改革发展，国家提出了建设智能制造新工科专业。智能制造专业在强调数理的基础上，基于机械学科主干知识体系，融合交叉学科知识，构建"智能制造""互联网+制造""人工智能"等时代背景下的新技术特色课程体系；同时，为有利于学生掌握交叉学科知识的需要而建设的实践课程体系，需要打通各个实践环节的孤立边界，构建综合实践教学项目，探索适应智能制造专业人才培养的实践教学体系。智能制造工程新兴工科专业教学体系探索与实践将促使机械工程学科进一步适应未来制造领域的新发展，推动高等教育机械工程专业复合型高端人才的培养。

关键词：智能制造；高等教育；教学体系构建

2017年国家教育部启动了"新工科"发展研究工作，[①]并于2月18日形成了"'新工科'建设复旦共识"，[②]4月8日形成了"'新工科'行动路线（天大行动）"。[③]6月9日形成了"北京指南"。[④]新工科建设在我国高等教育界掀起了一阵新的改革热潮。当前国家正在实施创新驱动发展战略和"中国制造2025""互联网+""网络强国"等一系列重大发展战略，培养科学基础厚、工程能力强、综合素质高的工程科技人才，对于支撑服务以新技术、新业态、新产业、新模式为特点的新经济发展具有十分重要的现实意义和战略意义，与此同时，四川

---

[*] 廖晓波（1982— ），博士，西南科技大学智能制造工程系副教授，硕士生导师。主要研究方向：智能制造、微纳检测与制造。

① 耿直：《新工科教育漫谈与展望》，《科教文汇》2022年第1期。
② 《"新工科"建设复旦共识》，《复旦教育论坛》2017年第2期。
③ 《"新工科"建设行动路线（"天大行动"）》，《高等工程教育研究》2017年第2期。
④ 《新工科建设指南（"北京指南"）》，《高等工程教育研究》2017年第4期。

省人民政府《中国制造2025"四川行动计划"》，也指出四川省智能制造产业将重点围绕汽车、电子、国防军工、食品饮料等领域需求，开发智能制造产线、特种智能生产加工成套设备，智能制造系统设计、开发、制造、运行及维护方面的高素质复合型应用人才，有着大量的社会需求。2020年初，中国科技城绵阳印发了《绵阳市制造业智能化发展行动计划（2018—2020年）》，提出推动制造业数字化、网络化、智能化发展，全面提升绵阳市制造业智能化水平，加快建设西部先进制造强市。率先针对电子信息、汽车、新材料、化工、食品等基础条件较好的领域开展智能制造转型，综上所述，当前市场对智能制造专业人才的需求量大，且显得极为迫切。[①] 基于以上背景，西南科技大学制造科学与工程学院在2021年成功申报了智能制造工程（080213T）专业。

一 智能制造工程专业内涵

智能制造工程专业是一门多学科交叉、系统性强的专业。本专业培养以面向智能制造，注重多学科交叉融合，突出智能技术应用为特色。学生主要学习机械工程、电气电子工程、计算机科学与技术和人工智能等专业的基本理论和基础知识，培养具备复合型知识体系；以机械制造为基础，融合机、电、信息技术，将智能制造系统开发作为主线，为学生提供智能制造工程师的基本训练，培养具备智能制造装备和智能产品的设计制造、工程开发、科学研究以及生产管理等方面的能力和素质。西南科技大学智能制造工程专业人才培养目标：培养适应我国高端装备制造业及相关行业和新工科发展的需要，立足四川，服务西部，辐射全国；以精密机械和信息技术为基础，以自动化与智能化为核心，面向国家经济发展、西部大开发及绵阳科技城建设，培养具备智能制造基础知识及应用能力，能胜任基于信息化前沿技术从事产品、装备和生产线的智能化设计制造、科技开发、应用研究、运行管理和经营销售等工作，培养成为具有人文社会科学素养、社会责任感、团队精神和国际视野的智能制造领域高素质复合型人才。

二 智能制造专业课程体系建设

（一）知识体系和课程结构框架

在专业人才培养方案构建过程中基于OBE的教育理念，首先广泛调研西南地区，特别是绵阳地区大型智能制造企业（如长虹、九州、京东方）对智能制造人才的需求，根据服务面向和培养要求，确定应用型本科智能制造工程专业的

---

① 陆国栋：《"新工科"建设的五个突破与初步探索》，《中国大学教学》2017年第5期。

人才能力需求。根据能力需要，构建的智能制造人才知识体系结构如图 1 所示，设计的课程体系结构涉及机械工程、电气控制、计算机等学科知识，再根据知识体系，设计专业核心课程，融合形成人才培养方案。在课程群设置过程中，注意课程设置之间的先后关系，打通课程知识体系之间的边界，构建课程群，形成知识闭环。

课程群

通识通修课程
- ★ 大学英语
- ★ 高等数学
- ★ 马克思主义基本原理
- ★ 毛泽东思想与邓小平理论
- ★ 程序设计语言基础
- ★ 线性代数
- ★ 复变函数与积分变换
- ★ 概率论与数理统计
- ★ 大学物理
- ★ 计算方法
- ★ Python语言程序设计
- ★ 普通化学
- ★ 工程力学
- ★ 创新创业基础
- ★ 体育与美育

机械工程课程
- ★ 机械制图
- ★ 机械设计技术基础
- ★ 机械原理
- ★ 互换性与精密测量

电气控制课程群
- ★ 电工电子技术
- ★ 控制工程基础
- ★ 传感器与智能检测技术
- ★ 电气控制与PLC

计算机课程群
- ★ 大数据与云计算
- ★ 人工智能原理及应用
- ★ 图像感知与机器视觉
- ★ 嵌入式系统设计

专业核心课程群
- ★ 大数据与云计算
- ★ 智能制造与数控技术
- ★ 智能机器人技术
- ★ 物联网技术与应用
- ★ 智能制造系统设计

智能制造工程（080213T）人才培养知识体系结构

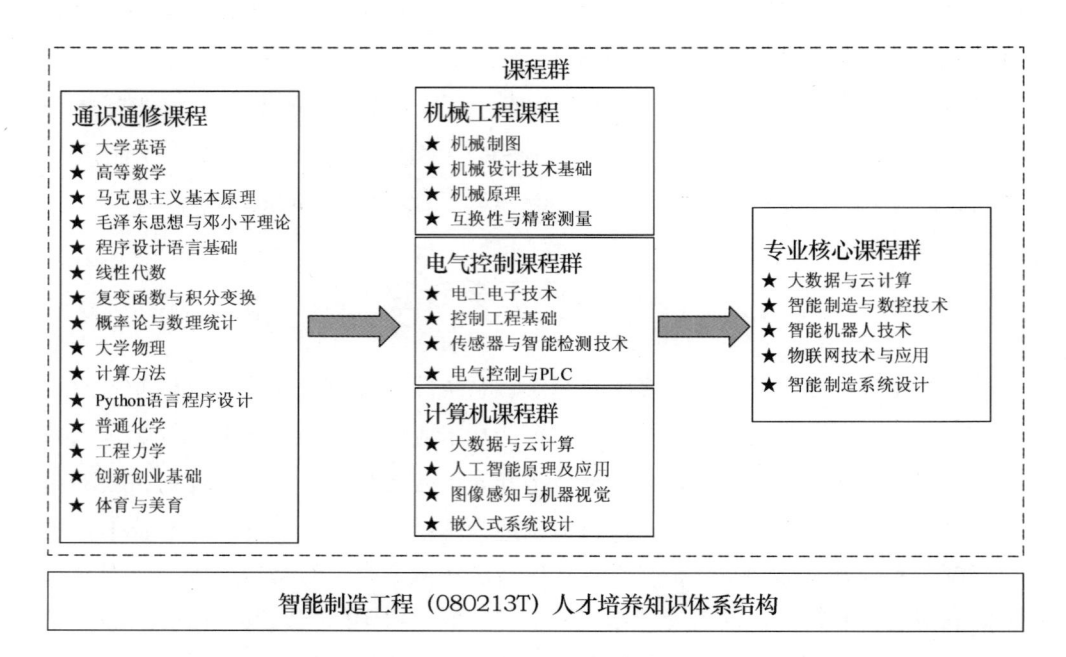

图 1　智能制造人才知识体系与课程群设置

（二）智能制造方向课程组织关系

西南科技大学智能制造工程专业将采用"三教融合（通识教育、专业教育和职业教育）、自主分流、协同育人"的人才培养方案和"通识模块 + 专业模块 + 职业模块"的课程体系。按照"平台 + 模块"的课程体系构建通识课程平台、学科专业课程平台、专业方向（职业方向）课程平台和实践教学（集中实践环节）平台。在专业方向（职业方向）课程模块，针对专业、行业或岗位群对应用知识、专业能力和职业素养的要求不同，专门针对设置智能设计、智能制造、智能管理、智能信息四个方向模块。如图 2 所示，在大三下学期针对学生兴趣实施分流培养，以适应不同职业方向的培养需求，促进多元化人才培养模式改革。

智能设计	智能制造	智能管理	智能信息
培养目标 具备一定的智能制造设备的设计能力，掌握主流软件（机械结构设计、电路仿真设计、有限元分析仿真）设计流程	**培养目标** 掌握高端工业装备的基本原理与操作方法。掌握智能制造设备的制造原理，能够对智能制造设备进行检修与维护	**培养目标** 掌握管理、生产设计与调度，生产数据的存储与查询等方面的知识与技能，能够利用大数据分析工具对生产过程进行优化	**培养目标** 掌握生产车间或生产区域内物料物流信息的传递、表达与监控等信息技术，实现物流生产车间的无人化运作与管理
主干课程 Ansys、CAPP、Altinum Designer、SolidWorks、Multisim、虚拟仿真技术、网络化协同设计、模块化设计方法	**主干课程** 增材制造技术、工业机器人技术、工业4.0概念、智能装备故障诊断、智能制造系统、智能制造与数控技术	**主干课程** 智能生产设计管理、智能调度、BOM管理系统、MES系统管理原理、ERP原理及应用、大数据分析	**主干课程** 物联网、工业大数据、智能工厂、生产信息监控、RFID信息技术

智能制造专业（职业方向）课程设置

图 2　智能制造专业职业方向课程设置

三　智能制造专业实践课程体系构建

（一）层次化的实践教学体系

智能制造专业实践课程体系构建遵循知识获取和能力形成的基本规律，围绕学校定位和专业特色，以提升学生的工程实践能力和创新创业能力为主线，按照模块化、分层化、综合化的改革思路，系统构建四级能力递进培养的实践教学体系。[①]

1. 基础层：培养学生的智能制造专业的认知和技能，初步形成创新思维。基础实验：依托学院专业基础课程开设，实验内容要求与理论教学紧密结合，培养学生基本分析问题和建模计算的能力；创新导论：初步建立工程系统的概念，培养创新意识和创新思维；认知实习：通过参观、现场演示等方式感性了解智能制造专业工程背景、基础知识和制造过程及工艺流程，培养学生的专业兴趣和工程意识；金工实习：了解机械加工生产过程，训练学生的基本操作技能。

2. 专业层：培养学生掌握智能制造工程专业核心知识，强化机械设计能力

[①] 严寒冰等：《面向智能制造的机电专业实践教学体系研究》，《西南师范大学学报》（自然科学版）2021年第8期。

及控制系统设计能力。专业课程实验：包括机构结构设计、电子系统设计和控制系统设计3个模块，其中机构设计模块实验教学主要培养学生掌握各种机械零件和机构的认知，使其具有设计机械传动装置和机械产品的能力；电子设计模块实验重在培养学生的电路设计方法和实践能力；控制系统模块实验培养学生传感器技术、机械电气控制系统的设计与分析能力。机械课程设计：是培养实践能力的重要过程，通过改进和设计简单机械装置培养结构设计和计算能力。工程实践：要求学生以小组的形式在4个学期完成一个完整智能制造系统的机械结构设计、控制器设计、传感器应用与检测信息分析、控制软件编写和系统安装与调试，在熟悉机械一体化产品开发全过程中，不仅锻炼学生综合应用专业理论知识的能力和发扬分工协作的团队精神，还对培养创新设计意识和创新设计能力起着主导作用。

3. 综合层：培养学生对所学专业知识和基本技能的综合应用，强调系统思维、创新思维、综合能力的培养。综合课程设计：包括智能制造系统和机器人技术两个专业方向模块，具有较强的综合性和系统性，主要培养学生综合运用专业技术知识开展系统分析和应用设计的能力。同时，通过自主实验和科研项目为学生提供不同工程环境的实践机会，帮助学生拓宽知识面，接触学科前沿，培养学生更科学的创新思维和更完整的实践能力。此外，还通过企业实训和专业实习从根本上解决学生实践动手能力的提升问题。企业实训：注重培养学生技能训练与创新能力，在真实的工程训练环境下由企业技术人员指导学生掌握主要工种的实践操作技能，这对智能制造专业学生今后参加大学生工程训练综合竞赛起着重要的作用。专业实习：是培养学生实践能力、工程能力和职业素养的一个非常重要的教学环节，在企业员工的指导下进入生产现场顶岗实习，掌握智能制造基础知识和典型智能工厂运行管理，智能设备的运行调试与维护等，使学生将专业知识融会贯通，理论与实践相结合，同时还增强团队合作意识和人际交往能力，全面提升学生的工程素质，帮助学生尽早融入社会。

4. 创新层：重点培养学生的综合实践能力、科研能力和创新创业能力。在前期学生的创新思维和创新设计能力培养的基础上，本阶段以毕业设计为主，结合学科竞赛、创新训练和科研训练等，着力提升实践能力和创新创业能力。毕业设计：采用开放式选题，题目来源于工程企业、教师科研项目或自拟，重在提高学生知识综合运用能力和创新能力，使其具有独立从事工程技术工作的能力；科研训练：培养学生面向工程应用的思维方式和工作方法，促使学生在系统性实践过程中学习与运用专业知识，独立分析、解决遇到的各种实际问题；学科竞赛和创新训练项目：进一步增强学生解决问题的综合能力以及自主创新能力、团队协作沟通能力等；职业技能培训：组织学生参加实践技能培训考试并取得相应的职业技能证书，在真实经济社会环境中提升职业能力和职业素养。

因此，该实践教学体系的结构层次分明，每层次都有明确的实践教学目标和内容，以及学生应该掌握的理论知识和实践技能，实践教学内容既与理论课程体系联系紧密又相对独立，实践教学项目相互衔接、相互连贯，能力培养逐层递进，符合学校创新应用型智能制造专业人才培养的定位目标。

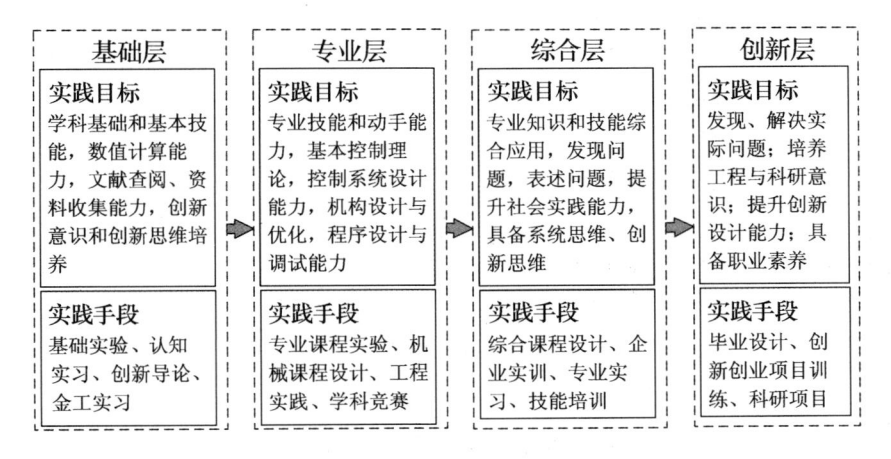

基础层	专业层	综合层	创新层
实践目标 学科基础和基本技能，数值计算能力，文献查阅、资料收集能力，创新意识和创新思维培养	**实践目标** 专业技能和动手能力，基本控制理论，控制系统设计能力，机构设计与优化，程序设计与调试能力	**实践目标** 专业知识和技能综合应用，发现问题，表述问题，提升社会实践能力，具备系统思维、创新思维	**实践目标** 发现、解决实际问题；培养工程与科研意识；提升创新设计能力；具备职业素养
实践手段 基础实验、认知实习、创新导论、金工实习	**实践手段** 专业课程实验、机械课程设计、工程实践、学科竞赛	**实践手段** 综合课程设计、企业实训、专业实习、技能培训	**实践手段** 毕业设计、创新创业项目训练、科研项目

图 3　智能制造专业职业方向课程设置

（二）实践课程组织的逻辑关系

课程实践教学是工科类专业实践教学体系中的重要组成部分，对培养学生专业核心能力和动手能力具有重要作用。[①] 结合智能制造专业人才培养目标要求，建立实践课程结构如图 4 所示。从图中可以看出，实践课程内容广泛，采用模块化方式融合机器人、人工智能、大数据的知识和技能，不仅使智能制造工程专业课程知识更加坚实，还多方位拓展了知识面，覆盖了机械、电子、控制、智能技术等学科的专业基础知识，体现了"宽厚专业知识"的指导思想。

从图 4 中可以看出，大一学生处于基础层，主要培养学生掌握工科专业基础知识和基本理论；专业层为大二学生设计，通过机械设计、控制技术和电子设计3 个课程模块培养学生掌握机械电子工程专业核心知识；综合层为大三学生设计，除了包括数控技术培养模块之外，还引入智能方向的知识和技能，建立面向智能制造的机器人技术培养模块，既帮助学生巩固专业基础理论知识，又深入掌握相应专业方向的知识与技术；创新层为大四学生设计，通过毕业设计和各类覆盖专业能力的竞赛活动帮助学生将所学过的专业基础理论和知识融会贯通，培养综合运用专业知识解决实际问题的能力。

[①] 严寒冰等：《面向智能制造的机电专业实践教学体系研究》，《西南师范大学学报》（自然科学版）2021 年第 8 期。

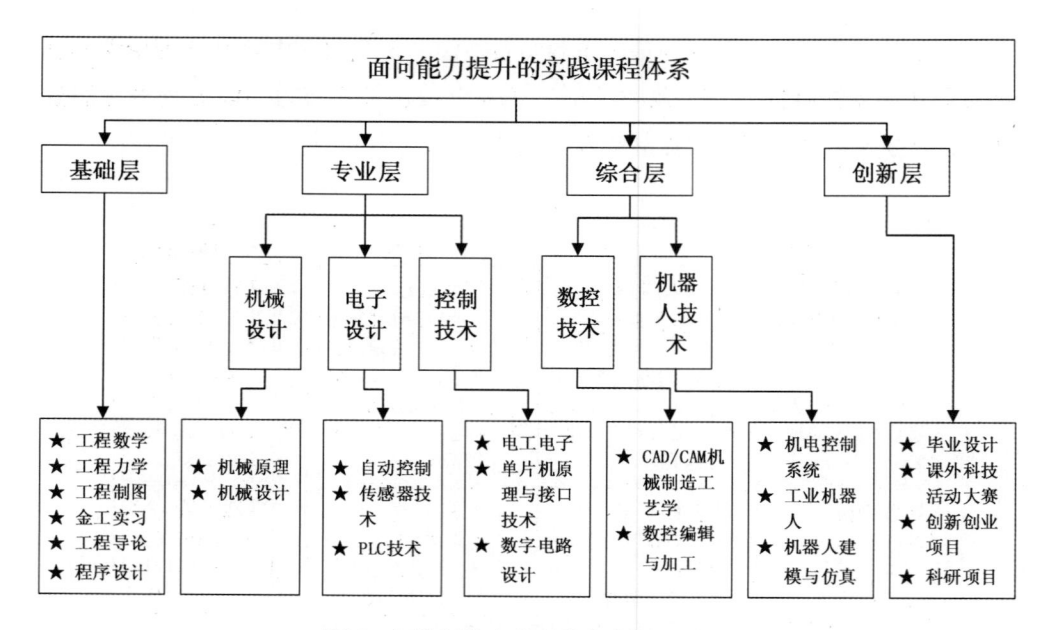

```
                    面向能力提升的实践课程体系
        ┌──────────┬──────────┬──────────┐
      基础层      专业层      综合层      创新层
                 ┌──┼──┐     ┌──┴──┐
                机械 电子 控制  数控  机器人
                设计 设计 技术  技术  技术
```

★ 工程数学	★ 机械原理	★ 自动控制	★ 电工电子	★ CAD/CAM机	★ 机电控制	★ 毕业设计
★ 工程力学	★ 机械设计	传感器技术	★ 单片机原	械制造工	系统	★ 课外科技
★ 工程制图		★ PLC技术	理与接口	艺学	★ 工业机器	活动大赛
★ 金工实习			技术	★ 数控编辑	人	★ 创新创业
★ 工程导论			★ 数字电路	与加工	★ 机器人建	项目
★ 程序设计			设计		模与仿真	★ 科研项目

图4 智能制造专业职业方向课程设置

（三）实践项目的设计关键

核心专业课实验，应该遵循由浅入深，以工程项目为背景，设计由认知实验、验证性实验、设计性实验和综合性实验组成的递进式实验体系。认知实验和验证性实验使学生对智能制造工程主要核心课程所涉及的技术、方法、原理有一个概念性的认知，设计性实验则侧重于利用核心课程中所学的理论知识，涉及或优化智能制造系统的相关功能模块，综合性实验则面向智能制造应用子系统的设计、开发和调试。

课程设计的选题和内容方面，依据工程项目内在知识的融合属性，挖掘专业课程知识的关联性，注重将单一离散的各专业课程知识融合为整体的集成式的课程设计体系，如基于机械设计基础、机械制造工程、智能制造装备、智能制造信息系统等专业课程，构思和完成涵盖产品设计、制造工艺、智能加工、智能管控较长产品生命周期的课程设计；在课程设计过程的组织和管理上，借鉴工程项目的运作方式对整个课程设计环节进行有效管理，培养学生综合运用专业知识解决项目的工程实践能力，提升学生的系统性工程思维和素养。

四 智能制造专业人才培养的机制与路径

（一）校企协同育人，强化学生工程实践能力

"3+1"校企合作项目作为实践教学创新措施，是一种多赢合作形式，符合

学校"三教融合，三院协同"的应用型人才培养模式，解决了企业所需人才短缺问题，拓宽了学生就业渠道，缩短了人才培养过程中学校与社会的衔接，真正实现协同育人、校企积极参与的共赢局面。

（二）科教融合协同育人，助力创新人才培养

通过科研反哺教学实现科教融合。利用科研成果、科研平台、科研能力，开展多层次、多角度、全方位的教学活动，鼓励教师将科研项目作为研究案例引入课堂，向学生讲解研究思路，将科研成果作为课外阅读资料，深化学生对专业知识的了解，从而培养学生的科研意识和创新能力，增强学生解决实际工程问题的能力，确保科研服务于应用型人才培养。为推进产教融合协同育人，解决教师科研能力提升的瓶颈问题，学校通过校校联合、校企联合、学校与地方政府联合等多种方式，开拓科研和技术开发渠道，重点围绕智能制造发展的人才培养和科研工作需求建设平台，逐步积累、形成特色，以实现教学与科研互补、共同发展的目标。

（三）产教融合协同育人，培养学生创业能力

与双创学院紧密合作，以大学生创新创业活动、学科竞赛为抓手，培养学生的团队合作精神，提高学生工程实践能力和水平，满足工程技术人才基本素质培养的要求。学校通过增加创新创业类自主化学分，配套相关学分置换政策，激发学生创新创业热情。与苏州富纳艾尔科技有限公司合作，以智能制造技术为引领，校企双方共建集人才培养、技术应用研发、社会服务于一体的智能制造产业学院。校企共建产业学院进一步深化产教融合，促进教育链、产业链、培训链和就业链的有机衔接，实现学校教育资源与企业技术资源的深度融合，培养符合企业和产业发展需求的创新型、创业型、复合型、应用型人才，打造智能制造新技术研究、应用、推广的工程中心及实训。

五 总结

新工科的发展决定了现代科学、应用科学、工程和工业实践的创新与进步水平，不同的学科交叉与融合，必将形成新兴或新生的工程学科。智能制造工程新专业是新工科专业的典型代表。建设智能制造新工科专业，在传统机械学科原有的培养体系上，融合交叉学科知识的同时，还必须推进教学方法改革，在有限的学制内让学生获得更宽更深的知识，落实智能制造工程新工科专业领域要求的工程人才需要具备的解决复杂工程问题能力的培养。培育建设智能制造工程新兴工科专业是未来制造领域新发展的需要，以满足社会、企业需要的制造业领域高端

复合人才的需求。

参考文献

耿直：《新工科教育漫谈与展望》，《科教文汇》2022 年第 1 期。

《"新工科"建设复旦共识》，《复旦教育论坛》2017 年第 2 期。

《"新工科"建设行动路线（"天大行动"）》，《高等工程教育研究》2017 年第 2 期。

《新工科建设指南（"北京指南"）》，《高等工程教育研究》2017 年第 4 期。

陆国栋：《"新工科"建设的五个突破与初步探索》，《中国大学教学》2017 年第 5 期。

严寒冰等：《面向智能制造的机电专业实践教学体系研究》，《西南师范大学学报》（自然科学版）2021 年第 8 期。

设计思维驱动的高等教育工程创新人才培养模式研究

杨 蕾[*] 王文军[**] 蔡 勇[***]

摘 要：本文阐述了工程创新人才所需的基本能力以及当前人才培养过程中存在的问题，提出了设计思维驱动的工程创新人才培养模式：（1）构建全面的创新课程体系，依次递进、有机衔接；（2）校企深度协同联合培养，产、教、创三链融合；（3）多学科交叉，开展PBL项目引导式教学；（4）搭建多主体参与的实践平台和科学的创新制度体系，针对性地培养当前工程创新人才欠缺的能力，并提供实践保障。经过多年实践检验，该模式有效提升了人才培养质量。

关键词：工程创新人才；设计思维；校企协同；实践平台

一 引言

创新是引领发展的第一动力，是国家和民族发展进步的源泉。国家从战略的高度确定了"大众创业，万众创新"的规划，推动大学生等重点人群创业创新，持续激发市场活力。[①] 进入"十四五"规划后，我国要全面建设社会主义现代化，更加需要在基础科研、科技应用、人文精神等层面进行深层次的创新和发

---

[*] 杨蕾，硕士，西南科技大学工业设计系主任，主要从事产品设计、设计思维、用户研究、交互设计等领域的研究。

[**] 王文军，博士，西南科技大学工业设计系副主任，主要从事创新创业人才培养、人机工程、人机交互领域的研究。

[***] 蔡勇，博士，四川省学术技术带头人，四川省有突出贡献的优秀专家，教育部高等学校机械类专业教学指导委员会委员，主要从事创新创业教育和管理、机械设计制造及其自动化、智能机器人等领域的研究。

① 冯天军、梁春岩、张云龙：《新工科背景下交通工程专业创新人才培养模式的研究与实践》，《高教学刊》2019年第24期。

展。① 在此局面下,国家需要大量的创新创业人才持续支撑和推进创新的前进,这就要求作为培养创新创业人才主力军的高等院校不断强化创新人才培养理念,革新创新人才培养模式,与政策接轨,与产业接轨,为社会输送高质量的复合型创新人才。

新一轮科技革命和产业变革在加速演进,高校机械类教育的重要任务是对接新兴产业,培养具有"创新创业能力"和"解决复杂问题能力",能够设计出符合内外部约束、满足社会需求解决方案的复合型创新人才。② 华盛顿协议、CDIO 工程教育模式、AHELO 学习成效评价、新工科教育等都对学生解决复杂问题的能力给予了高度关注。为更好地实施"中国制造 2025""互联网+""一带一路"倡议等国家创新驱动发展战略,我国的教育界通过了"复旦共识""天大行动"等,大力推进新工科教育建设,其重要任务就是对接新兴产业,培养具有"创新创业能力"和"跨界整合能力",能够遵循工程逻辑设计出能符合内外部约束、满足社会需求解决方案的复合型创新人才。③

国内外众多学者对工程创新人才培养进行了大量的研究,主要聚焦在多学科交叉融合、协同育人、项目式教学等方面。

在多学科交叉融合方面,朱立达等指出多学科交叉能够培养学生发散性思维,是提高学生核心竞争力的重要手段;④ 吴贤文等通过组建协同创新中心和教改实践班,探索多学科交叉融合的复合型创新人才培养,效果显著。⑤

在协同育人方面,冯天军等汇聚了企业、行业部分的多方资源协同育人,有力提升了人才培养质量;⑥ 张玲等探讨了政产学研用多方协同育人的模式;⑦ 仝月荣等与企业共建人才中心和创新中心,推动产教深度融合。⑧ 协同育人的趋势是越来越多的社会力量被纳入到高校育人的体系中。

---

① 张玲、何伟、林英撑等:《新工科建设和政产学研用协同育人模式的探索》,《大学教育》2020 年第 3 期。

② 朱立达、巩亚东、于天彪:《新工科视域下机械类创新人才培养模式探索与思考》,《高教学刊》2020 年第 15 期。

③ 吴贤文、向延鸿、李佑稷等:《基于学科交叉融合的复合型创新人才协同培养模式探索》,《实验室研究与探索》2020 年第 10 期。

④ 朱立达、巩亚东、于天彪:《新工科视域下机械类创新人才培养模式探索与思考》,《高教学刊》2020 年第 15 期。

⑤ 吴贤文、向延鸿、李佑稷等:《基于学科交叉融合的复合型创新人才协同培养模式探索》,《实验室研究与探索》2020 年第 10 期。

⑥ 冯天军、梁春岩、张云龙:《新工科背景下交通工程专业创新人才培养模式的研究与实践》,《高教学刊》2019 年第 24 期。

⑦ 张玲、何伟、林英撑等:《新工科建设和政产学研用协同育人模式的探索》,《大学教育》2020 年第 3 期。

⑧ 仝月荣、陈江平、张执南等:《产教深度融合 协同探索面向新工科的创新人才培养模式——以上海交通大学学生创新中心为例》,《实验室研究与探索》2020 年第 11 期。

在项目式教学方面，郑雪晶等设计了目标导向型项目和开放式项目，有效提升了教学质量；① 卢晓红等打破传统知识传授架构，开展机电课程项目引导式教学改革。② 项目引导式教学是提升学生综合实践能力的有效途径。

二 工程创新人才能力需求和存在的问题

（一）工程创新人才所需具备的能力

创新是一种创造性实践行为，对人才的意识形态、知识结构、思维模式、工作方法等都有非常高的要求。创新人才需要具备的能力如图1所示。

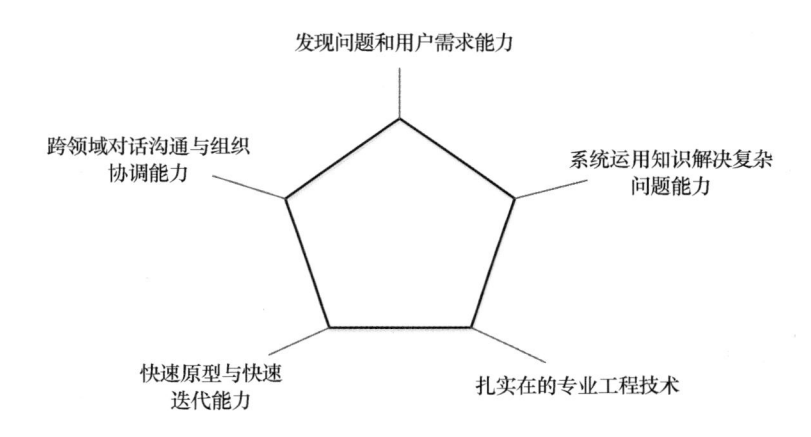

图1 创新人才能力需求

1. 发现问题和用户需求能力

发现问题能力是进行创新活动的基础和前提，只有正确地发现了问题才能准确地把握创新的方向。

创新是一个从无到有的过程，需要从实践中观察、总结存在的问题，需要挖掘用户真实的需求。然而问题和用户需求大多数都是潜在的、不易察觉的，要发现问题和真实需求，需要有宽厚的基础知识作为基础，站在用户的角度用全面的同理心进行思考，在不断的实践中通过敏锐的洞察力和科学的方法才能获取到有效的需求和问题。

2. 跨领域对话沟通与组织协调能力

从技术层面，工程创新大多数都属于集成和应用创新，需要将各个领域的技

---

① 郑雪晶、龙正伟、孙贺江：《新工科背景下智慧建筑能源与环境课程项目式教学设计与实践研究》，《高教学刊》2021年第7期。
② 卢晓红、刘海波、刘阔等：《新工科机电课程项目引导式改革必要性及改革方向》，《教育教学论坛》2019年第46期。

术有机地融合起来实现关键的功能，解决实际问题。这就需要学生在整个工作流程中能够与上下游相关的各个领域进行沟通和对话，能够接受、传递和发送创新需求、设计约束、关键技术等。①

从团队管理层面，由于创新涉及众多的领域和相关人员，学生需要能够协调各方面的诉求和困难，合理分配任务，增强团队成员归属感，确保团队创新的正确方向和凝聚力。

3. 系统运用知识解决复杂问题能力

当前的时代是信息和知识的时代，学生随时随地都能接触到大量的信息，但这些信息大部分都是不成体系的碎片化信息，对于解决工程创新中所遇到的问题没有太大的价值。

创新是系统性地解决复杂问题的过程，需要将知识进行有效的转化，这就需要学生针对所研究的领域建立知识索引，将知识体系化，形成系统的知识体系和工具方法体系。

以实际项目为牵引，以解决复杂工程问题为目标，通过逐层挖掘问题，探索解决方案，对知识进行综合运用，是建立知识索引，形成系统知识体系的良好途径。

4. 快速原型与快速迭代能力

工程创新要实现社会价值，必须要保证功能可行性、时效性和较高的用户满意度。在创新概念完成后，必须要经过多次迭代，验证其功能完成度以及能否有效地满足用户使用需求。这就需要学生能够采用精益创新的理念，通过快速创建低成本的原型初步进行验证，发现和总结其中的问题并快速迭代方案，从而在最短时间内得出合理的解决方案。

5. 扎实的专业工程技术

扎实的工程技术基础是工程创新的根本和有力保障，主要体现在以下两个方面。

第一，在概念创新阶段，对创新对象的功能定义需要宽厚的工程知识储备，从技术参数、复杂程度、加工装配方式等多个层面衡量创新方案的可行性，这样才能保证后续创新过程的顺利开展。

第二，工程创新的实现最终要依靠扎实的专业技术和工程能力，需要系统运用机械加工、结构设计、智能控制等工程能力实现创新方案的既定功能。

---

① 董发勤：《西部地方高校一流本科教育教学体系构建研究——以西南科技大学为例》，《西南科技大学学报》（哲学社会科学版）2021年第4期；牛漫兰、李秀财、李振生等：《新时代地质拔尖创新人才培养模式的探索与实践》，《高教学刊》2020年第34期。

（二）工程创新人才培养存在的问题

创新人才的培养是一个系统性工程，需要社会、高校、政府、企业等多个主体协同合作。我国目前的创新型人才培养仍处于探索阶段，全国的各个高校、培训机构、研究院所等人才培养机构推出了众多的培养模式，取得了一定的成效。但目前工程创新人才的培养却存在诸多问题。

1. 缺乏对学生用户思维、系统思维的培养。传统工程教学模式大多从技术角度出发，缺乏用户思维、系统思维和大工程观的培养，导致学生产品设计思维不足，创新过程局限于技术细节，不能从市场和用户需求角度对产品进行定义，导致大量的工程创新在孵化后不能被市场和用户接受，浪费大量的人力、物力、财力。

2. 跨学科（专业）团队合作能力不足。在传统教学模式中，各专业独立培养，融合教学不足，教学资源整合不够，面向学生的知识体系比较局限。学生对研究领域的上下游产业以及相关联产业了解不足，无法建立大工程观。

同时，传统的培养模式中，各学科、专业学生缺乏沟通，直接导致学生缺乏与其他学科、专业进行对话沟通的能力，在进行实践时难以实现多学科协作。

3. 培养过程产业需求导向不足，产业链、教育链、创新链脱节。工程人才培养中存在培养目标、培养过程与产业需求不匹配，创新链与产业链脱节等问题。校企协同深度不够，师生很少接触产业，无法了解企业工作方式和需求，许多专业的研究方向偏离或滞后于市场的发展，学生难以满足社会对人才的需求。

同时，高校的工程创新实践软硬件资源更新迭代速度普遍滞后于企业，且往往缺乏专业人员负责提供加工制造等服务，高校学生工程创新实践缺少产业资源支撑，在工程创新概念产出后，难以匹配相关资源进行快速有效的转化，导致创新成果大多流于概念，无疾而终。

鉴于上述问题，高校机械工程学科作为培养工程创新创业人才的主力军，必须不断强化创新人才培养理念，革新创新人才培养模式，与产业接轨，为社会输送高质量的复合型创新人才。

三 设计思维驱动工程创新人才培养

（一）工程创新人才培养模式包含的要素

工程创新人才培养是一个系统性的工程，涉及多个层面的要素。本文将工程创新人才培养模式所包含的内容从培养理念、课程体系、教学模式、实践平台四个层面进行论述，如图 2 所示。

首先，工程创新人才培养需要建立清晰的培养理念，明确培养对象的基本特

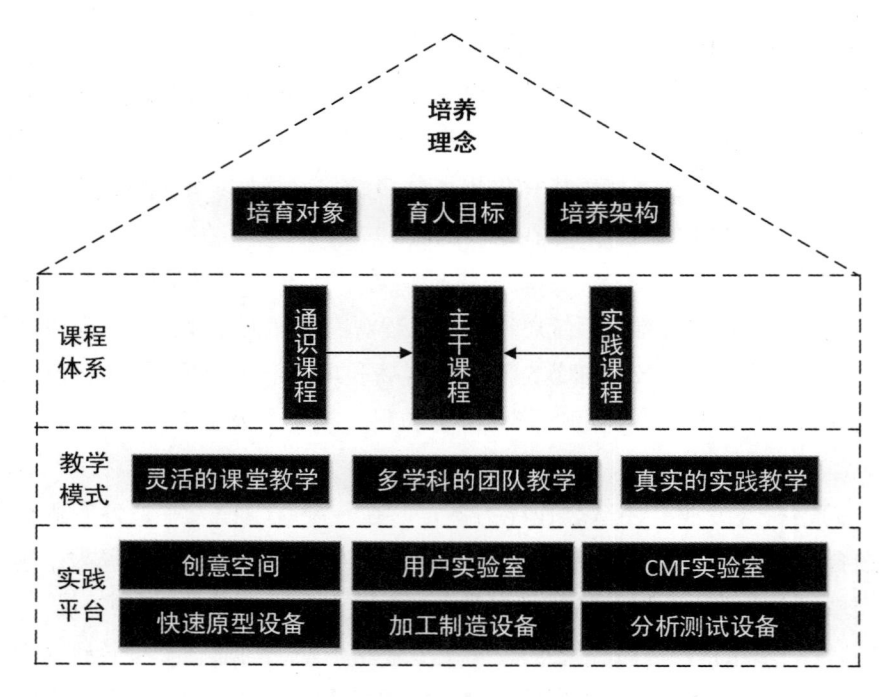

图 2　工程创新人才培养模式包含的要素

征和基本需求，并据此确定切实可行的培养目标，制定合理的培养架构。培养理念是工程创新的根本出发点。

其次，需要以培养理念为依据，制定科学的课程体系，循序渐进，兼顾深度和广度，筑造学生系统性的知识体系和实践方法体系，为工程创新打下坚实的基础。合理的课程体系是工程创新的知识和能力保障。

再次，工程创新需要突破传统的课堂教学，理论与实践密切结合；需要突破现有的专业限制，多学科交叉融合；需要突破教育与产业的壁垒，学生直面产业项目。丰富的教学模式是工程创新的动力来源。

最后，与理论创新、艺术创新不同，工程创新必须配备完善的实践平台，能够兼容并包多方校企资源，提供软硬件设备及实验空间，使得需求分析、原型制作、验证测试等工程创新所必需的环节得以实现。全方位的实践平台是工程创新的物质保障。

（二）设计思维与工程创新人才培养需求吻合

当今时代消费模式已经从稀缺消费、面子消费逐渐转变为品质消费、个性消费，设计在企业中的作用越来越重要，利用设计满足消费者潜在需求已经逐渐转变为企业运营的核心思想。①

复杂工程问题涉及多方面用户、工程技术等因素，各因素之间的相关利益不完全一致，必须运用多个学科的知识和方法，团队合作识别系统相关的各个因素才能解决。解决复杂工程问题实现的工程创新是包括技术创新、管理创新和理念创新的一种内在集成创新，必须面向市场和用户需求。

设计思维是一种以人为本的解决复杂问题的创新方法，它将技术可行性、商业策略与用户需求相匹配，具有综合处理能力的性质，能够理解问题产生的背景、能够催生洞察力及解决方法，并能够理性地分析和找出最合适的解决方案。② 设计思维作为一种创新探索的战略方法，整合协同资源综合处理问题，与机械类创新型人才培养需求高度吻合。

近年来，美国的 MIT 的 Media Lab、斯坦福大学的 D. School、加利福尼亚大学的 Jacobs 创新设计研究院等都以交叉学科实验室的形式，运用设计思维进行工程创新，设计学院甚至已经取代商学院成为新的热门学院，IBM 等企业也将设计思维提升到新的战略高度，广泛应用于战略制定和变革管理。③

（三）设计思维驱动工程创新人才培养模式改革

将设计思维贯穿于课程体系制定、教学实施、实践平台建设等多个层面，构建基于设计思维和 PBL 的机械类工程创新能力培养体系，实现机械类创新型工程人才培养，如图 3 所示。

以设计思维驱动工程创新人才培养的主要措施：

1. 构建全面的创新课程体系，培养发现问题和需求能力

以设计思维为驱动，多维度构建创新课程体系。在确定培养目标时融入创新能力目标，通过建设依次递进、有机衔接、科学合理的创新创业教育专门课程群，构建多层次、立体化的课程体系，通过创新通识课程、创新前沿讲座、创新方法课程、创新实践训练、个性化选修课程、创新创业微学分等多样化创新课程，为工程创新搭建知识储备。

破除学科专业壁垒，重构以设计思维为引领，以需求思维、系统思维为重点的创新人才培养体系，解决单一学科认知和资源局限性问题，发挥工业设计学科引导性、策略性、系统性的特性，整合新工科、新商科、新农科等新兴专业，将

---

① 朱龙、付道明：《设计思维：智能时代教师不可或缺的核心素养》，《电化教育研究》2022 年第 3 期。

② 王志玮、魏丽灿、廖烁颖等：《设计思维对大学生创新创业能力的影响研究——基于创造力自我效能感的中介机制》，《创新科技》2021 年第 4 期。

③ 束立茹：《新时代背景下设计思维驱动"双创"教育研究》，《创新创业理论研究与实践》2021 年第 4 期。

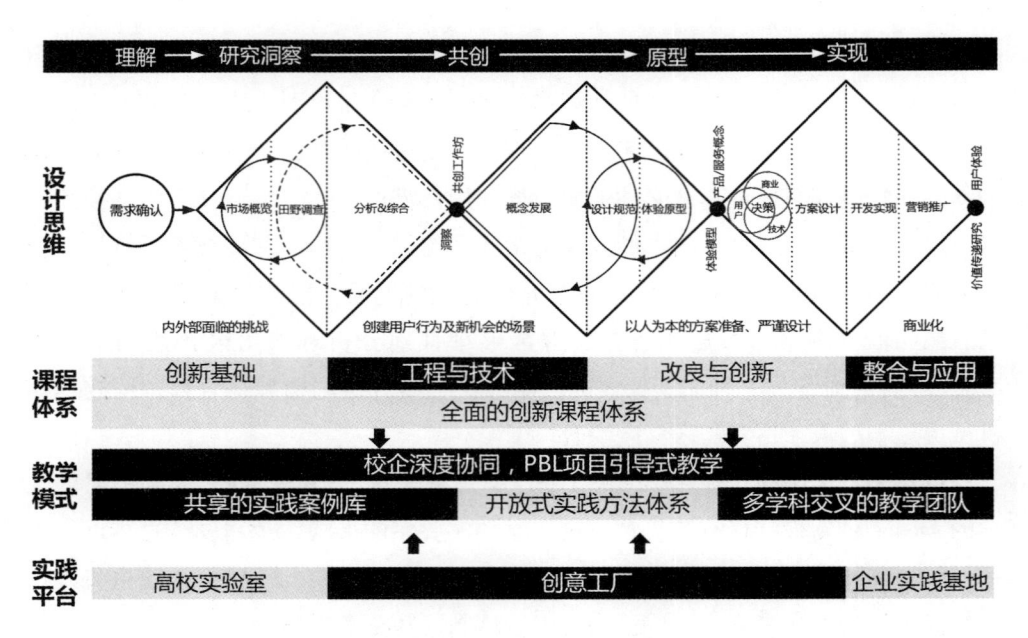

图 3　设计思维驱动工程创新人才培养模式

理念、思维、行动、实施等层面的人本、文化、艺术、技术、商业进行有效的融合，以"学中做、做中学"的理念，从工程创新的用户需求分析、功能定义、创意激发、原型测试等各个环节建立实践教学方法体系，对学生进行全面的培养。

2. 校企深度协同，解决产业链、教育链、创新链脱节的问题

建立全方位的校企合作模式，从人员、资源、业务等层面深度协同开展育人工作，以工程创新人才培养为目标，以 PBL 项目引导式教学为核心，以工程创新全过程为载体，校企深度合作，联合创新，推动产业、高校教育联动发展，将产业链、教育链、创新链进行深度有效融合。①

通过校企人员协同，强化产业需求导向的人才培养理念，通过校企资源协同，搭建跨学科立体化的工程实践平台，通过校企业务协同，实现优势互补共享共赢的合作模式。

依托校企合作机制，通过"引进来，送出去"的方式，可以实现对创新创业师资力量的全面拓展和强化。可以从企业引进创新导师团队，与高校教师一起组建学科交叉创新教学团队，全过程培养工程创新能力。要深入推进企业项目主管、产品经理和骨干设计师到校授课，坚持校内教师和企业项目人员联合指导学

---

① 徐新洲：《"三链融合"培养创新型和应用型人才研究》，《学校党建与思想教育》2021 年第 24 期；杨青、刘英、曹福亮：《新农科背景下工程创新人才培养的路径与启示——基于 N 大学工程创新人才培养的实践》，《高校教育管理》2021 年第 6 期。

生实践，确保创新方法的有效性和创新成果的可实施性。同时，要推行教师进企业工程实践制度，强化高校教师的工程实践能力。

将企业产品开发业务和高校的人才培养任务相结合，在课堂教学、实践教学、科技竞赛、实习实训等环节，引入企业从寻求机会到样机评估各个环节的业务需求和具体业务开展方式。坚持以企业实际产品研发需求为导向，设置课程教学内容和实践题目，强化学生工程创新的市场需求导向。

在得到创新设计方案雏形后，学生与企业人员组成创新孵化团队，综合商业模式、生产制造、用户反馈等多种因素进行方案快速迭代。通过反馈、测试和验证持续优化设计方案。同时，把控项目进度的管理以及整体项目的质量，利用企业资源实现创新产品开发和推广。整个过程中学生切身参与从创意发现到设计实现再到推广营销的产品全生命周期创新实践中，锻炼其创新思维，提高商业思维敏感度，培养能将市场和产品开发有机衔接起来的高阶人才。

同时，需要与产品设计、加工制造、材料成型、生产控制、商业运营等类型企业建立深度合作的实践基地，为学生创新实践提供技术指导和设施支持。学生才能真实接触现代产业环境，将创意逐渐转化为创业基础，使工程创新能够最大限度与产业吻合。

3. 多学科交叉开展 PBL 项目引导式教学，培养跨学科对话能力和系统运用知识解决复杂问题能力

引入企业实际项目，精心遴选、融合相关学科的知识进入教学内容，调整学科结构，优化多学科交叉布局，形成优势学科群，将设计、工程、人文、艺术、社会科学等进行结合，共同开展实战训练。

以学生为中心建立交叉团队，配备多学科师资和企业人员共同对学生创新实践进行指导，帮助学生建立多学科交叉意识和团队协作意识，养成在多学科空间观察、思考问题的习惯，形成系统观和大工程观。[①] 如图 4 所示。

面向市场和用户需求，学生在实践中从宏观到微观，从概念到技术实现最后到产品全面参与创新过程，深度融合用户需求、技术实施、商业模式等因素，着重培养学生系统性解决复杂工程问题能力。

4. 搭建多主体参与的实践平台，为快速原型和快速迭代提供支撑

工程创新需要良好的实践环境，需要高校、企业、风险投资机构等多主体共同参与，开展全方位的深入合作，集聚整合相关科研力量和创新资源，以平等互惠为原则，开展共同育人、合作研究、共建机构、共享资源等探索，构建创意、

[①] 尚丽平、何霖俐：《以学生为中心的"一轴三维四驱"个性化人才培养体系构建研究》，《西南科技大学学报》（哲学社会科学版）2021 年第 2 期；毛若、贾明岐：《"一带一路"战略环境下高职院校创新创业人才培养路径探索》，《西南科技大学学报》（哲学社会科学版）2018 年第 2 期。

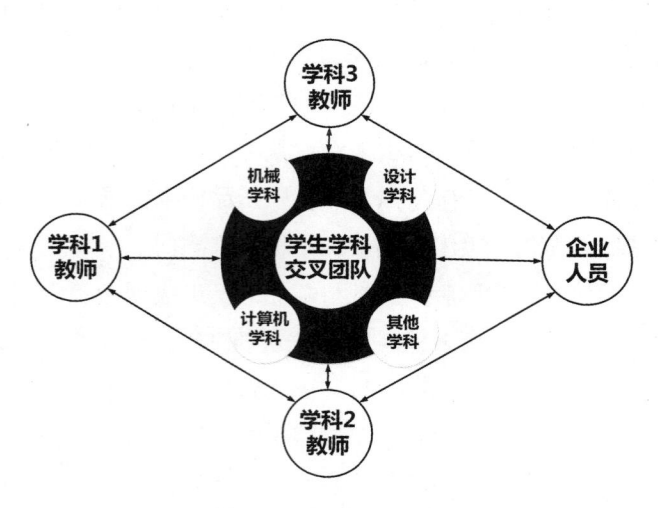

图4　多学科交叉教学

创新、创业一体化的工程人才培养平台，产、教、创三链深度融合，整合多方人力物力资源，充分发挥各自创意优势和资源优势，深入联合创新教育与实践，实现资源的快速有效配置，打造工程创新生态环境，[①] 如图5所示。

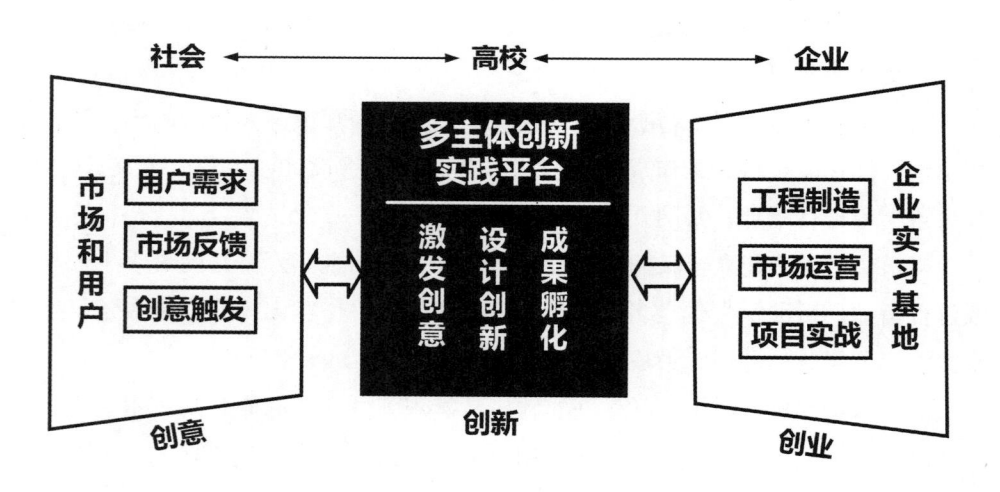

图5　多主体创新实践平台

依托创新实践平台，建立企业生产实践教学案例资源共享机制，根据教学的需求，将企业设计、加工制造、市场营销等各个环节的工程实践融入专业相关要素凝练成教学案例，理论与实践案例密切结合，加强教师和学生对企业生产实践

---

① 龙跃凌、李丽娟、朱江等：《以工程教育专业认证为导向的土木工程创新人才培养模式探索与实践》，《高教学刊》2021年第7期；陈志刚：《新工科理念下机械电子工程创新人才培养模式探索》，《大众科技》2021年第4期。

教学案例的认识和研究。

5. 建立科学的创新制度体系，保障创新实践可持续发展

在实践平台硬件建设的同时，需要建立有效的创新管理机制与之协调匹配，形成能够高效、合理支撑创新创业开展的制度体系，这样才能实现新工科创新创业实践平台的可持续发展。[①] 创新制度体系需要从创新激励和创新管理两个层面进行建设，如图 6 所示。

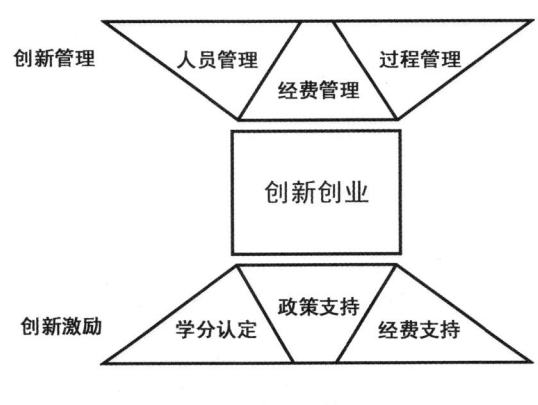

图 6　创新实践管理体系

在创新激励层面，要建立多层次的、能够有效激发学生创新积极性的政策制度。修订创新创业实践学分的认定管理办法，建立多元化的创新创业支持政策，保障创新创业实施，以此鼓励大学生投身创新创业；通过设立创新创业专项奖学金等措施，提供经费支持，奖励大学生创新创业，调动学生创新创业的积极性。

在创新管理体系层面同时，建立完善合理的创新管理制度，建立灵活高效的资金使用办法，在政策允许范围内为创新创业最大限度提供便利；对创新进行全过程的监管和指导，督促团队完成既定计划，并在必要时提供技术指引；对参与工程创新相关人员的专业资格、实践活动等进行管理和监督，规范创新过程。通过对人员、创新过程、经费使用等进行规范化管理，才能确保资源的有效利用和创意的有效转化。

四　设计思维驱动工程创新人才培养模式实践与成效

2012 年起西南科技大学与长虹创新中心等企业联合探索设计思维驱动的机

[①] 王银玲、尹显明：《多校协同双创人才培养研究与实践》，《西南科技大学学报》（哲学社会科学版）2021 年第 5 期；丁喜旺：《基于 K – means 聚类算法的高校创业教育创新探索》，《西南科技大学学报》（哲学社会科学版）2018 年第 4 期。

械类创新型工程人才培养模式，经过十余年实践，成效显著。

学生专业水平、工程实践能力和创新能力得到了极大提高，获得国家级科技竞赛奖项 50 余项，省级学科竞赛奖励 200 余项，创新创业项目 30 余项。众多毕业生进入长虹、宝马、重庆宇杰、上海乾易、北京洛可可等著名企业和设计公司以及京东、腾讯、新浪、南京帆软、成都简立方等互联网或电子商务企业，成为企业的中坚力量。从毕业生反馈机制和社会评价机制反馈的数据来看，学生的各项能力得到用人单位的高度认可。

通过实践，满足现代工程创新需求的双师型师资力量得到大幅提升，学院专业建设得到快速发展，机械设计制造及自动化专业顺利通过工程教育认证，并与工业工程、工业设计共三个专业入选国家级一流专业建设点。建设省级及以上专业平台 8 个，省级以上课程 6 门，其中国家级精品课程 1 门，国家级一流课程 1 门，出版省级以上重点教材、规划教材 8 部。

与产业界建立了紧密的合作，互利共赢。与四川长虹共建"国家级工业设计中心联合创新中心"，与上海乾易汽车技术服务有限公司共建"汽车设计人才联合培养基地"，与 UXPA 中国共建"用户体验设计人才联合实践基地"。加入中国用户体验联盟、中国工业设计协会设计教育分会等行业协会，多频次聘请行业专家到校为学生开展前沿讲座，确保工程创新与行业发展趋势高度一致。

孵化了熊猫机器人、智能缝制设备、儿童 3D 打印机、水泥 3D 打印机、头梳、蘑菇脆品牌及产品策略等多项创新成果，推动相关产业新产品、新服务、新系统的产业化进程迅速发展。

联结多方资源建立战略合作伙伴关系搭建了德诚创意工厂平台，制定了设计思维驱动的工程创新孵化流程。重点开展复合型创新人才培育、工程创新关键技术研究、产教融合校企合作、国际化研究团队建设等工作，建立了一批创新联合实验室、实训基地以及十余支学生创新团队，开展场景式教学，形成了"双师型"整合创新的一流团队，搭建了产学研融合创新的一流平台。以德诚创意工厂为桥梁，打通校企实践平台，通过整合技术、文化、商业模式、管理创新等，以工程创新带动人才培养制度改革和产业转型升级，将教育与产业进行紧密的连接。

该模式实现了校企优势互补和资源协调，是一个有机的工程创新人才培养体系，获得了 2021 年四川省高等教育教学成果二等奖，获得省级及以上教学研究项目 13 项，其中获得教育部第二批新工科研究与实践项目 1 项，四川省教学改革重大项目 2 项，有力地提升了专业建设水平。

五 结论

将设计思维应用于工程创新模式的改革和实践中，从课程体系、教学模式等层面进行全面的改革，并集结有效的多方力量共同建设全方位的创新实践平台软硬件环境，打通学科孤立边界，提升学科交叉融合，探索跨界培养，实现资源的快速有效配置，可以有效地提升工程创新人才培养质量，大幅度提高创新成果孵化进程，实现产业链、创新链、教育链的高度融合。

该模式可以破除学院与专业之间的壁垒，重构创新人才培养体系，破除高校与产业之间的壁垒，共建创新实践平台共同体，破除对未来的认知壁垒，适应和引领行业发展。企业、高校、学生三方共赢，对高校的工程创新人才培养具有良好的借鉴意义。

参考文献

冯天军、梁春岩、张云龙：《新工科背景下交通工程专业创新人才培养模式的研究与实践》，《高教学刊》2019年第24期。

张玲、何伟、林英撑等：《新工科建设和政产学研用协同育人模式的探索》，《大学教育》2020年第3期。

朱立达、巩亚东、于天彪：《新工科视域下机械类创新人才培养模式探索与思考》，《高教学刊》2020年第15期。

吴贤文、向延鸿、李佑稷等：《基于学科交叉融合的复合型创新人才协同培养模式探索》，《实验室研究与探索》2020年第10期。

仝月荣、陈江平、张执南等：《产教深度融合 协同探索面向新工科的创新人才培养模式——以上海交通大学学生创新中心为例》，《实验室研究与探索》2020年第11期。

郑雪晶、龙正伟、孙贺江：《新工科背景下智慧建筑能源与环境课程项目式教学设计与实践研究》，《高教学刊》2021年第7期。

卢晓红、刘海波、刘阔等：《新工科机电课程项目引导式改革必要性及改革方向》，《教育教学论坛》2019年第46期。

董发勤：《西部地方高校一流本科教育教学体系构建研究——以西南科技大学为例》，《西南科技大学学报》（哲学社会科学版）2021年第4期。

牛漫兰、李秀财、李振生等：《新时代地质拔尖创新人才培养模式的探索与实践》，《高教学刊》2020年第34期。

朱龙、付道明：《设计思维：智能时代教师不可或缺的核心素养》，《电化教育研究》2022年第3期。

王志玮、魏丽灿、廖烁颖等：《设计思维对大学生创新创业能力的影响研究——基于创造力自我效能感的中介机制》，《创新科技》2021年第4期。

束立茹：《新时代背景下设计思维驱动"双创"教育研究》，《创新创业理论研究与实践》2021年第4期。

徐新洲：《"三链融合"培养创新型和应用型人才研究》，《学校党建与思想教育》2021年第24期。

杨青、刘英、曹福亮：《新农科背景下工程创新人才培养的路径与启示——基于N大学工程创新人才培养的实践》，《高校教育管理》2021年第6期。

尚丽平、何霖俐：《以学生为中心的"一轴三维四驱"个性化人才培养体系构建研究》，《西南科技大学学报》（哲学社会科学版）2021年第2期。

毛若、贾明岖：《"一带一路"战略环境下高职院校创新创业人才培养路径探索》，《西南科技大学学报》（哲学社会科学版）2018年第2期。

龙跃凌、李丽娟、朱江等：《以工程教育专业认证为导向的土木工程创新人才培养模式探索与实践》，《高教学刊》2021年第7期。

陈志刚：《新工科理念下机械电子工程创新人才培养模式探索》，《大众科技》2021年第4期。

王银玲、尹显明：《多校协同双创人才培养研究与实践》，《西南科技大学学报》（哲学社会科学版）2021年第5期。

丁喜旺：《基于K－means聚类算法的高校创业教育创新探索》，《西南科技大学学报》（哲学社会科学版）2018年第4期。

借鉴工科教育理念，构建多层次、全过程实践教学体系

王朝全* 段 杨 张 勇 吴劲松

摘 要： 在高等教育向注重"通才教育"与"专才教育"融合并重的现代教育模式转变的今天，借鉴工科教育理念，构建多层次、全过程的经济管理学科实践教学体系，有助于实现经济管理学科教育由"精英教育"向"大众教育"的转变和以能力培养为核心的实践教学观念。

关键词： 工科教育；实践教学体系

经济全球化和教育国际化浪潮，促使人类社会正在步入以知识的生产扩散和应用为基础的经济时代，促使高等教育向注重"通才教育"与"专才教育"融合并重的现代教育模式发展，以培养学生的科学态度、创新精神和实践能力为重点。经济管理学科作为培养社会科学专门人才的学科，同样也感受到了这种挑战，突出表现在社会对纯粹理论研究型人才需求的减少和对应用型人才需求的大幅度增加。借鉴工科教育理念，构建多层次、全过程的经济管理学科实践教学体系，有助于改革长期以来我国经济与管理学科高等教育和科研的传统观念和思维定式；有助于实现经济管理学科教育由"精英教育"向"大众教育"的转变；有助于实施"以人为本，注重实践，多层次建设，合作共建，服务社会，改革创新，培养高素质应用创新型人才"的教育理念和以能力培养为核心的实践教学观念。

一 借鉴工科教育理念的现实意义

站在经济管理学科的立场上，我们认为所谓工科教育理念，应突出表现在体

---

* 王朝全（1959— ），西南科技大学经济管理学院教授，博士，研究方向为政府经济学。

系化的课程体系、平台化的软硬件支撑条件和开放性的教学过程三个方面：

（一）系统化

应依据各专业培养方案的要求，构建科学的实践教学课程体系，包括修订完整的实验和实习教学大纲，更新实验和实习内容，设置综合性实验和研究性实验，加强基础课实践教学和专业课实践教学密切联系，等等，在系统化的课程体系的基础上再来设计系统化的实验实习硬件体系建设方案，这样可以彻底改变以往先建设实验室然后再确定课程的传统做法，有力地提高学生的综合素质与创新能力。

（二）平台化

以学科大类为平台建设平台课，充分利用师资力量对学生增加通识教育；在实验室体系建设中，以中央控制室为中心，各专业实验室相对集中、形成规模、便于管理，提高效益，最大限度地实行人、财、物的统一管理和共享，实现实验室效益高、完好率高的运行方式；实践基地方面，则把不同专业的相同课程或同一专业的不同课程通过课程平台或专业平台结合在一起来实现平台化。

（三）开放性

通过严格执行实验现场督导流程和开放实验进度流程，以规范化的管理以及完善的激励和评价机制作为基础实验教学开放的保障，按基础实验范例——部分实验内容开放——设计实现过程全面开放的循序渐进过程，基本实现以学生为本的开放教学内容设计，能对学生进行个性化的指导和多角度的实践能力评价，使基础实验教学的开放得以顺利实现。

西南科技大学是一所以工科为主的多科性大学，经过长期的积淀和近期的跨越，工科教育获得了快速的发展，形成了鲜明的办学特色，那就是坚持共建与区域产学研联合办学体制，实现学校跨越式发展；其先进的工科教育理念可以简单概括为"求实、动手、创新"，它是通过一系列实验、实习、设计等工程训练去体现、去完成的。而经济管理学科也需要处理大量社会经济实务问题，有些甚至是十分复杂的社会系统工程问题，如企业财务管理、国际贸易实务、国际金融问题等，对从业人员在求实、动手、创新等方面的能力具有很高的要求。因此，西南科技大学经济管理学科完全有理由借鉴工科教育理念，构建完善的经济管理学科实践教学体系，培养社会需要的应用型经济管理人才。事实上，学校通过"经济管理综合品牌实践基地""京东实习基地"以及"中央与地方共建经济管理基础实验室"的持续建设，确已形成了多层次、全过程的实践教学体系，为学生的实验实习创造了良好的条件。

二 多层次、全过程经济管理学科实践教学体系的构成

借鉴工科教育理念，结合学校经济管理学科的建设实际，我们提出了经济管理学科实践教学体系构建的思路，那就是：多层次、全过程经济管理学科实践教学体系。所谓"多层次"，即从实训、实验、实习、社会实践各个角度提供实践平台，来提供从基础的手工实验到前沿的研究型实验、从基础的认识实习到高级的社会实践、从各种证书培训到各类全国性大赛等各种层次的实践教学手段，来满足从本科生到研究生的不同层次的实践需求；所谓"全过程"，即在专业培养方案中就设计出从新生进校直到毕业离校全程贯通的实践课程和项目，具体为：一年级主要在学校工厂、工程实践中心进行工程训练、生产过程认知训练；二、三年级主要在各专业实验室、商务实习中心进行专业知识及集成训练；四年级则主要在学生创业超市、京东实习基地、各校外实习基地进行创业能力训练。

而要实施这一体系的建设，需要同时建设完善的实践教学硬件体系、先进的实践教学软件体系、知行统一的教学队伍，其中，实践教学软件体系是中心，它包含实践课程体系和实践教学管理体系两个部分，并通过这两个部分分别与实践教学队伍和实践教学硬件体系相关联，它们之间的关系如图1所示。

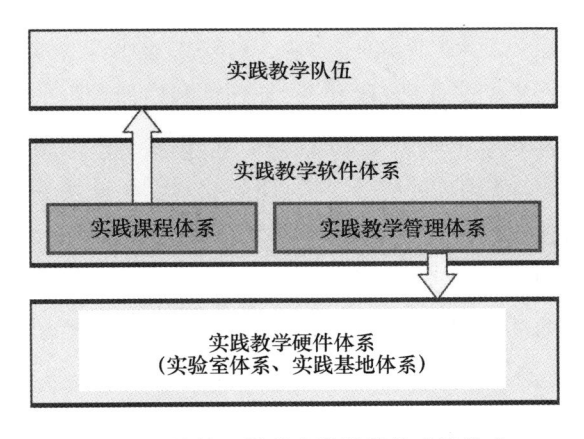

图1 经济管理学科实践教学体系的构成

（一）构建完善的实践教学硬件体系

实践教学硬件体系由实验室体系和实践教学基地体系组成，它们相辅相成，共同构成了高校实践教学体系的硬件支撑平台，为实践教学的软件体系（实践课程体系、实践教学管理体系）提供了一个物质载体，为实践教学队伍提供一个发挥职能的场所。实践教学硬件体系与培养方案中的课程体系的关系如图2所示。

```
各专业的创新            各专业特色选修课程            分专业在学生创业
性实验          ↕                    ↕     超市、校外实习基地
                                            进行创业能力训练
以学科平台课                                按学科在商务实习
为主的专业基   ↕    各一级学科核心课程   ↕   中心和校内其他示
础性实验                                    范中心进行专业知
                                            识及集成训练
以计算机应用        经济  计算机  管理      在学校工厂、工程实
为主的基础性   ↕    ─────────────────  ↕   践中心进行工程训
实验                经济管理学科门类基础课   练、生产过程认知
                                            训练

  实验室          各专业培养方案中的课程体系      实践基地
```

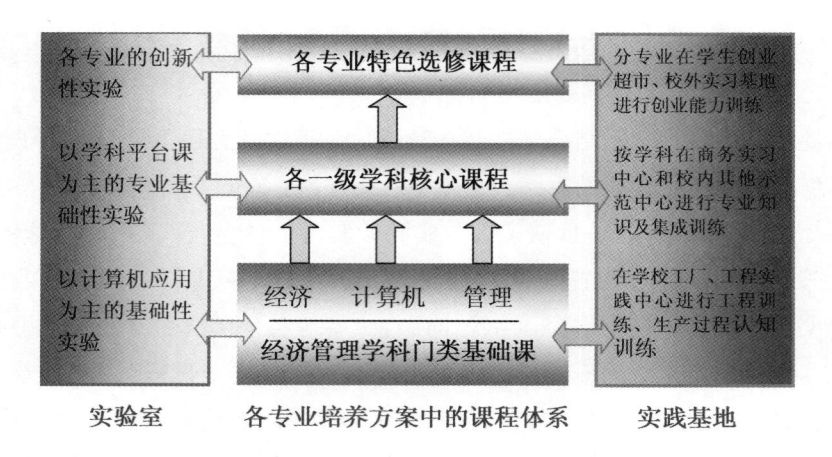

图2 经济管理学科实践教学硬件体系与课程体系的关系

其中，实验室是高校直接从事实验教学的专门场所，它是培养学生验证所学知识、训练应用能力和操作技能的重要教学环节，在这里主要通过建立中央与高校共建的"经济管理学科基础实验室"建设项目来实现。

实践教学基地建设是高校和企业在战略层面的合作，是一种高校、企业、学生"三赢"的合作模式：从企业的角度而言，能充分利用高校从事高等教育的优势和培养应用型人才资源，为企业培养并输送专业人才，是企业进行现代人力资源管理的有效途径；从高校的角度而言，高校人才培养的根本目的就是要培养应用型人才，而实践教学是实践理论、验证理论和发展理论的关键，通过实践基地的方式，可以充分利用企业在行业的优势，根据企业需要对现行的理论教学体系与当前企业实际需求提出建设性意见，使高校对学生的培养体制紧密地与市场结合，使培养的人才更有针对性和实用性；从学生的角度而言，在校学习期间，就有充分的机会实现理论与实践、学校与社会的完美结合，学生可以在学中做、做中学，锻炼学生的动手能力，增强学生的竞争力。实践教学基地的总体逻辑结构如图3所示。

（二）构建先进的实践教学软件体系

实践教学软件体系由实践课程体系、实践教学管理体系构成，其中，课程体系是核心，它直接决定了培养的人才是否符合"厚基础、宽口径"的培养目标；教学管理体系则是为保证培养目标得以实现而对培养过程提出的一系列规范和措施。

在实践课程体系的构建方面，主要依据学校培养应用型人才的总体目标，再根据专业具体的人才培养目标、培养规格和专业技能规范的要求，按照学生的认知规律，将整个实践课程体系分为实训、实验、实习、毕业设计（论文）四个

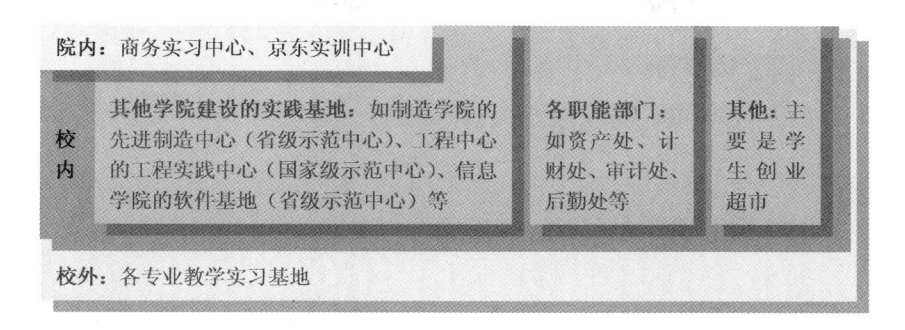

院内：商务实习中心、京东实训中心		
校内 其他学院建设的实践基地：如制造学院的先进制造中心（省级示范中心）、工程中心的工程实践中心（国家级示范中心）、信息学院的软件基地（省级示范中心）等	各职能部门：如资产处、计财处、审计处、后勤处等	其他：主要是学生创业超市
校外：各专业教学实习基地		

图3　经济管理学科实践教学基地的逻辑结构

部分，在设计课程体系时要特别注意连续性与层次性的统一，它们之间应具有如图4所示的逻辑关系：

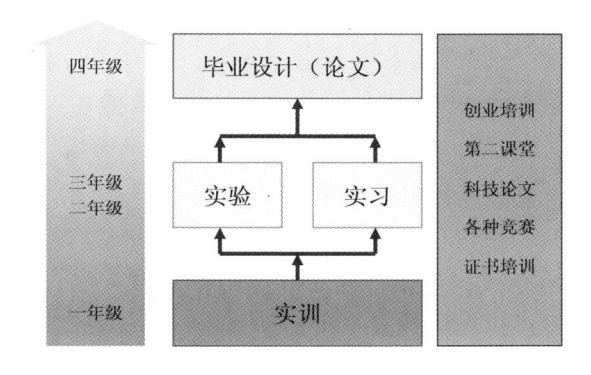

图4　经济管理学科实践教学课程体系的逻辑结构

其中实训是最基础的，它又分为基本技能训练、专业技能训练两个方面，主要安排在一年级完成，部分专业实训可再延伸到二、三年级；实验分为验证性、综合性、研究性实验三类，主要在二、三年级完成，部分实验课可下延到一年级下学期和四年级上学期；实习分为专业实习、综合实习、创新性实习三类，主要安排在二、三年级，部分与毕业实习相关的内容则可延伸到四年级；最后是综合学生所学全部知识的毕业设计（论文）这个实践教学环节。这样就组成了一个贯穿学生学习全过程的实践教学体系，并将其渗透到各专业的培养方案中，使得实践教学内容既能前后衔接、循序渐进，又能层次分明。

（三）打造一支知行统一的教学队伍

按照"规模、结构、质量、效益协调发展"的原则，以继续推进实验教学团队建设为主线，进一步优化教师队伍的年龄结构、学历结构、职称结构和学科专业结构，加速形成一支观念新、素质高、能力强，以中青年为主体的实践教学第一线骨干教师队伍。具体地说，就是要形成一支以高水平教授负责和牵头，实行专兼职教师、专职实验技术人员、实验管理人员结合，固定人员与流动人员结合的团结协作、勇于创新的实验队伍，重点培养中青年实验骨干，使他们成为实践教学岗位上的骨干人才。只有核心骨干相对稳定、有梯队、有层次、结构合理、爱岗敬业，才能保证实践教学专业水平高、培养措施得力、效果显著，才能保证实践教学与理论教学互通相融，与科研和应用紧密结合。

除了实践教学队伍本身的高素质以外，还要提升这支队伍的实践教学方法的训练，因为实践教学方法也起着很重要的作用，在实践教学中要突出四个注重，即注重建立先进的教育理念和培养高素质人才的教学指导思想；注重理论教学与实践教学统筹协调的关系，将理论教学与实践教学有机结合；注重对学生探索精神、科学思维、创新意识的培养；注重对学生实践能力和个性智慧潜能的开发。

三 多层次、全过程经济管理学科实践教学体系的特点

（一）树立了理论教学和实践教学并重的全新教育理念

长期以来经济管理学科、专业对人才的培养主要是通过理论教学，只有部分管理工程类专业如信息管理、电子商务等有一些实验课程，但也只是作为理论教学的补充而存在，实验室都被认为是"教辅部门"，分散从属于各专业教研室，实践基地更是一片空白。通过多层次、全过程经济管理学科实践教学体系的建设，学校把经济管理学科传统的单向的、灌输式教学方式，改变为双向的、教师与学生间能形成互动和沟通的实践教学方式，用一个完整的实践课程体系，培训学生动态地、系统地发现和解决实际问题，从而提高学生经营管理的素质与能力，对提升学校经济管理类专业的教育质量有着重要意义。

（二）实现了院内外教学资源共享

这是最能体现学校经济管理学科实践教学体系的"工科背景、经管特色"的地方。长期以来，除了体现通识教育的计算机基础课程外，经济管理类专业对于学校其他工科院系长期积累的师资和设施从未加以利用。本项目着力打破这一格局，即利用学校其他工科院系、教学科研部门优势的实践条件（如学校实习工厂、工程训练中心、水处理厂、学生创业超市）结合经济管理学院以经济管理类实验教学为主的实践条件（如各专业实验室、商务实习中心等），培养全校各专业学生的实际动手能力，这既达到了提高学生综合素质的目标，也使全校的教学资源得到了充分的利用。

（三）体现了共建与区域产学研联合的办学方针

产学互动、联合办学，这是学校的一贯方针，在学院的经济管理学科实践教学体系建设中也得到了很好的体现，我们充分利用地处中国科技城绵阳这个先天优势，将各种校外实习基地、联合办学董事单位的资源为我们的学科实践教学服务，同时也为它们提供合格的人才。近几年来，学院通过各种渠道，在省内各地先后建立了十余个实习基地，每个本科专业都建有校外实践教学基地，与京东成都公司建立了共建实验室，为培养学生认识社会、运用知识及创新能力都发挥了积极作用。

参考文献

杨丽萍、毛金波：《高等院校经济管理实验教学内容整合问题探讨》，《武汉大学学报》（哲学社会科学版）2007年第5期。

王黎：《关于构建高校经济管理类实验平台的探讨》，《成都大学学报》（社科版）2006年第1期。

面向经管类应用型人才培养的案例生态体系构建

张 华[*]

成果简介：本文以经管类应用型人才培养为研究对象，通过案例教学、案例开发、案例研究和案例大赛，形成四方协同的案例生态体系，解决了教学管理、教学资源、教学过程、教学实践等方面的问题，实现学生在知识、能力和素质三方面应用型人才培养的模式构建。

关键词：经管类应用型人才；案例生态体系；人才培养

《国家中长期教育改革和发展规划纲要（2010—2020）》《国家中长期人才发展规划纲要（2010—2020）》均提到，"要加大、加强实践操作技能型人才培养的幅度和力度，致力于打造适应经济社会发展需要的高质量专业技术人才，并进一步满足就业市场对人才的需求"，应用型人才培养已经上升到了国家战略层面，是伴随着社会发展与人的个性发展而产生的。

一 以案例教学为基础，共享校内外及课内外资源，探索线上线下联合授课新途径

加大企业参与教育过程的力度，向企业征求培养方案修订意见，邀请优秀企业家开设导论课和讲座，参与课程实践指导，让企业成为课堂教学空间之一。2020年新冠肺炎疫情期间，这种人才培养模式发挥了显著作用。疫情期间，面向经管学院3000多名本科生，开展了"案例企业家走进空中课堂"的系列课程，

---

[*] 张华（1970— ），博士，教授，主要研究方向为企业理论与实践、区域经济。

形成读案例、思案例、讲案例、听分享的教学流程。"企业家走进空中课堂"实现4门工商管理核心课程、3000多名本科生的全覆盖，主要是为了解决疫情期间，学生只能通过屏幕学习知识可能导致的倦怠、无兴趣和精力难以集中等痛点问题。结合学院案例优势，通过精致的教学过程设计和教学组织，让案例企业的企业高管共同参与，让纸质案例中的主人翁重现"屏幕"，与学生互动，讨论案例中的问题，实现时空融合，从实践中进一步学习和了解课程知识。2020年4月，作为"疫情育人"的亮点工作在西南科技大学在线教学交流会议上向全校师生做经验分享。

图1　企业家走进空中课堂

二　以案例开发为手段，以知行耦合为导向，实施了国内国际合作、跨学校合作、学科交叉、校企协同、多方共赢的人才培养新模式

（一）九大步骤、五方协同实现知行合一

2019年经管学院共立项16项，2020年共立项26项案例开发项目，每年建立20余个本科生及研究生案例开发团队，通过案例开发工作推动形成了实践实习基地联系案例企业—广泛查询资料了解企业—多次深度访谈企业—撰写原创案例—团队内部研讨案例—与企业家沟通案例—在课堂上体验案例教学—企业家复盘案例实践等8个步骤，一方面显著地提升了学生参与实践的积极性和创造性，另一方面激发了教师丰富教学素材的积极性，实现实习基地与学校和学院良好的"校企合作"关系，有利于更多原创型教学成果以及教学素材的积累，解决了经管类教师理论与实践联系不够紧密的问题。

（二）以案为学，实现跨学科融合互助

2020年7月3日，基于经管学院案例成果在全国的影响力，由学校研究生院牵头，由经管学院案例教师担任指导者，与材料学院、土建学院、制造学院、计算机学院等多个学院工程类立项老师形成"一帮一"的辅导机制，在西南科技大学内实现学科交叉的教育教学新模式。

图2　经管学院开展工程类案例"一帮一"辅导

图3　西南科技大学与复旦大学跨校案例合作

（三）以案为学，实现跨地域融合共创

国内外合作、跨学校合作实现多项突破：2018—2020年，经管学院持续与新加坡管理大学、复旦大学、中国人民大学、北京航空航天大学进行跨学校案例合作，共同开发原创案例成果丰硕，1篇（ABC系列案例）入选哈佛案例库、1项获得教育部学位与研究生教育中心2020年主题案例征集立项，1篇获得清华大学第二届"卓越开发者"大赛二等奖。

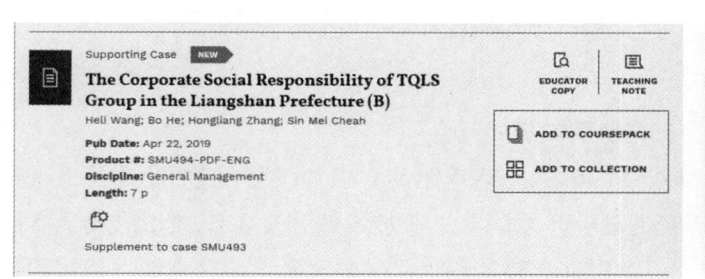

图4　与国外大学合作的获奖案例

三 以案例研究为触发点，在人才培养方面实现本硕联动培养，成果显著

学院鼓励教师和学生构建的以教师为主导，学术研究生、专业硕士研究生和本科生以及实践基地五方联动的案例开发团队，通过深入走访企业收集信息和系统的理论梳理和筛选，尤其是三方学生群体的相互学习和影响，开发出多个高水平原创案例。

有多名本科生在本科期间跟随案例团队开发的案例获得全国百优，并参与教育部视频案例拍摄。如：2015年全国百优案例《S公司研发人员绩效管理的体系》的第三作者张梦瑶为2012级物流管理大四本科生；2016年全国百优案例《步步为营，终至千里——一点味公司突破瓶颈之路》的第三作者陈晨为2012级电子商务大四本科生；2016年全国百优案例《秦智虞愚，以人为大——铁骑力士集团的人才生态系统"活化"之道》中的第三作者张静为2013级工商管理大四本科生。同时，多名研究生和MBA学生也参与了开发，如2018年百优案例《博观而约取，厚积而薄发——龙华"差异化"发展之路》中的第二、三、四作者李海红、蔡文彬、向海燕等是研三、研二学生，以及第五作者胡敏为MBA学生。2018年百优案例《"1到100，还是100到1"——圣迪乐村品牌鸡蛋的产品策略》的第五作者是工商管理2018级研究生李叶子。

学生参与案例建设，实现所学理论与实践的密切结合，并用于毕业论文的撰写，取得了优异成绩。如：2012级电子商务本科生陈晨、2013级工商管理本科生张静结合两个案例企业调研，撰写的案例获得"全国百优案例"，同时将所学和所用转换为本科毕业论文《铁骑力士集团生猪业务的平台战略研究》和《基于用户需求的M公司APP信息结构设计》，均获得优秀本科毕业论文。

同时，案例建设促进学生对科研的理解和深入，工商管理研究生袁悦大学期间跟随导师开发案例，所开发的案例《"铸"人为乐——铁骑力士集团"学习型组织"的构建》入库中国管理案例共享中心，2016年在CSSCI扩展版《管理案例研究与评论》上发表案例研究论文《组织系统变革视角下企业大学的演化模式——以骑士商学院为例》，研究生期间所撰写的科研论文发表在《南开管理评论》，2018年9月正式入学清华大学，攻读博士研究生学位。

图 4　教师发表的案例论文　　　　图 5　研究生案例研究毕业论文

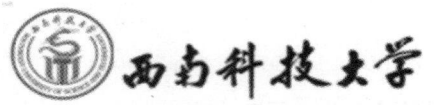

图 6　本科生案例研究毕业论文（被评为优秀毕业论文）

四 以案例大赛为抓手，与案例企业密切合作，积极将不同案例比赛模式、不同时空模式的多元化比赛引入课堂

将主动设计与课程对应的案例比赛作为课程组成成分之一。经管类人才培养的核心依旧是能力的培养，比赛是内化课程知识、激发学生活力、培养学生能力的有效途径。案例比赛丰富了学生的第二课堂，有效解决了第一课堂和第二课堂结合不紧密的问题。通过组织本科生的案例大赛和研究生的案例大赛，让案例企业家做案例的评委，让不同层次的学生能就同一个案例企业的问题展开讨论，为不同类型的学生提供"做中学、学中做"的学习平台和机会，让学生在第二课堂的实践中充分发挥特长学以致用。

图7　案例大赛

图8　第七届全国管理案例精英赛全国总决赛

通过持续的努力，西南科大 MBA 终是乘风破浪，蛟龙出海。"案例"成为西南科大 MBA 的代名词，以"案"促教，以"案"促学，也成为西南科大 MBA 教育项目的鲜明特色。2021 年 7 月 17 日，由全国工商管理专业学位研究生教育指导委员会、中国管理案例共享中心、中国管理现代化研究会、管理案例研究专

业委员会联合主办，西南科技大学承办的2021第八届全国管理案例精英赛"龙华"西部二区晋级赛在西南科技大学MBA报告厅成功举办。此次大赛为期两天，是历届大赛中参赛队伍最多，也是耗时最长的片区赛，[①] 两天时间就案例"高质量增长：安踏集团的世界级多品牌之路""从'静乐琼楼'到'安营颐养'静安健康养老产业的战略转型与发展之路"进行比拼。在四川大学、重庆大学等强敌环绕的情况下，西南科技大学派出"觉醒新时代队"以及"拍案叫绝队"两支MBA队伍参赛，分别获得西部二区冠军与亚军的好成绩，指导老师杨翠兰、蒋葵获得"最佳教练"荣誉称号，张露潆同学获得"最有价值队员"荣誉称号。在激烈的竞争下，MBA"觉醒新时代队"顺利晋级，西南科大再次角逐全国总决赛。如图9所示。

图9 第八届全国管理案例精英赛西部二区赛现场

"西南科大承办的西部二区晋级赛是所有赛区当中，会务筹备最充分最用心，细节工作最具体最到位，效果呈现也是最好最精彩的赛区。"案例大赛结束后，王萍老师给予了高度的评价。

总体而言，通过案例开发、案例研究、案例教学以及案例大赛四方立体协同的复合型人才培养模式，紧密地将教师、本科生、研究生以及MBA学生有效地连接在一起，通本案例培养模式，受益师生千余人，有效地提升了学生在知识、能力以及素质方面的积累，进而为社会输出了更多高质量的应用型人才。本成果在校外的应用也取得了不错的成果，为提升教师和学生的案例开发、研究和教学以及大赛的水平做出了实质性贡献。受益师生人数达到了10000余人。也为其他高校高质量应用型人才的输出做出了贡献，增加了西南科技大学的办学影响力。

[①] 来自四川大学、重庆大学、西南大学、云南大学、广西大学、海南大学、贵州大学、重庆工商大学、西南科技大学、重庆理工大学、桂林理工大学、昆明理工大学、云南师范大学、重庆师范大学共14所院校23支参赛队伍。

参考文献

周宁：《北航 MBA 教育探索"一案两实"新模式》，2016 年 5 月 9 日，http：//sem.buaa.edu.cn/info/1008/8032.html。

苏敬勤：《大连理工大学》，《案例学的构建——框架发现逻辑与教研融合》，2021 年 6 月 9 日，https：//mp.weixin.qq.com/s/ToP_JlHiXRTP38McHIHtAw。

附录

表1　　　　　　　西南科技大学案例大事记（2011—2021）

时间	案例大事记
2011 年 4 月	第一批案例立项，共立项 6 项，之后每年立项 15—20 项（MBA 和 MF），至 2021 年共立项 135 项
2012 年 9 月	1 篇案例获得第三届"全国百篇优秀案例"
2013 年 4 月	1 篇商业案例发表在《商业评论》
2013 年 9 月	1 篇案例获得第四届"全国百篇优秀案例"
2014 年 9 月	1 篇与其他学校合作案例获得第五届"全国百篇优秀案例"
2015 年 7 月	第三届全国管理案例精英赛西部一区最佳新锐奖
2015 年 9 月	1 篇案例获得第六届"全国百篇优秀案例"
2015 年 10 月	15 篇案例入库管理案例共享中心
2016 年 4 月	主办西部案例师资培训会
2016 年 4 月	案例中心正式成立
2016 年 7 月	第四届全国管理案例精英赛西部一区最佳新锐奖
2016 年 9 月	2 篇案例获得第七届"全国百篇优秀案例"，获得"最佳组织奖"
2016 年 10 月	建立院内案例库，案例中心制定案例立项、中期检查、结题等各项制度
2016 年 12 月	获得教育部学位与研究生发展中心首批视频案例立项，2018 年结题
2016 年 12 月	案例研究论文发表在《管理案例研究与评论》
2017 年 7 月	第五届全国管理案例精英赛西部一区最佳新锐奖和最佳风采奖
2017 年 8 月	1 篇案例获得第三届全国金融硕士教学案例大赛
2017 年 9 月	MBA 新增"综合案例实训"和"案例型毕业论文工作坊"两门选修课程
2017 年 9 月	2 篇案例获得第八届"全国百篇优秀案例"，获得"最佳组织奖"
2017 年 9 月	全国 MBA 培养院校管理学院院长联席会议上，原教育部副部长、现国家自然科学基金委员会管理科学部主任、MBA 专业教育指导委员会主任委员吴启迪点名表扬西南科技大学在西部高校案例建设工作中取得的优异成绩
2017 年 12 月	案例成果获西南科技大学第五届优秀教学成果二等奖
2018 年 7 月	第六届全国管理案例精英赛西部二区亚军，最有价值队员奖，最佳教练奖
2018 年 9 月	5 篇案例获得第九届"全国百篇优秀案例"和"最佳组织奖"

续表

时间	案例大事记
2018 年 12 月	4 篇案例获得清华大学首届"卓越开发者"大赛三等奖
2018 年 12 月	2 篇案例入选"中国工商管理国际案例库"
2019 年 4 月	1 篇案例入选哈佛案例库
2019 年 4 月	1 篇案例研究论文获第十届中国管理案例学术年会优秀博士生论文
2019 年 5 月	获得"全国百篇优秀案例"重点项目立项 1 项
2019 年 7 月	第七届全国管理案例精英赛西部二区亚军、季军
2019 年 8 月	2 篇案例入选第五届全国金融硕士教学案例大赛优秀案例
2019 年 9 月	4 篇案例获得第八届"全国百篇优秀案例",获得"最佳组织奖"
2019 年 9 月	第七届全国管理案例精英赛全国季军
2019 年 10 月	1 项视频案例成果入选教育部学位与研究生教育发展中心案例库
2019 年 12 月	1 篇案例获得清华大学第二届"卓越开发者"大赛二等奖
2019 年 12 月	同时获得教育部学位中心优秀案例教师及视频案例两项立项,全国唯一高校
2019 年 12 月	案例成果获西南科技大学第六届优秀教学成果二等奖
2020 年 2 月	案例研究论文发表在《管理案例研究与评论》
2020 年 3 月	案例企业家走进"空中课堂"
2020 年 9 月	2 篇案例获得第八届"全国百篇优秀案例",获得"最佳组织奖"
2020 年 9 月	3 篇案例入选第六届全国金融硕士教学案例大赛优秀案例
2020 年 9 月	开展学校"工程类"案例开发的"一帮一"活动
2020 年 12 月	1 篇案例获得清华大学第三届"卓越开发者"大赛二等奖
2020 年 12 月	3 篇案例获得 2020 年中国工商管理案例中心案例库下载 TOP10
2020 年 12 月	1 项案例成果获西南科技大学第七届优秀教学成果二等奖
2021 年 1 月	1 篇商业案例发表在《商业评论》作为封面案例
2021 年 5 月	1 篇案例获得第一届中国特色社会主义理论与中国管理实践相结合的案例三等奖
2021 年 7 月	1 篇案例研究论文获第九届中国管理学者交流营博士生工作坊优秀论文二等奖
2021 年 7 月	主办第八届全国管理案例精英赛西部二区片区赛,并获得片区赛冠军和亚军、最有价值队员奖、最佳教练奖,进入全国总决赛
2021 年 7 月	1 篇学位论文入选全国"第七届全国优秀金融硕士学位论文"
2021 年 8 月	1 篇案例入选第七届全国金融硕士教学案例大赛优秀案例
2021 年 8 月	共入选中国管理案例共享中心案例 62 篇,入选清华大学中国工商管理案例库 26 篇,入选中欧商学院工商管理案例国际案例库 3 篇
2021 年 8 月	案例开发与建设经验在全国 32 所学校分享

拉美复合型创新人才培养模式研究与实践

范 波[*] 苟淑英[**]

摘　要： 当前，中拉关系进入了全面发展的阶段，中拉合作领域不断扩宽和加深。为推动"一带一路"倡议在拉美落地，共建人类命运共同体，国家迫切需要大批"具有国际视野、通晓国际规则、能够参与国际事务与国际竞争的国际化人才"。然而，由于培养模式和手段单一、学科闭塞、师资队伍匮乏，使得我国面向拉美的复合型人才严重缺乏，难以满足中拉关系快速发展对人才的需求。为解决国家对拉美复合型人才的需求与当前人才培养不足之间的矛盾，西南科技大学整合校内外资源，打破学科壁垒，大胆进行创新人才培养模式的实践探索。实践中，不断总结和完善人才培养方案，以期为我国高校进行复合型创新人才的培养做一次有益的探索。

关键词： 拉美；复合型人才；创新；培养模式

2018 年，中拉贸易额首次突破 3000 亿美元。中国稳居拉美和加勒比地区第二贸易伙伴国地位，拉美地区已成为全球对华出口增长最快的地区之一。2014 年 7 月 17 日，习近平主席在巴西利亚出席中国—拉美加勒比国家领导人会晤时提出中拉携手共建命运共同体的理念。拉美—加勒比地区 33 个国家中已有 19 国与我国签署合作共建"一带一路"谅解备忘录，包括几个地区大国在内的其他国家也在以实际行动表现出参与共建的积极意愿，涵盖了整个地区的大部分地域，这为该地区的互联互通建设提供了广阔的平台。习近平主席近四年来四次访问拉美，推动中拉关系实现跨越式发展。[①]

---

[*] 范波，西南科技大学拉美研究中心副主任，教授，研究方向：拉美教育、语言文化。
[**] 苟淑英，西南科技大学拉美研究中心讲师，研究方向：拉美教育、拉美文化。
[①] 王珍：《稳中有进 前景光明——2019 年中拉关系回顾和展望》，2019 年 12 月 27 日，人民网，http://world.people.com.cn/n1/2019/1227/c1002-31526549.html。

为加强中国和拉美国家的政治互信、经济互融、人文互通，不断深化经贸领域务实合作，推动"一带一路"倡议在拉美落地，共建人类命运共同体，国家迫切需要大批"具有国际视野、通晓国际规则、能够参与国际事务与国际竞争的国际化人才"。然而，当前人才培养中存在的如"拉美人才"短缺和培养模式单一、培养方法和手段单一落后、学科闭塞、视野狭窄、拉美复合型创新人才培养师资队伍匮乏等一系列问题与之形成了强烈的对比。

一 当前"拉美人才"培养存在的问题

（一）"拉美人才"短缺和培养模式单一

我国和拉美之间交往的快速上升始于近 10 年，广义的"拉美研究"，应当是包括了一切以拉美和加勒比地区为研究对象的知识与思想领域，涉及人文科学、社会科学、自然科学等众多学科领域，而不是独立的学科。因此，拉美研究及人才培养理应从不同的学科视角进入。但是由于拉美国家多以西班牙语为官方语言，高校非西班牙语专业的相关学科如果开展拉美研究、培养拉美人才则存在着语言障碍，实施起来较为困难。因此，目前，国内拉美人才的培养主要在高校西语专业中开展，且学习内容也主要侧重于语言学习上，辅以少量的拉美文化知识的学习。

（二）"拉美人才"培养方法和手段单一落后

党的十九大报告明确提出，创新是引领发展的第一动力，要培养一大批具有国际水平的创新人才。《国家中长期教育改革和发展规划纲要（2010—2020 年）》明确指出："要开展多层次、宽领域的教育交流与合作，提高我国教育国际化水平，培养大批具有国际视野、通晓国际规则、能够参与国际事务与国际竞争的国际化人才。"[①] 以前学科闭塞、视野狭窄、传统讲授式课堂组织方式以及缺乏方法论的学习和训练的培养方法和手段难以满足"国别通""领域通""区域通"的复合型创新人才的培养。

（三）拉美复合型创新人才培养师资队伍匮乏

拉美研究涉及政治、经济、语言文化等相关学科，师资队伍亦然。一方面，高校教师的外语多为英语，而从事拉美研究要求西班牙语和英语兼备为上，因此，语言关是第一个需要解决的问题；另一方面，拉美研究对于很多高校来说是新近发展的领域，教师从已经熟悉的研究领域转向该领域，需要额外投入时间和

[①] 《国家中长期教育改革和发展规划纲要（2010—2020 年）》。

精力；新引进的师资以西班牙语背景硕士研究生为主，其从事拉美研究需要较长时间的学术训练。

二 西南科技大学"拉美复合型创新人才"培养实践

面临当前拉美人才培养普遍存在的问题，西南科技大学依托教育部国别与区域研究培育基地——拉美研究中心，协同校内相关学院学科资源，注重国家留学基金委、教育部及校际合作等各层次的国际交流与合作，积极探索拉美复合型创新人才培养的新模式、新办法。

（一）创新人才培养方式

学校以跨学科综合能力培养为主线，以"创新班""专业+""素质选修""工作坊""国际交流"以及"学位提升"等多种方式进行拉美复合型人才的培养。灵活运用多种教学手段，通过课堂面授、交流研讨、专家讲座、参与课题研究和各类学术活动等方式，提升学生学科交叉融合的能力和研究创新能力。具体措施如下：

1. 开办"拉美创新班"

2015年，学校启动"拉美复合型人才培养创新班"教学改革试点项目。通过制定培养模式与实施方案，对学生遴选、学习年限和培养方式、课程设置和学分要求、培养环节、学位论文、学位授予等人才培养的具体模式提出系统设计。第一届"创新班"于当年9月正式开班。该班共19名同学，涵盖7个学院，11个本科专业。

在总结和梳理第一届"创新班"的经验和教训的基础上，依据教育部关于国别和区域研究基地建设的相关文件精神，拉美研究中心于2017年启动面向2016级新生的首届"拉美复合型拔尖创新人才培养班"的招生计划。经由学生申请，拉美研究中心专家评审，共录取来自8个学院15个专业的30名同学。拉美复合型拔尖创新人才采取"专业+西班牙语+拉美知识"培养模式，旨在培养既熟练掌握西班牙语，又掌握一定专业技能，具备一定的拉美文化、拉美历史、拉美政治、拉美经济等理论知识，具有国际视野和创新能力的人才。以培养三种类型的人才为目标：一是能够在国内高校和研究机构从事拉美领域相关研究的教学科研型人才；二是能够代表中国走向拉美和世界提升我国国际话语权的对外交流型人才；三是既能熟练掌握某项专业知识，又深入了解拉美地区政治、经济、社会、文化等方面的高端复合型人才。

"拉美复合型拔尖创新人才培养班"，学制3年，至少修满28个学分，该学分可替换各专业本科人才培养方案中个性化平台的学分。主要课程为：西班牙语基础、拉美政治、国际关系史、拉美概况、当代中国研究及拉美研究前沿问题专题讲座等。目前，该模式教学和管理运转正常，实施效果良好。"拉美创新班"，既是中拉深入合作对高端复合型人才的客观需求，更是探索高校国别和区域培育研究机构解决人才培养与学科建设的最佳实践之一。

2. 面向全校本科生开设拉美通识课

拉美研究中心整合校内外资源，通过校内外拉美研究学者联手为全校学生开设"现代拉丁美洲及中拉关系展望"和"拉美政治"等多门拉美通识课程，旨在帮助学生对拉丁美洲的历史、政治、经济、社会和文化有个整体了解，帮助学生理解当前拉美社会的发展特点和趋势，认识中拉关系中亟待加强和改善的方面，借以引起学生的兴趣和探索、研究的欲望。拉美通识课程普遍采用团队授课方式，团队由学校拉美研究团队与国内外外拉美学界具有较高学术造诣的学者共同组成。

今后，学校会陆续开设更多有关拉美的公共选修课，形成比较完善的拉美知识课程群。

3. "体育+西语""国际汉语教育+西语"等模式的探索

"体育+西语"国际人才班是学校发挥其作为多科性高等学校的人才培养优势，整合学校外国语学院、体育学科部教学资源及拉美研究中心学术资源，探索复合型国际化人才培养的新举措。体育学科部负责专业课程教学和日常管理，外国语学院负责西班牙语课程教学，拉美研究中心提供国内外学者讲座及相关学术活动资源以及凭借与国内及拉美地区高校和机构建立的合作关系，为同学们开展国际交流与学习提供渠道与平台。

"国际汉语教育+西语"是文学与艺术学院针对拉美地区汉语教师短缺所做的西班牙语背景下的国际汉语教师人才培养探索。

4. "面向拉美"的研究生培养

依托学校现有的外国语言文学、区域经济管理、国际政治、汉语国际教育等硕士点的学科资源，开展面向拉美的"国别和区域研究"硕士研究生培养。生源主要有两个：一是在本科期间，参与了学校提供的某种形式的"拉美知识"的学习，对拉美地区和拉美研究产生了兴趣，继而选择在硕士研究生阶段继续深入研究的学生；二是相关专业硕士生导师指导从事拉美研究的学生。

5. 开展多种形式的国际学术交流与合作

为推动学校拉美研究的开展，加强与国内外学者的交流，扩大校内师生的学术视野。学校多次举办有影响的拉美学术会议，如两次举办中智视频会议、承办中国拉美学会年会等。2011年至今，拉美研究中心邀请巴西、阿根廷、秘鲁、墨西哥、哥斯达黎加、美国等国内外学者、官员来校访问，举办讲座30余场次，参与学生3000余人次。通过举办拉美学术会议以及邀请国内外专家讲学，有助于在学校快速普及拉美知识。同时，帮助师生了解拉美地区的热点问题、中拉关系中亟待加强和改善的方面等，从而激发学生开展有关拉美的研究兴趣。

学校充分依托国际合作平台进行学生"交换交流""学位提升"。通过校际合作渠道，依托国家留学基金委公派项目、墨西哥政府互换奖学金项目、哥伦比亚政府互换奖学金项目、哥斯达黎加大学联合奖学金项目等公派留学项目及自费等方式，2010 年至 2017 年底，学校共有 100 余名学校赴拉美交换学习或攻读学位。

6. 研学结合，以研促学

通过课题驱动拉美复合型人才培养。中心面向校内本科生发布"拉美行业协会研究专项""拉美能源战略与政策预研究"等多个专项课题，批准立项 30 余项。

学生通过参与老师的课题，在老师的指导下从事拉美研究，完成研究报告。例如，商务英语专业学生在拉美研究中心研究员的指导下完成了"加勒比旅游发展报告""墨西哥电子商务调查报告"等，部分"拉美创新班"同学参与了"拉美教育"系列研究课题。通过参与相关拉美研究，学生无论是在问题意识或者研究方法等方面都得到了较好的学术训练，为今后从事学术研究奠定了基础。同时，学生在老师的指导下也积极地参与国内外学术交流。如组织"拉美创新班"代表团参加由四川外国语大学主办的"第一届全国大学生模拟金砖国家会议"，指导研究生撰写论文，赴巴西参加"第二届巴西华人移民国际研讨会"等。

（二）构建跨学科、跨部门、国内外、专兼职相结合师资队伍

学校采取多渠道、多种方式，加快师资队伍的建设。

1. 课题驱动，组建校内跨学科教学研究团队

在校内，通过课题资助的方式，以拉美热点、焦点问题为导向，引导校内教师开展跨学科研究。经过几年的培养，形成了一支校内"专业＋拉美"模式的拉美研究团队。在国内拉美学界，俨然成为一支异军突起的新力量。除了在科学研究方面已形成具有一定显示度的成果，同时在服务国家战略和服务社会方面的能力和作用也日渐突显。学校以拉美研究中心为平台，会定期和不定期向政府有关部门提交咨政报告，多次受邀为中国著名企业拓展拉美市场提供咨询，多份咨政报告被相关部委、省市机关和著名企业采纳。中心研究员曾多次就拉美经济社会问题及中拉经贸关系等问题在国内外媒体发声。中心作为高校智库在国家治理中的作用初步彰显。

2. 采取灵活多样的方式引进国内外一流师资

利用学校与国内外高校和机构建立的有效合作渠道，大力引进和吸引国际一流师资。引进的国内外师资，以课程讲授、专题报告、科研合作、共同出版

等多种形式，融入学校人才培养和教学科研工作中，实现中外学者跨学科地有效融合。同时，为了获取第一手拉美研究资料，与拉美高校和研究机构建立良好的学术联系，截至 2017 年 12 月，学校已派出 15 名教师赴拉美地区开展田野调查和访学交流。

3. 提升研究人员西班牙语能力

拉美研究中心在学校人事处的支持下，为相关学科教师开办了西班牙培训班，来自经济管理学院、法学院、体育学科部等学院的老师参与培训，为他们深入开展拉美研究和国际交流打下了一定的语言基础。

三 经验总结

（一）打破学科壁垒，开展多种形式的跨学科的创新人才培养实践

以跨学科综合能力培养为主线，协同校内相关学院和部门，以"创新班""专业+""素质选修""工作坊""国际交流"以及"学位提升"等多种方式进行拉美复合型人才的培养。

（二）创新培养方法和手段

灵活运用多种教学手段，通过课堂面授、交流研讨、专家讲座、国内外教学团队授课、参与课题研究和参与各类学术活动等方式，提升学生学科交叉融合的能力和研究创新的能力。

（三）多渠道、多种方式加快师资队伍的建设

利用学校与国内外高校和研究机构的合作渠道，建立研究队伍共享机制，聘请兼职研究人员；充分利用国家和学校层面基金项目，向拉美或国外拉美研究机构派出教师交流学习，提升开阔教师国际化视野，提升专业素养；以问题为导向，聚焦中拉热点、重点问题，以课题带动跨学科、跨部门研究，促进教师知识结构的更新和完善；以研究经费为引导，鼓励教师从事拉美研究。

（四）发挥高校智库的平台优势，实现科学研究与人才培养的有机结合

西南科技大学拉美研究中心，作为教育部国别和区域研究培育基地、高校智库，在学校实施"拉美复合型创新人才培养模式探索实践"的过程中，一直发挥着重要的作用，依托国内外合作交流渠道，整合国内外、校内外学术资源，将学术研究与复合型创新人才培养有机结合起来，取得了较好的效果。

四　不足与建议

虽然在实践过程中取得了一定成效，但仍存在着理论与实践脱节，现有学制和学位授予制度比较固定单一，人才培养和师资队伍建设的国际合作缺乏机制化和常态化等问题。需要指出的是，由于历史和现实的原因，美国的拉美研究水平一直处于世界领先水平，美国高校的拉美研究首先是从培养人才出发的，由此形成了一套灵活的、开放式的教育体制。[①] 美国作为拉美研究以及相应的拉美研究的人才培养方面的一些做法值得我们参考和借鉴。

（一）书斋式研究，难以真正认识拉美

根据2019年中国拉丁美洲学会的《中国拉美研究机构发展状况调查（1949—2019年）》数据，在最近20年里，中国拉美研究的发展尤其迅猛。截至2019年7月，中国的拉美研究机构迄今已有56家。[②] 然而，正如李慎之先生早在20世纪90年代初就提出的那样：我们对拉丁美洲的认识往往是"抽象的概念多于具体的知识，模糊的印象多于确切的体验"。20多年过去了，这种状况并未得到根本的改善。[③] 因此，抛开刻板印象，让拉美研究的师生有机会走出书斋，走进遥远而神秘的拉美大地开展田野调查、实证研究和个案分析，了解真实的拉美，成为当前研究拉美的一种必然趋势。

然而中拉相距甚远，开展教师互访、学生交流等项目有一定的困难。为了推动教师和学生交流顺利开展，高校应积极与拉美高校建立友好合作关系，构建和逐步完善国际化人才培养平台，实现国际合作交流机制化、常态化。通过校际合作渠道，依托国家留学基金委公派项目、拉美国家政府互换奖学金项目等公派留学项目派出师生前往拉美地区交流学习。同时，美国高校的一些做法值得我们参考，他们非常重视理论与实践相结合，强调去拉美国家插班学习、实地调研或实习。为鼓励和帮助拉美学学生赴拉美，各个学校普遍在拉美有合作院校或项目，同时设立奖学金、津贴等制度。比如，美国加利福尼亚大学圣地亚哥分校专门设有海外学习机会项目（OAP），为学生赴海外学习提供资助。[④]

---

① 郭存海：《中国拉美研究70年：机构发展与转型挑战》，《拉丁美洲研究》2019年第4期。
② 张森根：《领悟拉丁美洲的相似性和差异性——读〈拉丁美洲的政治与发展〉》，《拉丁美洲研究》2017年第4期。
③ 张贯之、袁艳：《美国拉美学本科生培养模式研究》，《黑龙江高教研究》2014年第1期。
④ 张贯之、袁艳：《美国拉美学本科生培养模式研究》，《黑龙江高教研究》2014年第1期。

（二）我国现有学制和学位授予制度比较固定单一

当前，我国现有学制和学位授予制度比较固定单一，主要按学科授予相应学位。我国高校在培养拉美人才时，不妨借鉴美国高校的一些做法，采取灵活多样的学制和学习证明制度，如提供拉美学课程结业证书、拉美学双学位、辅修等。①

（三）人才培养质量监控体系还有待完善

拉美人才培养实践是一个不断探索的过程，如何对培养过程的各个环节进行有效评估，以及时修正错误，保证最后的实施效果，都还需要用心设计和逐步落实。质量监控体系是实施复合型人才培养模式的重要保障。一方面，在人才培养过程中，对培养计划的落实情况、教师的教学情况、学生的学习状况以及管理人员的工作情况要进行跟踪检查，发现问题及时解决；另一方面，在毕业生就业后，应分别对毕业生和用人单位进行后续调查，收集各种反馈意见并做出相应的评估、调整或改进。②

（四）国内拉美研究领域专业学术期刊不足

目前国内拉美研究领域专业学术期刊极少，《拉丁美洲研究》是目前我国唯一向国内外公开发行的研究拉美的刊物。期刊的不足，使得不断壮大的研究队伍和人才培养缺少成果交流和展示的平台，不利于拉美研究学科的健康发展，难以满足中拉关系迅猛发展的需求。

需要指出的是，由于历史和现实的原因，美国的拉美研究水平一直处于世界领先水平，美国高校的拉美研究首先是从培养人才出发的，由此形成了一套灵活的、开放式的教育体制。③ 美国作为拉美研究以及相应的拉美研究的人才培养方面的一些做法值得我们参考和借鉴。

在美国，大学和学术共同体非常重视研究成果的产出，许多大学的拉美研究机构都有自己的出版物，学者们的研究成果会通过多种渠道和形式及时得到反映。另外，还有一些作为长期存在的、能够反映美国拉美研究一流成果的刊物，主要有美国拉美历史联合会出版的《西班牙美洲历史评论》（1918 年创刊）、美国拉美研究协会出版的《拉丁美洲研究评论》（1965 年创刊），另外还有《拉美展望》（1974 年创刊）、《美洲研究与世界事务杂志》（1959 年创刊）、《美洲》（1949 年创刊）以及在英国出版的《拉美研究杂志》（1969 年

---

① 张贯之、袁艳：《美国拉美学本科生培养模式研究》，《黑龙江高教研究》2014 年第 1 期。
② 孟庆研：《高校复合型人才培养的思考》，《长春理工大学学报》（自然科学版）2010 年第 1 期。
③ 韩琦：《美国高校拉丁美洲研究与教学的经验：一个区域研究的范例》，《历史教学问题》2014 年第 4 期。

创刊）。① 可以看出，无论从拉美研究出版业的发展历史来看，还是从其繁荣程度来看，中美之间的差距都很大。

五　结语

为推动"一带一路"倡议在拉美落地，共建人类命运共同体，国家迫切需要大批能满足重大政策研究需求的"国别通""领域通""区域通"人才。为了解决国家对拉美复合型人才的急需与当前拉美复合型人才培养不足之间的矛盾，西南科技大学以教育部国别和区域研究培育基地——拉美研究中心为平台，整合校内外资源，打破学科壁垒，大胆创新人才培养模式，积极在实践中摸索和总结经验，取得了一定的效果。同时，也发现了存在的一些问题，如文献研究和理论知识的学习多于田野调查、实证研究；现有学制和学位授予制度比较单一、缺乏灵活性；人才培养质量监控体系还有待完善等。除了不断总结和修正外，还可以学习和借鉴美国在培养拉美研究人才方面的一些有效做法。

总之，要推动我国拉美复合型创新人才的培养，高校必须打破学科壁垒，注重多学科交叉与融合，充分挖掘和整合自己学校的学科优势和特色，为学生开设更多有特色的专业课程，逐渐形成完善且丰富的课程群体系；拓展国际合作渠道和国际交流方式，鼓励教师和学生赴拉美进行田野调查和实证研究；鼓励拉美研究机构创办有影响的拉美专业学术期刊，促进优秀学术成果的交流与分享，繁荣拉美研究事业，推动拉美研究学科的健康快速发展。

参考文献

王珍：《稳中有进　前景光明——2019年中拉关系回顾和展望》，http：//world. people. com. cn/n1/2019/1227/c1002 - 31526549. html，2019 - 12 - 27/2020 - 03 - 17。

《国家中长期教育改革和发展规划纲要（2010—2020年）》。

郭存海：《中国拉美研究70年：机构发展与转型挑战》，《拉丁美洲研究》2019年第4期。

张森根：《领悟拉丁美洲的相似性和差异性——读〈拉丁美洲的政治与发展〉》，《拉丁美洲研究》2017年第4期。

张贯之、袁艳：《美国拉美学本科生培养模式研究》，《黑龙江高教研究》2014年第1期。

---

① 韩琦：《美国高校拉丁美洲研究与教学的经验：一个区域研究的范例》，《历史教学问题》2014年第4期。

孟庆研：《高校复合型人才培养的思考》，《长春理工大学学报》（自然科学版）2010年第1期。

韩琦：《美国高校拉丁美洲研究与教学的经验：一个区域研究的范例》，《历史教学问题》2014年第4期。

服务国家战略的西班牙语国际化人才培养实践

涂 超[*]

摘　要： 西南科技大学西班牙语专业自 2009 年开办以来，坚持以人才培养服务国家小语种发展战略、服务国家拉美战略为导向，努力构建教育部区域与国别研究基地——拉美研究中心、西班牙教育文化交流中心等优势平台；通过多渠道、广范围的国际合作和交流，在教育教学和管理体制与机制上不断探索，全面开展"五个国际化"探索与实践，即师资队伍国际化、平台构建国际化、教学内容和手段国际化、学生实习实训国际化、学生就业竞争力国际化。经过 8 年的办学实践，在西班牙语人才国际化培养方面取得显著成绩，为西部地区新办西班牙语专业建设提供了经验和范例。

关键词： 西班牙语；人才培养；国际化；拉美战略

21 世纪初，随着拉美战略的提出以及四川省与拉美地区的交流需求持续增大，社会急需复合型西班牙语人才。由此，教育部、省教育厅对西南科技大学提出了开办西班牙语专业的要求。2008 年学校成为四川省第一家开办西班牙语（国控）专业的高校。

开办以来，学校始终坚持服务国家战略的初心，积极创新西班牙语人才教育教学模式和管理机制，经十余年的持续探索与实践，形成了"五位一体"的西班牙语国际化人才培养模式。

一　明确服务国家战略的人才培养思路

西班牙语专业建设伊始，就肩负起为国家和民族培养外语人才的责任与使

---

[*] 涂超（1983— ），西南科技大学外国语学院副院长，副教授，硕士生导师，主要研究方向为外国语言学及应用语言学。

命。学校将西语国际化人才培养的内涵明确为：服务国家战略，以语言教育为基础，发挥学校的多学科优势，培养通晓国际规则、掌握对外经贸、国别区域研究等专业知识的西语国际化复合型人才。

基于此内涵，学校将西班牙语专业的建设思路定为：坚持"一个定位、两个转变、四个强化、五个一流"。"一个定位"即服务国家战略；"两个转变"即教学目标向国家战略需求和跨学科进行转变；"四个强化"即以学生为中心，强化语言基础、实践技能、素质教育与国际竞争力；最终实现"五个一流"即一流师资、一流教学、一流平台、一流管理以及一流毕业生。

学校西班牙语专业人才培养力图解决两个问题：（1）服务于国家战略的西语国际化人才培养的内涵是什么？（2）在全国西语办学资源匮乏的情况下，如何创造条件、培养出特色的西班牙语人才？围绕这两个问题，外国语学院在学校的带领下，走出了一条具有西南科技大学特色的办学之路。

二 构建"五位一体"西班牙语国际化人才培养模式

开办之初，西班牙语专业无家底、零基础，仅有两名古巴外教和两名中国教师。如何办好西班牙语专业、如何办出特色，成了亟待解决的关键问题。学校依据"立足本校实际，分享优质海外教育资源"的国际化理念，以"五个国际化"为抓手，采取一系列有效的方法与措施，为区域乃至国家培养了一批精通西语、熟悉西语国家情况、具有国际视野的优秀国际化西班牙语人才。

专业开办以来，学校与西班牙、智利、墨西哥、古巴等多个西语国家的10余所大学签订合作协议，引进西语外教40余人次，送培中方教师20余人次赴西语国家访学和进修。目前，西班牙语专业已组建成一支拥有多名博士、100%具有海外学习背景或学历、中外教师1∶1配比、学科背景多元融合的高水平国际化专业师资队伍。专业教师在教学科研方面均有显著成效，获批立项2021—2023年四川省高等教育人才培养质量和教学改革项目，研究论文获绵阳市人民政府第十四次哲学社会科学优秀成果评奖优秀奖。

学校创新西班牙语专业课程建设，建立学生中外学分对换机制、构建与国际接轨的"一主三结合"专业课程体系，同时创新管理体制，组建"拉美复合型人才创新班""体育+西语"项目，实行"1+1+N"人才培养模式改革等措施；同时本专业积极组织中外教师合作开办"线上+线下"混合式课程，合作开发西语教材建设，多维度引进海外优质课程资源，进一步丰富和发展了国际化西班牙语人才培养的范围和覆盖面。

近年来，学校与西班牙马德里康普顿斯大学等多所高校签署校际合作协议。目前，与学校合作的拉美学校增至15所。新增国家留学基金委留学项目4项，获得"优秀本科生国际交流"等多个公派留学拉美地区项目资格，2014年起学校获得国家留学基金委墨西哥政府互换奖学金项目公派留学资格；2015年起获哥斯达黎加政府全额资助的赴哥斯达黎加大学公费项目；2016年起学校获得国家留学基金委和西班牙阿里坎特大学全额资助项目；送培超过30%的西班牙语专业学生在校期间前往西语国家留学或参与交换等项目。2019年经教育部统计，学校已是国内西班牙语教学与拉美研究最大的单一派出机构。

三　人才培养效果显著，专业发展势头良好

多学科交叉培养、海外学习经历，使得一批具有国际视野、通晓国际规则的西语学生迅速成长，西班牙语专业学生走向世界的竞争力越来越强。2014年起，多名同学获得国家留学基金委墨西哥政府互换奖学金项目公派留学资格；学校拉美复合型人才创新班学生通过哥斯达黎加政府和哥斯达黎加大学遴选和全额资助，赴哥斯达黎加大学公费学习；十余名同学由国家留学基金委和西班牙阿里坎特大学全额资助赴阿里坎特大学学习。截至目前，西班牙语专业近6届毕业生在海外工作78人，学生200余人次出国学习，近百名毕业生到海外深造和就业，其中在西班牙与拉美读博共4人，读研51人（含已毕业）。近年来一批优秀学生在完成西班牙语国家的交换学习后，继续攻读西班牙语国家硕博学位；一批毕业生毕业后到大型国企驻拉美项目、国家汉办、孔子学院等驻外机构工作。5名毕业生取得海外学位后回校工作，反哺学校西班牙语教学和科研。

学校组建教育部"区域和国别研究培育基地"拉美研究中心、萨尔瓦多孔子学院、与西班牙塞维利亚大学合作建立的"西班牙教育文化交流中心"等校内国际化人才培养平台，同时通过争取海外名校和驻华使领馆的大力支持，与西班牙和拉美合作高校高层互访、文化、学术交流等活动，不断扩大交流渠道，在国内外的影响日益增大。截至2020年12月，西班牙语本科生近200人次先后赴西语国家学习交流；前往西语国家交流、访学的教师50余人次。

2014年，亚太经合组织（APEC）峰会在北京召开期间，CCTV央视新闻频道记者在智利采访期间，实地走访了和学校有良好合作关系的智利发展大学，并采访了学校在该校的交换生，有效鼓励了学校学子在智利留学期间努力学习多元文化，培养国际化视野，打造成为国际化人才。2015年9月13日，学校西班牙语复合人才培养经验成果在"海峡两岸外语教学研讨会"（吉林大学举办）上作专题报告和经验交流，引起了广泛的反响，对本项成果的推广起到了积极的作用。2016年12月，西班牙马德里商会及阿尔卡拉大学创设"西班牙语系列资格证书"在华设立第一个考试考点——西南科技大大学西班牙语资格证书考点。学校组织中外教师对学生进了为期三个月的强化训练。14名学生报名考试，其中

12名学生参加强化训练和考试（其余2名学生派往国外学习），共10名学生通过了商务西班牙语证书资格考试（含口试和笔试），首次考试通过率高达83.3%。2017年开始，学院服务国家拉美战略，创新试点"拉美复合型人才创新班"，旨在培养既熟练掌握西班牙语，又掌握一定专业技能、符合我国拉美战略发展需要的复合型人才，要求学生既要有"西班牙语"和"拉美知识背景"，同时拥有一个或多学科专业（经济、法学、政治、教育）知识。目前，该班已经正式开课六个学期，效果良好。实践表明："拉美复合型人才创新班"，既是中拉深入合作对高端复合型人才的客观需求，更是教育部探索高校国别和区域培育研究机构解决人才培养与学科建设的最佳实践。

2019年，本专业获批四川省首批一流本科专业建设点；2021年，获四川省教育厅推荐参评国家一流本科专业建设申报；本专业充分发挥西班牙语专业对省内西班牙语专业开设的引领和示范作用，同时也对四川轻化工大学、西南财大天府学院等兄弟院校成功开办西班牙语专业进行全程有效支持，产生了良好的示范效应。在学校召开的全国高校西班牙语专业教学研讨会上，教育部外语教学指导委员会西语组主任陆径生教授、于曼教授、刘建教授、常福良教授等专家及全国高校西语系负责人对西南科技大学西语系的建设和发展给予高度评价，认为，"西南科技大学西语系虽然年轻，但起点高、建设力度大，人才培养模式不断创新，为全国西语界一支重要的生力军！"

四 结语

10年来，通过学校的专项扶持政策，西班牙语专业已建成一支有较高教学科研水平的国际化师资队伍；学校多渠道、多维度构建国际化人才交流及培养平台（如孔子学院、10余所拉美高校校际交流平台等），平均每年级约有35%—40%的学生出国交流；学校改革了传统外语专业教育模式，在西语专业设置商务和区域与国别研究两个方向的同时，面向全校学生组建"拉美复合型人才"和"体育+西语"创新班，形成了以西语专业为主，面向全校的多学科复合型西班牙语国际化人才的培养体系。人才培养效果显著，平均20%的毕业生到西语国家深造、30%的毕业生在涉拉领域就业。本专业于2019年获批四川省一流本科专业，已成为西部地区西班牙语重要的人才培养基地，为同类院校小语种专业建设提供了良好示范。

守正创新：多学科融合的文学与艺术学院"新文科"教学改革探索

田彬华* 饶晓露 缪智强

摘 要： "新文科"建设工作要求要进一步打破学科专业壁垒，推动文科专业之间深度融通，实现自我的革故鼎新。本文聚焦文学与与艺术学院多学科交叉融合，从以社会需求为导向制定人才培养方案、加强师资团队建设与学生培养、搭建学科融合实践平台等诸多方面探索出了学院学科融合教学改革与建设路径，在学科建设、学生创新能力、复合型国际中文教育人才培养方面取得了实效。

关键词： 新文科；多学科融合；教学改革

数字时代的人文学科如何发展，是当下整个高等教育界深刻思考和广泛探索的话题。文学、艺术等传统而古老的学科如何应对当下新时代所提出的挑战，并能够继续在引领人类思想、沉淀艺术之美方面发挥应有作用，是新时代的高等教育面临的全新课题。2018年8月，在全国教育大会召开之前，中共中央发文指出"高等教育要努力发展新工科、新医科、新农科、新文科"，"新文科"概念正式提出。2019年4月，教育部、科技部等13个部门正式联合启动"六卓越一拔尖"计划2.0，要求全面推进新工科、新医科、新农科、新文科"四新"建设，全面实现高等教育内涵式发展。至此，"新文科"建设开始启动。这是我国教育界面向新时代主动作为、勇于接受挑战的全新发展起点。

具体如何实施？教育部在2020年11月发布的《新文科建设宣言》中指出，"新文科"建设"要进一步打破学科专业壁垒，推动文科专业之间深度融通，融入现代信息技术赋能文科教育，实现自我的革故鼎新"，这就为文科发展指明了鲜明的道路，明确了重要的发展方向，即多学科融合探索发展这一培养时代急需

---

* 田彬华，西南科技大学文学与艺术学院党委副书记（主持工作）、教授、硕士生导师，主要研究方向为西方音乐史、音乐评论、民族音乐学。

人才、建设教育强国、提升综合国力的重要途径。

西南科技大学文学与艺术学院在新文科建设趋势的推动下，积极进行教育教学革新，努力寻求变革之路。西南科技大学文学与艺术学院（以下简称"学院"）成立于 2005 年，由原西南科技大文学院与艺术学院合并组建而成。学院设中文系、新闻系、设计系、音乐系，有汉语言文学、汉语国际教育、广播电视学、环境设计、数字媒体艺术、音乐学、音乐表演 7 个本科专业，中国语言文学 1 个一级学术型硕士点和汉语国际教育、艺术（音乐领域）2 个专业硕士学位点。如今看来，这样一个集文学、艺术、音乐、新闻四个一级学科于一个学院的行政管理架构，在提倡打破学科壁垒、推动多学科融合的新文科发展中，具有先发优势和天然优势。在多年的办学历程中，学院坚持固守专业特性不动摇、以学科融合改革探索为着眼点，积极推动"新文科"建设，在学院内部专业协同、融合发展方面进行了卓有成效的探索和实践。

一　学院学科融合教学改革探索

学院依托"新文科"建设的契机，遵循文科建设自身的规律，依托优势专业，促进多学科融合，探索培养具有多学科知识背景、专业知识全面、实践能力强、综合素质高、具有创新精神的复合型人才。

（一）开拓创新，探索"专业+"的学院内部学科融合模式

学科融合发展，是"新文科"建设的重要内容，要求突破传统的"学科细分、专业纵向发展"的思维模式，就必须树立学科建设中的交融意识，并在学科建设中践行"融合"的思想，而如何在实践中量体裁衣建立适合自身的学科融合方向与方式，正是关键所在。学院提出"专业+"的学科融合模式，打破专业之间的学科壁垒，提出在筑牢学生应有的专业基础上，将其他学科内容有机融入对该专业的学生培养中。这样的模式可以避免无的放矢地将不同学科进行融合而加重学生的学习负担，同时又能避免出现在"双学位"培养模式中常见的两个专业学科间完全闭塞不共通的情况。

学院依托四川省网络文学发展研究中心这一省级哲学社会科学重点研究基地，将传统汉语言文学课程与新媒体技术相融合，开设新兴课程"新媒体写作"，并获批省级创新创业示范课程"网络文学创意写作与实践"，以摆脱传统专业实践路径的束缚，拓展学生在专业知识应用上的道路方向，加强对学生专业应用能力的培养。在汉语国际教育专业学生的培养上，学院在紧扣"汉语教育"的基础上，同时注重提升学生的中华文化素养，将学院音乐系的"古筝""古琴"及设计系的"绘画"等课程融入汉语国际教育专业学生的培养体系中，旨

在将学生培养成中国语言知识与中华传统文化的双重传播者。新闻系则以加强学生基本文学修养为目的，率先将《大学》《道德经》《易经系辞》等传统经典诵读纳入教学环节并始终伴随学生的专业学习过程，将经典诵读学习情况与必修课成绩挂钩。

同时，学院积极探索围绕"汉语国际教育"专业的本—硕贯穿的学科融合培养模式。在优秀本科生保送、本科生考研等方面大力鼓励音乐、艺术、外语专业同学跨专业进行硕士攻读，每年均有 15% 左右的跨专业考生进入研究生专业硕士培养，培养一批既有专业技能、又有文化才艺的高水平复合型人才。

（二）以改促融，以社会需求为导向制定人才培养方案

专业培养方案，是学院教学过程中人才培养的目标和方式的具象化，是实施人才培养战略的书面保证，更是教师教学过程的指导依据和课程标准的建立依据。在智能化、信息化不断发展的当代社会，不仅社会对人才需求往复合型、应用型方向发展，学生对知识的需求也不再满足于既有的专业设置，亟待从不同专业学科中汲取知识养分。故步自封的专业培养方案，会导致学生在实践工作中后续动力不足，所学的理论知识不能应对当今社会的实际问题。基于以上思考，学院在专业培养方案的修订上坚持守正创新，在开展广泛社会调查和深入学习国家高等教育方针的基础上，将学生对专业知识的多学科化需求和专业实践的多样化需求作为专业培养方案修订的导向。学院各个专业积极将此理念应用到实践，召开培养方案修订在校学生研讨会，积极收集学生对专业培养方案的意见与建议，以解决学院人才培养与社会脱节的痛点，促进教学改革与学科融合的共生共荣。

同时学院还不断深入挖掘教学资源，与行业企业进行深度共建。在"订单式"培养、广泛参与行业企业实际项目实训的基础上，在培养方案修订中极为有针对性地制定培养方案课程，与时俱进。在学院 2019 版人才培养方案制定中，学院基于学科现状，针对社会实际需求探索实施了学院学科之间、跨学院学科的交融发展，积极践行"文理融合，学科交叉"的新文科理念。如依据国际中文教育中对于中国传统文化传播的实际需求，在汉语国际教育专业中开设艺术类必修课程，如书法、古琴、古筝等，使得学生掌握传统艺术技能，提高学生艺术修养，同时开设英语口语、管理学、文学、教育学等相关课程。为了加强音乐专业学生在音乐新媒体传播方面的能力修养、提升文化素养，学院在音乐学专业中设立音乐新闻与评论方向，开设新闻专业类课程，探索尝试"音乐+新闻"的复合型人才培养。学院还在广播电视学专业开设中文类的核心课程，在视觉传达设计等专业依据当下行业发展的实际情况，开设数字音乐基础、摄影摄像等课程，以提升学生综合素质。

近年来，对文学、艺术和科技三者结合的数字媒体艺术人才的需求极为旺

盛，尤其在新冠肺炎疫情肆虐的大背景下，相关行业更为活跃。为了进一步凸显人文与科技融合培养人才的办学思路、适应经济发展需要、积极响应"新文科"建设，2021年学院成功申报了数字媒体艺术专业，主动融入现代信息技术赋能文科教育。

（三）双管齐下，加强师资团队建设与学生培养

如何将多学科融合模式融入教学中，对教师来说是一个意义重大却任务艰巨的问题，这要求教师不仅在教学内容方面要展现多学科融合知识，还要不断创新教学方式，将多学科融合渗透到思维模式中，对此教师需要通过不断的学习，在提升自身知识储备的同时增强教学创新能力，才能满足多学科融合的教学要求。学院深知师资培养对开展多学科融合改革工作的重要性，为解决学院多学科融合改革工作在师资方面所面临的问题，学院通过积极支持教师学历提升，单科进修，国外访学，企业挂职等多种方式提升教师水平。并积极通过各类比赛促进和提升教师教学能力，组织中青年骨干教师参加"中青年骨干教师教学研修班""青年教师教学竞赛"等多途径对学院师资力量进行提升。

同时，学院积极建立多学科协作的师资团队共享机制，在学院范围内充分进行专业间师资共享，在课程教学、学生培养、活动开展、教学比赛中充分协调沟通、集思广益。通过强强组合，学院建立了跨系、跨专业、跨学科的高水平师资共享机制，取得了良好的效果。如在教学比赛，音乐系路阳老师获得省级音乐课程比赛一等奖、中文系郝然老师获得学校青教赛一等奖等优秀成绩的背后，体现的则是多学科融合的教学模式，依赖的是多学科指导团队的共同打造提升。

当然，学科交融不仅对老师来说任务艰巨，对学生的学习精力与学习能力也是一场艰难的考验。由于学生间学习能力等因素的差异，单一的学科融合教学模式并不能满足广大学生的个性需求。因此，学院在"专业＋"模式的基础上，积极开展"拔尖班"的培养方式，学院现设有网络文艺创作拔尖人才班、数字媒体艺术拔尖人才班、音乐表演人才拔尖班，均在人才培养方面取得较好成绩。拔尖班级择优选取一批在主修专业表现突出的优秀本科学生拔尖人才。除此之外，学院还采用理论与实践兼顾，文化素养与创作能力双优的培养模式，加强实践教学环节，建设校内外创新实践教学基地，与专业公司实行联合办学模式，旨在培养具有扎实的数字技术基础，优秀的艺术创作能力，全面的理论文化素养，丰富的市场实践经验的交叉性、复合型拔尖创新人才。

（四）多方协作，搭建学科融合实践平台

多学科融合教学改革应当与高校所在区域的经济和社会建设相结合，这一结合要求高校的教学必须与企业的需求和市场的导向相契合。学生既要具备理论基

础，又要具有技术应用与市场实践的能力，仅靠学校单纯的理论教学与课程考核实践是较难达到预期的，还必须帮助学生增强在社会实践中利用理论知识解决实际问题的应用能力。为此，学院积极与社会企业对接建立教学实践基地，同绵阳中学实验学校、绵阳南山中学实验学校等多所绵阳本土中学，共建汉语国际教育专业硕士实践基地；与绵阳日报社共建"新媒体创新创业学院"，积极推动多学科融合背景下的"产教融合"，为学生拓宽社会实践道路；与成都立方、凤凰传媒、黑焰传媒等设计、媒体行业一线企业深度合作，搭建了订单式培养、深度协同合作培养人才的贯穿学生培养全过程的融合实践平台。

二 学院学科融合改革成效

学院在"新文科"建设过程中，积极探索多学科融合的教学改革之路，从学生的特点和地方及行业需要出发，构建以核心课程和选修课程相结合、有利于学科交叉与融合的课程体系，通过课程的整合、重组，不断深化教学内容改革，凝练出特有的专业特色，增强学院内部各专业学科间的相互支撑，建立与地方经济社会发展相适应的特色文科专业体系，初见成效。

（一）学科建设成绩显著

学院在多学科融合改革发展过程中坚持"两条腿走路"，在立足实践积极探索自己的发展模式的基础上，践行"学无止境"的思想，组织队伍多次到复旦大学、北京大学、北京语言大学等知名高校学习学科建设经验，并邀请包括吉林大学徐正考教授在内的多位知名学者来学院指导教学和科研建设。在学院多措并举的努力下，已在学科建设方面取得较好成绩：建有省级重点科研平台2个（四川网络文学发展研究中心、四川文艺评论研究中心），省级一流专业2个（汉语国际教育专业、广播电视学专业），省级卓越新闻传播人才培养计划建设专业1个（广播电视学专业），省级一流本科课程1门（"语言学概要"），省级课程思政示范课程2门（"合唱与指挥""语言学概要"），省级创新创业示范课程1门（"网络文学创意写作与实践"）。另在"学堂在线"上线慕课两门（"中国当代音乐欣赏""网络文学经典密码"）。

（二）学生创新能力提升明显

学院在"新文科"建设背景下的多学科融合改革工作中，不仅重视学生学习能力的培养，更加重视学生应用与实践能力的培养。学院注重在第二课堂领域鼓励教师将科研成果与学生的课外科技活动相结合，引导学生拓展知识，提高创新能力。在多次参与社会实践、学科竞赛、创新创业等活动过程中，学生的跨学科意识和能力不断增强，学生的自主学习能力与主动创新意识得以激发，求知进取之心和团队协作能力极大提升，在社会实践和各级竞赛中表现突出。近年来，学院学子在"2022米兰设计周——中国高校设计学科师生优秀作品展""全国三维数字化创新设计大赛""四川高校环境设计大展""《TOOTOP》2020校园歌手大赛"等国内各级赛事中均斩获佳绩。

（三）复合型国际中文教育人才培养成绩显著

对外文化传播和中文教育是文艺学院基于专业性质而承担的重要工作任务，同时这也是进行人才融合培养的重要渠道。文艺学院多年来以汉语国际教育为中心，综合中文、音乐、艺术、新闻多方面人才培养资源，在国际文化交流及推广方面进行了大量的实践和探索，进行了系列重要外事交流活动。如2010年以来学院与韩国开展了持续的学术交流和合作，近年来与法国、德国、萨尔瓦多等国来访友好人士进行多次交流活动。更为重要的是，经过多学科专业培养的汉语国际教育专业硕士批量出国进行汉语志愿者活动，学院及学生受到了孔子学院的广泛好评。如王莉婷同学（音乐学本科专业、汉语国际教育硕士）在迪拜等国家的孔子学院任教，由于其多方面良好的能力素养受到了很高评价。

同时，近三年来，学院承担了教育部中外语言交流中心的"汉语桥"在线交流项目3项，并有3项课程及研究项目立项建设。在项目实施中，学院集中了音乐、艺术、中文的多学科师资和学生，录制了大量的语言学习和文化体验课程，面向萨尔瓦多、马达加斯加等多国孔子学院进行中文推广教育。其中，"羌族舞蹈"等6门课程入选语合中心对外推广优秀课程资源库，并被制作成法、德、英、俄、西班牙、阿拉伯等多国语言版本向世界推广。

三 结语

在"新文科"的教学改革过程中，守正与创新，缺一不可。推进新文科改革建设的长效发展，需要理论与方法的革新。多学科融合发展作为"新文科"建设背景下的改革发展，是一项综合工程，需要长期的实践检验。一切有理想、有抱负的哲学社会科学工作者和教育者，都应该立时代之潮头，积极为党和人民述学立论。学院以上的探索，也将成为漫漫长征路上的一个良好开端，学院将始终围绕"守正创新"的教学改革理念，在夯实专业基础的同时，在多学科融合的道路上继续砥砺前行。

应用心理学专业本科生专业能力提升的教学改革与实践

陈幼平[*]

摘 要：针对应用心理学专业人才培养中存在的社会需求与学生就业之间不一致、理论学习和实践能力之间存在一定程度的脱节、学生缺乏主动学习意识，持续和深度学习不足等问题，从教学目标针对性不强、授课形式单一、实践训练基础薄弱、未成体系，考核形式单一、以理论考试为主等方面分析原因，探究应用心理学专业教学改革和创新。以"育人"为终极目标，以提升高阶能力为导向，突出学生主体性，培养学生的创新能力。构建"理论知识＋基本技术＋实践应用＋自我成长"四位一体的课程内容体系，将行为主义、认知主义、建构主义的教学设计理念综合应用于不同教学阶段和教学内容，采取线上＋线下混合式教学模式，对应用心理学专业学生的教学取得了普遍性的较好效果。

关键词：应用心理学本科；专业能力提升；教学改革

一 应用心理学专业人才培养中存在的问题及成因

（一）问题

通过综合分析社会需求、跟踪调查毕业生就业及发展情况、多方收集用人单位反馈意见以及收集学生对专业人才培养的建议与专业教师团队的自我总结与反思，我们发现应用心理学专业人才培养中存在如下问题。

1. 社会需求与学生就业之间不一致

党的十九大报告明确提出，加强社会心理服务体系建设，塑造社会成员的健康人格，培育自尊自信、理性平和、积极向上的社会心态，提高社会文明水平，促进和谐社会建设。根据《精神卫生法》《"健康中国2030"规划纲要》《关于

---

[*] 陈幼平（1976— ），西南科技大学法学院、副教授，主要研究方向为心理教育与心理咨询。

加强心理健康服务的指导意见》《关于印发全国社会心理服务体系建设试点工作方案的通知》《健康中国行动——儿童青少年心理健康行动方案（2019—2022年）》等方案和政策要求，教育、社区、医疗、政法、企业等多行业多部门对于心理学专业高阶性应用型人才需求巨大。而对应用心理学专业毕业生就业去向统计分析表明，超过一半的学生毕业后从事的工作与本专业关系不大，只有三分之一或不到三分之一的毕业生从事心理学、心理健康咨询和学校教育教学等工作。[①]

2. 理论学习和实践训练之间存在一定程度的脱节

学生对理论知识的掌握不牢固，运用知识分析和解决实际问题的能力不足，面对社会对心理学人才的需求缺口，部分学生由于专业胜任力太低而无法胜任。对学生的调查发现，应用心理学专业大学生总体就业能力处于中等水平，[②] 实践能力呈中等偏上水平，[③] 相对于高阶人才的培养目标和社会需求来说，还存在较大的差距。

3. 学生缺乏主动学习意识，持续和深度学习不足

学生学习状态较为被动，未能激发其主动学习的动机和获取知识掌握技能的欲望，以期末突击复习、考试及格、获得学分为目标，即使考试得高分的同学也有不少是死记硬背的结果，对课程内容缺乏持续的学习和深度的探索。

（二）成因分析

针对上述问题，课题组通过广泛调查研究、分析总结，发现主要成因如下：

1. 教学目标针对性不强

课程教学目标需要进一步与"灾后心理危机干预及社会心理服务"的专业特色相结合，在课程的设置和实践训练环节进一步与行业要求接轨，巩固并加深知识传递、能力培养和价值引领之间的连接。

2. 授课形式单一

大部分课程单纯采取线下授课形式，使得师生在基本概念和基础理论教学上花费的课时较多，实践训练课时较少。学生理论理解不够透彻，不会分析解决实际问题；实践训练不够，不能自觉运用相关技术解决实际问题。

3. 实践训练基础薄弱、未成体系

学生的实践练习零散而不具有实效。

4. 考核形式单一

大部分课程以理论考试为主，未能体现过程性学习和对学生能力的考查。

---

① 李英、臧凯、金雪莲：《医学院校应用心理学专业就业状况调查与分析》，《吉林医药学院学报》2015年第2期；仲飞成：《应用心理学专业发展现状及路径选择》，《内蒙古教育》2018年第14期。

② 王雯、陈方：《应用心理学专业大学生就业能力的现状调查》，《西部素质教育》2020年第6期。

③ 韦洪涛：《应用心理学专业实践能力的调查分析》，《长春教育学院学报》2014年第20期。

二 课程教学改革与创新

（一）创新理念及思路

1. 以"育人"为终极目标

将知识传授和价值引领、显性教育和隐性教育高度融合，构建"价值塑造、知识传授和能力培养"三位一体的授课模式。

2. 以提升高阶能力为导向

以通过线上慕课反复学习相关概念和理论（低阶学习）作为基础，通过线下案例的讨论分析以及网络平台讨论版块的交流完成深度学习和迁移学习（高阶学习），培养高阶思维能力；通过线下实践教学开展技能训练和应用，掌握高阶专业能力。

3. 突出学生主体性

线上线下教学相结合，各有侧重，互相配合，将学生学习的自主性与教师指导的高效性有机结合，增强学生对相关理论的深入理解、提高分析问题解决问题的能力。

4. 培养科研及创新能力

在教学内容和补充阅读资料中融入心理学专业领域最新研究进展，通过课程小论文培养学生从事心理学研究的创新意识和创新能力，初步具备从事心理学领域学术研究的能力。

（二）创新举措

1. 教学目标——以学生为中心，以成果为导向

在心理咨询（心理辅导）人才从新手到专家的胜任力发展路径上，应用心理学专业本科处于学历培养的起点。对国内外著名心理学家的调查表明，近87%的专家同意（基本同意）心理学专业本科阶段的教育是打基础的阶段，应以基础教育为主；本科生的教育应当以基础科学训练和专业基础训练为主。从这些指导思想出发，参照普通高等学校本科专业类教学质量国家标准中关于应用心理学专业（咨询类）人才培养的建议，贯彻以学生为中心，以成果为导向，不仅强调理论知识的理解与掌握，更注重培养学生将理论应用于实际的能力。结合西南科技大学应用心理学专业"心理危机干预和心理健康服务人才培养模式"的特色，为其毕业目标"能独立胜任和带领团队从事心理咨询与心理危机干预、能熟练运用心理咨询的实际操作技术"的实现提供支撑。

2. 教学设计——以学习理论和教学理论为指导，以灵活性和实用性为原则

教学设计需在心理学的理论指导下进行实践应用。在该专业的课程教学中，

以灵活性和实用性为原则，综合行为主义、认知主义和建构主义三种理论取向进行教学设计，针对不同的学习阶段和不同的教学内容，选择与之适应的教学设计理念。对心理学的基本概念和理论，遵循行为主义的假设和特征，以教为主，注重形成性评价，设计与各个知识点相应的教学内容、作业和测试，通过反馈来强化知识点的掌握。对理论知识在实际中的应用，遵循认知取向的教学观，强调学生的主体性，调动学生的参与性和能动性，通过类比、案例分析、评价反馈等实现学生认知结构的解构和重构，在知识的联系和冲突中培养学生的高阶思维。在专业技术训练部分，遵循建构主义的理念，既重视教师的引导和示范，也强调学生的自我监控、自我反思和目标导向，将"学与教"融合起来。通过在具体情境中应用心理学的理论和技术解决实际问题，在教师充满弹性的整体性评价反馈的支持下反复练习和熟练相关技术，促进学生专业高阶能力的掌握。

3. 教学内容——以课程思政为引领，以胜任力培养为目的，组织架构体现系统性和逻辑性，主干内容体现创新性和前沿性

（1）对教学内容进行梳理，挖掘课程思政元素

将课程思政常态化，关注学生知、情、意的全面发展；不仅注重学生知识、技能的获得，同时要兼顾其情感、态度、价值观的培养。

（2）明确心理学专业人才专业胜任力元素，作为教学内容设计的指导

胜任力是一种整合能力，是通过实践练习后，能力、个性特征与知识、技能和态度的一种整合。我国学者认为，心理咨询师的胜任力结构包括：知识、技能、态度/价值观。其中，知识包括：心理学的一般知识、心理咨询的相关理论、人的心理发展规律；技能包括：个别咨询、团体咨询、心理评估和危机干预；态度/价值观包括：心理咨询与伦理、自我觉察与照顾、自我心理调适。

结合应用心理学本科教学在心理咨询师学历培养体系中的地位，在教学中，胜任力的培养应以低阶知识的学习为起点，伴随技能的训练再到高阶知识的掌握和技能的提升，呈螺旋式上升，其中，态度/价值观则贯穿整个过程，在学习知识、技能的过程中形成，同时又对知识技能的获得产生影响。

（3）丰富教学内容，力求涵盖面广，层次清晰

心理学专业课程的教学包括理论和实践两个部分。理论部分的课程内容强调系统性，将整体教学内容分为四大板块：基本理论、基本技术、在实践中的应用、自我成长。理论基础是根基，基本技术是主干，实践应用是果实，而自我成长则是贯穿根基、由主干向果实输送养分的通道。四部分缺一不可、相互支撑，共同服务于学生专业技能的掌握与提升。

4. 教学实施——线上线下混合式教学模式

教学内容的相关概念和理论要点采取线上授课形式，学生通过观看教学视频、完成单元作业和测试以及参与线上讨论，实现对相关概念和理论要点的理解

与掌握。教师通过慕课平台上的数据了解学生观看视频的时长、作业和测验成绩以及参与讨论的情况，了解学生对课程内容的掌握情况，对共性的问题在线下理论课时中进行深入分析。

在线下的理论课程教学中，主要通过精选的典型案例，采取讨论的形式，引导学生学会运用相关的理论知识分析实际问题，学会设计问题解决方案；在线下的实践教学中，通过层层递进的实践训练体系开展技能训练和练习，并以实践基地为依托，切实提高学生的专业技能。对于课堂教学和实践训练中新发现的问题则再次回到网络平台的讨论版块进行深入讨论和交流；促进学生掌握专业技能，提高专业胜任力。

在这之中，学生在网上进行基本知识的学习属于低阶学习（哈蒂学习模型中的浅层学习），学生可以以移动学习的方式，随时随地对相关知识点进行反复学习和测试，通过长时间的低阶学习实现认知负荷控制，实现从低阶学习向高阶学习的转化。在此基础上，教师在线下教学中通过案例分析、小组讨论、小组模拟、技术练习等方式，使学生完成深度学习和迁移学习，掌握高阶知识。同时，在对教学和实训中的新问题的讨论和分析中，培养学生在解决问题、整合创造、抽象逻辑、反思批判等方面的高阶思维；在线下实践教学开展的技能训练和应用中，培养并提升学生的高阶专业能力。

5. 教学考核——立体化的教学考核

实行线上线下相结合、实践参与情况与期末考试成绩相结合的结构评分方式。综合成绩由期末考试、实践训练、平时表现、线上作业与测试四大部分组成。其中，期末考试和线上作业与测试属于理论考核，线上作业与测试均有发布时间的期限，体现对学生阶段性学习的评估；在考核内容上，降低识记内容的分值，注重考核对知识的理解和应用。实践训练和平时表现属于实践考核，内容包括学生参与实践训练的情况（如态度、能力表现、书面总结等）、平时课堂发言等情况；教师及时进行详细的记录，做到该项考核的公正和有效。

三　小结

应用心理学专业积极探索学生专业能力提升的有效路径，秉持"课程质量直接决定人才培养质量"的理念，积极开展课程教学改革与创新。已经获得 2 项省级一流课程认定、1 项省级课程思政示范课程立项、1 项省级课程思政示范教学团队立项、5 项西南科技大学在线开放课程建设项目立项、1 项西南科技大学法学院高水平教学团队建设项目立项等。教学改革促进课程建设，课程质量保障人才培养质量。近年来，应用心理学专业学生专业能力得到有效提升，围绕"德能勤绩"四方面素养对毕业生跟踪调查显示，学生主要升学院校有南京师范大学、华南师范大学、中国科学院大学、西南大学等高校，就业主要集中在国企、私企、中小学，岗位类型多为管理岗，就业单位包括德邦集团、京东方集团、为乐志愿服务与研究中心等优质单位，在用人单位的四项素养均达到"优秀"。近3年十余次校友走访中，90%以上校友反馈能快速适应工作，84.3%有清晰的职业定位和目标，毕业生总体职业状态呈现：职业发展明晰、成长显著。从2018—2021年综合测评结果来看，来本校招聘应用心理学毕业生的用人单位中，100%的用人单位表示未来愿意继续招聘。对17家用人单位管理者走访调研发现，92%的管理者认为本专业学生的能力及知识结构完备，95.8%的管理者认为本专业学生有较好的应变沟通能力，96.7%的管理者认为适合继续培养并提拔。

参考文献

王雯、陈方：《应用心理学专业大学生就业能力的现状调查》，《西部素质教育》2020年第6期。

韦洪涛：《应用心理学专业实践能力的调查分析》，《长春教育学院学报》2014年第20期。

高立群、彭聃龄：《"21世纪心理学走向和人才培养"的调查》，《北京师范大学学报》（人文社会科学版）1999年第5期。

樊富珉：《心理咨询师核心能力之我见》，《心理学通讯》2018年第1期。

工科背景下地方院校新农科改革实践探索

周 建* 胡尚连 侯大斌 陈红春 周 蕾 李卫锋 胡运高

摘 要：立足国家"乡村振兴战略"发展规划，以"立德树人"为根本，以"懂农业、用智能、善经营、强实践，具有一定国际视野"为主要特征的人才培养定位为核心，突出西南科技大学工科背景下的农业特色，围绕"种养加管"四个领域，开展培养服务于四川省"10+3"产业和"脱贫攻坚"与"乡村振兴"的"农技复合型专才""乡村产业双创带头人""乡村经营管服通才"的教学改革实践。以案例教学为核心，以"三农情怀"的"沉浸式"农业自信实践模块、"扶贫—评估—乡村振兴"实践模块、现代农业技术+工程实践模块和"一带一路"国际化农业实践模块，建立"一主两翼"的"农业+"实践教学体系，形成"下得去，留得住"的"案例+实践""调研+方案""方案+探索""完善+实践"的四段式"农业+"实践教学人才培养模式；搭建"校内外+长短期+产研政"的"一体验、二实践、一拓展"的"121"式"农业+"创新实践教学支撑平台；通过实施"一加强、一融合、一提升、一聘任"的"四个一"质量工程，构建"农业+"实践师资队伍；建立保障"农业+"教师队伍建设、案例库建设、学生实践能力提升的长效机制和监督机制。

关键词：新农科；农科人才；实践教学；改革探索

"乡村振兴战略"背景下，地方涉农高校农业人才培养过程中问题凸显，本研究着重解决：一是人才培养与地方经济和产业衔接不够；二是农业人才与现代工业技术、自动化和信息技术等脱离较远，智慧农业建设任重道远；三是学生国际视野相对缺乏，需要为强化国际合作和竞争优势作出努力。

---

* 周建（1981— ），西南科技大学生命科学与工程学院副院长、教授、博士生导师，主要研究方向为生物质化学与工程。

一 学校农业人才培养过程中存在的问题

在现行农科人才培养模式下，由于对培养内涵理解不够、定位不准，导致学生的个人发展与社会的实际需求存在一定的脱节。现阶段，传统农科专业学生培养过程中主要存在以下问题。

（一）严重缺乏教学实践环节

农科专业学生培养过程中，课堂教学模式基本上以单向灌输、学生被动接受为主，教学老师以多年教学经验施教，教学实践环节较为缺乏，无法满足现今社会和市场对新农科背景下应具有综合素质和创新能力的人才需求。

（二）农科专业学生缺乏"走出去"和"深入田间地头"

农业的真正需求在田间地头，也在农牧业企业，只有"走出去"和"深入"下去，农科专业学生才能真正掌握中国农业的实际需求，解决实际问题，真正惠及农业、农村和农民，做到把专业写在祖国大地上。一方面，学院科研工作仍然是以项目为牵引，纵向财政拨款项目仍然是学院短时间内大部分教师的主要来源，这也是"有什么项目做什么科研"的重要体现。另一方面，缺乏与涉农企业的深入对接机制，教师派出学生深入一线学习和解决问题愿景不强烈。

（三）与涉农企事业单位联合培养的点、线、面统一格局仍然缺失

通过多年的不断发展，实施了"走出去、大联合"战略，深化了与农科类企事业单位的对接合作机制，主动联合，建立以重点科研平台为支撑、重大项目合作为依托、学生联合培养为纽带的合作培养机制。但是，我们仍然清醒地认识到，与涉农企事业单位仍然还停留在各个点上"作战"，形式散而单一，未能成线成片发展，没有形成优势科研合作能力，极度缺乏具有代表性的大项目和大成果，一定程度上降低了在农科领域的竞争力。

二 农科专业实践教学体系探索与实践

（一）建立"一主两翼"的"农业＋"实践教学体系

依托学校的工科背景，构建围绕农科专业人才培养的"种养加管"多领域交叉融合的实践课程；突出案例教学在实践教学中的作用，建立"一主两翼"的"农业＋"实践教学体系。

"一主"是指以案例教学＋体验的实践模块为核心；"两翼"一是指构建

"三农情怀"的"沉浸式"农业自信培养实践模块+"扶贫—评估—振兴"体系化实践模块;一是指构建工科背景的现代农业技术实践模块+拓展国际视野实践模块。

(二)搭建"121"式"农业+"实践教学支撑平台

依托行业协会、生产企业、政府部门,搭建"校内外+长短期+产研政"的"一体验、二实践、一拓展"的"121"式"农业+"创新实践教学支撑平台。"一体验"是指知农爱农,培养农业自信的体验式实践活动平台;"二实践"是指培养农技专才的专业技术实践平台和依托政策扶贫、项目评估和乡村振兴搭建的体系化实践平台;"一拓展"是指依托多学科交叉融合的全方位多层次的学术、科学研究、教育、培训和文化交流的农业国际培训平台,拓展学生国际视野。

(三)实施"四一"质量工程,打造"农业+"教师队伍

通过学校、学院、导师三级联动,制定师资队伍管理体系,政府、高校、企业、院所四方融合,实施"一加强、一融合、一提升、一聘任"的"四一"质量工程,加强双师型教师队伍建设;构建交叉融合师资队伍,提升教师指导能力,聘任产业教授为校外指导教师,打造"农业+"教师队伍。

(四)建立"农业+"实践教学保障机制

建立了保障"农业+"教师队伍建设、案例库建设等长效机制和监督机制,完善了农科专业学生培养质量保障体系和监督体系制度建设。

三 农科专业实践教学体系应用实效

(一)"三农情怀"的"沉浸式"农业自信实践教学效果明显

面对农科专业学生对农村陌生、对农民陌生,"亲农"意识不强的问题,重点创新"农业+思政"模式,转变思政工作的内容供给、话语体系、载体渠道,开展了立足于"三农"实际情况的浸入式、渗透式、启发式的"隐性教育",采取师生走出校门、深入农村,请学者、业者进行授课、报告等形式,讲好农业、农村和农民发展面临的机遇和问题,提升学生"亲农"意识,鼓舞和引导了一大批农业硕士走进农业、农村,围绕农民开展脱贫攻坚和乡村振兴。

一是创新思政课程,提升"亲农"意识。学校创新思政课程和思想教育方式,邀请全国优秀教师和思政课程一等奖获得者姚伟、"全国关心下一代工作先进工作者"陈思哲等围绕"三全育人"担纲课程思政第一主讲,聘请荣狼教育

部关工委 2020 年 "读懂中国" 优秀作品展播的学校小麦育种专家邢国风为 "入学第一课" 导师，培养农学专业学生心系 "三农" 的 "亲农" 意识，致力于解决 "三农" 发展中存在的切实问题。

二是邀请专家专才，培养 "下得去、留得住" 农科专业学生。一方面，邀请西科农业集团董事长周小东、铁骑力士总经理冯光德、泸州老窖原董事长张良等企业一线农业技术及管理专才开展农业产业专题报告；另一方面，以校外实践基地为纽带，通过 "校企对接"、暑期 "三下乡" 等社会实践活动，使学生了解国情，感知民情，树立 "一懂两爱" 农业自信，历练学生 "知农爱农为农" 情怀。近年来，学校组成以农科专业学生为主体的实践队伍 48 个，以 "科技 + 文化" 助力精准脱贫为主题，赴四川松潘、布拖、昭觉、木里等深度贫困县开展支农、支教工作，累计参与农村电商培训 57 场，承担或协助参与贫困村各类 "三农" 政策宣讲与培训 92 场，开展农业技术推广、文化下乡活动 97 场。学校荣获全国万名农科学子联合社会实践先进单位的表彰；开展的聚焦精准扶贫的社会实践项目被团省委评为 "三下乡" 国家级重点团队，受到中青网等媒体 30 余次广泛宣传；邓海霞被授予西部计划 "优秀志愿者" 称号。

（二）案例库建设成效凸显

一是以案例教学为核心，坚持贯彻 "三协同" 的案例开发理念，目前已形成案例开发、教学、比赛、课程、论文、沙龙 "六位一体" 的案例工作形态。围绕 "产业扶贫、农业产业化经营、新型经营主体培育、食品质量安全、美丽乡村建设" 等方面，建设优秀案例，通过案例教学，更新了教学观念，逐步引导学生从感性走向理性，生成原理性知识，形成策略性智慧。

二是架构 "校内实践 + 校外实践" 的实践教学体系，实现产教协同育人。一方面，强化领域特色课程、"校、企、地" 共同参与人才培养，不断拓宽产教融合实践育人渠道，如四川西科种业有限公司周小东董事长和四川丰大种业有限公司章存均董事长联合开设课程 "种子经营与管理"，广受学生追捧。另一方面，打造 "专业教育 + 情怀教育" 的课程思政育人模式，通过开展 "述学" 主题的学风建设活动，以中华农耕文明和 "两弹一星" 精神的传承创新，坚定学生的 "四个自信"，将 "三农情怀" 教育深度融入专业课、专业选修课的全过程；发挥 "种养加管" 多科学交叉优势，注重领域间、课程内的农业技术与经济管理融合。

（三）成功搭建 "121" "农业 +" 创新实践教学平台，人才培养质量明显提升

通过建立校内外 "121"（一体验、二实践、一提升）"农业 +" 创新实践教

学平台，强化企业与学校、产业与专业的有效对接，促进产业发展与人才培养紧密结合，培养面向西部乡村振兴产业发展需要的高层次创新型、实用型、复合型农学专业人才。重点搭建了"行业协会类、生产企业类、政府部门类"三类"典型实践平台"，涌现了如西南科技大学（铁骑力士）畜禽养殖产业化技术研究所、西南科技大学（海南、青莲）育种改良中心、松潘及布拖校地扶贫产学研实践基地和四川"三区"大学生脱贫攻坚及乡村振兴社会实践基地等典型实践基地平台。

一是依托一批行业"农业产业化国家重点龙头企业""国家高新技术企业"如铁骑力士集团、西科农业集团、四川台沃等以及四川甘阿凉三州地方农业企业，搭建一批"农业＋思政"实践教学平台，重点开展农学专业学生知农爱农教育，培养农业自信。

二是依托农业实际需求背景，培养现代农业技术专才。在工科背景下，依托"农业＋工程"优势，构建"种＋养＋加＋管""一院式"人才培养模式，打造产教融合典型示范基地，聚焦现代农业全产业链人才培养和技术创新，推动建立校、企利益共同体，培养立足四川、面向西部、服务乡村振兴战略需求的"种＋养＋加＋管"应用复合型农学专业人才。

三是依托政策扶贫、项目评估和乡村振兴，搭建"农业＋管理"实践平台。在地方政府的支持下，先后承担国家级贫困县退出第三方评估工作，建立了脱贫攻艰评估实践平台，共投入农科学生1000余人次，行程万余里，走百村访万户，了解了国情，感知了民情，磨炼了意志，展现新时代西科学子的担当与使命。

四是依托农业＋国际化培训，通过"一对一"（一农业学生—国际培训生）模式，搭建多学科交叉融合的全方位多层次的学术、科学研究、教育、培训和文化交流平台，培养懂技术、清民情、会交流的新型高级农业人才。

（四）实行"一双、一融合、一提升、一聘任"计划，构建"农业＋"教师队伍

一是加强双师型导师队伍建设。学校为农科专业学生组建专兼职、校内外相结合的创新创业导师队伍，其中专任教师127人，外聘实践导师108人；专业教师中32人次参加了"企业访问工程师"培养计划。同时，教师队伍中涌现了共和国纪念章获得者胡运高、中国畜牧行业"十大良匠"何健、四川省三八红旗手陈昌霞等优秀教师代表；创建了四川省五一巾帼创新工作室（胡尚连）、四川省劳模创新工作室（胡运高），展现了高尚师德和优良师风。已建成国防和省高校创新团队3个、四川省扶贫团队7个、学校扶贫与社会服务团队10个。主动承担科技扶贫、行业攻关、社会服务等任务，获得中宣部、省委宣传部、省科技厅表彰和省领导指示肯定。

二是构建交叉融合教师队伍。依托学校"共建与区域产学研联合办学"特色，构建"农业+工程""农业+管理"和"农业+国际化"的多科性交叉融合农学专业教师团队7个。将与信息工程学院联合组成农业信息、农业物联网融合教师队伍、与制造学院联合组成农业机械融合教师队伍；与军民融合研究院联合组成农业生物质核素吸附融合教师队伍；与经管学院联合组成农业管理融合教师队伍，构建了一支"农业+"交叉融合教师队伍。

三是实行产业教授计划。已聘任包括泸州老窖张良、铁骑力士冯光德、西科农业周小东等7名代表性企业技术管理专才为产业教授，通过课程和实践导师等模式，结合农业产业需求，深度参与农学专业学生的培养。

"一校多企"的全产业链农学人才培养实践基地建设探索与实践

胡运高* 杨国涛 刘 蓉 王学春

成果简介：乡村振兴的关键是产业振兴，产业振兴的基础是农业全产业链的打造和高学历技术型人才的培养。基于全产业链的农学专业人才实践技能提升，是适应乡村振兴建设人才培养的有力保障。在当前我国以中小企业为主体的乡村经济形式下，结合以学校为代表的地方涉农高校发展现状，建立"一校多企"型全产业链共同体，共同开展全产业链联合技术攻关和农学人才实践技能培养工作。不仅可以提升涉农中小企业的产业竞争力，也可以建立健全农学专业人才培养体系，提高农业人才的实践能力。

关键词：农学专业；人才培养；乡村振兴；全产业链

一 引言

2021年国家乡村振兴局的挂牌成立标志着我国"三农"工作重心从脱贫攻坚转移到了乡村振兴方面。[①] 乡村振兴的主要内容包括：产业振兴、人才振兴、文化振兴、生态振兴、组织振兴。人才振兴是乡村振兴的基础，而乡村人才振兴的基础就是高校毕业生的返乡就业、创业。[②] 以实用技能培养为主要目标的农学类本科、硕士研究生，作为掌握最新农业技术和理论知识的专业人才将对农村产业提升，促进当地经济社会的全面发展，全面推进乡村振兴意义重大。

同时我国民营经济提供了50%以上的税收、60%以上的GDP、70%以上的

---

* 胡运高（1963— ），西南科技大学生命科学与工程学院研究员，主要研究方向为植物生物学。
① 张永丽、高蔚鹏：《脱贫攻坚与乡村振兴有机衔接的基本逻辑与实现路径》，《西北民族大学学报》（哲学社会科学版）2021年第3期。
② 王志刚、封启帆：《巩固贫困治理策略：从精准扶贫到乡村振兴》，《财经问题研究》2021年第10期；唐丽霞：《乡村振兴战略的人才需求及解决之道的实践探索》，《贵州社会科学》2021年第1期。

出口、80%以上的就业岗位，①乡村振兴离不开民营中小企业的发展。但我国民营经济的发展却步履艰难，有报道称当前我国民营中小企业达4000多万家，存活10年以上的不到2%。②除政策和资金实力方面的原因外，民营中小企业的主要发展瓶颈就是高学历、高技术人才缺乏，创新能力不足。通过与地方涉农高校的产业合作可以为缺乏产品、技术开发能力的涉农企业提供创新动力，同时大量实践型农业类优秀毕业生的加入，可以为地方涉农民营中小企业提供创新人才基础。

二 农学专业人才的需求及培养模式

（一）乡村振兴对综合型农学专业人才的要求

产业振兴是乡村振兴战略的首要内容，随着农村劳动力的转移和农业生产技术的提高，大量新技术被应用于农业产业各个环节、领域，传统的单一小规模的农业产业发展模式已不适合农村产业的发展。专业大户、家庭农场、农民合作社、农业产业化龙头企业等新型农业经营主体逐步成为发展现代农业的领军力量。③同时农产品市场化商品化也对从事农业产业的群体知识结构提出了更高的要求。④高学历、懂技术的专业性人才对乡村全面振兴的巨大作用不言而喻。早在2012年，以促进农村产业发展为目的的"新型职业农民"已经被写入中央一号文件；⑤《乡村振兴战略规划（2018—2022年）》中专章强调了乡村振兴中人才支撑的重要性，主要包括培育新型职业农民、加强农村专业人才队伍建设等。⑥

因此不管是2014年正式定名的"农业硕士专业学位"硕士研究生，⑦还是以直接就业为目的的农学职教专业，其人才培养目标均定为：为农业领域相关行政部门、行业与企事业单位、新型农业经营主体等培养精技术、懂经营、会管理的应用型、复合型职业技能人才。⑧以培养专业技术性人才为目的的农业实践教学环节更是显得尤为重要，基于农业全产业链实践基地的实践教学环节是培养农学专业技术人员的主要依托。而各种实践基地是培养和提升农学专业人才实践创

---

① 郭芳、李永华：《民企纾困六题》，《中国经济周刊》2018年第40期。
② 宋鑫陶：《创新，打败你自己》，《企业家信息》2018年第11期。
③ 卓炯、杜彦坤：《农业硕士研究生教育培育新型职业农民的思考》，《学位与研究生教育》2019年第4期。
④ 丰俊：《乡村振兴战略背景下加快乡村人才队伍建设探讨》，《农家科技》2021年第5期。
⑤ 中共中央、国务院：《关于加快推进农业科技创新 持续增强农产品供给保障能力的若干意见》。
⑥ 中国政府网，http://www.gov.cn/zhengce/2018-09/26/content_5325534.htm。
⑦ 国务院学位委员会：《关于将"农业推广（暂用名）硕士"定名为"农业硕士"的通知》。
⑧ 全国农业专业学位研究生教育指导委员会秘书处：《农业硕士专业学位各领域指导性培养方案》；谢勇、李锄、谢世清：《专业学位农业硕士人才培养模式的探索与思考》，《高教论坛》2018年第8期。

新能力的主要场所。

（二）目前实践基地的主要运行模式及不足

目前学生实践基地主要分为校内和校企合作形式的实践基地。校内实践基地是指由学校出资建设并管理运行，其位置可以在校内也可以在校外。校内实践基地按照主要作用分为以科研为主的实践基地和以实践教学为主的实践基地。[①] 以科研为主的实践基地，其主要功能是服务教师的科学研究、科研实验，学生可以通过创新训练项目、科研兴趣小组、毕业论文等方式参与科学研究，锻炼自己的科研技能和实践创新能力。以实践教学为主的实践基地，其主要功能是保证学生实践教学、专业技能培训、生产实习、毕业实习等教学任务。

以校内实践基地为基础的实践教学活动多是基于课堂和实验室知识的简单扩展，主要开展农学类实验指导书上的验证性实验实践，缺乏创新力（校内实践基地运行模式见图1）。因此目前完全依托校内实践基地来完成专业实践教育已不适应现代农业产业发展，[②] 而以校企合作共建形式的校外实践基地对此提供了很好的补充作用。

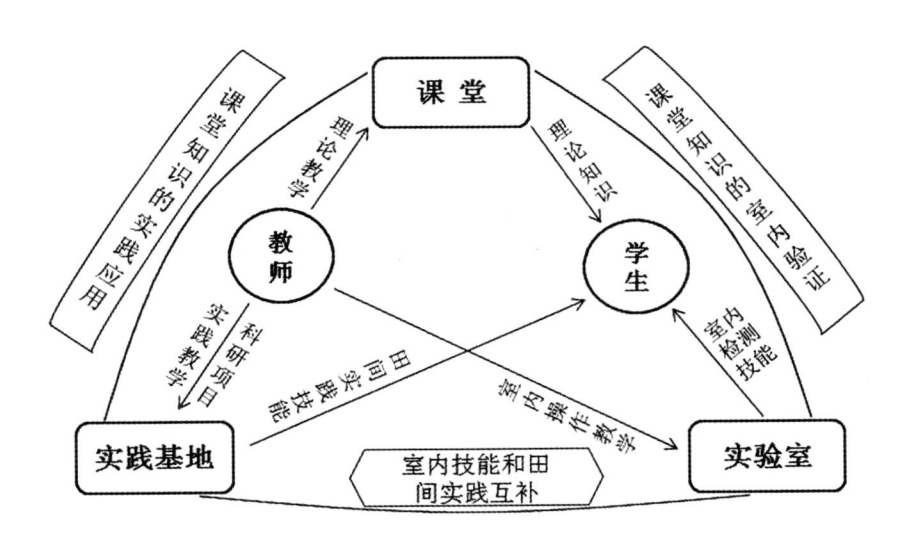

图1 以教学和科研为主体的校内实践基地人才培养模式

校外实践基地是通过校企合作，在企业的生产或科研基地内建立的，用于在校学生提升实践技能的场所。校企合作建立的实践基地，在培养过程中多实行

[①] 陈兆夏、曹蕾、李伟等：《农业高校校内实践教学基地建设的探索与实践》，《中国现代教育装备》2013年第17期。

[②] 杨映、李华、于辉：《农业专业学位硕士研究生实践教育基地建设与探索》，《教育现代化》2018年第5期。

"双导师制",校内导师主要肩负制订学生在校课程学习计划、指导专业技能、指导毕业论文等工作;校外导师主要承担专业实践技能指导,共同完成学生培养计划以及毕业论文写作方面的工作。[①] 校外实践基地作为学生强化专业知识、增强创新能力的重要平台,可以较好地弥补高校实践环节不足等问题;[②] 还是让学生直接参加生产实践、接触社会、了解社会,提高应用型实践能力的重要纽带。[③] 校内专业教师和企业也可以通过校外实践基地建立科研联系,农学学生也可以通过校外实践基地参与科研成果的研发及转化(校外实践基地运行模式见图2)。

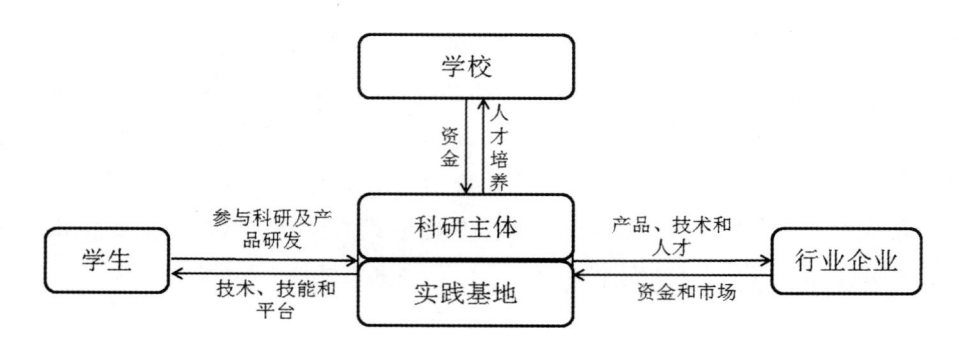

图2 以科研主体为中心的校外实践基地人才培养模式

校办实践基地由于经费、配套培养方案不足等诸多因素的限制,无法开展适应当前农业发展的一线实践项目;而校外实践基地,特别是基于理工科类地方高校农学方向的校企共建实践基地,因农科专业在学校中的比重低,对企业宣传效应不足。有意愿合作的企业多为"985""211"重点农科院校"看不上"的地方中小农业企业。企业在实践基地建设方面的专业技术人员配备、资金投入较薄弱,基地内容单一。企业导师也存在权责不明,流于"挂名",未能有效参与指导工作等问题,在农学专业人才实践能力培养方面作用发挥不明显。[④] 同时因中小企业的资金问题,无法专门投入经费建立综合型实践基地,日常的教学实习和

---

① 徐春碧、彭远春、邹瑞等:《"双导师制"培养复合型创新型专业硕士研究生现状研究》,《产业与科技论坛》2019年第6期;金永中、罗宏、陈建等:《"双导师组制"在地方高校硕士专业学位研究生培养中的构建与实践》,《教书育人》(高教论坛)2016年第33期;曹受金、田英翠:《农业专业硕士学位研究生培养的问题与对策》,《现代园艺》2020年第1期。

② 陈红春、龙治坚、胡尚连等:《校企合作下高校创新创业实践基地的建设与探索》,《实验技术与管理》2019年第4期。

③ 杨焕文、赵正雄、顾华国等:《农科院校校外实践教育基地建设初探——以云南农业大学大学生校外实践教育基地建设为例》,《教育教学论坛》2015年第48期。

④ 任清长、宣晶晶、王淑娟等:《农业硕士学位研究生的培养现状与改革方向探析》,《安徽农学通报》2017年第9期;潘伟、陈翱、侯辉萍:《进一步提高全日制农业硕士研究生培养质量的思考》,《产业与科技论坛》2018年第7期。

实践技能操作又具有一定的阶段性和时间性。这类校外实习基地在实习的过程中，学生多、出入频繁，会给企业带来一定经济损失。所以一个校外实习基地多承担特定一项相关的毕业实习、参观实习，对农学专业人才全产业链农业实践能力的培养不足。

基于中小型农业企业发展规模、发展规划和市场定位等问题，企业与地方高校共建型校外实践基地存在的以上弊端，不利于乡村振兴战略阶段专业型农业技术人才的培养。学校基于地方涉农高校和中小企业发展现状，以粮食产业全产业链为基础，建立"一校多企"共建产业研究院为培养主体，推进农学专业人才培养链与农业全产业链的无缝对接。不仅可以培养熟悉农业全产业链的优秀农学人次，也可以降低农业中小企业发展过程中的科研创新能力不足、发展规划盲目性强等问题。

三 立足全产业链的校企共建培养主体的运行模式

（一）全产业链型主体在人才培养中的作用

以培养"新型职业农民"为目的的农学专业人才实践能力的培养内容设置，不应该基于单一的项目（如水稻制种生产）和专业性较强的公司（如种子公司）。"新型职业农民"应该对农业生产的全产业链都要有较系统的了解，需要开展对应的实践训练活动。鉴于我国当下中小企业众多，可以单独建立农业全产业链的企业屈指可数，[①] 而基于粮食生产全产业链的校企共建培养主体，主体的不同单元主要包括品种选育、粮食生产、加工、销售等全部环节。

（二）基于全产业链培养主体的产学研联合人才培养模式

学校各科研团队与行业企业以产品研发为纽带，共同建设实践基地；科研团队和企业以完成研发任务为核心，共享基地建设成果。学校通过科研主体与行业企业建立联系；农学方向本科生、研究生通过学校加入科研主体，选择自己感兴趣的技术和技能，不仅可以锻炼适应当前市场需要的最新农业产业技能，还可以通过科研主体与行业建立联系，实现就业甚至创业。行业企业通过与科研主体合作，获得适应市场的创新产品和高素质行业人才。企业主体通过承担产业链某一环节实践既可以筛选优质生源，又可以共享科研成果。多家企业共同出资支持实践基地建设和运行可以减轻资金压力，同时在实践基地获得的知识产权和创新成果可以通过全产业链主体转化，提高了各产业链主体企业的产业竞争力。

---

① 孙伟：《企业集团全产业链战略研究——以中粮集团为例》，博士学位论文，北京大学，2011年。

(三) 基于全产业链培养主体的新型农业硕士质量控制体系

"一校多企"的全产业链培养主体其培养目标与校内和校外实践基地存在明显差异,其对农业专业人才的培养更具目标性和实用性。因此需要构建与传统农业实践基地培养质量控制体系不同的新型质量控制体系。首先在生源选择方面,不是所有学生一起进入基地从事参观和象征性实践,还需要通过基地体验阶段的考核,在实践生源方面做到宁缺毋滥、因材施教。导师方面建立"1+1+N"的多导师组制度,① 弥补校企共建校外实践基地"双导师制"的培养模式弊端。不仅有多行业企业导师和学术导师,同时引入了技能师傅,进一步强化学生的实际操作能力。以项目合作为依托的校外实践导师参与模式,可以充分调动校外导师的积极性,② 这些措施对于充分发挥实践基地和校外实践导师在农学专业人才培养方面的作用具有积极意义。

四 "一校多企"全产业链培养基地的建设实践

以西南科技大学粮食全产业链培养主体为例,通过高校相关科研部门牵头成立,粮食作物育种、栽培、加工领域教师共同组成联合攻关小组;种子生产、种植、加工和农机农资服务企业主要技术、市场负责人共同参与。粮食加工销售企业根据市场反馈对产品种类、质量、技术参数提出具体要求;科研单位基于粮食生产全产业链的高产高效和国家农业发展规划,开展育种攻关,选育合适的品种类型。同时结合种植和农机农资企业现状,联合攻关研究配套的高产高效栽培技术、安全高效农药化肥,开发高效节能农机设备。使各个企业都可以实现自身的效益最大化,高校的研究成果也可以实现推广的最大化。同时让农学方向学生参与联合攻关项目,在项目实施过程中综合掌握粮食全产业链生产的各个环节。学生参与项目不仅可以节约企业的人力成本,还可以增加毕业生与用人单位的相互了解,提高农学方向学生的就业率和就业质量("一校多企"型全产业链实践基地运行模式见图3)。

(一) 基于"一校多企"全产业链的各个培养模块

科研主体:西南科技大学生命科学与工程学院,涵盖了生物技术、生物工程、农学、园艺、动物科学、食品科学与工程、制药工程等多个本科专业,其农

---

① 陈勇、周发明、彭健民:《全日制农业硕士专业学位研究生"三双四模块七学段"培养模式的探索与实践》,《学位与研究生教育》2017年第3期。

② 王钰、李超:《校企合作模式下的研究生实践基地建设与管理——以新疆农业大学农学硕士为例》,《教育研究》2019年第2期。

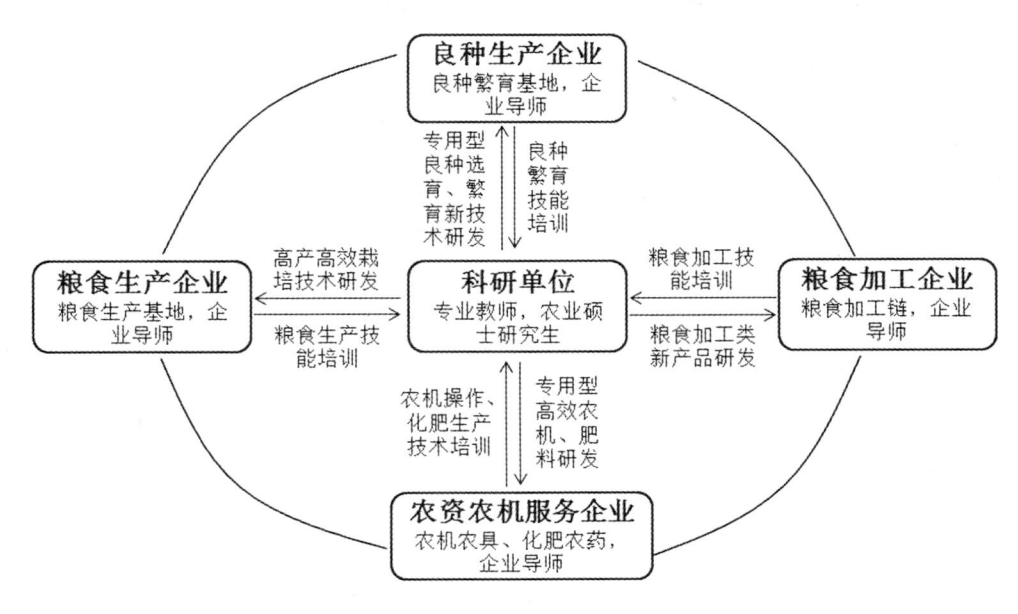

图3 以粮食全产业链为培养主体的人才培养模式

业专业硕士有农业、畜牧、农业管理、食品加工与安全四个领域。在水稻小麦新品种选育、高产高效栽培技术研发方面具有较多的研发成果和完备的科研团队。

种子生产主体：四川西科种业有限公司，作为一家"育繁推一体化"种子企业，在杂交水稻种子生产、推广方面基础扎实。"西南科技大学—四川西科种业有限公司农科教合作人才培养基地"作为国家级大学生校外实践教育基地一直承担农学类本科和硕士研究生的水稻繁殖、制种实践教学工作。

粮食生产主体：梓潼县国梅家庭农场有限公司是梓潼县重点农业企业、四川省示范农场，以优质水稻、小麦和油菜种植为主业，主要开展粮油作物的栽培制种、加工销售，新产品新技术的田间示范展示等相关工作。

农机服务主体：绵阳市安县永福农机专业合作社是省级示范合作社，作为农业农村部推介的第一批全国"全程机械化+综合农事"服务中心典型案例企业、省级龙头企业，同时也是西南科技大学专业学位研究生实践教学基地，承担农学类本科和研究生的农机实训和实践教学工作。

农资生产主体：四川省田宝生物科技有限公司是一家集科研、生产、销售三位一体的农业产业化经营重点龙头企业、国家高新技术企业。在畜禽粪污资源化利用、耕地质量提升、粮田有机肥替代化肥等领域具有显著的带动效应。

粮食下游产业主体：绵阳仙特米业有限公司作为国家粮食局重点支持的粮食产业化重点龙头企业，四川省农业产业化省级重点龙头企业，长期与西南科技大学相关科研团队合作，进行粮食新品种研发、对订单种植大户开展高产高效种植和科学技术指导。

依托上述分属粮食生产各环节的企事业单位，构建"一校多企"的全产业链培养主体。在培养内容设置方面不以某个企业为实施主体，而以全产业链生产过程为基础，通过学校学院的协调、多企业协商，以培养对农业生产全产业链全面掌握的"新型职业农民"为目标，培养对农业全产业链可以综合把握掌控的农学专业人才。

（二）基于"一校多企"全产业链的建设成效

1. 学生学习兴趣、实践技能和创新能力显著提高

以农业全产业链为依托实践培养体系，有利于避免传统上由于实践项目和内容相对固定和狭小以致学生应付情绪的产生，提高学生对所选农业实践的兴趣和感情，激发学生学习动机和"知农爱农、强农兴农"情怀。产学研紧密结合，提高了学生实践技能和创新能力。全产业链培养保障了学生创新实践培养全学程不间断，学以致用，运用创新性思维去解决科学与生产问题。形成了校内外一二三产融合的产学研联动的协同育人机制，在教学与科研融合育人和教学与产业融合育人两方面都取得了良好效果。近5年学生获国家奖学金7人，省优毕业生2人；农学专业学生主持国家级省级创新创业训练计划20项，获得省级以上科技竞赛15项，获得市校级科技竞赛10余项，7人考取大型农机驾照。

通过全产业链实践模式，培养出一批掌握现代农业产业必需实用技能、"下得去、留得住、用得上、懂经营、善管理"的卓越农业人才，实现农学专业的人才培养与社会需要的无缝对接。近5年学生考研升学率30%左右，就业率（含升学）95%，产业链内类型企业就业率超过50%。同时用人单位对本专业毕业生敬业精神、扎实专业知识、实际工作能力等方面表现都给出了较高评价，满意度都达到96.07%，说明本专业对学生培养成效显著，能得到企业的普遍认可。

2. 促进了专业培养体系和教师队伍建设

通过"一校多企"全产业链培养实践平台建设，建立起较为完善的卓越农业人才培养目标、课程体系、课外实践、基地建设、教学资源利用和考核评价体系等。该模式对在综合性大学充分利用学科融合、专业融合和校内外结合的实用技能型卓越人才培养提供了可借鉴的经验。学校农学专业2019年获批四川省一流专业，2020年获批国家级一流专业。

通过"一校多企"型全产业链培养体系加强了农学方向教师与企业的联系，教师队伍做到校内外结合、理论与实践结合；可以从产业链的不同环节入手解决生产问题。经多年实践，农学专业教师建立了省级教学团队1个，省高校创新团队3个，省劳模创新工作室1个，省"五一巾帼"创新工作室1个。农业科研成

果获国家科技进步二等奖 5 项，省部级科技进步奖 14 项（其中 4 项省部级科技进步奖为与产业链内企业共同参与完成）。获国家自然基金项目 5 项，主研国家科技重大专项 9 项，发表教改论文 5 篇。

3. 产业链各环节企业科研能力提升，经济效益显著增加

全产业链培养主体使得科研单位与企业之间、企业与企业之间联系合作更为密切，提高了企业在不同生产环节的合作效率，加快科研成果转化为生产力和经济效益的速率。科研主体和各环节企业均从中获得较大的实力提升和经济效益的增加。

如四川西科种业有限公司依托与科研主体的密切合作，积极开展农作物新品种转化，使得产品市场竞争力增加；每年接收 1—2 名经过全产业链实践平台培养的优秀毕业生就业，提高了自身的人才储备。因此迅速发展成为西南区域首家在新三板挂牌的"育繁推一体化"种子企业，并与学校科研主体共同承担省育种攻关专项。全产业链中的梓潼县国梅家庭农场有限公司、四川省田宝生物科技有限公司，开始均为新成立的小规模个体农业企业，市场竞争力、影响力弱。通过全产业链主体之间的紧密合作交流，梓潼县国梅家庭农场有限公司获得科研主体选育的优质农作物品种，优质绿色生产技术，其优质的产品和区域带动作用成为绵阳仙特米业有限公司的稻谷订单生产企业；同时因其与科研主体的密切合作，提高了新品种、新技术的示范推广能力，因此获得了省科技厅专项立项支持（梓潼县水稻科技扶贫特派团创建，2021 年立项）。四川省田宝生物科技有限公司也因为加入全产业链培养体系，增加了企业之间的交流合作，成为梓潼县国梅家庭农场有限公司等粮油生产基地的有机肥供货商；因与科研主体的密切合作，提高了科研创新能力，获得了省科技厅有机肥相关的重点专项支持（测土全元生物有机肥关键技术研究与产业技术服务中心建设，2021 年立项）

五 结语

产业兴旺是乡村振兴的首要任务，而农业高质高效是产业兴旺的重要环节。如何加强一二三产业融合，打造符合乡村产业体系的全产业链，提高农产品附加值，增加农民收入，已成为摆在国家乡村振兴局案头的必答题。[①] 而结合我国农村中小企业发展现状，建立以地方涉农科研单位为主体的全产业链共同体，可以

---

① 郑红艳、林满红、翁佩莹等：《乡村振兴背景下水稻全产业链体系构建及其关键技术》，《福建农业科技》2020 年第 9 期；刘西涛、王盼：《乡村振兴视角下农产品全产业链流通模式构建及协同发展策略》，《商业经济研究》2021 年第 11 期；姜钰、周丰婕：《乡村振兴战略下构建云南特色的农业全产业链研究》，《物流科技》2020 年第 2 期；徐庆国、温圣贤、徐持平等：《农村中小企业发展助推湖南乡村振兴战略的思考》，《湖南农业科学》2019 年第 3 期。

弥补中小企业在农业科研方面投入不足、产品科技含量低、竞争力差的问题。通过涉及农村一二三产业的多企业合作，促进农村全产业链的融合发展和多元发展，不仅可以吸纳农村剩余劳动力，还有利于实现农村产兴旺、生态宜居、乡风文明、治理有效、生活富裕的总目标。①

参考文献

张永丽、高蔚鹏：《脱贫攻坚与乡村振兴有机衔接的基本逻辑与实现路径》，《西北民族大学学报》（哲学社会科学版）2021年第3期。

王志刚、封启帆：《巩固贫困治理策略：从精准扶贫到乡村振兴》，《财经问题研究》2021年第10期。

唐丽霞：《乡村振兴战略的人才需求及解决之道的实践探索》，《贵州社会科学》2021年第1期。

郭芳、李永华：《民企纾困六题》，《中国经济周刊》2018年第40期。

宋鑫陶：《创新，打败你自己》，《企业家信息》2018年第11期。

卓炯、杜彦坤：《农业硕士研究生教育培育新型职业农民的思考》，《学位与研究生教育》2019年第4期。

丰俊：《乡村振兴战略背景下加快乡村人才队伍建设探讨》，《农家科技》2021年第5期。

中共中央、国务院：《关于加快推进农业科技创新 持续增强农产品供给保障能力的若干意见》。

国务院学位委员会：《关于将"农业推广（暂用名）硕士"定名为"农业硕士"的通知》。

全国农业专业学位研究生教育指导委员会秘书处：《农业硕士专业学位各领域指导性培养方案》。

谢勇、李铷、谢世清：《专业学位农业硕士人才培养模式的探索与思考》，《高教论坛》2018年第8期。

陈兆夏、曹蕾、李伟等：《农业高校校内实践教学基地建设的探索与实践》，《中国现代教育装备》2013年第17期。

杨映、李华、于辉：《农业专业学位硕士研究生实践教育基地建设与探索》，

---

① 周艳飞、李学俊、朱春梅：《新农科背景下基于全产业链复合应用型人才培养的实践与思考——以云南农业大学农学专业（热带作物方向）人才培养为例》，《云南农业大学学报》（社会科学版）2021年第4期；辛志宏、徐幸莲、夏镇波等：《基于全产业链需求为导向的食品科学与工程专业大类人才培养体系构建与探索》，《中国农业教育》2021年第2期；翟云龙、陈国栋、万素梅等：《新疆棉花全产业链适用型人才培养的模式与研究》，《当代教育实践与教学研究》（电子版）2019年第13期；王天宇：《论乡村振兴战略背景下特色小镇的培育发展——基于特色小镇、中小企业与乡村振兴三者契合互动分析》，《河南社会科学》2020年第7期。

《教育现代化》2018 年第 5 期。

徐春碧、彭远春、邹瑞等：《"双导师制"培养复合型创新型专业硕士研究生现状研究》，《产业与科技论坛》2019 年第 6 期。

金永中、罗宏、陈建等：《"双导师组制"在地方高校硕士专业学位研究生培养中的构建与实践》，《教书育人》（高教论坛）2016 年第 33 期。

曹受金、田英翠：《农业专业硕士学位研究生培养的问题与对策》，《现代园艺》2020 年第 1 期。

陈红春、龙治坚、胡尚连等：《校企合作下高校创新创业实践基地的建设与探索》，《实验技术与管理》2019 年第 4 期。

杨焕文、赵正雄、顾华国等：《农科院校校外实践教育基地建设初探——以云南农业大学大学生校外实践教育基地建设为例》，《教育教学论坛》2015 年第 48 期。

任清长、宣晶晶、王淑娟等：《农业硕士学位研究生的培养现状与改革方向探析》，《安徽农学通报》2017 年第 9 期。

潘伟、陈翱、侯辉萍：《进一步提高全日制农业硕士研究生培养质量的思考》，《产业与科技论坛》2018 年第 7 期。

孙伟：《企业集团全产业链战略研究——以中粮集团为例》，硕士学位论文，北京大学，2011 年。

陈勇、周发明、彭健民：《全日制农业硕士专业学位研究生"三双四模块七学段"培养模式的探索与实践》，《学位与研究生教育》2017 年第 3 期。

王钰、李超：《校企合作模式下的研究生实践基地建设与管理——以新疆农业大学农学硕士为例》，《教育研究》2019 年第 2 期。

郑红艳、林满红、翁佩莹等：《乡村振兴背景下水稻全产业链体系构建及其关键技术》，《福建农业科技》2020 年第 9 期。

刘西涛、王盼：《乡村振兴视角下农产品全产业链流通模式构建及协同发展策略》，《商业经济研究》2021 年第 11 期。

姜钰、周丰婕：《乡村振兴战略下构建云南特色的农业全产业链研究》，《物流科技》2020 年第 2 期。

徐庆国、温圣贤、徐持平等：《农村中小企业发展助推湖南乡村振兴战略的思考》，《湖南农业科学》2019 年第 3 期。

周艳飞、李学俊、朱春梅：《新农科背景下基于全产业链复合应用型人才培养的实践与思考——以云南农业大学农学专业（热带作物方向）人才培养为例》，《云南农业大学学报》（社会科学版）2021 年第 4 期。

辛志宏、徐幸莲、夏镇波等：《基于全产业链需求为导向的食品科学与工程专业大类人才培养体系构建与探索》，《中国农业教育》2021 年第 2 期。

翟云龙、陈国栋、万素梅等：《新疆棉花全产业链适用型人才培养的模式与研究》，《当代教育实践与教学研究》（电子版）2019 年第 13 期。

王天宇：《论乡村振兴战略背景下特色小镇的培育发展——基于特色小镇、中小企业与乡村振兴三者契合互动分析》，《河南社会科学》2020 年第 7 期。

第三章
课程思政

"五创联动"课程思政育人模式创新与实践

蒋道平[*] 顾 倩 孙 炜

成果简介：西南科技大学课程思政育人模式改革坚持以习近平新时代中国特色社会主义思想为指导，充分发挥课堂教学"主渠道"、教师队伍"主力军"、课程建设"主战场"作用，以实现体制机制创立、课程体系创设、课堂教学创新、优质队伍创建、保障条件创造"五创联动"育人模式为进境，以构建全员、全过程、全方位"大思政"育人格局为目标，以落实立德树人根本任务、培养担当民族复兴大任的时代新人为指向，切实将知识传授与价值引领贯穿教育教学全过程。"五创联动"课程思政育人模式创新与实践开展以来，学校课程思政建设持续加强，育人成效不断凸显，改革效果受到社会广泛关注和好评。

关键词：高校；课程思政；育人模式；机制创新

思想政治工作是我们党做好各项工作的政治保证，善做思想政治工作是我们党不断赢得胜利的重要法宝；高校思想政治工作关系高校培养什么样的人、如何培养人以及为谁培养人的根本问题，善做高校思想政治工作是落实立德树人根本任务的重要保证。当前，在开启全面建设社会主义现代化国家新征程，向第二个百年奋斗目标进军背景下，更要求我们充分认识通过有效的思想政治工作着力培养担当民族复兴大任时代新人的重要性和紧迫性，在持续讲好思政课程的同时做好课程思政工作，把思想政治工作贯穿教育教学全过程，努力开创学校立德树人新局面。

一 "五创联动"课程思政育人模式的提出背景

党的十八大以来，以习近平同志为核心的党中央高度重视高校思想政治工

---

[*] 蒋道平（1973— ），西南科技大学党委常委、宣传部部长，教授，硕士生导师，主要研究方向为思想政治工作理论与方法。

作。2016年习近平总书记在全国高校思想政治工作会议上强调，要用好课堂教学这个主渠道，思想政治理论课要坚持在改进中加强，提升思想政治教育亲和力和针对性，满足学生成长发展需求和期待，其他各门课都要守好一段渠、种好责任田，使各类课程与思想政治理论课同向同行，形成协同效应。① 习近平总书记的重要讲话为探索以立德树人为中心环节，做好课程思政工作提供了根本理论遵循和重要实践方向。2019年中共中央办公厅、国务院办公厅印发《关于深化新时代学校思想政治理论课改革创新的若干意见》②，2020年教育部印发《高等学校课程思政建设指导纲要》③，高等教育领域对课程思政的认识不断提升、实践探索逐步深入、理论研究持续深化。"课程思政"是新时期高校教育工作的新战略，既是对培养什么人、怎样培养人、为谁培养人根本问题的具体回应，也是检验立德树人成效根本任务的现实载体。课程思政在人才培养维度将价值塑造、知识传授和能力培养三者相互融合，帮助学生塑造正确的世界观、人生观、价值观；在体系建构维度紧紧抓住教师队伍"主力军"、课程建设"主战场"、课堂教学"主渠道"，让所有专业、所有教师、所有课程都承担好育人责任；在目标导向维度使各类课程与思政课程同向同行，将显性教育和隐性教育相统一，构建全员全程全方位育人大格局。课程思政工作开展实效，影响甚至决定着接班人问题，影响甚至决定着国家长治久安，影响甚至决定着民族复兴和国家崛起。④

西南科技大学历来高度重视思想政治工作，注重发挥课程思政在落实立德树人主责主业、提升人才培养质量水平过程中的基础性作用，全面加强课程思政体系化建设、系统提升各学科专业育人功底，为开展"五创联动"课程思政育人模式创新与实践奠定了良好基础：第一，课程思政育人工作体系健全。学校坚持以习近平新时代中国特色社会主义思想为指导，以落实立德树人根本任务、培养担当民族复兴大任的时代新人为重点，以构建"大思政"育人格局为目标，加强顶层设计推进"七大体系"建设，坚持同向同行开展"三全育人"改革，依托办学体制特色实施"十大育人"行动。第二，课程思政育人体制机制完善。学校形成"党委统一领导，党委宣传部牵头抓总，教务处统筹推进，人事处、教师发展中心、校工会等联动配合，院系组织落实"的课程育人工作格局，建构"大环境浸染、大团队协同、大平台集成"全时空育人运行机制，落实"标准明确、评价科学、持续改进"全过程质量监控机制，坚持以新时代课程思政育人标

---

① 《论党的宣传思想工作》，中央文献出版社2020年版，第277页。
② 《关于深化新时代学校思想政治理论课改革创新的若干意见》，人民出版社2019年版。
③ 《教育部关于印发〈高等学校课程思政建设指导纲要〉的通知》（教高〔2020〕3号），2020年5月28日。
④ 《教育部关于印发〈高等学校课程思政建设指导纲要〉的通知》（教高〔2020〕3号），2020年5月28日。

准考核评价学校课程思政育人工作，凝练形成目标导向、问题导向、效果导向的课程思政育人新思路。第三，课程思政育人平台载体丰富。一是育人阵地从课余向课内拓展，将课程思政育人从传统意义上的第一课堂向第二课堂延伸，尝试与思政课程、通识课程、文化艺术类公选课相结合，以课程为平台，强化课程思政育人的伦理内蕴和道德气度，提升课程思政育人内涵；二是育人途径从校内向校外拓展，将课程思政育人从校内走向校外，以专业实习实践为载体，接受行业文化的熏陶浸染，为培育职业精神和职业情操奠定文化基础；三是育人平台从行业向社会拓展，以广阔的社会舞台为载体，让学生体会服务人民、奉献社会的价值存在，坚定学生中国特色社会主义文化理想和文化信念。

二 "五创联动"课程思政育人模式的改革思路

学校课程思政改革坚持以习近平新时代中国特色社会主义思想为指导，充分发挥课堂教学"主渠道"功能，紧紧抓住教师队伍"主力军"作用、系统加强课程建设"主战场"场域，全面加强课程思政建设，切实将知识传授与价值引领有机统一的理念贯穿教育教学全过程。课程思政教育教学改革以会通要素、打通关节、提升育人凝聚力，创新模式、丰富载体、提升育人原动力，科学评价、有效实施、提升育人作用力为核心，以实现"体制机制创立、课程体系创设、课堂教学创新、优质队伍创建、保障条件创造"为重点，以构建全员、全过程、全方位"大思政"育人格局为目标，以落实立德树人根本任务、培养担当民族复兴大任的时代新人为指向，致力于打造形成"五创联动"课程思政育人新模式。

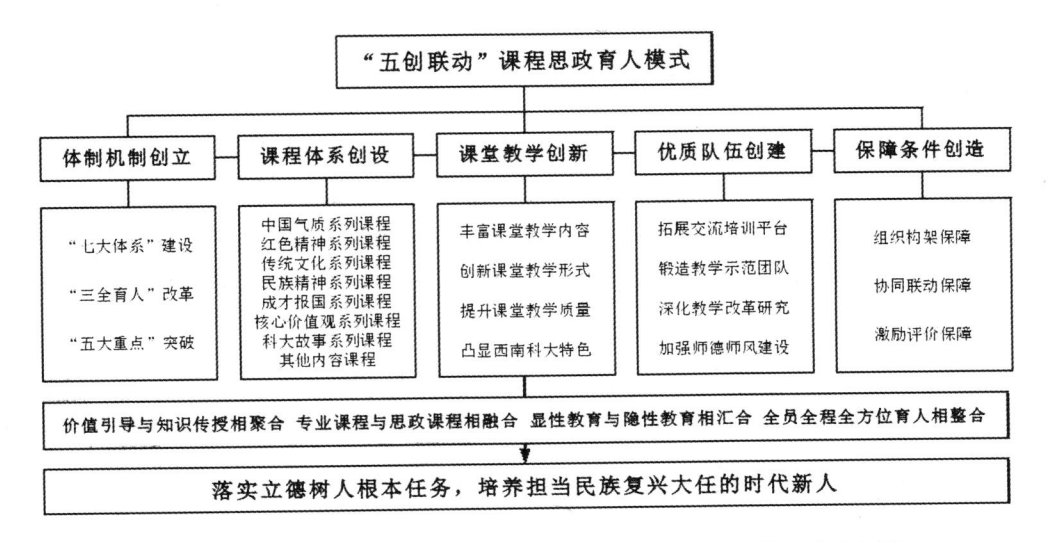

图1 "'五创联动'课程思政育人模式创新与实践"改革思路示意图

三 "五创联动"课程思政育人模式的建构内容

(一) 体制机制创立

一是加强顶层设计,推进"七大体系"建设。学校高度重视课程思政建设,多次召开专题协同会,印发《中共西南科技大学委员会关于加快构建思想政治工作体系的实施意见》(西南科大党委发〔2021〕4号)等政策文件,形成"七大体系"建设规划。二是坚持同向同行,开展"三全育人"改革。2020年学校入选四川省首批"三全育人"综合改革试点高校,依托"共建与区域产学研联合办学"体制实施"十大育人"行动,构建"三全育人"创新链与"五创联动"课程思政协同推进育人格局。三是明确目标内容,实现"五大重点"突破。印发《西南科技大学课程思政建设实施方案》(西南科大党委发〔2019〕5号),明确提出用3年时间建成1—2个省级专业思政示范专业,2—3个省级示范教学团队,6—9门省级课程思政示范课程,建设100门校级课程思政示范课程,力争建成立德树人标杆学校的建设目标。

(二) 课程体系创设

学校充分发挥课程建设"主战场"作用,不断加强课程思政内容建设,构建形成八大课程体系。一是中国气质系列课程。通过讲好中国故事增强对中国共产党的政治认同、对马克思主义中国化的理论认同,唤起大学生的爱国情怀、民族自豪感。二是红色精神系列课程。充分挖掘红色资源深厚内涵,引导学生领会红色精神、培育红色品质。三是传统文化系列课程。引导大学生认知中华民族博大精深的历史文化内涵,牢固树立文化自信根基。四是民族精神系列课程。结合专业课程引导大学生认识"中华民族的脊梁",激发弘扬民族精神的历史担当。五是成才报国系列课程。引导大学生从先进人物事迹中明晰个人与国家发展同向而行,在成才报国中升华人生价值。六是核心价值观系列课程。引导大学生明晰社会主义核心价值观与自身成长的关系,学习身边核心价值观典型。七是科大故事系列课程。讲好西南科大故事、弘扬西南科大精神,引导大学生助力学校发展,共享发展成果。八是其他内容课程。深入挖掘其他内容或形式思政元素,坚持把立德树人作为中心环节,融入课程思政全过程。

(三) 课堂教学创新

学校充分发挥课堂教学"主渠道"作用,坚持丰富内容和创新形式相结合,提升质量与凸显特色相统一,致力打造具有西南科大特色的课程思政课堂教学体系。一是丰富课堂教学内容。在专业课程授课中结合学科内容不断挖掘思政元素，在重点课程遴选立项、评比和验收中突出"价值引领"指标，坚持"知识传授、能力提升和价值引领"同步，提升育人目标实现度和学生思想深处获得感。二是创新课堂教学形式。系统加强课程思政示范专业、示范教学团队建设，不断丰富课堂教学组织方式和开展形式，结合青年学生身心发展特点以微视频、翻转课堂等形式创新教学形式。三是提升课堂教学质量。加强课堂教学全过程管理，建立两级听课制度，开展校级"课程思政"教学竞赛，科学合理设计教学质量评价标准，确保课堂教学质量持续提升。四是凸显西南科大特色。立足校情实际加强特色思政课程建设，将国防军工文化、"两弹一星"精神等特色内容引入课程思政教学体系。

（四）优质队伍创建

学校充分发挥教师队伍"主力军"作用，打造锤炼课程思政优质师资队伍。一是拓展交流培训平台。通过专家讲座、专题培训、组织教师到四川大学等高校交流学习等方式不断提升教师教学水平，王卫红、马雪、张伟等一大批优秀教师已在课程思政中发挥"领头雁"作用。二是锻造教学示范团队。进一步推进"专业思政"建设，获得省级课程思政示范教学团队2个，启动建设10个左右校级示范教学团队。三是深化教学改革研究。探索以教研室为单位组织开展课程思政教研教改，2020年启动课程思政专项教改，首批立项6个。四是加强师德师风建设。全面提升教师思想政治素质和师德素养，教师课程思政开展情况作为年度考核、职务（职称）评聘、评优奖励的重要标准。

（五）保障条件创造

有效开展课程思政工作离不开必要的条件保障和物质基础，在课程思政条件保障方面，一是加强组织构架保障。学校成立课程思政工作领导小组，统筹推进课程思政教学改革工作，整合思政课教师、专业课教师、辅导员、校外专家等建立了符合改革要求的新型课程体系团队。二是加强协同联动保障。完善形成"党委统一领导，党委宣传部牵头抓总，教务处统筹推进，人事处、教师发展中心、校工会等联动配合，院系组织落实"的课程思政建设工作格局。三是加强激励评价保障。将各学院推进课程思政建设成效纳入党建、教学和绩效考核评价体系。每年对课程思政教育教学改革立项课程建设情况进行检查评审，近三年投入专项经费100余万元，确保改革落到实处。

四 "五创联动"课程思政育人模式的实践成效

"五创联动"课程思政育人模式创新与实践改革开展以来，学校课程思政建设质量全面加强，育人水平显著提升，取得阶段性成效。

（一）形成圈层育人效应，课程思政建设成果处于川内前列

打造形成"课程思政第一课堂、实践思政第二课堂、网络思政第三课堂"思政圈层育人模式，目前学校分四批立项建设 91 门示范课程思政，校级课程思政示范专业 6 个，获批省级课程思政示范课 10 门，省级课程思政示范专业 1 个，省级课程思政示范教学团队 2 个，处于川内高校领先行列。16 个二级学院都已开展课程思政建设。"思政课程、课程思政、专业思政、学科思政"一体化建设协同聚合效应不断显现。

（二）形成品牌示范效应，课程思政有重点有团队有平台

一是党员教师带头开展课程思政，学校 68 位"双带头人"党支部书记均承担一门课程思政建设，将课程思政与党建工作有机结合。二是积极打造课程思政特色平台和优秀团队，根据学科专业特色和课程思政特色，挂牌成立 6 个"思政名师工作室"。三是以教改为抓手，成立课程思政教学研究中心，有序推进课程思政立项建设全覆盖。

（三）形成教学质量效应，课程思政教学能力提升有举措有成果

学校系统加强专项培训帮助教师掌握课程思政授课内容和方法，在 2020 年首届课程思政教学竞赛中 24 名教师获奖，6 名教师获优秀教学设计奖和优秀案例奖。编印《西南科技大学课程思政教学设计选编》《西南科技大学首批课程思政建设项目成果选编》《西南科技大学课程思政教学视频》等资料，使教师不断加深对课程思政内涵与教学要求的理解，实现知识传授与价值引领同频共振。

（四）形成社会辐射效应，课程思政教学改革受到社会广泛关注

"民法学总论""狭义相对论的时空观"等 6 门课程被推荐到新华网成为全国高校首批优秀课程思政示范课，以"光电子技术""测量学"等为代表的一批课程思政已形成优势学科团队，辐射相关专业发展。《光明日报》、《中国教育报》、《四川日报》、党建网等多家媒体对学校课程思政建设改革成果进行报道。学校立项"课程思政融入专业人才培养方案的有效模式及实现路径研究"等课程思政教改项目，形成了一批可复制、可推广的理论方法与实践经验。

参考文献

《论党的宣传思想工作》，中央文献出版社 2020 年版，第 277 页。

《关于深化新时代学校思想政治理论课改革创新的若干意见》，人民出版社2019年版。

《教育部关于印发〈高等学校课程思政建设指导纲要〉的通知》（教高〔2020〕3号），2020年5月28日。

法学类课程思政示范专业的探索与实践

徐 文[*]

摘 要：法学类课程思政示范专业在建设上秉持党建引领的原则，结合绵阳科技城的特色，开展课程建设。在课程门门有思政建设机制上，采取了"分类识别＋标准化建设"的方式，以期达到教改项目与教学成果互为促进的效果。在教师课程思政能力提升机制上，采取了建设高水平省级课程思政课程的教学团队与培育潜力型课程思政教学团队的方式，并配以"师德师风示范岗＋知新教学沙龙"的提升模式。在课程思政的建设成果上，形成了第一课堂"3＋3"线上线下课程思政，第二课堂"2＋2"校内校外课程思政的系列成果。

关键词：课程思政；法学类；示范专业

一 专业发展沿革及基本情况

西南科技大学法学专业创设于1996年，2003年成为校首批品牌专业，2006年进入重点本科招生，2013年获批四川省卓越法律人才教育培养基地，2019年获批四川省一流专业建设点，同年获得四川省省级课程思政示范课程1项，2020年获批四川省课程思政示范专业。

（一）专业定位清晰明确，所在基层党组织荣获部级表彰

该专业以"立足四川，面向西部，服务全国"为专业定位，以"着眼未来、适应需求"为服务面向，以培养爱党、爱国、爱社会主义、爱集体、适应国家与区域经济社会发展需求的复合型、创新型卓越法律人才为目标。

该专业所在基层党组织为法学院教工第一党支部，因表现突出入选全国党建工作样板支部，获教育部全国高校"两学一做"风采展示大赛推荐展示，更被评为"绵阳市先进基层党组织"，西南科技大学"先进基层党组织"，获《光明

---

[*] 徐文（1986— ），西南科技大学法学院副院长，教授，硕士生导师，主要研究方向为民商法学。

日报》专题报道。

（二）三维落实立德树人，显隐建设课程思政

地处中国科技城绵阳，作为国防科技行业和军民融合产业法治人才培养布局的重要落子，为多种形态推进课程思政建设，法学专业全方位构造课程思政体系。一是紧紧抓住教师队伍"主要力量"，以点带面推进课程思政建设，重点培育省级课程思政示范课程、广泛培育校级课程思政课程；二是紧紧围绕课堂教学"主要战场"，通过集体备课确定授课主线、通过圆桌论坛深挖思政元素、通过实际演练优化教学案例；三是巧妙运用课外教学"主要渠道"，利用专业品牌"午餐师说""新时代青年读书会""校报专栏"实现课程思政浸润第二课堂。

（三）教师队伍基本情况及建设成果

该专业下设4个教研室，有专任教师38人，其中高级职称占45%，法学博士占45%，具有海外学习经历的占18%。

1. 双向培育教学团队，分门别类建设课程思政

就校外队伍而言，该专业通过教育部、中央政法委的"双千计划"积极打造校地协同课程思政教学团队；就校内队伍而言，该专业区分理论课与实践课、实体法与程序法、理论法与部门法挖掘思政元素，建设课程思政。

2. 关注课程思政能力建设，"虚拟教研室"共享优质资源

就能力建设层面而言，该专业关注教师队伍的课程思政能力提升。不仅通过系与教研室两级管理定期培训、分享各地各校相关学科典型案例，而且以课程思政为标尺严把教材选用、大纲修订、课件编写等环节。就优质资源共享层面而言，该专业通过"知新教学沙龙"主动探索虚拟教研室建设，根据教改课题与研究专长统筹师资开展课程思政建设，培育教学成果。

二 课程门门有思政建设机制

（一）分类识别专业课程，标准化建设课程思政

第一，从框架层面上，该专业以教育部确定的五类"金课"为分类标准，组织实施专业课程的分类识别，对线下金课、线上金课、线上线下混合式金课、社会实践金课、虚拟仿真金课的课程思政建设制定分类建设周期与计划。

第二，从内容层面上，该专业根据法学专业各部门法课程的不同性质，组织课程团队区分实体法与程序法、理论法与部门法分类研讨思政主题的确定与思政元素的挖掘，通过制度保障与经费支持实现校级课程思政课程的重点培育，院级课程思政课程的广泛培育。

(二) 教材管理与教材编写并重，思政教师与专业教师协作

第一，在教材管理层面上，该专业以"课程思政"为标准，严把质量关，认真开展新选用教材评审会，认真研读、批判可能存在的错误观点；而且加强对已选用教材的过程监控，定期抽查更新版本后的教材内容。

第二，在教材编写层面上，该专业积极组织与指导各教研室开展"课程思政"教材的研究与开发；十分重视并邀请专业思政教师以不同方式参与研讨，确保"课程思政"建设中的思政主题、思政元素与专业体系、专业知识相得益彰，确保"课程思政"课程的讲义、课件、知识体系呈现高水平的状态，达到润物细无声的效果。

(三) 教改项目与教学成果互促，课程思政与课程改革并行

第一，在教改项目层面上，该专业完成了校级课程思政课题，形成了一批具有参考价值的教学成果，诸如《课程思政简明操作手册》、"课程思政·翻转课堂教学案例"、"课程思政·双师同堂教学案例"、"课程思政·效果参考标准"等。

第二，在教学成果层面上，该专业积极组织科研团队以法律职业伦理课程教学改革、法律实务课程教学改革、社区法律教育试验区等为主题，推动课程思政课程建设与教学成果培育的良性循环，形成了"3+3"课程思政混合教学成果。其中，线上成果由"法学德育系列微课""翻转课堂系列微课""10分钟学民法"三部分构成；线下成果由"数理逻辑疑难案例工作坊""课程思政典型教学案例""课程思政教学效果评价标准"三部分构成，并以"传承与创新：新文科背景下体验式课程思政混合教学的探索与实践"为题积极申报学校教学成果奖。

三 教师课程思政能力提升机制

该专业通过"师德师风示范岗"等专项活动和"师德师风失范一票否决制"落实师德师风建设。建立"国家、省、学校、学院"四位一体的师资培训体系，近两年来重点围绕课程思政教学能力与科研能力提升线上送培教师30余人次，做到专任教师全覆盖。

（一）建设高水平课程思政教学团队

1. 省级课程思政示范课"民法学总论"教学团队

表1　　　　　　　　省级课程思政示范课教学团队

姓　名	教师类别	职称/职务/学历	任务分工
徐文	专业教师	教授/副院长/博士后 "双带头人"党支部书记	课程设计 项目实施
石江水	专业教师	副教授/博士	负责TBL教学
王恒	专业教师	副教授/教研室主任/博士	负责PBL教学
杨毅丰	思政教师	讲师/博士	负责双师同堂
张鑫	专业教师	讲师/本教办主任/博士	负责双师同堂

2. 刑法学课程思政教学团队

表2　　　　　　　　刑法学课程思政教学团队

姓　名	教师类别	职称/职务/学历	任务分工
廖天虎	专业教师	教授/博士	课程设计
何显兵	专业教师	教授/院长/博士	负责TBL教学
马胜	专业教师	助教/学科秘书/硕士	负责PBL教学
李克龙	思政教师	副教授/学办主任/博士	负责双师同堂
刘永强	专业教师	副教授/硕士	负责双师同堂
贾银生	专业教师	讲师/学科办主任/博士	负责翻转课堂
曹华	专业教师	副教授/硕士	负责翻转课堂

3. 行政法学课程思政教学团队

表3　　　　　　　　行政法学课程思政教学团队

姓　名	教师类别	职称/职务/学历	任务分工
文晓静	专业教师	副教授/博士	课程设计、项目实施
曾雪梅	专业教师	讲师/研究生培管办主任/硕士	负责TBL教学
杜斌	思政教师	副教授/博士	负责双师同堂
张娟娟	专业教师	讲师/博士	负责双师同堂

4. 中国法律史课程思政教学团队

表4　　　　　　　　　中国法律史课程思政教学团队

姓　名	教师类别	职称/职务/学历	任务分工
张寒	专业教师	讲师/党支部书记/博士	课程设计、项目实施
张正印	专业教师	教授/校外专家	负责TBL教学
程皓	专业教师	副教授/系主任/博士	负责TBL教学
张娟娟	专业教师	讲师/博士	负责PBL教学
杜斌	思政教师	副教授/博士	负责双师同堂
杨熠	专业教师	讲师/博士在读	负责双师同堂

5. 宪法学课程思政教学团队

表5　　　　　　　　　宪法学课程思政教学团队

姓　名	教师类别	职称/职务/学历	任务分工
赵春力	专业教师	讲师/硕士	课程设计、项目实施
文晓静	专业教师	副教授/博士	负责TBL教学
邱琳	专业教师	讲师/党政办主任/硕士	负责PBL教学
马胜	专业教师	助教/学科秘书/硕士	负责双师同堂
谭永	思政教师	讲师/硕士	负责双师同堂

（二）通过"师德师风示范岗"实现课程思政意识的夯实

为引导教师党员努力成为"四有好老师""四个引路人"和"四个相统一"的表率，该专业设立了"师德师风示范岗"。"师德师风示范岗"采取定期流动的形式，由经学校、学院评选的优秀共产党员轮流担任。每个月由两位教学岗位的党员教师与一位管理岗位的党员教师担任。每个月的三位示范岗教师将结合教学与管理工作，用模范言行诠释师德内涵，用良好风范展示师德形象。

（三）通过"知新教学沙龙"实现课程思政能力的提升

为了使专业教师更加深入了解课程思政、消除畏难情绪、传播课程思政建设的理念、交流创新开展课程思政的经验，该专业在学院发起了"知新教学沙龙"，目前已开展四期。

四　课程思政建设成果

该专业课程思政建设成果由第一课堂"3+3"线上线下课程思政，第二课堂"2+2"校内校外课程思政两部分构成，简述如下。

（一）第一课堂"3+3"，线上线下课程思政

1. 成果简介

为深度挖掘与提炼专业知识体系中所蕴含的思政元素，更为合理地拓展专业课程的广度、深度与温度，结合课程体系与知识结构的特点，该专业从可读性、切合度、感染力三个方面设计，体现3个思政主题和12个思政元素的"课程思政"教育（参见表6）。其中，"民法学总论"已入选四川省省级"课程思政"示范课程。

表6　　　　　　　　　　思政主题与思政元素一览表

三大思政主题	十二个思政元素
四个自信	道路自信
	理论自信
	制度自信
	文化自信
社会主义核心价值观	自　由
	平　等
	公　正
	诚　信
	友　善
国家治理体系和治理能力现代化	人权保护
	乡村振兴
	基层治理

2. 成果特色

就成果特色而言，主要体现为对教育部新文科建设相关精神的贯彻，以及通过教学方法的改革实现马克思主义学科与法学学科之间、自然科学与人文社科之间的深度融合。

成果由"3+3"混合式成果构成：线上成果由"法学德育系列微课""翻转课堂系列微课""10分钟学民法"三部分构成；线下成果由"数理逻辑疑难案例工作坊""课程思政典型教学案例""课程思政教学效果评价标准"三部分构成。

3. 典型案例采撷

（1）系列成果之法学德育微课系列的应用及效果

法学德育微课系列目前已完成第一季的制作，由"民法的人文关怀""诚信文化与诚实信用原则""意思自治与权利不得滥用"构成。作为四川省省级课程

思政示范课程的视频，就应用效果而言，该课程已用于"民法学总论""物权法学""人身权法学"等课程的教学；同时，该成果也已同时用于学院入党积极分子的培训。

（2）系列成果之课程思政慕课的应用及效果

"10分钟学民法"已在国家级精品在线课程平台"学堂在线"以及"国家高等教育智慧教育平台"上线，选课学生来自十余所高校。该课程授课内容紧密贴合《中华人民共和国民法典》，是在马克思主义的指导下对中国特色社会主义"四个自信"的践行、对社会主义核心价值观的传播、对人民权利的全面保护。对于有法律基础的同学而言，有"化繁为简"之效，能够实现"厚书读薄"；对于无法律基础的同学而言，有"深入浅出"之效，能够一窥民法真容。

（3）系列成果之翻转课堂、Seminar、Workshop应用及效果

第一，双师同堂。通过该教学方法，学生能够从如下两方面感受到马克思主义对法学类课程的指导地位。一方面，学生感受到了法学课程是在马克思主义的指导下，对社会生活中所涉民法问题的深度解读。例如，民法典不仅体现了新时代民事立法的体系化与科学化，体现了法治与权利意识的成长史，更加体现了"创新、协调、绿色、发展、共享"的五大发展理念。另一方面，学生感受到了中国的法学是在党的领导下对人民诉求的充分关怀与回应。例如，民法中对于网络虚拟财产、个人数据信息等新型民事权利的保护突出反映了中国共产党对于新时代人民利益的关怀，更加反映了中国共产党通过依法治国的方式来回应人民的权利诉求。

第二，翻转课堂。该教学方法是对传统教学方法流程上的彻底变革。在传统的教学流程中：课前学生预习→课中教师讲解（完成知识内化）→课后学生通过复习巩固所学。在翻转课堂中，所采取的教学流程是：课前学生通过慕课学习完成知识获取与发现问题→课中通过小组协作完成对问题的主动探索（完成知识内化）→课后学生通过慕课资源巩固所学。该模式优势：将知识内化的环节放在课堂上，有利于老师及时发现学生对于重难点的理解误区，更加有利于老师针对思政元素进行教学设计、通过对扩展型问题的解答实现本科课程既兼顾基础知识，又适当拓展的目的。

第三，Workshop。该方法是指，精选30人组成工作坊。由教师指定选题，由2—3人自行选取角度解释选题，由其余同学进行点评或提问。该方法的好处在于：能够通过"小班化"教学，在课堂外开展，并且能够使思政元素通过引导提问深入融合到讨论过程中。该模式优势：工作坊的教学方式充分培养了同学们寻找材料的能力、口才演讲的能力、逻辑思辨的能力，这与法学专业人才培养模式相得益彰。

（二）第二课堂"2+2"，校内校外课程思政

1. 成果简介

为增加课程的知识性、人文性，提升引领性、时代性与开放性，为引导学生注重学思结合、知行合一，更为教育学生了解国情民情、养成经世济民、诚信服务、德法兼修的职业素养，该专业联合所在基层党组织，长期坚持开展系列"课程思政"建设活动，通过"午餐师说""新时代青年读书会""校报专栏""民法典大学生宣讲团"等品牌活动帮助学生塑造正确的世界观、人生观、价值观。

2. 成果特色

就成果特色而言，主要体现为帮助学生了解相关专业和行业领域的国家战略、法律法规和相关政策，引导学生深入社会实践、关注现实问题，培育学生经世济民、诚信服务、德法兼修的职业素养。

成果由"2+2"混合式成果构成。其中，校内课程思政成果由"午餐师说""新时代青年读书会"两项品牌活动领衔；校外课程思政成果以"以案说法""民法典大学生宣讲团"两项品牌活动为代表。

3. 典型案例采撷

第一，课程思政育人品牌：午餐师说。案例内容：该专业通过"午餐师说"活动的开展，旨在落实习近平总书记提出的"培养什么人、怎样培养人、为谁培养人"的根本问题，充分利用午餐时间，就学习方法、就业择业、考研升学、出国留学、人生选择等主题搭建师生交流平台。该活动目前已成功开展16期，反响热烈。

第二，课程思政育人品牌：新时代青年读书会。案例内容：通过新时代青年读书会的开展，旨在更充分地贯彻立德树人根本任务，多种形式深入解读"四个自信"，展现新时代大学生良好精神风貌，做到年青一代坚定不移跟党走。该活动目前已成功开展五期。

第三，课程思政育人品牌："以案说法"专栏。案例内容：该专业在《西南科技大学报》开设"以案说法"专栏。从人民群众关心的话题出发，不仅有效融入社会主义核心价值观，而且利用专业知识答疑解惑，为读者点滴展示中国法治进程。

第四，课程思政育人品牌：民法典大学生宣讲团。案例内容：为了践行法律人的社会责任、青年人的时代使命，多维度展示国家治理体系和治理能力现代化，该专业联合所在基层党组织联合发起课程思政品牌活动"民法典大学生宣讲团"。

建构主义理论视域下"课程思政"建设的探索与实践

——以"光电子技术"为例

周自刚*

摘 要：基于建构主义学习理论，采用线上线下混合式教学模式，运用文献案例同伴教学法，经过情境、协作、会话、意义构建四个环节，基因式融入课程思政教育元素到"光电子技术"专业课程中。经过近四年探索与实践，结果证明：不仅可以实现专业育人和课程育人的水乳交融，而且把正确价值引领、共同理想信念塑造作为社会主义大学课堂的鲜亮底色，真正做到"守好一段渠、种好责任田"。

关键词：课程思政；建构主义理论；混合式教学；文献案例同伴教学法；光电子技术

党的十八大以来，高校思想政治理论课改革成效显著。[①] 特别是自 2016 年全国高校思想政治工作会议以来，全国各高校积极开展"课程思政"建设。"课程思政"是一种新的思政教育工作思路，是落实"三全育人"格局具体措施。其改革的核心是教学内容改革，根本问题是如何实现"思政课程"与"课程思政"教学内容的同向同行。[②] 通过改革各类课程的教学内容，使之能够自然而然地承载思想政治教育功能，在"潜移默化"中提升学生的思想政治修养。但由于"课程思政"建设探索工作刚刚起步，存在一些诸如教师缺乏经验、教学缺乏教

---

* 周自刚（1973— ），西南科技大学数理学院院长，教授，博士生导师，主要研究方向为微纳光子学与微波光子学。

① 黄蓉生、崔健、唐斌：《党的十八大以来思想政治理论课教学改革的实践探索与经验启示》，《中国大学教学》2018 年第 8 期。

② 万林艳、姚音竹：《"思政课程"与"课程思政"教学内容的同向同行》，《中国大学教学》2018 年第 12 期。

材、管理缺乏规范、评价体系有待完善等问题。①

建构主义理论认为，知识是学习者主动建构的过程，强调学生对知识的主动探索、主动发现和对所学知识意义的主动建构。② 这与"课程思政"的教育目的十分契合，从而为高校"课程思政"改革提供可借鉴的思路。③

为此，我们基于建构主义理论，立足思想政治工作规律、教书育人规律和学生成长规律，以课程论为视角，将思政元素融入"光电子"技术课程，从而营造一个多元、立体的课堂情境，促进学生自主学习和自我意义建构的深度学习，提升学生高阶思维和综合素质发展能力。

一 理论与方法

（一）建构主义学习理论

建构主义认为，学习者的知识是在一定情境下，借助于他人的帮助，如人与人之间的协作、交流、利用必要的信息等，通过意义的建构而获得的。理想的学习环境应当包括情境、协作、会话和意义建构四个部分。④ 我们基于建构主义理论，结合中国特色的高校育人背景和需求、高校思想政治教育现状、高校学生思想政治水平，改变传统的思政灌输式教育模式，创新高校"课程思政"的实践模式，围绕情境、协作、会话和意义建构四个部分，深入探讨如何提高"课程思政"的实效性。

（二）课程论

课程论，是对课程的本质及其发展规律，以及课程目标、设计理念、教学内容、教学方法、体系建构、运行管理、课程评价等方面，进行宏观与微观层次的理论研究。⑤ 任何一门课程的实践建设与理论反思，都离不开课程论的视角。我们以课程论为视角，从"知识选择""课程编制"和"教学实施"三个方面进行课程设计，并对"课程思政"实践问题进行理论分析并提出可能的解决方案。

（三）线上线下混合式教学

混合式教学强调把传统学习方式的优势和互联网学习的优势紧密结合，颠覆

---

① 高宁、张梦：《对"课程思政"建设若干理论问题的"课程论"分析》，《中国大学教学》2018年第10期。
② 皮亚杰：《发生认识论原理》，商务印书馆2011年版。
③ 武文菲：《建构主义理论视域下高校课程思政实效性探讨》，《高教学刊》2019年第6期。
④ 皮亚杰：《发生认识论原理》，商务印书馆2011年版。
⑤ 高宁、张梦：《对"课程思政"建设若干理论问题的"课程论"分析》，《中国大学教学》2018年第10期。

了传统课堂教学流程,以教师"教"为中心转为以学生"学"为中心。①混合式教学方式要求教师在课程设计和知识传递中,将课堂教学与信息技术进行融合,使教学过程"线下"(面授教学)与"线上"(网络教学)有机结合,既发挥了教师引导、启发、监控教学过程的主导作用,又充分体现了学生作为学习过程主体的主动性、积极性与创造性,是实现"课程思政"的有效策略和方式。②

二 课程思政教学设计

(一)课程育德目标

"光电子技术"课程是西南科技大学一门重要的专业必修课,授课对象为电子信息类专业学生。按照工程教育专业认证的标准进行教学设计,提升课程高阶性、创新性和挑战度,③培养学生解决光电子器件复杂工程问题的创新能力,塑造学生具备可持续发展理念,有创新创业意识,愿意并有能力为社会服务的价值理念,如表1所示。

表1 "光电子技术"课程目标

课程目标1	具备光电子技术相关系统的设计与制造等方面的理论基础和工程技术知识
课程目标2	具有自觉学习和运用专业知识分析光电子技术领域复杂工程问题的能力
课程目标3	会使用现代工具,具备文献检索、资料查询和撰写科学论文的能力
课程目标4	能主动适应社会,具备较强的沟通交流、领导和团队协作、创新、创意与创业能力

根据毕业要求、专业培养方案以及课程目标,制定"光电子技术"课程育德目标为:①培养坚持社会主义道路,具有良好的思想水平、政治觉悟、道德品质,知识、能力、素质俱佳,有国际竞争力;②富有人文素养、管理能力、团队精神、现代科学意识和国际视野;③具有数理基础、专业知识、实践能力和创新

---

① 朱桂萍、于歆杰:《基于翻转课堂的主动学习促进策略》,《中国大学教学》2018年第5期。
② 蒲清平、朱丽萍、周莹莹:《大数据时代基于APP的翻转课堂教学模式研究——以形势与政策课为例》,《黑龙江高教研究》2016年第5期。
③ 高德毅、宗爱东:《课程思政:有效发挥课堂育人主渠道作用的必然选择》,《思想理论教育导刊》2017年第1期。

精神；能够胜任光电信息科学与工程领域的前沿科学研究、先进器件与系统设计开发；④并能承担推动社会、经济、科技可持续发展的责任。

通过在教学大纲中补充了提高大学生心理素质、培养光电工程师职业素养、增强学生团队协作能力等育德目标，以实现对毕业要求中相关职业素养要求的有效支撑。从而推进专业"课程思政"教育在人才培养中的重要作用。

（二）挖掘课程思政元素

在"课程思政"建设过程中，深度挖掘专业课程思政元素是关键。思政元素以"润物细无声"的方式融入专业课程，避免让学生感觉学习过程理论化、枯燥化、单一化，让本门课程上出"思政味道"、都突出育人价值。[①] 根据"光电子技术"课程内容，确立"辩证唯物主义为核心的科学精神""社会主义核心价值观元素""习近平新时代中国特色社会主义思想"三大主题和12个思政元素。同时，结合科技进步在国家富强、民族复兴中的地位和作用，以中华民族伟大复兴的中国梦引领大学生的理想信念；基于科学技术对国家、社会、自然、人类的影响，提炼爱国情怀、法治意识、社会责任、科学伦理、文化自信、人文精神等要素；介绍与专业课相关的科学家，挖掘本学科科学家们的人格魅力和奉献精神，影响和感染学生。

（三）有效融入思政元素

将挖掘的思政元素恰如其分地融入"光电子技术"专业课程，一般从三个方面着手考虑：一是结合学生关注的社会热点问题，从专业的角度阐明道理，提升学生的价值判断和理性思维；二是从被学生忽视的重要问题入手，通过专业解读阐明其价值和意义；三是从专业角度解决学生思想中的困惑。在高校专业教学中会面临许多学生的思想问题，比如，针对专业思想不稳定，敬业精神不够，对未来职业不感兴趣，对专业领域的重大事件、热点问题缺乏理性思考和正确判断，职业道德意识淡薄等突出问题为导向，针对性开展"课程思政"教育。另外，注重德育内容与课程体系的知识点紧密联系，挖掘专业知识体系本身所蕴含的德育内容同向性。课程思政教育的切入口要小，从细小处入手，能以小见大，合理、自然且有效。

---

① 高德毅、宗爱东：《课程思政：有效发挥课堂育人主渠道作用的必然选择》，《思想理论教育导刊》2017年第1期。

表2　　"光电子技术"课程思政元素与融入点设计

思政主题	思政元素	融入点
社会主义核心价值观	爱国情怀	在绪论中,讲解光电子技术发展史时,适度引入我国有关光电领域科学家的生平事迹,报效祖国的案例
	社会责任	知识点:显示技术 融入点:绵阳引进京东光电科技有限公司企业案例
	职业道德	知识点:液晶显示 融入点:作为一名硬件设计工程师,该如何设计OLED
	人文关怀	知识点:声光晶体 融入点:在进行工程案例设计时,既要符合工程标准,又要提倡人文情怀
习近平新时代中国特色社会主义思想	四个自信	知识点:光束的传输 融入点:改革开放40年,我国通信技术的高速发展,体现中国特色社会主义的伟大成就
	构建人类命运共同体	光电子技术教材体系总共分为:光源、传输、调制、探测、成像、显示六部分,构成光电子技术整体 融入点:通过教材价值架构,引入构建人类命运共同体伟大战略
	五大发展理念	知识点:光在大气中传播 融入点:解释晴朗的天空为什么是蓝色?引导学生关注国家绿色发展理念
	"一带一路"倡议	知识点:电磁波 融入点:"一带一路"5G+4K传播创新论坛
	总体国家安全观	知识点:声光晶体 融入点:常见材料有钼酸铅($PbMoO_4$)、二氧化碲(TeO_2)等,可广泛应用与激光雷达(窃听),引导国家信息安全教育
科学精神	辩证唯物主义方法论	知识点:电光晶体 融入点:该知识点讲解需要用到高等数学、线性代数、大学物理、基础光学、数学物理方法(贝塞尔函数)等知识,学习知识融会贯通
	辩证唯物主义世界观	知识点:电磁波 融入点:爱因斯坦发现狭义相对论的过程
	工匠精神	知识点:CCD工作原理 融入点:"大国工匠"顾春燕的故事

三　课程思政实施路径

"光电子技术""课程思政"实施过程中突出问题导向,深度挖掘"课程思政"元素,通过"情境""协作""会话""意义构建"四个环节,实现知识传授、能力培养、价值塑造的"三位一体"育人目标。多角度、多维度构建"三全育人"格局,从而全面落实"立德树人"根本任务。①

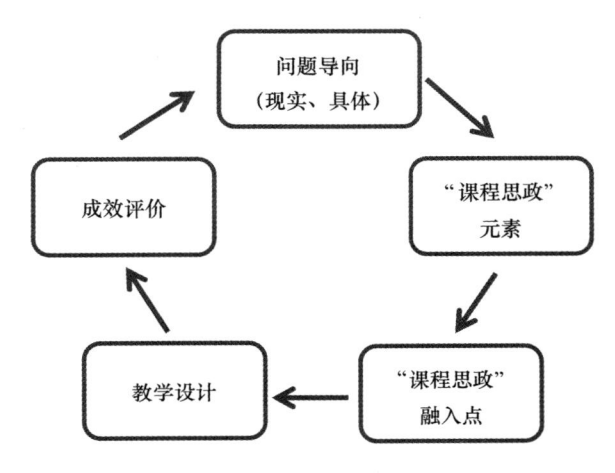

图1 "光电子技术"实施"课程思政"教育的实践路径示意图

(一) 创设课程思政的"情境"

教学情境是建构主义理论关注的重点,创设情境时要把知识置于发生和应用的真实场景中,结合学生已有经验的主体情境和新知识,对知识的建构起到积极的作用。根据"课程思政"的要求,结合学校的办学特色,围绕时政热点,回应学生的困惑,准确选择和创设情境,能够极大程度上在学生全面掌握知识的前提下获得情感态度价值观上的成效。例如,当讲授典型激光器及应用知识点时,通过观看"中国光学之父"王大珩院士的先进事迹视频,引发学生爱国主义的思考,并设置课后开放题"截至2019年2月,还在中国科学院从事激光领域研究的院士有哪些?请从激光器、激光聚变、激光玻璃、激光化学等方面分别列举1人,并简要阐述他(她)在科学精神、创新精神、理想信念和家国情怀等方面的感人故事"。以此创设了生动而真切的思政课程情境,进而实现爱国主义教育目的。

(二) 创设课程思政"协作"

协作是学习者之间借助语言、符号等进行的协同合作,不同的思想相互碰撞,形成对知识全面、深入的认识,建立学习中的合作关系,共同进步。通过创设"协作"学习环境,启发学生发现问题、分析问题和解决问题的能力,在关

---

① 高德毅、宗爱东:《从思政课程到课程思政:从战略高度构建高校思想政治教育课程体系》,《中国高等教育》2017年第1期。

键点给予指导，既能够使学生更好地掌握专业知识，也能锻炼学生的团队协作能力。光电子技术课程教学中采用同伴教学方法，使用专门设计的用于揭示学生概念错误和引导学生深入探究的测试题，借助超星尔雅公司学习通 APP 统计测试结果，引导学生参与教学过程，变传统单一的讲授为自主学习和合作探究，构建了一种学生自主学习、合作学习、生生互动、师生互动的创新教学模式。

（三）创设课程思政的"会话"

会话是协作过程中的一个重要环节，在这个过程中，每个学习者的想法都在小组内进行分享。会话是推进学习者学习进度和效果至关重要的手段。"光电子技术"课程思政建设过程中，创设会话环节的形式主要有两种，一是课堂学习小组成员之间讨论，二是通过线上讨论互动。以此调动学生的积极性，及时了解学生学习状况，进行针对性指导。通过线上线下两种途径进行开放的对话，达成关于社会主义核心价值观等思政主题的共识，并进一步理解和内化。

（四）课程思政的"意义建构"

"意义建构"是学习者对事物的性质、规律、事物之间的内在联系的认知建构。高校课程思政的教学方法应采用建构主义理论提出的"意义建构"，帮助学生在掌握基础知识的基础上继续建构非结构性知识，从对知识的抽象理解走向具体的、相互连接的知识体系。马克思主义辩证法也主张没有抽象的具体是不符合客观规律的。课程思政是要实现立体化育人，要完成课程思政的"意义建构"，要牢牢把握住思想政治理论课程的核心地位，从情境构建、协作等方面对课程教学方法、教学模式进行创新，使大学生切实建构对思想政治理论课知识和内涵的意义，做到"真学、真懂、真信、真用"；专业课程和综合素养课同样要从专业维度、价值维度实现隐性价值的渗透，推动学科的交叉融合。

四 结论

高校"课程思政"建设需要具备价值塑造、能力培养、知识传授"三位一体"的人才培养目标，是落实立德树人根本任务的有效策略。建构主义理论为"课程思政"建设提供理论指导，在"课程思政"建设中，充分发挥好"情境""会话""协作""意义建构"四要素相辅相成的功能。高校思政教育不仅仅是思政课教师的职责，也是每一位专业课任课教师的职责。通过"课程思政"培养学生的主体意识，守住社会主义办学方向，形成全员、全过程、全方位育人的格局，使青年大学生真正成为中华民族伟大复兴的中流砥柱。

参考文献

黄蓉生、崔健、唐斌：《党的十八大以来思想政治理论课教学改革的实践探索与经验启示》，《中国大学教学》2018年第8期。

万林艳、姚音竹：《"思政课程"与"课程思政"教学内容的同向同行》，《中国大学教学》2018年第12期。

高宁、张梦：《对"课程思政"建设若干理论问题的"课程论"分析》，《中国大学教学》2018年第10期。

皮亚杰：《发生认识论原理》，商务印书馆2011年版。

武文菲：《建构主义理论视域下高校课程思政实效性探讨》，《高教学刊》2019年第6期。

朱桂萍、于歆杰：《基于翻转课堂的主动学习促进策略》，《中国大学教学》2018年第5期。

蒲清平、朱丽萍、周莹莹：《大数据时代基于APP的翻转课堂教学模式研究——以形势与政策课为例》，《黑龙江高教研究》2016年第5期。

高德毅、宗爱东：《课程思政：有效发挥课堂育人主渠道作用的必然选择》，《思想理论教育导刊》2017年第1期。

高德毅、宗爱东：《从思政课程到课程思政：从战略高度构建高校思想政治教育课程体系》，《中国高等教育》2017年第1期。

地载厚德　理蕴博学*

——地理信息科学专业课程思政建设

王卫红[**] 　陈 莉　吴彩燕　武锋强　曾特林

摘　要：西南科技大学地理信息科学专业教师牢记立德树人的根本任务，深刻领会《高等学校课程思政建设指导纲要》的精神，根据地理科学的学科特色，以省级课程思政示范课程"测量学"和全国高校 GIS 思政实验案例库《中国传统戏曲数字化平台建设与网络发布》等为主要依托，围绕"增强文化自信，立志成才报国"，深入挖掘 12 门主干专业课程的课程思政元素，横向上第一、二、三课堂相互交错，纵向上以案例为纽带，在主干专业课全面贯通融合，探索了适应于思政育人需求的教学新模式，提升了思想政治教育的针对性、亲和力和时代性，取得了良好的成效。

关键词：高等学校课程思政建设指导纲要；地理信息科学专业；课程思政建设；交错；融合

一　建设思路

2020 年 5 月 28 日，教育部印发了《高等学校课程思政建设指导纲要》。纲要要求专业教育课程要根据不同学科专业的特色和优势，深入研究不同专业的育人目标，深度挖掘提炼专业知识体系中所蕴含的思想价值和精神内涵，科学合理拓展专业课程的广度、深度和温度，从课程所涉专业、行业、国家、国际、文化、历史等角度，增加课程的知识性、人文性，提升引领性、时代性和开放性。深刻领会纲要精神，切实加强课程思政，为实现中华民族伟大复兴的

---

* 基金项目：四川省高等教育人才培养质量和教学改革项目"强化整体规划 细化具体落实——地理信息科学专业课程思政体系建设的创新"（JG2021 – 868）。

** 王卫红（1971—　），教授，博士，主要从事地理信息科学与测绘工程专业的教学、科研与管理工作。

中国梦培养合格的社会主义建设者和接班人，是每个教师应该勇敢承担的时代使命。

地理科学是自然科学与社会科学交叉学科，具有浓厚的区域性、综合性和意识形态特征，其使命是提高人类认知，解决资源、环境、发展面临的复杂问题，不仅解释过去，更重要的在于支撑国家战略、服务社会、预测未来。根据地理科学的学科特色，以省级课程思政示范课程"测量学"和全国高校 GIS 思政实验案例库《中国传统戏曲数字化平台建设与网络发布》等为主要依托，环境与资源学院组建了由专业课教师和学生思想工作者共 12 名教师组成的地理信息科学主干专业课程教学团队和集思慧图工作室，全面挖掘提炼专业知识体系中所蕴含的思想价值和精神内涵，以专业知识、技能为载体，以文化自信和成才报国为重点，采取课堂讲授、主题演讲、展览、讲座、知识竞赛、科技活动、线上线下混合等教学方式，将课程思政的教学场所从第一课堂延伸到第二课堂和第三课堂，空间上相互交错、时间上贯通融合，保证了课程思政的广度、温度、深度和力度。

二　建设过程

本专业教师充分利用信息技术，从课程资源、教学方法、教学组织和课程考核等方面，在 12 门主干专业课程实施了课程思政改革：横向上第一、二、三课堂交错，从丰富多彩的内容、灵活多样的形式保证课程思政的广度和温度；纵向上以案例为纽带，设计"思政案例库"，在主干专业课全面贯通，保证课程思政与专业技能的融合深度和力度；探索了适应于思政育人需求的教学新模式，提升了思想政治教育的针对性、亲和力和时代性，实现了立德树人的人才培养模式创新。

挖掘思政元素，使思政内容更有广度。通过专业教师业务学习和自觉提升、团队和系室内部的"传帮带"和教学研讨、"走出去"学习兄弟院校的经验等形式，我们首先仔细梳理了主干专业课程中的课程思政元素。以"测量学"为例，首先在主编国内首部"测量学"本科微课教材时，将思政教育元素以二维码的形式附在教材中引导学生进行观看或阅读。除了教材、教师授课时引入了比较零散的思政元素以外，还从五个方面系统地进行了思政元素的挖掘。（1）测绘与文化自信：通过在线课程专题和讲述相关知识点时穿插介绍我国从古至今的测绘成就，强调测绘的发达离不开文化的发达。正是中国优良的文化传统，才使地理著作和地图作为珍贵遗产的一部分，历经天灾人祸的劫难，延绵不绝、薪火相传，成为照亮我们勇往直前的文化自信之灯。另外，通过我国测绘科技水平的提高，让学生建立道路自信和制度自信。（2）测绘与工匠精神：工匠精神落在个人层面，就是一种认真精神、敬业精神。本课程培养学生的职业理想，立业意识，从业态度，要求其具备爱岗敬业、团结协作、精益求精的优良品质。（3）红色军测（军事测绘）精神：军事测绘在我国有特殊的地位，不仅在战场上提供战略支持，在中华人民共和国成立后，军事测绘工作者用简陋的仪器、顽强的意志为新中国的基础测量工作打下坚实的基础，为中华人民共和国的建设发展做出了不可磨灭的贡献。如建立测绘基准；"两弹一星"研制试验测绘保障；精确测定珠穆朗玛峰高程；精确测绘解开长江源头之谜；中国大地控制网的布测；为抗震救灾提供测绘保障等。因此，本课程将军事测绘专门作为课程思政的一个主题。（4）测绘与大国安全：通过大量实例，将专业知识、工程应用和国家发展与民族复兴相结合，对学生进行国家主权教育、法制教育、保密意识和爱国主义教育。（5）测绘与智慧中国：通过贯穿整门课程的典型实例让学生了解测绘地理信息在智慧中国建设中的重要作用、加强测绘地理信息服务保障对于促进智慧中国建设的重大意义，并组织课堂互动和在线讨论，鼓励学生立成才报国之志。

创新教学方法，使课堂氛围更有温度。我们牢记课程育人的根本任务，在课程教学的过程当中运用合适的方法将专业知识与思政内容联系起来，使知识的传授更有温度。根据不同思政元素的特色，采取不同的实施方法和途径。将"课程思政"从第一课堂拓展到第二课堂，通过"红色军测"主题展览、演讲、国家版图意识宣传、测绘技能大赛等活动，提高学生的综合素质、培养学生的动手能力、职业道德和创新意识。充分利用了第三课堂（网络课堂），克服了课堂教学课时偏少的缺憾。录制了课程思政专题视频，作为在线课程的有机组成部分，并结合测绘重大事件在线组织学生讨论。采用线上线下混合式教学形式，在有效保证学生学习专业知识和技能的同时，能了解我国古代测绘史从而增强文化自信、从北斗卫星导航系统研发历程中领略北斗精神、透过珠峰测高致敬英雄测绘大队、从军事测绘工作者的峥嵘岁月中感受其家国情怀。

唤醒担当意识，使课程思政更有深度。通过寻求专业知识与思想政治教育内容之间的关联性，将文化自信和家国情怀采取一种比较潜隐的形式持续渗透到专业技能的学习中，唤醒学生成才报国的主动担当意识，使课程思政更有深度。全国高校GIS思政实验案例库建设项目"中国传统戏曲数字化平台建设与网络发布"，从中国传统文化入手，找寻专业课程的价值属性，加强专业课程的价值引领作用。该案例以中国传统戏曲为主线，包括八个综合实践案例，涉及从大一到大四的8门专业课程。使学生在由浅入深学习专业技能的同时，不断深化对中国传统文化优秀代表之一——戏曲的认识，提高对中国戏曲的兴趣，而且利用专业知识亲自为传统文化的保护和相关部门的决策提供依据。"测量学"和其他主干专业课的"测绘与工匠精神""红色军测精神""测绘与大国安全""测绘与智慧中国""依托专业技能，践行社会责任""防灾减灾意识的培养""可持续发展观的培养""职业道德的培养"等思政教育案例的实施，给学生指引了成才报国的具体实现途径。以案例为纽带，通过12门主干专业课程，将地理信息科学专业的课程思政围绕"增强文化自信 立志成才报国"从大一到大四进行了纵向贯通。

改革考核方式，使思政教育更有力度。本专业改革了课程考核方式，建立了以价值判断和思辨能力为目标、知识考核与行为考核相结合的形成性评价和全方位考核方式，将学生在专业学习中所表现出来的对学科专业价值的认知、学科专业方面的操守、专业伦理等作为重要的评价指标，在知识传授与价值引领的统一中让思政教育更有力度。

三 建设成效

地理信息科学专业先后完成了省级课程思政示范课程"测量学"和全国高校GIS思政实验案例库建设项目"中国传统戏曲数字化平台建设与网络发布"、校级课程思政示范课程"GIS二次开发"、学校"双带头人"支部书记"课程思政"项目"空间分析"的建设，"地理信息科学主干专业课程教学团队"获省级课程思政示范教学团队，全面贯彻了"全员、全过程、全方位"育人、"两性一度""全过程考核""形成性评价""线上线下混合式教学""OBE"等先进教学理念。在先进教学理念的指导下，创新教学方法与手段，以专业技能传授为载体加强大学生思想政治教育，探索多样化课程组织形式，对学生进行精细化、针对性指导，把社会主义核心价值观教育全面落实到课堂教学、第二课堂和第三课堂（线上课堂），提高了思政教育精准度和实效性。

目前地理信息科学专业的课程思政已经形成了由点到面、从个人行为到集体意识的局面，突出了专业课程的育人导向，将课程思政落实到本科人才培养的全过程。本专业根据课程思政要求修改了培养方案和12门主干专业课程的教学大纲，完成了50余个课程思政教学案例的建设、8个思政实验案例实验指导书的编写。王卫红作为第一完成人的《地理信息科学专业课程群与思政元素纵横交贯实践》获学校第七届优秀教学成果二等奖。武锋强、曾特林获学校首届课程思政教学竞赛三等奖，武锋强还获最佳设计奖。近三年已发表和录用待刊的课程思政教改论文7篇。

课程思政教育的加强使学生成才报国的热情和综合素质得到了提升。地信专业一次毕业率、授位率居学院前茅，其中2014级、2015级应届毕业率、授位率均为100%，2016级上研率32%。2014级蒋程程和2016级陈玉增均获国家奖学金和涪璋特等奖学金，并分别推免至电子科技大学和中南大学攻读硕士学位。近五年地信专业在校生获得省级以上科技竞赛奖励 55 项，其中国家级 18 项；在第七届全国大学生 GIS 应用技能大赛和第十一届全国大学生测绘科技论文竞赛中，获得特等奖。在校生第一作者获得实用新型专利 1 项、软件著作权 3 项、发表论文 2 篇。毕业生爱岗敬业，深受用人单位好评。

高校思想政治理论课 "2234" 实践教学模式探索与创新[*]

孙 霞[**] 黎万和[***] 李群山[****]

摘 要：思想政治理论课实践教学是思想政治理论课教学体系的有机组成部分，不断探索和创新思想政治理论课实践教学模式是提高思想政治理论课教学实效性的重要途径。高校思想政治理论课 "2234" 实践教学模式以坚定理想信念、增强 "四个自信"、淬炼思想品格、提升实践能力为根本目标，通过深耕深挖地方特色文化资源，强化实践教学过程管理，建立 "三环相扣" 实践程序，采用多样化的实践作品呈现形式，极大地提高了实践教学的高阶性、创新性和挑战度，同时又充分调动了大学生的学习积极性、主动性与创造性，实现了实践教学的课程化、规范化，提高了课程教学的针对性、实效性。

关键词：思想政治理论课；实践教学模式；创新

思想政治理论课是落实立德树人根本任务的关键课程，而思想政治理论课实践教学则是思想政治理论课课程体系的有机组成部分，不断探索和创新思想政治理论课实践教学模式是提高思想政治理论课教学实效性的重要途径。针对思想政治理论课实践教学过程中存在的学生参与度不高、覆盖面不广、教学内容体系不全、教学过程管理不善、规范化不足、理论课堂与实践课程契合度不高、实践教

---

[*] 基金项目：西南科技大学教改项目；国家一流课程 "思想政治理论课实践教学"；西南科技大学思想政治理论课名师工程室建设项目（编号：17XN0104）。

[**] 孙霞（1983— ），西南科技大学马克思主义学院讲师，研究方向为高校思想政治理论实践教学。

[***] 黎万和（1964— ），西南科技大学马克思主义学院教授，硕士生导师，研究方向为学校思想政治教育。

[****] 李群山（1971— ），西南科技大学马克思主义学院教授，硕士生导师，研究方向为青少年思想道德教育。

学资源整合性不够等问题,① 学者们提出加强思想政治理论课实践教学课程化建设,② 科学构建高校思想政治理论课的实践教学体系,③ 创新性地提出虚拟实践教学等教学新模式,④ 倡导实现高校思想政治理论课实践教学制度化、规范化、品牌化,⑤ 探索实践教学与理论教学的互促模式,⑥ 等等。2018年12月,全国高校思想政治理论课实践教学联盟在北京成立,进一步加强了全国各地高校之间的沟通交流,促进了彼此之间的协同创新。西南科技大学马克思主义学院在长期的实践教学改革与探索的基础上,创造性地提出和实施了"2234"实践教学模式,实现了思想政治理论课实践教学的课程化和规范化,提高了课程教学的针对性与实效性。

一 高校思想政治理论课实践教学模式界定与分类

在探索和构建一种新的实践教学模式之前,十分有必要对国内各高校现有实践教学模式进行一番梳理、分类和总结。"2234"实践教学模式的提出离不开对国内高校现有实践教学模式的学习和借鉴。

(一) 高校思想政治理论课实践教学模式界定

要对"教学模式"进行界定,最为关键的是要理解什么是"模式"。模式的英文为Model,包含有模型、样式等义。在汉语中,"模"具有规范、标准之义,"式"是指样子、样式。因此,"模式"从字面上理解就是指事物的标准样子或标准样式。不同的事物有不同的本质,因而有不同的样子、样式。事物在运行过程中,我们也可以建立不同的运行模式,如商业模式、管理模式、制造模式、教学模式,等等。教学模式就是教学过程中教育主体为实现既定教学目标,在一定教学思想或教学理念指导下对整个教学过程及相关要素进行组织与安排,从而建立起一种较为稳定的教学活动结构框架和活动程序。⑦ 教学模式一般包括以下基本构成要素:教学的目标与任务、教学的理念或思想、教学的方法与手段、教学

---

① 杨增岽:《高校思想政治理论课实践教学的困境及突破》,《思想理论教育导刊》2016年第6期。
② 张慎霞、穆文潇:《思想政治理论课实践教学课程化研究》,《学校党建与思想教育》2019年第11期。
③ 张春和、谷建国:《构建高校思想政治理论课实践教学体系的思考》,《思想理论教育》2013年第21期。
④ 陈宝、刘会强:《高校思想政治理论课虚拟实践教学探微》,《思想理论教育》2013年第15期。
⑤ 谢璐妍:《高校思想政治理论课实践教学的"三化"研究》,《思想理论教育导刊》2017年第8期。
⑥ 李薇薇:《高校思想政治理论课实践教学与理论教学的互促模式》,《理论视野》2017年第2期。
⑦ 林德全、徐秀华:《教学论》,河南大学出版社2015年版,第146页。

的环境与条件、教学的过程与程序、教学的考核与评价等。教学模式说到底就是对上述方面的设计和组织。由此而言，高校思想政治理论课实践教学模式就是高校思政课教师为提高大学生的思想政治素质和观察分析社会现象的能力，利用课堂、校园、社会、网络等教学环境，对实践教学的内容、方法、手段、过程、考核与评价等进行设计和安排，从而建立起的程序化、标准化、可操作化的实践教学运行方式。与理论课教学不同，高校思想政治理论课实践教学更侧重学生的感受、体验与参与，着眼于理论的应用，对教学的环境与条件要求更高，对教学过程的组织难度更大。因此，高校思想政治理论课实践教学模式的建构涉及的因素和方面较多，构建一个比较理想且具有操作性的实践教学模式不是一件简单的事情。

（二）高校思想政治理论课实践教学模式分类

近年来，全国各地高校提出的各种各样的实践教学模式，如微电影实践教学模式、三课堂协同实践教学模式、"虚实结合"实践教学模式、"四位一体"的实践教学模式等实践教学模式。根据不同的标准，我们对这些教学模式进行如下分类与整理。

第一，按照思想政治理论课实践教学课程设置情况，可划分为主干课程实践教学模式与独立实践课程实践教学模式。目前，对于高校思想政治理论课实践教学课程的设置上存在一个分与合的争论。一种观点认为，高校思想政治理论课四门主干课程在教学内容上各有侧重，为了使理论课堂教学与实践教学有效衔接，应当在四门主干课程中分别设立实践教学环节。我们把这类实践教学称为主干课程实践教学。这种以主干课程为依托构建的实践教学模式，我们称为主干课程实践教学模式或理论课程实践教学模式。另一种观点认为，为了保证思想政治理论课实践教学的系统性、协同性和规范性，必须独立设置一门专门的实践教学课程，安排独立的学时、学分，制定专门的教学计划和实施方案。至于这门课程如何命名，不同的学校有不同的名称，如有些学校把它命名为思想政治理论课实践教学，有些学校则将之命名为思想政治理论课综合实践，等等。持这种观点的人认为，将实践教学分散到各门主干课程，无法有效整合实践教学目标、内容和资源，"必将导致实践教学的支离破碎"。[①] 近年来，在国家一流社会实践课程建设的推动下，越来越多的高校独立设置了专门的实践教学课程。与之相对，我们把这类实践教学模式称为独立实践课程实践教学模式或综合性实践课程教学模式，代表性高校有河北大学的微电影实践教学模式。

[①] 汤俪瑾：《思想政治理论课实践教学的基本原则和具体环节》，《思想理论教育导刊》2014 年第 1 期。

第二，按照思想政治理论课实践教学空间，可划分为课堂实践教学模式、校园实践教学模式、社会实践教学模式与网络虚拟实践教学模式。我们可以把思想政治理论课实践教学划分为狭义的社会实践教学与广义的社会实践教学。前者是以社会作为实践教学环境，开展实践教学活动，而后者不仅包括社会环境，也将在课堂环境、校园环境与网络环境内开展的实践活动均纳入实践教学范畴之中。近年来，广义的社会实践教学越来越得到人们的认同。在课堂实践教学中，各地高校提出了阅读实践、社会热点分析、课堂情景剧、辩论赛、案例教学等多样化实践教学模式。在网络虚拟社会实践方面，部分高校利用网络资源及虚拟仿真技术，搭建思政实践教学虚拟仿真实践平台，建立了虚拟仿真实践教学模式，如北京理工大学打造的重走长征路——理想信念虚拟仿真实验教学，天津大学打造的感悟和把握《共产党宣言》的真理力量虚拟仿真实验教学等。在社会实践方面，主要采用了红色场馆参观或基地教育、社会调查、志愿服务等社会体验型实践教学模式。在校园实践方面，则通过参加理论学习社、校园宣讲团等各类校园文化活动，建立参与型实践教学模式。由于广义实践教学模式能够综合利用多维空间实践教学的功能与作用，因此构建立体化实践教学模式成为一种趋势。如有人就提出"通过对思政课实践教学机制、实践教学资源和实践教学功能的深度整合，探索形成的课堂叙事式教学、平台情景式教学、基地体验式教学和网络延展式教学'四位一体'的立体化实践教学模式"[1]。事实上，一些高校已经建构和实施了包括课堂实践教学、校园实践教学、社会实践教学在内的综合性实践教学模式，如北京科技大学的"三位一体"实践教学模式、辽宁大学的"三三制"实践教学模式。但这种综合性实践教学模式因其复杂性在实际操作中往往存在一定的难度。

二 高校思想政治理论课"2234"实践教学模式构思与探索

应该说，上述实践教学模式各有各的优点和弱点，各有各的适用范围，值得相互学习和借鉴，做到扬长避短。每个高校在探索实践教学模式时，最为关键的是能够从自身学校和所在地区实际出发，构建一种适合自己的具有真正的可操作性的实践教学模式。"2234"实践教学模式正是充分发挥和利用地方特色文化资源优势，针对长期以来实践教学过程存在的矛盾与问题量身定做的具有学校特色的实践教学模式。

---

[1] 马福运、侯艳娜：《深度整合："四位一体"立体化实践教学模式探索》，《河南社会科学》2020年第5期。

（一）"2234"实践教学运行模式

"2234"实践教学运行模式对教学的目标、教学的过程、教学的程序、教学的评价等方面都进行了精心的设计。

1. 提炼两大核心目标

一是依托学校所在地四川绵阳特有的教育资源，通过精心设计组织的系列实践教育活动，提高大学生的思想政治素质，厚植爱国情怀，培养高尚情操，坚定理想信念，增强"四个自信"。二是引导大学生了解社会、了解国史国情，拓宽视野，锻炼毅力，培养品格，奉献社会，增强实践能力和社会责任感。

2. 聚焦两大主题精神

依托绵阳市梓潼县"中国两弹城"和北川县的"北川地震遗址""北川新县城"这些特有的教育资源，围绕"两弹精神"和"抗震救灾精神"这两大主题对学生集中开展"理想信念""爱国奉献""艰苦奋斗""励志成才""团结协同""科学创新"为主要内容的系列实践教育活动。

3. 抓住三个教学关键环节

"2234"实践教学运行模式设置了集中讲授、实践体验、研讨创作三个教学环节。第一个环节是集中讲授，就是由任课教师集中讲实践教学目的、意义、安排、要求；讲实践方法和成果创作的技巧；讲"两弹精神"和"抗震救灾精神"，共4个学时。第二个环节是实践体验，它分为两个部分：第一个部分是集中学习参观。在校内集中组织收看"两弹精神"和"抗震救灾精神"相关影视和专题教育片，以及校内外有关专家来校作的"两弹精神"和"抗震救灾精神"专题报告；到"中国两弹城""北川'5·12'地震纪念馆"和新北川县城等基地现场参观考察。第二个部分是团队社会实践。团队实践的目的是进一步拓展和升华对两大精神的学习。我们将教学班分成10人左右的团队，在教师指导下以"两弹精神"和"抗震救灾精神"为核心内容，围绕"理想信念""爱国奉献""艰苦奋斗""励志成才""团结协同""科学创新"这六大主题，以探寻历史、寻访英模、红色之旅、志愿服务、社会调查、参观考察等多种方式开展实践体验活动。第三个环节是研讨创作，就是在集中学习参观和团队实践体验的基础上，开展交流研讨，进行实践创作，形成实践成果。

4. 采用四类实践成果呈现形式

"2234"实践教学模式的成果形式有四类，分别为文艺类作品：微视频（微电影/纪录片）、文艺会演、摄影作品等；宣讲类作品：讲思政课/中国故事、主题演讲等；科技类作品：调查报告、研究论文、访谈录/口述史等；心得类作品：包括个人总结、心得体会等；前三类为团队成果，成绩占比70%，后一类为个人成果，成绩占比30%。

(二)"2234"实践教学保障机制

为了保证"2234"实践教学模式的运行,我们建立了一系列配套的保障机制。学校独立设置了"思想政治理论课实践教学"课程,2个学分、32个学时,并从师资队伍、教学资源、课程经费、制度建设等方面给予了充分保障。

在师资队伍建设方面,打造了一支专兼结合的实践教学队伍。为了保证"2234"实践教学模式的有效运行,提升教学效果,马克思主义学院精心选配、定期培训,组建了一支以思政课专职教师为主体,思政课兼职教师、实践教学基地相关工作人员(聘请实践教学基地负责人为校外兼职指导教师)为补充的45人的稳定的专兼职教师队伍。

在教学资源建设方面,开发了一批特色教育资源。第一,购买了《建党伟业》《建国大业》《邓稼先》等红色电影200余部,建立同实践教学影视资源库,成立了影视教育中心;二是围绕"两弹精神""抗震救灾精神"开发了一些教学视频,建立网络资源学习与共享平台。

在实践基地建设方面,建立了一批稳定、成熟的实践教学基地。围绕"两弹精神"和"抗震救灾精神"两大主题,依托梓潼"中国两弹城"和"北川地震遗址""北川新县城"等特有的教育资源建立了一批稳定成熟的实践教学基地,如北川羌族民俗博物馆民族文化教育基地、北川"汶川5·12特大地震纪念馆"抗震救灾精神教育基地、"中国两弹城""两弹精神"教育基地、绵阳科技馆国防教育基地等。

在制度体系建设方面,制定和设计了实践教学相关管理制度和实践报告册。制定了实践教学大纲(对课程性质、目的、要求、基本内容和方式、成绩考核与评定等进行了规定)、"思想政治理论课实践教学"课程成绩考核办法和相关管理制度(对教师、学生、实践基地进行管理和评比表彰),设计了实践报告册(共5种,分个人心得体会、口述史/访谈录、大学生讲思政课、社会调查、微视频),建立经费投入与管理制度。

(三)"2234"实践教学考评方法

在实践教学过程中,无论采用何种教学模式,都必须对学生参与实践活动及在活动中的表现情况进行科学、严格的考评。"2234"实践教学模式的考评体系分个人报告考评标准及小组实践成果考评标准,小组实践成果又分为口述史/访谈录、讲思政课、社会调查报告、微视频等不同的考评标准。个人报告和小组报告分别制作了相应的报告册,在实践报告册中,对实践目的和内容、实践要求及实践成绩考核都作了详细说明。小组实践成果是以团队形式合作完成。为避免"搭便车"情况出现,小组成员进行了人数限制,口述史/社会访谈类和社会调查类不超过 6 个人，微视频和讲思政课是不超过 10 个人。每个小组除了要提交团队报告册一份，还要提交相应的成果材料，具体为：微视频需要提供视频资料、剧本、总结报告（1000 字左右）；大学生讲思政课需要提供授课视频资料、讲稿、多媒体课件（PPT）；口述史/访谈录、社会调查需要提供口述/访谈报告、社会调查报告和实践过程总结报告。个人和团队实践成果均需提供相关佐证材料（实践文字记录、调查问卷、照片、调查视频等）。另外，教师要对小组的实践成果、实践表现情况等作出评价。

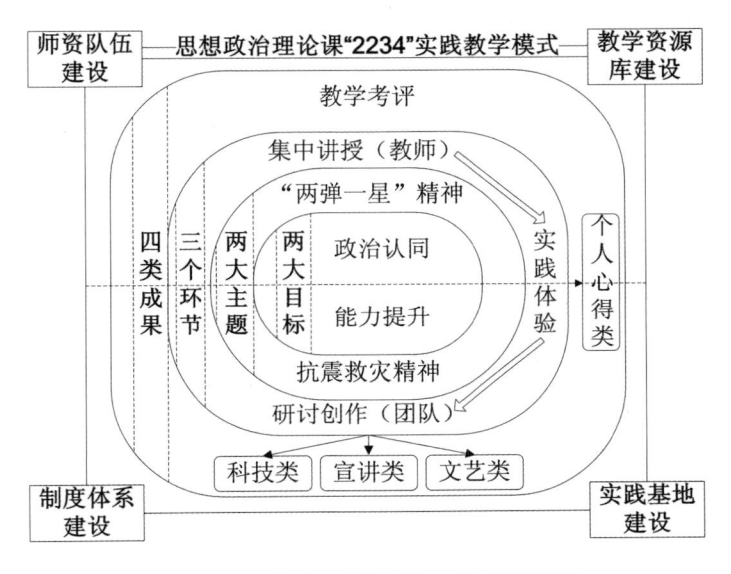

图1　思想政治理论课"2234"教学模式

三　高校思想政治理论课"2234"实践教学模式创新与成效

高校思想政治理论课"2234"实践教学模式作为一个综合性实践教学模式，比较好地解决了实践教学过程的诸多难题，具有一定的创新性。该模式的实施一改过去"放羊式"实践特点，契合了当前"两性一度"的金课建设要求。

（一）"2234"实践教学模式创新

由于实践教学自身的特殊性，长期以来思想政治理论课实践教学面临一个巨大难题，即高校有限的实践教学资源（教师数量、实践经费、实践基地、可支配时间等）如何满足数量庞大的学生对于实践教学的多样化需求。由于没有很好解决这一矛盾，很多高校的实践教学不可避免地暴露出诸多共性问题：第一，只是少数学生代表有机会参与学校统一组织和安排的实践基地教学活动，难以做到全覆盖。第二，实践教学变成"放羊式"的、松散的自主自由活动，缺乏规范化的过程管理和及时有效的教学指导。第三，实践教学形式单一，缺乏灵活性，从而无法发挥不同专业学生的优势和特点，满足不同专业学生的多样化需求，调动不同专业学生的学习积极性。第四，实践教学目标不够明确、内容不够聚焦、主题不够鲜明。

"2234"实践教学模式正是着眼于解决上述矛盾与问题而提出，并有效地解决了上述矛盾与问题。第一，针对实践教学资源有限性问题以及实践教学目标不够明确、内容不够聚焦、主题不够鲜明等问题，我们充分发挥和运用便利的本地特色文化资源，深挖深耕"两弹精神"和"抗震救灾精神"，以两大主题精神为主要载体，大力加强大学生的爱国主义精神、艰苦奋斗精神、无私奉献精神、团结协作精神、科学精神、创新精神、报国图强精神教育，并不断延伸、拓展和深化。第二，针对过去实践教学过程中的松散化问题，我们构建了三环相扣实践教学程序，强化教学过程的监督、指导与管理。将过去"放羊式"的个人分散实践变成集中统一的教学组织和管理。"集中讲授—实践体验—研讨创作"三环相扣的实践教学法不仅遵循了知、情、意、行的统一性和转化规律，而且在实践形式多样化的基础上，强化了实践教学过程管理的规范化，确保了实践教学质量的提升。第三，针对过去实践教学过程中学生学习积极性不强的情况，设计了多样化的实践作品呈现形式。多样化的实践成果呈现形式契合了大学生的个性特点与多样化选择要求，增强了学生的学习兴趣，调动了学习的积极性、主动性与创造性。总之，"2234"教学模式的提出和实施有效克服了学生人数多与实践教学资源有限甚至短缺的矛盾，实现了实践教学的课程化、规范化，提高了课程实效性、针对性，取得了显著的教学效果，彰显了实践育人的目的。

（二）"2234"实践教学模式实施成效

"2234"实践教学模式的实施极大地提高了思想政治理论课实践教学的实效性，获得了学生的广泛认可，同时也得到了学校督导专家、兄弟院校、相关媒体的充分肯定和高度评价。

"2234"实践教学模式强化了实践教学的高阶性、创新性和挑战度，学生在实践过程中不仅培养了品格，而且提升了能力。近年来，在教学实践中涌现了一批优秀实践作品，如大学生讲思政课作品《传承两弹精神，凝聚最美中国梦》《伟大的抗美援朝——黄继光精神永放光芒》、口述史作品《弘扬爱国奉献、艰苦创业、潜心育人、开拓创新的清华分校精神——清华大学绵阳分校三线建设》《三线建设铸辉煌——孟庆的三线人生》、微视频作品《走进大爱北川羌城，感受抗震救灾精神》《英雄不朽 精神永存——纪念王右木烈士》，等等。教师指导学生在实践教学中创作的社会调查报告、微电影、大学生讲思政课、口述史等作品先后获大学生讲思政课公开课展示活动全国二等奖 1 项、省级一等奖 1 项、省级二等奖 4 项，全国高校思政课实践联盟实践教学成果评比一等奖 1 项、二等奖 5 项、三等奖 9 项。

"2234"实践教学模式也获得了同行专家的认同和社会媒体的关注，同行专家认为，该课程坚持理论联系实际，注重实践育人，落实立德树人根本任务，课程目标明确，定位准确；该课程注重教学改革，教学理念先进，教学内容丰富，教学流程清晰，教学方法多样，实践教学模式特色鲜明。四川轻化工大学、西华师范大学、西昌学院等兄弟院校纷纷前来交流学习，认为该课程充分依托本地特色资源，通过"集中讲授—实践体验—研讨创作"三大环节实施教学，实现了全覆盖，突出了"实践特色"，实现了实践教学的规范化管理，在现实中具有较强的可操作性，值得借鉴和推广。《中国教育报》、中国教育新闻网等媒体以《让理论从"本本"中走出来》为题进行了特别报道。《教育导报》以《西南科技大学"2234"模式打造思政实践教学"金课"——让思政教育走出课本，走进学生心里》为题对西南科技大学"2234"思政实践课程进行了专门报道，产生了的一定的社会影响。2020 年，该课程顺利入选国家一流社会实践课程和省级一流社会实践课程。

结　语

新时代高校思想政治理论课教学不能只是停留在课堂、停留于书本，也应该走出课堂，走出书本，进入广阔的社会并与现实生活相结合。[①] 换言之，加强高校思想政治理论课建设必须高度重视思想政治理论课实践教学工作。为了保证高校思想政治理论课实践教学规范化，有必要推动思想政治理论课实践教学的课程化建设，并且按照国家一流课程"两性一度"建设标准打造高校思想政治理论课实践教学金课。"2234"实践教学模式正是将思想政治理论课实践教学课程化后所提出的一种特色实践课程教学模式。该教学模式以坚定理想信念、增强"四个自信"，淬炼思想品格、提升实践能力为根本目标，通过深耕深挖地方特色文化资源，强化实践教学过程管理，建立"三环相扣"实践程序，采用多样化的实践作品呈现形式，极大地提高了实践教学的高阶性、创新性和挑战度，同时又充分调动了大学生的学习积极性、主动性与创造性，实现了实践教学的课程化、规范化，提高了课程教学的针对性、实效性，对其他兄弟院校开展思想政治理论课实践教学具有一定的借鉴和启示价值。

---

① 党波涛：《在社会生活中讲好"大思政课"》，《人民日报》2021 年 4 月 14 日。

参考文献

杨增崟：《高校思想政治理论课实践教学的困境及突破》，《思想理论教育导刊》2016 年第 6 期。

张慎霞、穆文潇：《思想政治理论课实践教学课程化研究》，《学校党建与思想教育》2019 年第 11 期。

张春和、谷建国：《构建高校思想政治理论课实践教学体系的思考》，《思想理论教育》2013 年第 21 期。

陈宝、刘会强：《高校思想政治理论课虚拟实践教学探微》，《思想理论教育》2013 年第 15 期。

谢璐妍：《高校思想政治理论课实践教学的"三化"研究》，《思想理论教育导刊》2017 年第 8 期。

李薇薇：《高校思想政治理论课实践教学与理论教学的互促模式》，《理论视野》2017 年第 2 期。

林德全、徐秀华：《教学论》，河南大学出版社 2015 年版。

汤俪瑾：《思想政治理论课实践教学的基本原则和具体环节》，《思想理论教育导刊》2014 年第 1 期。

马福运、侯艳娜：《深度整合："四位一体"立体化实践教学模式探索》，《河南社会科学》2020 年第 5 期。

党波涛：《在社会生活中讲好"大思政课"》，《人民日报》2021 年 4 月 14 日。

[原载《西南科技大学学报》（社会科学版）2021 年第 3 期]

热血教书归本分，丹心建课续新篇

——国家首批一流本科课程建设纪实

石 磊[*]

摘 要：一流课程建设是中国高等教育教学改革的重要抓手之一，也是一个学校教学质量的直接体现。西南科技大学"液压与气压传动"课程在工程教育和课程思政等理念的指导下，经历了传统教学和在线教学的冲突和融合，持续进行教学改革，从而保持了旺盛的生命力。两代人恪守教师教学本分，交流合作，构建了基于"一平三端"智慧系统的教学新模式，实现了从资源建设到课程推广应用的跨越式发展，上下一心，凝心聚力，创建了国家首批线上线下混合式一流本科课程。

关键词：薪火传承；资源建设；教学改革；一流课程

2020年11月，教育部公布了首批国家级一流本科课程认定结果，认定了868门线上线下混合式一流本科课程。西南科技大学"液压与气压传动"课程名列其中。自此，课程经过40余年的培育，历经校级品牌课程、校级课程思政示范课程、四川省精品课程、四川省精品资源共享课程、四川省精品在线开放课程后，再获殊荣。成绩的取得是学校管理部门、学院党政部门和课程团队通力合作的结果。在西南科技大学70周年校庆之际，记录课程建设历程，可以弘扬"艰苦奋斗、拼搏创新"的学校精神，展现西科人代代相传的教书育人风貌。

一 薪火传承，永葆"液压与气压传动"课程生命力

"液压与气压传动"课程开设于1979年，有着深厚的课程历史底蕴。20世纪80年代，由于国家建设对人才的需求，专业划分得很细，要求课程知识又专

---

[*] 石磊（1980— ），西南科技大学制造科学与工程学院副教授，研究方向：机电液一体化。

又深，其目的是使学生有计划地分配到工作岗位后能独当一面。因此，当时课程学时为72学时，且仅限于机床液压传动。由于课程实验条件很差，为满足教学要求，课程组成员自己研制了液压元件性能检测实验装置。从那时起，校级教学名师张俊俊教授开始从无到有，一点一滴地积累了课程资源。20 世纪90 年代，"机床液压传动"课程内容扩展为"液压与气压传动"，课程组教师开始探索多媒体教学手段的使用。2003 年，课程获得学校首批品牌课程，朱建公教授、向北平教授将课程教学研究成果发表在期刊杂志上。[①]

2001 年我参加工作后被分到了机电系。当时教研室主任朱建公安排我上"控制工程基础"这门课，2004 年我通过讲授这门课获得了学校优秀教学质量奖。虽然一开始没有参与到液压课程建设中，但丝毫不妨碍该课程的发展。2009 年，张俊俊领衔该课程获得了四川省精品课程。而这时我从学校国防教育科回到了学院工作。机械工程系副主任向北平安排我上"液压与气压传动"课程，并带领我参与到非能动阀门的相关研究中。

刚开始讲授"液压与气压传动"课程时是非常吃力的，但在三位老教师的帮助下，我逐渐走入了正轨。张俊俊老师给了我一本影印版的英文教材，吩咐我要好好看看其中的内容。向北平老师带我去浙江大学流体传动与控制国家重点实验室、吉林大学参观学习。而一旦我有教学疑问时，朱建公老师就会耐心地予以解答。尽管朱老师后来担任了学院党委书记的领导职务，但是他一直坚持在"液压与气压传动"课程的教学一线上。

2012 年，我凭借"控制工程基础"课程获得了学校第八届青年教师教学比赛第一名。2015 年，我凭借"液压与气压传动"课程获得了学校第九届青年教师教学比赛第一名。在参加省赛前，三位老教师对我的教学进行了打磨。学院会议室、东9 综合楼1 楼学术交流室多次留下了我们教学研讨的身影。其中，"直动式溢流阀"这一节课被反复提问、激烈研讨和多次设计，设计的深度远超教材上的内容。令我非常感动的是，在省赛前最后一次演练时，我因为思考和修改课件中的一个问题迟到了一个多小时，负责人张老师并没有丝毫怪罪的表情，马上开展了教学演练，和我逐字逐句地修改。哪怕是一个亮相，一个调门，一个术语，老师们都要仔细斟酌，反复推敲，直到满意为止。同时，在追求卓越教学的过程中，学校教师发展中心给予了专业的指导，陈翰林主任给予了大力支持。通过这样的教研训练，我研究了每一次的教学活动，对每一个教学节段进行了精心

[①] 朱建公、张俊俊：《液压传动虚拟实验的研究》，《机电产品开发与创新》2003 年第4 期；朱建公：《液压系统图对仿真模型图的自动映射》，《机械工程师》2003 年第9 期；向北平、张俊俊、朱建公等：《品牌课程建设的几点体会》，西南科技大学《高教研究》2005 年第3 期。

设计，① 锤炼了教学基本功，提升了课程能力，为以后申报一流课程打下了坚实的基础。

巍巍师魂，浩瀚师德。学生爱戴的老师，不仅是教课教得好的老师，更一定是思想觉悟、道德品质高的老师。教学不是陌生的过程，更不是冷冰冰的过程，而是情感交流的过程。在这方面，老教师们树立了榜样。在教学名师的带领下，我获得了四川省高等学校青年教师教学比赛二等奖、绵阳市优秀教师等多项荣誉。通过以老带新、新老互补的传帮带制度，我迅速融入了课程团队，和他们一道重塑了课程内容，使课程焕发出旺盛的生命力。

二 开拓创新，实现从资源建设到课程推广的跨越式发展

2013 年，课程获批四川省精品资源共享课程。张老师让我协助她制定课程建设计划。我们一道确定了课程建设进度表。在学校的支持下，重新制作了课件，拍摄了全部课程内容，建设了一批网络资源并在课程平台上进行了更新。

随后，我担任了机械工程系副主任，作为系主任向北平老师的副手。我们开展了工程教育专业认证工作。机械设计制造及其自动化专业在 2018 年通过中国工程教育专业认证。工程教育认证理念也被确立为液压课程的教学理念。我们对液压实验室进行了升级改造，购置了流体力学实验台 8 套、液压传动综合试验台 12 面、气压传动综合实验台 12 面、气动机械手 2 台，"十三五"期间投入近百万元。而在此之前，实验室仅有液压传动综合试验台 2 面。通过强而有力的改造措施，实验室面貌焕然一新，完全达到了学生每组 3—4 人的分组条件。

经过长期的建设，液压课程具有了完备的资源，除实验室资源外，还包括自编教材 1 部、课件 45 个、教学视频 48 个、阅读资料 12 个、案例库、习题库、教学设计等。这些资源为开展线上线下混合式教学奠定了坚实的基础。

2017 年，由我领衔申报的"液压与气压传动"课程获批四川省第二批精品在线开放课程，开启了线上线下混合式教学之路。我组织老师们开展教育教学改革，重塑教学内容，使用现代工具，利用一平三端智慧教学系统构建了"课前课后 + 线上线下"教学模式，探索了课程思政融入路径，完善了全过程多元化综合考评体系。

2018 年，我担任了学院基础教学部主任，但我丝毫没有放下专业课的教学。我积极准备线上活动资源，设计了 600 余道随堂练习，设计了泵、缸、阀等相关主题讨论，设计了探文化、读经典、看标准、懂产品、跟前沿、做仿真的分组任

---

① 石磊、陈翰林：《青教赛促进青年教师在线开放课程建设的路径分析》，《西南科技大学学报》（哲学社会科学版）2021 年第 2 期。

务，设计了课程思政、课程评学调查问卷。这些设计使学生的学习活动量大大提高。我始终认为，活动是教育中的推动因素，学生成长在活动中。通过线上线下混合式教学，可以增大学生的学习活动量，鼓励学生参与进来，共同提升教育教学的效果。

在混合式教学实践中，我敏锐地感觉到混合式教学模式明显优于传统教学模式，这样的课程教学模式值得推广。而液压课程有优秀的教师团队、长期的建设经验和完备的课程资源，具备大力推广的先决条件。因此，我印制了2000份宣传单，在四川省精品在线开放课程建设与应用研讨会、机械类课程研讨会等场合推广课程。同时，我们也去了省内高等院校开展了推广。记得有一次，我和张俊俊老师早上6点半从学校出发，经过4个小时的路途才到达宜宾职业技术学院。下午进行了课程宣讲以后，又赶回了学校，到达学校时已经是凌晨了。一天的舟车劳顿下来，我作为年轻人都吃不消，感觉精神疲惫，而年近花甲的张老师却风尘仆仆，毫无怨言。

2020年新冠肺炎疫情期间，课程组迅速发布了课程公告，制定了详细的学习方案，通过教育部机械类教指委、学银在线等多个渠道进行推广。全国300余所高校师生在超星学银在线平台上使用了课程，其中宁波大学、太原工业学院、昆明理工大学城市学院、广东工商职业技术大学、晋中学院、武汉工程科技学院、德州学院、贵阳学院、南昌工程学院等18所高校单独开设近50个教学班级开展教学，有力地维护了部分高校教学秩序的稳定。课程浏览量400余万，地域覆盖了北京、上海、天津、重庆、山西、陕西、吉林、湖北、湖南、江西、山东、四川、广东、新疆、安徽、河南、河北、江苏、甘肃、浙江、云南、贵州、广西、福建、黑龙江、宁夏、海南、内蒙古、辽宁29个省、市、自治区。

2020年5月9日，我在学校线上交流会上报告了课程建设成果和教学改革经验。2020年5月27日，超星学银在线将本课程作为线上教学应用典型案例，以"一平三端架起空中知识桥梁，四面八方开启线上液压课堂"为题，官方报道了疫情期间推广应用情况。

截至目前，沈阳工业大学等高校也加入了课程平台，单独开设了教学班开展线上教学。2021年11月，课程获批为四川省线上一流本科课程。

教学有天地，课程藏乾坤。液压课程经过四十年的努力，实现从资源建设到课程推广的跨越式发展。课程在教学团队、教学模式、教学设计、教学内容、实验实践、社会服务、评价改进七个方面形成了自己鲜明的特色。2020年，以"《液压与气压传动》课程七元贯通实践"为题的教学成果获学校第七届高等教育优秀教学成果一等奖。

三　上下一心，创建国家首批线上线下混合式一流本科课程

2019年11月，教育部开始了线上线下混合式一流本科课程的认定工作。由于多年的积累，液压课程得到了制造学院领导的高度重视。蔡勇院长提出本课程要积极申报国家首批一流本科课程。分管教学的钟良副院长安排孙东旭老师拍摄了课程负责人十分钟说课视频。

尽管任务重、时间紧，但在前期扎实工作的支撑下，在学院教学办张德虎老师的支持下，本课程顺利地完成了各项申报资料的整理。课程成果丰硕，数据完整，资源齐全，考评多元，很快就通过了学校评审。特别地，在国家首批课程申报要求中，否决性指标之一是开课周期不得少于2个完整的教学周期，而液压课程在2019年已经开设了5期。

课程通过学校评审以后，得到了教务处的高度肯定。教务处副处长石宇强、教务处王生伟、何霖俐、龙晓英等老师对本课程申报给予大力支持。按照省上新的申报要求，我积极准备了相应材料。当需要在系统里修改材料时，即使在深夜联系王生伟老师，也能得到及时的回复和处理。申报材料若需要教务处相关文件，何霖俐、龙晓英老师也会及时给予帮助。

在申报资料准备过程中，学院党委书记朱建公从课程的角度提出了一些修改意见，学院院长蔡勇多次询问准备情况，要求材料准备充分，不可遗漏。2020年1月，四川省教育厅经过形式审查和网络评审，拟推荐本课程申报国家线上线下混合式一流本科课程。

获知这一消息后，我内心既感到喜悦，又感到忐忑。喜悦的是课程获得了认可，忐忑的是要参评全国首批一流本科课程。怀着这样的心情，我和张俊俊老师在电话里进行了沟通交流。张老师分析了一下形势，她觉得申报希望很大。一方面，课程本身有雄厚的建设基础，积极按照"两性一度"的要求来开展建设；另一方面，我们开展混合式教学比较早，而且做了大量的推广工作，广泛宣传了线上线下混合式教学模式。在她的分析和鼓励下，我信心倍增。

课程正式进入国家评审阶段以后，学校教务处处长韩永国十分关心课程的评审情况。特别是在获知高教司即将开展网上评审工作后，多次询问课程情况，提醒我注意课程开课上线，切勿在评审期间出现专家无法线上浏览的情形。学院院长蔡勇多次与我积极沟通，要求进一步加强课程特色凝练，加大课程推广力度。2020年11月，教育部公布了首批国家级一流本科课程认定结果，认定"液压与气压传动"课程为国家首批线上线下混合式一流本科课程。这个成绩的取得来之不易，是课程团队40年积累的结果，是学校、学院各级领导高度重视的结果。

21年的教书育人和课程建设经验告诉我，教书育人里没有冷漠，课程建设

中没有神话。在老教师的带领下，我恪守教师本分，将青春和热血奉献给了三尺讲台，将爱心和责任心传递给了莘莘学子。课程建设关键在人，贵在积累。课程团队的水平直接关系着课程改革的力度、更新的程度、教学的深度和推广的进度。如果课程团队没有凝聚力，甚至不稳定，那么课程建设也无从谈起。液压课程团队合作十余年来，老师们相处融洽，氛围感很强。课程组老师在教学中也各有所长，都有着很深的教学体会，因而在对待课程建设时有着极高的共识。老师们始终愿意积极配合，一起付出。这使得团队做任何课程建设的事情都有着极高的效率。国家一流本科课程的荣誉与张俊俊老师的辛勤付出也是分不开的。没有她数十年的课程积累，我们也就没有申报的基础。

西南科技大学 70 年办学历史，就是一代又一代西科人奋斗史。张俊俊老师、朱建公老师从 20 世纪 80 年代参加工作起，就将他们全部的青春岁月，贡献给了永不衰老的西南科大教育事业。同时，他们将宝贵的教学和课程经验毫无保留地传给了我们，将教书育人的精神传承了下来。在几代人共同努力下，"液压与气压传动"课程凸显厚重的传承文化和鲜明的教学模式，独具魅力，焕发了全新的光彩。今天，我们将站在新的历史起点上，秉持"厚德、博学、笃行、创新"的校训，继续奋斗，为西南科技大学的明天做出新的贡献！

参考文献

朱建公、张俊俊：《液压传动虚拟实验的研究》，《机电产品开发与创新》2003 年第 4 期。

朱建公：《液压系统图对仿真模型图的自动映射》，《机械工程师》2003 年第 9 期。

向北平、张俊俊、朱建公等：《品牌课程建设的几点体会》，西南科技大学《高教研究》2005 年第 3 期。

石磊、陈翰林：《青教赛促进青年教师在线开放课程建设的路径分析》，《西南科技大学学报》（哲学社会科学版）2021 年第 2 期。

（课程原负责人、校级教学名师张俊俊教授对本文进行了审阅，仅此致谢！）

厚土育木，深基擎梁

——基于工程案例的"基础工程"教学创新实践

张玲玲[*]　陈棠茵　汪　尧　韩如冰

摘　要： "基础工程"是一门理论性、实践性和应用性均较强的课程。针对课程中存在的痛点问题，课程组树立"以学生为中心"的教学理念，结合土木工程专业特点，以培养学生解决复杂工程问题能力和创新能力为核心，建立了基于工程案例的线上线下混合式教学模式。通过多方位学情调研，修订课程目标，挖掘课程思政元素，重构教学递进模块，搭建了工程案例研讨课堂，协助学生完成了从低阶认知模式向高阶认知能力的转变，同时建立了以应用为导向的多元化评价体系，形成了可持续化激励，促进了持续改进。

关键词： 工程案例；教学创新；课程思政；多元评价

"基础工程"是土木工程专业的必修课，具有理论性、实践性和应用性均较强的课程特点，在本科生的培养计划中占据至关重要的地位。土木工程学科中的建筑工程、结构工程、桥隧工程、岩土工程、公路工程、铁路工程、水利工程、市政工程等方向的人才培养，均离不开"基础工程"课程的学习。由此可知，在大土木学科下，人才素质的培养和专业技能的训练都与"基础工程"教学直接相关。因此，切实有效地提高"基础工程"课程的教学效果和影响，是土木工程专业人才培养的关键所在。[①]

一　《基础工程》教学过程中存在的"痛点"问题

对标新工科建设目标、土木工程专业认证毕业要求以及学校复合型创新人才

---

[*] 张玲玲（1981—　），西南科技大学土木工程与建筑学院副教授，主要研究方向为岩土工程。
[①] 冯锦艳、于志全：《突出实践和创新的地基与基础工程教学改革》，《高等建筑教育》2018年第4期；李斌：《基于应用型人才培养〈基础工程〉课程教学探索》，《教育教学论坛》2018年第1期。

培养定位,"基础工程"教学过程中存在以下"痛点"问题。

(一) 教学内容与行业需求脱节,缺乏对新工科指标的支撑

课程涉及 8 种不同类型的基础设计和 9 类不同的地基处理方法,知识点繁杂且抽象,需要通过实践和应用加以印证和拓展。实际教学内容与工程实践脱节,理论太多,实践、发现太少,学生获得感不明显,同时缺乏对专业深层次的认同感。

(二) 课程思政单薄,育人功能不足

对"课程思政"理念的重视程度不够,课程教学更加注重自然科学的知识建构,忽视了人文社会科学的能动力量,专业课未能与思政课有效结合,协同育人功能不足。

(三) 教学模式滞后于理念,教学效果折减

传统的教师"单向输出"教学模式对"以学生为中心"的理念深入程度不够,不利于学生的"个性化培养",致使学生的知识掌握程度、解决问题的能力差异性较大,也限制了学生潜在创新思维的发展。

(四) 考核评价方式单一,可持续性激励不强

传统的"一考定终身"评价方式不能真实反映学生将理论知识转化为解决复杂工程问题能力的高低,致使学生重考核测试分数,轻专业基础积淀,学生普遍表达能力、思辨能力较弱,从低阶认知模式向高阶认知能力转化不足。

二 "基础工程"教学改革创新对策

(一) 树立以"学生为中心"的教学理念

要解决以上"痛点"问题,教师需要在教育教学理念上先行一步,不断提升教育教学能力,并能从大脑的认知规律和学习动力机制方面深入认识学生的学习瓶颈所在,努力追求课程的"高阶性、创新性和挑战度"。

课程团队贯彻落实立德树人的根本任务,树立"以学生为中心"的教学理念,根据学校培养"复合型和创新型应用人才"的目标定位,结合土木工程专业"重应用,强实践"的专业特点,以培养学生解决复杂工程问题能力和创新能力为核心,让学生体验"基础工程"的魅力及专业应用价值,坚定专业思想,盘活专业知识,激发学习兴趣,提高积极参与互动的热忱。

（二）多方位学情调研，修订符合"基础工程"学情的课程目标

课程团队对近 5 年毕业生及用人单位就"基础工程"在培养目标和毕业要求达成的支撑情况进行回访调研，同时对在校生学习效果进行问卷调查。调研结果显示，三年级学生具有一定的知识基础和初步设计思维，欠缺的是设计实践能力和创新意识；对于在进行毕业设计，参与过科研项目的四年级学生而言，他们需要的则是设计和管理能力及用科学方法解决复杂问题的能力；已经走进社会大熔炉的毕业生，面对的环境也更为复杂，他们需要综合设计、管理能力、创新意识和敬业精神。

在调研分析的基础上，课程团队从知识、能力和价值塑造三个方面进一步修订课程目标。知识目标要求学生在具备基础工程设计方面的理论基础之上可进行综合设计和管理；能力目标则要求学生可以科学分析和解决复杂工程问题，并在此过程中激发创新潜能，提高逻辑思维，最重要的是强化自拓展知识结构的高阶认知能力和终身学习能力；在知识目标和能力目标达成的过程中注重培养学生工程职业素养以及社会责任感，三大目标合力培养学生成为懂知识、会分析、有责任，能创新的土木复合型人才。

（三）以社会需求为引领，重构教学递进模块

对标土木类新工科建设和工程教育认证对土木人才素质及能力的要求，课程团队精准挖掘课程中存在的"重难点、认知易错点和工程应用点"，强化课程核心内容，去除陈旧的知识点和方法，同时注入岩土、材料、结构等多学科技术前沿、工程实际案例、学生科技活动等新鲜血液，构建了基础、进阶、高阶三种不同层次的教学递进模块，并针对不同阶段采用不同的教学方法。

与此同时，为了更好地支撑工程案例教学，课程团队结合教师科研项目、学生身边的工程难题、国内外经典工程以及文献资料等多种渠道，形成了囊括从世界上最早的桩到最长桩，从学生身边的农贸市场到国外大型勘察设计，从成功的基础工程到典型失败案例等一系列基于工程实际的工程案例资源库，为工程案例教学提供了保障。

（四）深入挖掘课程思政元素，坚定信念，立德树人

"基础工程"作为一门重要的专业核心课程，课程思政是实现价值目标的重要途径，具有重要的理论意义和时代意义。[①] 课程团队在已有政策与研究的基础

---

① 殷勇、于小娟：《工科土建类专业课程思政建设方法探讨：以土力学与基础工程课程为例》，《教育观察》2020 年第 25 期。

上，首先对课程思政内涵进行界定，然后创新研究思路，从正、反两方面对"基础工程"课程所蕴含的思政元素进行深入挖掘。

1. 以超级工程、人物事迹等榜样力量，强化学生的学习信念。如在介绍桩基础发展史中，以"大国工程"港珠澳大桥中青州航道桥桩基选型设计以及太钢人自主研发双相不锈钢钢筋解决"卡脖子"技术难题为例，使学生充分建立民族自信和对行业的深层次认同感。

2. 反面教学立责任。通过解析具有"挤土效应"的桩基础失败案例，让学生深刻领悟工程技术人员责任重大，促使他们自觉形成科学严谨的工程职业素养和高度的社会责任感。

通过将思政元素融入专业教学内容，课前"显性"备课，课堂"隐性"讲授，做到"盐溶于汤"，在保证专业内容讲授的深度和广度的同时，延伸课堂空间，赋予专业内容新的价值内涵。

（五）线上自主学习，线下解决问题，助力学生抬高最近发展区

为了提高学生学习的积极性，协助学生将理论知识建构成解决复杂工程问题的能力，以"基本理论线上学习+工程案例线下研讨"的混合式案例教学模式代替教师"单向输出"教学模式，并通过设计多样化学习任务和挑战，帮助学生逐步抬高最近发展区，推动不同学习通道和记忆能力的学生达到异频同效的学习效果。

"基本理论线上学习+工程案例线下研讨"的混合式教学模式，尊重学生"个体化差异"，通过在课前、课中、课后三个环节中设置多层次学习挑战，把学生从舒适区带到发展区。以课程重难点"桩基选型"为例，课前先以问题和简单工程案例为导向建立知识框架，为学生线上学习导航，随后学生通过线上课程、规范等资源自主学习。为了强化学习效果，学生边学边测，查漏补缺，小组成员共同梳理知识体系，形成学习总结并将未解决问题提交共享平台，由师生线下共同解决；线下课堂则分为解决问题和强化应用两步走，首先每节课选取1—2组学生就线上学习情况进行汇报，在分享自主学习成果的基础上，提升表达能力，随后师生形成学习共同体，针对学习过程中存在的问题，通过力学分析、材料原理与工程应用效果相结合的方式共同解决。在解决了问题的基础上，教师通过工程案例，设置多样化学习任务，激发学习兴趣，强化应用。经过多年教学实践发现，工程案例需层次化，在"最近发展区"理论指导下，先通过简单案例协助学生克服畏难情绪，建立逻辑思维，再通过小组协作共同解决复杂案例存在的工程问题，最后通过解析经典工程案例，开阔视野，进一步提升逻辑思维与职业素养；课后则通过作业和文献案例来巩固和拓展课堂知识，再结合创新科技、虚拟仿真等活动进行知识能力的转化和提升。

通过课前、课中和课后的融合，协助学生完成了从低阶认知模式向高阶认知能力的转化。

（六）以应用为导向的多元化评价，形成可持续化激励，促进持续改进

多元化的评价体系可以有效给予师生学习效果的正向反馈，并促进持续改进。课程学习效果主要通过形成性评价、自评与互评、期末考试与第二课堂创新实践共同评价，其各部分构成及所占百分比如表1所示。其中第二课堂创新成绩通过制定详细明确的评分标准由学生互评完成，以便分享学习，取长补短，共同发展。

表1　"基础工程"多元化评价体系组成及构成比重

考核构成	形成性评价（50%）							课程设计成绩	期末考试成绩
	线上学习平时成绩（25%）				线下学习平时成绩（25%）				
	线上学习时长	线上发帖次数	线上测试	线上作业	小组讨论表现	课堂练笔成绩	第二课堂创新成绩		
比重（%）	5	5	10	5	10	10	5	20	30

三　"基础工程"改革创新教学效果

（一）课程目标达成度分析

近5年土木工程专业学生"基础工程"课程目标达成度情况如表2和图1所示。

表2　近5年"基础工程"课程目标达成度分析

毕业要求分解点	课程目标	混合式教学模式（%）			传统教学模式（%）	
		2017级	2016级	2015级	2014级	2013级
2.1	具备基础工程设计的基本理论，并在此基础上进行建筑基础的选型、设计和计算	86.6	88	84.61	85.3	83.9
3.1	能够基于设计原理、采用科学方法对地基基础设计中的复杂工程问题进行研究	83.2	81.71	80	72.7	70.6
4.2	会使用现代信息技术工具，具备综合分析、应用能力	88.6	87.92	75.42	67.45	67.8
5.1	能主动适应社会，具备较强的沟通交流、领导和团队协作、创新意识和敬业精神	86.7	82.4	71.8	68.67	65.3

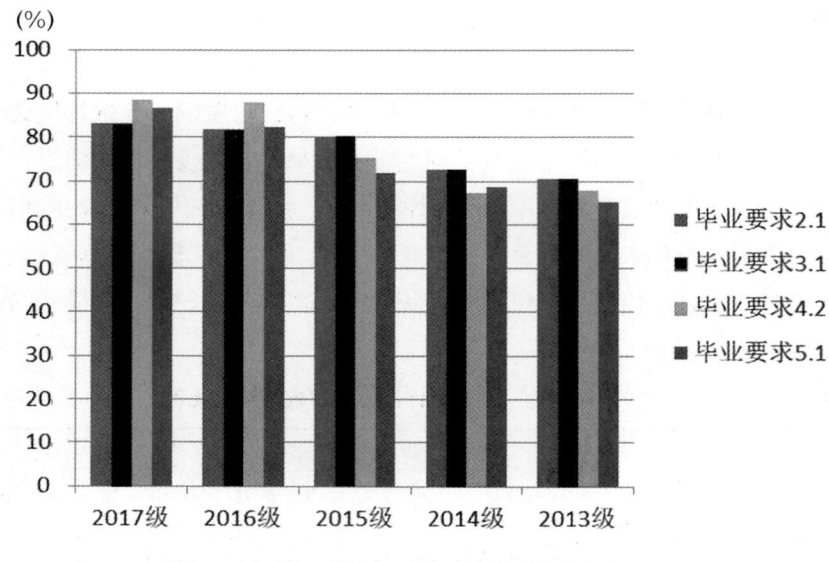

图1 近5年《基础工程》课程目标达成度

通过对近5年课程毕业要求达成度数据进行分析发现，经过几年的持续改进和教学创新，学生学习成效不断提升，课程对应的4个毕业要求指标点中，毕业要求分解目标4.2（综合分析应用能力）和5.1（较强的沟通交流、领导和团队协作、创新意识和敬业精神）效果最为显著，提高近20个百分点，说明线上线下混合式教学模式下，学生激发了学习兴趣，提高了自主学习能力，盘活了专业知识，坚定了专业思想，做到了"懂知识、会分析、有责任，能创新"，也完成了从"低阶认知模式"向"高阶认知能力"的转变。

（二）学生评教

根据教务系统学生评教结果反馈，学生对新的教学改革模式适应性强，连续多年评教结果均为优秀。

针对线上线下混合式教学，学生也提出了非常多的建设性意见，学生对线上线下混合式教学模式课堂氛围、工程案例教学方法最为满意。反馈意见中最需要改进的地方：一是希望进一步提高教学过程中的信息化教学技术手段，与时代接轨；二是考核评价方式涵盖面进一步扩大，且有切实可行的评定标准。

（三）学生创新实践能力稳定提升

学生重视"基础"的效果，勇于创新，并通过第二课堂中各种科技活动进行创新实践。据统计，土木2017级有74.2%，土木2018级82.5%的学生均参与到第二课堂创新实践中，也因此获得了一系列可喜的成绩。而通过对四年级及毕

图 2　教务系统"基础工程"学生评教数据

业学生的调查数据显示，近 5 年土木工程专业毕业生就业率由 92.6% 提升至 95.90%，其中从事科研研究方向学生比例由 11.91% 增加至 26.33%，考研率由 11.41% 提高至 23.67%，学术研究成果也逐年递增。

（四）课程团队教学改革成果

在教学创新改革的过程中，团队成员不断反思与持续改进，并针对反思内容与改进措施形成教改项目、教改论文和教学成果等。近 5 年，"基础工程"被认定为省级线上线下混合式一流课程，中国大学慕课在线开放课程，团队成员分别获得教育部"智慧教学之星"、校"三全育人模范"、校"教学名师"、"青年教学之星"、"科技活动优秀指导教师"等称号，获国家级教学竞赛二等奖 1 人次，省级教学竞赛一等奖 3 人次，校级一等奖 5 人次，二等奖 3 人次，校教学成果二等奖 1 次等。

四　结语

我们以"基础工程"课程为载体，结合土木工程专业特点和学情，建立了基于工程案例的线上线下混合式教学模式，提高了学生解决复杂工程问题的能力和创新能力，协助学生完成了从低阶认知模式向高阶认知能力的转变。

教学实践过程中还存在非常多需要持续改进的地方，如工程、材料、智能建造等相关领域的交叉性与综合性的知识体系，虚拟仿真试验等信息化教学技术的融入，对应于非标准化试题、综合性案例的切实可行的评价标准等。

综上，教学创新改革是提高"基础工程"课程教学有效性和影响力，培养土木复合型创新人才的重要途径，也是一项需要不断更新迭代的开拓性工作。

参考文献

冯锦艳、于志全：《突出实践和创新的地基与基础工程教学改革》，《高等建筑教育》2018 年第 4 期。

李斌：《基于应用型人才培养〈基础工程〉课程教学探索》，《教育教学论坛》2018 年第 1 期。

殷勇、于小娟：《工科土建类专业课程思政建设方法探讨：以土力学与基础工程课程为例》，《教育观察》2020 年第 25 期。

孙建琴、刘廷滨、丁小军：《土木工程专业建筑工程方向基础工程课程教学体会》，《高等建筑教育》2017 年第 4 期。

朱杰、平琦：《启发式和案例式教学模式在基础工程课程中的应用》，《大学教育》2016 年第 4 期。

王博、刘志强、梁恒昌：《地基与基础工程课程案例式教学改革探讨》，《高等建筑教育》2016 年第 4 期。

何玉荣：《〈土力学与基础工程〉实践性教学模式的改革探讨》，《湖南科技学院学报》2016 年第 10 期。

军民协同、科教融合团队建设学科交叉课程"辐射生物效应",彰显跨学科人才培养特色

王 丹[*] 陈晓明 竹文坤 唐运来 段 涛

刘明学 张建国 黄仁华 刘继恺

成果简介: "辐射生物效应"课程是有关核辐射与生物的相互作用机制及其应用的跨学科专业选修课。该课程主要以"核废物下的生物效应"国防科技创新团队教师为主体组成课程教学团队,将科研融入教学,将科研成果整体式支撑教学内容并分层次走进课堂,面向2个学科跨度较大的学院(生命科学与工程学院、国防科技学院),涉及理学、工学、农学三大学科门类,包括10个本科专业以及相关硕士点和博士点开设,成为学校主动融入和服务国家军民融合战略、凸显核辐射生物效应与核污染生物治理和核技术应用特色的跨学科课程。该课程从2011年开始开设,迄今选课、受益本科生人数达到1300余人,硕、博研究生230余人,并通过课程教学吸引了一批学生进入相关课题组参与科研、开展毕业论文研究、参加竞赛及在相关领域进一步学习深造,极大地提升了相关专业人才的创新能力和人才培养质量。

关键词: 科教融合;团队建设;辐射生物效应;跨学科;人才培养

一 "辐射生物效应"课程建设的基础和条件

自2006年国防科工委与四川省人民政府共建西南科技大学以来,学校确立了"服务经济社会发展、服务国防军队建设"的办学面向,以共建协同育人平台为抓手,努力探索军民融合开放办学,构建高素质军民融合人才培养新体系。核污染成为国家问题以及国际问题和我校具备一只较为成熟的科研队伍的环境和条件下,2007年在胡思得院士的牵头带引下由国防科工委批准成立了

---

[*] 王丹(1962—),西南科技大学生命科学与工程学院教授,主要研究方向为辐射生物学。

"核废物与环境安全"国防重点学科实验室和随后的"辐射生物效应与生物修复"国防科技创新团队。

由于课程在人才培养模式中居于核心地位，创新人才培养模式，需要将课程改革作为切入点和突破口。为实现学校确立的办学目标和办学面向，凸显军民融合特色，"辐射生物效应"跨学科课程便应运而生，该课程教学团队主要依托国防科技创新团队教师及外聘兼职教师组成，现有教授5名，研究员2名，副教授5名，讲师3名，外聘专家3名，博士学位教师占绝大多数。团队长期致力于核辐射生物效应、核污染生物修复、辐射诱变育种与农产品辐照加工等研究，在课题组整体形成教学、科研一体化团队的同时，实现科研成果整体式地转化为教学资源，教师能兼顾科研和教学，团队成员间能互为优势、取长补短，将科研与教学融合。

二 "辐射生物效应"课程主要解决的教学问题及解决方法

（一）"辐射生物效应"课程主要解决的教学问题

1. 传统专业划分导致跨学科专业课教学边缘化，教学内容更新速度慢，缺乏对学生进行全面知识视野、跨学科思维习惯和创新意识的培养。

2. 跨学科课程专业师资队伍缺乏，高水平科研团队及其学术成果没有成体系、整体式地支撑教学内容和走进课堂，对专业发展和教学的贡献不足。

3. 学校作为国防科工局共建高校承担的国防科研项目、资源、成果多，但科研反哺教学少。单纯依赖教学的各类资源不足，难以充分利用跨学科科研及学科建设中获得的创新平台、实验、实习等实践平台等优异科研资源。

（二）"辐射生物效应"课程解决教学问题的方法

针对上述问题，团队采取了下列方法成功地解决了难题。

1. 教学内容构建

（1）教学内容突出跨学科课程的专业性融合

在教学内容上，针对生物类和核技术类两大类专业各自的特点分别设定不同的教学内容及其对应的教学时数，既注重保持课程的完整性，又注重对不同专业类型的缺陷进行弥补；既注重核科学技术在农业、生物领域的应用，又注重农业、生物技术在核污染治理中的应用；既注重各类基础知识、基本原理和技术的讲授，又注重跨学科相关领域最新技术的介绍。

教学内容在针对生物、农学类专业时将较多的教学时数用于进行辐射相关基础知识的讲授，在针对核科学技术类专业时又将该部分课时用于补充生物类、农学类基础知识，使核科学技术知识与生物类及农学类知识相得益彰。在本科、硕士和博士不同层次课程教学中注重教学内容在深度、广度和难度上的联系和区别，分别满足不同教学目标的要求。

（2）教学内容突出跨学科课程的前瞻性，将前沿科学技术引入课程内容

为提高课程的前瞻性，将团队在承担的各级科研项目中涉及的核污染土壤生物修复技术及植物、微生物辐射诱变技术和高能电子加速器辐照农产品等先进技术及研究内容融入教学内容中，让学生及时掌握核污染治理及核技术应用的最新趋势与发展，拓宽了学生的视野及知识面。

（3）教学内容突出跨学科课程案例分析及国际先进典型案例的研究和分析

将团队在特定核污染场地如湖南衡阳272矿业有限公司铀尾矿坝等开展的核污染治理生物修复专项等技术方案作为典型案例引入课程中，引导学生自主学习，并发散其思维，提高了学生敢于解决问题和善于解决问题的能力。同时在案例分析中重点推介美国环保部、阿拉丁陆军试验基地、Epdace公司等对核素污染水体和土壤修复已有的技术、方案等实例，进一步扩大课程的国际化视野。

2. 教学团队建设

鼓励青年教师进行跨学科研究，鼓励并支持教师不定期参加各种课程研讨班、学术交流会，出国进修、访问，扩大国际化视野，努力提高教师的业务水平和教学质量。6位团队成员均有在美国迈阿密大学、美国橡树岭国家实验室、新西兰梅西大学、美国林肯大学、美国环保部等做访问学者的经历；对新引进的青年教师制定有培养计划、有专人指导，使其尽快成为团队的中坚和骨干力量。

3. 教学方法改革

（1）推动课堂教学革命

以学生发展为中心，以专业为单位推行小班化教学、混合式教学、翻转课堂，构建线上线下相结合的教学模式。建成"辐射生物效应"教学网站，充分利用现代化教学手段及资源，建设多媒体课件、网络课堂等教学环境，强化教学手段，实现立体化教学，使课堂教学更加生动、形象、直观，积极引导学生自我管理、主动学习，激发求知欲望，提高学习效率，提升自主学习能力。

（2）建设科学性、前沿性、针对性、实效性教材

该课程是跨学科的创新性课程，没有现成的教材可选用，因此课程团队组织力量撰写了《电离辐射的植物学和微生物学效应》《辐射生物效应与生物修复》2本著作，已由科学出版社出版发行，2本著作均以团队多年来对植物辐射诱变育种、农产品辐射灭菌、核素污染的生物效应和生物修复等研究成果为依据，系统总结相关研究技术体系、发生规律和理论成果及国内外最新研究进展，成为该课程选用教材。团队组织教师专门为该课程撰写的《辐射生物学导论》及参与中国放射生态学会组织编写的《放射生态学》2本教材也已在出版发行过程中。

（3）在课堂教学中引入课程思政和双语教学理念

在课程教学中推进课程思政建设，通过身边的科学家如中国工程物理研究院胡思得院士、傅依备院士等的典型事迹作为案例教学，教育引导学生热爱祖国，热爱国防，提高国家安全意识，在亲身参与中增强创新精神、创造意识和创业能力，提高民族自豪感和责任感。

同时团队教师多数有在国外学习、交流和做访问学者的经历，因此在授课中引入双语教学理念，照顾多数学生专业英语水平有限的实际，在课程讲授时课件和板书用英文，讲授用中文，学生对这种"半双语教学"形式表现出极大的认同和兴趣，激发了他们的求知欲。

（4）加强与地方、院所、企业育人资源互动共享，强化科教协同育人，丰富实践教学内容和形式

充分利用团队所在"核废物与环境安全"国防重点学科实验室、"核辐射生物效应与应用"四川省高校重点实验室及教育部"核废物与环境安全省部共建协同创新中心"等高水平研究平台和共享实验室等实践育人基地，利用人才共享机制，聘请相关单位专家担任兼职教授，参与课程教学及研究生培养，并让学生在相关平台上完成课程设计、毕业设计、创新竞赛等相关的实践教学任务。课程面向相关专业的本科毕业设计、硕博士学位论文题目30%均与本课程教学内容有关。

三 "辐射生物效应"课程的授课情况及效果

（一）授课情况

该课程从2009年开始筹建，并进入生命科学与工程学院农学、园艺、动物科学、生物技术、生物工程、食品科学与工程、制药工程7个专业，国防科技学院核工程与核技术、辐射防护与核安全、核化工与核燃料工程3个专业，共计10个本科专业的培养方案，2011年开始实施，迄今已开设此课10年，选课、受益本科生人数达到1300余人。同时该课程也分别于2010年、2019年进入"生物学""核科学与技术"硕士点，2019年进入"生物学"博士点研究生培养方案，选课、受益研究生人数达到近230人。

（二）应用效果

1. 组建了科研与教学深度融合与一体化的团队

以国防科技创新团队为主体，注重推动高水平科研团队向教学团队逐步转化，注重科研与教学深度融合，团队成员不仅从事科学研究、承担科研项目，还分别承担了相应的教学任务，重视教学，逐步做到一支队伍的科研和教学齐头并

进，改变了教师"单兵作战"的思想和做法，强调团队大多数成员在课程教学或课程群中的教学作用，增添了生物类、核科学类专业的新内涵和特色方向。

团队还重视教学研究，多年来承担各类教学改革项目 25 项，发表教学研究论文十余篇，为项目实施奠定了良好的基础。在积极开展教学研究的同时，团队成员还努力将承担的国防研究项目和民用核技术应用研究成果及时引入教学活动中，教师经常将科研成果运用于教学之中，将重要课题实验过程拍成照片和视频，在课堂上举出科研中遇到的问题作为生动鲜活的实例，使学生接触学科前沿知识。教学任务与科研课题高度契合，既提高了团队成员学术水平，也为教学注入了活力。

2. 推进了生物类和核学科类学科专业建设

团队式的科教融合协同育人在学科专业建设中已发挥了重要作用，尤其是促进了"生物学"一级学科博士点、硕士点及"农艺与种业"专业硕士领域和"核科学与技术"一级学科、国防特色学科的内涵建设。在生命科学与工程学院 2018 年成功申报的"生物学"博士点中，所申报的 3 个二级学科中均有本课程教学科研团队成员作为学科带头人及学术骨干，学科点的特色、优势也被描述为"以西部优势特色生物资源利用为基础、核辐射生物效应与放射性污染生物治理为特色的植物生物学、生物化学与分子生物学、微生物学、生物质资源学 4 个优势学科方向"，比较我国西部 13 省 18 个生物学博士授权点，本学科"西部特色优势生物资源利用为基础的放射性污染生物治理"方向特色鲜明，在西部是空白，学科科研配套资源得天独厚和难以替代。

同时本团队研究方向是学校"核废物与环境安全"国防重点学科实验室的 3 个重要研究方向之一，也是学校四川省生物质资源利用与改性工程技术研究中心、核废物与环境安全协同创新中心、核废物与环境安全军民两用技术转移和产业孵化中心的重要研究方向和四川省教育厅核辐射生物学效应及应用四川省高等学校重点实验室的核心研究团队。团队建设为学校相关学科、科研教学平台建设作出了重要贡献。

以团队为依托建立的国防重点实验室、四川省高等学校重点实验室等平台也成为生物类、核科学技术类专业本科生、研究生、留学生开展实验、实习、毕业设计、毕业论文等实践教学活动的重要场所，较为充足的科研经费也为科研和教学实践的开展提供了良好的材料、资源、设备等条件。

团队在课程教学中将科研融入实践教学过程，注重学生的创新能力培养，进一步锻炼和培养了学生发现问题、解决问题和进一步提出问题的能力，也吸引了较多的生物类本科生报考辐射生物效应研究方向的研究生，提高了生物学、农艺与种业等方向研究生第一志愿报考率。

3. 提升了生物类及核学科专业人才的创新能力和人才培养质量

依托"辐射生物效应"课程的开设及科研与教学一体化建设的团队和优质科研平台，生物类、核学科类专业本科人才培养质量提升已初见成效。据不完全统计，自 2010 年以来以大学生社会实践基地、大学生创新创业团队为平台，以学生大挑、小挑项目、创新创业大赛、"核 + X"大赛、节能减排大赛、水火箭大赛等各类竞赛等一系列创新实践活动为载体，有效地补充、延伸了第一课堂，在提高和强化学生的学习兴趣、实践能力、创新精神、团队意识、创业能力等方面取得了良好效果。近三年，在团队教师指导下，生物类及核学科专业有 200 余人次的学生，参加了创新创业项目和实验室开放基金项目等 20 余项项目的研究，在省级以上刊物发表 30 余篇论文，每年有 100 余人次参加挑战杯、节能减排大赛等各级各类大赛，30 余人次学生获奖。吸引、选拔优秀本科生加入团队进行参与性学习、科研 150 余人。

4. 课程相关建设成果产生了较为广泛的社会影响

由于团队在科研、教学方面的突出表现，相关成果在社会上受到较多关注。中国疾病预防控制中心辐射防护与核安全医学所多次安排核辐射防护技术人员来校选修"辐射生物效应"课程及实验教学相关培训，课程教学团队两位成员也被邀请为该研究所组建核污染生物修复研究方向方案提出书面建设意见；成都理工大学的核学科专业由于没有生物学方面的师资也选派教师来校选修该门课程，以培养跨学科师资。团队多名成员分别在射线束技术分会、核物理与放射化学分会、中国辐射防护学会放射生态分会、四川省核协会、核学会、原子能农学会、生物工程类专业教学指导委员会、能源动力专业教学指导委员会等担任副理事长、副主任委员、理事等重要职务。团队主要成员的相关著作被南华大学、成都理工大学、北京师范大学等相关涉核专业列为教学参考书。中国军工、国防科技工业、绵阳晚报等媒体也对团队相关研究和事迹进行了宣传报道。

线上线下一体化的电类基础实验实训课程开放式教学改革实践与创新

曹 文[*] 罗 亮 李 恒 韩 宾
刘春梅 王顺利 李永桥

成果简介：在实验学时普遍被压缩的大背景下，主动建成并不断丰富传统电类基础实验实训生态链，依托完备的实验体系、优质的共享实验辅助教学资源、饱满的实验操作时间，将实验课程的学习渗透、贯穿至整个课内学期，拓宽传统意义上的实验室空间，确保学生的实验强度及考核评价力度不会因学分减少而降低，真正做到"减时增质"。同时打破实验从属于理论课的思维定式，消除理论课与实验课之间的严重脱节的现实问题，积极推进"实验反哺理论教学"的改革探索，通过实验慕课及教材拓宽理论教学内容的知识面，引导学生运用虚拟仿真及实物测试等重要实验手段，化解理论学习中的枯燥与抽象，降低理论学习难度，开辟全新理论课程学习体验，回归知行合一的教学本质。

关键词：实践教学；线上线下；反哺；慕课

一 传统电类基础实验教学中亟待解决的主要问题

以"电工学实验""电路实验""电子技术实验""电子技术课程设计"这四驾马车为代表的传统电类基础实验在国内绝大多数高校普遍未能得到必要的重视：从事实验指导与设计的教师数量很少且课程参与积极性不高，以验证型方案为主的实验内容陈旧、烦琐，导致学生对实验课堂的兴趣与关注度非常低；在上述多种因素的共同作用下，电类基础实验课程的教学质量长期处于低位，很难得到提高。

---

[*] 曹文（1974— ），西南科技大学信息工程学院教授，硕士生导师，主要研究方向为传感器及电路系统设计。

二 电类基础实验教学改革的基本思路及做法

西南科技大学信息工程学院公共教学部（原电工电子实验教学中心）从 2005 年开始，结合传统电类基础实验教学体系、实验方案及运行模式过程中出现的种种弊端及不足，进行了持续的改革探索，逐步积累了一定的经验，实际运行中也取得了较为满意的效果。

（一）依托教育信息化技术，多渠道建设丰富的实验辅助教学资源，打造更加开放的电类基础实验教学体系

相较以往更加复杂的教学资源建设项目（如图 1 所示），对于改善电类基础实验课程教学质量，起到了很好的促进作用。

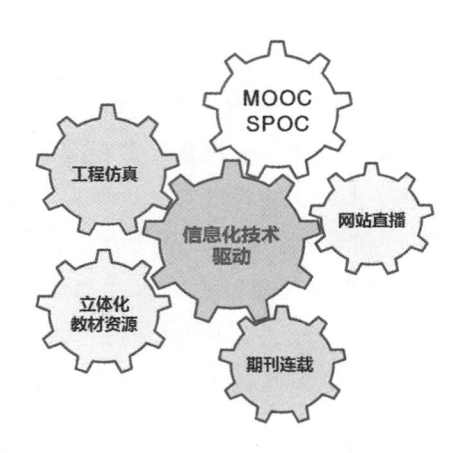

图 1 教育信息化技术驱动的丰富实验辅助教学资源

在 2022 年 4 月"数字电子技术实验"成功立项西南科技大学在线开放课程建设项目之前，公共教学部已经先后建成并上线"电子技术实验""电子技术课程设计""硬件电路设计与电子工艺"3 门电类基础实验 MOOC/SPOC，并于 2021 年成功获批一门四川省线上线下一流本科课程。围绕电类基础实验所建设的所有辅助教学资源均面向校内外学习者全时空开放，累计学习量超过 20000 人次。依托 MOOC/SPOC 平台提供的答疑、测验及群组功能，教学团队广泛开展了线上线下一体化的"课前—课内—课后"实验教学指导、师生互动交流、学生评价，彻底打破并逐步完善长期以来过于单一的课内实验教学体系。

针对实验电路进行的仿真测试，让学生在预习阶段即可直观把握完整的实验流程，熟悉实验电路结构及常见错误类型，从而降低了后续实验操作时的陌生感与盲目性，将实验预习真正落到实处的同时，还能更有效地组织疫情、地震等不

可抗拒及突发因素下的电类基础实验教学活动的开展。

为了更好配合 MOOC/SPOC 带来的自主学习、自助实验新模式，公共教学部编写了《硬件电路设计与电子工艺基础》《电子设计基础》等新形态纸质实验教材与数字化 ICC 实验教材《电子技术实验》，并同步建成信息量更大的教材资源网站。

因实验方案持续升级而无法及时上传至 MOOC/SPOC 的实验教学内容，公共教学部采用期刊连载、哔哩哔哩网站直播等多种新颖的方式来发布最新实验教学内容，在实现教学内容快速更新响应的同时，进一步拓展了实验教材载体的深度与广度，开辟了从单一纸质教科书向立体化教学资源的重大转变。

（二）运用化整为零策略，全面更新传统电类基础实验平台，构建起"线上自学与互动答疑、实验室内外同步开放实验、线下自主实验与创新"的全新实验模式，打破传统实验教学的时空限制；并以此为契机，主动推进"实验反哺理论教学"的改革尝试，帮助学生养成用实验主动找寻问题答案的习惯，扩大电类基础实验课程对后续学习的影响

团队在多年来进行的电类实验平台、实验测试设备研制基础上，充分利用多种工程技术手段，将庞大、昂贵的传统实验台创新升级为易于组合及维修的模块化（Modularization）口袋式便携实验板，积极营造电类基础实验的翻转课堂。

口袋实验板遵循由浅入深、熟能生巧的教学规律，为学生在课后、寝室主动开展实验提供关键的实体平台。对于因紧张而造成实验操作失误、实验台的随机故障等因素导致的课内实验无法及时完成，完全可以借助口袋实验板进行课后弥补；部分本应在实验室开展的实验操作也可交给口袋实验板在课外自主完成，有效化解实验场地紧张、设备故障率高、实验准备工作量集中的历史遗留问题，立体延伸了传统电类基础实验室空间，较好地缓解了实验效率与实验质量之间的矛盾。

在相对宽松但更富弹性的实验新体制下，依托硬件实体口袋实验板、EDA 仿真软件、虚拟实验构建起的广义实验环境，将大学生日常的碎片化时间转化为充裕的自主实验操作时间，使其有机会体验实验新技术、新方案带来的新鲜感与成就感；同时也为创新思维与创新意识的培养提供了肥沃土壤。对于在理论课程学习中遇到的困惑与难题，学生可在实验与理论教师的共同引导下，通过自拟实验教学大纲之外的实验任务，借助虚拟仿真与口袋实验平台搭建测试系统进行探索或验证，在接近答案的过程中，不断加深对理论知识点的理解与掌握、降低理论课程学习难度，在研究能力和实践能力同步增长的同时，提升对实验课程的兴趣，逐步实现从"要我做实验"到"我想做实验"的跨越。

（三）将实验方案的创新设计与工程认证、一流课程建设等当前的重点工作紧密接轨，突出工程实践能力与科学研究素养的联动培养，纠正以往学生的应试实验模式

传统电类基础实验侧重成熟理论的验证，加之实验时间有限、实验教师的辅导答疑难以面面俱到，这些因素容易导致实验课的存在感不强。团队通过积极的换位思考，深入了解学生对电类基础实验的真实看法、对实验形式及结果的期望，并以此为抓手，打破电类基础实验项目几十年不变的传统，替换脱离年轻人生活体验、难以形成共鸣的验证性陈旧实验内容。

依托模块化、智能化等实验新技术，清晰展示实验的工程背景，突出实验教学重点，压缩低水平、重复性烦琐实验操作。实验知识点相互间依存度更高、易于灵活组合，让电类基础实验的体系架构与操作内容变得生动有趣，知识面更广、交互性更强，改善学生对实验课程的关注度与受欢迎程度。

（四）在生多面广的电类基础实验课程中积极推行有温度的实验教学，在实验案例及教学内容中主动融入并充分发挥课程思政元素在教书育人、立德树人中的典型示范引领作用，形成实验教学与思想政治理论教学紧密结合、同向同行的育人格局，更好地适应和满足学生的成长诉求

理论授课时师生间的"一对多"在实验课堂上变为"一对一"，实验课程的组织形式拉近了师生距离，加之线上答疑的形式更乐于被学生接受，使实验课内的沟通交流远远超过理论课。团队顺势通过精心编排实验案例与实验教学内容，将理论联系实践、具体问题具体分析、实事求是、持之以恒等思政元素融入实验教学的每一环节，激发大学生主动面对和克服实验过程中所遇到困难的勇气和潜能，促进科技报国、求真力行、责任担当等优良品德的养成。

三 电类基础实验教学改革方案在校内外的推广及应用

教学团队围绕电类基础实验教学的改革探索在西南科技大学已经坚持多年，业已取得较为显著的改革成效，《立体化电子基础实验教学体系的创新与实践》在2020年12月获西南科技大学第七届优秀教学成果一等奖。

（一）有力支撑起院内多个电类专业的国家工程教育专业认证、一流本科专业建设

电类基础实验课程的一系列改革举措，在面向低年级本科学生的工程教育改革环节扮演了重要角色，各种改革成果也较好地支撑了西南科技大学自动化专业在2020年12月顺利通过教育部高等教育教学评估中心、中国工程教育专业认证

协会组织的国家工程教育专业认证。

与此同时，电类基础实验课程改革还支撑了西南科技大学电子信息工程、自动化两个国家级一流本科专业建设点的成功申报。

（二）"线上+线下+开放"的全新实验教学模式带来了积极影响

"电子技术课程设计""模拟电子技术实验""数字电子技术实验"三门电类基础实验慕课每年覆盖西南科技大学信息工程学院、国防科技学院、计算机科学与工程学院、理学院、应用技术学院等多个专业，合计1400余名学生。

在2020年新冠肺炎疫情期间，公共教学部充分利用已建成的线上实验教学资源，从2月底即全面启动线上实验教学活动，实验教学计划、实验大纲、实验内容、实验报告模板、考核评价指标通过群组内文件共享的方式及时传递给了处在不同地区的每一位课内学生。教学团队还采用了向课内学生邮寄口袋实验板的形式，助力大学生在远程开展真实的实验操作。这是西南科技大学历史上第一次大规模远程实验教学活动，让分布在全国各地的课内学生无缝接受到了与实验室接近的实验教学，疫情虽然阻止了同学们返校学习，但丝毫没有影响真实实验操作的正常开展。

在硬禾课堂、哔哩哔哩网站同步开设的"数字电路原理与设计"网络公开课，从新冠肺炎疫情开始至2020下半年，累计点击播放量达2.9万次；而"【电子技术必备】AD与multisim实战教程"也收获了近万的播放量。

教学团队精心制作完成的各类优质专题教育资源，在新冠肺炎疫情期间不仅承担了西南科技大学本校学生的课程学习，还先后被桂林师范高等专科学校、汉江师范学院、江西师范大学、深圳大学、潍坊理工学院等多所国内高校转引为本校SPOC课程，有力地拓展了团队及课程的影响面。

随着国内新冠肺炎疫情的逐步好转，"电子技术课程设计""模拟电子技术实验""数字电子技术实验"三门电类基础实验MOOC/SPOC迅速从新冠肺炎疫情期间的"应急方案"向"优质金课"顺利转型。

（三）通过电类基础实验课程带动低年级大学生工程实践能力的提高，为大学生课外科技活动及多项学科竞赛取得较好成绩打下了坚实的基础

改革之后的电类基础实验教学更加容易被低年级大学生所接受，课程关注度显著提高。口袋实验板、虚拟仿真实验等举措能够使大学生的综合工程能力得到更加充分的训练与强化，而课后思考与拓展环节还能提升大学生的创新意识与思路。

在2018年第九届四川省大学生电子设计竞赛中，一等奖获奖队伍数量位居全省第二。在2020年四川省大学生电子设计竞赛中共获省级一等奖8项、二等奖 13 项、三等奖 16 项，并列全省第 3 名，其中团队教师囊括其中 12 项。

依托联合实验室，公共教学部及团队教师共指导本科生发表各类论文 49 篇，指导申报大学生创新创业项目十余项。

（四）主动"走出去""请进来"，公共教学部先后接待省内外多所高校教师到学院及实验室的参观指导与学习交流，团队教师在国内的教研会议、教学论坛上开展了多次的主题报告，并赴多所兄弟院校开办了实验改革的讲座与座谈分享

教学团队充分利用参加教学论坛及会议、教改项目答辩汇报等多种机会，主动前往省内外高校交流电类基础实验改革思路；并就 MOOC/SPOC 建设思路、立体化教材的编写完善、实验课程开放运行机制优化、口袋式实验平台的集成创新等诸多方面内容进行了目标明确的全面整改。

l2021 年 6 月，团队教师在绵阳城市学院为 200 余名专职教师举办了《深化产学合作产教融合——促进实验课程建设与人才培养质量提升》的专题讲座。2020 年 6 月，团队收到昆明理工大学信息工程学院发来讲座邀请函，因新冠肺炎疫情原因推迟到 2021 年 4 月赴昆明理工大学开展了电子技术实验改革的汇报交流。

公共教学部还先后接待了成都工业学院、四川航天职业技术学院等多所院校几十位教师到校交流电类基础实验教学的改革经验，在现场观摩电子技术实验课的同时，与电类基础实验教学团队的教师进行了全面的座谈沟通。

（五）随着教学改革的逐层推进与不断深入，团队教师的教学手段进一步提高、教学能力明显增强，承担的教改项目数量及层次较团队组建初期有了较大的飞跃，教学成果也日渐丰硕

多年来，团队围绕所开展的实验教学改革和探索，先后承担和完成各级各类教学改革课题 40 余项，其中：国家级教改项目 4 项、省部级教改项目 13 项，校级重点教改项目 2 项、普通教改项目 20 余项，与解放军后勤工程学院、西安理工大学、绵阳师范学院、成都师范学院、广东省岭南师范学院等省内外高校共同申报并结题教改项目多项。

（六）积极承办、参加各类与电类基础实验课程相关的教师教学竞赛，让团队的实验改革理念在不同院校之间得到交流和推广

公共教学部通过参加全国性的青年教师授课竞赛、电工电子实验教学案例设计竞赛，带动、促进团队内的教师多方位、多角度地向兄弟院校，特别是众多双一流高校的教师虚心学习教学思路、方法与技巧；同时通过赛前认真的教案、课件、说课的设计与制作，以及与课程配套的自制实验教学方案，有效地培养、锻炼了教师的实验教学基本功、提高了实验教学水平、丰富教师的教学技巧。

经过不懈努力，教学团队在近几年共获得国家级教学竞赛一、二、三等奖十余项，向国内外近 300 余所高校展示了西南科技大学在电类基础实验教学改革领域的实力与成绩；团队在为学校赢得荣誉的同时，也进一步扩大了学校的影响力；更是通过与兄弟院校的教师开展实践课程教学经验及技术交流过程，得到了普遍的认可与赞同，扩大了教学团队在国内的影响力。

四 总结

公共教学部全面融合立体化实验教学资源、新形态实验教材、实验教学内容的网站直播等形式多样的立体化辅助实验教学资源，让精心编排的实验案例与口袋实验硬平台、虚拟仿真软平台紧密结合，借助线上线下结合的全程互动答疑与教学过程管控，助力学生充分利用碎片化时间开展实验学习与操作，在有效延伸传统实验室空间的同时，大幅降低传统电类基础实验室的日常工作负荷强度，打造出一套全新的电类基础实验体系。

参考文献

董凌、李恒、曹文等：《基于 SPOC 的数字电子技术实验教学改革与实践》，《云南民族大学学报》（自然科学版）2020 年第 4 期。

袁小平、蒋硕、金鹏等：《模块化电子系统设计实验平台的研制与应用》，《实验技术与管理》2017 年第 5 期。

王革思：《电子电路实验教学资源建设研究》，《实验技术与管理》2015 年第 1 期。

卢有亮、姜书艳：《精品课程网站中融入 MOOC 教学方法的研究》，《实验技术与管理》2016 年第 1 期。

曹文、瞿金山、张春燕：《人机交互型电子技术实验实训平台研究》，《江苏科技信息》2014 年第 12 期。

初竑邑、房启志、张丽丽：《"口袋实验室"在电子类专业实践教学中的应用》，《教育教学论坛》2016 年第 50 期。

李建霞、闫朝阳：《工程教育专业认证背景下数字电子技术实验改革》，《实验室研究与探索》2017 年第 36 期。

曹文、刘春梅、王银玲等：《"双实一虚"数电实验运行与人才培养模式》，《实验技术与管理》2020 年第 3 期。

董介春、于瑞涛、卫成兵：《口袋实验室建设与实验教学改革》，《电气电子教学学报》2017 年第 3 期。

程淑华、李欣、韩毅初等：《自主学习与创新人才培养的实践教学探索》，《实验技术与管理》2017年第7期。

曹文：《硬件电路设计与电子工艺基础》，电子工业出版社2019年版。

任艳频：《电子电路实验教学与人才培养探究》，《实验室研究与探索》2012年第11期。

潘海军、李春树：《电子技术基础"双主"实验教学模式的研究》，《实验技术与管理》2010年第7期。

大学物理课程理论与实践"六合一体"教学模式的构建与实践[*]

罗 浩[**] 张 伟 张海军 刘 蕾 马婷婷

摘 要： 以大学物理理论和实验课程体系为主要载体，按照教学资源建设与教学方法改革一体化的设计思路，构建线上与线下相结合、虚拟仿真与实践教学相结合、教师导学和学生自学相结合、过程评价和结果评价相结合、以赛促教和以赛促学相结合、课程教学与课程思政相结合的"六合一体"大学物理课程体系和教学模式。经过多年的教学实践表明，"六合一体"教学模式促进了教学改革和资源建设的深度耦合，构建了大学物理课程教学新生态，实现了教学改革、资源建设、教师发展和学生成长的有效统一。

关键词： 大学物理；理论与实践；六合一体；教学改革

一 高校大学物理课程教学普遍存在的主要问题

（一）教学资源建设和教学模式改革耦合度不够

大学物理作为公共基础课，传统讲授式教学模式已教师为中心，教学资源以纸质教材为主，无法满足新时代高等教育教学改革的要求，无法匹配移动互联网时代的大学生学习特征。本成果通过探索资源建设和教学改革的耦合路径，极大丰富了大学物理课程理论及实验教学的良好生态。

（二）大学物理理论教学和实验实践教学融合度不够

由于实验器材、场地和开课时段的限制，大学物理实验项目的开设和理论课

---

[*] 基金项目：教育部大学物理教指委教改项目（编号：DJZW202034XN，DWJZW202138XN）；四川省高等教育人才培养质量和教学改革项目（编号：JG2021-864）；西南科技大学实验技术研究项目（编号：21SYIS-24）；西南科技大学素质类教改专项（编号：21SZJG11）。

[**] 罗浩（1979— ），湖南浏阳市人，西南科技大学数理学院副教授，研究方向：实验教学与管理。

程内容或者进度做不到很好匹配。另外，由于学时的限制，大学物理理论课程的学习普遍重理论轻实践，教学过程中缺少学生进行实践的环节，难以提升学生学以致用和综合设计的能力。①

（三）师生在公共课的教与学中获得感不够

长期从事公共基础课教学的高校教师由于重复的教学工作容易陷入职业瓶颈，缺乏不断提升教学的动力和激情，难以在持续的教学工作中获得成就感。另外，学生普遍重视专业课而不太注重公共课，并且在公共基础课的学习中缺乏课程学习的获得感。

（四）大学物理课程中的情感教育落实不够

物理类课程的教学通常注重知识结构上数理的推导和学生逻辑思维能力的锻炼，缺乏对学生的情感教育和德育，过于注重知识传授的难度和深度而忽视了知识外延的广度和知识背后的温度，课程思政与课程教学缺少融合。②

二 "六合一体"教学模式解决教学问题的举措

（一）以教学改革和设计为导向构建多维立体式教学资源体系

以满足学生多层次、多元化的培养为目标，以满足教学改革多样化需求为导向建设立体化教学资源，增强资源建设的针对性和适用性。在本成果中我们主要建设的课程资源有：

1. 教材及配套数字资源建设

新版大学物理理论教材全书共有6种类型、200余处二维码链接的数字资源：动画、视频、演示程序、补充阅读材料、图片和习题参考答案。教材配有数字课程网站资源，可以通过扫描二维码观看，对物理原理的演示程序，可登录教材配套数字课程网站进行下载观看。此外，《新编大学物理实验》（第三版）于2019年9月在科学出版社出版。本教材突出对学生基本能力的训练和科学思维、科学方法、科学精神和创新能力的培养，集中体现了功能模块化物理实验教学方法。

2. 学习平台资源建设

从2010年开始至今，先后建设完成了校园开放式学习平台，开通了大学物理网上作业与测试系统，为学生提供了学习、辅导、作业及测试功能，完成了覆盖我校大学物理课程所有知识点精品课资源建设。2019年基于学堂在线的"大

---

① 映辉：《贯彻"三位一体"要求的思考和建议》，《物理与工程》2021年第5期。
② 王小力：《大学物理课程思政研究与实践》，《中国大学教学》2020年第10期。

学物理实验"课程正式上线，提供48学时在线资源服务，建设了16个实验的PPT资源、教学大纲、授课方案。内容高度精练，操作过程标准化，现象清晰，数据明朗。2020年依托学习通平台完成大学物理课程理论课程所有章节的资源建设，并建立一个了3000多道题的题库，并配有详细的解答，学生可以自行组卷进行自测，教师可以在线进行单元测试和作业，检验学习效果。

（二）充分利用多样化资源，开展多样化的教学改革

1. 教学方法从"一花独放"转变为"满园争春"

告别传统的教师"一言堂"式的授课模式，充分利用各类线上课程资源开展形式多样的教学活动。利用手机移动互联网等手段开展线上线下混合教学、同伴教学、项目驱动式教学等多种教学模式实现了教师导学和学生自学相结合。线下课堂实验的综合应用性改革（自由选题—开题报告—创新实践班培训—器件制作—作品展示汇报）实现了理论教学和实践教学的有机统一，极大地提升了学生完成大学物理课程学习的兴趣和内在驱动力。通过学习平台数据的分析实现学习效果即时反馈、教学教法实时改进，形成资源建设、教学设计、教学实施、教学反馈和教学改进的闭环。

2. 教学评价从"单一考核"转变为"过程评价"

从简单的卷面考核为主变为基于学习过程的多元结构评价。新的考核方式卷面考试成绩占比50%，单元测试占20%，线上学习讨论、平时作业、实践制作挑战占30%。通过弱化期末考试，强调过程监督考核，避免学生产生"临时抱佛脚"的心态。每个单元课程内容结束在课堂开展线上单元测试，及时反馈单元学情，对学生掌握情况较差的知识点进行针对性讲解。线上作业主观题开展互评打分，学生利用设置的答案详解和评分细则进行互评，每个人被三位同学评阅取平均分。通过让学生参与教学活动完成知识的自主建构。在结构评价中，线上话题讨论和线下实践制作实验设置悬赏加分等环节形成过程评价体系。

（三）"虚拟仿真实验+开放性实验设计项目"实现理论与实践教学深度融合

1. 虚拟仿真实验平台的建设和应用

通过虚拟仿真实验平台的建设和使用解决了实验项目的开设受制于仪器设备和开课时段的限制，一方面学生可以通过平台完成对场地实验项目的预习操作，另一方面学生可以对自己所学过的物理理论知识进行仿真检验，有效解决了理论课程演示实验不足的问题。目前虚拟仿真实验开设达100多项，学生访问量近9

万人次,极大地满足了学生对开设实验数量的更高需求。①

2. 综合设计实验和自组居家实验项目的设计和开放

基于功能模块化思想,即体现同一个物理原理解决不同实际问题,同一个物理量用不同方法进行测量的实验项目设计思路,师生共同开发了微小长度的测量、折射率的测量等多个模块的综合设计性实验项目,相关成果在《大学物理实验》等杂志上发表了十余篇论文。此外,在大学物理知识的范围内,学生根据自己的兴趣点,可以利用力所能及找到的生活中的器材完成自组居家实验项目,进一步调动学生学习的兴趣和积极性,完成由单纯验证性实验技能的训练到综合创新性实验能力的提升。②

(四)以教学比赛和学科竞赛为牵引,实现师生共同成长

1. 教学比赛,协同作战

精心组织大学物理任课教师参加各类教学比赛,以赛促教,通过课程组所有教师分工参与比赛节段的设计和资源的建设达到全员全面提升教学水平的目的。近五年来,大学物理课程组教师先后荣获物理基础课讲课比赛国家级二等奖、西南地区一等奖、四川省一等奖各一次,四川省二等奖一次,连续两届荣获四川省青教赛理科组二等奖,三次荣获全校青教赛理科组一等奖,青年教师通过比赛快速成长。

2. 学科竞赛,并肩作战

充分发挥院校两级大学生创新创业基金的作用,主办全校性的大学物理实验和理论竞赛吸引学生积极参加比赛和完成综合设计实验项目实现以赛促学的目的,以此遴选优秀学生在教师指导下参加省级以上更具挑战性的科技竞赛或者发表研究论文,实现师生的共同成长。

(五)思政元素进课堂,科普活动传真知

1. 挖掘课程思政元素,深度融入教学设计

通过组建教学团队梳理大学物理课程内容,围绕社会主义核心价值观、人文素养、科学精神、心理健康多个思政主题,挖掘思政元素,将多重思政元素精心设计,与课程内容巧妙融合,培养学生的科学素养、逻辑思维、家国情怀、社会责任感以及民族自豪感,让立德树人"润物无声"。

---

① 罗浩等:《面向新工科的物理实验人才培养模式的构建与实践》,《大学物理实验》2019年第2期。

② 何晓勇、卢红霞:《理论与实践相结合的大学物理实验模式——以惠斯通电桥实验为例》,《教育教学论坛》2020年第5期。

2. 科普活动示范，科学精神传递

结合大学物理教研室党支部的党建活动，利用实验中心的物理演示实验器材，课程团队师生党员一起，积极开展社会科普活动，充分发挥中心示范辐射功能，带领大学生到绵阳多地给留守儿童开展物理演示实验体验活动，从公益活动中培养学生的社会责任感。自2018年独立承担全国中学生物理竞赛四川赛区实验复赛以来，积极义务开展中学生实验培训活动和演示实验室的参观体验活动，共计接待校内新生物理科普活动600余人次，面向绵阳周边中小学生开展各类科普活动30余次。

三 "六合一体"教学模式的推广应用实践

（一）教材建设与推广应用效

《大学物理学》（上、下）自2015年出版发行以来已第4次印刷，第二版于2019年第一次印刷，本教材得到了师生们及专家的广泛认可，尤其与工程技术结合的案例以及现代高新科技专题介绍，更加符合新工科大学物理教学的需要。目前本教材已经被西南科技大学、西昌学院和西南财经大学天府学院超过3万名学生采用，受到师生们的普遍欢迎，并对教材的使用效果做出了积极的评价。另外，《新编大学物理实验》教材自2013年在科学出版社出版以来，已经历经三次改版，使用人数达3.6万人。

（二）慕课资源建设与应用效果

基于学堂在线的"大学物理实验"精品课程的上线，目前已在全校开设6个学期，已有2.5万名学生参与在线学习，排该平台"大学物理实验"课程第一位。在课程上线以后，多次兄弟院校同行、实验仪器行业专家、成绵地区中学都参与到了该课程的使用中。

依托超星学习通平台，建设完整的大学物理的课程视频学习资源，四个学期累积使用学生人数近9000人。按照知识点分类，建立一个了近2000道题的题库，很多题配有详细的解答，学生可以自行组卷进行自测，检验学习效果，教师基于平台可以方便进行单元测试、课堂互动和课后开放性话题的讨论。

（三）物理实验虚拟仿真平台的建设与应用效果

2014年下半年首期，虚拟仿真实验系统全面开放，约1700名学生参与了仿真的现场开放实验，二年级约3000名学生通过在线仿真实验平台预习物理实验，完成课堂上无法完成的实验。2013—2021年，通过与"安徽科大奥锐""深圳市国泰安信息技术"等公司合作,完成"电势差计测量电动势""霍尔效应的应用"等仿真实验项目。每学期全校理工科学生通过虚拟仿真系统进行学习,其中疫情期间达到4000人,基础服务平台使用达5090人次,仿真实验部分使用达88160人次。

(四)线下课堂实验项目的综合应用与效果

通过线下课堂实验设计,2013年陈俊江等同学研发的"液体粘滞系数测量多方法快速降温装置"用于实验教学,辅助PID,累计达900学时,受益学生达两万8000余人。[①] 2014年李靖等同学人研发的"电镀法快速制备热电堆装置"很好地满足一般热流测量场合的精度需求。该成果很好地用于"电位差计的使用"实验项目中,至今已3万余名学生受益。2016年窦雪芳等同学研发的电表超量程报警装置在电表的扩程与校准、电桥法测电阻实验中得到了广泛的展示和应用,受益学生达3万余人。[②] 2018年王建伟等同学完成了基于杨氏模量仪的微小伸长量测量方法的改进,并发表了教改论文,成果成功应用于杨氏模量的测量实验项目中,受益学生达7000余人[③]。

(五)教师教学能力从教学改革中获得快速提升

近些年来,大学物理实验和理论课程组教师先后荣获物理基础课讲课比赛国家级二等奖、西南地区一等奖、四川省赛区一等奖各一次,四川省赛区二等奖一次,四川省赛区三等奖两次,连续两届荣获四川省青年教师教学比赛理科组二等奖,荣获三届全校青教赛理科组一等奖,青年教师通过以赛促教快速成长。此外,课程组获得团委"青年文明号"称号,有3位教师先后荣获学校"教学名师"称号,1名教师荣获"青年教育教学之星"称号,1名教师荣获"青年五四奖章",先后有15人次获得学校教学质量一等奖和二等奖。

(六)学生从教学改革中获得大量竞赛奖励和科技论文

2015—2021年,连续7届选拔并指导来自不同学院的学生组成西南科技大学校队参加四川省大学生普通物理知识竞赛。获一次省团体一等奖,三次团体二等奖。2016—2021年,连续指导来自不同学院的学生组成西南科技大学校队参加西南地区大学生物理学术竞赛,夺得3次西南地区高校三等奖,1次国家级三等奖。教改论文方面,近几年以开放性实验设计项目为依托以学生为第一作者共发

[①] 覃珍珍等:《非模型依赖的导热系数稳态测量实验设计》,《大学物理实验》2018年第1期。
[②] 窦雪芳等:《电表超量程报警装置的设计与制作》,《大学物理实验》2016年第5期。
[③] 石长青等:《杨氏模量测定仪器的创新与实践》,《大学物理实验》2021年第2期。

表教改论文 20 余篇。

（七）"六合一体"教学模式在其他院校使用情况

被重庆大学、云南师范大学、西南石油大学选用了"大学物理实验"线上课程并对课程的设计、内容和制作给出了非常高的评价，在各自学校的学生中达成了较好的学习效果。此外，上海复旦天欣科教仪器有限公司也对课程内容从员工培训的角度给予了高度肯定。

四 结语

"六合一体"教学模式以一系列教改项目为依托，通过大学物理课程教材建设、混合教学模式下大学物理教学资源建设、开放式学习平台的建设与应用、大学物理试题库建设与应用、工程教育认证背景下大学大学物理教学改革与实践等具体措施，建设了较为完善的基本覆盖大学物理教学各个环节的教学资源，为推动大学物理教学质量的提高起到了良好的促进作用。[①]

以大学物理理论和实验教学团队近年来大量的教学比赛、物理类学科竞赛以及教育教学改革项目为依托，主要完成了理论和实验课程慕课和微课资源的建设及推广、大学物理实验虚拟仿真实验项目的建设及运行、线下课堂实验及学生居家实验的设计与组织、基于物理实验课程的科技竞赛及示范辐射科普活动四个维度的研究与实践。

这一系列的教学改革，展现出了几点特色。

（一）完成了教学改革与教学资源建设深度耦合的路径探索

以教学改革的需求为引导构建了一套多维立体的教学资源，又以多样化的教学资源开展了一系列教学方法的改革与实践，通过建设—改革—实践—反馈—再建设的持续改进，完成了各类教学资源的不断优化升级。

（二）突破了大学物理理论和实验授课时空和内容的封闭性

线上课程资源、虚拟仿真实验平台和线下实验项目设计解决了理论和实验授课受时空和内容的限制的问题，满足了学生对开展更多实验操作的要求，为学生提供了将理论知识具象化的平台和将理论知识转化为实践制作的窗口，实现了理论知识和实践教学的深度融合。

[①] 蒋爱华等：《"三位一体"大学物理实验教学模式的探索与实践》，《黑龙江教育（理论与实践）》2016 年第 10 期。

（三）创建了"六合一体"的教学模式

基于教学改革与教学资源建设的一体化设计，构建的"六合一体"教学模式，实现了教学改革、资源建设、教师发展和学生成长的有效统一，创造了大学物理课程教学的新生态。

参考文献

王小力：《大学物理课程思政研究与实践》，《中国大学教学》2020年第10期。

映辉：《贯彻"三位一体"要求的思考和建议》，《物理与工程》2021年第5期。

罗浩、赵福海、向泽英：《面向新工科的物理实验人才培养模式的构建与实践》，《大学物理实验》2019年第2期。

何晓勇、卢红霞：《理论与实践相结合的大学物理实验模式——以惠斯通电桥实验为例》，《教育教学论坛》2020年第5期。

覃珍珍等：《非模型依赖的导热系数稳态测量实验设计》，《大学物理实验》2018年第1期。

窦雪芳等：《电表超量程报警装置的设计与制作》，《大学物理实验》2016年第5期。

石长青等：《杨氏模量测定仪器的创新与实践》，《大学物理实验》2021年第2期。

蒋爱华等：《"三位一体"大学物理实验教学模式的探索与实践》，《黑龙江教育》（理论与实践）2016年第10期。

社会体育指导与管理专业方向课程"三双、一体贯通"人才培养模式的构建与实践

黄刚强[*] 王 建 冯兴刚 苟清华 宋英杰
谭 宏 赵 静 马 婷 肖永红

成果简介：本成果是在社会对体育人才的需求多样化、学生就业渠道多元化的背景下，经过多年的探索凝练总结而成。在现代大学教育理念的指引下，结合社会体育指导与管理专业的特点，提出了"三双、一体贯通"的人才培养模式，也就是在人才培养目标上确立了"人文素养＋学科素养、运动技术＋教学技能和学历证书＋资格证书"的培养体系，并将第一课堂、第二课堂及第三课堂紧密对接的全空间人才培养思路和方法。

关键词：方向课程；三双；一体贯通；培养模式

一 成果的形成背景

西南科技大学社会体育管理与指导专业成立于2006年，旨在培养适应社会需求、强基础、重技能的应用型社会体育人才。2014年以后，我国确定了加快体育产业发展、全民健身发展和健康中国等体育发展战略。社会体育发展出现新形式、新特点，社会对体育人才要求全面提升。在社会需求多样化、学生就业渠道多元化的形势下，体育专业人才培养工作面临极大的挑战，同时也面对前所未有的机遇。如何培养符合国家、社会和用人单位对体育人才能力和素养要求的学生，如何在众多的人才能力结构和素养素质中筛选出合适内容以建立有鲜明特点的人才培养体系，是社会体育专业发展的重要工作，这要求我们必须在培养模式、培养方法上做出调整和改革。

---

[*] 黄刚强（1979— ），西南科技大学体育与健康学院副院长、副教授，主要研究方向为体育教育训练。

二 改革的理念与思路

大学理念是人们对大学精神、性质、功能和使命的基本认识，在不同的时期，大学理念也不尽相同，大学理念指导思想的变化，也反映了大学在发展过程中与社会政治经济的融合程度。大学人才培养目标是大学理念的具体表现，是人才观在高校的集中反映和培养人的价值主张及具体要求。培养目标决定着本科生的培养方向和规格要求，对本科教育内容、培养模式及培养成果的质量起着决定性的作用。在古代，我国的教育理念主要体现在"在明明德，在亲民，在止于至善"的重要性。1949年以前，我国大学的人才培养目标是以知识结构广博、知识基础扎实为标准的"通才"教育为主。而目前我国大学人才培养的理念，正由"高级专门人才"向具有鲜明道德意识、扎实的人文基础、科学的精神、健全的人格以及创新能力的"通才型"人才转变，如此才能够适应社会主义市场经济体制下择业多元化和业务能力多样化的要求。我国的教育理念在一定程度上正与国外欧美发达国家的大学教育理念靠拢，比如在《回归大学之道》一书中，作者系统地回顾了美国大学的发展历史、教师对本科教育的态度和大学教育的目标，并对各目标进行细致的分析，尤其是美国大学教育主要从对学生表达能力、批判性思维、道德推理能力、公民意识、适应多元文化的素养、全球化素养、广泛的兴趣及为就业做准备等目标进行培养。

体育学科部在前期调研的基础上，结合现代大学教育的教育理念及社会体育指导与管理专业的特点，系统梳理了社会体育专业人才培养中的共性突出问题，从提升人才质量和提高人才就业竞争力方面入手，积极调整人才培养思路和目标，科学规划课程内容，大胆改革课堂教学，合理设置人才质量监管手段，提出了"三双人才培养模式"。依据社会对体育专业学生要求的提高，体育行业对个人文化素养、解决问题的能力、教育能力和职业能力空前关注的事实，笔者以满足社会需求为前提，以促进个人一般发展为基础，调整人才培养思路，改变过去过于重视学生学科素养的情况，将学生人文素养的提升纳入到培养目标中来，促进个人自身综合素质的提升。同时，树立学生在校学习中"输入和输出"同样重要、技能学习和教育教学能力并重的培养观念，使学生在吸收技术能力的同时，掌握如何将这些知识输出给他人的能力。另外，将提升学生相关职业资历作为人才培养特色，增强学生对相关职业的理解和准备，为就业打下良好基础。"学科素养+人文素养；技术能力+教育能力；毕业证+职业资格证"的三双培养模式，基本满足了目前国家和社会对社会体育人才的基本要求。同时将第一课堂的校内课程、第二课堂的课余训练与竞赛、第三课堂的校外实践紧密对接、有机贯通，有力地从不同维度提升学生的素质和能力。

三　主要内容

（一）在专业方向课程教学中引入课程思政

"课程思政"是高校以习近平新时代中国特色社会主义思想为指导，以习近平总书记关于教育工作的重要论述为根本遵循，落实立德树人根本任务的重要举措，是构建德智体美劳全面培养的教育体系和高水平人才培养体系的有效切入，也是完善全员全程全方位"三全育人"的重要抓手。社会体育专业方向课程以课堂教学为切入点，把教师作为思想政治教育工作的最活跃要素，着力优化课程内容设置，使得课程思政完全融入专业方向课程教学中来。

（二）渗透人文素质教育，提升学生的综合能力

学科部一直以来积极探索如何开展课堂教学，在专业方向课堂教学中积极地去实践、探索合理的教学方法与手段。在课堂教学和训练过程中，一是注重对学生遵守游戏规则习惯的培养；二是改进教学方法与手段，加强学生人格教育。例如：充分尊重学生的能动性和创造性，采用不同的方法让学生主动去思考运动技术；让学生自己对技术的环节及关键细节进行讲述，以提升其语言表达能力和逻辑思维能力；让学生体会不同的角色（组织者、成员），以培养学生组织能力及与组织者相互协调配合的团队意识，同时培养学生关心他人、互相学习、互相帮助、共同进步的意识。经过多年的实践，学科部渐渐掌握了一些行之有效的教学方法和手段。同时为了进一步弥补社会体育专业的文化基础薄弱问题，在秉承前几年的指导思想、教学方法与手段的同时，把注意力同时放在了注重学生表达能力（语言表达、书面表达）的培养。在方向课程的教学进程中，额外地增加了读书、写作及表达训练的内容。比如要求学生每周必须写作 2000 字左右的论文，定期举行说课演练等。通过这些特定的形式及在课堂中不断向学生传达表达能力及思维能力的重要性，课堂教学取得了较好的效果。

（三）社会体育指导与管理专业实行教考分离

根据社会体育指导与管理专业人才培养目标，针对专业方向运动技术的指导咨询和组织管理能力的培养是在术科教学中必须完成的重要任务。首先，厘清各专项运动技术重、难点，培养学生讲解、示范、纠错以及如何选择适宜的教法和训练手段等能力，使其达到初级以上教练水平。其次，从教学实践等环节培养学生的组织管理等能力，如各单项比赛的组织、管理与裁判工作等。最后，通过技术评定、技术达标和能力测试的综合考核，评定是否通过该项运动的学习达到人才培养的目标。要达到三双培养体系的目标，就需要真实和有效的评价教学过程

和结果。由于人才培养的复杂性，因此我们需要开拓思路，利用不同的评价方式和方法检验教师教育和学生学习情况。教考分离是有效保证教学质量的监管方式，社会体育指导与管理专业多年坚持这一方式，促进教师教学能力提升，提升学生学习动力。尤其是每年的健美类项目考核，多个教师参与教学评价，既保证了评价的公正、科学性，又促进了教师之间相互了解和学习，对评价促进教学是一个最好的诠释。另外，各项目比赛训练过程评价、获取成绩的认定、职业资格的等级提升等方式，也极大地丰富了教学评价的手段。经过10年的积累，逐渐形成了较为合理的术科成绩评价体系，为社会输出了11届合格的应用型体育高素质人才，受到校友、用人单位的好评。

（四）多方努力，为学生争取获得相关资格证书的机会

因西南科技大学地处绵阳这样一个三线城市，在培训实践不足的情况下，学科部领导和教师多方努力，一起为学生争取了更多的培训及获得相关资格证书的机会。比如健美操专业方向的学生可以拿到全国大众健美操锻炼等级标准证书，网球专业方向的学生可以拿到由四川省体育局颁发的裁判员证书等。

（五）组织学生参加说课比赛及各种运动实践活动

"说课"是教师以教育教学理论为依据，口头表述将如何实施某一教学内容的总体设计，通过面对评说者述说教学设计的思路、教学目标以及实施教学的方法手段和理论依据等来体现其教学思想。说课本质上是集体教学研究活动，通过说课达到互相交流、共同提高的一种教学研究和师资培训活动。体育学科部将说课这种形式在社会体育指导与管理专业学生中推广，能够使体育专业学生更清楚地掌握如何运用自己所学的知识进行教学，将其未来职业所需要的教学技能在学校进行充分的培养。

体育学科部积极与各实习单位、相关组织进行联系配合，组织学生参加各种比赛的组织，大型团体操的培训等活动，提高了学生的实践能力，锻炼其运用所学知识和技能的能力，达到了较好的效果。

（六）三类课堂一体贯通

第一课堂为校内课程，也就是社会体育指导管理专业方向课程，主要侧重对双素养和双技能的培养，在开展这些课程的过程中，一方面通过多种手段注重培养学生具有扎实的运动技能，另一方面则通过渗透人文素质教育和加强理论学习的方式提高学生的综合素质。第二课堂是课余训练和竞赛，学科部成立多支代表队每周进行3—5次的常规训练，社会体育专业学生则参加代表的训练，同时组织校级足球赛、健美操、啦啦操比赛以及游泳和网球比赛，以提高学生的竞技水

平。第三课堂则为校外实践课程，学科部与运动俱乐部及相关单位达成协议，组织学生参加各俱乐部的教学与实践活动。

四　创新点及特色

第一，在现代大学教育理念下，学科部提出了专业方向课程的"三双、一贯通"人才培养模式，也就是在人才培养目标上确立了"人文素养＋学科素养、运动技术＋教学技能和学历证书＋资格证书"的培养体系，第一课堂、第二课堂及第三课堂紧密对接、有机贯通的全空间的人才培养思路和方法。

第二，构建了科学的教学评价体系。学科部针对专业技术课程评价主观性比重较高的问题，提出所有专业技术课程实行教考分离，保证了评价的公正、科学性，又促进了教师之间相互了解和学习，对评价促进教学是一个最好的诠释。

五　成效及社会影响

"学科素养＋人文素养；技术能力＋教育能力；毕业证＋职业资格证"的三双培养模式，应用在体育学科部社会体育指导与管理专业五个专业方向的学生培养中，取得了良好效果。

第一，"三双"人才培养模式明确清晰的体育人才培养目标核心，为各个专业方向课程的教学目标设计指明了方向，也统一了专业培养思路和理念，使各个专业方向课程培养内核和观念一致，便于教学管理。通过几年的运行，目前社会体育指导与管理专业在课程设置和课程内容选择上，以"三双"人才要求为标准，在提升人文素养、增强教育教学能力、拓宽获取职业资格证路径等薄弱环节，大力改革，统筹规划，促进了专业学生能力的增长。近几年，社会体育专业学生，人文素养和知识素养明显提高。

第二，为了达到"三双"人才培养模式要求，社会体育专业重视对学生综合素质和能力的发展，在教学上贯通了第一、第二、第三课堂，使课堂内外一体化大大加强。体育专业的特点决定了教学不可能只在课堂中完成，课堂外的训练、比赛、社会服务等也是教学的一部分。因此，从核心目标出发，利用各种手段促进学生技能掌握、抽象思维能力提升、理论知识指导实践训练已经成为各专业方向教学工作的基本要求。学生在课堂上学习知识和技术，根据教师要求在课外进行逐步理解和内化，最后通过比赛、社会服务、实习等第三课堂的运用，使知识和技术转化为学生的能力。这样一个学习过程，也平衡了实践教学和理论教学的内容，解决了理论教学速度快，但学生掌握程度差；实践教学学生掌握程度好，但整体进度慢、效率低的问题。

学生教学能力是就业市场的要求，也是社会体育专业人才能力培养的重点。根据"三双"模式，将学生运动技能与教学能力统一协调发展，在教学过程中强调学生从"输出—教别人"角度理解和掌握学习内容。学生跟随教师利用课堂教学理解消化学习内容，课后通过校内实习、体育培训服务、说课、小组教学竞赛等形式，在掌握知识技术的同时积极"输出"，从而在实践中内化知识，积累教学经验，为未来职业发展奠定坚实的基础。

第三，课内外一体化教学，要求充分利用各种手段和方法来进行教学。"三双"培养模式经过多年的应用，促进社会体育专业教学手段和方法不断提升，除传统的各种教学手段外，积极使用新媒体、网络技术等教学手段对学生进行教学，线上学习、教学视频拍摄、举办讲座、职业资格证的培训、校代表队的训练与比赛、说课组织与竞赛等方式被经常使用。例如，利用任务型驱动教学法，我校健美操专业学生创编录制了多个大众健美操教学视频在网络上传播，这不但促进了学生的学习，更为我们进行教学方法改革提供了宝贵的案例。

第四，"三双"培养模式在社会体育专业中的应用，促进了专业学生评价体系的建设。由于人才培养的复杂性，因此我们需要开拓思路，利用不同的评价方式和方法检验教师教育和学生学习情况。教考分离是有效保证教学质量的监管方式，社会体育指导与管理专业多年坚持这一方式，促进教师教学能力提升，提升学生学习动力。尤其是每年的健美类项目考核，多个教师参与教学评价，既保证了评价的公正、科学性，又促进了教师之间相互了解和学习，对评价促进教学是一个最好的诠释。另外，各项目比赛训练过程评价、获取成绩的认定、职业资格的等级提升等方式，也极大地丰富了教学评价的手段。

第五，"三双"培养体系拥有明确的指引方向，给学生提供了清晰的目标，更符合成人的学习特点，对于解决学生学习危机大有裨益。成人的学习特点是"兴趣与有用"的结合，即学习内容可以是自己喜欢的，也可以是自己认为有用的、可以立即应用的。所以，利用获取职业资格证、教学应用、比赛获取成绩、服务社会等场景，让学生对于所爱所学充分展示，可以提升学生学习的兴趣，使学生体会学习价值感，进而营造积极的学习氛围。

基础化学课程群立体化教学资源建设与实践*

钟国清**　胡文远　蒋琪英　张　欢　杨定明

摘　要：为加强一流本科课程建设，培养高素质创新人才，对基础化学课程群立体化教学资源进行全面建设与实践，将教学科研成果编入教材，出版系列基础化学教材22本，并将自编教材与线上课程及课程思政建设有机融合，建立5门MOOC课程和6门SPOC课程，推进线上线下混合式教学改革，构筑师生共同体，发挥教师的引导、精准督导和过程调控作用，提高学生自主学习能力和教学质量，实现知识传授、能力培养和价值引领的人才培养目标。

关键词：基础化学课程群；立体化教学资源；教材；在线开放课程；建设

"互联网+教育"背景下，课程群建设是提升课程建设质量和深化高校教育教学改革的有效途径。[①] 为加强一流本科课程建设，落实立德树人的任务，培养高素质创新人才，笔者开展了基础化学系列教材及在线开放课程建设。基础化学课程群包括普通化学、无机及分析化学、有机化学、物理化学及相应的实验等课程，是相关专业学生学习后续课程的重要基础，[②] 面向低年级学生开设，涉及专业广、学生人数多。基础化学课程教学中常存在学生高中化学基础参差不齐、课程内容多而课时少、学生自主学习平台少和学习主动性欠缺等问题，给课堂教学水平和教学质量的提升带来很大困难。

课程是人才培养的重要载体，教学质量的提升取决于课程建设和教学实施过

---

* 基金项目：四川省2021—2023年高等教育人才培养质量和教学改革项目（编号：JG2021-876）。

** 钟国清（1965— ），西南科技大学材料与化学学院教授，主要研究方向为基础化学教学与配位化学。

① 钮树芳、郭晶晶、丁玲：《"互联网+教育"背景下药学专业分析化学课程群建设研究》，《广州化工》2021年第17期；王玉枝、李颖、杨屹等：《分析化学在线开放课程群建设的创新与实践》，《大学化学》2019年第4期。

② 刘利、姚思童、张进等：《创新实践导向的基础化学课程群教学改革与实践》，《广州化工》2020

程两个层面的努力。①。教材是知识的载体和学生自主学习的模本,也是教书育人的重要工具,故具有时代特色的新形态教材开发是课程建设的重要内容。教学模式同质化、课堂教学单声道、学生的学习内驱力不足是传统教学模式的顽疾。随着信息技术的发展,学习方式、教学模式应与时俱进,教学资源数字化、网络化是现代教育发展的必然趋势,数字化课程资源成为传统课程学习资源的重要补充,因而网络数字化学习资源开发是课程建设的重要部分。为促进教学质量的提高和高素质创新人才的培养,迫切需要进行课程立体化资源建设。

一 基础化学课程改革理念与思路

本着"立德树人"和"以学生为中心"的理念,笔者结合学情,主要从教材建设、线上资源建设和课程教学方法改革三方面进行立体化整合、建设和应用,总体规划如图1所示。

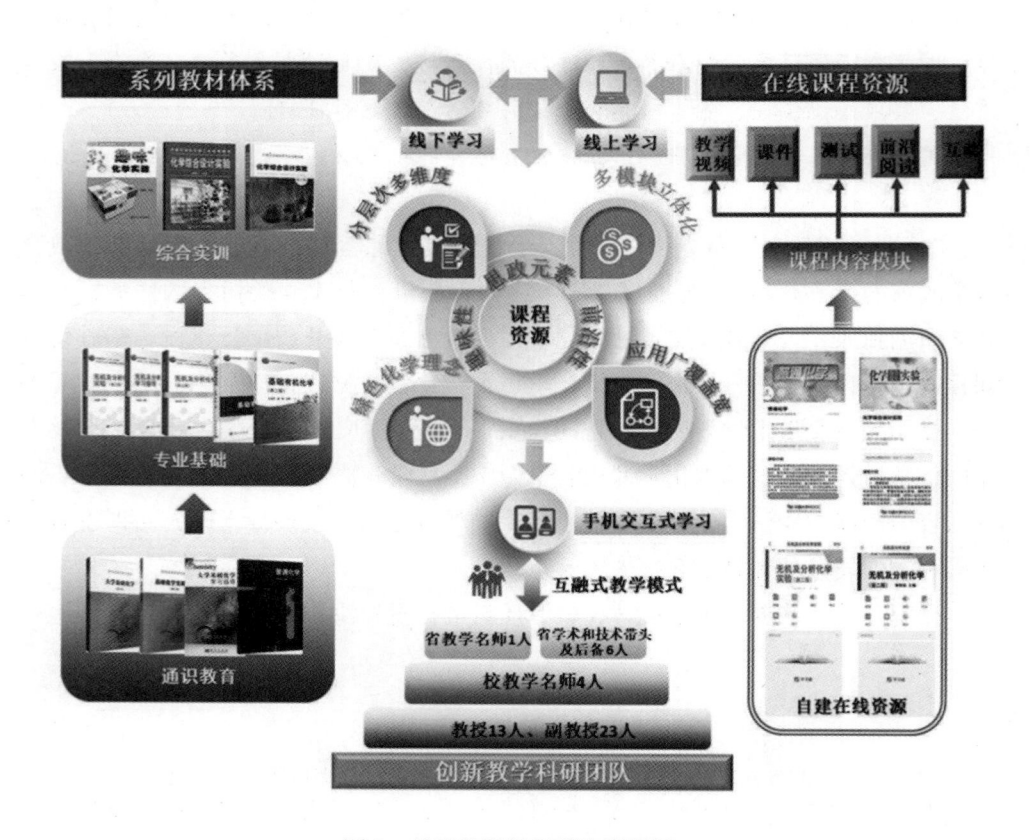

图1 基础化学课程群建设规划

---

① 陆一、林珊、陈嘉:《从评价到赋能:大学课程教学质量提升新方法》,《中国大学教学》2020年第8期。

教材建设中注重深入浅出、简明扼要，增加典型案例和融入数字资源，突出"三基"（基础知识、基础理论、基本技能）和"五性"（思想性、科学性、先进性、启发性和实用性）。线上资源建设方面，把音频、视频、文字、图片、动画等资源作为核心要素，在保障章节知识完整性基础上，将知识碎片化、趣味化、人文化和开放化，有机融入思政元素，吸引学生自主学习和检验学习效果。课程教学方面，采用线上线下混合式等新型教学模式，将知识育人和思想育人合二为一。教学中充分发挥教师的引导、监督和过程调控作用，激发学生的积极性、主动性和创造性，实现"以教为主向以学为主的转变，以课堂教学为主向课内课外结合为主的转变，以结果评价为主向以结果与过程评价相结合为主的转变"，达到提高教学质量和培养创新人才的目的。

二 基础化学课程群资源建设

基础化学课程群建设进程如图 2 所示。由笔者策划并由科学出版社、高等教育出版社等机构出版了《无机及分析化学》《普通化学》等 22 本教材。系列基础化学教材适用于多学科、多层次、多专业，已累计发行 30 余万册，先后有上百所高校使用，3 套为四川省"十二五"规划教材，1 本获四川省首批高等教育优秀教材奖，1 本获中国石油和化学工业优秀教材奖。教材编写中注重将思政元素、时事案例、绿色化学理念及教改科研成果融入教材，兼顾知识传授与能力培养，达到既夯实知识学习又强化能力塑造和情感培养的目的。

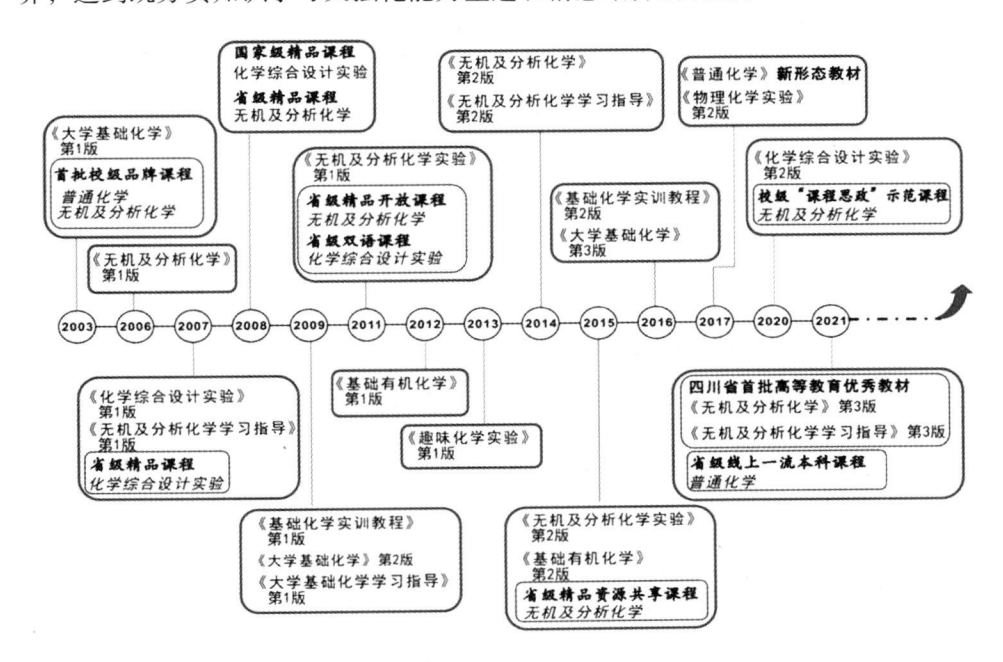

图 2　基础化学课程群建设进程

顺应信息时代的发展，笔者构建了基于自编教材的多模块线上课程资源。已建线上课程资源主要包括：各类视频，如以知识点为单元的视频（普通化学和物理化学），以整节课为单元的实录课（无机及分析化学），以基本操作为单元的实验视频（无机及分析化学实验、普通化学实验）；各种电子课件；检验学生阶段性学习效果的各种测试，如单元作业、单元测验，在线半期、期末考试，实验安全知识、基础知识及实验项目预习测试等；便于师—生、生—生等互动的主题讨论区、答疑区；扩展学生视野的阅读材料（专题讲座、科技论文和在线图书等）。在中国大学 MOOC 等平台建立了 MOOC 课程 5 门和 SPOC 课程 6 门，形成了全方位、立体化课程资源体系，助力学生自主学习和检验学习效果。"教材—MOOC—SPOC—教学"深度融合使教师教学方式更灵活，学生学习主动性增强、自信心增加，并积极投入第二课堂，进入教师课题组进行科研，参加大学生学科竞赛和创新创业项目，做到学以致用，使大学生的学习能力、科研能力和综合素质得以提高。

在课程资源建设和应用中，笔者不断探索、改革和总结，其主要成果如图3所示，近年来获校级教学成果奖和教学质量奖 40 余项，获批各级教改项目 49

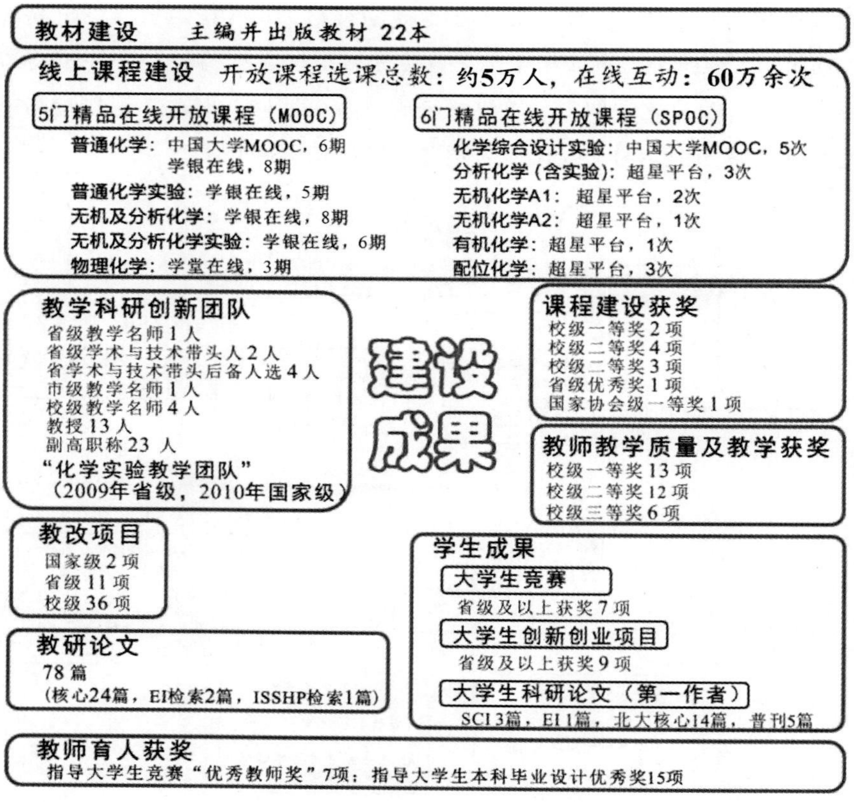

图3 基础化学课程群建设成果

项，发表教研论文 78 篇；指导本科生参加学科竞赛获省级以上奖励 7 项，本科生以第一作者身份发表科研论文 23 篇。

三 基础化学课程的改革成效与社会影响

（一）策划出版的系列教材应用广泛

笔者策划出版了基础化学教材共 22 本，见表 1 所示。《无机及分析化学》系列、《基础有机化学》和《化学综合设计实验》为四川省"十二五"规划教材，《无机及分析化学》获四川省首批普通高等教育优秀教材奖，获推荐参与国家优秀教材评选（我校唯一一本）；《无机及分析化学》和《无机及分析化学学习指导》被温州大学、西南科技大学等指定为研究生入学考试参考书，《大学基础化学》被广东石油化工学院、安庆师范大学等指定为专升本考试教材。教材的推广应用实现了知识传授与能力培养并重，在夯实知识学习的同时强化能力塑造和情感培养。

表 1　　　　　　　　系列基础化学教材出版情况

教材名称	主编	出版社	版次	出版时间	印次	出版总量/册
无机及分析化学 （第 3 版为案例版）	钟国清	科学出版社	1 2 3	2006 2014 2021	22	54300
无机及分析化学实验 （绿色化教材， 第 3 版为新形态教材）	钟国清	科学出版社	1 2 3	2011 2015 2022	14	32400
无机及分析化学学习指导	钟国清	科学出版社	1 2 3	2007 2014 2021	14	31800
普通化学（新形态教材）	钟国清	高等教育出版社	1	2017	7	18000
化学综合设计实验 （教科互融教材）	霍冀川	化学工业出版社	1 2	2007 2020	5	14500
趣味化学实验	霍冀川	化学工业出版社	1	2013	4	8500
基础有机化学 （问题式教材）	康明	科学出版社	1 2	2012 2015	12	19900
大学基础化学 （第 3 版为案例版）	钟国清	科学出版社	1 2 3	2003 2009 2016	22	54800
基础化学实训教程	钟国清	科学出版社	1 2	2006 2016	14	41469
大学基础化学学习指导	钟国清	科学出版社	1	2009	3	7000
物理化学实验	叶旭	华中科技大学	1 2	2009 2017	9	21000

笔者对传统实验教学内容进行了"小量化、减量化、绿色化"改造①，并固化到实验教材中，如"无机及分析化学实验"和"普通化学"实验部分。改造后的实验项目能在常规仪器中完成实验教学，可减少试剂消耗 50% 以上，降低了环境污染，强化了学生的环保意识，从而将绿色化学与可持续发展理念根植于学生心目中。《化学综合设计实验》的许多实验项目源于教师的科研成果，紧跟研究前沿，通过该课程教学，提高了学生综合运用化学知识和实验技能解决较复杂化学问题的能力，为学生参加各种大学生学科竞赛和创新创业项目打下了良好基础，是科研促进教学的充分体现。

（二）线上课程资源得到广泛应用

丰富完整的线上资源为教师开展新型教学模式（翻转课堂、线上线下混合式教学等）提供了有力保障，也为近年的非线下教学提供了有效支撑。在线资源不仅为学生的自主学习提供方便，也为教师对学生学习的过程督学、过程评价提供有利条件和有力依据。所建在线课程在中国大学 MOOC 等平台上线，其中 MOOC 课程选课人数近 5 万，累计互动次数超 60 万次。5 门 MOOC 课程使用情况见表 2，学银在线平台的 4 门 MOOC 课程选课学校数及人数见表 3。

表 2 MOOC 课程使用情况

课程	平台	上线时间	期数	累计选课人数	累计页面浏览量/万	累计互动次数/万
普通化学	学银在线	2018.9	8	5595	745 +	4.2 +
	中国大学 MOOC	2019.11	6	21404	—	30 +
无机及分析化学	学银在线	2018.9	8	13066	1568 +	17.8 +
无机及分析化学实验	学银在线	2019.9	6	5520	629 +	9.6 +
普通化学实验	学银在线	2020.2	5	3170	299 +	4.2 +
物理化学	学堂在线	2021.3	3	1061	—	—

---

① 钟国清：《无机及分析化学实验改革与绿色化实验教材建设》，《西南师范大学学报》（自然科学版）2018 年第 5 期。

表3　　　　　　　　　学银在线平台MOOC课程选课情况

课程	时间	期数	选课学校数	选课人数
无机及分析化学	2019年9月—2020年2月	3	69	4199
	2020年3月—2020年7月	4	167	1008
	2020年9月—2020年1月	5	42	1301
	2021年3月—2021年7月	6	11	661
	2021年9月—2022年1月	7	44	4009
无机及分析化学实验	2019年9月—2020年2月	1	12	1132
	2020年3月—2020年7月	2	152	1284
	2020年9月—2020年1月	3	17	1272
	2021年3月—2021年7月	4	8	291
	2021年9月—2022年1月	5	6	1193
普通化学	2019年9月—2020年2月	3	9	935
	2020年3月—2020年7月	4	149	1338
	2020年9月—2020年1月	5	22	1032
	2021年3月—2021年7月	6	7	575
	2021年9月—2022年1月	7	28	843
普通化学实验	2020年3月—2020年6月	1	1	490
	2020年9月—2020年1月	2	1	868
	2021年3月—2021年6月	3	4	499
	2021年9月—2022年1月	4	4	803

2020年春季学期，在线开放课程支撑了全国多所高校的教学，保障教学顺利进行。多门MOOC课程被其他高校引用开展SPOC教学，如上海第二工业大学等7所高校引用学银在线平台的普通化学课程，广东工业大学等6所高校引用中国大学MOOC平台的普通化学课程，武汉科技大学等4所高校引用学银在线平台的无机及分析化学课程，普洱学院等4所高校引用学银在线平台的无机及分析化学实验课程。

（三）建立线上线下互融教学模式，构筑师生共同体

全面贯彻"以学生为中心"的教学理念，将案例学习、翻转课堂、线上线下互融式教学等融入教学，在工程实践知识中融入典型教学案例及思政实例，提高了学生分析和解决工程问题中有关化学问题的能力。[①] 通过内容导学和任务驱动，有效促进学生自主学习，据学生学习成效反馈实时调整教学设计；利用过程

---

① 胡文远等：《基于"三维一体"线上线下混合式教学创新的探索与实践——以无机及分析化学课程为例》，《大学化学》2021年第12期。

评价（线上作业、测验、讨论、考试，线下期末考试等）激发学生学习的内驱力，促进学生深度学习；通过慕课平台的拓展式学习渠道，改变传统单向知识传授模式为多向交流模式，有效激发了学生探究学科前沿的兴趣。

学生通过平台 App 学习、交流不受时空限制，学习效果大大提升。表 4 统计了中国大学 MOOC 平台普通化学课程的学习效果，无论期末在线考试还是课程结课，参与在线学习的学生都取得了良好成绩。线上问卷调查表明，超过 72% 的学生认为混合式教学和混合式学习效果优于其他教学模式。

表 4　　MOOC 平台普通化学课程学情统计

期数	参与期末在线考试 人数	平均成绩	结课（≥60 分）人数	占比（%）	优秀（≥80 分）人数	占比（%）
1	984	93.36	852	86.58	596	60.57
2	685	89.67	625	91.24	457	66.72
3	1489	91.33	1372	92.14	1108	74.42
4	612	88.71	561	91.67	439	71.73
5	1343	90.10	1221	90.92	960	71.48

总之，通过组建创新型教师团队，开展基础化学课程群系列教材编写与在线课程开发一体化、教材内容与课程资源建设一体化、教学与学习过程一体化建设，打造多层次多维度教材体系，构筑多模块立体化课程资源，建立线上线下互融教学模式，提高了学生自主学习能力，实现了知识传授、能力培养和价值引领的人才培养目标，使受益学生不断增多。普通化学在线开放课程成为四川省线上一流本科课程，无机及分析化学成为第三批四川省课程思政示范课程，受到学生欢迎和同行好评，提升了我校基础化学教育教学与改革方面在全国的影响力。

参考文献

钮树芳、郭晶晶、丁玲：《"互联网＋教育"背景下药学专业分析化学课程群建设研究》，《广州化工》2021 年第 17 期。

王玉枝等：《分析化学在线开放课程群建设的创新与实践》，《大学化学》2019 年第 4 期。

刘利等：《创新实践导向的基础化学课程群教学改革与实践》，《广州化工》2020 年第 16 期。

陆一、林珊、陈嘉：《从评价到赋能：大学课程教学质量提升新方法》，《中国大学教学》2020 年第 8 期。

钟国清：《无机及分析化学实验改革与绿色化实验教材建设》，《西南师范大学学报》（自然科学版）2018 年第 5 期。

胡文远等：《基于"三维一体"线上线下混合式教学创新的探索与实践——以无机及分析化学课程为例》，《大学化学》2021 年第 12 期。

远程与继续教育一体化教材建设与实践

冉利龙[*] 朱东鸣[**] 周红燕[***]

摘 要： 教材是教学资源的重要组成部分，是开展远程与继续教育教学的重要支撑。本文以首届全国优秀教材《计算机应用基础》（职业教育与继续教育类）为例，对远程与继续教育一体化系列教材建设的原则与路径、主要特点和取得的成效进行介绍。

关键词： 远程与继续教育；教材建设

一 背景

学校自1982年开办成人高等教育以来，远程与继续教育事业健康有序发展。1993年开始与加拿大国际开发署（CIDA）合作进行远程教育研究，2001年参与教育部"西部中小学现代远程教育"项目，2002年成为全国现代远程教育试点高校，2004年被教育部、国家发展改革委员会、财政部三部委批准为"四川省农村中小学现代远程教育工程项目培训中心"，2011年成为全国高等学校继续教育示范基地，2013年成为高等教育自学考试全国示范服务中心和四川省专业技术人员继续教育基地。

教材是远程与继续教育教学资源的重要组成部分，是构成教育活动的要件之一，也是人才培养目标的基础性依托。随着学校远程与继续教育迅猛发展，优质教学资源的需求与资源建设滞后的矛盾日益凸显。为解决远程与继续教育教材资

---

[*] 冉利龙（1976— ），西南科技大学继续教育学院讲师，主要研究方向为教育技术、远程与继续教育。
[**] 朱东鸣（1958— ），西南科技大学教授，主要研究方向计算机技术、继续教育管理。
[***] 周红燕（1972— ），西南科技大学继续教育学院副教授，主要研究方向为继续教育与教学管理。

源短缺的问题，满足远程与继续教育的教学形式和教学要求，学校以"中国西部远程教育"项目的研究成果和远程教育教学实践的经验总结为基础，适时启动了远程与继续教育系列教材研究和建设工作。

二　建立远程与继续教育系列教材建设机制

（一）坚持普教继教教学资源一体化建设原则

学校制定了《西南科技大学普教继教课程教学资源建设实施方案》《西南科技大学课程教学资源建设标准》等文件，按照"普教继教同校同质，资源共建共享"的总体要求，建立"教学资源建设领导小组—教学学院—课程教师团队"三级管理模式，采取项目管理方式，由教务处和继续教育学院共同管理，各教学学院负责具体实施，教师团队开展资源建设，协同推进普教继教教学资源一体化建设工作。建设资源类型包括普通本科教育教材、远程与继续教育教材两类教材资源，以及一般在线教学资源、SPOC、MOOC三类在线教学资源。

（二）远程与继续教育系列教材建设路径

1. 自主建设

学校在2007年成立了远程与继续教育系列教材编审委员会，下设公共基础类、经管类、土建类、电子信息类（计算机）、制造类、法学类等编写组，负责系列教材的组织、编写、审稿等工作。在编审委员会指导下，网络教育学院开展教材建设立项的管理，教材编写原则和编写体例的制定，教材配套课程课件建设的技术支持。各教学学院负责组织教师申报和编写工作，以及教材配套课程课件资源的建设工作。学校与电子科技大学出版社签署了联合出版框架协议，电子科技大学出版社成立专门的项目组，负责该套教材的组稿、编辑、出版工作。

2. 共建共享

为加强远程与继续教育资源建设，提高教学资源建设质量和水平，促进校际资源共建共享，避免低水平重复建设，由西南科技大学网络教育学院、中国石油大学（华东）远程与继续教育学院、北京交通大学远程与继续教育学院、福建师范大学网络教育学院以及北京网梯科技发展有限公司共同发起成立了"网络教育教学资源研发中心"（以下简称"研发中心"），后陆续有华中科技大学远程与继续教育学院、华南师范大学网络教育学院、中国石油大学（北京）远程教育学院、中国地质大学（北京）远程教育学院、西南大学培训与继续教育学院加盟。研发中心制定了章程，各成员单位签订了合作协议书，明确了各自的义务和权益。研发中心的主要任务是开展网络教育资源开发规律、技术手段和建设标准等研究，组织开发优质网络课程、文字教材等一体化教学资源。学校还陆续加盟了"百校千课共享联盟"、教育部"在线教育联盟"、土建类高校"构建卓越工程师E梦计划"、高校继续教育网络思政工作建设联盟等,全面推进优质教学资源共建共享。

三 远程与继续教育"一体化"教材的特点

学校远程与继续教育系列教材建设坚持服务成人学生自主学习和学科建设目标导向,充分考虑成人学生的学习特点,突出教材的实用性、成人学习的自主性、系统的一体化设计、满足需求层次的多元化、实施精品战略的示范性等特点。下面结合我校首届全国优秀教材二等奖(职业教育与继续教育类)获奖教材《计算机应用基础》建设实践进行介绍。

(一)突出实用性

坚持以"理论联系实际""实用"为原则,编写的远程与继续教育系列教材符合成人学历教育人才培养目标及课程教学要求,将基本知识、基本理论、方法与学生的工作、学习和生活相联系,解决学生生产生活中的实际问题,培养学生分析、解决问题的能力。教材内容既适应社会和学习者需求,同时又兼顾理论与实践知识的和谐统一。

教材《计算机应用基础》以培养学生知识、能力和素质协调发展的思想为先导,以提升学习者计算机信息素养为目的。计算机基础技能作为完成任务和解决问题的工具和手段,只有与学习者学习和工作结合才能产生有价值的成果。为充分体现教材的适用性,在内容编排选择上侧重Windows操作系统和Office常用办公软件的操作和使用。在具体内容编写上,不仅介绍系统和软件功能,还详细编写了各个功能1—2种操作方法和步骤,以及操作实践要求,让学习者对操作方法进行印证,从而掌握软件相应的功能。如此,使学生通过学习该教材能够掌握开展远程学习、高效工作和丰富生活所需要的工具。

(二)突出自主性

遵循成人学历继续教育规律,教材突出学生自主学习,体现了以学生为中心的教学模式,突出导学、助学和便于学生自主化学习的特点,其课程体系和教学内容更适合在职学生学习,符合成人学习的认知特点。

在《计算机应用基础》教材编写中,以培养应用型人才为目标定位,以学生自主学习为中心,进行自主学习过程的设计,将远程教学中的导学、助学、实践、评价环节引入教材,并在各个环节设计明显的小图标给予标识,方便学习者使用教材进行自主学习。在每一章设计"内容概述""学习要求""学习重点"

的导学内容；对教材中重难点部分或扩展部分内容，不断加入"提示"，给学习者帮助；促进学习者在操作系统和应用软件的学习中加强实践，在教材相应的知识点加入"动动手"环节，要求学生在计算机上按要求操作练习，或通过手机扫描二维码浏览操作演示视频；在单元的最后部分，设计"小结"和"评价"，对所学内容进行回顾，并完成课后的作业，对学习效果进行评价。

（三）突出一体化设计

系列教材按照"主体教材+辅助教材+网络课件"一体化设计建设，具有鲜明的以纸质教材为核心、以互联网为载体、以信息技术为手段、纸质教材与数字资源融合、多终端应用的新形态一体化教材的特点，一体化设计与建设思路如图 1 所示。

《计算机应用基础》教材实施了主体教材、学习指导书、PC 版和移动版网络课件的一体化建设。将纸质教材和数字化资源相融合，进行一体化设计，充分发挥纸质教材体系完整、数字化资源呈现方式多样和服务个性化特点。利用二维码等网络技术新颖的版式设计和内容编排，建立纸质教材和数字资源的有机联系，学生可以使用手机随扫随学，让知识动起来，有助于学习者的思维，激发学习者的学习兴趣。

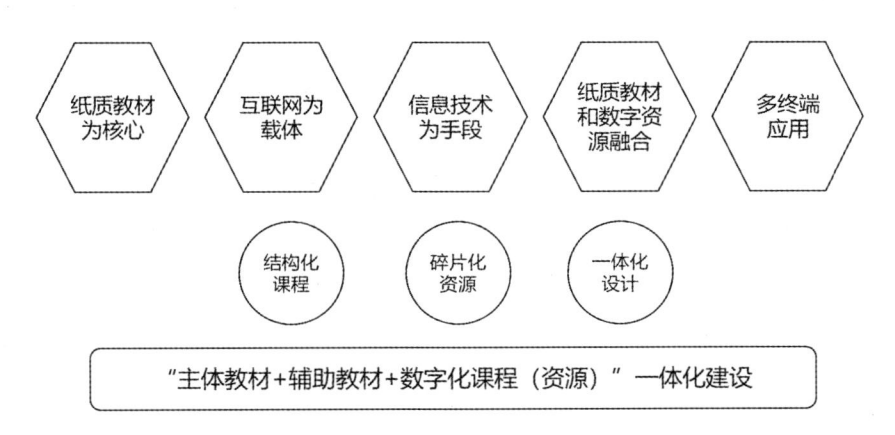

图 1　教材一体化设计和建设思路

（四）突出多元化

充分考虑不同专业不同层次的需求，在教学内容的设计和组织上各有侧重，或运用板块模式的编写形式，便于不同层次的学生自主学习。

《计算机应用基础》教材在内容编排选择上注重针对性和通用性的结合。教材在编写中参考了网络教育统考大纲，配套课件中专门设计了统考操作演示视频，可作为学生参加网络教育统考的专门复习教材，具有较强的针对性。一体化建设的丰富数字化教学资源和系统完整的纸质教材内容，使之适用于远程与继续教育的课程教学和学习者的自主学习，也适用于社会学习者使用，具有较强的通用性。

（五）突出示范性

对于立项教材建设的课程，学校按照精品课程项目予以优先资助，在师资配备、建设标准等方面严格要求，力争建设高质量的远程与继续教育精品教材和网络课程，为网络教育精品课程、特色专业的建设发挥示范和推动作用。

《计算机应用基础》教材由学校长期从事继续教育相关课程的优秀教师联合研发中心成员共同编著。该教材结合信息技术最新发展，创新设计，特色鲜明，在2021年获得首届全国优秀教材二等奖（职业与继续教育类），配套网络课程被评为四川省第十一届优秀电教成果二等奖、2019年全国高校继续教育精品在线课程二等奖。在教材和网络课程资源建设中起到了良好的示范作用。

四 远程与继续教育一体化系列教材的建设成效

（一）教材和课程资源建设成效凸显

通过自主建设和共建共享，已建成《管理学原理》《线性代数》《应用统计学》《计算机应用基础》等一体化系列教材22部、辅助教材560部、网络课件560门、题库560门等资源。一体化系列教材自出版以来，在学校、研发中心成员单位和全国20多个省、自治区、直辖市的30多所院校的远程与继续教育学生中使用，受到院校师生一致好评，产生了良好的社会效益，教材发行总量达到260余万册。我校参与"百校千课共享联盟"共建共享各类学历和非学历教育的教材达30余部。自2002年以来，课程教材和网络课件等教学资源，共计为我校60余万继续教育学生提供了良好的教学服务支持。出版发行的一体化教材列表见表1。

表1　　　　　　　　出版发行的一体化教材

序号	教材名称	编著	出版社
1	线性代数	朱东鸣	电子科技大学出版社
2	程序设计语言VB	王基生	电子科技大学出版社
3	应用文写作	范高林	电子科技大学出版社
4	管理学原理	李燕琼	电子科技大学出版社

续表

序号	教材名称	编著	出版社
5	西方经济学	李晖	电子科技大学出版社
6	财务会计	魏顺泽	电子科技大学出版社
7	计算机网络应用基础	林茂松	电子科技大学出版社
8	单片机原理与应用	韩勇国	电子科技大学出版社
9	土木工程施工技术	苏有文	电子科技大学出版社
10	大学英语（1）	戴丽萍	北京交通大学出版社
11	大学英语（2）	戴丽萍	北京交通大学出版社
12	大学英语（3）	戴丽萍	北京交通大学出版社
13	计算机应用基础	朱东鸣 冉利龙	电子工业出版社
14	高等数学（上）	亓健	中国石油大学出版社
15	高等数学（下）	亓健	中国石油大学出版社
16	马克思主义基本原理	郑又贤	福建科学技术出版社
17	现代应用文写作	陈妙云	北京交通大学出版社
18	财务管理学	蒋葵	电子科技大学出版社
19	应用统计学	刘素荣	中国石油大学出版社
20	C语言程序设计	赵宏	北京交通大学出版社
21	学习的革命	张妙华	电子工业出版社
22	美学	寇鹏程	电子工业出版社

系列教材和网络课程资源获得多项荣誉。《应用统计学》获教育部首届全国优秀教材一等奖（职业与继续教育类），《计算机应用基础》、《大学英语》（1）（2）获教育部首届全国优秀教材二等奖（职业与继续教育类）；网络课程"管理学原理""政府经济学""数控机床加工工艺与编程"被评为网络教育国家级精品资源共享课程，网络课程"计算机应用基础""财务管理学"分别获2019年高等学校继续教育精品在线课程二等奖、三等奖；"羌族文化""音乐欣赏"课程获评全国高校网络教育通识教育精品数字教材；"数控机床加工工艺与编程实验"获全国现代远程教育优秀实验软件二等奖。

（二）教育教学改革与研究成效突出

基于教材和网络课程教学资源的教育教学改革与研究取得了突出的成绩。近年来，相关教学改革与研究项目立项36项，获得优秀教学成果奖11项，优秀教学案例7篇，发表相关论文70余篇。主要获奖情况如表2所示。

表 2　　　　　　　　　　　教育教学改革与研究主要获奖情况

时间	成果名称	获奖名称及等级
2021 年	"四维协同"继续教育教学资源体系立体化构建与应用	西南科技大学教学成果特等奖
2021 年	机电控制系统远程实境实验教学共享平台	西南科技大学教学成果三等奖
2021 年	资源共享型网络教学平台实现继续教育教学成效研究	西南科技大学教学成果三等奖
2020 年	"五位一体"全员育人体系的构建与实践	西南科技大学教学成果三等奖
2018 年	共建共享多元化多样化继续教育体系的探索与实践	四川省教学成果三等奖
2017 年	共建共享优质教学资源的创新与实践	西南科技大学教学成果一等奖
2017 年	高等教育自学考试助学模式的创新与实践	西南科技大学教学成果二等奖
2017 年	成人高等教育学分制改革探索与实践	西南科技大学教学成果三等奖
2011 年	远程与继续教育系列教材的开发与应用	西南科技大学教学成果一等奖
2011 年	综合型网络课程建设的探索与实践	西南科技大学教学成果三等奖
2004 年	西南科技大学网络教育模式的研究与实践	四川省教学成果一等奖
2021 年	远程教育素质类课程校际共享学分互认体系构建与实践	西南科技大学教学改革典型案例奖
2021 年	网络教育思政课程资源建设的实践探索——以西南科大《思想政治实践课教学》资源建设为例	优秀案例*
2020 年	西南科技大学远程教育开展"探游式"教学的探索与实践	优秀案例*
2020 年	小学分课程视频教学资源建设的实践探索	优秀案例*
2019 年	基于泛在学习的学习支持服务模式探索与实践	优秀案例*
2018 年	西南科技大学网上校园文化建设之"专家讲坛"	优秀案例*
2016 年	实施有机整合 促进协同发展——西南科技大学拓展三教融合的实践探索	优秀案例*

说明：授奖单位：全国高校现代远程教育协作组。

（三）学校办学声誉和社会影响力显著提升

近年来，学校先后成为教育部"高等学校继续教育示范基地"、自学考试"全国示范学习服务中心"、教育部"普通高校继续教育数字化资源开放服务模式的研究与应用"项目单位和四川省专业技术人才继续教育基地等，先后获得全国现代远程教育资源共建共享优秀奖、中国现代远程教育（1998—2016）终身教育特别贡献奖、中国最具社会影响力高校网络与继续教育学院、全国高校现代远程教育宣传工作先进单位、全国自学考试先进集体、四川省自学考试发展奖等国家级、省级荣誉近 50 项。

五　结束语

在普教继教教学资源一体化建设原则的指导下，学校探索出了一条优质教学资源的建设路径，建设了具有实用性、自主性、一体化、多元化、示范性等特点的远程与继续教育一体化系列教材和课程资源，为学校远程与继续教育教学提供了良好的支撑，促进了继续教育事业的高质量发展。

参考文献

徐文娟、赵存友、侯清泉：《"精品课程"教材建设的研究与实践》，《佳木斯大学社会科学学报》2007年第5期。

谢勤、沈海燕：《浅析成人高等教育教材编写的特点》，《时代经贸》2011年第35期。

李娴：《纸质图书与数字资源融合的实践与思考——以"百校千课"融媒体教材为例》，《新闻研究导刊》2021年第8期。

冉利龙：《远程教学资源共建共享的探索与实践》，《中国远程教育》2015年第5期。

第四章
成果荟萃

共建与区域产学研联合办学背景下国家级化学实验教学团队建设与实践

霍冀川[*] 叶 旭[**]

成果简介：在共建与区域产学研联合办学背景下，我校与中物院化工材料研究所联合建设化学实验教学团队，并于2010年成为国家级教学团队。新时代，团队秉承"三线""两弹"和西南科技大学"艰苦奋斗，拼搏创新"的精神，立德树人，结合绵阳科技城特点，挖掘区域特色优势，搭建多学科多层次化学实验大平台和开展化学实验课程及逐级推进教学内容体系建设，有力支撑学校的国家一流专业建设和学科发展，取得显著成绩。"多学科多层次化学实验大平台和课程体系的建设与实践"获得高等教育四川省教学成果奖一等奖，建成省级化学与分析测试中心实验教学中心。"化学综合设计实验"成为国家级精品课程，其配套教材获中国石油和化学工业优秀教材奖一等奖。出版特色教材《含能材料实验》。

关键词：质量工程；联合办学；国家级教学团队；化学实验；平台

"共建与区域产学研联合办学"是西南科技大学的办学特色，[①] 其内涵是国家部委与省、市共建，科研院所和大型企业参与联合办学，通过整合、共享区域教育科技资源，构建现代开放式教育与科技合作交流平台，实现区域科教资源的优化配置，不断增强人才培养、科学研究和服务社会的能力，实现高校又好又快发展的一种新型办学体制。

化学实验类课程在高校本科人才培养体系中具有举足轻重的地位。但应试教

---

[*] 霍冀川（1962— ），西南科技大学分析测试中心教授，博士生导师，主要研究方向为特种玻璃与陶瓷、水泥砂浆混凝土及化学建材。

[**] 叶旭（1970— ），西南科技大学继续教育学院教授，硕士生导师，主要研究方向为生物医学工程材料（药物控释）、有机硅材料、特种高分子。

[①] 王俊波、肖正学：《共建与区域产学研》，《中国高等教育》2010年第23期。

育模式下生源实践动手能力差，化学实验课程附属于理论教学设置，课程体系系统性、针对性、层次性差，教学过程重理论、轻实验，教学运行管理难度大，资源利用率低等一系列问题，严重影响了学生创新意识和综合实践能力的培养。

国家级化学实验教学团队，结合绵阳科技城特点，在共建与区域产学研联合办学背景下，以"具有国家使命感和社会责任心，富有创新精神和实践能力的复合创新型人才"的培养目标[①]和不同学科专业人才的培养需求为导向，搭建了多学科多层次化学实验大平台，构建了针对性强、层次清晰、特色鲜明、适用面宽的本科高校化学实验课程及逐级推进教学内容体系，取得了好的成效。

一　化学实验教学团队建设发展

（一）发展历程

1979年原四川建筑材料工业学院基础部成立，设置了化学教研室，承担学校化学实验教学工作。1983年原四川建筑材料工业学院硅酸盐工程系成立，1985年化学教研室划归硅酸盐工程系，并成立了化学实验室。1993年，原国家教委批准四川建筑材料工业学院改变领导管理体制并更名为西南工学院。2000年，学校在原西南工学院的基础上，与原绵阳经济技术高等专科学校组建成立西南科技大学。2001年成立了材料科学与工程学院，学院根据实验室建设规划和实验教学改革的需要，对化学学科所属专业和实验室进行了整合，开始平台化建设，成立了"化学实验教学中心"，实行校院二级管理。2002年在共建与区域产学研联合办学背景下，开始了化学实验教学团队建设，2007年被批准为校级重点建设教学团队，2009年成为四川省建设教学团队，2010年成为教育部立项建设的国家级教学团队。

中国特色社会主义新时代，团队秉承"艰苦创业、无私奉献、团结协作、勇于创新"的三线精神、"热爱祖国、无私奉献、自力更生、艰苦奋斗、大力协同、勇于登攀"的两弹精神和"艰苦奋斗，拼搏创新"的西南科大精神，挖掘区域特色优势，立德树人。对标"双一流"和"新工科"及"双万计划"，建成了一支教学水平高，同时具有较强的科研创新和社会服务能力，注重国内外交流与合作的国家级化学实验教学团队。

（二）师资队伍

团队注重学缘结构，教师分别来自中国科学技术大学、南京大学、四川大

---

① 霍冀川等：《共建与区域产学研联合办学背景下应用化学专业建设与成效》，《大学化学》2021年第11期。

学、重庆大学、中国科学院、中国工程物理研究院、美国田纳西大学和俄罗斯科学院化学物理研究所等国内外高校和科研院所。重视青年教师的培养，长期坚持年轻教师助课制度和"三新"教师（新教师、开新课教师、新开课教师）试讲制度。坚持以老带新，让在教学工作中有经验、教龄长、教学效果好的老教师对青年教师进行传、帮、带。制定青年教师培养计划（攻读学位计划、承担课程计划、科研方向计划），通过学历培养、进修、访问学者等方式不断提高教师业务水平。经过多年建设发展，团队有博士生导师7人、硕士生导师8人，有教育部教学指导委员会委员、四川省教学指导委员会副主任委员、享受国务院政府特殊津贴、四川省教学名师、四川省有突出贡献的优秀专家、四川省学术和技术带头人及后备人选、中国兵器集团科技带头人、四川省三八红旗手、全国巾帼建功标兵等15人次。

（三）教学改革与研究

依托多学科多层次化学实验大平台，承担全校理、工、农等学科20个专业的基础化学实验、综合设计性实验、专业实验、化学创新实践及毕业论文等教学任务。多年来，不断深化教学理论研究和教学方法改革，团队成员主持和参与国家级、省级和校级教学改革项目近100项。获国家级教学成果奖二等奖1项，省级教学成果奖一、二、三等奖10余项。建成国家级、省级和校级精品课程13门。出版教材17部，被70多所学校采用，使用量超过20万册。《化学综合设计实验》获中国石油和化学工业优秀教材奖一等奖，《炸药学概论》获中国石油和化学工业出版物奖（图书奖）一等奖。发表教改论文70余篇。

（四）积极开展科学研究，促进科研与教学互动

团队教师主动融入科研团队，如国防科技创新团队、四川省青年科技创新研究团队等，积极开展科研工作，努力提升科研创新能力。团队成员主持和参与国家"973"计划、"863"计划、科技支撑计划项目、国家军工核设施退役及放射性废物治理项目、国家国防重点基础科研项目、核能开发专项、国家自然科学基金及重大项目、国家农业科技成果转化项目、国家中小科技企业基金项目、四川省先进材料重大科技专项等国家级、省部级、国防及横向科研项目等100余项，累计科研经费超过6000万元。培养博士、硕士研究生300余人，发表学术论文1000余篇，获国家科学技术进步奖二等奖1项，获国防、军队及省部级一、二、三等奖20余项，出版专著8部，授权发明专利90余项，成果应用累计创社会经济效益超100亿元。基于高水平的科学研究，教师将现代科学研究的最新成果引入教学内容，让科研成果进课堂、进教材，把最新的知识和信息传递给学生，引导学生接近科学发展前沿，教学更为生动而富有启发性。科研与教学的有机结

合，使学生通过实实在在的项目、研究内容、研究方法，加深对新知识点的理解，增强学生的学习兴趣，培养学生的创新意识和创新精神。

（五）加强国内外交流与合作

学校历来重视国内外交流与合作。早在 20 世纪 90 年代初，就邀请加拿大劳伦丁大学的 Tom Black 教授与本团队成员一同为本科生开展"物理化学及实验"课程教学。21 世纪以来，化学实验教学团队坚持"走出去"与"请进来"相结合，加强国内外交流与合作。

"走出去"：团队先后外派教师到日本大阪大学、东京工业大学、冈山大学、北海道大学，加拿大劳伦丁大学、韩国延世大学等国外高校进行交流学习。考察北京大学、清华大学、复旦大学、浙江大学、南京大学、南京理工大学、北京理工大学、苏州大学等高校的国家和省级实验教学中心。鼓励教师与董事单位（中国工程物理研究院、四川省安县银河建化集团有限公司等）合作开展科学研究和人才培养。

请进来：团队相继邀请日本东京工业大学和田雄二教授，美国田纳西大学 Brian J. Edwards 教授，俄罗斯科学院的 Alexey M. Sakharov、Oleg A. Rakitin 及 Mikhail M. Krayushkin 教授，捷克帕尔杜比采大学的泽曼教授等国外高校科研院所专家到校交流指导；邀请教育部化学类专业教学指导委员会主任委员、厦门大学郑兰荪院士，教育部实验教学指导委员会、国家教学名师、大连理工大学孟长功教授，教育部化学类专业教学指导委员会委员、复旦大学教务处长陆靖教授等来团队指导、讲学。

接受进修：接受绵阳师范学院、绵阳职业技术学院、乐山职业技术学院等高校教师到本团队进修。

二 化学实验课程体系与多学科多层次实验大平台

（一）构建化学实验课程体系

注重化学、材料、环境、能源、生物及农学等多学科间相互交叉渗透和协调发展，根据不同学科类别和专业人才培养目标需求，本着"化学教育既传授知识和技术，更训练科学方法和思维，还培养科学精神和品德"的全面化学教育准则，打破传统的按二级学科独立设置实验课程体系的惯例，按照"基础—提高—扬优—介入科研"四个层次，构建了系统、连贯、多学科的基础化学实验、化学专业实验、化学综合设计实验、创新实践（毕业论文、科技竞赛、大学生科技活动等）的化学实验课程体系，并将实验课程体系模块化，形成公共化学实验、化学基础实验、化学工程实验、化学综合设计实验、化学专业实验、生产实践和化学创新实践七大模块。① 化学实验课程体系的建设思路如图 1 所示。

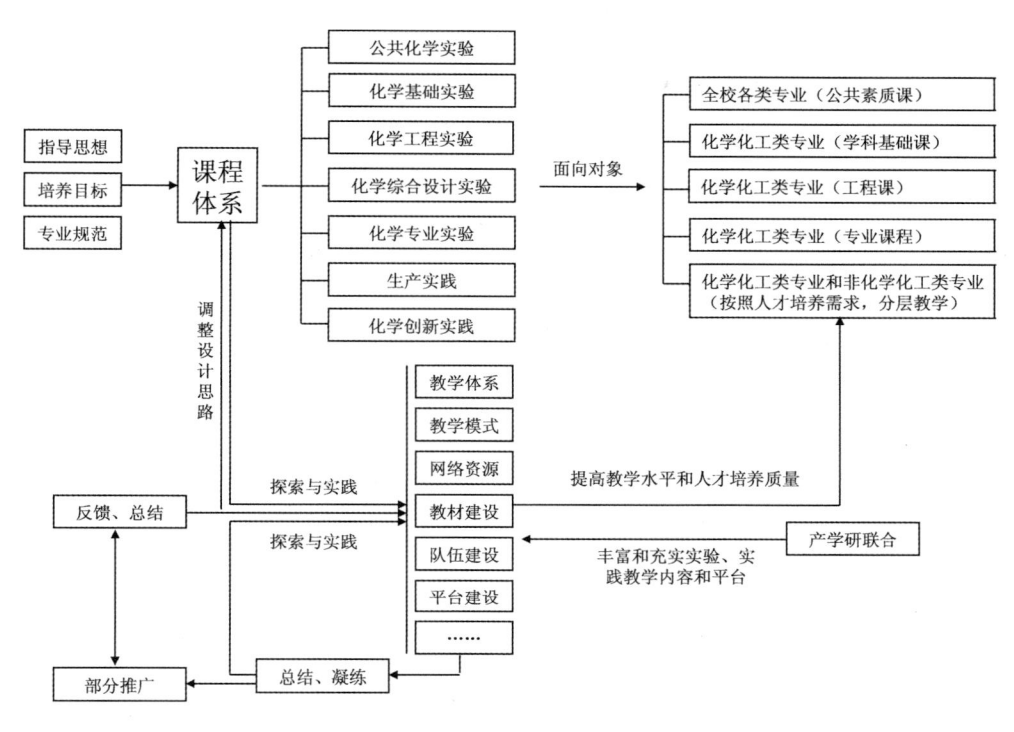

图 1　化学实验课程体系的建设思路

现代分析测试技术是利用现代分析测试仪器，通过测量物质的物理、化学或物理化学性质来研究物质的组成、含量、状态、形貌、结构、变化、制备及其应用，以及物质间相互作用关系等信息的一门科学技术，包括光谱分析、波谱分析、质谱分析、色谱分析、电化学分析、X 射线分析、显微分析、热分析、表面分析、仪器联用技术和其他仪器分析测试技术，是化学实验、实践及科学研究的眼睛。2013 年，西南科技大学化学实验教学中心和分析测试中心协同创新，以着重学生科研素养和创新能力培养为目标，构建了化学协同现代分析测试技术实验教学体系。② 体系结构如图 2 所示。

（二）搭建多学科多层次化学实验大平台

以化学实验课程体系和实验教学为导向，整合共享校内外优质资源，学科交

---

① 霍冀川、叶旭、曹青：《多科性普通本科高校化学实验课程体系的建设与实践》，董发勤、王基生《涪水华章——西南科技大学建校六十周年教学成果论文集》，高等教育出版社 2012 年版，第 177—182 页。

② 霍冀川等：《化学协同现代分析测试技术实验教学体系构建的探索》，《第十三届全国大学化学教学研讨会论文集》，武汉理工大学出版社 2015 年版，第 324—328 页。

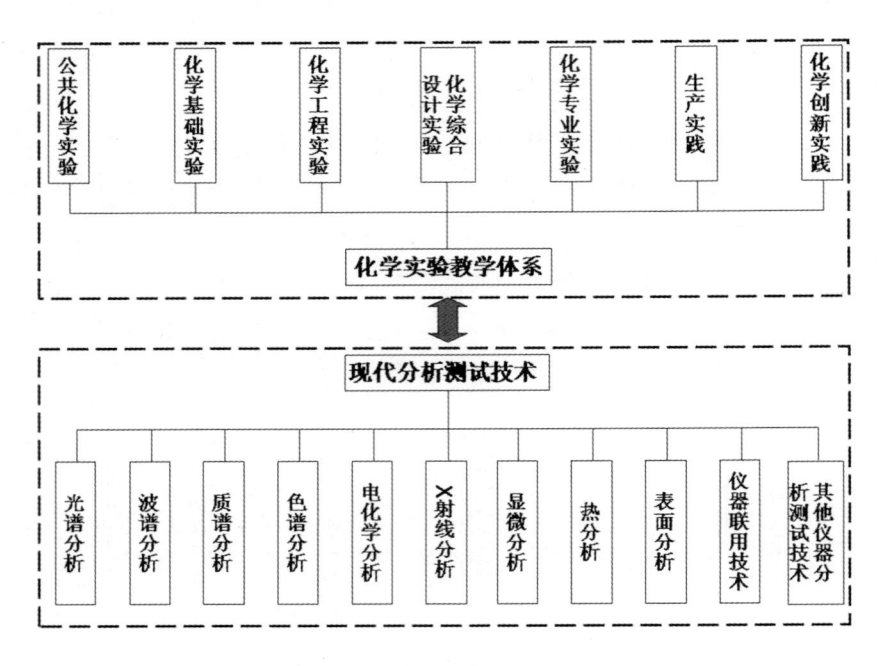

图 2　化学协同现代分析测试技术实验教学体系结构

叉融合和教学、科研平台共享。依托环境友好能源材料国家重点实验室、西南科技大学工程训练中心（化学工程实验室部分）、生物质材料教育部工程中心、国家大学科技园（创新创业实践）、新型含能材料军民融合协同创新中心、材料科学与工程实验教学示范中心、分析测试中心等国家级、省部级和校级科研与教学平台，搭建多学科多层次化学实验大平台。

2013 年，化学实验教学中心和分析测试中心通过协同创新，建立了以"理念先进、管理科学、队伍合理、设备精良、资源共享、质量上乘、特色鲜明、开放服务"为特征的"化学与分析测试中心实验教学中心"，2015 年成为省级实验教学中心。同时，与中国工程物理研究院、禾大西普化学（四川）有限公司、利尔化学、泸州北方化学工业有限公司、四川美丰化工股份有限公司等近 30 家科研院所、军工、企事业单位共建实习实践基地和联合实验室，搭建校内校外双循环育人大平台。2014 年，"多学科多层次化学实验大平台和课程体系的建设与实践"获得高等教育四川省教学成果奖一等奖。

三　化学实验逐级推进教学内容体系建设

依托多学科多层次实验大平台，围绕学校人才培养目标，以"加强基础、淡化专业、增加综合、强化能力、培养创新"为宗旨，按照化学实验课程体系七大模块建设化学实验教学内容，形成逐级推进分级教学内容体系。注重与时俱进，结合新工科建设和国家发展战略，及时调整化学实验教学内容。

公共化学实验模块：主要针对全校各专业学生开设的公共素质选修实验课程，如"趣味化学实验""化学综合设计实验"等。再版《趣味化学实验》教材，将双碳经济实验融入教学内容。将竞赛引入实验教学，从 2005 年起，学校每年举办"西南科技大学化学综合设计实验大赛"，大赛获奖学生可根据获奖等级认定"化学综合设计实验"课程成绩和学分，一等奖 95 分，二等奖 90 分，三等奖 85 分，优秀奖 80 分。

化学基础实验模块：以化学基础实验与技术和仪器分析实验为主体。针对化学化工类专业，整合传统四大基础化学实验教学内容，开设"大学基础化学实验与技术 A1—A4"课程，避免教学内容的简单重复；针对非化学化工类专业，注重多学科渗透融合，结合专业需求，淡化专业界限，强化基础理论和基本实验技能，设置不同层次的实验课程体系和实验教学内容模块。

化学工程实验模块：化学化工类专业的基础课程，如化工原理实验、化学反应工程实验等。在化工原理实验教学内容中融入数字化、信息化的内容。

化学综合设计实验模块：由化学综合实验和化学设计研究实验两部分组成。实验项目大多来自教师的科研成果和生产实际，经过多年的实践，整合、精练而成，注重理论联系实际和学科前沿，突出科学性、交叉性、实用性和趣味性，主要训练学生综合能力、设计实验能力和培养学生从事科学研究的初步能力。《化学综合设计实验》获中国石油和化学工业优秀教材奖一等奖。"新工科"背景下，再版《化学综合设计实验》教材，增加了"化学常用软件简介"和"分析仪器综合设计实验"部分内容。[①]

化学专业实验模块：针对不同专业方向进行实验教学内容设置，突出办学特色。如工业分析方向以"硅酸盐工业分析"教学内容为特色，精细化工方向以"化学建材"教学内容为特色。积极开展区域产学研联合办学，增加"含能材料实验"等拓展性专业实验教学内容，并出版特色教材《含能材料实验》。

生产实践模块：通过从事实际生产实践活动，完成原材料→实际生产→产品→产品质量检测全过程教学，培养学生工程化和生产实践的能力。

化学创新实践模块：针对大学生科研训练、科技竞赛、毕业论文（设计）等环节，依托本科生导师制，通过进入导师科研团队和组建学生创新团队群等形式，重点培养学生自主创新能力。化学创新实践教学模式如图 3 所示。

---

① 雷洪等：《新工科背景下"化学综合设计实验"课程改革》，《大学化学》2021 年第 36（5）期，第 195—198 页。

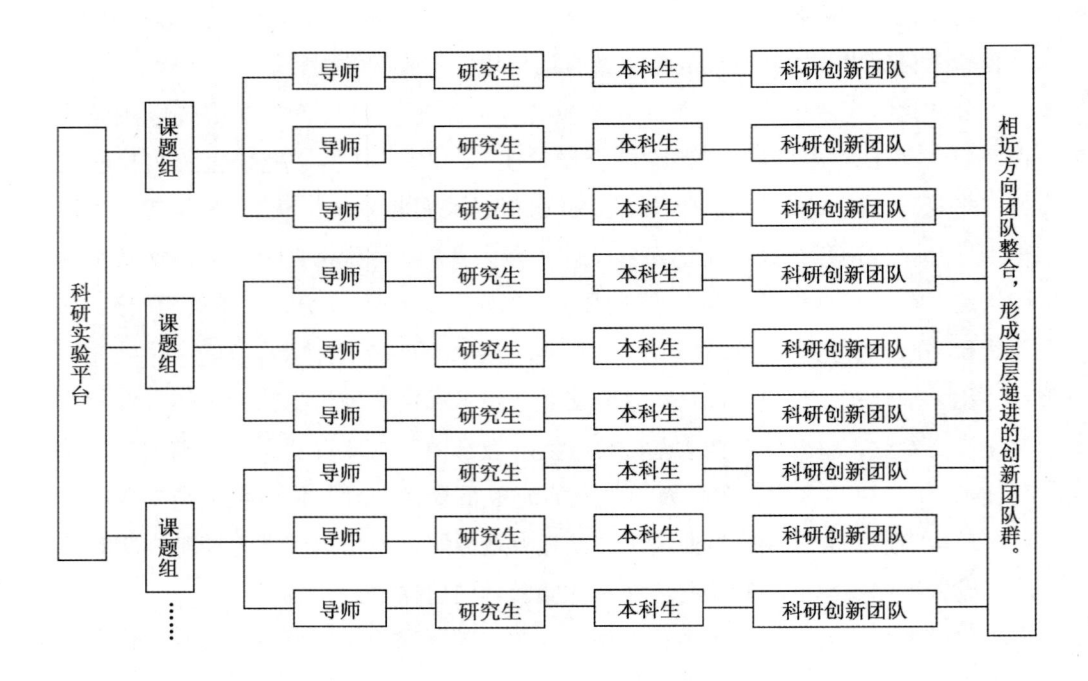

图3 学生化学创新实践

结束语

西部非中心城市地方高校尽管不具备一流的办学条件，但一定要有一流的教育理念。具备先进的教育理念，做好人才培养的顶层设计，才能指导教学改革与实践。百闻不如一见，百见不如一干，实践出真知，动手是能力培养的关键之一。国家级化学实验教学团队充分挖掘区域特色优势，开展共建与区域产学研联合办学，搭建化学实验大平台和建设化学实验课程及教学内容体系，将"三线""两弹"及西南科大精神融入实践、文化育人全过程，支撑学校的国家一流专业建设和学科发展，成效显著。

参考文献

王俊波、肖正学：《共建与区域产学研》，《中国高等教育》2010年第23期。

霍冀川等：《共建与区域产学研联合办学背景下应用化学专业建设与成效》，《大学化学》2021年第11期。

霍冀川、叶旭、曹青：《多科性普通本科高校化学实验课程体系的建设与实践》，董发勤、王基生《涪水华章——西南科技大学建校六十周年教学成果论文集》，高等教育出版社2012年版。

霍冀川等：《化学协同现代分析测试技术实验教学体系构建的探索》，《第十三届全国大学化学教学研讨会论文集》，武汉理工大学出版社 2015 年版。

雷洪等：《新工科背景下"化学综合设计实验"课程改革》，《大学化学》2021 年第 5 期。

跨校协同双创人才培养研究与实践

尹显明* 王银玲

摘　要：为深化高等学校创新创业教育改革，发挥不同地域、不同层次高校优质资源的辐射作用，保障高校之间建立高起点、宽领域、全方位、有深度，系统并持续的双创人才培养机制，西南科技大学与清华大学、西安理工大学等六所高校，依托工程训练中心的工程实践与创新创业教育平台，从搭建跨校资源共享平台，构建跨校双创教育课程体系到组建跨校创新创业指导团队，形成了跨学科交叉与融合、协调与共享、集成与开放的跨校创新创业生态环境，提升了高校创新创业人才培养的质量，特别是为地方高校双创人才培养提供了新思路。

关键词：跨校协同；创新创业；资源共享；协同育人

随着国家创新驱动发展的深入推进，为适应以新技术、新业态、新模式、新产业为代表的新经济蓬勃发展，高校需要树立先进的创新创业教育理念，打造有利于创新创业的良好教育环境，培养具有创新创业能力和跨界整合能力的双创人才。然而，改革开放以来，我国高等教育事业虽获得长足发展，但也存在不足：一方面，我国高等教育资源区域分布不均衡，高校建设质量和发展水平差异较大；另一方面，高校之间资源平台本身受到条件、环境的限制是有围墙和壁垒的。因此，需要突破区域、校园围墙限制，构建不同高校之间优质资源的跨校、跨学科交叉与融合、协调与共享的创新创业生态体系，搭建跨校创新创业教育资源共享平台，建立跨校双创教育课程体系，组建跨校创新创业指导团队，探索高起点、宽领域、全方位、集成开放的跨校协同创新创业教育改革之路。

一　改革思路

工程训练中心是高校开展工程教育与创新创业教育的重要载体。跨校协同创

---

* 尹显明（1962—　），教育部工程训练教学指导委员会委员，西南科技大学工程技术中心教授，主要研究方向为机械制造。

新创业人才培养的探索以我校工程训练中心为依托，以智能机器人创新实践班为载体，联合清华大学、西南交通大学、合肥工业大学、西安理工大学、西安科技大学等高校工程训练中心，突破地域限制，建立双一流高校优质资源纵向辐射，地方高校优势资源横向互补，跨校、跨学科交叉与融合、协调与共享的创新创业生态体系。依托各校工程训练中心和众创空间，搭建跨校创新创业教育资源共享平台，建立双创教育课程体系，组建创新创业指导团队，并基于互联网建立跨校虚拟社区云平台，开展跨校交流、课程学习、创业资源共享、项目训练、跨学科挑战、竞赛联合组队、毕业设计联合指导等创新创业教育过程改革与实践，形成系统的跨校协同培养体系。

二 主要内容

（一）构建不同高校之间优质资源的跨校交叉与融合、协调与共享的创新创业生态体系，搭建跨校创新创业教育资源共享平台，建立跨校双创教育课程体系，组建跨校创新创业指导团队，创立集成开放的跨校创新创业生态环境

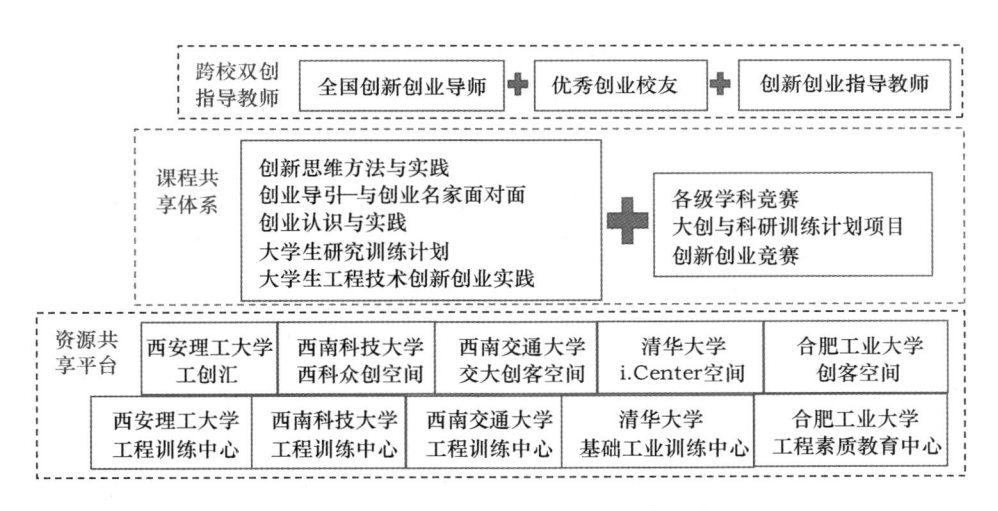

图1 集成开放的跨校创新创业生态环境

依托清华大学、西安理工大学、合肥工业大学、西南交通大学和我校的国家级或省级工程训练示范中心，基于清华大学 i. Center、西安理工工创汇、西南交大创客空间、合肥工大创客空间、西科众创空间等创客空间，构建了成员高校创新创业教育开放共享的实践平台，为学生打造功能完备、设备齐全、条件优良的创新创业实践环境。基于创新思维方法与实践、创业导引——与创业名家面对面、创业认识与实践、大学生研究训练计划等各级创新创业示范课程，融合大学创新创业计划项目和科研训练计划、第二课堂学科竞赛和双创竞赛于一体，构建

跨校双创教育课程资源开放共享体系。同时，立德树人，以全国创新创业导师为引领，聘请优秀创业校友，汇集成员高校在创新创业教育教学、活动指导等方面经验丰富的老师，组建一支跨校、跨学科，多学科交叉融合的强大创新创业指导团队。在成员高校之间形成了高起点、宽领域、全方位、集成开放的跨校创新创业生态环境。

（二）以跨校虚拟学习社区云平台为载体，在成员高校间开展跨校交流、课程学习、跨学科挑战和创业资源共享

跨校交流：成员高校学生实名注册跨校虚拟学习社区账号，通过公网实时访问跨校虚拟学习社区，利用跨校虚拟学习社区的各种资源与环境，开展资源共享、信息交流、技术沟通、前沿分享、寻求帮助等跨校交流学习活动。

课程学习：各高校在虚拟学习社区云平台开放与共享本校特色课程，所有进入社区的学生可全程参加课程的学习，接受跨校老师的指导，并与开课学校本校学生同等考核与评价。

跨学科挑战：清华、西安理工、合肥工大、西南交大等成员高校教师根据本校的优势学科和特色专业资源，发布跨学科交叉综合挑战项目，并设立相应的"虚拟"奖惩机制。一方面，拓展学生的专业和知识视野，帮助学生突破自我，跨学科寻求协作，解决复杂问题；另一方面，使学生树立良好的科研诚信意识，提高科学道德素养。

创业资源共享：发挥成员高校的学科优势和专业特色，以及特有的国内、国际优质创新创业资源和师资、优秀创业校友等，定期在跨校虚拟学习社区开展创新创业故事和创业案例分享，优秀创新创业项目专题讨论，发起关键核心技术问题和未来技术问题研讨等，激发学生创新创业欲望，帮助成员高校学生拓展人脉与资源，开阔创新创业国际视野。

（三）构建并推行四年不断线的跨校协同双创人才培养体系

第一年（大一）利用跨校虚拟学习社区云平台，促成不同高校学生跨校跨地域的知识学习、技术交流与信息分享，让不同层次高校的学生在虚拟学习社区里相互交流，沟通技术，分享前沿、热点信息和知识，帮助有共同兴趣爱好的学生进行深层次的技术研讨。第二年（大二）组建跨校大学生双创训练营，让成员高校学生面对面，由竞争对手转变为队友，进行科研项目和创新项目训练。第三年（大三）让学生跨校组队参加"互联网+"大学生创新创业大赛、中美青年创客大赛、金砖创客大赛等双创赛事，培养学生的创新精神，强化创业意识，提升学生的创新创业能力。第四年（大四）让学生跨校选择和共享毕业设计题目和指导教师。发挥成员高校学科优势和学者研究专长，以"工程应用问题、核

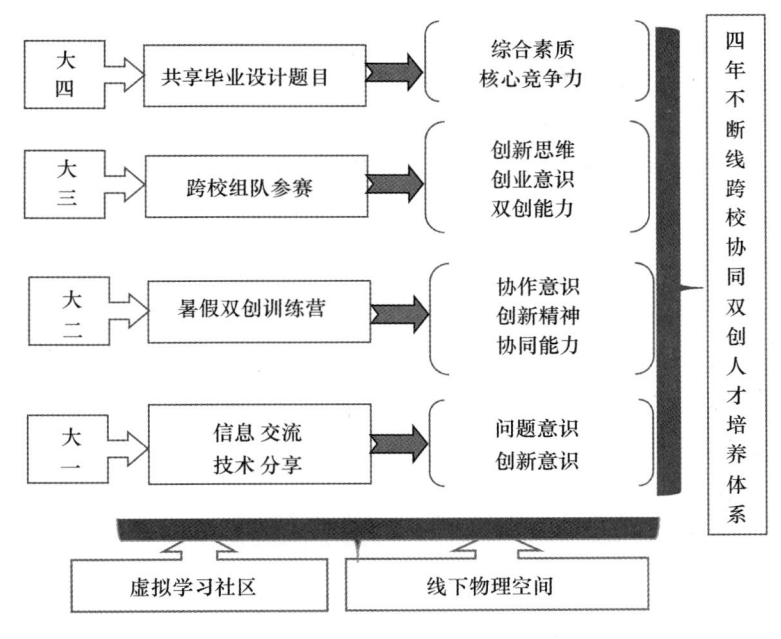

图2 四年不断线跨校协同双创人才培养体系

心技术问题、学科研究热点、行业企业技术需求、教授科研项目"作为毕业设计题目来源，让学生在资料查阅、开题报告撰写、开题答辩、实验与论文撰写等方面接受专业教授和学科领军人的指导，提升学生的综合素质和核心竞争力。

三　改革成效

自改革以来，我校智能机器人创新实践班2017—2019级99人接受了培养。一方面，学生的创新意识和创新能力明显增强，三个年级全员参加"互联网+"大学生创业大赛、工程训练综合能力竞赛、蓝桥杯、机器人大赛等赛事，获省级以上奖80余项。另一方面，学生的综合素质和核心竞争力快速提升，敢于挑战与解决实际工程问题和学科交叉融合问题，多件跨学科综合训练项目作品在节能减排、机创大赛、"互联网+"、金砖创客、中国大学生工程实践与创新能力等大赛中获得国家级奖项。同时，学生就业质量高，毕业生以融入速度快、动手能力强、专业知识扎实、综合素质高等特点，受到就职单位的高度评价。

四　社会影响

2020年6月，各协同高校分别从不同的方面，在"中国高校创新创业教育联盟五周年云庆典暨创客教育基地联盟五周年论坛"上以四个主题报告向全国高校进行了交流。2020年12月5—8日在厦门举办的"创客教育基地联盟2020年联盟大会暨K16技术与工程教育高峰论坛"上,"跨校双创训练营"已被收入创客教育基地联盟五周年成果中,在全国高校中应用推广。2021年7月,南航、北理工、西安交大、西工大、上海大学等高校加入跨校暑假双创训练营。

参考文献

李双寿、杨建新、王德宇:《高校跨学科创客教育平台建设理念及实践》,《现代教育技术》2017年第8期。

李双寿等:《"三位一体、三创融合"的高校创新创业训练体系构建》,《清华大学教育研究》2017年第2期。

田杰、鲍宏、周小帅:《工程训练综合能力竞赛中创新人才培养机制探讨》,《实验技术与管理》2016年第12期。

王德宇、徐思彦、李正风:《创客模式:工程教育与产业实践融合的驱动力》,《现代教育技术》2016年第3期。

李双寿等:《高校众创空间建设实践——以清华大学i.Center为例》,《现代教育技术》2015年第5期。

王德宇、杨建新、李双寿:《国内创客空间运行模式浅析》,《现代教育技术》2015年第5期。

依托行业协会（学会）实施产教深度融合的育人探索与实践

姚 勇* 张春涛 张兆强 刘筱玲等

成果简介：土木工程与建筑学院依托行业协会（学会）的平台优势，改变传统的单一企业与高校合作模式，实施产教深度融合，充分发挥协会的桥梁、纽带作用，发挥协会企业与高校在人才培养、科技创新、资源共建共享以及服务地方经济建设等方面的优势，形成"企业—协会—高校"一体化产学研用的新型人才培养模式，共同落实"双万计划""复旦共识"和"北京指南"等新时代国家高校人才培养要求，坚持"以人为本"，推进"四个回归"，旨在建设高水平本科教育体系，做强一流本科，建设一流专业，培养一流人才。这一教学成果契合了国家对高校一流人才培养、行业转型升级发展以及协会从政府依赖型转为市场服务型的需求，使企业能更有效地参与人才培养，高校能更有效地服务地方经济建设，全面推进校企协同育人，最终形成教育与产业统筹融合、良性互动的发展格局。

关键词：行业协会；产教融合；实践教学；人才培养；经济建设

人才培养模式是高校人才培养质量的保障，合理的人才培养模式是高校持续为社会输送人才的必要条件。产教融合是以社会需求为导向的人才培养模式，产教一体，校企互动，实现高校教育教学过程与企业生产过程的深度融合[1]，跟进产业转型，一体化发展[2]，实现产业与教育融合，生产与教学融合[3]，不断适应经济发展和现代高等教育发展需要，使高校人才培养更加符合社会需求。

---

* 姚勇（1972— ），西南科技大学教务处处长，教授，博士生导师，研究方向为高校人才培养模式及评价方法研究。

① 吕海舟、鲁恒心：《产教深度融合的整合学习设计及实施》，《嘉兴学院学报》2017年第3期。
② 张健：《产教深度融合的学理、内涵及其实施》，《河南科技学院学报》2017年第8期。
③ 陈胜花、龙玉忠：《产教融合机制建设实践与研究》，《现代职业教育》2017年第28期。

2015 年 7 月，中国政府网公布了《行业协会商会与行政机关脱钩总体方案》[①]，要求行业协会必须贯彻执行国家政策，积极稳妥推进行业协会商会与行政机关脱钩，创新行业协会商会管理体制和运行机制，激发内在活力和发展动力，促使行业协会商会不断转型升级，充分发挥行业协会商会在经济发展新常态中的独特优势和应有作用。与此同时，国务院办公厅印发了《国务院办公厅关于促进建筑业持续健康发展的意见》，要求利用先进科学技术快速实现建筑行业转型升级，形成具有引领世界建筑业发展方向的领域。2017 年 12 月，国务院办公厅印发的《关于深化产教融合的若干意见》[②]（以下简称《意见》）明确指出，深化产教融合的主要目标是逐步提高企业参与办学程度，健全多元化办学体制，全面推行校企协同育人。《意见》要求用 10 年左右时间总体形成教育和产业统筹融合、良性互动的发展格局，健全完善以需求为导向的人才培养模式，解决人才教育供给与产业需求的重大结构性矛盾，增强职业教育、高等教育对经济发展和产业升级的贡献。国家要求行业协会等必须与行政机关脱钩，积极创新机制、激发活力，促使行业协会不断转型升级的同时，要求提高企业参与高校办学的程度，形成校企协同育人的人才培养模式。最终目标是期望高校办学和行业发展形成相互合作、相互促进的共同发展局面。

西南科技大学土木工程与建筑学院（简称"土建学院"）拥有 7 个土建类本科专业，在校本科生 3600 余名，扎实的专业知识和丰富的实践能力一直是学院重点培养学生的主要目标。早在 2006 年，为了破除土建人才培养的困局，土建学院积极开展人才培养模式的探索，借助地方行业协会（学会）的平台优势，实施产教融合，改变传统的单一企业与高校合作的模式，实施"产教深度融合"，充分发挥行业协会的桥梁纽带作用，发挥协会企业与高校在人才培养、科技创新、资源共建共享以及服务地方经济建设等方面的优势，不断发展，最终形成"企业—协会—高校"一体化新型"产学研用"的人才培养模式，共同落实"双万计划""复旦共识""天大行动"和"北京指南"等新时代国家高校人才培养要求，坚持"以人为本"，推进"四个回归"，旨在建设高水平本科教育体系，做强一流本科，建设一流专业，培养一流人才。

土建学院先后与四川省土木建筑学会、四川省装配式建筑产业协会、绵阳市勘察设计协会和绵阳市城乡规划协会等地方行业协会（学会）共建了绵阳市城乡建设研究院、《绵阳市城乡规划》杂志、建造节和龙山城乡规划论坛等交流平台，利用平台与这些地方行业协会（学会）的 100 余家会员单位共建了专业实

---

① 陈胜花、龙玉忠：《产教融合机制建设实践与研究》，《现代职业教育》2017 年第 28 期。
② 中共中央办公厅、国务院办公厅印发《行业协会商会与行政机关脱钩总体方案》，http://www.gov.cn/zhengce/2015-07/08/content_2894118.htm?trs=1，中国政府网，2015 年 7 月 8 日。

践、创新创业及就业基地，与企业实现了平台共建、资源共享、产教一体、校企互动的良好合作模式，充分发挥了学院和企业在人才培养及社会经济建设中的主体作用，为高校人才培养、行业转型发展和社会经济建设提供了重要保障。

一　改革路径与成果

（一）以社会需求为导向，理清人才培养思路，明确目标定位，专业建设成效显著

为深入贯彻落实新时代党的教育方针政策，各专业负责人到中建科技、中冶建工、中铁集团和中国路桥等企业进行深入调研，了解行业对土建类专业人才的具体需求。理清人才培养思路，明确办学定位与指导思想，确定了以人才培养为中心，以学科建设为重点，以建设特色鲜明且在西部具有一定影响力的学科、专业及高水平一流学科方向为目标定位。经过多年建设，土木工程专业于2020年度获批国家级一流本科专业建设点；工程力学和建筑环境与能源应用工程专业获批2020年度四川省一流本科专业建设点；土木工程专业于2012年首次通过住建部专业教育评估（认证），并在2017年通过复评（6年合格有效期）；工程管理专业于2014年首次通过住建部专业教育评估，2019年通过复评（6年合格有效期）；建筑环境与能源应用工程专业于2015年通过住建部专业教育评估，2020年通过复评（6年合格有效期）；土木工程和城乡规划专业获批四川省本科人才培养基地；土木工程、工程力学、建筑环境与能源应用工程3个专业被评为四川省特色专业；土木工程和建筑环境与能源应用工程分别获批国家级和省级"卓越工程师教育培养计划"。由于教育教学改革成效显著，2015年学院获四川省教育工作先进集体称号。

（二）理论学习和工程实践相结合，建设一支结构合理、业务强、专兼结合的师资队伍，教师教育教学能力提升显著

土建学院长期坚持送培与外聘相结合，加大师资培养力度，强调教师的工程实践能力，努力建设"双师型"教师队伍（图1）。大力支持教师到国内外重点大学和科研院所进修学习，到国内外知名企业参加实践锻炼；长期从校外聘请地方行业协会（学会）知名专家和工程技术骨干到学院从事实践课程教学、指导毕业设计、担任结构设计大赛等实践教学活动。培养教师的工程实践和技术研发能力，解决了教师实践教学经验不足的问题，提高了教师的教育教学能力。近三年，承担国家教改项目2项，省级教改项目15项，校级教改项目50余项；建设省级课程5门，出版教材、教辅20余部，发表教改论文200余篇；获得校级教育教学成果奖6次。8人次在全国各级、各类本科高校青年教师教学竞赛中获

奖，4人次在"全国多媒体课件竞赛"中获奖。同时，近三年邀请了行业内知名专家到校交流 200 余人次；教师参与各类学术交流活动 500 余人次；举办国际、国内等大型学术交流研讨会 10 余次；教师指导学生参与多项国家级及省部级创新创业训练计划项目、大学生创业训练计划项目、大学生创新基金等科研项目，获得各类执业资格证书；企业委托各类纵横项目 300 余项；科研经费约 6000 万元；参编国家、地方标准和行业规程 20 余部，服务地方经济建设能力明显得到加强，显著提升了教师的社会实践能力和教育教学水平。

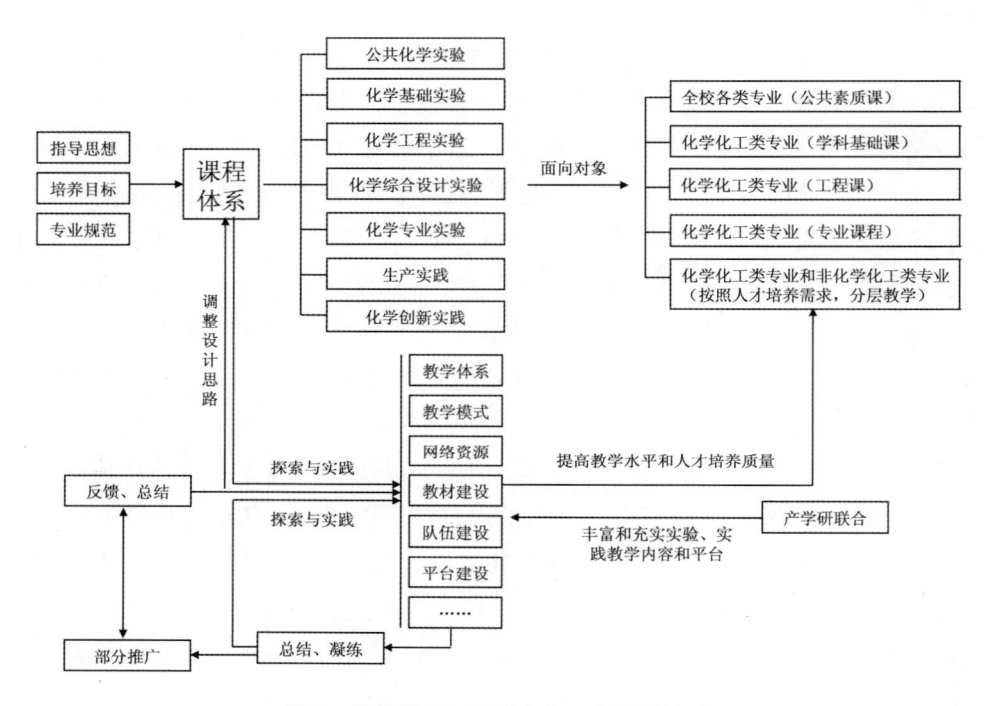

图1 教师执业证书及参与工程实践统计

（三）多渠道搭建学生实践实习、就业创业基地，丰富实践教学资源

充分利用行业协会（学会）的平台优势，及时将课程实习、认识实习、生产实习、毕业实习和毕业招聘等需求信息传递给企业，并根据学生在企业的实习和就业情况进行稳定性与示范性分析，打造层级递进式实践教育基地的建设格局，多渠道搭建学生实践实习、就业创业基地，解决实践教学资源不足的问题，丰富实践教学资源。土建学院先后与四川省土木建筑学会、绵阳市勘察设计协会、绵阳市城乡规划协会等地方行业协会（学会）实现平台共建、资源共享。利用这些行业协会（学会）的平台优势，一方面，与其会员单位中冶建工集团、中国五冶集团有限公司、中国建筑西南勘察设计研究院有限公司、四川振通公路工程检测咨询有限公司和绵阳市川交公路规划勘察设计有限公司等 100 余家单位联合共建共享工程设计、施工技术、项目管理、工程造价、空调系统设计、地源热泵系统设计等实习基地，多次获得行业协会（学会）的聘任和奖励。另一方面，与行业协会（学会）定期联合举办"龙山规划学术论坛""建造节""结构设计大赛""研究生学术论坛"等学术论坛和实践竞赛活动，获得地方行业协会资金和技术支持（图2）。

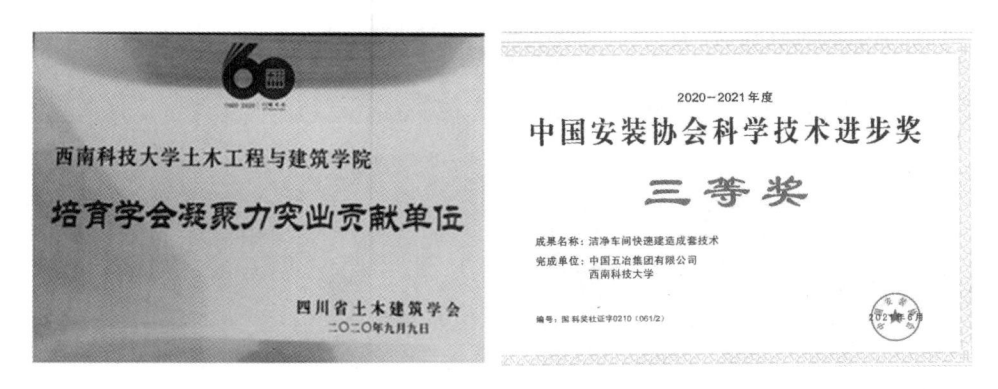

图2　实践教学获奖

（四）联合组办科技竞赛活动，坚持第二课堂对第一课堂的促进、科研对教学的促进，学生综合能力提升显著

坚持第一课堂和第二课堂相结合，开展丰富多彩的第二课堂实践活动，全面提高学生的实践能力及创新能力等综合素质。毕业率、授位率增长明显，毕业率从2015年的88.98%增长至2021年的95.30%，授位率从2015年的85.40%增长至2021年的92.20%。报考研究生人数及考取人数呈逐年上升趋势，2018年报考人数占总体毕业生人数的27.69%，2021年报考人数占总体毕业生人数的50.50%；升学率从2010年的4.85%提高到2021年的18.31%。学生英语四、六级通过率显著提高，从2010年到2021年英语六级通过人数从不足100人增长到200人左右；国家级优秀毕业生从无到有，11名学生获得中国土木学会优秀毕业生；60余名毕业生的毕业设计（论文）获四川省土木建筑学会高校"优秀毕业设计（论文）"；近三年学院本科生累计发表学术论文50余篇；每年参加各种科技活动的学生平均达4000余人次，全院学生实际受益面超过90%；近三年获得国家级、省级及校级大学生创新创业实践项目50余项，在2011—2021年参加的科技竞赛中，学院学子共获得311个奖项，其中国家级奖项199个，占总数的64%；省级奖项112个，占总数的36%；学生团体连续10年蝉联学校运动会冠军。同时，在对于毕业生工作满意度的调查中显示，我院92%的毕业生对自己的工作环境和工作感觉满意。学生毕业一年后，非离职率高达79.34%。用人单位对学院毕业生的评价大多为满意，满意度达到90.30%。

(a) 建造节 　　(b) 研究生论坛

(c) 结构大赛 　　(d) 龙山论坛

图3　依托行业协会（学会）举办的学生科技活动

二　社会辐射与应用效果

经过10多年的不断探索与发展，土建学院利用行业协会（学会）的纽带、桥梁作用，打通了企业参与高校人才培养的渠道，打通了高校有效服务行业发展和经济建设的渠道，探索出了一条高校与企业实施产教深度融合协同育人的有效途径，将人才培养中的高校、企业、学生三个主体有效地结合起来，对于加强人才培养协同，加强平台共建共享，加强科技协同创新，加强服务地方经济建设，全面持续提升人才培养质量，具有重要的理论和实践意义。学院共获得校级特等奖1项、一等奖2项、三等奖3项，发表教改论文11篇，"校企合作共赢提升土建类专业人才培养质量"入选中国高校产学研合作优秀案例集（2012—2014）。学院与四川省装配式建造产业协会、绵阳市勘察设计协会等共同推广应用了该成果，四川大学水利水电学院、兰州理工大学土木工程学院、重庆科技学院等高等院校已在土建类专业学生培养中应用了该成果，成效显著，获得了应用单位的肯定和好评，具有广泛推广应用的价值。先后由中国教育报、中国教育新闻网、教

育导报和绵阳晚报进行了专题报道。学院及教师先后获得各类行业协会优秀会员单位或先进个人 50 余次。学院毕业生基础知识扎实、动手能力强、能吃苦、肯干、具有较强的团结协作精神，深受用人单位好评。

经过多年的探索与实践，依托行业协会（学会）实施产教深度融合的人才培养模式契合了国家对一流人才的培养要求，同时满足行业转型升级发展需求与协会从政府依赖型转为市场服务型的需求，使企业能更有效地参与人才培养，高校能更有效地服务地方经济建设，全面推进校企协同育人，最终形成教育与产业统筹融合、良性互动的发展格局。

参考文献

吕海舟、鲁恒心：《产教深度融合的整合学习设计及实施》，《嘉兴学院学报》2017 年第 3 期。

张健：《产教深度融合的学理、内涵及其实施》，《河南科技学院学报》2017 年第 8 期。

陈胜花、龙玉忠：《产教融合机制建设实践与研究》，《现代职业教育》2017 年第 28 期。

中共中央办公厅、国务院办公厅印发《行业协会商会与行政机关脱钩总体方案》，http://www.gov.cn/zhengce/2015-07/08/content_ 2894118.htm? trs =1，中国政府网，2015 年 7 月 8 日。

国务院办公厅印发《关于深化产教融合的若干意见》，《人民日报》2017 年 12 月 20 日第 1 版。

模式创新初显成效，人才培养渐成特色

——西南科技大学创新实践班探索与实践

李永桥[*]　石宇强

成果简介：近年来，西南科技大学贯彻落实教育部"六卓越一拔尖"计划2.0、《西南科技大学一流本科教育2025行动计划》，紧密结合"四新"专业建设，以校内外国家级、省级、校级实验中心（室）和实践基地等实践教学资源为依托，组织举办创新实践班。创新实践班以实践性教学环节为重点，积极培养学生的自主创新能力，同时重视学生多样化和个性发展、重视团队协作和独立精神，培养方案、师资平台、培养模式、实践训练等各方面都具有创新性和前瞻性。通过不断完善管理机制和工作模式，创新实践班实施显著提升了本科人才培养质量，营造了协同育人、合力育人的氛围，资源投入和学生受益面逐步扩大，育人模式辐射效应凸显，形成了独具特色的创新人才培养育人品牌。

关键词：人才培养；创新；创业；实践班

一　应用背景

《国家中长期教育改革与发展规划纲要（2010—2020）》明确指出："要积极探索发现和培养创新人才的途径""推进培养模式多样化，满足不同潜质学生的发展需要"。

学校制定、落实《西南科技大学深化创新创业教育改革实施方案》（2015年10月），2017年学校入选首批省级深化创新创业教育改革示范高校，提出进一步加强建设任务。2020年《西南科技大学一流本科教育2025行动计划》提出，"推动拔尖创新人才培养改革试点""建设好拔尖创新人才培养实验班30个"。

---

[*] 李永桥（1977— ），西南科技大学教务处副研究员，主要研究方向为创新创业教育、先进制造技术。

西南科技大学作为省属地方本科院校，在现有资源条件下需要对创新人才培养模式的改革理念和机制等进行深入探索与实践。

二　改革思路

学校通过设立创新实践班，为学有余力的学生提供个性化培养以及自我提高的机会。学生在完成本专业学习内容的前提下，利用业余时间申请加入创新实践班进行学习。各创新实践班根据人才培养特点，以激发创新意识、训练创新思维、培养创新实践能力为目标制定培养计划。进入实践班开展以实践为主的相关课程学习，在"兴趣驱动、问题导向、注重过程、自主学习"的原则下开展教学，充分激发和发挥个性化创新潜能，力求在团队合作与人际互动中提高素质，在实践中增强能力。

三　主要内容

在充分调研国内知名高校尤其同类高校拔尖创新人才培养模式基础上，2007年，西南科技大学正式启动创新实践班实施计划，目的是使学生在认真学习专业知识基础上，开展创新创业实践活动，以"三创五能"（"三创"即创新意识、创新精神和创业责任，"五能"即团队协作能力、跨文化交往能力、研究性学习能力、创造性思维能力、集成创新能力）为核心，培养创新型拔尖人才。充分利用实践教学和科研平台资源，打通教学、科研相互渗透的育人途径，以兴趣驱动创新，坚持启发引导，激发学生内在探索潜能，引导学生由被动接受到自主学习。2007年6月，学校首届创新实践班"智能机器人创新实践班"正式招生开班（两年制、35人/班）。通过制定《西南科技大学大学生创新实践班管理办法》《西南科技大学大学生创新实践班经费测算及使用管理办法》等，进一步完善了创新实践班管理制度和工作机制。实施过程主要创新做法包含如下五方面。

1. 培养方案引领，重构知识体系。要求创新实践班必须具备明确的培养目标、完善的培养方案和教学大纲，能够开设出总学分在20学分（含）至25学分（含）之间的系列课程，其中实践类课程学分不低于总学分的60%。要求课程突出和专业课程交叉融合、理论与实践交叉融合、课内与课外相结合、知识与能力交叉融合。制定完善的班级管理细则，建立创新实践班学分积累与转换制度，激发学生参与活力，每个创新班每届学生人数不超过35人，附加若干名跟班成员，依据学生学业情况，实施中途晋升与淘汰机制。

2. 师资平台支撑，优良师资保障。每个班级必须有一支相对稳定的专兼职相结合的师资队伍，师生比不应低于1∶5，具有高级技术职称（或博士学位）

教师比例不低于50%。学校给予每个班级一定的经费支持，所属单位提供后勤保障以及经费等配套条件，以科研实践平台、实验中心（室）、实践基地等实践教学资源为依托。班级实验室面向本科生开放，支持学生早进实验室、早进课题、早进团队。目前学校固体废物处理与资源化教育部重点实验室、特殊环境机器人技术四川省重点实验室等充分利用科研团队、项目和平台设立了"资源循环利用""智能系统与智慧服务""先进机电技术"等创新实践班。专用的学习和创新实践场地，专门的校内指导教师和知名专家、杰出校友组成的师资队伍，加上研究生"一对一"指导本科生的研究和学习，为实践班本科生提供了优质的学习平台。

3. 项目激励推进，创新教学方式。实践班坚持以项目实践为核心，通过项目实践检验课程学习效果，保障学生创新创业能力养成。学生入驻并开展项目研究，由班级导师对项目进行"一对一"指导，对学生项目进行过程检查，通过项目情况评价相应课程知识的应用能力，以路演答辩或作品展示对各门课程进行考核，实现以能力考核代替知识考核，充分发挥双创教育育人作用。创新实践班在学校层面享受很多优厚条件，比如，在大学生创新创业训练计划项目、创新基金项目、学科竞赛、校际交流培养等方面都得到学校政策倾斜，保障拔尖人才培养质量。

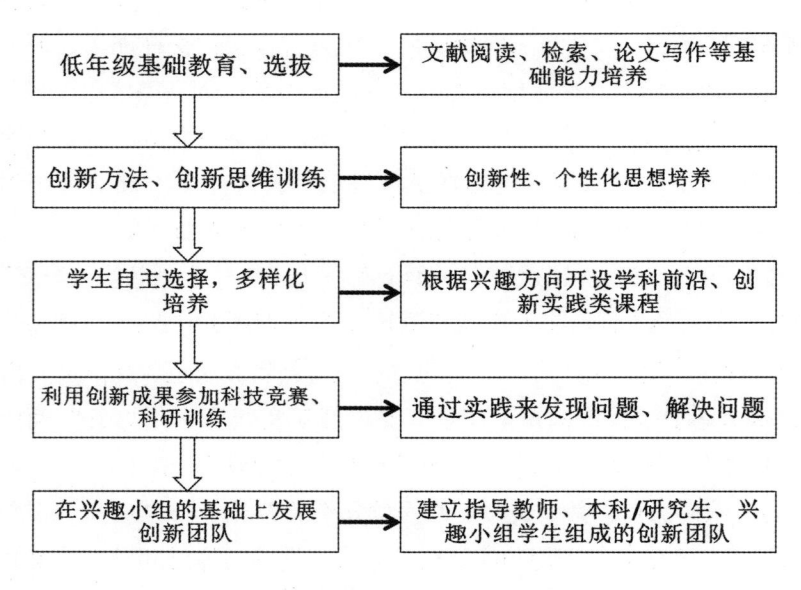

图 1 创新实践班基本教学模式

4. 兴趣驱动创新，实践训练提升。班级成员以兴趣小组、项目研究为学习团队，主要利用寒暑假和课余时间，针对学科竞赛、大学生创新创业训练计划等科研项目、创业实践、科学论文撰写等开展"CDIO的主动式项目驱动学习"。

"智能机器人""数学建模""光电设计""物联网应用技术"等实践班以中国"互联网+""挑战杯""电子设计""机械创新设计""数学建模"等赛事为重点,构建"课程—训练—竞赛"三位一体育人体系。围绕学生专业核心技能,打造"一个班级一个赛事"品牌,广泛开展专业技能竞赛,举办各类创新实践活动。通过竞赛活动实现"以赛促教、以赛促学、赛课合一",创新实践班不仅搭建了一个相互学习的平台,更提升了教师的整体教学科研水平。

5. 创新激励机制,坚持持续改进。学校按 4—10 万元/班的标准每年拨付专项经费保障创新实践班运转良好,投入总经费逐年增加;工作量计算方面,以不低于 1.2 倍于普通班授课工作量计,充分调动教师教学积极性,鼓励教师实行个性化教学、一对一课外辅导以及全程质量跟踪。每年举行创新实践班总结交流活动,深入交流经验、探讨共性问题,形成资源共享、优势互补共识,共同提升班级育人质量。从 2020 年起,学校对创新实践班实施动态管理和量化考核相结合机制,每年对正在运行的校级或院级创新实践班、拔尖创新人才培养试点班认定一次,根据运行状况及成效评定为"优秀""合格""不认定"三档,并对考核结果为优秀及合格的班级予以不等额度的经费支持。

四 成效与影响

(一) 教学单位和师生逐步扩大,育人模式辐射效应凸显

2021 年,已认定的校级创新实践班(含拔尖创新人才培养试点班)有 32 个,参与学生总数达 3000 余人,覆盖全校 16 个教学科研单位。实施范围和学生受益面逐步扩大,越来越多的教学资源、教师、优秀学生投入进来,育人模式辐射效应凸显。

表1　　　　　　　　创新实践班实施范围及学生覆盖情况

年度	实践班数	教学单位数	参与学生数	在校生数	学生覆盖率
2010 年	1	1	105	24450	4.3‰
2014 年	5	4	490	26908	18.2‰
2018 年	14	10	1100	30790	35.7‰
2021 年	32	16	3000	37000	81.1‰

(二) 人才培养质量显著提升,较全校整体情况优势明显

每个创新实践班已形成自身特色,在读研深造、学科竞赛、学术论文发表、就业质量提升、创新创业能力培养等方面取得了骄人的成绩。

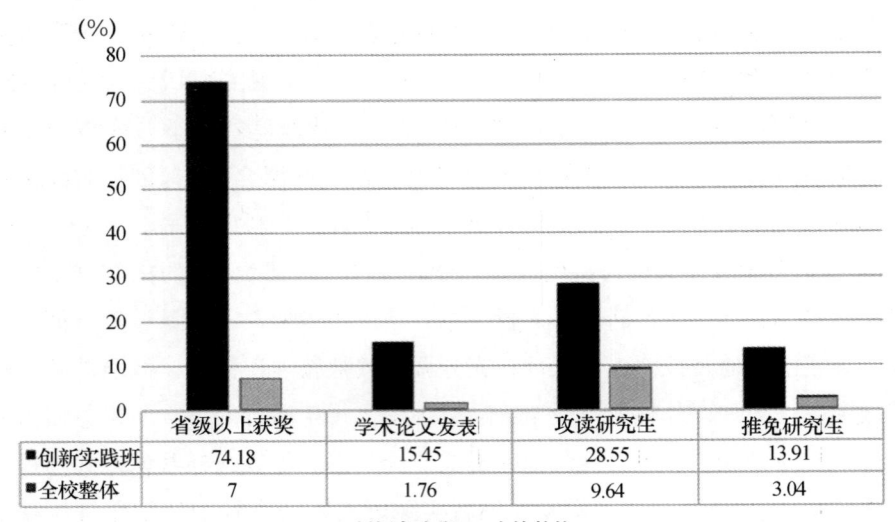

	省级以上获奖	学术论文发表	攻读研究生	推免研究生
创新实践班	74.18	15.45	28.55	13.91
全校整体	7	1.76	9.64	3.04

图 2 近三年创新实践班育人成效与全校整体情况对比

（三）受到社会广泛认可和媒体关注

2018 年 10 月 23 日，《教育导报》刊登"从'感兴趣'到'能落地'——一所省属高校的本科实践教学改革"。2018 年 11 月 2 日，《中国教育报》发表"依托实践教学资源，开设 13 个校级、22 个院级创新实践班——西南科大：发现和放大学生的创新潜质"。

五　总结与展望

学校将深入贯彻全国教育大会、全国高等学校本科教育工作会议精神，努力打造班级特色，推动内涵式发展。进一步创新思路，加大力度，构建良性发展长效机制，以充分发挥优秀创新实践班的示范、带动与引领作用，推动创新实践班总体水平再上新台阶，努力打造出人才培养模式的新引擎。

以实践育人体系建设为突破口的研究生创新创业能力培养模式研究与实践

林绍森* 宋丹路 高云志 李 强 黄珍富 陈 琳

成果简介：本成果以研究生实践育人体系建设为突破口，在研究生培养方案规定的专业学习和科研训练等环节之外，搭建了研究生SYB、创新创业指导等研究生理论加实践的课程教学平台；构建了以研究生"博学"论坛为抓手的研究生学术交流平台；打造以学校研究生创新基金为牵引、各学院创新创业项目为辅助的研究生创新创业训练平台；建立了国家高水平研究生专项竞赛和校内"一院一品"特色学科竞赛共同组成的点面结合的研究生科技竞赛平台；同时，不断完善研究生"三助"制度，发挥研究生"三助"的资助育人和实践育人功效，建设了完善的递进式"4+1"研究生实践育人体系。

关键词：实践育人；研究生；创新创业；研究

一　形成背景

近年来教育部、国家发展改革委、财政部等多部委陆续出台一揽子文件，制定了深入推进研究生教育综合改革、创新培养模式等一系列重大政策措施。

《国家中长期教育改革与发展规划纲要（2010—2020）》明确指出："要积极探索发现和培养创新人才的途径""推进培养模式多样化，满足不同潜质学生的发展需要"。2020年教育部颁布的《关于加快新时代研究生教育改革发展的意见》再次明确提出，要强化科教融合、产教融合育人机制建设，加强研究生知识创新和实践创新能力培养，提升未来职业发展能力，促进研究生德智体美劳全面发展。

西南科技大学作为四川省人民政府与国家国防科技工业局共建高校、教育部

---

* 林绍森（1977—　），西南科技大学党委研究生工作部，讲师，主要研究方向为高等教育管理。

确定的国家重点建设的西部 14 所高校之一，如何充分发挥学校共建与区域产学研联合办学的特色，进一步利用学校在校园氛围营造、研究生奖助体系建设及科技创新平台构建等已有的优势，建立适合学校的研究生创新能力培养路径和措施，还需要深入的研究和大胆的探索。

二　解决的教育教学问题

经过多年的真抓实干，研究生实践育人平台建设在推进研究生创新创业能力培养上实现了全过程、六个维度的突破，研究生能在理论中领悟、在交流中碰撞、在科研中探索、在训练中培育、在实践中提升、在竞争中创新。其有效地解决了如下几个问题：

（一）解决了校园创新创业氛围不够浓厚，研究生创新思维、创业意识不强的问题。

（二）解决了部分学科、导师科研项目缺乏，研究生科研训练和实践平台不足的问题。

（三）解决了研究生创新创业能力培养内容陈旧、方式单一，研究生创新能力和创业动力不足的问题。

三　采取的主要方法

（一）以研究生创新创业课程教学平台为基础，提升创新创业意识和能力

学校自 2014 年起，陆续开设了研究生职业生涯规划、SYB、创新创业指导等创新创业课程，经过多年不断调整和完善，逐步形成了以"商业模式""创业管理""创新思维"为主干的理论课程体系，并纳入研究生学分管理；此外，依托学校大学科技园"创业俱乐部"，在理论课程的基础上，开设研究生创业实训课程，构建了"理论＋实训"的研究生创新创业课程体系。学校充分利用董事单位和校友资源，选聘长虹集团、九州集团等企事业单位营销、管理部门负责人担任研究生创业实训课程兼职教师，打造"校内理论＋校外实践"的研究生创新创业师资队伍。

（二）以研究生学术交流平台为载体，营造良好的创新创业氛围

2014 年学校制定并修订完善《西南科技大学研究生学术论坛管理办法》，打造以优秀研究生代表为主讲人的"博学之声"论坛和以校内外知名专家学者、行业领军人物为主讲人的"博学讲坛"两大校级品牌学术交流平台；努力调动二级学院的积极性和主动性，举办具有学科特色的院级学术交流活动，如制造学

院的"研究生科技月活动"、经管学院的"大师讲坛"已经具备了较强品牌效应；同时，建立了以课题组、科研团队为单位的基层学术交流机制，引导和鼓励导师将交流互动融入日常科研工作中，在日常学术交流中给予研究生指导、帮助和激励，让研究生在交流中体验和感悟科研创新，培养创新思维。学校还设立专项资金，资助研究生赴国境外学习交流，开拓研究生的学术视野，帮助研究生了解最前沿的研究趋势、掌握新的研究方法。

（三）打造以研究生"创新基金"为牵引的创新创业训练平台，在科研训练中培养创新能力

1. 为加强研究生知识创新能力的培养，引导研究生选择创新性强、富有挑战性的基础学科或应用型课题进行研究，学校制定了《西南科技大学研究生创新基金管理办法》。研究生可以在完成学位论文的科研任务之外，自主选择、自愿申报科研项目，学校提供足额的资金支持研究生承担在某一学科领域中具有重要科学意义、实践价值或应用前景的项目研究。研究生可以接受从规划、申报、立项、研究、中期检查到结题的全过程科研训练，极大地调动了研究生的主动性和积极性，树立创新思维，激发创新意识，提高创新能力，满足了研究生个性化培养需求。

2. 学校和广东顺德工业研究院、摩米（宁波）创新工场等单位联合设立专项研究生创新基金，以解决企业急需的技术突破和产品攻关为目标，以提高研究生实践创新能力为导向，建立校企分担的经费保障机制，采取企业技术人员指导为主、校内导师配合的双导师指导模式，由研究生承担技术改造、工艺流程优化、产品研发等应用型研究项目。

（四）以研究生科技竞赛为动力，在竞争中激发创新创业热情

1. 自2015年起，每年通过学院申报、学校立项的方式，资助各学院开展丰富多彩的具有学科特色的研究生科技竞赛，极大地丰富了校园文化生活，培育了一批创新团队。

2. 学校积极引导和资助研究生参加教育部学位中心主办的"全国研究生创新实践"系列赛事和地方各级高水平创新大赛活动，培养研究生的责任感和团队意识，帮助研究生树立锐意创新的勇气、敢为人先的锐气、蓬勃向上的朝气，形成全面互动、层层递进的创新人才选拔机制，营造研究生敢于创新、善于创新、争相创新的良好局面。

（五）创新研究生"三助"管理制度，实现"双效"育人功效

1. 学校2011年建立了研究生"三助"制度，先后出台了《西南科技大学研究生"三助"岗位及津贴管理办法》《西南科技大学研究生助研经费使用与管理办法》。在提供基本生活保障、落实资助育人功效的前提下，创造性地设立项目制研究生"三助"岗位，拓展"三助"的实践育人功能，推动研究生创新能力培养。

2. 设立研究生本（专）科基础学科课程助教岗位，建立助教基本知识、教学技能等全教学过程培训制度，助教研究生广泛参与课程准备、课业指导、精品课程开发及教案、教材的编写等工作，增强研究生对相关专业知识和基础理论的系统掌握和理解，夯实科研创新的理论基础。

3. 依托学校或部门重要工作事项或重大工作计划设立研究生助管专项岗位，研究生组成项目小组在相关业务部门的指导下独立负责部分或分项工作，为研究生提供独立提出问题、分析问题和解决问题的全面能力训练。

4. 依托校内"双一流"建设重大项目、重点实验室和主力科研团队安排足量的研究生助研岗位，提供足够的科研训练任务，保障研究生提前介入科研训练、融入科研团队，接受前置的科研基本能力培养和训练。

四 成果的创新点

（一）递进式"4+1"实践育人体系创新

通过制定《研究生"三助"管理办法》《研究生学术论坛管理办法》等一系列规章制度，将研究生创新创业课程教学平台、学术交流平台、科研训练平台、科技竞赛平台和"三助"管理等措施制度化、长效化，实现研究生实践育人体系层层递进、逐步深入的培养功效；明确了研究生实践育人体系由学校学生工作委员会统筹规划，党委研究生工作部、研究生院具体落实，科技处、校团委、大学科技园等部门协同推进的管理架构，提供了有力的组织保障；设立了研究生创新基金、研究生科技竞赛及研究生学术论坛等多个专项经费项目，确保体系建设足额及时的经费投入。

（二）创新创业培养模式创新

充分发挥研究生实践育人体系在创新创业能力培养上的制度、组织、协同和互补优势。构建"理论+实践"的创新创业课程教学平台，培养研究生创新创业意识和思维，激发研究生投入进一步创新创业实践的激情；打造校院组三级研究生学术交流平台，设立境外访学专项，为研究生提供学术交流和自我展示的平台，营造良好的创新创业氛围；科研创新训练平台则为研究生自主、自发地开展创新创业探索提供了资金和条件保障；包含选拔、培育、资助和奖励等措施的完备的学科竞赛组织体系，极大地激励了研究生投入创新创业的激情，助推研究生创新创业能力提升。

（三）"三助"制度的双效育人手段创新

充分利用校内外资源，以项目制的方式，设立与研究生创新能力培养要素相关的实践性较强的研究生"三助"岗位，如和学工部共同设立"勤学堂小老师"助教岗位，和资实处共同设立"实验室安全督察员"助管岗位，在清华四川能源互联网研究院等单位设立校外助研岗位。在"三助"制度资助育人的基础上，创新拓展"三助"制度的实践育人功效。

五　成果实施成效

（一）校园创新氛围积极活跃

自 2014 年起，学校累计组织开展研究生"博学"论坛 64 期，有近 270 名在读优秀研究生代表和校内外知名专家学者、行业领军人物走上讲坛；累计开设研究生创新创业课程教学班次 117 个，有 3721 人接受了创新创业理论和实训教育。在研究生群体中形成创新光荣的情感认知，形成人人争相创新的良好氛围。研究生群体创新创业氛围的形成，促使研究生不断增强创新意识，及时跟踪学科前沿，提出新理论、新思想，不断提高学术水平，最终形成全校范围的创新创业氛围。

（二）研究生创新成果斐然

1. 自设立研究生创新基金以来，学校累计投入 350 余万元，资助研究生创新基金项目 1044 项，结题项目发表高水平学术论文 680 篇，制作实物（软件）55 台套，申请专利 149 项，培育科技创业项目 18 项。和企事业联合资助应用型创新基金项目 47 项，解决了企业急需的技术攻关、工艺流程优化、产品升级和研发难题。

2. 自 2015 年以来，累计投入 170 余万元，资助各学院开展研究生科技竞赛 105 项，其中"研究生国家公务员全真模拟考试大赛""研究生数学建模大赛"等校内比赛已经形成了较强品牌效应，参与人数和关注热度不断提升。组织研究生参加教育部学位与研究生教育发展中心举办的"全国研究生创新实践"系列专项赛事和"创青春"全国大学生创业大赛、"挑战杯"全国大学生课外学术科技作品竞赛、"互联网+"全国大学生创新创业大赛等重要赛事，获得全国一等奖（金奖）31 项、二等奖 97 项、三等奖 122 项，其他省部级奖项 470 余项。2016 年经济管理学院研究生获得"创青春"大学生创业大赛全国银奖、2018 年国防科技学院研究生获得"互联网+"大学生创新创业大赛全国二等奖、2020

年信息工程学院研究生获得研究生电子设计竞赛全国三等奖。

（三）研究生培养质量显著提升

近五年，在读研究生发表高水平学术论文 1600 余篇、评选优秀硕士学位论文 370 余篇，多篇论文入选全球 ESI 热点论文、高被引论文。研究生已经快速成长为学校教学科研工作的有生力量，为学校"双一流"建设提供了强大动力。研究生就业率稳定在 90% 以上，其中近 15% 进入科研院所和教育机构，学术型硕士读博率达 10.15%，多名研究生校友已成为博士生导师、专家教授。

西南科技大学高端技术技能人才培养的改革与实践

郑祥江[*] 张庆明[**] 龙晓英[***]

成果简介：作为四川省2014—2016年高等教育人才培养质量和教学改革立项项目，学校按照四川省教育厅决策部署，通过近10年的改革探索与实践，切实推进高端技术技能型人才培养改革试点。按照"整体设计、分段实施、三方联动、校企深度合作"的指导思想，采用"1+3"联合培养模式实施，实现校校之间、校企之间资源共享、优势互补，着力于体制机制改革。不断创新人才培养模式，提高教育教学质量，努力探索出了一条本科高校联合高职院校、行业龙头企业共同培养高端技术技能型人才的新路径，为有效推进高端技术技能型本科人才培养做了大量有益尝试并取得了良好成效。

关键词：高端技术技能人才；人才培养；改革

一 改革背景与目标

2010年颁布的《国家中长期教育改革和发展规划纲要（2010—2020年）》中明确指出："坚持能力为重。优化知识结构，丰富社会实践，强化能力培养。"2012年，《教育部等部门关于进一步加强高校实践育人工作的若干意见》也再次明确指出：积极调动整合社会各方面资源，形成实践育人合力，着力构建长效机制，努力推动高校实践育人工作取得新成效、开创新局面。四川省教育厅于2013年也启动了高端技术技能型本科人才培养改革试点，着力就高层次工程技术应用型本科人才培养探索出一条新的道路，西南科技大学作为改革试点院校之一，大

---

[*] 郑祥江（1978— ），西南科技大学生命科学与工程学院党委书记，教授，硕士生导师，主要研究方向为农业经济理论与政策、高等教育改革。

[**] 张庆明（1976—），西南科技大学教务处教务科科长，讲师，主要研究方向为高教管理。

[***] 龙晓英（1974—），西南科技大学教务处助理研究员，硕士，研究方向为古代文学、教学管理。

力推动校校、校企合作，促进改革试点持续健康稳定发展，取得了改革阶段性成效。

（一）总体目标

围绕产教融合与构建现代产业体系、推动产业优化升级等一系列经济发展方式，转变对高端技术技能人才的迫切需求，通过本科院校、高职院校与企业三方的紧密合作，探索适应本科层次高端技术技能人才培养的体制机制，为推广校企联合培养高端技术技能人才积累宝贵经验并发挥在本科人才培养模式改革方面的示范与辐射效应。主要内容包括：

1. 分工合作、协议约定。由西南科技大学、绵阳职业技术学院、四川交通职业技术学院、四川峨胜水泥集团股份有限公司、四川公路桥梁建设有限公司等高校、大型企业采用三方协议约定的方式，明确各自的权利与义务，共同开展高端技术技能人才培养的组织实施工作。

2. 整合教育资源，创造优良的人才培养条件。在图书资源、实验室平台、教学环境等方面建立资源共享机制，拓展学生学习空间，促进学生自主学习，为高端技术技能人才培养提供有利条件。

3. 加强师资队伍建设，注重教师培养培训。构建适应现代高端技术技能人才培养的师资建设体系，推动学校与企业共同开展教师培养培训工作，建立"双师型"教学团队，聘请产业教授，提高学生实践动手能力。

4. 探索三方合作培养模式。采用"1+3"模式进行培养，即第一年在西南科技大学完成基础课程的学习，第二、第三、第四年在绵阳职业技术学院和企业完成专业课程学习、职业技能训练、岗位技能实习和实训。结合高端技术技能人才培养的特点，探索在教学体系、教学内容、教学方法和实践环节等方面如何发挥三方的教育资源优势以提高人才培养质量。

5. 不断健全和完善高端技术技能人才培养质量保障体系。建立用人单位、学校、学生共同参与的质量保障与评价机制，形成社会和企业对高端技术技能人才培养全过程的质量监督和管理。

（二）阶段目标

第一阶段：试点探索阶段

签订三方合作协议，明确各自的分工与职责。完成招生计划的上报，制定招生简章，做好招生宣传。三方共同研究制定合作培养方案。完成新生录取工作，做好第一年在西南科技大学基础课程的培养工作。

第二阶段：深入推进阶段

整合教育资源、创造优良的人才培养条件。制定合作三方图书资料、实验室共享制度，优化教学环境。总结第一年培养工作中的经验与不足，对人才培养方案、培养模式、课程设置等各个培养环节出现的问题及时进行调整和完善。

第三阶段：完善优化阶段

探索三方合作培养模式。采用"1+3"模式进行培养，第二、第三、第四学年在绵阳职业技术学院和企业完成专业课程学习、职业技能训练、岗位技能实习和实训。

第四阶段：总结凝练阶段

对高端技术技能人才培养工作进行全面总结。针对高端技术技能人才培养模式的创新机制、师资队伍建设、课程体系构建、各个培养环节的培养要求和教学标准的确定、教材的开发、教学内容的整合与教学方法的改革，以及质量评价体系的建立等形成规范性文件。

二 改革方案设计

为切实推进高端技术技能型人才培养改革试点工作，深入探索并逐步构建高端技术技能型人才体系，提升人才知识能力和培养质量，更好地服务于地方产业结构调整和经济发展方式转变，经充分协商，西南科技大学分别与绵阳职业技术学院联合四川峨胜水泥集团股份有限公司、与四川交通职业技术学院联合四川公路桥梁建设有限公司等，合作开展高端技术技能型人才培养改革试点，试点专业分别为材料科学与工程、机械设计制造及自动化、土木工程。

人才培养工作按照"整体设计、分段实施、三方联动、校企深度合作"的指导思想，采用"1+3"联合培养模式实施，校校之间、校企之间资源共享、优势互补，着力于体制机制改革，不断创新人才培养模式，提高教育教学质量，努力探索一条高端技术技能型人才培养的新路径。

（一）由西南科技大学+绵阳职业技术学院+四川峨胜水泥集团股份有限公司、西南科技大学+四川交通职业技术学院+四川公路桥梁建设有限公司分别签署高端技术技能人才培养三方协议

建立三方合作机制，构建人才培养模式实现路径（如图1所示），明确各自的权利与义务，共同开展高端技术技能人才培养的组织实施工作。

（二）整合教育资源，创造优良的人才培养条件

在图书资源、实验室平台、教学环境等方面建立资源共享机制，拓展学生学习空间，促进学生自主学习，为高端技术技能人才培养提供有利条件。签订相关教育资源共享协议。

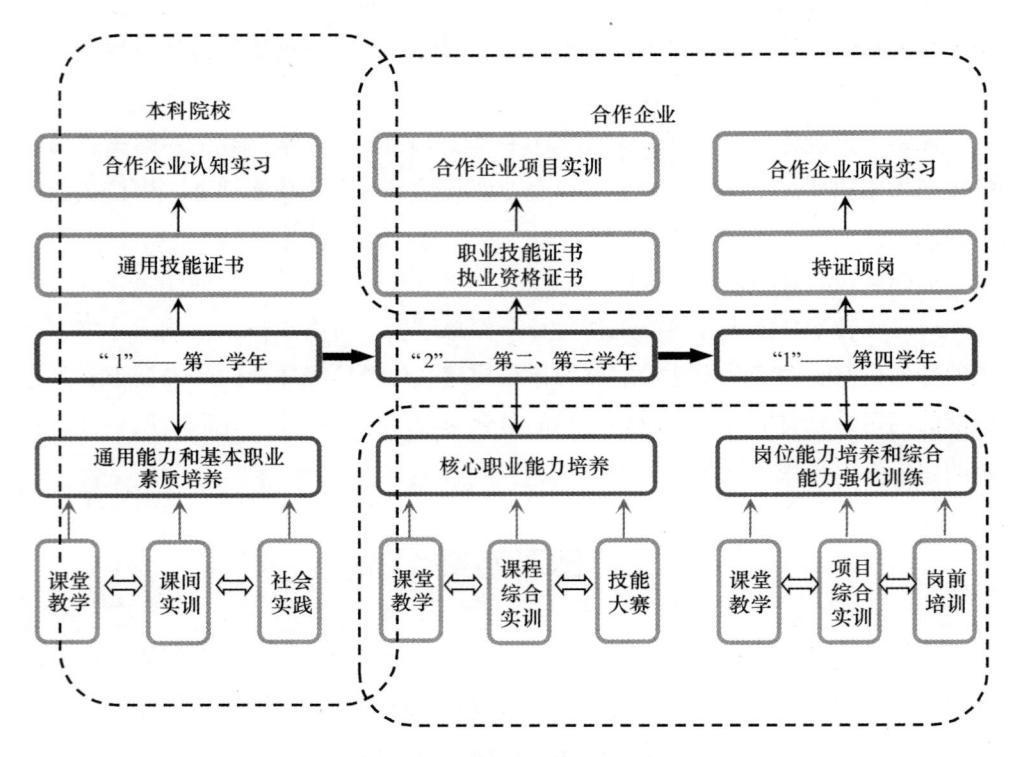

图1 人才培养模式实现路径

（三）加强师资队伍建设，注重教师培养培训

围绕构建现代高端技术技能人才的目标，学校通过实施人才强校战略，实现人才互聘互动，从合作单位聘请副高以上技术职称教师承担教学工作和指导高端技术技能人才的培养工作；同时，学校选派一定数量骨干教师到合作单位的生产一线和合作学校的重点实验室等进行锻炼深造，逐步打造一支结构合理、素质优良、业务精湛、具有技术和工程前沿视野的教师队伍。推动学校与企业共同开展教师培养培训工作，建立"双师型"教学团队，为教师发展提供空间，激发教师工作热情。

（四）建立高端技术技能人才三方合作培养模式

一是创新校企合作实现形式。采用"1+3"模式进行培养，即第一年在西南科技大学完成基础课程的学习，第二、第三、第四年在高职院校和企业完成专业课程学习、职业技能训练、岗位技能实习和实训。通过校企共建实习、实训基地，共同培养教师，共同开发教材，共建产品技术研发中心等，实行委托培养、订单培养。

二是完善顶岗实习相关制度。采取工学交替、分段培养等方式，科学安排学生的实训和顶岗实习，探索学校和企业实行招工与招生一体化，推动现代学徒制的实施。

三是创新教学方式。改革以学校和课堂为中心的教学方式，突出人才培养的针对性、灵活性和开放性，重视实践教学、项目教学和团队学习，积极探索学校与企业一起培养高端技术技能型人才的机制，形成校企合作育人模式，努力实现学校高端技术技能培养与企业实际需求的零距离对接，在"真任务、真环境、真过程"的情境中完成人才培养工作。

（五）不断健全和完善高端技术技能人才培养质量保障体系

建立用人单位、学校、学生共同参与的学校内部质量保障与评价机制，形成社会和企业对高端技术技能人才培养的课程体系与教学内容的评价制度、实践教学评估制度、领导和教师听课制度、同行评议制度、学生定期反馈制度及教学督导制度等，加强对人才培养全过程的监督和管理，逐步建立保证教学质量不断提高的长效机制。

三　实施情况

按照改革目标和任务，学校与绵阳职业技术学院、四川交通职业技术学院共同开展联合培养"高端技术技能型本科"人才项目改革，采取"1＋3"分段联合培养模式，有效推动了高端技术技能型人才培养改革的深入开展，改革项目重点举措包括以下几个方面。

（一）工作机制进一步完善

依托三方联合成立的"高端技术技能型本科人才培养试点工作领导小组"和各自分别成立的内部领导机构，"领导小组"统筹、三方职能部门分别对接，采取定期会议、专题研讨、即时互动等方式协调处理合作过程中的各项事宜，保证日常各项工作高效、有序展开。我校与联合培养院校高度重视，进行了12次研讨和协调；校企有关职能部门的研讨、协调活动共计40余次；召开学生座谈会8次，还安排学生专业导论讲座，前往联合培养院校进行参观。

目前，校校和校企间就人才培养模式的完善、课程体系构建、教学内容设计、教材开发、师资队伍建设、学生管理等分别进行了多次研讨和协调；校校职能部门就新生入学教育、军训、奖助学金发放、评优选优、公共基础课教学衔接和课程重修等进行了研讨、协调活动共计50余次。

（二）科学制定培养方案，课程建设成果初显

校企三方从制定科学的培养方案入手，考察调研了多所高校和企事业单位，就人才培养方案等分别进行了 7 次研讨和协调，形成了《高端技术技能型人才培养方案》《重新学习及补考运行方案》《教学工作量及劳务费发放标准》等多个实施细则。

三方合作不断完善人才培养方案，切合高端技术技能型本科人才培养的课程体系构建成型，三方参与教材开发和审定，机械制造及自动化专业教材《CREO2.0 项目化教程》《公差配合与技术测量》已经出版；材料科学与工程专业教材《水泥及混凝土生产辅助设备》《水泥及混凝土生产组织与管理》《建材行业节能减排》《混凝土生产技术》完成初稿，正在审定，将于近期出版。机械制造及自动化专业教材《公差配合与技术测量》、材料科学与工程专业教材《水泥生产技术》已在两个专业试用，效果良好。2014 年，绵阳职业技术学院立项建设"高端技术技能型本科理实一体化课程《精密制造和特种加工技术（含快速原型）》的开发及应用""高端技术技能型本科《大学生职业发展与就业指导》课程建设与改革"等 8 个课程建设项目，有效推动了课程改革建设。

（三）招生工作井然有序

根据合作三方共同签订的《合作办学协议书》，西南科技大学（甲方）负责招生计划的上报，审定招生简章，做好招生宣传（包括网站宣传）及录取工作；绵阳职业技术学院（乙方）负责拟定招生简章，积极开展招生宣传，协助甲方做好招生录取工作。两校职责明确，配合协调，积极开展工作，顺利完成招生任务。截至 2017 年 9 月，我校已在材料科学与工程、机械设计制造及自动化、土木工程三个一本专业招收技能班 3 届，共招收学生 540 人，学生当年高考平均分数均超出二本省控线 10 分左右，最低分数均高于二本录取省控线，且最高录取分数均接近一本，生源质量较好。

（四）不断研究解决改革试点中遇到的新问题

改革中新情况新问题不断出现，通过校校间、校企间有效互动沟通协调，在培养过程中出现的各类问题解决过程中制定了很多有针对性的措施和办法，不断完善改革试点培养机制，不断丰富改革成果内容。比如：学校除加强思想引导和帮助外，还特别在学生第一年离校前夕召集高职院校召开"学生离校衔接工作专题会议"，形成《高端技术技能型人才班学生交接工作安排》和《交接工作专题纪要》，讨论课程重新学习和补考、日常行为和学业履历、党团关系、各类证卡、住宿医保等学生密切关心的诸多问题，确保学生平稳顺利离校。

由于学生毕业时领取到的是本科院校毕业证、学位证，为了确保重新学习课程教学一贯性，学校专门制定了《高端技能班重新学习及补考运行方案》，对从重新学习课程开设方式、补考安排到教师工作量核算等具体细节作出规定。高端技能班第一学年重点强化基础知识，学校遴选有责任心、业务精良的骨干教师参与教学，同时邀请联合培养高职院校教师开展教学观摩、经验交流会等活动，后续第二学年重新学习的某些核心课程直接外派教师授课，确保课程教学质量。

总之，通过该项目的稳步积极实施，已在三个年级420余名高端技术技能型本科人才培养中取得了实质性进展，达到了改革项目所制定的研究目标和任务，人才培养取得良好效果（图2）。

新浪四川 > 新浪四川 > 教育 > 职教 > 正文

绵阳职业技术学院与本科高校和企业联合培养高端技术技能本科人才成绩斐然

2017-04-20 16:13 新浪四川 评论（0人参与）

研招考场战绩骄人

近日，2017年全国硕士研究生招生考试工作尘埃落定，绵阳职业技术学院2013级高端技术技能型本科班全部93名同学中，8名同学以优异成绩被西南大学、西南科技大学录取，3名同学被保送西南交通大学读研。其中，黄勇同学以389分的好成绩荣膺所报专业第一名，罗凯、周睿同学也分别考取所报专业的前三名。

图2　人才培养取得良好效果

四　结束

通过近十年的改革探索，学校与绵阳职业技术学院、四川交通职业技术学院两所职业院校以及四川峨胜集团和四川路桥集团两家企业共同开展联合培养"高端技术技能型本科"人才改革，采取"1+3"分段联合培养模式，有效推动了高端技术技能型人才培养改革的深入开展。协同育人工作机制进一步完善，校校和校企间就招生工作、人才培养方案设计、课程体系构建、教学内容设计、教材开发、师资队伍建设、学生管理等分别进行了深入有效地探索，不断研究解决改革试点中遇到的新问题，切实推动了人才培养质量的提升，是我校人才培养改革富有成效的探索与尝试。

"案例链接，校企联动"新经管类人才培养模式探索与实践

宋加山* 何 波** 陈丽娜***

成果简介：在新经管人才培养背景下，西南科技大学经济管理学院以培养新经管复合型人才为核心，立足国情省情，深耕学校办学亮点和案例特色，通过构建86篇原创经管案例的线上线下教学案例平台，构建"引发好奇—启发思维—激发潜能"融通—进阶引领的"案例链接，校企联动"新经管类人才培养模式，推进科教结合、产学融合、校企合作的人才培养机制改革，形成校内与校外、课内与课外、线上与线下的双融；通过多维互动，形成五方协同共建实践基地、共铸专业、共建课程、共筑师资库、共同实施、共享成果的人才培养模式，最终提高经管人才培养质量。"案例链接，校企联动"新经管类人才培养模式有一定的理论创新，实践效果显著，值得推广。

关键词：新经管；案例链接；校企联动；人才培养模式

随着新一轮科技革命和产业变革的到来，社会中不仅需要大批新型工程科技人才，也需要大批新型哲学社会科学人才。"新经管"战略的提出，不仅是适应高等教育改革发展新形势以及经济社会发展新要求的需要，也是高校在新时代通过内涵建设实现跨越式发展甚至是弯道超车的重要战略。但是，我国高等教育还存在着重理论知识，轻生产实践，不同程度地脱离社会和经济发展的需要等现象，从而极大地影响了新经管类人才的培养。因此，如何通过教学模式改革，调动教师、学生、企业的积极性，在学校现有条件基础上，培养高素质的新经管人才就成为亟待解决的问题。

---

* 宋加山（1979— ），西南科技大学经济管理学院院长、教授、硕士生导师，主要研究方向为金融。
** 何波（1978— ），西南科技大学经济管理学院教授、硕士生导师，主要研究方向为工商管理。
*** 陈丽娜（1977— ），西南科技大学经济管理学院副教授、硕士生导师，主要研究方向为产业经济、金融。

西南科技大学经济管理学院立足"西部大开发"的丰富实践成果，以工商管理一流专业和经济学一流专业建设为契机，紧密围绕"新经管"建设发展要求，校企协同，以案例开发为抓手，研究中国经济管理问题，讲好中国的经济管理故事，大力推进教学改革与创新，构建"案例链接，校企联动"的新经管育人机制，提升经管类人才应用能力，实现了理论与实践、学习与工作、教师与学生、学校与企业之间的互联互通、互促互进，充分调动了学生、教师、企业的积极性，实现了多方共赢，体现了新经管人才培养的特色和优势。

一 新经管人才培养模式存在的问题

（一）经济管理理论脱离实践

一方面，在传统教学中，经管类专业课程多是课堂理论教学，教师绝大部分是从学校到学校，本身缺乏企事业管理的实践经历，他（她）教给学生的也只能是书本上的理论知识，教学内容与实际容易脱节，对经济管理原理的解释缺乏针对性的案例或有案例而解释不到位，结果常常是纸上谈兵，理论和实践相脱节，学生只能被动地吸收和体会，这样的教学模式和内容激发不了学生创造创新的能力。另一方面，经管类专业与时事政治和经济政策脱钩，课堂内容与经济发展形势相脱节，中国特色社会主义建设的最新理论成果和实践经验引入课堂、写入教材不够，不能很好地反映时代特征，课堂知识也不能与时俱进。

（二）经济管理理论易懂难用

目前经管类专业的人才培养目标大多遵循传统的思路，紧紧围绕特定专业来确定教育理念、人才培养模式、课程开设、专业结构等，过分尊重专业而忽视了跨专业的必要性，传统经管专业与新一轮科技革命和产业变革等新需求不紧密，导致学生知识结构单一、思维方式固化，所学的知识和社会实践相分离，学生多学科创新思维和实践能力偏弱，课堂知识在社会实践方面显得苍白无力，自己的动手能力又不足，无法满足市场对人才的要求，在一定程度上面临就业难的问题。

（三）高校与企业"双协同"育人落地难

高校与企业"双协同"育人要经历三个层面，从合作、相融到融合，是一个双向互动的动态过程。目前我国经管教育的"双协同"育人还处在合作的第一个层面上，停留在形式化和浅层化的层面，"校热企冷"是一直以来困扰经管教育发展的瓶颈。由于产教研部门条块分割，资源共享不畅，缺乏系统性的融合机制，经管类产教融合存在一系列实践困境：人财物落实不到位、产业需求不明确、产学研协同契合度不足……企业难以从中受益，参与度不高，产教融合难以落到实处。校企协同、实践育人的人才培养模式尚未根本形成，校企合作呈现"学校热、企业冷"特点，处于浅层次、自发式、松散型、低水平状态。如何调动企业的积极性，让其深入地参与到高校经管人才的培养中来，使校企合作质变为产教融合，成为当前经管类人才培养机构面临的共同困惑。

二　案例链接，校企联动的新经管人才培养模式构建

（一）主要思路

西南科技大学经济管理学院面向新文科教育，聚焦新经管人才培养目标，基于经管学院办学亮点和案例特色，构建"引发好奇—启发思维—激发潜能"融通—进阶引领的"案例链接，校企联动"新经管类人才培养模式。通过案例资源共享平台的构建，形成校内与校外、课内与课外、线上与线下的双融；理论与实践、教学与科研、第一课堂和第二课堂的耦合；教师与学生、企业与学校、研究生与本科生、企业家与学生的多维互动；学校、学院、实践基地、教师和学生五方协同；以及共建实践基地、共铸专业、共建课程、共筑师资库、共同实施、共享成果六个共同的人才培养模式。通过案例开发建设教学资源、案例大赛检验教学效果、案例教学建设课程体系等途径，实现知识、能力和素质三方面复合型新经管人才培养机制的新探索。具体模式如图1所示。

（二）具体措施

1. 机制建设

（1）以案为媒。深入调研并和校企共同探讨新经管人才的战略需求，让案例开发成为校企沟通的桥梁和媒介，构建人才培养与人才需求紧密联系的"校、院、团队"三级与政府、企业、高校之间的深度融合格局。

（2）以案明理。聚焦我国经济社会发展的重大理论和现实问题，深挖新时代理论研究与政策研究富矿，让教学案例成为形成中国特色理论体系的重要抓手，着力讲清中国奇迹背后的道理、学理、哲理。在此基础上，校企共同修订人才培养方案，更新教学内容，与案例企业共办各类创新实验班，探索构建多元化人才培养机制。

（3）以案促建。其一，构建"具有国际视野，紧跟学科前沿，熟悉企业实践"专兼结合的师资队伍，构建"走出去请进来"的培训模式，形成培养能写案例、教案例和案例实践的教师能力提升机制；其二，在案例企业聘请高水平专家（院士）兼职教授、产业教授和特聘教授，担任主干课程主讲任务、研究生导师、学科带头人，形成协同育人机制；其三，实现教师的科教联动，打通案例

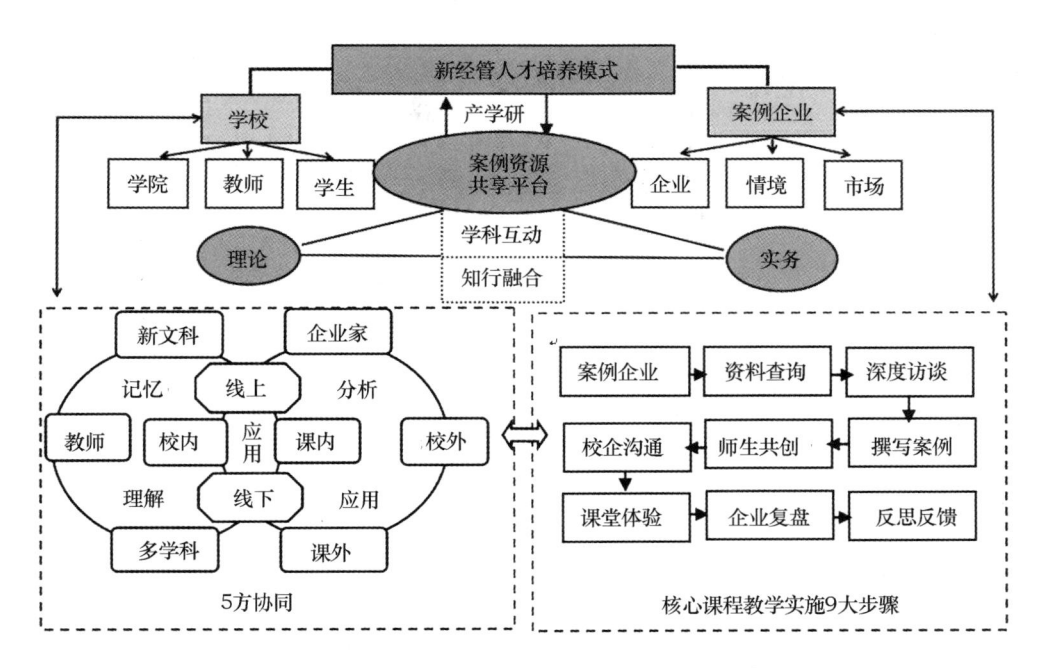

图1　案例链接，校企融合的新经管人才培养模式

教学，案例开发与案例研究之间的关键环节、案例研究以中国实践为研究起点，搭建在课堂上讲好案例，在课堂外开发案例，在期刊发表高水平案例研究论文的联动机制。

2. 资源及体系建设

（1）以案铸魂。加强践行习近平新时代中国特色社会主义思想的经典案例建设，构建线上线下联动的案例资源共享平台，生产更多高质量的、具有培根铸魂作用的教育教学资源，服务立德树人。具体而言，深挖西部实践富矿、讲好西部故事，依托现有工商管理案例库，立足西部实践，为经管类专业所有核心课程开发多个原创案例，写入教材引入课堂，校企共同搭建中国特色社会主义实践创新成果的宣传阵地。

（2）以案为用。把案例资源用起来，构建案例教学的课程资源体系及配套体系：其一，基于案例资源共享平台，形成完整的"理论知识+案例实务"的案例教学实施体系；其二，继续加强在案例企业成立的校外实践基地建设，启动建设全日制硕士专业学位研究生实践基地；其三，加强案例成果孵化与转化，促进科研成果向案例转化，案例向教材、虚拟仿真实验教学项目转化。

3. 实施路径完善

（1）以案为线。在核心课程形成可复制、可推广的案例教学模块设计的动态迭代，每门课程在教学模块和教学方法的设计上，以始为终，个人读案例，小组谈案例，课堂学案例，企业家走进空中课堂讲案例，以空间换时间，线上与线下、课内与课外优质教学资源共享实现经管理论与实践融会贯通，如图2所示。

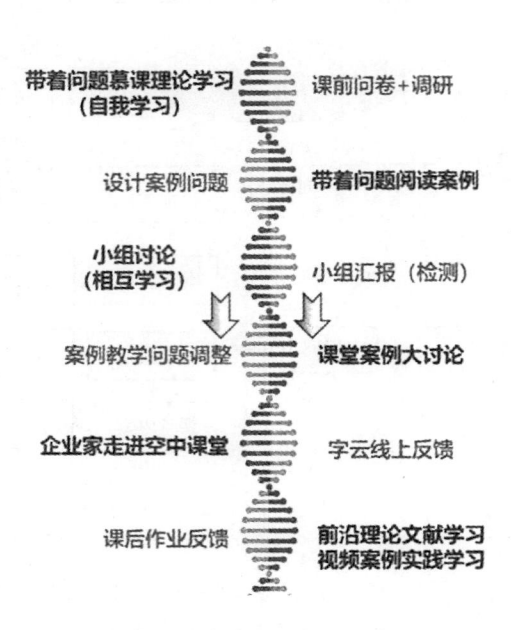

图2 案例教学模块设计的动态迭代

（2）以案为缘。通过九大步骤、五方协同实现案例与人才培养的联动：通过实践实习基地联系案例企业—广泛线上查询资料学习企业实践—师生共同深度访谈企业—师生研讨案例—师生携手撰写原创案例—校企沟通案例—课堂案例教学—企业家复盘案例实践—企业游学9个步骤，实现案例和人才培养的联动。

（三）创新举措

1. 通过"需求牵引、案例链接"，多学科联动形成协同育人的新模式

坚持"资源共享，人尽其才，物尽其用，共同发展"的开放办学理念，立足西部大开发的最优实践，落实、推进学校"委省（省部）共建与区域产学研联合办学"体制改革，从顶层设计上搭建政府、案例企业、高校之间的互动平台，构建协同育人的长效机制，实现案例企业、高校组织、高校教师、学生之间的人才培养联动机制。

2. 通过"问题导向，共生共赢"，搭建案例生态系统提高学生专业实践能力

扎根西部企业，研究西部问题，讲好西部故事，以案例资源开发为基础，以案例教学模式创新为手段，开发原创案例，建设经管类课程均可使用的"案例资源共享平台"，持续推动教育教学内容更新，夯实新经管育人主战场主渠道主阵地；讲好中国故事，推动双师型师资的形成；学生参与案例团队，深入企业进行

案例调研，实现以案促学目标；推广案例教学，激发学生学习兴趣。具体如图 3 所示。

图 3　案例生态系统

3. 通过"统筹资源、联合培养"，探索培养新模式提升新经管人才培养质量

通过实习基地共建、协同创新、文化共融等途径，促进文科课堂教学质量提升和经管人才培养质量的显著提升。根据"学校统筹、问题引导、学科交叉"的原则，以合理、系统、协同作为价值导向，优化培养方案，探索基于"真实情境"的新经管"课堂案例教学"的实施路径和方法，从传统的主题型教学转变到探索型教学模式，实现"一家企业，系列案例，多元并存，交叉融合"的能力培养路径。

三　案例链接，校企联动的新经管人才培养模式成效

（一）案例资源共享平台成效显著

截至 2021 年 10 月份，西南科技大学经济管理学院已构建 86 篇原创经管案例的线上线下教学案例平台，多项案例成果西部排名领先、全国排名前茅。案例成果中 1 篇案例入库哈佛案例库，1 项视频案例入库教育部学位与研究生教育发展中心案例库（云贵川地区唯一一项）；"全国百篇优秀管理案例"获奖总数量 19 篇，排名四川省第一；连续三次获得"全国百篇优秀管理案例最佳组织奖"；全国金融硕士教学案例大赛获奖案例 5 篇，获奖数量四川省第一；获清华大学卓越开发者案例大奖赛"二等奖"2 篇（西部唯一获奖高校），"三等奖"6 篇。

自 2011 年至今，经管学院共立项案例项目 125 项，86 篇案例通过全国各类案例库评审标准，形成线上线下共享经管类案例共享平台，覆盖经管类大部分课

程，已形成稳定的核心课程案例开放师资队伍。

（二）相关教改项目和教学成果丰富

近年来，学院立项国家级教改项目 1 项，教育部产学合作育人项目 9 项，省级教改项目 9 项。2017—2019 年，学校承担的两项视频案例、一项优秀案例教学成果均获得教育部学位与研究生教育发展中心项目资助，2019 年我校是该资助项目中全国唯一一所同时获得两个项目立项的学校。同时，四川省一流课程 2 门和四川省应用型示范课程 3 门均采用案例教学法；27 个校级大学生校外实践教育基地、7 个校级研究生校外实践教育基地和 7 个校级研究生校外实践教育基地均成为案例开发和案例教学的重要资源基础。《人力资源管理课程》的案例课程实践在首届西南科技大学教学创新大赛中获副高组第一名。

《五位一体化的高校案例教学模式》荣获"西南科技大学第五届优秀教学成果奖二等奖"，《面向经管类应用型人才培养的案例生态体系构建》荣获"西南科技大学第六届优秀教学成果奖二等奖"，《时空融合，知行耦合：案例资源建设与经管类人才培养共生式发展实践》荣获"西南科技大学第七届优秀教学成果奖二等奖"。

（三）以案例教学和案例开发为基础的人才培养模式在校内外分享与推广

跨学科融合互助。由经管学院案例教师担任指导者，与校内材料学院、土建学院、制造学院、计算机学院等多个学院老师形成 10 个案例立项项目，构建"一帮一"的案例开发辅导机制，在校内实现学科交叉的教育教学新模式。

跨地域融合共创。国内外合作、跨学校合作实现多项突破：2018—2020 年，经管学院持续与新加坡管理大学、复旦大学、中国人民大学、北京航空航天大学进行跨学校案例合作，共同开发原创案例成果成绩显著。以案例教学和案例开放为手段的人才培养模式在中欧商学院、中山大学、华东理工大学、西南财经大学、四川大学等 30 所高校分享。

跨业态融合共享。邀请案例中的企业家进入课堂，构建企业和学校的协同育人机制，2020 年 3—5 月"企业家走进案例空中课堂"的人才培养模式受益面广、反馈强烈，学生认为"这是最有温度的一门线上课程，'企业家走进空中课堂'犹如暖阳一般"。

"案例链接，校企联动"新经管类人才培养模式的探索与实践，具有一定的理论和实践创新，取得了较好的效果。"案例链接，校企联动"新经管类人才培养模式在新文科背景下，从教育理念、案例创建、校企协同等多方面综合思考新经管人才培养问题，直面经管类专业教学"痛点"，抓住了问题的关键，为新经管人才培养提供了坚实保障，不仅激发了学生学习兴趣，而且有效提高了学生的综合能力，有利于促进经管人才培养目标的达成，具有一定的学术研究价值和较强的应用推广价值。

参考文献

张肃：《校企合作人才培养模式探索与实践——以长春理工大学经管类专业为例》，《长春理工大学学报》（社会科学版）2021年第3期。

肖小勇、孙登攀：《产教融合背景下"应用型人才培养1234模式"的探索与实践——以湖南文理学院经管类专业为例》，《高等继续教育学报》2019年第1期。

郑军、张璐：《"新经管"战略的创新融合与路径探索——安徽财经大学创新人才培养的案例研究》，《成都中医药大学学报》（教育科学版）2020年第4期。

赵敏：《"教—编—赛"互驱案例教学模式的构建与实践——以安徽开放大学为例》，《河北工程大学学报》（社会科学版）2021年第4期。

戴年红：《基于创新能力培养的公共管理学科案例教学改革研究》，《当代教育理论与实践》2022年第1期。

许辉群等：《科教融合提升地方工科院校的特色办学途径及意义——基于校本案例教学》，《高教学刊》2021年第5期。

三案融合，四方联动

——工商管理硕士教学模式改革与实践

何 波[*]

成果简介：自 2009 年工商管理硕士专业学位点设立以来，我校积极探索非中心城市地方高校教学模式改革，紧密对接"西部大开发"的重大战略需求，聚焦我国经济社会发展的重大理论和现实问题，关注管理情境下的决策和管理过程，推进案例教学、案例开发和案例研究"三案"融合，企—校—师—生"四方联动"的工商管理硕士教学模式改革，培养了一大批面向现代企业的"懂实践、知理论"高素质、复合型工商管理人才。

成果聚焦研究中国问题、讲好中国故事、提出中国方案、贡献中国智慧，构建工商管理学位课程的"案例资源共享平台"，校企共同搭建中国特色社会主义实践创新成果的宣传阵地，持续推动研究生教育教学内容深度和广度建设，扩展教学资源不断更新，夯实育人主战场，这是本成果之"魂"。

成果通过近 10 年探索与实践，构建了基于中国企业"真实情境"的"线上线下案例教学"的教学模式和教学方法，形成"一企多案，一案一链"课堂案例教学法示范，从案例这个小切口入手，解决研究生学习兴趣激发之术这个大问题，推动广大师生扎根中国实践和研究，这是本成果之"本"。

关键词：案例教学；案例开发；案例研究；工商管理硕士；教学模式

一 成果主要解决的教学问题

（一）经济管理类理论易懂难用，将中国特色社会主义建设的最新理论成果和实践经验引入课堂、写入教材不够，教师想改变单一按照课本知识讲课的传统

---

[*] 何波（1977— ），西南科技大学经济管理学院案例中心主任，教授，主要研究方向为人力资源管理。

方式，手边却缺少合适的案例资源，更缺乏系统的案例开发经验和方法培训。课堂教学缺少合适的"器"。

（二）单向灌输式教学方式忽略了学生的主体学习地位，教师缺乏规范的案例教学模式和方法培训，导致学生课堂吸收率不高，隐性逃课现象严重，课堂整体教学效果不理想，不利于学生感知力、理解力、判断力和创造力的提升。课堂教学缺乏合适的"法"。

二 成果解决教学问题的方法

自2012年开始，10年砥砺求索，历经孵化—成长—成熟—推广四阶段，通过点（MBA）—线（学院推广）—面（学校研究生培养）逐步试点和推广，最终形成。成果的思路图，如图1所示。

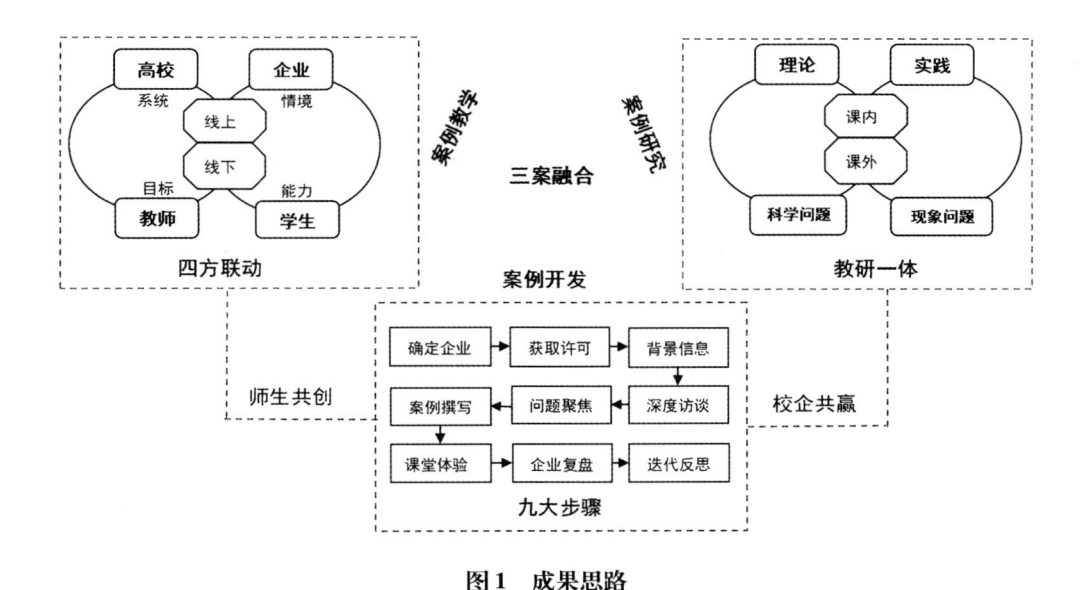

图1 成果思路

（一）"利器"——教学资源平台构建

以案为媒，四方联动，九大步骤构建案例资源共享平台。

经济管理学院自2011年起，每年院内立项案例15—20项，研究生院自2019年起，每年校内立项案例30—50项。（1）通过"校、院、团队、个体"四级，"企业/实习基地—学校/学院—教师/导师—学生"四方联动，形成案例开发的"资源库"；（2）通过可操作、可复制"九大步骤"案例开发流程培训，培养一支熟悉案例教学规范，能有效组织实施高水平案例开发的教师队伍；（3）通过与新加坡管理大学、中国人民大学、复旦大学等跨地域融合共创，通过经管类老师与工程类老师"一帮一"跨学科融合互助，形成校内校外、课内课外、线上线下优质教学资源共享机制，共同构建案例教学的课程资源体系及配套体系，促进科研成果向案例转化，案例向教材、虚拟仿真实验教学项目转化。

图 2　经管学院开展工程类案例"一帮一"辅导

图 3　西南科技大学与复旦大学跨校案例合作

通过案例开发流程和方法的系列培训，现已形成 100 余篇优秀案例的资源共享平台，案例覆盖工商管理所有学位课程，且经过国内外案例库评审均符合入库标准，建立起一支稳定的高质量案例开发教师团队（获得"全国百篇优秀案例 23 篇"）。

同时，案例成为校企沟通的桥梁和媒介。案例让资源彼此"双融"，学校不再是信息的孤岛，而成为信息链接的平台，参与主体的角色变化情况，如图 5。

（二）"得法"——教学方法动态迭代

以案为用，守正出奇，案例资源线上+线下"用起来"。

基于案例资源共享平台，形成"一个案例"线上线下"一条链"（一案一链）的案例教学法。在学位课程中形成可复制的、可推广的、动态迭代的案例教学设计。案例教学模式得到学生和同行的高度认同，获得 2016 年教育部学位与研究生教育发展中心首批案例教学视频立项支持（全国共 12 项，云贵川地区唯一一项），拍摄和记录了整个案例教学过程，视频案例现已入库"中国专业学位案例中心"。

本成果在教学方法的设计上基于"布鲁姆学习分类法"对学习层次的分类，"精一"于用心深细，"双融"于人文科技，每门课程在教学模块和教学方法的设计纵向上，以始为终，个人读案例（10 分钟），小组谈案例（10 分钟），课堂学案例（50 分钟），企业家线上线下讲案例（15 分钟），学生实时反馈与教师动

第四章　成果荟萃

图4　案例资源共享平台

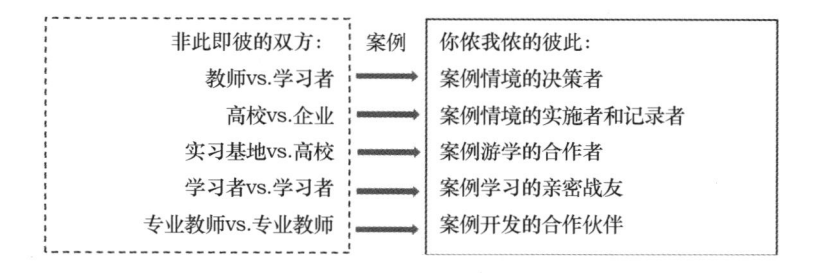

非此即彼的双方：	案例	你侬我侬的彼此：
教师 vs. 学习者	→	案例情境的决策者
高校 vs. 企业	→	案例情境的实施者和记录者
实习基地 vs. 高校	→	案例游学的合作者
学习者 vs. 学习者	→	案例学习的亲密战友
专业教师 vs. 专业教师	→	案例开发的合作伙伴

图5　案例的"四方联动"成就彼此

图6　案例教学示范课

385

态调整融会贯通；横向上，以岗位核心目标为终点，搭建理论—实践—理论的永续成长平台，实现课程教学目标，如图7所示。

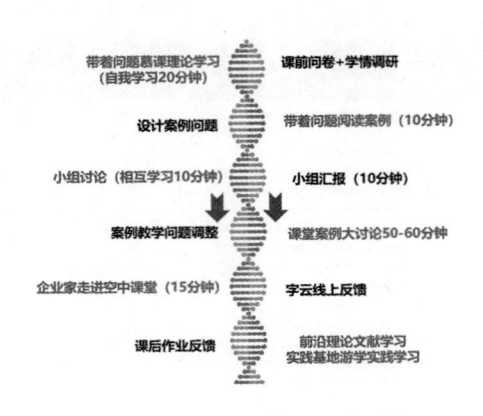

图7 案例教学设计的动态迭代

（三）"明道"——教学内容横向贯通

"三案融合"，共建生态，教、学、研、赛一体化。

2015年在MBA培养方案中专门设置"综合案例实训"和"案例型毕业论文工作坊"两门选修课，将MBA学位研究生的学位论文、教师科研论文、教学案例"串联"起来形成"案例研究生态"；将教学案例与全国管理案例精英赛"串联"起来形成"案例大赛生态"，以赛促学，以赛促教。如图8所示。

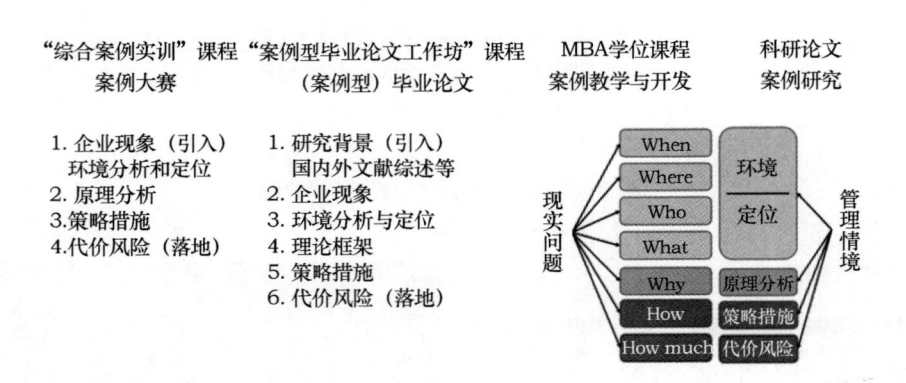

图8 课程模块横向贯通

（四）"树人"——多维考评教学规范运行

以案促思，聚才筑梦，促进MBA师生共同成长。

学位课程的评价依照"创设情境→确定问题→自主学习→协作学习→效果评

价"的思路，采用过程性评价与终结性评价相结合的方式进行。

过程性评价分为：（1）线上案例学习平时成绩：通过钉钉群对线上案例讨论参与度、课前测试成绩及作业综合评定个体成绩，通过"字云"等方式在课堂上测试，反馈和观察群体学习动态；（2）线下案例学习平时成绩：由课堂个人发言次数、小组讨论参与度、小组汇报效果综合评定，其中课堂个人发言次数由助教记录，后两项则由学生自评与互评产生。

终结性评价：由案例描白成绩和期末考试成绩综合评定。改进的课程设计考核机制将引入课程反思环节，要求学生撰写和课程内容相关的 1000 字以上自己身边企业的案例现象描白，引导学生从分析别人企业的现象，回归到自己身边企业的现象，通过每一门课程对知识点的反思，为 MBA 学位论文的选题做准备。

课程最终成绩选择百分制模式，其各部分构成及所占百分比如表1所示。

表1　　　　　　　　教学考核方式及成绩构成比重

考核构成	平时成绩（40%）						期末成绩（60%）	
	线上学习平时成绩（15%）			线下学习平时成绩（25%）				
	线上参与次数	线上测试	线上作业	小组讨论表现	课堂个人参与表现	考勤成绩	案例描白成绩	期末考试成绩
比重（%）	5	5	5	10	10	5	20	40

三　成果的创新点

成果的创新点有：（1）理念创新：情境牵引，以始为终，明其道——以案例为媒介，以案例教学为手段，以多维考评手段为保障，横向拉通 MBA 学位课程的教学环节和学位论文的撰写环节，通过实现课程教学目标，最终提升学生综合素养。（2）模式创新：三案融合，四方联动，利其器——通过案例教学、案例开发和案例研究三案融合，"企业/实习基地—学校/学院—教师/导师—学生"四方联动，共建资源平台，落地教学模式，构建可复制、可推广协同育人的长效机制。（3）方法创新：问题导向，万物互联，得其法——立足"西部大开发"实践，讲好中国故事，通过线上线下"一案一链"案例教学模式，守住研究生课堂阵地，由单一的文本学习转向情境化体验学习，构建"善导、互动、拓展、反思"的课堂教学氛围；通过"一企多案""九大步骤"案例开发手段，师生共同参与案例开发，深入企业调研，搭建案例生态，形成可持续提升学生能力的"内、外循环"模式。

四　成果的推广应用效果

在 2017 年全国 MBA 培养院校管理学院院长联席会议上，原教育部副部长、现国家自然科学基金委员会管理科学部主任、MBA 专业教育指导委员会主任委员吴启迪点名表扬西南科技大学在西部高校案例建设工作中取得的优异成绩。

（一）师生共创 100 余篇原创管理案例均入库国内案例库，23 篇"全国百篇优秀案例"

案例资源共享平台的 100 余篇原创管理案例均由 MBA 授课教师/导师和 MBA 学生共同开发，其中有 1/3 的教学案例转化为 MBA 学生的学位论文。

1. 师生共同开发的教学案例的广度

（1）"全国百篇优秀管理案例"获奖 23 篇，2019 年获奖数量排名全国第六，2021 年获奖数量并列排名全国第五，6 次获得"全国百篇优秀管理案例"的"最佳组织奖"；（2）2019 年教育部学位与研究生教育发展中心"视频案例"和"优秀案例教师"立项（全国唯一同时获两项立项）；（3）全国金融硕士教学案例大赛获奖案例 6 篇；（4）校内"案例资源共享平台"共计 100 余篇案例，覆盖工商管理全部学位课程，其中，入库中国管理案例共享中心 62 篇，入库清华大学中国工商管理案例库 26 篇，入库中欧商学院工商管理案例国际案例库 3 篇，入库中山大学管理学院陈瑞球亚太案例开发与研究中心 1 篇；（5）1 项视频案例入库中国专业学位教学案例中心案例库；（6）入库哈佛商学院案例 1 篇。

2. 师生共创共学的温度

案例内容上坚持以案铸魂，特别是加强践行习近平新时代中国特色社会主义思想的经典案例建设，鼓励师生生产更多高质量的、具有培根铸魂作用的教育教学资源，服务立德树人。2021 年所开发的案例"信者行远——银河化学攻坚国企改革启示录"获得中山大学主办的"第一届中国特色社会主义理论与中国管理实践相结合的案例征集与评选活动"三等奖，也是西部唯一一篇获奖案例。多篇案例成为案例教学课程思政的重要资源。

3. 师生共研共学的深度

案例资源开发呈现出"深耕"和"专注"两大特点，案例呈现"一企多案"的特色，也是广大导师和研究生真正扎根中国大地开展实践和研究的真实写照。以案例企业"铁骑力士集团"为例，西南科技大学的案例团队为该企业开发了 15 篇纸质案例，2 篇教育部学位与研究生教育中心的视频案例，6 篇全国百优案例，1 篇入库哈佛案例库，4 篇入库清华大学和中欧商学院案例库。详见表 2。

表2　　　　　　　　　　　"一企多案"，深耕实践

序号	时间	案例名称	获奖情况	入库名称
1	2015	"铸"人为乐：铁骑力士集团"学习型组织"的构建	—	中国管理案例共享中心
2	2015	四川铁骑力士实业有限公司削减质量成本之路	—	中国管理案例共享中心
3	2016	秦智虞愚，以人为大——铁骑力士集团的人才生态系统"活化"之道	2016年第七届全国百篇优秀管理案例	中国管理案例共享中心
4	2016	成人之美，引人入胜——铁骑力士集团人力资源管理实践		中国工商管理案例中心
5	2017	小鸡蛋成就大企业——圣迪乐村的"一体化"发展之路	2017年第八届全国百篇优秀管理案例	中国管理案例共享中心
6	2017	铁骑力士集团的员工职业生涯管理之道	2017年案例大赛优秀案例奖	—
7	2018	道古稽今，言远合近——铁骑力士集团员工职业生涯管理之道	2018年第九届全国百篇优秀管理案例	中国管理案例共享中心
8	2018	"1到100，还是100到1"——圣迪乐村品牌鸡蛋的产品策略	2018年第九届全国百篇优秀管理案例	中国管理案例共享中心
9	2018	运用之妙，存乎一心——圣迪乐村品牌鸡蛋的"变"与"不变"	2018年第九届全国百篇优秀管理案例	中国管理案例共享中心
10	2018	系统之殇：铁骑力士集团非正式组织发展之路		中国工商管理国际案例库
11	2018	圣迪乐村"品牌鸡蛋"战略的打造		中国工商管理国际案例库
12	2019	报告蒋总，前方发现敌情！——铁骑力士集团M公司市场份额保卫战	2019年第十届全国百篇优秀管理案例	中国管理案例共享中心
13	2019	The Corporate Social Responsibility of TQLSGroup in the Liangshan Prefecture (ABC)		哈佛案例库
14	2019	农牧企业的"社会"梦：铁骑力士集团的大凉山事业发展之路	首届"卓越开发者"案例大赛三等奖	中国工商管理案例中心
15	2019	步斗踏罡，登高博见——铁骑力士集团的战略性企业社会责任之思		中国管理案例共享中心
16	2018	基于三方视角百优案例教学过程示范与教学逻辑解析	视频案例	教育部学位与研究生教育发展中心
17	2021	难事易成——铁骑力士集团大凉山产业扶贫之路	视频案例	教育部学位与研究生教育发展中心

（二）"一案一链"的案例教学法的模式和方法得到教师高度认可，推广迅速，得到同学和同行的高度评价

2016年案例教学模式示范，获得教育部学位与研究生教育发展中心的首批视频案例立项项目，全程拍摄记录案例教学过程，教学视频入库中国专业学位案例，受到师生的喜爱和点赞。

1. 案例教学模式激发学生的内生动力，人才培养成果优异

（1）2019年西南科技大学参赛队成为四川省唯一晋级全国总决赛的队伍，获得全国季军，2021年，获得西部片区冠军和亚军，再次晋级全国总决赛。（2）2020年5月MBA学生团队参加由全国工商管理专业学位研究生教育指导委员指导、中国管理现代化研究会决策模拟专业委员会主办的企业竞争模拟大赛（MBA组），获全国二等奖。（3）MBA2017级周永来、2018级焦晋与全国9所MBA院校17名同学到全球知名商学院之一印第安纳大学Kelley商学院参加"2019中国

MBA 学生国际交流项目",西南科技大学也是四川省唯一获得推荐资格的 MBA 高校。(4) MBA 学生和 MF 学生共撰写 49 篇案例型学位论文,1 篇学位论文获得全国"第七届全国优秀金融硕士学位论文"。

表3　　　　　　　　　　学生案例大赛获奖情况

	获奖名次	其他获奖项目
第七届全国管理案例精英赛全国总决赛	全国季军	
第八届全国管理案例精英赛西部片区赛	冠军和亚军	最佳教练奖、MBA 学生获最有价值队员奖（MVP）
第七届全国管理案例精英赛西部片区赛	冠军和亚军	最佳教练奖、MBA 学生获最有价值队员奖（MVP）
第六届全国管理案例精英赛	亚军	MBA 学生获最佳新锐奖
第三届、第五届全国管理案例精英赛	最佳新锐奖	MBA 学生获最佳风采奖、最佳新锐奖

2. 案例教学模式激发教师的内生动力,产学研成果显著

2021 年《"案例链接,校企联动"新经管类人才培养模式探索与实践》获批教育部新文科研究与改革实践项目立项。共获教育部产学合作育人项目 9 项,省级教改项目 7 项;四川省一流课程两门和四川省应用型示范课程三门均采用案例教学法;《人力资源管理》的案例教学创新实践在首届西南科技大学教学创新大赛中获副高组第一名;我校教师发表多篇案例研究论文,助推案例教学模式设计与深化。

(三) 案例教学模式在校内外 30 余所高校分享与推广,媒体高度关注,企业高度评价,MBA 办学的影响力显著提升

1. 校内推广

在研究生院的政策和制度支持下,通过多次案例立项和建立"一帮一"辅导机制,形成管理类案例的经验带动学校其他学院案例发展,包括制造学院、土建学院等,推动学校各专业创新研究生培养模式,提升整体培养质量。

2. 校外推广

2016—2021 年在全国 30 余所学校分享本成果,在全国案例年会做主题报告 12 次,2019 年在 MBA 教指委组织的 12 所新进 MBA 院校培训会、西部院校管理案例师资培训、吉林省 16 所高校案例工作坊等多地分享案例开发经验和案例教学模式,也为江西财经大学和暨南大学两所高校做远程分享。受益师生超过 20000 人。

本成果在实践过程中受到媒体的高度关注，四川日报、中国新闻网、川报观察等多次予以报道。案例企业铁骑力士集团董事长雷文勇评价说："这样的教学模式精准、有效，培养的人才可以和企业无缝连接，对按照这个过程培养的MBA学生，企业可以免实习期、免试用期，毕业后直接入职企业！跟随导师开发铁骑力士案例的学生如果来企业，可以从开发案例的当年开始追加工龄。"

图9　部分高校分享图片

2020年新冠肺炎疫情期间，该教学模式采用全线上的方式发挥了显著作用。2020年4月，该成果以"四方联动，探索线上案例教学"为题，作为研究生教育"疫情期间亮点工作"在西南科技大学在线教学交流会议上向全校师生做经验分享。

一核四驱，校地协同

——法学实践能力培养模式的探索与创新

程 皓[*]

成果简介：自2013年入选四川省首批卓越法律人才教育培养计划后，西南科技大学法学专业持续深入探索实践教学改革，以法学实践能力培养方案为核心，以开展法学实践类课程建设、实施法学体验式教学法改革、组建"N+1"法学实践教学团队、构建"五位一体"多样化法学实践平台为驱动力，逐步形成了较为成熟且适宜推广的"一核四驱、校地协同"法学实践能力培养模式，为培养复合型、职业型卓越法律人才提供了可借鉴推广的经验。

关键词：一核四驱；法学实践能力；内涵；实效

一 法学实践教学中存在的主要问题

"法律的生命不在于逻辑，而在于经验。"在法学教育职业化的背景下，法律职业技能训练已经成为提高法律人才培养质量的关键，法学实践教学也因此受到了各高校和司法实务部门的高度重视。但不可否认的是，总体上看法学实践教学的效果与质量并不理想，呈现出以下几个方面的问题。

（一）法学实践教学缺乏系统性

法学实践教学是指以法律职业活动为对象，以相关的知识、技能和职业责任为内容，设计并实施的课程教学。在教育部发布的教学质量国家标准中，仅对法学专业核心理论课程进行了限定，而对实践类课程，则授权各专业根据教学的实际需要独立设置。因此长期以来，法学实践教学由于缺乏系统性指导，校际之间

---

[*] 程皓（1974— ），西南科技大学法学系主任，副教授，硕士生导师，主要研究方向为知识产权法学、法律史学、法学教育。

的实践教学课程设置差异颇大。同时，现有的法学实践类课程前后衔接不够紧密，能力目标和达成路径不够明确，对以产出为导向的 OBE 教育理念体现不够，无法构筑完整的法学实践教学体系。

（二）法学实践教学缺乏可持续性

法学实践教学关注师生之间的教学互动，要求教学活动应当具备可复制性和可持续性。现实中，法学实践类课程经常缺乏明确具体的教学目标、教学内容、评估手段，并往往被赋予了超出教学能力的不合理期待，使课程的可持续性受到挑战。同时，法学实践教学离不开法律实务部门的参与。能否将教学活动融入国家法治建设和社会法治服务的大环境，实现了高校和法律实务部门在人才合作培养过程中的互惠共享，亦成为法学实践教学是否具备可持续性的关键因素。

（三）法学实践教学缺乏有效性

法学实践教学强调教学效果，较之于理论教学具有必要性和迫切性。法学实践类课程和传统理论课程相比，其教学策略、管理策略等方面更复杂，对配套教学资源的要求更高，受到的来自各方面的质疑声音也就越大。因此，在实践教学中，对效果的关注超过了理论课程。只有取得良好的效果，才能凸显实践教学应有的价值。法学实践教学的有效，不仅需要解决师资、平台、资金等配套问题，更需要采用合适的教学方法，全面开展课程建设，把每一个实践学分做实做好。

二 "一核四驱、校地协同"培养模式的内涵解读

西南科技大学法学专业围绕法学实践能力培养的关键环节和短板，制定"一核四驱、校地协同"解决方案，充分挖掘地方实务部门资源，积极推进教学改革，找到了适合地方高校法学实践能力培养的可行路径。

（一）"一核"——法学实践能力培养的行动指南

2014 年，法学专业制定全省首份《卓越法律人才实践能力培养方案》，完成培养标准、实践能力培养模块、实践能力培养路线图等板块设计。在实践课程设置上，培养方案充分考虑了实践环节连续性、难度递进性、锻炼多面性，根据学生实践能力类别和培养要求，新增和调整培养环节，实现了从大一到大四实践类课程的不断线，构建起全新的法学实践教学体系。2017 年，法学专业结合"以学生为中心的教育理念，成果导向的教育取向，持续改进的质量文化"的工程教育专业认证理念，又制定了全校文科类专业第一份毕业要求及指标点，对专业知识和技能培养提出了更明确的要求。

（二）"四驱"——法学实践能力培养的实现动力

1. 以法律诊所为特色的法学实践类课程建设为驱动力

从 2014 年开始，法学专业开始对集中实践环节的 8 门、共 28 个学分的实践类课程开展全新设计与建设。

"法律诊所"是法学实践类课程建设的重心。其主要做法是将法学专业学生置于"法律诊所"之中，承担起准律师的角色，为社会困难群体提供公益法律服务，完成从接受案件、会见当事人、证据搜集、法律文书撰写，到出庭代理诉讼的全过程。课程组依托绵阳市法律援助中心和学校法律援助工作站，采用学期加倍化、培训立体化、办案小组化、过程标准化、评定多元化等科学管理手段，有效解决案源、师资、管理等难题，实现了本课程的本土化和可持续发展，已成为全国承接案件最多、学生受益面最广的法律诊所之一。

法学实践类课程建设还包括：（1）实行全员集中专业实习，并实施"前—中—后"动态教学管理；（2）提供"司法所所长助理""人民调解员助理""法治副校长"等多种岗位，组织学生开展法学社会实践；（3）建立虚拟仿真实验室，改革"模拟审判""法律文书写作""法律谈判"等课程；（4）全面推行案例式毕业论文写作改革。

经过不懈努力，法学专业已初步完成培养方案集中实践环节中全部课程的建设任务，确立了在省内乃至国内的实践教学领先地位。2015 年，受中国法学会诊所教育专业委员会委派，程皓老师参加了在土耳其举行的全球法律诊所会议，介绍了法律诊所建设的中国经验。2020 年，学校法律诊所获评全国优秀法律诊所。2021 年，学校"法律诊所"课程入选四川省一流本科课程。

2. 以法学体验式教学法改革为驱动力

体验式教学法是法学实践教学的基本方法。法学专业根据课程的不同特点，将法学实践课程分为模拟类、诊所类、实习类 3 种类别，采用项目制教学、团队式教学、角色扮演教学、观摩式教学、头脑风暴教学、圆桌会议教学等具体教学方法和手段，将体验式教学法广泛运用于法学实践类课程教学，形成了独特的教学风格。具体体现在：

（1）编写"法律诊所"课程讲义，制作 16 讲教学微视频，设计案件主张、证据调查、庭前准备、案件总结 4 个教学实验环节；（2）建设"法律文书写作"案例库，制定 8 个实验项目和 2 个课程设计方案；（3）建设"法律谈判"素材库，设计 16 个模拟谈判项目；（4）两次承办四川省大学生模拟法庭竞赛，并参考赛制制定"模拟审判"课程实验项目；（5）新增"法律口才训练"课程，要求学生参加校院演讲辩论竞赛活动，实现第一、第二课堂的紧密结合。

3. 以"N+1"法学实践教学团队建设为驱动力

法学专业积极探索"N+1"教学团队建设，即由 1 名校内课程负责人和一支专兼结合的教师队伍组建教学团队，承担授课与实习指导工作。2014 年以来，法学专业先后与绵阳市中级人民法院、绵阳市司法局等单位合作，联合打造了法律诊所、模拟审判、法律文书写作等多支专兼结合的"N+1"教学团队。

法学专业还积极实施与法律实务部门互聘"双千计划"。2014 年以来先后选派 7 名博士到绵阳市中级人民法院挂职，担任各审判庭庭长助理等职务，提升专业实践能力。法学专业从实务部门聘任"产业教授"2 名，兼职教师 31 名，合力培养卓越法律人才，先后有 8 名专兼职专业教师入选教育部"双千计划"。

4. 以"五位一体"多样化法学实践平台建设为驱动力

法学专业致力于加强标准化实践基地建设，要求实践基地实现"五个建立"，即建立基地组织领导体系、建立实习交流工作室、建立"双"实习指导教师队伍、建立实习规章制度、建立考勤标准和档案。法学专业全部省、校级基地均已完成标准化建设，并在教育部本科教学工作评估期间得到专家的高度评价。

在开展标准化校外实践基地建设的同时，法学专业还积极建设西南科技大学法律援助工作站等校内实践基地，新建和改建法律诊所、模拟法庭等专业实验室，承办四川省大学生模拟法庭竞赛等校内外专业技能比赛，形成了校外实践基地、校内实践基地、专业实验室、科研平台、校内外专业技能比赛"五位一体"的多样化教学实践平台，为法学实践能力培养奠定了坚实的基础。

（三）"校地协同"——法学实践能力培养的坚实保障

法学专业高度重视与地方各级法律实务部门的交流合作，并充分发挥自身在法治四川、法治绵阳建设中的特殊作用，在校地合作育人方面取得了突出的成果。专业已建立了 20 多个校外实践基地，其中省级基地 3 个，校级基地 3 个，每年组织超过 600 名本科生、研究生开展集中实习。校外实践基地的类型除法院、检察院、司法局外，还包括各级行政执法单位、公证处、仲裁委员会、律师事务所等多种法律实务部门。此外，法学专业和地方各级司法实务部门还在学生就业、学历提升、业务指导、课题攻关等方面形成广泛且深入的合作关系，从而为卓越法律人才的培养提供了广阔的空间。

三 "一核四驱、校地协同"培养模式的实效分析

"一核四驱、校地协同"实践能力培养模式在西南科技大学卓越法律人才培养实践中获得了充分运用，并不断得以改进和完善。事实证明，该模式能显著提升法律人才培养成效，并对省内乃至国内其他高校法学专业产生较强的示范和借

鉴作用。其主要特色体现如下。

（一）创设法学实践能力培养的"西科标准"

法学专业制定的《卓越法律人才实践能力培养方案》，为全省法学类专业首创。该方案完成培养标准、实践能力培养模块、实践能力培养路线图等板块设计，构建起层次分明、理念先进的法学实践教学体系。以实践能力培养方案为指针，法学专业经过不断探索和创新，形成了包括法律诊所、模拟审判、法律口才训练、法律文书写作、法学专业实习、法学专业毕业论文等在内的一套做法成熟、适宜推广的法学实践课程教学标准，对省内乃至国内其他高校产生较强的示范作用，形成了法学实践能力培养的"西科标准"。从 2014 年至今，已有超过 20 所省内外高校到学校法学专业考察学习法学实践教学经验。

（二）实现高等学校与法律实务部门的"互惠共享"

通过法学实践能力培养模式的改革，使法律实务部门的主要业务工作，如法律援助、人民调解、普法依法治理等逐步向高校延伸，拓展了原有合作的领域。法学专业与法律实务部门实现了人员互通、信息互通、资源共享、互相需要的合作育人新机制，为卓越法治人才培养奠定了坚实的基础。

经过多年建设，法学专业形成了一套省内独步、国内领先的法律诊所建设经验。民事法律诊所为法学专业全体学生提供真实办案机会，成为全国唯一一所所有法学专业本科生、研究生均能办理实案的高校法律诊所，为卓越法治人才培养提供了难得的实践平台。社区法律诊所是全国仅见的以法律讲座和人民调解为特色的主题诊所。

（三）促进法治人才培养与社会法律服务的"深度融合"

法学专业注重法治理念和职业伦理水平的提升，通过法律援助、法制宣传、专业实习等活动，在补充基层警力、服务人民群众的同时，也让学生积极参与法治四川、法治绵阳建设过程，从而重塑卓越法治人才的培养轨迹，实现了法治人才培养与社会法治服务的有机融合。

2014—2020 年，有 1400 余名本科生、研究生进入法律诊所，承办法援案件 361 件，解答法律咨询 1500 余次。学校法律援助工作站多次被评为市级法律援助先进集体。有 400 余名学生深入基层社区和中小学，开办公益法律讲座 400 场，进行普法宣传 87 次，办理人民调解案件 61 件，累计值班时间超过 6000 个工作日，受益群众超过 10 万人次，被四川日报、绵阳日报等各类媒体多次报道，为学校赢得了良好的社会声誉。

2014 年至今，法学专业学生在校期间的法律职业资格考试通过率保持在

40%以上，远超全国平均水平。专业学生先后获得全国大学生环境模拟法庭大赛亚军、四川省大学生模拟法庭竞赛亚军等50余项省级以上学科竞赛奖项。毕业学生中，有30%左右考取硕士研究生，40%左右进入公检法机关及行政事业单位，30%进入律师事务所或企业。学生就业质量高，专业与就业吻合度高，卓越法律人才培养成效显现。2020年，西南科技大学法学专业获评四川省一流本科专业建设点，从而开启了专业建设的新征程。

继续教育"四维协同"教学资源体系的构建与实践

叶 旭[*]　冉利龙[**]　陈 娜[***]

摘 要：继续教育是终身学习体系和教育现代化的重要组成部分。在高等教育普及化、社会发展信息化的形势下，发展高质量的继续教育，核心是要建设高质量的教学资源。近年来，西南科技大学积极探索，开展继续教育教学资源"四维协同"立体化构建，为解决我国高等继续教育向服务国家经济发展方式转型和产业结构调整中师资力量、教学设施不足等难题提供了示范。

关键词：继续教育；教学资源；四维协同

随着我国高等教育从精英教育到大众教育再转变为普及教育，国家和社会大众对高等学校继续教育提出了更高要求。地方高校如何提升社会服务能力，如何改善继续教育教学资源供给不平衡不充分以及持续提高资源供给水平等问题成为高校继续教育改革与发展的重大课题。

为贯彻落实习近平总书记提出的"构建网络化、数字化、个性化、终身化的教育体系"，建设"人人皆学、处处能学、时时可学"的学习型社会要求，以及党的十九大报告"办好继续教育，加快建设学习型社会，大力提高国民素质"精神，学校在现代远程教育试点基础上，通过"全国高等学校继续教育示范基地""高等教育自学考试全国示范学习服务中心""普通高校继续教育数字化资源开发服务模式的研究与应用"等建设，主动适应国家战略，构建完善的继续教育教学资源建设生态，建设高等学校继续教育的"金山银山"。

---

[*] 叶旭（1970— ），西南科技大学继续教育学院，教授，硕士生导师，主要研究方向为生物医学工程材料（药物控释）、有机硅材料、特种高分子、继续教育教学改革研究与管理。

[**] 冉利龙（1976— ），西南科技大学继续教育学院，讲师，主要研究方向为教育技术、远程与继续教育。

[***] 陈娜（1986— ），西南科技大学继续教育学院，助理研究员，主要研究方向为信息化教学设计、远程与继续教育。

一 继续教育"四维协同"教学资源体系的内涵

在高等教育普及化、社会发展信息化的形势下，发展高质量的继续教育，首先要建设高质量的教学资源。西南科技大学积极探索，开展继续教育教学资源"四维协同"立体化建设与实践，形成了资源建设主体协同、思政课程与课程思政协同、多元化课程资源协同、资源应用服务协同的"四维协同"体系，满足多元化多层次学习者需求。继续教育"四维协同"教学资源体系如图1所示。

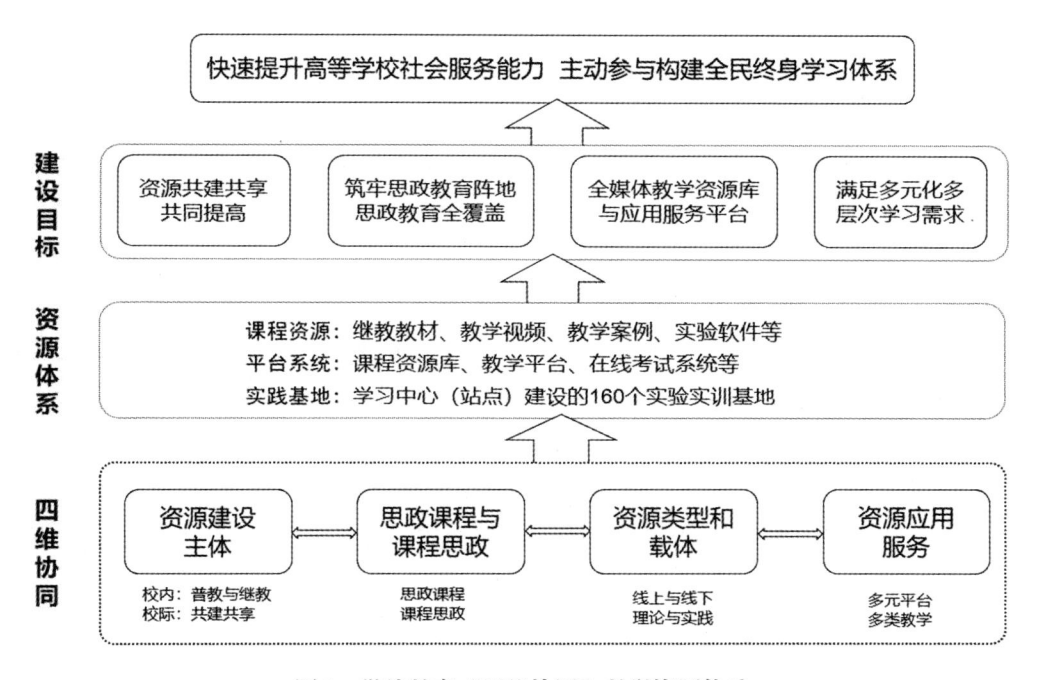

图1 继续教育"四维协同"教学资源体系

在继续教育教学资源"四维协同"体系建设中不断实践创新，通过继续教育与全日制普通教育（以下简称"普教"）教学资源建设的协同，打通继续教育与普教、校内与校外的资源壁垒，实现了继续教育与普教教学资源的协同建设多层次共享；通过加入多模式的资源共建共享联盟，建立共建共享机制，开展资源共建共享工作，实现了校际优质课程教学资源的共享，提升了教学资源的质量和优质教学资源的辐射范围；通过建立继续教育教学资源建设长效机制，推动建设机制、条件保障、经费支持等方面为资源持续建设提供保障，实现了资源建设的可持续发展。通过创新实践构建了完善的继续教育教学资源建设生态，提升了学校服务社会的能力，推进了继续教育高质量发展。

二 继续教育"四维协同"教学资源体系的构建

(一) 资源建设主体协同,建立完善共建共享机制

1. 继续教育与普教教学资源建设协同

资源建设管理机制协同。建立由分管校领导任组长的教学资源建设领导小组,对普教、继续教育课程资源建设进行一体化管理,形成了"教学资源建设领导小组—教学学院—课程教师团队"三级管理模式,明确职责,责任到人。要求承担普教课程教学任务的教学学院、教师团队,同时承担继续教育教学资源建设和教学任务,普教、继续教育工作同布置、同检查、同考核,确保继续教育教学资源可持续。

资源建设软硬件协同。制定《西南科技大学课程资源建设实施方案》和《西南科技大学课程资源建设标准》,统一建设智慧云教室、高清演播室等课程录制环境和专业视频非线性编辑系统,以及全媒体智慧教学资源库和课程设计制作平台,实现课程资源的统筹建设和应用。

2. 校际教学资源协同共建与共享

2007年,学校与北京交通大学等9所高校远程教育学院共同发起成立"网络教育教学资源研发中心"(以下简称"研发中心"),联合建立机构和机制,开展教学资源研发工作。后又陆续加盟教育部"普通高等学校继续教育数字化学习资源开放联盟""'在线教育联盟'土建类高校'构建卓越工程师e梦计划'""百校千课共享联盟""高校继续教育网络思政工作建设联盟""继续教育思政建设基地",与联盟高校共建共享优质继续教育资源。

3. 校外实践基地协同共建与共赢

学校先后在全国24个省、自治区、直辖市建设了校外学习中心(助学中心、教学站点)280余个,建设校外实践教学基地160余个。各中心(站点)既是学校教育教学工作的校外延伸,也是与学校共建的实践教学基地和培训基地,主要开展普教、继续教育实践教学活动和培训工作。

(二) 思政教育与课程思政的协同,筑牢思想政治教育主阵地

1. 加强思政课程建设,创设思政课程实践

完善人才培养方案,在专业建设中突出思政教育的示范引领作用。按照教育部要求开设了"马克思主义基本原理概论"等8门思想政治理论课程,并充分利用学校区域所特有的"红色文化""三线文化""两弹精神""军工文化""抗震救灾"等文化资源建设"思想政治理论课实践教学"等特色思政课程资源,培养学生"爱国奉献""艰苦奋斗""团结协作""科学创新"精神。

2. 推动课程思政与思政课程同频共振，课程思政全覆盖

制定《西南科技大学网络教育课程思政建设实施细则》，大力推动思政课程与课程思政有机融合，在资源建设中深度挖掘各课程蕴含的思想政治教育元素，促进专业教学与思想政治理论课教学紧密结合，推动"专业思政"，实现课程思政全覆盖。

3. 共建共享优质课程思政示范课程

加盟"高校继续教育网络思政工作建设联盟"，在全国高校现代远程教育协作组指导下，以"继续教育思政建设基地"为依托，组织教师开展继续教育"课程思政示范课程"建设。

（三）多元化课程资源协同，继续教育、普教立体化建设

1. 线上与线下资源协同

利用传统媒体和新媒体的各自优势，协同建设课程线上、线下资源。课程线下资源包括远程与继续教育教材、U盘课件包、课程学习指导书、课程实验指导书等。线上资源包括课程教学视频、教学案例、在线考试题库等数字化教学资源。

2. 理论与实践资源协同

根据课程性质和继续教育教学特点，充分利用普教资源，建设与理论教学资源相融合的继续教育实践教学资源，主要包括课程案例、课程设计指导、毕业设计（论文）指导、课程实验指导书、实训课程、远程实验、网络虚拟实验等。

（四）资源应用服务协同，继续教育、普教各取所需

1. 建设泛在学习平台，支撑多元化需求

建设在线教学平台、手机端学习平台、实时音视频交互平台、在线考试平台等相互协同的智能学习服务云平台，为学生提供泛在学习环境，满足了"人人皆学、处处能学、时时可学"需求，提供了灵活的学习方式、人性化的学习环境和细致的支持服务。

2. 课程资源的多层次、多类型应用

严格执行课程资源建设标准，对课程目标和教学内容进行细化，按照导、学、评模块化设计和建设教学资源。支持课程资源系统化、模块化、多样化的全媒体智慧教学资源库和课程设计平台，可灵活组建用于全日制教育、学历继续教育、培训等的多层次、多类型课程资源，开展在线教学、混合式教学、MOOC等多种类型教学活动。

3. 校际课程资源共享与开放服务

与"研发中心"成员单位共建"尚课"课程平台，开展小学分素质教育课

"课程互选、学分互认"工作,与"百校千课共享联盟"成员单位共享优质课程资源,向联盟高校学生和社会免费开放服务。优质课程资源在爱课程、学堂在线、中国大学 MOOC、学银在线、智慧树等在线开放课程平台向社会开放服务。

三 继续教育"四维协同"教学资源体系的应用成效

(一)继续教育"四维协同"教学资源体系高效运转

近年来,学校以"全国继续教育示范基地"等建设为契机,主动适应国家战略,联合在全国校外学习中心(助学中心、教学站点)、100 余所资源共建共享联盟高校,建立继续教育"四维协同"教学资源体系,建成了由 400 余名专家、教授组成的教师团队,建设各类课程资源 560 门,共建共享 160 个实训实践和高技能培训基地,为解决高等继续教育向服务国家经济发展方式转型和产业结构调整中师资力量、教学设施不均衡等难题提供了示范。学校被全国高等学校现代远程教育协作组秘书长严继昌教授誉为"网络教学资源共建共享的一面旗帜"。

(二)建成一批优质教育资源,学生满意度大幅提升

学校建设了一批应用于继续教育和普教的课程资源,建成包括在线教学资源、课程学习指导书、课程试题库等资源的课程 560 门,远程与继续教育系列教材 22 部,小学分素质教育课程 70 门,在线考试题库 358 门,33 个专业毕业论文大纲及指南,专家讲座 283 讲。共享联盟共享各类优质课程资源 300 余门。22 部优质继续教育教材及课件出版发行量达到了 260 万册。同时还充分利用特色案例、优秀范例、优秀论文等建设了向继教学生服务的案例库和优秀毕业论文库,获得学生的好评。

多门课程资源获得国家级和省级荣誉。其中,国家级精品课程 1 门,国家级精品资源共享课 3 门,全国优秀教材一等奖 1 部、二等奖 2 部,全国高校网络教育通识教育精品数字教材 2 门,高等学校继续教育精品在线课程 2 门,全国现代远程教育优秀实验软件二等奖 1 套,四川省电教成果二等奖 1 项。省级精品课程 36 门,省级精品资源共享课程 14 门,省级精品在线开放课程 5 门。

(三)继续教育服务能力显著提升

1. 教学资源体系取得显著的应用效果和社会效益

2007 年以来,学校培养各类学历继续教育学生 70 余万人,毕业各类学历继续教育学生 60 余万人,均居全国前列。继续教育教学资源得到了学生的普遍认可,教学质量逐年提高。年毕业生人数由 2008 年的 24436 人,增加到 2021 年的 44884 人;年学位授位人数由 2008 年的 226 人,增加到 2021 年的 6043 人。根据

问卷统计，参与调查的学生对继续教育课程资源、教学平台、支持服务等的基本满意度分别达到 97.15%、96.1% 和 96.17%。完成非学历继续教育 7 万余人，其中，培训专业技术人员 4 万余人、高端创新人才 4000 余人。

2. 为开放共享的学习型社会建设贡献力量

学校继续教育为构建"人人皆学、处处能学、时时可学"的学习型社会，架起了各种教育形态之间的学习资源"立交桥"，实现教育的纵向衔接与横向沟通，实现各种教育资源围绕学生进行开放整合和优化配置的目的。面向继续教育学生和社会学习者的"尚课""百校千课共享联盟"等开放服务平台中选课人数达 120 万人，选课数达 180 余万门次。在爱课程、学堂在线、中国大学 MOOC、学银在线、智慧树等在线开放课程平台向社会开放优质课程 60 余门，课程的选课学习达 30 余万人次。

3. 疫情期间支撑"停课不停学"成效显著

2020 年，面对突发的新冠肺炎疫情，学校在做好继续教育教学工作的同时，利用全媒体智慧教学资源库、课程设计平台和教学平台，为学校普教开展在线教学提供支持，为普教落实"停课不停学"作出重要贡献，学校获评"2020 中国互联网教育'停课不停学'突出贡献奖"和全国高校现代远程教育"抗疫先进单位"。

（四）得到行业及社会肯定

1. 通过教学改革，资源建设和社会服务成效显著

在探索与实践中，学校教师分类开展理论研究，形成了支撑教学改革的系列理论成果。近年来，发表有"继续教育数字化学习资源开放服务探索与实践""远程教学资源共建共享的探索与实践""'一主多元'继续教育培训体系的构建研究"等涉及继续教育教学资源体系建设、非学历继续教育培训、教学资源共建共享等方面的教改论文 33 篇，其中多篇论文被全文转载和高频引用。

2. 学校办学声誉和社会影响力显著提升

2007—2021 年，学校先后获得全国现代远程教育资源共建共享优秀奖、中国现代远程教育（1998—2016）终身教育特别贡献奖、中国最具社会影响力高校网络与继续教育学院、全国高校现代远程教育宣传工作先进单位、全国自学考试先进集体等 20 余项国家级荣誉，荣获四川省自学考试发展奖等 16 项省级荣誉和表彰。

结束语

学校继续教育经过 40 年的努力和沉淀，创造性构建了继续教育"四维协同"

教学资源体系，实现了优质教育教学资源的可持续建设，其服务范围广、效能高，成为学校继续教育培养高质量应用型人才培养的核心，体现了高校在人才培养、服务社会、构建终身学习体系的责任和担当。随着国家智慧教育公共服务平台正式发布，国家职业教育智慧教育平台、国家高等教育智慧教育平台同步上线，面对国家教育数字化战略行动全面启动的当下，学校继续教育将继续发挥共享优质资源、数字化学习环境、线上线下融合教学模式等优势，通过探索和实践，在全面数字化转型中实现新的突破和价值，为加快建设"数字中国"贡献力量。

参考文献

冉利龙：《远程教学资源共建共享的探索与实践》，《中国远程教育》2015 年第 5 期。

李光、武丽娜：《基于生态位理论的高校继续教育人才培养研究》，《中国成人教育》2016 年第 2 期。

徐作锋：《转型与重构：新时代高校继续教育发展路径研究》，《成人教育》2022 年第 4 期。

李学春：《构建数字化继续教育服务新生态》，《在线学习》2021 年第 11 期。

穆卫军、毛燕梅：《高校学历继续教育实施课程思政的路径探析》，《继续教育研究》2021 年第 3 期。

"五措并举"铸师魂,地方高校推进师德师风建设的有效途径

——西南科技大学师德师风建设成果纪实

陈翰林[*] 田宝单 李 佳 曾莹莹 魏 岚

成果简介:针对新时代党和国家对高校教师的新要求、高校教师队伍在师德素养方面存在的突出问题以及地方高校师德师风建设机制缺失或不健全现象等,学校党委教师工作部、党委宣传部、校工会、教务处、人事处等部门大力协同,以四川省教学改革与研究课题"有效提升青年教师教书育人能力的模式与策略研究"及相关教改项目研究为基础,依托学校教师教育教学能力提升计划的全面实施,围绕如何有效提升教师师德素养以适应新时代对高校教师的新要求不断探索与实践,致力于健全一套制度规范教师言行实现"规则立德",突出"培训明德、典型树德、课堂育德"三个重点以提升师德素养,打造一种文化凝聚精神动力实现"文化养德",学校通过五措并举协同推进师德师风建设并取得可喜成效。

关键词:师德师风;五措并举;探索;实践

教育关乎党之大计,国之大计;高等教育的使命就是为党育人,为国育才。教师是人类灵魂的工程师,是时代进步的先行者,承担着传播知识、传播思想、传播真理的历史使命,肩负着塑造灵魂、塑造生命、塑造新人的时代重任,是教育改革的第一资源,是实现中华民族伟大复兴的重要基石。针对新时代党和国家对高校教师的新要求、教师队伍在师德素养方面存在的突出问题,以及地方高校师德师风建设机制缺失或不健全现象,多年来,西南科技大学党委教师工作部/教师发展中心与党委宣传部、校工会、教务处、人事处等部门通力合作,以四川省教学改革与研究课题"有效提升青年教师教书育人能力的模式与策略研究"

---

[*] 陈翰林(1965—),西南科技大学党委教师工作部部长、教师发展中心主任,教授,硕士生导师,长期从事高等教育教学和管理工作。

及学校相关教改项目研究为基础，依托学校教师教育教学能力提升计划的全面实施，围绕如何有效提升教师师德素养以适应新时代对高校教师新要求这一主题不断探索与实践。

2021年，学校作为教育系统优秀集体代表，荣获"全国五一劳动奖状"[①]，成为四川省首批"三全育人"综合改革试点高校。此外，学校在全国高校教师教学竞赛排名中连续取得突破，从2018年的第320位提升到最新的第44位[②]。同时，通过调查研究并不断探索与实践，获得一批有价值的成果。

一 把握方向担使命，调查研究寻良方

（一）推进师德师风建设的时代意义

教师是立教之本、兴教之源，承担着让每个孩子健康成长、办好人民满意教育的重任。党的十九大报告明确新时代我国高等教育事业发展总方向是"要全面贯彻党的教育方针，落实立德树人根本任务"。习近平总书记多次强调，要把立德树人作为检验学校一切工作的根本标准，把立德树人内化到大学建设和管理各领域、各方面、各环节；评价教师队伍素质的第一标准是师德师风。同时，总书记还对新时代的教师提出争做"四有"好老师、实现四个相统一、争当四个引路人的要求。党和国家出台系列文件，反复强调师德师风建设的极端重要性和新时代高校教师的使命担当与师德要求。由此可见，大力推进师德师风建设并积极探索提升教师师德素养的有效途径具有重要的现实意义。

（二）开展调查研究情况

为了探寻师德师风建设的一般规律和有效途径，2017—2018年，学校党委教师工作部先后走访了南京师范大学、江苏大学、西南交通大学等7所高校党委教师工作部，并进行现场调研；对四川大学、电子科技大学、中国人民大学、复旦大学、扬州大学5所高校进行网上调研；多次召开教师座谈会与专家咨询会，听取专家学者和一线教师对教师思想政治工作与师德师风建设的意见建议。同时，我们依托省教育厅教学改革与研究课题积极开展新时代地方高校教师核心素养研究，重点聚焦师德素养核心要素与师德评价模型研究，相关调研工作与课题研究为找准师德建设突出问题并提出五措并举协调推进的具体方案提供有力支撑。

---

① 刘芳池：《喜报！西南科大荣获全国五一劳动奖状！》，2021年4月29日，http：//news. swust. edu. cn/ 2021/0429/c294a133529/page. htm。

② 田宝单：《喜讯！学校在全国普通高校教师教学竞赛排名中连续两年入围全国50强》，2021年3月22日，http：//news. swust. edu. cn/2021/0322/c295a131513/page. htm。

（三）基于调查研究的问题梳理

在调查研究并深入分析的基础上，明确了新时代地方高校师德师风建设急需解决的三个主要问题。

1. 全面落实新时代党和国家对高校教师的新要求，重点落实好师德第一标准与四有好老师、四个相统一、四个引路人等要求。

2. 地方高校师资队伍综合素质不高、师德践行能力不足的问题，诸如高校青年教师在师德师风建设方面仍然存在一定的局限性，如理想信念模糊、教书育人意识不强、学风浮躁和敬业精神弱化等问题①。

3. 一些高校师德师风建设机制缺失或不健全导致师德失范现象时有发生。

二 五措并举铸师魂，大力协同求突破

（一）构建师德建设长效机制，规则立德

2017年，作为学校龙山人才强校计划重要组成部分，学校出台了《西南科技大学教师教育教学能力提升计划（试行）》，首次明确了全面提升教师思想政治素养、构建师德师风建设长效机制、开展师德标兵评选等方面的基本要求。为严格师德第一标准，不断推进教师评价改革，学校建立了师德考核评价"三环节"把关机制。主要包括实施新入职教师思想政治及道德品质综合考察，严把教师入口关；建立师德年度考核体系，严把师德考核关；完善评优评先、晋职晋升、人才称号推荐等环节的师德审核，实施"一票否决"，严把师德审核过程关。

2018年，《西南科技大学关于建立健全师德建设长效机制的实施办法》正式发布，对师德宣传与教育、师德奖励与惩处、师德监督与考核等方面提出明确要求并拟定若干具体举措。此后，学校又陆续制定了《西南科技大学师德标兵评选管理办法》《西南科技大学关于全面落实研究生导师立德树人职责的实施细则》。在2020年制定的教师职称评审管理办法中，首次明确师德第一标准要求。在2021年出台的《西南科技大学师德考核实施办法（试行）》中，首次体现了定性与定量相结合、多元评价相统一的原则，实施自我评价、学生评价、同行评价与组织评价相结合的评价考核机制。为了严把教师引进思想政治关，强化新入职教师品德考核，学校党委教师工作部出台了《西南科技大学新入职教师思想政治及道德品质综合考察管理办法》。此外，学校出台的《西南科技大学教师师德失范行为负面清单及处理办法》进一步明确了师德要求、划定了师德红线。至此，学校师德师风建设制度体系基本建立完成，形成了一套比较完善的师德建设长效

---

① 武宏：《新时代高校青年教师师德师风建设路径探究》，《知识文库》2020年第4期。

机制。

（二）努力构建教师成长路径，培训明德

学校通过精心组织实施新进教师教学基本能力培训、骨干教师教学研修和信息技术应用能力培训，并利用教改项目牵引实施教学名师培育计划，在实践与探索中构建起从新教师发展为优秀教师的"四位一体"成长路径，并对培训模式进行研究和持续改进。研究表明，决定教师职业成长的关键因素是师德。因此，学校自始至终把提升教师师德素养作为培训的第一要务。学校在新进教师入职培训、骨干教师研修、现代教育技术应用能力培训、专业负责人培训、研究生导师培训等专项培训中均融入师德教育专题；在所有专业培训内容中也充分体现师德的极端重要性和原则要求。

通过几年的探索，学校还确立了"以赛带训、以赛促训"的理念。一方面，定期举办师德师风主题征文比赛及演讲比赛、中华美文朗诵比赛、课程思政教学比赛等活动，让广大教师在参与各类竞赛活动中提升师德素养。另一方面，通过举办教学创新大赛、青年教师教学比赛或组织教师参加国家及地区性教学比赛，让老师们不断感悟教育教学真谛、体会党和国家对人民教师的要求，并在参赛过程中锤炼品德修养。

此外，学校坚持用"两弹精神""三线精神""西迁精神""西南科大精神"引领教师成长。学校先后组织20多批次1000余人次到两弹城参观学习，重温先辈们艰苦卓绝的奋斗历程，学习两弹元勋们无私奉献的爱国主义精神。组织多批次教师到西安交通大学西迁博物馆考察交流，学习和弘扬"西迁精神"。通过举办近20场院士、专家系列报告会，让老师们深刻领会"两弹精神""三线精神""西迁精神"，以及西南科大精神的实质与内涵，体会前辈们的精神追求和爱国情怀。学校成立"三线建设历史与文化研究中心"，充分发挥理论研究、理论阐释、理论宣讲、实践育人的作用。

（三）强化师德楷模示范引领，典型树德

在学校发布的《西南科技大学师德标兵评选管理办法（试行）》等文件中，明确每两年在全校范围内评选师德标兵若干人，给予3万元/人奖励。同时加大师德典范宣传力度，将师德标兵作为学校教师最高荣誉。学校党委宣传部持续宣传优秀典型的先进事迹，党委教师工作部牵头邀请先进典型人物举办讲座、访谈等活动，起到很好的示范引领作用。为宣传典型，凝聚力量，学校还持续开展

《龙山薪火》[①]《扶贫路上的西南科大人》[②] 等系列出版物的创作，一批作品成为师德教育的优秀材料。

学校持续开展师德师风建设月或师德师风建设年活动，邀请国家级教学名师、师德楷模冯博琴、马知恩、傅钢善等专家为老师举办专题报告会，持续举办"我与师德标兵面对面交流分享会"、师德讲坛等活动，逐步形成新时代崇尚师德、尊师重教的良好风尚。

（四）占领教育教学主阵地，课堂育德

学校着力推进课程思政教学示范、课程思政示范课程建设、课程思政教师培训以及课程思政教学竞赛等工作，为构建全员、全过程、全方位育人体系提供重要支撑。2019年3月，学校党委出台《西南科技大学课程思政建设实施方案》，方案以"落实立德树人根本任务，充分发挥广大教师课程育人的主体作用"为目标；2020年10月，学校决定成立西南科技大学课程思政教学研究中心，在挖掘课程思政元素、推进课程思政课程与专业建设、加强师资队伍建设、提升课堂教学质量等方面明确任务要求与具体举措。

为充分发挥课程思政的育人功能，进一步激发广大教师提高思想政治素质、更新教育教学理念、掌握有效教学方法的热情，学校于2020年成功举办首届课程思政教学比赛。通过比赛，老师们不仅提升了对课程思政重要性的认识和教育教学能力，也提升了自己的师德素养和立德树人的使命担当。2020年11月6日，学校专门召开了"三全育人"综合改革启动暨课程思政建设推进会，启动了学校"三全育人"综合改革试点工作，全面总结了学校课程思政建设所取得的阶段性成果。截至目前，学校已立项建设校级课程思政示范课程74门，课程思政示范专业2个，"银发工程工作室""明理求真工作室""集思慧图工作室"等6个课程思政工作室被认定为学校首批"思政名师工作室"。同时马克思主义学院李群山老师主持的"李群山名师工作室"入选四川省2021—2025首批名思政课教师工作室，土木工程与建筑学院徐春霞老师主持的"'职生芽'徐春霞名辅导员工作室"入选四川省2021—2025首批名辅导员工作室。

（五）注重培养教师人文情怀，文化养德

学校坚持用中华优秀传统文化、红色文化、地方文化滋养教师的人文情怀。连续开展"不忘初心、立德树人""党史我来讲 红色照我心"等主题演讲比赛，

[①] 蒋道平、顾倩：《龙山薪火——西南科大人之教师篇》（上），科学出版社2019年版，第5页。
[②] 杨世源、蒋道平：《龙山薪火——扶贫路上的西南科大人》，电子科技大学出版社2021年版，第3页。

举行"我看立德树人"征文比赛,从立德当表率、树人为根本、立教作贡献,争做"四有"好教师等方面启发教师进行深入思考和研讨。连续举办三届教职工中华经典美文朗诵比赛,弘扬中华优秀传统文化,展现中华经典的永久魅力和时代风采,发挥社会主义核心价值观的引领作用。持续开展西南科技大学读书文化周、"荟华撷英"文化沙龙等系列活动,形成了层次分明、涉及面广、参与面宽的传统文化传承创新体系。

同时,学校一大批老师通过开展大禹文化、李白文化、嫘祖文化研究及交流等活动提升文化自信和人文素养。近年来,学校组织教师前往长征干部学院、王右木纪念馆、江油市党史馆、川陕革命根据地博物馆、遵义会议纪念馆等爱国主义教育基地开展革命文化教育活动及师德专题教育培训。2018年11月,学校申报获批绵阳市人文社会科学研究基地"四川王右木研究中心",致力于打造马克思主义在四川的传播与实践研究基地、教师培育和践行社会主义核心价值观的宣传教育阵地,先后组织多批次教师前往学习培训。

在推进文化传承创新与师德师风建设过程中,学校启动了师德文化引领计划,一种融合"两弹精神""三线精神""西迁精神"以及"西南科大精神"的师德文化正在形成。

三 实践探索在路上,科学推进求创新

随着不断探索、实践,我们的主要启示和创新如下。

(一)建立了"规则立德、培训明德、典型树德、课堂育德、文化养德"五措并举协同推进师德师风建设的有效机制。健全一套制度规范教师言行,突出三个重点提升师德素养,打造一种文化凝聚精神动力。符合党和国家对师德建设的新要求,方向明确,重点突出,具有较大的推广价值。

(二)构建了推进课程思政建设的"竞赛牵引、培训助力、项目实施"三位一体模式,这一模式充分发挥了课程思政在"教育者先受教育"过程中的重要作用,使教师能够不断提升践行师德规范和要求的能力,并在实践中转化为自己稳定的内在信念和行为品质。

(三)利用党委教师工作部与教师发展中心合署办公的优势实现了师德教育与教师培训的有机结合;利用绵阳的地域优势实现了师德涵养与弘扬"两弹精神""西迁精神""三线精神""西南科大精神"的有机结合。

四 师德建设见成效,良好风尚在形成

(一)2020年,学校被确定为四川省首批"三全育人"综合改革试点高校。

截至目前，学校已认定省级课程思政项目29项，其中省级课程思政课程21门，省级课程思政专业2个，省级课程思政教学团队5个，省级课程思政教学研究示范中心1个。2021年4月，学校作为教育系统优秀集体的代表，荣获"全国五一劳动奖状"。

（二）学校涌现出一批获得"全国五一劳动奖章""全国优秀教师""全国师德先进个人""全国辅导员年度人物"及省市师德标兵、教书育人名师等荣誉称号的师德先进教师代表，展示了学校教师的高尚师德和优良师风。据不完全统计，学校有4人获得全国优秀教师称号，1人获全国五一劳动奖章，2人获四川省五一劳动奖章，2人获四川省师德标兵称号，4人获四川省教书育人名师称号，1人获评"全国辅导员年度人物"，2人获评"四川省辅导员年度人物"，50余人次分别获得绵阳市师德标兵、绵阳市优秀教师、绵阳市优秀教育工作者等称号。

（三）师德师风建设带动教师教育教学能力显著提升。近五年来，学校先后获全国高校青年教师教学竞赛二等奖2项，全国高校教学创新大赛三等奖1项，全国高校混合式教学设计创新大赛三等奖2项，四川省高校青年教师教学竞赛一等奖2项、二等奖7项，四川省高校教学创新大赛一等奖1项、二等奖1项，四川省普通高校思想政治理论课"精彩一课"教学比赛一等奖6项、二等奖2项、三等奖3项，选送5人参加"首届全国高校思想政治理论课教学展示活动"分别获特等奖、一等奖、二等奖。一批教学能力较强、学术水平较高、具有良好职业道德和敬业精神的优秀青年教师脱颖而出。学校在全国普通高校教师教学竞赛排名中从2018年的第320位提升到最新的第44位。

（四）教师良好的道德风尚带动教风的根本好转，而良好的教风促进优良学风的形成。随着师德师风建设工作的有力推进，学校不断涌现一批又一批优秀教师，在他们的示范引领下，学校教风取得明显好转，进一步带动优良学风的形成。如全国辅导员年度人物获得者辛婷老师、师德标兵王银玲老师就是他们的典型代表。其中，辛婷老师所带班级先后多次获得"四川省先进班集体""绵阳市优秀班集体""绵阳市雷锋班集体""西南科技大学优秀班集体"等集体荣誉；班级最高考研率达38%；17名同学获得绵阳市三好学生；20名同学获绵阳市优秀学生干部称号；6名同学先后获得四川省的优秀毕业生称号。王银玲老师所指导的2021届第十二期智能机器人创新实践班提交的成绩单显示，33名学生中2人获"省级优秀毕业生"称号，1人获国家奖学金，17人获国家励志奖学金24次；8人被成功推免国防科技大学、电子科技大学、西安电子科技大学等国内知名高校攻读研究生，16人考上四川大学、电子科技大学等高校研究生，保研和考研率占全班总人数的73%；获省级以上科技竞赛奖项28项，完成省级以上大学生创新创业训练计划项6项，授权国家专利8项。

（五）学校在师德师风建设方面的思考与举措，通过调研或专家咨询等方式与四川大学、西安电子科技大学、南京师范大学、江苏大学、成都理工大学、西南石油大学、西华大学等高校的专家学者进行了交流分享，得到大家的充分认可。学校部分教师先后到绵阳师范学院、贵州理工学院等高校分享交流推进课程思政的经验与体会，收到一致好评。

参考文献

刘芳池：《喜报！西南科大荣获全国五一劳动奖状！》，2021年4月29日，http：//news.swust.edu.cn/2021/0429/c294a133529/page.htm。

田宝单：《喜讯！学校在全国普通高校教师教学竞赛排名中连续两年入围全国50强》，2021年3月22日，http：//news.swust.edu.cn/2021/0322/c295a131513/page.htm。

武宏：《新时代高校青年教师师德师风建设路径探究》，《知识文库》2020年第4期。

蒋道平、顾倩：《龙山薪火——西南科大人之教师篇》（上），科学出版社2019年版，第5页。

杨世源、蒋道平：《龙山薪火——扶贫路上的西南科大人》，电子科技大学出版社2021年版，第3页。

龙晓英：《我校获批16项省级课程思政示范项目》，http：//news.swust.edu.cn/2022/0506/c295a159140/page.htm。

依托大学科技园建设创新创业教育实践平台的改革试验

张 勇[*] 贾 芳[**]

成果简介：成果针对创新创业教育实践平台短缺、指导帮扶不到位、教育与实践脱节等问题，以西南科技大学国家大学科技园为依托，突出"科技创业"特色，以大学生创新创业俱乐部、大学生科技创业实习基地为抓手，改革组织管理体系、改进工作运行体系、改善政策保障体系，切实开展创新创业活动、创新创业竞赛、学生实习实训、成果转化孵化与创新创业实践相结合试验。建立健全西南科技大学创新创业教育实践体系，促进教育与科技、经济、社会紧密结合，提高创新创业人才培养质量，为四川省高校深化创新创业教育改革在路径探索方面积累了经验，发挥示范作用，得到社会广泛认同。

关键词：科技园；创新创业教育；实践

党中央、国务院高度重视高校创新创业教育工作。为贯彻落实党中央、国务院重大决策部署，2015年5月，国务院办公厅印发了《关于深化高等学校创新创业教育改革的实施意见》（以下简称《意见》），指出高校创新创业教育存在一些不容忽视的突出问题，如"实践平台短缺，指导帮扶不到位，创新创业教育体系亟待健全"。意见明确提出，"强化创新创业实践"是创新创业教育改革的主要任务和措施之一。西南科技大学国家大学科技园（以下简称大学科技园）是科技部、教育部2001年批准筹建的全国首批国家大学科技园，2003年正式成立，是学校技术转移和科技成果转化、创业企业孵化、创新创业人才培养的综合性科技创新平台。早在2012年，大学科技园就按照科技部、

---

[*] 张勇（1973— ），西南科技大学社会科学处处长，教授，硕士生导师，主要研究方向为军民融合发展、绵阳科技城建设、三线工业遗产研究等。

[**] 贾芳（1986— ），西南科技大学后勤与产业管理处，助理研究员，主要研究方向为企业管理、创新创业等。

教育部的要求，在大学生创新创业人才培养方面，开展了一系列的探索和实践。2013年，西南科技大学围绕建立创新创业教育体系，明确提出依托大学科技园，开展先行先试。2015年，国办《意见》出台之后，学校按照省府办实施意见要求，依托大学科技园继续推进改革试验，全面建设学校创新创业教育实践平台。

一 改革思路

以"一依二抓三改四试验"作为创新创业教育实践平台的建设思路："一依"，以大学科技园为依托；"二抓"，以大学生创新创业俱乐部、大学生科技创业实习基地为抓手；"三改"，改革组织管理体系、改进工作运行体系、改善政策帮扶体系；"四试验"，开展创新创业活动、创新创业竞赛、学生实习实训、成果转化孵化试验。其中，依托大学科技园创新资源，把大学科技园作为创新创业教育实践平台建设的重要支撑；紧抓"创新创业俱乐部""创业实习基地"功能，推进理论与实践教育结合；建立大学科技园牵头、多部门齐抓共管的创新创业教育实践组织管理体系，机构、场地、人员、经费落实的工作运行体系，国、省、市、区、校五级政策帮扶体系；将创新创业活动、创新创业竞赛、学生实习实训、成果转化孵化等实践内容与大学科技园集成，解决了创新创业实践平台短缺、平台资源整合能力不足、管理运行不规范、指导帮扶不到位等问题，促进大学科技园主流回归，实现学校人才培养目标。

二 创新试验

（一）"一个依托"

充分发挥大学科技园科技成果转化、高新企业孵化、创新创业人才培养、服务地方经济建设功能，将大学科技园浓厚的创新文化、丰富的创新资源和良好的创新环境等优势与学校创新创业教育的改革需求衔接配套，突出"科技创业"特色，建设创新创业教育实践平台，开展创新创业教育实践。形成学校、园区、企业之间的良性互动，让学生受到锻炼，企业获得人才，拓展了大学科技园创新创业人才培养功能外延，丰富了学校创新创业教育实践内容。

（二）"两个抓手"

依托大学科技园打造了"大学生创新创业俱乐部""大学生科技创业实习基地"，推动理论教学与实践教学相结合。以"创新创业俱乐部"为抓手，建设创新创业导师队伍，开设了创新创业理论课程，将园区成功案例编入课程，丰富了理论教学体系。通过举办创新创业主题沙龙活动、讲座、论坛、模拟实践等方式，改变传统教学方式，丰富了学生的创新创业知识和体验。以"创业实习基地"为抓手，支持园区企业接纳学生实习、实训和就业。组织学生到园区开展创新创业实践，引导和鼓励学生创办科技型企业，充分锻炼学生创新创业能力，形成"产学研用"结合的实践教学体系。

（三）"三个改革"

1. 改革创新创业教育实践的组织管理体系

在原有创新创业教育领导小组基础上，成立以校长为组长，分管教学、学生、科技三位校领导为副组长，组织部、学生处、教务处、研究生院、人事处、计财处、国资处、工程技术中心、团委、大学科技园主要负责人为成员的"大学生创新创业俱乐部建设工作领导小组"。成立以大学科技园主要负责人为组长，教务处、学生处、招就处、校团委等部门分管领导为副组长的工作小组。形成校长任组长、相关校领导分工负责，大学科技园组织落实的创新创业教育实践领导体制。

2. 改进创新创业教育实践的工作运行体系

建立大学科技园牵头、校内外多部门联动、齐抓共管的工作机制，围绕学校创新创业人才培养目标，通过制度保障、政策争取、队伍建设、财力支持、设施提供等手段，形成强大合力，共同推动创新创业教育实践局面。大学科技园成立学生科技创业中心，配备专职人员、落实办公地点、安排工作经费，负责创新创业教育实践平台建设和创新创业实践日常管理工作，做到"机构、人员、场地、经费"四到位。依托大学科技园建立学校"大学生科技创业指导站"，遴选配备优秀学生干部，建立学生自我教育、自我服务、自我管理工作机制，协助开展创新创业教育实践。

3. 改善创新创业教育实践的政策帮扶体系

利用大学科技园渠道优势，构建了国、省、市、区、校"五级"和教育、科技、工信、人社、共青团等"多口"支持学生创新创业教育实践的政策帮扶和资金支持体系。发挥园区综合平台优势，组织学生申报国家级、省级大学生创新创业训练计划和省科技创新苗子工程项目资助。帮扶学生争取市、区两级就业见习补贴、创业补贴。出台《国家大学科技园实习生岗位设置及津贴管理办法（试行）》，补贴提供实习岗位和开展实习实训的园区企业。制定《国家大学科技园入孵企业管理办法》，建立房租"先收后补""先收后奖"机制，补贴奖励园区企业。

(四)"四个试验"

1. 探索开展"创新创业活动"试验

按照"月月有主题、周周有活动、天天能咨询"要求，邀请成功企业家、风险投资人、创业学生，定期开展创新创业培训、创业经验交流、创业项目推介等主题沙龙活动。全面开展政策法规咨询、项目孵化扶持、项目路演、投融资服务等活动，实现常态化。组织实施四川省科技创新苗子工程项目，将科技创新、成果转化、科技创业紧密衔接，培养出一批学生科技创新苗子，遴选了一批有一定应用前景、可望进入市场转化或具有一定技术成熟度的项目。主办学校大学生创新创业成果展，积极组织园区学生创业企业项目参加成果展，营造创新创业良好氛围，激发学生创新创业热情。

2. 探索开展"创新创业竞赛"试验

组织开展各级各类重要的创新创业竞赛，主办"大学科技园杯"西南科技大学大学生创业大赛、首届"国家大学科技园杯"绵阳市青年科技创业大赛。定期组织园区学生创业企业项目参加中国创新创业大赛、"创青春"大学生创业大赛、"互联网+"大学生创新创业大赛。将创新创业实践作为推荐学校学生参加创新创业竞赛的重要指标，组织学生创新创业团队深入园区开展创新创业实践活动，鼓励学生与园区企业联合开展科技攻关。组织园区导师队伍对学校创新创业竞赛参赛项目全程辅导，开展赛事培训、参赛经验交流、模拟路演，提升学生创新创业实践能力。

3. 探索开展"学生实习实训"试验

实施学校承担的国家级、省级大学生创新创业训练计划项目，开展创新训练、创业训练和创业实践，通过编制商业计划书、开展可行性研究、模拟企业运行、参加企业实践等环节，提升学生创新创业意识和能力，遴选优秀训练项目到园区落地转化。组织园区企业建立学生实习实训实践基地，提供科技创业实习岗位，招聘实习实践学生，开展实习实训。组建成立"创新创业人才培养"试点班，以讨论、交流、分享、实践等多种教学形式，组织开展创新创业教育实践课堂教学，培养创新创业高级人才。

4. 探索开展"成果转化孵化"试验

组建创新创业导师队伍，建成学生创新创业专用场地，全面向学生创新创业实践开放各种资源，为学生科技创新、成果转化、企业孵化提供场地、资金、服务等方面的支持，鼓励学生到园区创业。安排专门人员，全面跟踪科技创新苗子工程、创新创业训练计划项目、参加实习实训的学生，吸引高水平人才入园科技创业。组织创业成功的学生创业企业设立实习实践岗位，辅导其他学生创新创业，反哺学校人才培养。形成校区园区互动的人才培养模式，提高了学校创新创业人才培养质量。

三 应用成效

本成果自 2013 年 1 月至 2017 年 1 月展开实施。本成果实施期间，通过"一依二抓三改四试验"，快速建成创新创业教育实践平台，加强了创新创业教育基本条件建设；全面组织开展创新创业教育实践，推动了创新创业教育与管理改革，形成领先水平的教学成果。通过改革试验，不仅健全了学校创新创业教育体系，还提升了大学科技园综合能力，反哺大学科技园建成"国家技术转移示范机构""国家级科技企业孵化器""四川省大学生创新创业示范俱乐部"；学校被确定为"四川省激励科技人员创新创业专项改革试点单位"、"四川省全面创新改革试验定点联系单位"，获批为首批"四川省深化创新创业教育改革示范校"。

（一）创新创业意识培养方面

成果实施期间，学校新设立了 35 门创新创业类课程，建立了 160 余人的创新创业课程教师队伍，组建了 500 余人的校内外创新创业导师队伍。开展了创新创业培训、创业经验交流、创新创业竞赛、创业项目推介等主题沙龙活动 40 余次，为大学生创业团队提供政策法规咨询、项目孵化扶持、项目路演、投融资服务等创新创业服务活动 100 余次，受益学生 12000 余人，全面培养了学生的创新创业意识，提升了创新创业能力。

（二）创新创业能力提升方面

成果实施期间，组织园区创业学生 4000 余人次参加"创青春"大学生创业大赛、中国创新创业大赛、"互联网+"创新创业大赛等各级各类创新创业大赛，获国省奖项 18 项。组织 160 余家园区企业提供科技创业实习岗位 815 个，接纳学生实习实训 67 万人天数。组织园区企业提供就业岗位 1389 个，解决就业 142 人。全力提升了大学生创新创业能力和水平。

（三）创新创业项目培育方面

成果实施期间，组织学生申报获得国家创新创业训练计划项目 88 项，其中创业类项目 19 项；获得省级项目 196 项，其中创业类项目 29 项；通过组织实施，26 个创业类项目在大学科技园落地转化，300 余人得到创新创业实践训练。组织园区创业学生申报获得四川省科技创新苗子工程项目 66 项，包括重大项目 1 项、重点项目 4 项、一般项目 43 项、俱乐部专项 18 项；通过组织实施，18 个项目在大学科技园落地转化，培养学生科技创新苗子 500 余人。

（四）创新创业转化孵化方面

成果实施期间，大学科技园免费向学生开放场地、设施、信息等各种资源；建成总建筑面积约 3000 平方米的学生创新创业专用场地 1 个，占大学科技园可自主使用场地的 13%。建立了创业导师帮扶机制，制定了多项优惠政策，疏通了创业补贴申报渠道，帮扶学生成功创办科技型中小微企业 78 家。

（五）创新创业典型培养方面

成果实施期间，孵化培育了天羽航科技、扶摇飞行器、长根网络科技、碳素云科技、牛斗网络科技等一批学生创业企业。培养出一批学生创新创业典型，陈浩入选四川省创新型企业家培养计划首批培养对象；谢福林作为四川省创新创业典型代表，两次得到中央电视台《经济半小时》栏目的深度报道，引起社会广泛关注。

四　社会影响

成果经过教育教学实践检验，应用效果好，推广应用的受益面宽，产生了广泛社会影响。

（一）复制推广了相关经验

成果实施期间，中国（绵阳）科技城管委员会为大学科技园加挂"中国（绵阳）科技城大学科技园区"牌子，多次召开现场会，面向在绵阳的 14 所高校全面推广应用。四川省委组织部组织的"四川省大学生创新创业推进会"在绵阳召开，全省 109 所高校主要负责人、各市（州）党委组织部、重点产业园区负责人实地到大学科技园参观学习考察，向全省复制推广经验。教育部省部共建地方高校工作研讨会在学校召开，全国 76 所教育部共建院校领导到大学科技园参观考察创新创业工作开展情况。

（二）受到多家媒体宣传报道

成果实施期间，中国教育电视台 1 套《中国教育报道》栏目以"西南科技大学：打造中国的'科技特区'"为题宣传报道了大学科技园坚持产学研紧密结合，为师生、企业提供创新创业平台，为绵阳科技城建设提供了强有力的人才支撑和智力支持。《科技日报》以"西南科技大学科技园实现'国牌基地'全覆盖"为题宣传报道了大学科技园近年来在科技成果转化、高新企业孵化、创新创业人才培养等方面建设发展取得的成绩。《四川日报》以"不仅'扶上马'还要

'送一程'"为题宣传报道了大学生创新创业俱乐部的建设与发展情况，聚焦俱乐部成立以来所形成的两大特点"多部门协作平台，服务俱乐部会员"及"拉长服务链条，服务创业学生"，充分肯定了俱乐部的建设成绩。《中国改革报》以"'三位一体'成就学子创新创业梦想"为题宣传报道了依托大学科技园成立创新创业俱乐部，全面提升大学生创新创业能力。《光明日报》以"大学科技园——青年创业'梦工厂'"为题对大学科技园创新创业成果转化孵化案例——绵阳天羽航科技有限公司进行了深度报道，充分肯定了大学科技园在孵化学生创新创业成果方面取得的成效。

校企融合共建创新公共实践平台的探索与实践

赖思琦* 邓洪权

成果简介：工程技术中心是承载全校大学生工程训练实践教学任务的单位，是培养全校学生工程素养的公共平台。中心以校企合作共建公共实践平台为突破口，通过分析当前实践平台建设和运行过程中出现的难题和矛盾，探究校企合作下实验室建设与管理的新模式，研究如何在提高人才培养质量的同时实现校企合作共赢的机制。经过多年实践，校企双方在教学资源建设、科研项目合作、师资交流等多方面开展深度合作，实现双方优势互补、资源共享、互利共赢，推动企业优质资源转化为高校教育教学内容，从而提高工程技术中心的实践教育水平，使校企合作真正服务于高校人才培养全过程，并取得满意的效果。

关键词：工程技术中心；校企合作；公共实践平台；实验室建设与管理

一 引言

深化产教融合、产学研结合、校企合作是高等教育，特别是应用型高等教育发展的必由之路。近年来，普通本科院校坚持以经济社会发展需要为导向，服务"中国制造2025"等国家战略，紧密对接经济带、城市群、产业链布局，推进产学研合作办学、合作育人、合作就业、合作发展，促进人才培养供给侧和产业需求侧结构要素的全方位融合，加快培养各类卓越拔尖人才。

众所周知，地方工科院校实践环境建设和发展困难，实验手段落后，实验设备陈旧，长期以来一直困扰和影响学校的改革和发展。特别是许多地方工科院校的实践性教学环节中普遍存在实验设备经费投入不足，实验教学设备更新周期长，教师在课堂教学时讲授的是先进技术、新设备和新方法，而学生到实验室所接触到的往往是一些过时、陈旧或落后的实验设备和实验手段，产生了落后的实

---

* 赖思琦（1976— ），西南科技大学工程技术中心工程训练基地主任，高级实验师，主要研究方向为机械制造。

验手段与科学技术日新月异快速发展的矛盾。虽然，大家都认识到校企合作是解决上述问题的有效途径，但由于校企双方运行模式的差异、追求目标不同，导致校企合作在实施过程中困难重重。因此，这就要求高校实践教学单位建立一套有效的高校与企业合作运行机制，既能解决工科院校实践平台建设中反映出来的问题和矛盾，又可能进一步完善、优化和提升高校实践性教学环节，同时也能帮助企业技术研发和提质增效，达到校企优势互补、资源共建共享、合作共赢的目的。

二 校企合作存在问题

校企合作成功的关键是必须得到双方高度配合，需要校企双方共同协调实习实践时间，共同设计与教学任务高度契合的实习实践内容。高校作为基础教学单位，目标是为了人才培养；而企业作为经营生产单位，其目标是创造价值与追求利润。这种校企之间天生的目标差异，是所有校企合作双方在实施过程中都会遇到的难题。

（一）校企双方目标不一致

高校的教育目标是育人，而企业以追求利益最大化为目标。然而，校企合作实质是利益关系杠杆下的合作，但学校与企业的利益诉求不一样，协同育人、提高教育质量和社会效益最大化是学校合作的目的，学校绝对不能追求经济效益最大化。我国高校现行的体制机制、管理方式都对企业的发展和追求利益的目标产生了一定的制约。因此，需要寻找高校与企业利益杠杆的"制衡点"和"平衡项"，既能够保障高校育人目标，又能兼顾企业利益。

（二）校企日常管理模式差异

首先，对于企业，员工是企业管理的对象，企业的主要服务对象是用户，员工只要做到给企业带来利益，在这过程中其他的细节不会太过关注。而学生是高校的管理对象，高校的服务对象是学生，因此学生培养过程是高校管理中的重要组成部分；其次，企业是通过完成生产经营业务为首要目标，一切管理活动都是围绕生产经营开展，对员工能力的培训提升并不放在首位。而学校则是为培养出合格的毕业生安排各项教学任务，一切管理活动都以教学任务为中心开展。因此，高校的教学与企业生产经营是两种完全不同的活动，其活动内容、时间安排、目标均不同，当两者整合到一起的时候，矛盾与冲突自然凸显。因此，需要寻求高校管理体系与企业管理模式各自的优势，相辅相成实现共赢。

（三）校企合作机制尚未完善

现行的校企合作人才培养过程中，仍停留于一些浅层次的合作，如参观、提供实习岗位和业务的指导、提供课件建设案例等，很多都是短期的、不规范的、靠人脉关系来维系的低层次合作，尚未达到真正产学融合的内涵和要求，形成贯穿与高校人才培养全过程的深层次长效合作。校企合作高校应该做到把课堂搬到企业，把实践移到生产车间，把理论学习与实践动手能力结合起来，让学生在学中做、做中学。因此，解决校企合作运行机制也是需要解决的重要问题。

三 校企合作共建创新公共实践平台

工程技术中心是我校国家级工程训练中心，自成立以来不断研究、探索人才培养质量新模式，实践校企合作新途径。为适应社会经济发展需求，不断提升人才培养质量，充分利用学校资源，与企业共同探索新形势下工科院系实践教学理念和教学模式。近几年来，中心通过教育部产学合作协同育人项目，与北京正天激光、济南科明、绵阳惠捷领航等十余家企业在实验室建设方面进行了一系列合作，经过一系列研讨，积累了校企合作的经验。

（一）校企合作共建新思路

校企合作实践基地既是企业的生产经营场所，也是实践教学场所，同时具有实践教学功能和生产经营功能。高校需要兼顾企业盈利，使教学活动对生产经营起到正面的促进作用，保证在公共平台内，企业利益最大化，实现校企双赢的效果。首先，高校需要在工程训练中心或实习车间为企业提供校内生产经营场地，作为校企合作实践基地；其次，企业需要分批次投入设备，并根据技术发展需求进行设备升级，同时高校根据学校预算每年作相应投入，保障校企合作实践基地的建设质量；最后，建立相应的运行管理机制，从场所环境、实践教学课程体系的构建，到师资队伍建设、实践教学的实施管理，校企合作实践基地等方面实现校企合作实践基地资源的共享共建。

（二）构建校企合作共建新机制

以与绵阳惠捷领航科技有限公司共建创新公共实践平台为例，该平台位于国家级工程训练中心202实习车间内，面积1000余平方米。中心成立校企合作办公室，与学校相关职能部门沟通协调，尽可能为企业提供"生产、生活、管理、安全"等方面的便利。公共平台成立两年来，为每年到中心进行工程训练实践教学的六千多学生提供了完整课程案例和生产经营环境，丰富了学生的实践环节内容，并且提升了中心实践教学的质量。

1. 校企合作实践基地由学校与企业共同负责。双方管理人员在一起协同办公，遇到问题及时协商。双方用全局的观念、战略的眼光，充分发挥各自优势，整合优势资源，平衡双方利益，共同建设产学融合实践平台。健全体制机制，在兼顾双方整体利益基础上，校企双方利用各自优势在环境建设和人才培养中充分发挥主体作用，最大限度地发挥公共实践平台的教学功能和生产功能。

2. 校企合作实践基地所开展的活动具有"教学"和"生产"两种属性。因此，需要校企双方的各种事务活动在合理范围各自调整，共同谋求利益。在正常的教学期间，企业生产需要让步学校教学，尽量为教育教学提供技术人员和各种实践性资源；非正常教学期间，学校利用自身的研发与科教优势，为企业发展与升级转型提供指导。校企双方保障教学活动与经营活动有效衔接，确保公共平台的各类活动能有效开展，实现产学融合公共实践平台的持久创新发展，解决企业利益追求与平台教学功能发挥之间的矛盾。

3. 校企合作实践基地作为校企共建共管的平台。企业为学校提供各种实践性教学资源，同时校方要能为企业提供企业所需要的科研设备、企业宣传途径。很多校企合作难以深入持久，是由于双方不能形成命运共同体，利益不对等。因此，校企合作实践基地在人才培养的模式与教学组织上要有一定的灵活性，更好地满足企业生产经营发展的需要，增强服务于合作企业的意识和能力。企业与学校之间相互支撑、相互依存、相互促进、相互施能，双方的产学融合才能共同步入良性循环的发展。

4. 发挥学校"吃、住、行"生活的便利性，以及浓厚文化与科研氛围优势，帮助企业吸引和留住优秀人才，同时也有助于中心的技术指导队伍素质提升，使校企合作实践基地为校企双方提供便利。

四 优势互补、资源共享、共同促进、互利共赢

工程技术中心与绵阳惠捷领航科技有限公司校企合作的创新公共实践平台，通过两年的发展，基本实现校企之间共同发展，实现了学生成长和企业发展的双丰收，达到校企双赢的建设目标。良好的实践环境使工程技术中心的实践教学总体水平获得了提高，赢得了良好的社会声誉。两年来，该平台为数千学生提供了服务，让学生获得了真实生产环境的学习与体验经历。该平台为工程技术中心在教师科研、学生科技竞赛等方面提供了可靠助力，也为企业技术进步、效益提升起到了重要作用。

五　结语

本文对校企合作共建过程中存在的问题进行了分析，并以工程技术中心与企业共建创新公共实践平台为例，归纳总结了校企合作新思路新机制，充分利用企业优势资源并转化为教学优势，进一步完善校企合作育人模式，促进教育教学改革，全面提高学生工程能力素养，提高工程技术中心的实践教学质量。本文提出的校企合作共建模式具有借鉴意义，但仍有不完善的地方，今后在实践过程中需要继续完善。

参考文献

黄海燕：《基于校企深度合作的学生工程实践教育模式研究》，《实验技术与管理》2019 年第 4 期。

于为雄：《校企合作构建人才培养模式研究与实践》，《实验技术与管理》2019 年第 11 期。

刘程琳：《校企政合作共建大学生校外工程实习基地研究与实践》，《实验室研究与探索》2019 年第 7 期。

黄海燕：《项目导向式的校企合作专业实践教育模式探索》，《实验技术与管理》2015 年第 8 期。

王保建：《"新工科"背景下国家级实验教学示范中心建设与实践索》，《高等工程教育研究》2018 年第 8 期。

陈红梅：《校企合作下高校创新创业实践基地的建设与探索》，《实验技术与管理》2019 年第 4 期。

依托分析测试中心培养
创新人才的探索与实践

西南科技大学分析测试中心

摘　要： 介绍了西南科技大学分析测试中心的建立与发展，总结了多学科公共分析测试平台在创新人才培养中的探索和成效，以及在学校学科建设、科学研究、教学、服务社会等方面的作用。

关键词： 分析测试中心；创新人才培养；探索；成效

西南科技大学分析测试中心（以下简称"中心"）自建立以来，作为学校科学研究的基础平台，一直紧密围绕学校的中心工作，支撑学校的科学研究和学科建设，积极参与教学改革，探索科研创新人才培养模式，为学校学科建设、科学研究、人才培养和服务社会做出了重要贡献，成效显著。

一　分析测试中心的建立和发展

中心成立于2006年10月，利用日元贷款项目、省部共建项目和灾后重建资金，先后投入建设资金5000余万元，购置了40余台套大型精密分析测试仪器及配套运行设施。目前，中心用房总面积约5000平方米，设置了无机成分分析室、有机成分及结构分析室、物相及晶体结构分析室、电子显微分析室、谱学性质分析室、综合热学性质分析室、颗粒特性分析室、生化与电化学分析室8个分析测试室，可从事物质的成分、物相、结构、形貌及性能等分析测试。

中心成立后，着力加强师资队伍建设，组建一支专业结构合理、素质高、能力强的师资队伍。积极加强人才引进、学历提升和业务培训，通过短期进修、专项操作培训、参观学习与技术交流等方式，使所有教师对相应的设备在熟练操作的基础上能不断进行新项目的开发；为每台设备交叉配备技术考核合格的仪器操作和维护人员2名，负责该仪器的理论和实践教学、仪器开发、相关课题的研究，同时在各分析测试室设专兼职学科带头人1—2人指导中心的规划建设、分析测试学科建设及教学科研工作等。中心先后建立了实验室、教研室、质量保障部和科研发展部，通过实验室保障中心平台建设和能力提升，通过发挥教研室的作用着力提高教师的教学能力，通过质量保障部提升教师的分析测试能力、保证分析测试数据的真实可靠，通过科研发展部组织协调中心的科学研究。建立仪器开发与维护组，负责分析测试中心的维护与维修、开发仪器的新功能、设计研制新仪器。通过加强高水平分析测试队伍的培养与建设，确保了中心分析测试、教学、科研和能力建设水平的提升。中心现有在编人员23人，其中享受国务院特殊津贴专家2人、四川省学术和技术带头人1人、教育部高等学校化学类专业教学指导委员会委员1人、四川省教学名师1人、博士生导师3人、教授4人、副教授12人，16人具有博士学位、6人具有硕士学位。

经过近16年的建设，中心已成为全国高校分析测试中心研究会会员单位、中国分析测试协会会员单位、四川省分析测试学会常务理事单位、四川省大型科学仪器平台—绵阳分平台、绵阳市新型工装及面料产业联盟成员单位、中国（绵阳）科技城检验检测联合体成员单位，是国家计量认证合格单位（CMA证书编号：162300300388）。中心围绕材料、环境、生命、化学、地矿、国防等学科领域，在特殊成分分离与提取、定性和定量分析、微结构分析、低维度表征等方面形成了一定特色，解决了校内外科研机构和企业分析测试中的许多难题。

中心作为学校学科建设、科学研究及人才培养的重要支撑，是融分析测试、教学、科研和社会服务为一体的多学科公共分析测试平台。中心以"主动为教学科研服务，让大型仪器资源充分共享"为宗旨，以"建设一流的教学科研平台"为目标，坚持"科学严谨，准确公正"的工作态度，在高水平分析测试队伍的培养与建设、支撑学校科学研究与学科建设、科研创新人才培养等方面进行了积极探索和实践，成效显著。

二　学科建设与科学研究方面的成效

中心立足分析测试本职工作，严格遵循质量管理，主要面向物理、化学、生命、材料、环境、地矿、电子、农学、司法鉴定等学科，已成为现代分析测试的重要基地、科学研究的重要支撑和学科交叉的创新平台。

中心积极支持并参与学校的重点学科和重点实验室建设工作，为学校的学科建设和重点实验室建设贡献力量。积极参与学校博士学位授权点申报工作，为学校相关学科建设提供支撑和保障，围绕我校环境与资源、材料与化学、生命科学、核科学等重点学科，积极建设具有突出分析测试特点的研究方向，如有毒有害及放射性分析测试技术研究、低维材料属性研究、高性能节能材料属性研究等，努力构建"科研项目有特色、科研成果水平高、科研团队能力强"的科学研究体系。支撑学校一级学科博士学位授权点 3 个、一级硕士学位授权点 11 个。支撑学校工学、理学、农学学科相关 8 个学院本科专业 21 个，其中包括国家级一流本科专业 5 个、国家级特色专业 5 个、国防特色专业 2 个、省级一流本科专业 5 个。以分析测试平台为基础，与相关学院配合，加强综合性学科实验室的建设，中心作为环境友好能源材料国家重点实验室等支撑平台对学校重点实验室建设发挥了有效作用。

中心的分析测试数据为学校重大科研项目的顺利开展提供了重要保障，为学校科学研究做出了重要贡献。中心 2007—2021 年共完成校内样品测试 415821 件，错漏检率小于 1%，重大分析质量事故为零，重大投诉事件为零，内、外检合格率大于 98%。支撑学校相关科研近 5 年发表学术论文 6425 篇，其中重要核心 4257 篇、SCI 高级别论文（一区、二区）1456 篇；出版著作 96 部，授权专利 1097 项，其中发明专利 704 项；获得各类科技成果奖 130 项，其中省部级 115 项。

三　教学方面的成效

中心成立以来，积极探索大型仪器设备面向学生开放使用的机制，努力搭建教师—研究生—本科生一体共享的实践平台，使其成为全校多数理工科专业的重要实践教学基地。

中心开设基于"现代分析测试技术"的校级精品资源共享课程群。承担着理工科研究生学位课程"现代分析测试技术"的教学，面向本科生开设了"现代分析测试技术方法与实践""现代仪器分析——生活、健康、环境""物质成分分析""物质结构分析""环境检测分析""X 射线物相分析及应用""谱学分析及应用""功能材料与器件""纳米科技与纳米材料""X 射线探究晶体微观世界""地球化学元素分析""化学综合设计实验""现代信息查询与利用""实验室安全与防护""科学研究方法与论文和专利写作""试验设计方法及数据分析以及仪器分析实验"等注重科研创新能力和实践动手能力培养的选修课。极大地提高了学生解决生产实际、科学研究中问题的能力，为学生进一步深造或就业提供了知识和能力准备。

为了充分发挥大型仪器在学科建设和科学研究中的作用，增强学生对分析科学仪器的操作能力，提高中心的开放水平，中心根据师生需求定期开展大型仪器的操作培训。培训主要内容为仪器的工作原理、基本操作以及在实际应用中经常遇到的问题讲解并上机实际操作，使学生具备独立操作大型仪器设备的能力。从 2014 年至今共举办了 73 期大型分析仪器应用技术培训班，累计培训学生 2497 人次，为1822名能独立熟练操作并正常结业的学生发放了仪器培训合格证，为921人发放了大型仪器操作上岗证。

中心面向全校接受环境类、材料类、化学类、地矿类、生物科学类综合性认识实习、生产实习、毕业设计及课程实践教学工作以及四川中医药高等专科学校的实习。为提高毕业生的论文水平，在学生毕业论文实践中，中心根据仪器的实际情况，结合学生的需求提供不同的培训模块供学生选择。结合我校相关专业和学科特点及其学生的实际需求，提供了成分分析、微区结构分析、色谱质谱分析、波谱分析、性质分析、生化分析等模块的"现代分析测试技术实践强化班"，有针对性地开展分析方法和数据解析培训，丰富了学生毕业论文的实验数据，提高了毕业论文的质量，受到了学校师生的好评。

四 科研创新人才培养的成效

大学生科研训练创新班成立于2009年，旨在加强创新人才培养方式改革，完善优秀大学生教育培养运行机制，促进我校创新型人才培养。创新训练以多学科公共分析测试平台为依托，以学生发表高质量的科技论文为标志性成果，通过系统的科研创新训练，着力提高本科生科研设计、实验动手、综合分析与解决问题等能力。实行全校跨院系招生，涉及材料、环境、化学、地矿、生命科学、制药、国防等相关学科的多个专业，自建立以来，已经招收13届共计461名学生。

为了满足学生科技创新活动的需求，中心还面向本科生开设自由选题实践训练和实验室开放基金项目供学生选择，由校内各专业本科生在教师的指导下提出的综合性、设计性实验，科研型实验，学生科技活动型开放实验，中心教师结合学生的选题及实验方案，给予指导和帮助。中心专门为创新班学生提供实验研究场所、计算机室、相应的实验和分析仪器，为学生营造一个良好的科研环境。不定期地邀请相关领域知名专家作学术报告，在校内定期举办学术沙龙、学术讲座等活动，为学生提供学术讨论和交流条件，营造良好的学术氛围。

学生通过科学研究方法、文献检索、撰写实验方案、科学实验、撰写论文等系统训练，获得了科学研究方法与技能，提高了发现问题、解决问题的能力，因此，创新班学生深受用人单位青睐，升学就业优势明显。创新班学生在国内外优秀期刊发表论文125篇，申请专利37项，负责或参与大学生创新基金和大学生创新创业项目86项，180余人次获得校级及以上三好学生、优秀学生干部、大学生挑战杯、社会实践优秀奖、科技创新奖等奖项。创新班考研率一直保持在50%左右，目前毕业的十届学生共363人，159人通过保研、考研获得北大、清华、中科大、中科院、浙江大学等高校进一步深造的机会。

五　服务社会的成效

中心在满足校内科研分析测试服务的前提下，依托先进的大型精密分析测试仪器和中心的人才优势，为地方经济发展和科技进步作出了重要贡献。如长期为绵阳南山印染厂、遂宁新绿洲印染有限公司、绵阳佳联（佳禧）印染有限责任公司生产的迷彩布进行紫外—可见漫反射的分析测试，并协助公司解决技术难题；为北京某军工研究院植物纤维素样品进行检测方法的革新，解决了研究院一直困扰的难题。2007—2021年共完成校外样品测试35338件，用户范围覆盖绵阳、成都、德阳、简阳、攀枝花、遂宁、崇州、泸州、广汉、重庆、雅安、广西、南京、北京、广州、苏州等地。

先后为中国工程物理研究院、江油工业学校、四川轻化工大学、绵阳师范学院、绵阳职业技术学院、四川中医药高等专科学校等科研院所及高校开展了多期大型分析测试仪器应用操作培训，为绵阳科技城创新能力提升以及企业产品质量检测做出了重要贡献。

六　结束语

中心将继续贯彻"整合、共享、完善、提高"的平台建设方针，更加坚定地走内涵发展的道路，进一步提高大型仪器的管理水平，通过大型分析测试仪器专管共用，做到资源共享，优势互补，更好地支撑学校的学科建设、科学研究、人才培养和社会服务，为把我校建设成特色鲜明的高水平大学贡献更大的力量，在西南科技大学的新征程中谱写新篇章。

应用技术学院人才培养体系的构建与实践

莫才友* 张 华

摘 要：为了适应经济结构的调整和产业转型的升级，国家引导高校主动对接经济社会发展和区域产业布局，打造一批地方（行业）急需、优势突出、特色鲜明的应用技术型专业。应用型人才培养作为高校人才培养的重点，如何构建应用型人才培养体系，实现应用型人才的培养目标，成为高校需要探讨和实践的重要课题。在培养应用型人才过程中，西南科技大学应用技术学院也在不断地探索和改革，构建了一套较为完善的应用型人才培养体系。

关键词：应用型人才；培养体系；师资队伍；实践教学

一 应用型人才培养体系的构建与实践的意义

应用型人才就是把成熟的技术和理论应用到实际的生产、生活中的技术技能型人才。普通本科教育在培养适量基础型人才、学术型人才的同时，着力培养多规格、多样化的应用型人才，把办学思路转到服务地方经济和社会发展上。2017年，教育部批准设置目录外新专业43个，其中93%以上为应用型本科专业，由此可见国家对应用型人才的培养的重视程度。

应用型人才培养体系的构建与实践，其重要载体是高校的人才培养体系，而在"产学融合，多元协同"视角下，高校人才培养又面临新的机遇和挑战，同时也给高校教学体系的构建带来新的难题，这就促使高校不得不针对人才创新教学体系。高校在深入融合产教结合思想和多元协同发展理念后，有助于从根本上完善教育教学观念，促使专业教学在开展过程中，有效实现人才培养观念的创新，这就能够给教学体系的创新完善带来一定支撑。而应用型人才培养体系构建与实践，可以从根本上帮助高校改善应用型人才培养存在的不足，推动自身应用

---

* 莫才友（1985— ），西南科技大学应用技术学院实验训练中心主任，讲师，主要研究方向为机械电子工程。

型人才培养工作更加系统化和完善化①。

西南科技大学应用技术学院（以下简称学院）成立于 2004 年，秉承学校"质量立校、人才强校、特色建校、和谐兴校"的办学理念，以培养面向地方经济建设的高水平应用型人才作为人才培养的目标。目前学院专升本开设有会计学、工程造价、机械设计制造及其自动化、工商管理、电子信息工程、法学、计算机科学与技术、土木工程、信息管理与信息系统、材料科学与工程、测绘工程 11 个专业，专科开设有计算机信息管理、法律事务、会计、机电一体化技术、建筑工程技术、经济信息管理、工商企业管理、行政管理 8 个专业，还有材料技能、土木技能、机械技能 3 个本科专业。

学院紧密结合社会需求，科学规划，以就业为导向，不断深化教育教学改革，积极探索特色教育模式，强化实践教学，注重学生实践技能、应用能力和创新精神的培养，着力将学院建设成为特色鲜明的应用型高级专门人才的培养基地。

二　构建应用型人才培养的课程体系

学院从社会发展、市场需求角度出发，做好办学定位，明确应用型人才的培养，根据社会需求的职业和岗位的具体要求，在人才培养教学体系中注重学生知识应用能力的培养。因此在培养方案的制定、专业课程的设置上都以社会实际需求为导向，注重实用性，在专业设置、学科内容方面具有前瞻性和长期性，根据社会的变化及时调整专业和相应课程。

在人才培养课程体系构建过程中，不断优化课程设置。注重学生理论知识学习的同时，结合应用型人才在知识结构上需具有"应用性强"的特征，及时调整人才培养方案，对理论和实践课程进行整合。一是在理论教学中注重知识的应用，在理论课环节中加入一定比例的实践教学环节，使学生快速地将理论知识和实践结合起来，达到学以致用的目的。构建一个目标明确、对学生实践动手方面能力有针对性提升的理论教学体系，它分为公共必修、专业必修课、公共选修课、专业选修课四大模块。二是要求学生需具备一定的创新精神和实践动手能力，构建一个独立设置实践教学体系。它分为实验实训课、专业认知实习与生产实习、课程设计、毕业论文（设计）等课程模块和实践教学形式。

---

① 刘萍、武蕾、袁蒙：《"产教融合，多元协同"应用型人才培养体系的构建与实践》，《产业创新研究》2021 年第 22 期。

三 建设应用型人才培养的师资队伍

随着社会对应用型人才的需求，任课教师自身知识结构应满足应用型人才培养的需要，这不仅要求教师具有高深的理论知识，还要求具备相应的实践动手能力。针对这一问题，急需打造一支服务于应用型人才培养的教师队伍。一是拓宽教师教育视野。围绕青年教师成长，特别是应用型教学研究与教学改革、应用型人才培养等方面，选派中青年骨干教师有针对性地进行国内外研修、访学、培训。二是鼓励支持教师依托校外实践基地、行业企业，开展科学技术研究、合作技术开发与产品研发等，支持教师将应用研究、成果转化与学校的实践教学平台建设发展相融合，将实际的工程实践内容引入课堂教学和实践教学，切实达到通过科研服务教学、反哺教学的目的。三是有计划地选派专业教师到行业一线锻炼，把握前沿科技动态和相关专业技术岗位对应用型人才的基本要求，收集实践教学、毕业设计等所需要的各种专业实践技术资料，以丰富和完善专业教学内容。四是邀请一些校外专家、企业的高级工程师到学院开展专题讲座或进入学生教学课堂，分享经验，交流心得。

四 加强实践教学基地建设

实践基地的建设是培养学生实践、创新、创业能力的重要途径。学院针对部分高校在应用型人才培养中存在重理论轻实践，重课堂轻基地，重基础轻应用的问题，加强实践基地建设，为学生进行实践技能和专业技能训练，增强学生的实践、创新、创业能力有着极大的促进作用[①]。

为增强学生实践能力和创新能力，2006 年应用技术学院成立实验实训中心，充分利用校内实验室资源，与校内工程训练中心、制造科学与工程学院、土木与建筑工程学院等学院共享教学资源；为了充分培养学生实践动手能力，加强实践基地的建设，提升学生综合素质，学院和金和集团、四川省农友园林有限责任公司、四川绵阳科莱电梯有限公司、绵阳安旗科技有限责任公司、绵阳市鼎鑫工模具有限责任公司、绵阳高新区天力机械有限责任公司等多家企业单位建立起长期合作关系，给学生完成实验实训，提升综合素质能力提供了重要的保障。比如利用绵阳职业技术学院建筑工程技术实践教学基地完善优质实践教学资源，定期安排土木工程专业学生到该基地开展生产实习。

雷亮、彭军在《应用型本科人才培养模式改革探索》中，提出了"3+1"

---

① 汤荷花：《地方本科院校应用型人才培养改革研究》，硕士学位论文，苏州大学，2016 年。

人才培养模式，即学生在校内进行三年扎实的专业理论课程学习后，最后一年在校外进行专门的、针对性强的实践训练①。针对学院目前培养学生层次较多，专业跨度大，因此对不同专业、不同层次学生进行分析，根据具体情况采取多形式、多途径的方式进行培养。一是学院充分利用本科优质教学资源，包括师资、实验教学环境等硬件条件，纳入本专科一体化管理培养的模式，使专科学生也可以享受本科学生的学习资源，充分发挥学生的学习能力。二是加大校企合作、校校合作，推进与行业、企业之间的交流合作，将人才培养与企业技术创新需求相衔接，改变以学校和课堂为中心的传统教学模式。遴选教师到企业中提升实践动手的能力，同时让企业中的优秀工程师到学校深入课堂传授经验，学生也可以到企业中去参加生产实践，增强实践动手能力，使学生得到更多学习知识的渠道和增强动手能力的机会。为使培养的人才快速适应企业的用人要求，也为企业储备更多专业技能人才，实现学校和企业双赢。

2013年学院与成都国信安信息产业基地有限公司建立了长期定向培养模式，计算机信息管理专业学生毕业前一年到公司进行集中培训学习，与学校培养方案中岗位实习实现课程学分互认，增强了学生的专业技能和综合素质，毕业后公司可推荐工作，也可自行择业。2014年长虹空调与学院市场营销专业签约成立长虹空调营销班，该届学生毕业后聘用于长虹空调有限公司。2020年学院与金蝶精一信息服务科技有限公司共建实践教学基地，为会计专业部分课程购买了软件教学，丰富了教师的教学手段和方法，也使学生所学知识与社会发展及时接轨，了解专业前沿知识和发展状况。通过实践教学将学生所学知识应用于实践并转化为综合能力，培养学生理论联系实际的能力，同时是检验和巩固学生所学知识及理论教学质量的有力保证。

五　完善教学管理运行机制

教学管理是一个严谨又不能出现错漏的过程，每一个环节都是环环相扣又必不可少的。学院为做好教学服务管理，从培养方案制定，教学任务下达、教师选派、教学质量的评价和管理实现全过程跟踪。在教务处的组织领导下配合做好培养方案的修订、日常教学的督查、学生的选课指导、学分认定、毕业审核、学位审核等具体工作，实现对每一位学生培养过程的指导和跟踪。

为提升教师教学能力，加强对教师教学过程的检查和督导，学院成立了专家督导组，加强对教师讲授课程教学大纲、教学文档、教学方式，课后答疑等方面的检查，且不断深入课堂，了解教师的实际上课情况，并提出指导性意见和建

---

① 雷亮、彭军：《应用型本科人才培养模式改革探索》，《继续教育研究》2009年第9期。

议，并且在院内各个班级中选取班干部成立信息员联络小组，通过报表的形式每周向教学办反应班级教学情况，教学办及时汇总整理信息并反馈给任课教师，通过此方法不断促进教师教学水平的提升和对授课准备的重视程度，促进教师在授课前充分准备，提高自身能力和教学水平。

加强对实践教学过程的监督和考核，对指导老师实践课程教学任务、教学计划、教学过程以及学生实习报告、考核成绩、内容的真实性和有效性进行跟踪和检查，并建立相应的实践教学评价体系，不仅督导专家有对老师评价的权利，也让学生参与实践教学评价体系中，提出学生的意见，将督导专家和学生的意见相互融合，有效提升指导教师的教学方法，促使实践教学环节落到实处。

六　结语

学院通过在现有教学体系下不断创新和改革，整合校内外资源，加大校企合作、校校合作，构建了适应社会需求、学院发展的应用型人才培养体系，并付诸实践，提高了学院应用型人才培养的质量和效率，促进了学校教育和社会产业发展的有机结合。

参考文献

刘萍、武蕾、袁蒙：《"产教融合，多元协同"应用型人才培养体系的构建与实践》，《产业创新研究》2021 年第 22 期。

汤荷花：《地方本科院校应用型人才培养改革研究》，硕士学位论文，苏州大学，2016 年。

雷亮、彭军：《应用型本科人才培养模式改革探索》，《继续教育研究》2009 年第 9 期。

第五章
发展纪实

不忘初心谋发展，砥砺奋进创一流

——西南科技大学本科专业发展纪实[*]

何霖俐[**]　龙晓英[***]

摘　要：西南科技大学自1978年开办本科教育，人才培养从服务建材行业到适应区域经济发展再到主动对接国家战略，构建了多科性大学专业格局。通过实施"8111品牌计划""质量工程项目""卓越工程师教育培养计划""五个一本科教学改革循环推进计划""本科教学2310工程""一流本科教育2025行动计划"，强化专业内涵发展，聚焦人才培养模式创新，形成了"共建与区域产学研联合办学"的办学体制机制特色和"军民融合协同育人、协同创新"的鲜明特色。

关键词：多科性；专业体系；质量内涵；模式创新；育人特色

今年是西南科技大学建校70周年，也是学校开办本科专业的第45个年头。一路风雨，一路征程。学校本科专业从无到有，从少到多，从单一学科到多科性发展，从规模发展到内涵建设，走出了一条有自己特色的办学路子，在不断进取中实现了华丽的蝶变。

一　服务社会发展需求，构建多科性大学专业格局

高等学校的中心工作是人才培养，人才培养的基础是专业建设。学校根据国

---

[*] 基金项目：四川省高等教育人才培养质量和教学改革项目（编号：JG2021-860）；学校教改项目（编号：17XN0050、17XNZD10、22GJZX15）研究成果。
[**] 何霖俐（1980—），博士，教授，西南科技大学教务处副处长，研究方向：高等教育学、教学管理。
[***] 龙晓英（1974—），硕士，西南科学大学教务处教学科助理研究员，研究方向：古代文学、教学管理。

家经济社会不同时期的人才需求，结合区域经济建设和学校自身实际，按照传统专业"整合资源、改造内涵、拓宽面向"，特色专业"重点建设、突出优势、彰显特色"，新办专业"加强建设、保证质量、提高水平"的建设思路，扎实进行了本科专业建设工作，完善了专业体系。

（一）服务建材行业的专业体系（1978—1993年）

1978年3月，国务院批准四川省建筑材料工业学校升格为四川建筑材料工业学院，实行总局与省双重领导，以总局为主的管理体制。学校开始了本科教育新时期。1978年10月，学院首批开设的两个本科专业开始招生，工业电气自动化专业7801班37人，非金属矿床地质与勘探专业7801班35人。

1979年、1981年分别增设了机械制造工艺及设备、非金属矿床开采两个专业。

1982年学校被国务院批准为全国首批学士学位授予权的高校。

1983年，硅酸盐工程（水泥）本科专业招生，1985年又增加了硅酸盐工程（玻璃）专业，之后以硅酸盐工程专业统一招生。1989年，设立硅酸盐工程（陶瓷）专业，1991年改称为无机非金属材料专业。

到1993年，学校共设有6个本科专业（另有7个专科专业），形成了面向全国建材行业需要的机、电、矿、材的专业体系。

（二）服务区域经济社会的专业体系（1993—2000年）

1993年8月，国家教育委员会批准四川建筑材料工业学院改变教育管理体制并更名为西南工学院，学校在专业结构上由过去以建材类为主的专业调整为既突出建材特色，又适应地方及西部区域经济发展需求的全方位、宽专业体系，为实现联合办学对多学科、更高层次的人才需求与培养奠定了基础。接着，国家建材局考虑到学院发展和联合办学的需要，新审批了金属材料与热处理、计算机及应用、机械设计及制造、汽车与拖拉机、地质学、测量工程、建筑工程、环境工程、供热通风与空调工程、贸易经济等10个本科专业。其中，地质学和采矿工程随即分别建成为部级重点学科和重点专业，加快了本科教育教学质量提升的步伐。同时，本科专业的办学形式也有了拓展，开办成人本科教育，拓宽了本科教育服务面向。

联合办学为专业建设与生源水平提升拓宽了渠道。1995年，学院与中国空气动力研究与发展中心签署了联合开办"工程力学"（流体力学）本科专业协议书，经国家教委批准，当年就被列入重点高等院校的录取批次，全国招生。1996年，学院与长虹电子集团公司签署了合作共建"电子信息工程"专业，也在当年纳入重点高等院校的录取批次，在全国招生。

学校在新体制下的专业结构也有了进一步调整。1996年设立了法学本科专业，加大了文科类专业发展力度。

1998年，全国部、委属高校管理体制改革，我校成为"中央和地方共建，以省管为主"的学校，专业设置更注重区域经济需求。1998年、1999年先后设立交通工程、城市规划两个本科专业，并根据1998年颁布的《本科专业目录》，撤销了汽车与拖拉机专业招生，将地质学专业更名为地质工程，计算机及应用专业更名为计算机科学与技术。

到2000年，西南工学院已由过去的建材类为主的专业体系调增至涵盖理、工、经、法、文5大学科门类共34个本科专业。初步形成了以工科为主，文理兼有、适应国家和地方经济发展需要、兼顾区域和行业特色的专业体系。

（三）服务国家战略的专业体系（2000年以后）

2000年8月，教育部正式批准同意西南工学院与绵阳经济技术高等专科学校合并组建西南科技大学。2000年12月21日，学校正式挂牌成立。合并前，绵阳经济技术高等专科学校的专业面向农村产前、产中、产后服务，为适应第一、第二、第三产业需求，设置了涵盖种、养、加工和管理类的，以专科为主的32个专业（专业方向）。两校合并，增强了学校农学类专业办学实力。经教育部批准，原绵阳经济技术高等专科学校的生物技术、生物工程、农学、园艺等专科专业在2000—2001年先后升格为本科专业。

根据国家、四川经济发展和绵阳科技城建设的需要，学校组建后，对学科和专业进行了全面调整。按照加强基础学科、发展优势学科、扶持新兴学科、重视交叉学科的原则，先后新增了信息管理与信息系统、工业设计、生物医学工程、通信工程、信息与计算科学、公共事业管理、英语等本科专业。2002年进一步加强了理科专业建设，增设了数学与应用数学、光信息科学与技术专业，为工科专业的更好发展加实了基础。此外，根据四川新兴经济的发展，又新增了工程管理、制药工程、软件工程、工商管理、国际经济与贸易、会计学、电子商务、艺术设计等8个专业。至此，学校共设置有本科专业42个。

2002年，学校成为教育部现代远程教育试点高校，开始进行本科层次的网络教育，设立了18个本科专业，大大扩展了学校本科教育的社会服务面。

2003年，根据国家人才培养体制改革的需要，学校与长虹电子集团合作举办了独立学院——长虹信息学院，这是采用新模式新机制举办的以本科层次为主的普通高等学校。2003年共有4个专业招收本科生178人，并于2007年毕业。但由于国家政策调整，该学院已于2004年停止招生。

2003—2006年，为适应国家对多类文科人才的要求，增设了汉语言文学、音乐学、音乐表演、日语、社会体育、广播电视新闻学专业。文科专业的举办，也促进了绵阳市和学校的文化建设。同时，为进一步拓展基础学科建设，新增了应用心理学、应用物理学等专业。由于四川省和绵阳市制药、食品行业的发展，学校将制药工程、动物科学、食品科学与工程升格为本科专业。为加强对传统优势专业的改造，依托计算机科学与技术专业，创办了信息安全专业。按照结构合理、科学的原则，增设了安全工程、工业工程、应用化学、政治学与行政学、地理信息系统、市场营销等专业。学校本科专业达到了54个。

2006年，国防科工委与四川省人民政府签署协议共建西南科技大学，学校成立了国防科技学院。学校整合已有师资、实验室和董事单位国防科技资源，新增了核工程与核技术、辐射防护与环境工程、信息对抗技术3个本科专业和应用化学（含能材料方向）1个专业方向，2010年，又增设了特种能源工程与烟火技术专业。

2008—2009年，随着国家对小语种和复合型外语人才的需求与日俱增，新增了西班牙语、对外汉语、商务英语专业，并在一定程度上推动了学校国际化办学进程。同时，根据绵阳科技城建设的需要，2009年增设了物流管理、材料成型及控制工程、电气工程及其自动化等专业。

为满足战略性新兴产业人才需求，2010年2月，教育部发出关于"战略性新兴产业相关专业申报和审批工作"的通知，明确指出国家决定大力发展互联网、绿色经济、低碳经济、环保技术、生物医药等关系到未来环境和人类生活的一些重要战略性新兴产业，积极培养战略性新兴产业相关专业的人才。学校抓住新机遇，核化工与核燃料工程、物联网工程两个专业获得批准，并从2011年开始招生。

2011年，根据国家对马克思主义理论学科建设和思想政治理论课课程建设的要求，学校申报了"思想政治教育"专业；根据国家对新材料发展的需要，学校再次申报战略性新兴产业相关专业"功能材料"。2012年3月上述两个专业获得批准办学。

2013年，增设医学影像技术专业，至此，学校有工学、理学、农学、经济学、管理学、法学、文学、教育学、艺术学、医学十大学科门类相互支撑的本科专业73个。

2014—2019年，学校加强专业内涵及特色建设，稳定专业规模，此间未增设新专业。

2020年以来，学校围绕国家重大战略，主动适应未来新兴产业和新经济发展需求，结合学校办学定位和人才培养目标，着力推进"四新"建设，加快专业升级改造，实施专业动态调整，优化专业结构。先后增设数据科学与大数据技术、人工智能、机器人工程、应急技术与管理、智能制造工程、数字媒体艺术等6个专业。拟新增储能科学与工程、运动康复两个专业。于2021年撤销了政治学与行政学专业，停招市场营销专业。2022 年撤销了视觉传达设计专业，停招了信息与计算科学专业。2023 年，计划停招工程造价、商务英语专业。构建了适应新时代、服务新产业、新经济的一流本科专业体系，提高人才培养的适应性，拓展专业成长空间，推进本科人才培养质量持续提升。

二　强化质量内涵发展，形成一流人才培养能力

专业建设与人才培养是系统工程，涉及教育教学各个环节与层次的系列改革与科学有序地推进。核心是质量，效果在学生，基础在专业建设。

（一）特色专业

高等教育从精英教育向大众化教育转变后，面对扩招带来的压力和公众对大学教育质量的更高要求，学校制定了贯彻落实教育部《关于加强高等学校本科教育工作，全面提高教学质量的若干意见》的实施意见，确保教学质量的稳步提高。2002 年，学校实施"8111 品牌计划"，其中重点是专业建设，与教育部 2007 年实施的"质量工程"不谋而合。该计划重点建设了材料科学与工程等 12 个本科专业，为后来的特色专业建设打下了基础。

2007 年，教育部实施"质量工程"，学校将"8111 品牌计划"提升为"特色专业"等 6 大计划。并将材料科学与工程等 6 个专业建设成国家级特色专业建设点，将计算机科学与技术等 15 个专业建设成为四川省级特色专业建设点，西南科技大学专业建设工作迈上了新台阶。

2011 年，在省级质量工程项目中西南科技大学成功申报了三个大类和 45 项子项目，其中地质工程获批为国家级专业综合改革项目，材料科学与工程等 5 个专业获批为省级专业综合改革项目，核化工与核燃料工程、物联网工程获批为战略新兴专业，这为强化本科专业建设，深化教学改革内涵，进一步夯实了基础。

（二）卓越工程师教育培养计划专业

2010 年，教育部实行"卓越工程师培养计划"，西南科技大学主动跟踪国家教育攀登进程，首先在材料、土建、计科、制造四个学院的 4 个专业进行试点。2011 年 6 月，学校获批为"卓越工程师培养计划"第二批试点单位，深入开展工程教育改革进入实质阶段，对提升西南科技大学的品牌战略和工程技术人才培养质量具有重要意义。

2012—2013 年，机械设计制造及其自动化等 7 个专业入选国家级卓越计划，电子信息工程等 5 个专业入选省级卓越计划。2013 年，法学专业入选省级卓越法律人才教育培养计划，为学校创新人才培养模式，培养、造就一批适应社会主义

法治国家建设需要的卓越法律人才打下坚实基础。2014 年，教育部为全面提高高等农林教育人才培养质量，首批试点包括拔尖创新型、复合应用型、实用技能型 3 类人才的卓越农林人才教育培养计划，学校农学专业获批省级农林实用技能型试点项目。2016 年，广播电视学电视学入选卓越新闻传播人才教育培养计划，促进了具有全媒体业务技能的应用型、复合型新闻传播后备人才培养。

学校共建成卓越计划专业国家级 7 个，省级 11 个。每年组建卓越班 18 个，在班人数 3000 余人，成为学校挖掘学生的科技创新潜力，开阔学生视野，提高学生的创新能力和综合素质，培养具有创新能力的高素质人才的重要载体。

（三）示范专业

1. 应用示范专业

2018 年四川省开展地方普通本科高校应用型示范专业建设工作。围绕四川省优势产业、战略性新兴产业、高端成长型产业和新兴先导型服务业等发展要求，主动对接产业链、创新链的需要，推进深化产教融合、科教协同创新、校企协同育人的办学体制改革，建立紧密对接产业链、创新链的专业体系，培养生产服务一线紧缺的应用型、复合型、创新型人才，增强地方高校服务区域经济社会发展的能力。2019 年，电子商务、社会体育指导与管理专业获批。

2. 课程思政示范专业

教育部 2017 年制定《高校思想政治工作质量提升工程实施纲要》，强调"大力推动以'课程思政'为目标的课堂教学改革"。2019 年，四川省教育厅实施"课程思政百千万工程"，以"课程思政"为主线，融通"思政课程"，推动"专业思政"，要求"卓越人才计划"专业、一流本科专业、应用型示范专业等要在专业思政建设方面开拓创新，发挥示范引领作用。

学校于 2019 年印发《西南科技大学课程思政建设实施方案》，全面启动"课程思政"建设，立项建设校级课程思政示范专业 5 个，"材料科学与工程""法学"两个专业获批省级立项，此外，学校立项建设校级课程思政示范项目 134 项，获批省级项目 29 项，示范课程覆盖全校 81 个专业。"课程—团队—专业"的建设模式，实现了课程思政从"单课堂设计"到"全专业构建"，具有很好的示范引领作用。

（四）一流专业

2018 年，教育部以建设面向未来、适应需求、引领发展、理念先进、保障有力的一流专业为目标，实施一流专业建设"双万计划"，即建设一万个国家级一流专业点和一万个省级一流专业点。同年 4 月，学校制定《西南科技大学双一流实施方案》，紧随新时代中国特色社会主义现代化教育强国建设步伐，坚持以

"特色发展、内涵发展、创新发展、开放发展"为驱动，以"育一流人才、聚一流师资、建一流学科、产一流成果、抓一流管理"为建设目标，奋力推进学校高水平建设。学校专业建设进入强化特色、内涵提升、加快发展的关键时期。

2019年，学校全面修订了本科人才培养方案，新方案形成"5431"特点，即德智体美劳"五育"全面培养，促进新工科新医科新农科新文科"四新"建设，全面满足国标、专业认证和行业"三类标准"，获批国家级一流专业建设点19个，省级一流专业建设点19个，人才培养质量显著提升，学校办学特色和学科特色更加鲜明。

（五）本科教学工作评估与专业评估（认证）

1. 本科教学工作评估

本科教学工作评估是监控教学质量的重要方式和运作机制。

1997年5月国家教委对西南科技大学进行了本科教学工作合格评估，对学校17个本科专业进行了评测。专家组对学校坚持以教学为中心、积极实行"共建"体制促进产学研结合的办学管理体制改革，自力更生、艰苦奋斗办教育，井然的秩序等方面的工作，给予充分肯定。

2005年12月至2006年5月，为加强学校对本科专业的宏观指导，学校组织校内外专家组对学校12个学院，共计53个本科专业，进行了首轮专业评估，并于2006年下半年进行了回访。无论是学院的专业自评，还是学校组织的专业评估，对于学校各个专业的建设和全校本科教学工作的提高，都起到了极大的推动和促进作用。

2007年11月，教育部评估专家组进校对学校60个本科专业进行了实地考察评估。专家组认为学校实施的共建与区域产学研联合办学，走出了一条特色鲜明的办学之路。促进了学校又好又快的发展和办学水平的迅速提升。水平评估等级为优秀。

2018年10月15—18日，教育部审核评估专家组对我校开展了审核评估进校考察，专家组充分肯定学校所取得的办学成绩和形成的办学特色。学校以专家意见建议为线索，持续改进本科教育教学重点领域和关键环节，圆满完成了审核评估整改工作，本科教育教学工作迈上了新台阶。

2. 专业评估（认证）

工程教育认证是我国高校全面深化工程教育改革的重要举措。学校以此为契机，持续推进"以学生为中心、产出导向、持续改进"工程教育专业认证三大核心理念落实到人才培养体系各个环节中，持续深化工程教育教学改革。

土木工程专业（2012年评估，2017年复评）、建筑环境与能源应用工程（2015年评估，2020年复评）、工程管理（2019年评估）三个专业通过住房和城乡建设部高等教育专业评估（认证）。

机械设计制造及其自动化（2018年）、采矿工程（2018年）、材料科学与工程（2019年）、自动化（2020年）、辐射防护与核安全（2021年）、软件工程（2022年）6个专业通过中国工程教育认证协会认证，标志着以上专业的人才培养质量已达到国际等效的工程教育标准及要求，是西南科技大学教育教学取得的重大突破，为学校工程教育的国际化打开了新的局面，有力提升了学校专业建设水平和办学影响力。

三 聚焦人才培养模式改革，育人特色凸显

学校以破解制约本科人才培养的关键问题和薄弱环节为突破口，深入推进人才培养模式改革。

（一）产学研合作办学

20世纪90年代，学校与中国空气动力研究与发展中心联合开办了"工程力学"（流体力学）重点本科专业。学校负责公共和基础课程，"中心"负责专业基础课、专业课和实习与设计的主要任务，发挥"中心"高水平科技与专家资源的专业优势，共同培养"中心"需要的高级专门人才。首届毕业的17名学生中有1人被评为四川省优秀大学生。毕业论文答辩全部在良好以上（6人论文为优秀），并被推荐到全国气动会议上交流或在气动刊物上发表，有3人经国家硕士生统一考试被录取为"中心"的研究生。

1996年10月，学院与长虹签订了合作共建"电子工程"专业、联合培养家电工程师的协议。培养方案充分考虑到长虹对人才缩短适应期的要求，在课程设置上，强化了学生工程能力的培养，专业基础课中突出产品原理分析、维修基础和维修实践课程，强化实践性教学环节，突出实验、生产实习、毕业设计对产品营销维修的针对性，使学生在校学习期间基本能完成家电工程师的基本能力训练。1998年，第一批家电维修工程师走上了工作岗位。长虹集团认为这种联合培养人才的方式，是在市场经济条件下培养工程应用型人才、探索大学生就业途径的一种有重要意义的举措和实践。

学院联合办学实践受到中央领导、国家教委、国家建材局、四川省政府的高度重视。1994年，四川省政府就把这一改革称作省内办学体制改革的三种形式之一，即"西南工学院模式"。国家建材局也作为办学管理体制改革的成功范例报告，国务院副总理李岚清在当年教育大会上对学院在如此短的时间取得的成绩给予了肯定的评价，赞誉了"西南工学院模式"。实行"共建体制，促进产学研结合，提高办学水平和效益"（1995年），"区域产学研联盟培养高级应用型人才

的探索与实践"（2009年）两项成果荣获国家级优秀教学成果二等奖。

（二）跨文化联合校园培养

学校关注开放办学，让学生接触不同国家、地域社会，了解不同思维模式，感受不同校园的文化，拓宽视野，该举措有利实现学生人生多一份经历，就多了一份财富的愿望。

自2008年，学校与中国科学技术大学进行了本科学生联合培养试点，在核工程与核技术、电子信息工程、信息对抗技术专业选派了首批学生到中国科学技术大学进行"2+2"模式学习。2009年后扩展到了8个专业。根据两校合作协议，中国科学技术大学将在毕业证书上附加印章予以认可。

2009年，学校与南京工业大学签订了联合培养协议，并选拔材料科学与工程、应用化学、制药工程、生物工程专业学生到南京工业大学进行"2+1+1"模式学习。

在外派学生学习同时，学校也参加国家援疆工作，在2011年起接收伊犁师范学院学生到我校学习，联合培养。

同时，自2005年起，学校每年有近50名学生到美国、欧洲、拉丁美洲、日本、韩国、中国台湾等高等学校联合培养和课程交流学习，包括GEP项目。

"跨文化联合校园培养计划"，成功探索了"东部—西部—边疆地区""985高校—受援高校—边疆高校""汉族—少数民族"等双向联合培养模式，促进了优质资源代际传递。"跨文化联合校园培养高素质复合型人才的探索与实践"获省级教学成果一等奖。

（三）军民融合协同育人

2000年以后，学校充分发挥共建与区域产学研联合办学优势，瞄准国家国防建设需求，在军民结合的基础上，开启了军民融合协同育人的新探索。

通过"学科共建，人才互聘，平台共用，协同创新，文化共融"，构建了多主体参与人才全过程培养的多维全链军民融合人才培养方式。与多家董事单位协同建成核工程与核技术、辐射防护与核安全等5个本科专业、1个国防特色紧缺专业、1个国防特色重点专业和1个国防特色基础学科。邀请国防军工行业的专家学者开展军地联动，共商军民融合协同育人培养方案。与董事单位共建共享实践育人基地，搭建校外实习基地群。利用人才共享机制，建立专兼结合"双师型"教师队伍，聘请了包括22位院士在内的300多名特聘教授。以军工成果推动教学改革，以军工项目带动军民融合创新型人才培养。培养成效显著，毕业生质量赞誉度高，近五年，毕业生一次性就业率保持在90%以上，为军工行业输送1000多名优秀毕业生。与中国空气动力研究与发展中心联合培养的工程力学专业毕业生已经成为该单位中坚力量，十余人已获上校军衔；与中国工程物理研究院联合培养的硕士、博士成为各科研院所的科研骨干。军民融合协同育人模式，已作为典型案例上报省全创办。

（四）大类培养

大类招生是指按学科大类招生，即高校将相同或相近学科门类，按一个大类招生。是高校实行"通才教育"的一种改革。

2014年，学校根据人才培养目标要求，以市场需求为导向，以地方、行业经济结构变化为依据，以支柱产业和高新技术产业发展为重点，突破单一学科式设置模式，实行按大类专业招生，小专业（专门化）施教，设置柔性专业方向。

2016年，重修培养方案，构建了通识教育、学科专业教育和个性化教育三维课程平台，满足学生通识、专业和多元培养的需要。促进相近学科专业间的融合，拓宽专业口径，科学重组和有效整合课程资源，在44个专业实行大类培养。

2019年，学校实施大类人才培养改革，构建了"基础稳、专业强、素质高"的大类培养体系。专业大类采用"1+3"（五年制1.5+3.5）两阶段培养模式。大类培养阶段实施统一课程设置及教学计划，专业培养阶段突出专业特色，形成各专业个性化培养方案。全校按18个专业类（含46个专业）和31个专业制定培养方案。

（五）创新型素质人才培养

学校突出产学研合作办学和经济社会转型发展新需求，提出"培养规格突出社会需求、专业培养突出创新教育、实践环节突出行业协同、素质教育突出个性成长"的创新型人才培养思路，着力构建多元人才培养模式，经过"科教协同、产教协同、校内协同、校际协同"，聚焦培养"科学研究型、工程应用型、技能多元型、国际外向型"四类创新人才。

科教协同，培养拔尖创新型人才。依托重点学科科研平台和优势特色专业，推行"拔尖创新人才培养计划"，建立了校院两级创新实践班、科研训练班、拔尖人才培养班29个。

产教协同，培养工程应用型创新人才。发挥共建与区域产学研合作办学优势，扩大系列"卓越计划"的专业范围和培养层次，汇聚社会、行业、企业、学校的各方资源，探索协同育人模式。

校内协同，培养技能多元型创新人才。在78个本科专业中开设了26个辅修专业和15个双学位专业，通过理工结合、文理交融，实施主辅修制、双学位制，跨学科协同育人。

校际协同，培养国际外向型创新人才。探索形成了多种模式的双向联合培养合作新路径。近几年，与26所国（境）外大学联合培养学生，招收来自30多个国家的600余名留学生来校学习，实现了本、硕、博学历全覆盖。

创新型人才培养效果显著，2015年8月6日，中央电视台《经济半小时》栏目对尚丽平副校长进行了专访，对学校大学生创新创业以及学校创新人才培养进行了深度报道。

经过45年建设与发展，学校本科专业达83个。面向国家主体功能区规划和区域行业产业经济急需，建设了地质矿产勘查等建材产业链和生产要素传统核心专业6个；建设了核工程类、兵器类、材料类、电子信息类等军民融合专业11个；建设了农学与食品等服务四川"一干多支，五区协同"战略和成渝地区双城经济圈建设的专业30个，形成了"服务建材行业、服务区域军民融合、服务四川经济社会发展"的专业谱系。各级一流专业、示范专业、卓越计划专业、工程认证专业等优质特色专业占全校专业总数44%。

70年风雨兼程，70年艰苦创业。走过70年的西南科技大学，留下了多少西科人的辛劳汗水，承载了多少西科人的光荣梦想；龙山长青，留下了每位西科人的青春风采和动人故事；龙溪有情，忘不了每位西科人为学校做出的无私奉献和辛勤功绩。让我们记住这70年的艰辛，记住本科教育45年的开拓，让"艰苦奋斗、拼搏创新"的西科精神及其硕果深深地根植在每位西科人的心中。

成绩是值得骄傲的，但成绩属于过去。立足新发展阶段，西南科技大学新时代人才培养承担新使命，面向国家重大战略发展、面向经济社会高质量发展、面向高等教育国内国际双循环发展，打好打赢人才培养的"结构优化攻坚战""模式创新攻坚战""学习技术攻坚战"和"质量体系攻坚战"，构建"本硕博覆盖，优势突出，相互支撑"的学科专业体系，全面推进一流本科教育，加快建设高水平教育教学体系。为国家创新驱动发展、军民融合发展、建设美丽繁荣和谐四川和国家科技城建设等提供强有力的人才支持和智力支撑，贡献智慧和力量！

（西南科技大学教务处已故王基生处长首次对学校本科专业建设历程进行了系统梳理，本文采用了这些珍贵的材料，特此致谢；原西南科技大学教务处韩永国处长对此文撰写进行了详尽深入的指导，谨此致谢）

七秩华诞荟祥瑞，廿载凤雏翱碧霄

——文学与艺术学院母语母文化教学研究工作回顾

郝志伦[*]

摘　要：母语母文化是民族赖以生存发展的根基，是世界各国国民教育不可或缺的核心内容。对母语母文化的传承捍卫、弘扬传播，更是高等院校责无旁贷的神圣使命。本文回顾了西南科技大学文学与艺术学院20年来传承弘扬母语母文化的历程，从专业学科建设、教书育人、学术研究以及为国内外社会经济文化建设服务等层面，对学院全体师生所做的主要工作及取得的重要成果进行了梳理与展示。

关键词：母语母文化；学科建设；教书育人；学术研究；社会服务

母语母文化的传承是国运绵延民族复兴的根基。学习母语母文化也是所有生命个体享受尊严、实现价值、立己成人的基本权利与义务。世界各国都高度尊重国人学习母语母文化的权利，我国尤其重视对母语母文化的传承与弘扬；习近平总书记多次将华夏民族优秀的母语母文化提升为"中华民族的基因""中华民族的精神命脉"，并号召要将其转化为实现中华民族伟大复兴、构建人类命运共同体的强大精神力量。

当今世界各国高校，尤其是综合型大学，都特别注重对母语母文化的学习、捍卫、弘扬与传播，旨在使每名青年学子都能终生涵泳于母语母文化瀚海，在其中觉醒感悟、健康成长。在创新理念和创新能力已成为核心要素的西南科技大学，自其创建迄今，始终秉承艰苦奋斗的"三线建设传统"，弘扬"厚德、博学、笃行、创新"的校训精神，为培养学生的创造意识和创新能力，一直高度重视并充分发挥师生传承母语母文化的热情。在办学理念和教学实践等各方面，努

---

[*] 郝志伦（1952—　），西南科技大学教授，硕士生导师，中国民俗语言学会副会长。主要研究方向：汉语言文字学。

力为师生搭建母语母文化教学平台，构建母语母文化知识体系。20多年来，使历届莘莘学子充分汲取母语母文化精华，成长为既有扎实的中华民族文化根脉与深厚的中华传统文化学养，又具有现代创新精神与恢宏胸襟，怀揣人类文明宏图的华夏母语母文化传人。

一　搭建平台

20世纪90年代至21世纪初，我国高等教育快速发展，综合化成为其发展的基本趋势。不少高校由单科性向综合性转变，合并组建为综合性大学。西南科技大学就是一所由原西南工学院与绵阳经济专科学校合并组建的综合性大学。

西南科技大学遵循高等教育的基本规律，深谙要建设发展，做大做强一所综合性大学，若没有母语母文化的学科专业，就犹如建筑在沙滩上的大厦，终会因缺乏坚实深厚的民族文化根基而坍塌的普世真理。于是，西南科技大学自建校伊始，便紧锣密鼓地着手开展申报母语母文化专业，筹建母语母文化院系等一系列工作。

西南科技大学于2002年先后成功申报了艺术设计、音乐学、音乐表演、汉语言文学本科专业；同年，先后筹建了艺术学院和文学院。至此，西南科技大学开始有了与综合性大学相匹配的母语母文化学科专业和教学研究院系，迄今已有20年的历史。在此期间，学校及文学院领导高瞻远瞩，在申报汉语言文学本科专业的同时，也积极申报了母语母文化教学研究高端平台汉语言文字学硕士点。凭着学校的大力支持和文学院自身的科研实力与全体老师的协同努力，2003年，在文学院首届本科生尚未进校的情况下，文学院的汉语言文字学硕士点申报材料就在国家教育部学位办以高分获得通过。这种情况，在当时的四川省内高校实属罕见，在全国也不多见。虽然，后来学校从全局着眼，统筹协调，将西南科技大学的首个人文学科硕士点作了校内调配（文学院硕士点于翌年落实）；但是，文学院初露头角的科研实力与拼搏奋进的精神，尤其是文学院顾全大局、甘于奉献的豁达胸怀是有目共睹，令人至今难忘的。

至2004年，西南科技大学为了人文学科的协调发展，快速成长，为了促进母语母文化的建设，于是科学地整合资源，优化配置，将新建的文学院与艺术学院合并组建为文学与艺术学院。

自从有了学校搭建的母语母文化教学研究大平台，文学与艺术学院的全体师生凭借"天高海阔"之天时地利优势，赓续艰苦奋斗的"三线建设传统"，不断将西南科技大学母语母文化的教学科研平台从内涵质量层面向上提升，从外延空间层面向外拓展。20年来，相继在母语母文化专业学科平台建设、师生母语母文化教学实践平台搭建等方面取得了显著的成绩。

在母语母文化专业学科平台建设上，2004年，成功申报了新闻电视广播学专业。2007年，成功申报了对外汉语专业。2011年，媒体管理学术型硕士点申报成功。2014年，汉语国际教育专业型硕士点申报成功。2018年，研究生一级学科点"汉语言文学"申报成功。2020年，西南科技大学中华传统文化学院成功申报第一批全省高校重点中华优秀传统文化学院。2021年，艺术专业硕士授权点申报成功。

文学与艺术学院还积极为广大师生成功搭建了多层次多功能的母语母文化教学研究实践平台：2003年，学院内部刊物《黑眼睛》创刊发行，"巴金文学院西南科技大学创作研究基地"挂牌成立。2007年，四川省作家协会"巴金文学院创作研究基地"落户西南科技大学。2009年，学院内部刊物《守望者》杂志创刊发行。2011年，学院内部刊物《龙新时报》创刊发行。2014年，省级重点科研平台"四川省网络文学发展研究中心"挂牌成立。2021年，省级科研平台"四川文艺评论研究中心"挂牌成立。2021年，《中国网络文学研究》辑刊创刊发行。2021年，教育部中外语言交流合作中心"萨尔瓦多中文教育基本情况调查研究基地"获批成立。

20年来，西南科技大学文艺学院在母语母文化专业学科平台建设和母语母文化教学研究实践平台搭建上，一年一大变化，一步一跃台阶，诚可谓雏凤年年丰羽翼，文艺步步薄霄汉！

二 耕耘收获

（一）教学工作

20年来，文学与艺术学院始终把提高教学质量作为母语母文化教学建设的基础工程。提出"文化奠基，质量立院"的院训，从办学定位出发，以人才培养目标为依据，不断强化"全面质量管理"和"以学生为中心"的教育理念，以提高教学质量为宗旨，以完善保障体系为重心，深化改革，驱动创新，促进教学质量的稳步提高。为了有效保证母语母文化教学质量，学院制定实施了质量建设工程，以质量保障为根本，以教师发展为关键，以教育研究为引导，深化教学改革，成立教学督导工作组，构建了以"学院督查、系室督管、专家督导、学生评教"为核心的"四位一体"教学质量保障体系，结合聘期任务，将课堂教学、教研活动、教改论文、精品课程等纳入教学评价，以促进母语母文化教学的科学化和规范化。

在不断提高母语母文化专业课程教学质量的基础上，文艺学院积极配合学校教务处对全校母语母文化素质选修课程体系的建设。首先提出，在以理工为主的综合性大学，要清楚认识并努力克服在母语母文化教育观念与实践层面存在的局限。比如，在观念上对母语母文化对民族复兴、国家强盛的重要性认识不足；在实践上受庸俗实用主义影响，片面强调专业技能而忽视母语母文化，片面强调对欧美强势文化中英语的学习，而淡化母语母文化的价值，从而导致母语母文化素质的普遍下降。继而呼吁，要积极地、持续不断地加强母语母文化教学资源的建设，尤其要加大投入，不断优化师资队伍建设和教材建设，以提高母语母文化教学水平和教学质量。要不断规范和优化母语母文化教学环境，加强包括显性文化和隐性文化在内的、一切有利于母语母文化教学的校园文化环境建设。在具体实施中，特别注重对全校母语母文化素质选修课程优良师资的配备，优质教材的编写或选用。始终坚持以学生为中心、老师为主导的教学理念，尽量采用学生普遍欢迎的、灵活多样且务实高效的教学方法，以保障母语母文化素质选修课的教学质量。20年来，文学与艺术学院为全校学生开设的母语母文化素质选修课主要有："大学语文""书法入门""中国传统文化概论""应用文写作""朗诵与辩论""普通话水平测试""美学概论""美术鉴赏与美育""影视艺术欣赏""音乐欣赏""声乐""美术欣赏""唐诗宋词鉴赏"等，其中，"大学语文""书法入门""音乐欣赏"等课程，每学期选课学生多达数千人。

  文艺学院老师为母语母文化素质选修课主编的教材主要有：高等教育出版社的普通高等教育"十一五"国家级规范教材《大学语文新编》、汕头大学出版社的全国高等学校面向21世纪人文素质教育统编教材《新编大学语文》、四川大学出版社的全国高校人文素质教育统编教材《书法入门》、西南师范大学出版社的21世纪高校文科教材《现代汉语》，以及普通高等教育"十二五"规划教材《简明应用文写作教程》《普通话培训教材》《中国现代汉语文学史》《风景写生》《美术鉴赏》《图形创意》等。

  同时，文学与艺术学院始终坚持母语母文化专业学科建设，2010年，"语言学概要"成功申报为省级精品课程，同年，"对外汉语"成功申报为省级特色本科专业；2016年，新闻系跻身为"四川省卓越人才教育计划"；2019年，汉语国际级教育专业获批省级"双一流"专业；2020年，广播电视学获批省级"双一流"专业。

  坚持两周一次的母语母文化教学研究活动，交流总结教学经验，发掘、凝练教学研究成果，积极申报教学改革项目。比如，成功申报：教育部2011年全国教育科学重点课题"高校文化素质课程体系构建"子课题"当代大学生语文素质教育研究"，四川省2004年教改项目"大学语文课程建设"，四川省2007年重点教改项目"以工科为主的多科性大学母语母文化教育之研究与实践"，其中，"大学语文课程建设"于2005年获四川省政府教学成果三等奖，"大学语文教学内容改革与实践"于2004年获西南科技大学教学成果一等奖，全国高校面向21世纪人文素质教育统编教材《新编大学语文》于2005年获西南科技大学优秀教材三等奖,全国高校人文素质教育统编教材《书法入门》于 2014 年获西南科技大学优秀教学成果三等奖等。

优化母语母文化教学师资队伍,树立教学典型,培养名师良师。先后荣获四川省教学名师一人次,四川省青年教师教学比赛三等奖一人次,西南科技大学教学名师 5 人次,获西南科技大学教学良师 6 人次,获西南科技大学青年教育教学之星 1 人次,获西南科技大学青年教师教学比赛一等奖 1 人次,多人次获二、三等奖及优秀奖等。

20 年来,历届学生在母语母文化熏陶下,其文化素养、创新能力均得到很大提升。其中不少同学在语言文学、音乐舞蹈、书法绘画、演讲辩论等母语母文化竞赛中崭露头角,获取殊荣。诸如:继 2008 年中文专业学生崔岸儿撰写的长篇小说《龙图腾》荣获国际"霍尔拜恩幻想文学奖"之后,同学们历年在国家级各项母语母文化竞赛活动中均大有斩获,仅以 2012 年为例,就荣获国家级奖 36 项。比如:《柳池蒙太奇》获第八届全国青少年中华情征文比赛国家级金奖,《分我一杯青春的酒》获国家级银奖,《在我心灵深处》获国家级铜奖,软笔书法作品《和诸公梅台》获第二届"长江杯"全国书画展一等奖,软笔书法作品《抱朴子外篇·广譬》获第八届全国大学生艺术节书法一等奖,全国排舞大赛《桑巴恰》《舞蹈串烧》《安的探戈》荣获一等奖,第二届中韩音乐舞蹈大赛《火彩衣姑娘》获国家级金奖,二胡演奏获国际级金奖,《把美好情谊寰在心中》获"东方美"全国诗联书画大赛二等奖,《龙魂千载笑春风》获第四届"祖国好"华语文学艺术大赛散文三等奖,《提篮春光看母亲,回眸来路花芬芳》获时代颂歌全国诗歌散文大赛散文大赛二等奖等。

(二) 学术研究

教学与科研,犹车之两轮,鸟之双翼,相辅相成,并驾齐驱。母语母文化学术研究,是提高母语母文化教学质量的有力支撑,更是母语母文化教育能否行稳致远的内在保障。文学与艺术学院自建院起,就将科研工作与教学工作置于同等重要的地位。无论是师资引进、团队组建,还是业绩考核、评优晋级,已有科研成果和潜在科研能力都是重要的测评标准,其中尤其注重年轻老师的潜在科研能力。因此,文学院才能在建院伊始,创下首届本科生尚未进校,硕士点申报就能在教育部以高分通过的奇迹。并且,西南科技大学首个国家社科基金项目,同样也是绵阳市首个国家社科基金项目,就是由文学院在建院伊始的 2004 年申报成功的。此后的 20 年,文学与艺术学院在母语母文化学术研究领域勤奋耕耘,成果斐然。

自 2004 年成功申报首个国家社科基金项目"汉语词缀研究"以后,20 年来,文艺学院先后成功申报国家社科基金项目和国家艺术基金项目诸如 2008 年的"贯彻落实科学发展观与实施版权战略研究"、2009 年的"汶川大地震语境下我国灾难报道伦理规范化研究"、2010 年的"《北堂书钞》整理与研究"、2011 年的"魏晋南北朝佛经中语言接触及其演变研究"、2012 年的"四川凉山州彝语与汉语的接触研究"、2013 年的"新时期国家族群认同与边疆少数民族影像传播研究"、2014 年的"四川省纳西族东巴经整理与研究"、2015 年的"茶马古道上的背夫"、2016 年的"'惊隐诗社'研究"、2017 年的"全球化语境中的网络文学海外传播与中国经验""晋代书札辑录与校注"、2018 年的"开明书店版'新文学选集'丛书专题研究"、2019 年的"羌族仪式音声的民间信仰与民俗文化研究"、2020 年的"禅宗熟语研究"、2021 年的"中国共产党文艺群众观的现代理论发生与当代实践"、2022 年的"中国新媒介文艺评论"等共 30 项。成功申报省部级人文社科基金项目 50 余项。

同时，纵向发掘三千年汉语汉文化，横向拓展九万里中外语言文明。20 年来，文学与艺术学院在国内外刊物诸如《中国语文》《文学评论》《方言》《网络文学评论》《当代文坛》《当代作家评论》《中国文学批评》《文献》《文艺争鸣》《世界周刊》（美国）、《罗马大学汉语论文集》（意大利）、《东国大学汉语论文集》（韩国）等发表母语母文化学术研究论文计数百余篇。撰写出版母语母文化学术专著诸如《汉语词缀研究》《汉语隐语论纲》《汉语与民族文化》《汉语探索》《龙筋凤髓判笺注》《俄亚托地村纳西语言文字研究》《民国医事纠纷研究》《禅宗语言话语体系研究》《二王杂帖词汇研究》《"大跃进"时期的文艺研究：基于群众中心的考察》《四川网络文学名篇读评》《1951 年的共和国文艺界"统一战线"政策下的整合》《觉悟与启示——儒释道与基督教宗教思想比较研究》《"虚无"世界的"黑色悲剧"：20 世纪"新黑色电影研究"》《范小青小说创作论》《现代四川期刊文学研究》《社会性别歧视下的明清女性文人研究——以明清"冯小青"现象为例》《基于三网融合环境下的手机电视艺术研究》《贝多芬〈第九交响曲〉的多重历史语境解读》《中国风格钢琴音乐导论》《钢琴即兴伴奏与技术训练研究》《咽喉机能原理与嗓音声学分析》《长征路线（四川段）文化资源研究》等近百余部。20 年来，文学与艺术学院母语母文化学术研究成果丰硕，在国际国内获奖 80 余次。其中国内获奖主要有部级奖项：2017 年《100 年汉语新词新语大辞典》获教育部社会科学三等奖。省级奖项：2003 年《汉语隐语论纲》获四川省哲学社会科学优秀成果奖及绵阳市第八届哲学社会科学一等奖，2010 年《汉语词缀研究》获四川省哲学社会科学三等奖及绵阳市哲学社会科学一等奖，2012 年《民国医事纠纷研究》获四川省哲学社会科学三等奖及绵阳市哲学社会科学一等奖，2013 年《范小青小说创作论》获四川省哲学社会科学三等奖，2014 年《俄亚托地村纳西语言文字研究》与《龙筋凤髓判笺注》分别获四川省哲学社会科学三等奖，2017 年《二王书札词汇研究》与《〈北堂书钞〉整理研究》分别获四川省哲学社会科学三等奖，2019年《"大跃进"时期的文艺研究：基于群众中心的考察》获四川省哲学社会科学三等奖。国际获奖：2006年《从民族心态看汉字人文性》获意大利罗马大学举办的第一届国际高校汉语研究成果优秀论文奖，2007年《汉语"的"形音义汇释》获韩国东国大学举办的第二届国际高校汉语研究成果一等奖等。

为了促进母语母文化学术研究的良性发展，20年来，在学校的大力支持下，学院多次举办国际国内各层次的母语母文化学术研讨会，以拓展师生学术研究视野，了解国内外学术研究前沿动态，交流分享学术研究成果，启发更新学术研究思路，提高母语母文化学术研究水平。2005年成功主办"四川省语言学会第十三届年会"，2012年成功主办"第六届汉语方言语法国际学术研讨会"，2016年成功主办"第六届汉语方言国际会议"，2017年承办了"当代文坛"学术年会，2018年承办全国大型学术会议"中国网络文学二十年"，2019年主办"四川省语言学会第20届年会"，2019年承办四川省作协第五届网络文学论坛及首届"四川网络文学周"，2020年先后承办了"中国现当代文学文献学的理论与实践"高端学术研讨会和"第7届语言理论和通用语言文字书法研讨会暨首届通用规范汉字书法比赛"，2021年承办了"科技变革与人文创新"学术研讨会。同时，学院依托国家教育部汉办和学校国际合作处，多次派遣老师参加国际国内的汉语汉文化学术研讨会，诸如：2010年美国波士顿第44届全美二语教学研讨会，2015年美国亚特兰大全美中文研讨会，2006年意大利罗马大学和2007年韩国东国大学先后举办的第一届、第二届国际汉语教学研究优秀成果研讨会，以及日本、泰国、新加坡和国内各地区举办的汉语汉文化研讨会。学院也鼓励学生参加学术会议，以会议涵化学生的学术素养。比如让学生承担学院自办学术会议的会务工作，为学生争取在会议中的发言机会等；更积极支持学生外出参加学术会议，先后有多位同学在学术会议分论坛宣读交流论文，并在《当代文坛》《绵阳师范学院学报》等刊物发表相关学术论文多篇。

（三）社会服务

20年来，文学与艺术学院在努力做好母语母文化教学科研的同时，也积极将母语母文化教学研究资源转化为社会生产力，直接为国内外社会经济文化建设服务。

在国内，积极从事地方政府的文化建设与咨政研究工作。2007—2016年，学院老师应聘参与绵阳市地方志编撰工作，先后参与并完成了绵阳市市志的编撰和梓潼古今县志的校注整理工作。2019—2021年，学院先后有几位老师受邀赴三台县协助地方文化开发与建设工作，并具体承担了对《三台诗词全集》的审改校注和参与《杜甫三台诗歌发掘与整理》的撰写工作，对三台县的地方文化建设起到了直接的支撑作用而受到表彰。学院老师承担的《四川网络文学年度报告》撰写、年度网络文学作品排行榜等，被四川省作家协会采纳并应用。学院多位老师先后参与了对绵阳羌族文化白马藏族文化以及梓潼大庙山洞经音乐文化的发掘研究与整理建设工作，并将其研究成果传播至海内外，深受好评。学院还组织老师协助省、市语委开展语言文字督导评估、学校语言文字工作达标验收以及推普助力脱贫攻坚等工作；参与"三区三州"语言调查和推普实践，先后组织三支大学生推普志愿者团队，赴川、陕、渝等地开展推普宣传，结对帮扶甘孜、阿坝、凉山等民族州推普脱贫攻坚工作，受到当地政府和干部群众的一致好评。

文学与艺术学院秉持"走出去""引进来"的科学办学理念，将母语母文化传播到世界各地。2010年以来，依托国家教育部汉办和西南科技大学国际合作处，学院积极向海外孔子学院派遣志愿者，先后有数名教师和50余名学生在美国肯塔基大学孔子学院与威斯康星州大学孔子学院，以及法国、英国、韩国、泰国、印度尼西亚等国从事汉语汉文化教学工作。2020年，文艺学院主持国家汉办的"汉语桥"项目，录制系列视频于网络播出，向海内外传播弘扬中华传统文化。文艺学院充分利用音乐艺术与文学整合融通的特点和巴蜀地区独特的民族文化优势，积极发掘羌族文化、白马藏族文化与梓潼大庙山洞经音乐等文化资源，原创了诸如萨克斯管重奏组曲《羌族素描》、合唱曲《羌族锅庄舞曲》、《白羽毛飘起来》等优秀作品，先后在韩国国立全北大学、德国斯图加特大学、菲律宾马尼拉的大学以及中国台湾中华大学等地演出。同时，学院音乐系师生还随中国人民对外友好协会赴巴拿马访问演出，参加中国外交部举办的纪念"中国巴西建交"和"中国巴拿马建交"等系列庆典演出。在积极向外输出传播汉语汉文化的同时，文艺学院在学校国际合作处、教务处的大力支持下，面向海外招收汉语汉文化培训生、进修生，汉语国际教育硕士留学生。先后招收涵盖"一带一路"沿线国家哈萨克斯坦、吉尔吉斯斯坦、乌兹别克斯坦、巴基斯坦、尼泊尔以及其他国家留学生200余名。为传播弘扬母语母文化，促进中外人文交流，服务政治经济发展做出了较大贡献。文学与艺术学院凭借自身的母语母文化教学研究优势与特点，在对接社会，服务社会上做出了一定的实绩，赢得了不错口碑。

知往鉴今，以启来日。在学校建校七十周年的喜庆日子，回顾西南科技大学文学与艺术学院20年来母语母文化学科建设、教学研究与社会服务的历程，既令人倍感欣慰，也让人稍有遗憾。因为，毋庸讳言，无论是过往，还是当今，我们的母语母文化教学研究尚存在些许不足。其中，最为重要的是，受庸俗实用主义和崇洋媚外等文化价值观的影响，片面强调专业技能和外语水平而对母语母文化在民族复兴、国家强盛中的重要性有所忽视。从而导致在对国家既定方针"复兴中华文化"和对教育部新近举措"新文科""大语文"的具体贯彻落实上，还有待完善。比如,"大学语文"课程日渐萎缩,近年来母语母文化教学研究高端人才不断流失等。对此,在今后的工作中,首先要更新母语母文化教育观念,增强母语母文化教育意识,提高母语母文化教学与管理水平;其次,要积极地、持续不断地加强母语母文化教学资源的建设,尤其要不断优化师资队伍建设和教材建设,在巩固母语母文化教学研究已有成果的基础上,更好地贯彻落实国家教育部具有中国特色的"新文科""大语文"革新举措,使西南科技大学的母语母文化教学研究更上层楼。

主动适应本科教育新形势，加强材料与化学学院专业内涵建设

李鸿波[*]　李玉香　廖其龙　孙荣琴　符亚军

摘　要：材料与化学学院四十年砥砺奋进，顺应社会发展需要，构建多学科专业格局；加强学科专业协同、交叉、融合，搭建多位一体的人才培养平台；进一步健全本科教学质量监控体系和持续改进机制，保障教育教学质量。按照"新工科"、"新时代高教40条"和"六卓越一拔尖"计划2.0的指导思想，主动适应本科教育新形势，持续推进教学建设与改革，深化专业内涵建设，有效提升本科人才培养质量。

关键词：本科教育；专业建设；质量保障；多位一体；人才培养

今年是西南科技大学建校70周年，也是材料与化学学院建院40周年。材料与化学学院源于1982年筹建的四川建材学院硅酸盐工程系，1991年更名为材料科学与工程系，2001年更名为材料科学与工程学院，2022年更名为材料与化学学院。学院在材料科学与工程、化学、化学工程与技术三大学科领域开展人才培养与科学研究。现有材料科学与工程、材料物理、功能材料、应用化学和能源化学工程5个重点批次招收本科专业。多年来学院秉承"厚基础、宽口径、强能力、高素质"的人才培养宗旨，加强学科交叉融合，搭建多种人才培养平台，有力地提高了办学水平和人才培养质量，充分体现了自身办学特色。

一　适应社会发展需要，构建多学科专业格局

学院现有教职工146人，博士生导师11人，硕士生导师79人；正高职称33人，副高职称38人；教师中具有博士学位的87人；有省部级人才和荣誉称号教

---

[*] 李鸿波（1973—　），西南科技大学材料与化学学院教授，博士生导师，主要研究方向为有机化学。

师 28 人。经过多年建设，学院具备了本、硕、博完整的培养体系，设有材料科学与工程、材料物理、功能材料、应用化学和能源化学工程 5 个重点批次招生的本科专业；拥有材料科学与工程、化学、化学工程与技术 3 个硕士学位授权一级学科、材料与化工工程硕士授权领域以及材料科学与工程博士学位授权一级学科、材料科学与工程学科博士后科研流动站。依托环境友好能源材料国家重点实验室、生物质材料教育部工程研究中心、材料科学与工程四川省实验教学示范中心、化学与分析测试四川省教学示范中心等 10 余个教学科研平台，开展人才培养和科学研究。学院现有在读本科生 2100 人，其中材料类学生 1478 人，化学类 622 人；有各类在读研究生 684 人，其中博士研究生 82 人。

（一）本科专业发展

学院根据国家经济社会不同时期的人才需求，结合区域经济建设和学校自身实际，按照传统专业"整合资源、改造内涵、拓宽面向"，特色专业"重点建设、突出优势、彰显特色"，新办专业"加强建设、保证质量、提高水平"的建设思路，扎实推进本科专业建设工作（图 1），完善了专业体系。

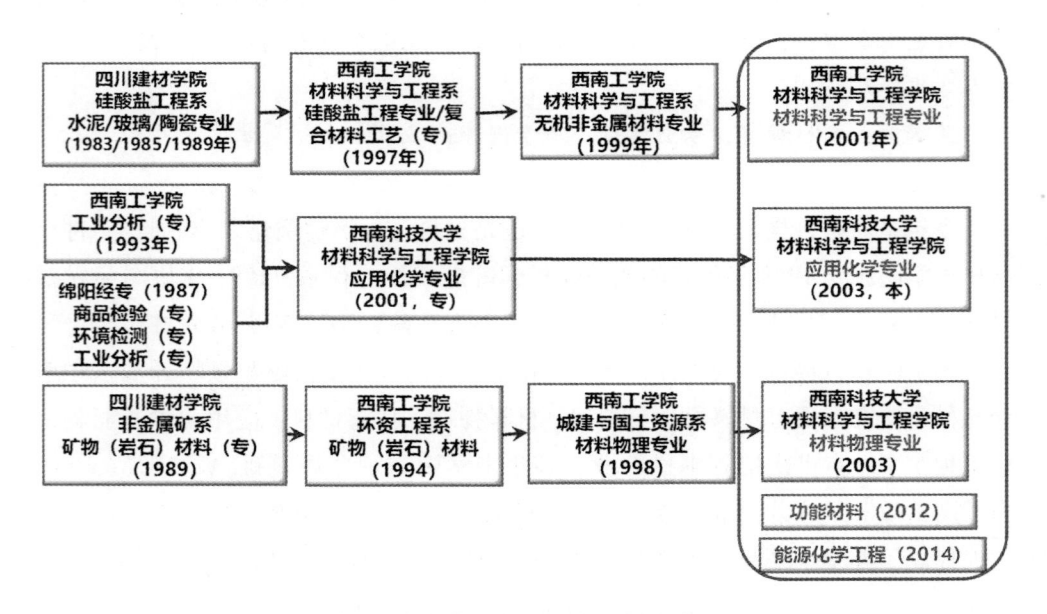

图 1 材料与化学学院专业发展历程

材料科学与工程专业前身是原国家建材局在西部布局的四川建筑材料工业学院硅酸盐工程（水泥）专业（招生时专业名称为无机材料工程），于 1983 年开始招收本科生，其后又设立硅酸盐工程（玻璃）专业、硅酸盐工程（陶瓷）专业，1997 年合并为硅酸盐工程专业，1999 年更名为无机非金属材料工程专业，下设硅酸盐工程、电子信息材料、装饰材料与工程 3 个专业方向；2021 年开始以材料科学与工程一级学科专业一本招生，下设无机非金属材料、电子信息材料、装饰材料与工程 3 个专业方向，2003 年增设了高分子材料专业方向，停办了装饰材料与工程专业方向，2009 年增设了金属材料专业方向，2012 年电子信息材料专业方向独立发展成为功能材料专业。该专业 2004 年起列入重点批次招生专业，2007 年起，先后被列为四川省特色专业、国家特色专业建设点、国家级卓越工程师教育培养计划和四川省综合改革试点专业，2019 年通过国家工程教育专业认证，同年入选首批国家一流本科专业建设点。

应用化学专业前身分别是 1988 年绵阳经济技术高等专科学校应用技术系的应用化学专科专业和 1993 年西南工学院材料科学与工程系的工业分析专科专业；2001 年两专科专业合并为应用化学专科专业；2003 年升格为本科专业，并开始招收第一届本科生，2006 年应用化学专业列入重点批次招生专业；自 2007 年起，先后被列为四川省特色专业、四川省"卓越计划"试点专业，2020 年入选国家一流本科专业建设点。

材料物理专业的前身是原四川建筑材料工业学院非金属矿系的矿物（岩石）材料专科专业，于 1989 年开始招生，1994 年升格为本科并开始招收第一届本科生；1999 年按照国家教委专业调整要求，将矿物（岩石）材料专业名称更名为材料物理专业，2002 年作为西南科技大学首批建设的五个品牌专业之一进行建设。

功能材料专业可追溯到 1999 年开办的无机非金属材料工程专业下设的电子信息材料专业方向，2012 年，为了顺应国家新兴战略产业发展，在电子信息材料专业方向基础上，成功申报了以电子信息材料为特色的功能材料专业，开始以独立专业方式招生，2016 年获此专业的工学学士学位授予权。

能源化学工程专业是西南科技大学在应用化学专业的基础上，结合化学工程与技术及化学工程学科建设的特色及优质师资力量、学科建设平台，响应国家新能源发展战略倡导设立的，于 2014 年首次招生，2018 年首届本科专业学生毕业，并取得工学学士学位授予权。

（二）学科发展

在学科发展上，1998 年首先获得材料学二级学科硕士学位授予权，2000 年年材料学被列为四川省重点学科，2008 年材料物理与化学被列为四川省重点学科，2016 年材料科学与工程学科被列为四川省一流学科群建设，学院形成了本、硕、博完备的人才培养体系，在材料科学与工程、化学、化学工程与技术三个学科领域开展人才培养与科学研究（见图 2）。在工程硕士培养方面，学院于 2007 年获批材料工程专业硕士学位授权点，2009 年获批化学工程专业硕士学位授权点，2019 年材料工程和化学工程硕士专业学位授权点调整为材料与化工专业学位类别。材料科学、化学两大学科进入世界 ESI 排名前 5‰；在 2021 软科世界一流学科排名中，材料科学与工程、化学工程学科进入世界排名 TOP 400。

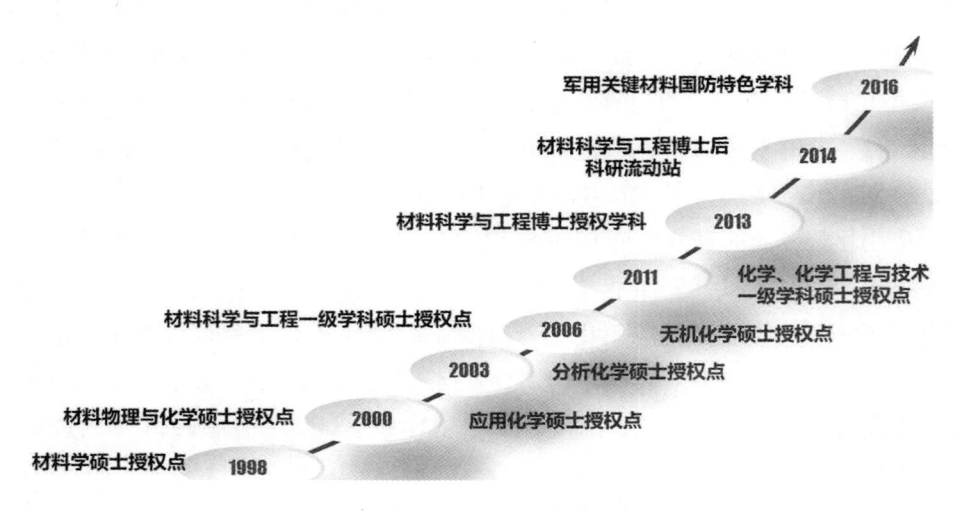

图 2　材料与化学学院学科发展历程

二　学科交叉融合，搭建多位一体的培养平台

（一）学科专业协同、交叉、融合，构建创新力教育体系

在人才培养中，为体现化学是材料的基础、材料是化学的特色这一思想，学院充分利用产学研结合的教育平台，寻求化学与材料学科优势结合点，发挥教师、科研团队、部门、院所单位和企业在科研、学科领域的互补和协同作用，通过理工交叉、科研成果进课堂、科研进综合设计性实验和毕业设计（论文）、科研进学生课外科技活动和科技竞赛等形式，提升化学与材料类本科学生创新力。最终通过学科交叉融合、军民融合、协同创新，以优势资源的整合及实验、实践平台的共享为手段，以化学与材料类本科专业学生创新力教育人才培养模式改革为载体，借助管理和文化建设等辅助手段，构建三维立体的协同创新力教育体系，使西南科技大学的材料和化学学科专业办出了水平，成为西南科技大学的优势学科，在国内形成了一定的影响和特色。

（二）搭建多位一体的人才培养平台，提升人才培养质量

1. 卓越工程师教育培养计划

材料科学与工程与应用化学专业分别被列入国家和四川省卓越工程师教育培养计划。

2. 协同创新，优势资源的整合及实验、实践平台的共享

基于部门合作、校所合作和校企合作的共建实验室、创新实践基地，通过协同创新，建立化学与材料专业学生共享的基于产学研结合的创新力教育实验、实践平台。构建"学科基础实验、专业基础实验、专业综合实验以及特色与创新实验"四个层次渐进的专业工程与科研技能实验教学体系，突出创新性实验课程。学校和学院现有环境友好能源材料国家重点实验室、国家绝缘材料工程技术研究中心（联合共建）、核废物与环境安全国防重点学科实验室、固体废物处理与资源化教育部重点实验室、生物质材料教育部工程研究中心、先进建筑材料四川省重点实验室、四川省材料科学与工程实验教学示范中心、四川省化学与分析测试实验教学示范中心、四川省废旧轮胎胶粉功能化及应用工程实验室等教学科研平台 9 个，学院具有稳定的实践、实习基地 25 个，研究所（中心）4 个，联合实验室 9 个，形成了一批可供学科交叉融合的协同创新实验、实践基地。

3. 模块化人才培养

推进人才大类培养改革，实施大类招生和培养，制定模块化课程体系，以套餐式课程，为学习者提供可选择和灵活的课程学习方案，便于学生创建一个量身定做的学习计划，做到基础课程宽而厚，核心课程少而精，实践课程实而活，选修课程多而广；鼓励学生攻读跨学科的双学位，或选修其他专业课程，成为学科交叉的复合型人才。

4. 优秀本科生培养

重点培养具有创新精神和创新能力的优秀本科生，营造多元化、多层次培养优秀人才的氛围，鼓励拔尖人才脱颖而出。实行优秀本科生培养导师制，为优秀本科生配备导师，分类指导；逐步推行学士—硕士—博士的长期培养工程；鼓励优秀本科生积极参加科研实践工作，优先支持优秀本科生参与导师科研的课题研究。鼓励并推荐优秀学生在校期间到国内外知名大学交流学习、开阔视野，充分利用不同高校的教育资源，为学生提供多样性、个性化的培养平台。

5. 创新创业训练

依托学校国家大学科技园，让学生在学校导师或企业导师指导下，自主完成创新创业项目的设计、研究和实践，帮助本科生体验和了解科学研究和创业的整体过程，增强大学生的创新创业能力，培养适应各行各业发展需要的高素质人才。

6. 个性化教育的课堂教学

对于理论课程的教学，在讲授基础上，穿插采取角色互换和讨论式教学等手段，实现知识的互补和深化。对于素质课程和实践课程的教学，采取建立学生团队和科研教学相促相长的方式，在课堂中模拟项目，并由学生以团队形式来承担和完成。对于学生就业指导课程的教学，针对不同兴趣爱好和特长的学生，为其

制定相应的实习计划和个性化发展方案建议。

7. 建立"1+3"导师制，完善现行导师制制度

在新生一年级进行导师分配，二年级学生、老师进行双向选择，学生选择适应自己方向的研究课题的导师。研究开发与"1+3"导师制模式相适应的导师制网络管理系统，实现导师制管理、运行与评价的信息化与网络化。目前，化学与材料类本科专业共有本科生导师157名，其中高级职称占60.5%。实践证明，该制度的实行有利于因材施教和分类培养。

8. 高校与科研院所、行业企业协同培养本科学生创新力

通过改革现有的课程教学模式，加大校校协同创新、校所协同创新、校企协同创新、校地（区域）协同创新、国际交流与合作协同创新，把课堂教学与课外活动，校内教学与校外实践，国内教学资源和国外教学资源有机结合起来，为创新人才培养奠定坚实的基础。

9. 免试研究生计划

优秀毕业生可推荐免试保送研究生。

（三）精心构建递进式创新型人才培养模式，体现个性化教育

学院非常重视工程实践环节，强调通过"课程实验—专业综合设计—科研实践"递进式模式来提高学生的工程创新能力。首先，精心开设与专业密切相关的实验课程来体现本专业的特色，使学生通过大量实验操作来掌握工程实际系统中测量、感知与执行的基本技术手段与方法，并能对整个系统进行综合分析与评价，增强学生对所学习的基本理论的感性认识，深化其对专业知识的理解。在此基础上，可以使学生在实际操作中发现问题，然后综合运用所学知识来解决这些问题，训练学生逐步养成系统整体设计的技能，以培养其工程创新意识。其次，为高年级学生开设专业综合设计课程，要求学生能综合运用所学习的理论知识来进行分析与设计，通过实践最终完成性能测试、研究报告撰写、答辩等工作，力争使学生具备解决工程实际问题的能力。最后，为了进一步提高学生的创新能力，除了鼓励学生积极参加"创新创业""挑战杯"等项目，将有针对性地选择学有余力的高年级学生参与教师科研项目，挖掘出他们的创造性潜力，激励他们今后投身于科学研究。

此外，学院还力图通过多种举措实现人才培养中的个性化教育。一是加强师资队伍建设，通过内培外引，优化人员的结构，以老带新的"助教"制度，校院两级教学督导，制定提升青年教师教学能力的相关政策和培训方案，提高教学队伍的整体水平。二是依托本科生导师制，通过对相近研究方向的科研团队在教学上进行整合，通过进入导师科研团队和组建学生创新团队等形式，建设层层递进的学生科研创新团队群，培养学生自主创新能力。三是针对研究型人才和工程

型人才的不同培养需求，结合学科优势、部门优势，优化和完善课程体系，着力打造特色课程、精品课程。四是立足西南科技大学化学与材料类本科专业人才的培养需求和培养目标，结合创新人才培养的课程体系，编写适合我校化学与材料类本科专业学生特点和培养特色的系列教材。五是积极探索拔尖创新人才、高端技术技能型人才、卓越工程师培养模式，设计相应培养方案和教育教学方法。六是通过为学生开设第二课堂、创新班和实验班，与科研院所、行业企业协同培养，开展素质教育、互联网教育等方式，加强学生的创新力教育管理（包括规章、制度的建立），提高学生的就业质量和就业竞争力。

三　教学质量保障

为保证本科教学工作持续、正常及高效运行，学院构建了本科教学质量监控体系和持续改进体系，实现了每个教学环节的过程质量监控和持续改进，确保专业人才培养目标和毕业要求的达成。

学院本科教学质量监控体系主要由院本科教学指导委员会、学院本科教学评估机构（学生工作评估小组、教学评估小组、毕业要求达成度评价小组和专业人才培养评估小组）、学院教学督导组、教学办组成，主要负责：指导教学管理与教学改革方案的实施和落实；指导专业培养方案、教学计划的制订、改进，学科专业建设、课程建设；青年教师的培养；督促日常教学任务的完成与规范化建设；搜集、分析教师、学生对教学管理工作的意见和建议；制定各教学环节的质量标准；对课程和毕业要求的达成情况进行评价、反馈；开展校内、校外调研，定期审查学院办学定位和思路、培养目标和特色以及人才培养方案的评价；组织制定持续改进措施，督促相关改进措施得到切实执行和落实。

专业监控是由专业负责人、专业授课教师组成，是教学安排、教学研究和教学过程监控的基本单位，主要从专业教学的角度负责制订、改进课程体系；调整教学内容、师资、教材、教学方法的选择等方面的工作；及时掌握日常的教学进度、教学计划的实际执行、学生的反馈等方面的情况，并加以监督、调控。

在学校层面管理文件的基础上，根据学院、系的教学发展状况和专业自身的特点，结合学院的本科教学质量保证体系，制定了一些教学管理的补充办法，进一步规定各个教学环节的管理与执行细则，保证教学管理的制度化、常态化，使本专业各项教学活动能够有条不紊地进行。此外，为激励学院教师进行教学改革的积极性，学院在聘岗政策方面对精品课程/示范课程/示范专业建设点、教学团队、实验示范中心/基地、教学名师、教学成果奖、教改项目、教改论文、教学竞赛、指导学生活动等项目进行积分认定，并给予相应资助或奖励。

四　教学建设与改革

按照"新工科"和"新时代高教40条"和"六卓越一拔尖"计划2.0的指导思想，将进一步落实以本为本，推进四个回归，以"一流师资队伍、一流教学内容、一流教学方式、一流教学监管、一流毕业生"为目标，加强专业内涵建设和提升教学质量。

随着科学技术的进步和社会生产力的发展、教育科学及其他边缘学科的发展影响到教育观念的变化，为深化高等教育教学改革，落实立德树人根本任务，不断提高人才培养质量，推动学校高等教育内涵式高质量发展，学院围绕专业建设、人才培养、课程体系建设、学生创新能力培养、拔尖人才培养等方面开展研究，特别是在新形势下，对新工科改革，课程思政建设，"互联网+"学生创新能力培养等进行重点研究。近五年来，学院获省级及以上教改项目12项，校级教改项目近100项。

为落实立德树人根本任务，深入挖掘各类课程和教学方式中蕴含的思想政治教育元素，树立课程建设新理念，推进课程改革创新，实施科学课程评价，严格课程管理，夯实基层教学组织，提高教师教学能力，完善以质量为导向的课程建设激励机制，形成多类型、多样化的教学内容与课程体系，全面开展一流本科课程建设，近三年，推荐国家级一流课程1门、省级虚拟仿真实验教学课程1项、校级在线开放课程8门。自2019年以来，学院积极开展课程思政建设，已获批"课程思政"省级示范专业1项、省级示范团队1项、省级示范课程2项、校级示范课程9项，课程思政覆盖学院各专业。

为提升教师素质、提高教学质量、促进学生的身心健康和全面发展、推动素质教育的实施，围绕学院专业提升、课程体系、实践体系、学生创新能力培养等方面进行总结凝练，近五年来，学院获省级教学成果奖2项，校级教学成果奖7项，2021年获校级高等教育教学改革典型案例2项。

为深入贯彻落实《西南科技大学一流本科教育2025行动计划》，着力推进一流教材建设，为一流课程教学提供资源保障，学院加强教材建设，近五年出版教材8部，其中《无机及分析化学》获2021年"首批四川省高等教育类优秀教材"，目前正参与首批国家优秀教材评选。学院同时积极组织开展各类各级教学竞赛，已形成"以赛促教、以赛促学、以赛促改、以赛促建"的良性氛围。近五年来，学院举办三次青年教师教学竞赛，承办学校第二届教学创新大赛；先后获全国高校无机非金属材料专业青年教师讲课比赛一等奖2项、四川省高校青年教师教学竞赛一等奖1项、全国高校青年教师教学竞赛二等奖1项；组织参加学校各类教学竞赛30余人次，获校级奖励20余项，学院获优秀组织奖3次。

在今后的专业建设中，学院将积极以产业需求指导教学，以学科发展带动教学，以行业实践促进教学，同时进一步加强学科交叉融合，依托现有的人才培养平台，多渠道融合其他教育资源，持续推进本科教育教学，加强专业内涵建设，进一步提升人才培养质量。

传承农科精神，理工交叉融合，全面提升本科教育教学质量

——生命科学与工程学院教育教学改革纪实

胡尚连* 王 丹 侯大斌 郑祥江
段 宁 张 猛 周 建 陈红春

摘 要：生命科学与工程学院（农学院）已有80余年的办学历史，是学校办学历史最悠久的学院之一。建校70年来，学院立足四川，传承农科优势，构建了理工农交叉融合的7个本科专业结构布局；发挥农科优势，完成以生物学（农业生物学）一级学科博硕士点、农业硕士、生物与医药专业硕士为主的学科布局；依托农科优势，建成或获批了一批国家级特色专业建设点（农学）、国家级一流专业建设点（农学、生物技术）、四川省卓越农林实用技能人才培养计划（农学）、四川省一流专业建设点（生物工程、食品科学与工程）、四川省卓越工程师专业（食品科学与工程、制药工程）、四川省综合试点改革专业（生物工程）。同时，建校70年来，通过不断的发展和融合，结合学校办学特点，理工农交叉融合，学院在师资队伍、人才培养、课程建设、实践基地等方面都取得了突出的成绩，农业已成为学校三大办学特色之一，农业生物质资源循环利用的科研特色和传统优势更加鲜明。学院将在现有成绩的基础上不断进行教学改革、更新教育观念、创新教育手段，立足高等教育发展新阶段，全面提升教育教学质量。

关键词：传承；农科；交叉；教育教学；质量

今年是西南科技大学建校70周年，生命科学与工程学院2001年组建成立，发展可追溯到70年前的四川省遂宁农业技术学校，2000年生物技术本科专业开

---

* 胡尚连（1966— ），西南科技大学生命科学与工程学院教授，主要研究方向为生物化学与分子生物学。

始招生培养。在学院迅速发展的过程中秉承了学校"厚德、博学、笃行、创新"的校训和"生命不息、奋斗不止"的学院精神，广大师生传承农科精神，拼搏创新，形成理工农三大学科门类的7个本科专业，获批国家特色专业建设点，国家一流本科专业，获批生物学一级学科硕士点、博士点，完成了从专科向本科教育、研究生教育的转变，步入了新的发展时期。回顾和总结学院本科教育建设与发展，将有助生命科学与工程学院本科教育教学水平的持续提升，为培养高水平人才奠定基础。

一 传承农科精神，构建理工农交叉融合的专业格局

（一）立足四川，建立农科专业，培养农业专业人才

学院发展的历史沿革可以追溯到70年前的四川省遂宁农业技术学校，1952年3月四川省遂宁农业技术学校由原"遂宁高级农业职业学校"更名成立，设有农艺、园艺、森林、纺织四个科。1958年秋遂宁专署并入绵阳专署，学校也迁入绵阳地区，学校更名为四川省绵阳地区农业学校，"文化大革命"期间，学校停课、停止招生。1976年12月，中共四川省委批准"绵阳地区农业学校"改建成为"四川绵阳农学院"，面向全省招生。在此期间尽管经历了多次撤销、合并、搬迁，遭受了"文化大革命"的严重干扰和破坏，但绵农人克服各种困难、自力更生、艰苦奋斗，认真贯彻党的教育方针，并于1954年开设农作专业、1958年增设果树专业、1959年增设畜牧专业等专业，为国家培养了大量农业专业人才。

1978年12月，经国务院批准正式建立绵阳农业高等专科学校，农作专业更名为农学专业、1979年兽医专业开始招生，1983—1993年增设农业推广、农业生物设食品工艺专业，1995年园艺专业恢复招生。1995年1月国家教委正式批准"绵阳农业高等专科学校"更名为"绵阳经济技术高等专科学校"，1995年4月28日学校隆重举行了更名挂牌庆典，学校下设农艺系（园艺系、农学系合并组建）、牧医系、应技系，为生命科学与工程学院成功组建奠定了坚实基础。

（二）传承农科精神，构建理工农交叉融合的本科专业格局

2000年8月23日，经国家教育部正式批准，同意西南工学院和绵阳经济技术高等专科学校合并组建西南科技大学，2000年9月在原农业生物专科专业的基础上，生物技术本科专业开始招生，2000年12月11日，学校正式挂牌成立，2001年3月，在原农艺系、牧医系和应技系基础上，西南科技大学生命科学与工程学院组建成立，同年9月学院农学、园艺本科专业开始招生，2002年又增设制药工程本科专业，2003年增设食品科学与工程本科专业、动物科学本科专业，

同年生物工程本科专业由材料科学与工程学院转入学院招生、培养，从 2003 年开始，学院不再招收专科学生，学院专业结构完成由专科办学到本科办学的转变。学院 7 个本科专业，覆盖理工农 3 个学科门类，理学类生物技术专业，工学类生物工程、食品科学与工程和制药工程 3 个专业，农学类动物科学、农学和园艺 3 个专业。

自 2016 年以来，学院积极探索"一带一路"留学生培养的有效途径和提高培养质量，在留学生教育方面经过了从无到有，横跨本科、硕士、博士三个层次，从 2016 年 5 名硕士生和 5 名博士生起步，发展到目前的 70 名"一带一路"留学生，从巴基斯坦 1 个生源地发展到 7 个国家，学院的国际人才培养实现持续跨越式发展，留学生教育品牌效应凸显。

二　发挥农科优势，本科教育教学上台阶

（一）发挥农科优势，学科建设取得突破

2003 年学院不仅完成专科办学向本科的转变，更完成了向研究生教育的突破，植物学硕士学位点获批招生，2008 年"生物化学与分子生物学"被批准为国防基础学科，"植物学"被批准为四川省重点学科，2011 年生物学一级学科硕士点获批，2014 年农业硕士专业学位点获批，2018 年学院取得历史性突破，生物学一级学科博士点获批，2021 年生物与医药专业硕士点获批，学院 7 个本科专业均有对应的硕士、博士点支撑。

（二）师资队伍建设见成效，为人才培养奠定基础

2000 年以来，经过多年建设，学院教职工人数显著增加，学历普遍提升，博士所占比例增长较快，学历和职称结构趋于合理。教职工人数组建时仅有 48 人，现有教职员工 169 人，其中教职工人员 151 人，教授（研究员）32 人，副教授（副研究员、特聘副教授）56 人，博士 88 人；有校内博士生导师 31 人（含留学生博导），校外兼职博导 12 人；校内硕士导师 60 余人，校外兼职硕士生导师 27 人；有全职外籍专家 1 人；有国家人才项目入选者 1 人，国务院政府津贴获得者 3 人，中科院"百人计划"1 人，四川省学术与技术带头人 3 名，四川省有突出贡献的优秀专家 6 名，四川省"千人计划"4 人，四川省"万人计划"2 人，四川省学术与技术带头人后备人选 13 人，四川省杰出青年项目获得者 2 人，先后入选国家现代农业产业技术体系四川创新团队成员 6 人。聘有"长江学者"担任学术院长，另有高水平特聘教授 6 人。建成了一支结构合理、水平较高、适应学院学科建设和教学、科研工作的师资队伍，为学院人才培养奠定坚实基础。

（三）依托农科优势，专业建设取得显著成效

为适应时代的发展和社会的需求，学院积极努力，专业建设取得优异成绩。2003年生物技术专业被学校评为十大品牌专业之一，农学专业于2008年获批四川省特色专业建设点，2009年被列为国家特色专业建设点，2012年食品科学与工程专业入选四川省卓越工程师培养计划，2013年制药工程专业入选四川省卓越工程人才培养计划，生物工程专业被列为四川省专业综合改革试点专业，2014年农学专业入选四川省卓越农林人才培养计划，2019年农学专业获批四川省一流专业建设点，2020年生物技术专业获批四川省一流专业建设点，2021年农学专业被列为国家一流专业建设点；学院三个工科专业均积极申报工程教育认证，2021年食品科学与工程专业工程教育认证被受理，目前进入报告修改提交审核阶段；2004年生物技术专业开始重点批次招生，2016年学院7个本科专业均开始重点批次招生，2018年学院承接动物科学、农学、园艺3个专业的职教师资教育任务，职教师资班开始招生，为不同类型学生的选择需求提供了多种学习机会和资源，同时也为学生创新能力的培养和实践能力的提升提供了保障。

（四）围绕人才培养，打造学院课程体系，建设"金课"

学院拥有横跨"理工农"三大学科门类的7个本科专业，在多年办学实践中，学院积极谋划，思考，实践，逐渐形成理工农学科交叉融合的人才培养课程体系，打通学科基础课，整合专业基础课，实施学科交叉选修课，拓展学生知识面，课程建设取得较好成绩。2006年"生物统计学"获批学院第一门省级精品课程，2007年、2008年"学院植物细胞工程""生物化学"两门课程获批省级精品课程，"现代生物技术系列课程教学团队"获批省级教学团队，2015年"生物化学"获批省级精品资源课，2020年"植物细胞工程"获批四川省一流课程，2021年"生物化学""遗传学"获批四川省一流课程，"微生物学"等9门课程被列为学校校级精品课程，"动物学"被列为学校双语示范课程，"植物细胞工程"被列为学校优质课程，"生物化学""农业生态学"和"制药工程安全与环保"被学校立项在线课程建设，"核辐射生物效应与应用教学团队"被列为校级教学团队，军民协同、科教融合团队建设学科交叉课程"辐射生物效应，彰显跨学科人才培养特色"2018年获得学校教学成果一等奖。

为做好课程建设，学院教师积极主编或参编教材，2018年胡尚连教授主编的《植物细胞工程》由科学出版社出版，该课程为我院生物技术专业学位课程，该课程教材从2004年开始由胡尚连教授团队牵头主编，长期用于学院生物技术专业，该教材已被成都理工、成都信息工程大学、滇西师范等高校使用，被华中科技大学、中山大学、华南农业大学等高校图书馆馆藏；唐永金教授主编出版

"十二五"规划教材《农业推广学》，学院上百人次主编、副主编或参编各级各类教材，并用于学院课程教学。

（五）构建横跨"理工农"学科交叉融合的实践教学体系

学院非常重视实践教学，重视学生实践动手能力培养，学院组建生物科学实验教学中心，建立"共享开放式"实验室运行机制，整合和优化实践教学平台，将"资源优化配置"与"实验教学"有机结合，构建学科交叉融合的实践教学体系，实现7个专业资源优化配置与共享。生物科学实验中心经过多年建设和发展，已有各类设备总数2100多台套，面积约8500平方米，包括本科教学实验室、研究性实验室，校属教学实习基地，大棚温室，实习基地用房等。

学院结合服务地方经济，开展院地（企）合作，积极有效地建设校外实践教学基地，每个专业均有稳定的校外实践基地。2013年，学院"西南科技大学—四川西科种业有限公司农科教合作人才培养基地"获批四川省、教育部大学生校外实践教育基地建设项目，2015年，学院"西南科技大学—四川科伦药业股份有限公司制药工程专业实践教学基地"获批学校工程实践教育中心，2018年学院"西南科技大学—绵阳市产品质量监督检验所教学实践基地"获批学校工程实践教育中心。

充分利用学校及学院建设的"核废物与环境安全"国防重点学科实验室、四川省生物质资源利用与改性工程技术研究中心、农业生物质资源循环利用协同创新中心培育基地、"核辐射生物效应与应用"四川省高校重点实验室等高水平研究平台和共享实验室等实践育人基地，利用人才共享机制，聘请相关单位专家担任兼职教授，参与课程教学及学生培养，并让学生在相关平台上完成课程设计、毕业设计、创新竞赛、毕业论文等实践教学任务，提高了本科生实践动手能力。

三 推进本科教育教学改革，促进学院发展

学院与时俱进，围绕学院各发展时期，不断进行教学改革、更新教育观念、创新教育手段，教学改革效果显著。

（一）围绕本科教学，积极开展教育教学改革研究

学院成立以来，教师获批各级各类教育教学改革项目300余项，研究主要围绕专业人才培养、课程建设体系、实践教学体系、学生创新能力培养、拔尖人才培养等方面开展，特别是在新形势下，新农科改革，课程思政建设，"互联网+"学生创新能力培养等进行重点研究。2020年，学院"基于地方特色农业

产业链的省属高校新农科复合型人才培养模式探索与实践"获批教育部新农科研究与改革实践项目，同时2项获批四川省新农科研究与改革实践项目，2022年学院获批四川省重点教改项目1项，获批四川省"互联网＋"教育教学改革项目4项，多年来获批省级及以上教学改革项目共16项；为落实立德树人根本任务，充分发挥课堂教学主渠道育人作用，学院从2020年开始，积极开展课程思政建设，8门课程获批学校课程思政建设项目，课程思政覆盖学院各专业。

（二）凝练教学成果，提升教育教学质量

1993年以来，学院专科阶段获教学成果获国家级奖1项，省级二等奖3项，本科招生20年来，积极总结教学经验，凝练教学成果，获校级教学成果奖励18项，"以学生为主体"的教学改革模式研究与实践，生物化学课教学方法的系统探索与实践，多学科融合构建创新人才培养实践教学体系的探索与实践，科教一体化教学团队建设学科交叉课程"辐射生物效应"、彰显军民融合协同育人办学特色，"一带一路"背景下地方高校国际化人才培养模式探索与实践等教学成果获校级一等奖，这些成果围绕学院专业提升、课程体系、实践体系、学生创新能力培养等方面进行总结凝练，为学院本科教育教学质量提升奠定了良好的基础。

四 立足高等教育发展新阶段，全面提升教育教学质量

（一）以"双万计划"为契机，提升专业建设质量

教育部"双万计划"实施方案发出后，学院非常重视，积极思考、谋划一流专业建设，农学是国家级特色专业建设点，要抓住一流专业建设机会，学院领导分别带队赴中国农大、南京农大、西北农大、四川农大等高校调研，2020年农学专业获批国家一流专业建设点，2021年学院组织生物技术专业申报国家一流专业建设点，领导带队到南京大学、四川大学、重庆大学、吉林大学等高校调研，同年生物工程、食品科学与工程、制药工程3个专业申报了省级一流专业，通过一流专业建设，提升我院专业质量和水平。

（二）抓"四新"建设，改造、提升、优化专业人才培养质量

学院现有工科3个专业、农科3个专业，有理科生物技术专业，要充分利用学校工科优势、学院理科生物学博士点优势，对传统农科专业提档升级，将人工智能、大数据分析、生物技术等与传统农科交叉融合，增强人才培养与未来农业契合度；学院3个工科专业，一是要学院内交叉融合，二是利用学校理、工、管理等学科优势，更新改造，推动现有工科交叉复合、工科与其他学科交叉融合。

（三）跟进"卓越计划2.0"，推动专业建设上台阶

学院农学、食品科学与工程、制药工程3个专业是"卓越计划1.0"专业，但我院动物科学、园艺两个专业，发展20余年，至今未获批省级称号，学院将结合两个专业的实际情况，力争两个专业在卓越农林人才培养计划上有突破，保证学院7个普通本科专业均有省级专业质量工程建设项目，推动学院专业建设上台阶。

（四）专业认证不放松，力争认证有突破

食品科学与工程专业已二次提交工程教育认证自评报告，学院将继续努力，全方位保证食品专业工程教育认证工作，同时督促生物工程、制药工程积极申报工程教育认证，农学类专业认证或评估工作启动后，学院也将积极组织申报，力争农学专业通过专业认证，力求学院专业认证取得突破。

（五）建"金课"、将课程思政融入人才培养

课程建设一直是学院的短板，多年来，课程建设均集中在几门线下课程上，建设在线课程较少，学院要有组织地开展在线课程建设，建设教学团队，积极打造"金课"，将课程教学与课程思政融合，将课程教学与新兴媒体相结合，将课程教学与立德树人相结合，全面提升学院人才培养质量。

（六）建创新实践班，提升学生创新能力培养

学院现有"生命科学拔尖创新人才创新班"，学院将继续努力，力求培养更多优秀人才，除该班建设以外，学院正与四川省农业农村厅积极谋划"新农科全科人才培养创新实践班"，紧紧围绕乡村振兴战略实施、农业产业链发展需要，立足四川，建立特色鲜明、形式多样的农科全科人才培养体系。

信息工程学院本科人才培养的举措

姚远程[*]

摘　要：本人从2002年开始分管学院的教学工作，从前任院长马建国身上接过沉甸甸的责任，中间又经历过尚丽平院长的接力，大家团结一心，在教育与教学改革，教风与学风培育，专业和课程建设等方面，领导和服务广大教师，开展了有益的尝试，收到了不少的经验和教训。

关键词：教育教学改革；课程体系建设；第二课堂育人；工程专业认证

2022年西南科技大学迎来建校70周年，回望本科办学40周年的艰难历程，信息工程学院从20多年前只有自动化一个本科专业，发展到具有控制科学与工程、信息与通信工程等本、硕、博多层次，自动化、电子信息工程、生物医学工程、通信工程、电气工程及其自动化、物联网工程等多专业，为西部特别是四川培养了一大批信息专业人才。总结学院近十年的本科人才培养工作，归纳出以下举措，供交流。

举措之一　依托特色专业、精品课程、教学团队建设，夯实本科人才培养基础

在学院现有的专业中，自动化专业是国家特色专业、国家级卓越工程师计划专业，电子信息工程是国防特色专业、省级人才培养基地和省级卓越工程师计划专业。学科方面，有国防特色学科2个，四川省重点学科2个。学院还有国家级教学团队1个，国家级精品课程1门，省级精品课程3门等。

近十年来，学院老师通过申请教育部电子信息类教指委项目和教育部产教融合项目，开展教学改革，在教学内容和教学方法等方面，取得了不少成绩。主动

---

[*] 姚远程（1962—　），西南科技大学信息工程学院学术及教授委员会主任，教授，博士生导师，主要研究方向为软件无线电。

申请主持省级以上教学改革项目 10 多项，在教学方法、教学内容、教风学风建设、实践教学、学生科技活动等方面开展教学研究，取得了一系列研究成果。

其中刘泾老师主持的教改项目，从受益面最广的电子技术实验入手，受到教育部电子信息类教指委重点项目的连续支持，多次获得结题"优秀"评价。该方法参照专业认证思路，从教学"以教为主"转到"以学为主"，将本科基础实验通行的"讲解+验证"模式，改成"引讲+口袋实验室仿真+仿真考核+实验室验证+实验考试+实验补考"等多个环节，严肃了实验课程考核，提高了学生自学能力。该方法被教育部电子信息类教指委进行推广，西安理工大学、解放军后勤工程学院等六所高校参加了试点工作。学生的总体反应是：过去上实验课轻松，现在太累。教学内容和教学办法，通过在高等教育出版社出版的 2 部教材进行固化，获得 2017 年校级教学成果二等奖。与其他老师整合申报，获得 2017 年省级教学成果三等奖（排名第三）。

曹文通过教改项目，从院级平台课程"电子技术综合设计"入手，通过建设综合设计基础条件，改革综合设计评价机制，整合综合设计教学内容，满足在现有能力条件下，开展大规模电子技术综合设计的要求。所编教材 2014 年被评为四川省"12·5"省级规划教材；2016 年被评为普通高等教育"十三五"规划教材。成果获 2017 年西南科技大学教学成果一等奖，2017 年四川省教学成果三等奖（排名第一）。

毕效辉、于春梅等从 1998 年开始，对"自动控制理论"课程进行了持续研究，经过实践、改进和积累的循环过程，建立了高融合立体化教材，整合教学资源、转变教学理念、改革教学方法，从让学生易学、学好到与工程结合，再到注重能力的培养，融入工程教育质量认证和卓越工程师培养要求。2005 年获批四川省精品课程，同年获湖北省高校课件评比三等奖（排名第一）；2008 年，获校级教学成果一等奖，同年，与其他老师整合申报，获省级教学成果三等奖（排名第三）；2012 年获批四川省精品资源共享课程；2014 年主编出版省级"十二五"规划教材《自动控制原理》；2016 年获校级教学成果二等奖；2017 年在教育部自动化教指委主办的自动化教育年会获优秀论文奖。

李强、路锦正、郭玉英、曹文等年轻博士，通过教育部产教融合教改项目的引导，明确了新专业建设方向和科研方向。同时，通过教改项目改进教学内容和方法，通过编写教材对成果进行固化，取得了一定的成绩。

近十年来，学院教师在高等教育出版社、清华大学出版社、电子工业出版社等国家一类出版社出版专业基础课、专业课、实验课教材 15 部。获得省级教学成果奖 3 项、校级教学成果奖 10 多项。

举措之二　构建多层次、广覆盖、高水平的学生科技活动体系，培育学生的创新实践创新能力

近十年来学院投入资金，大规模培训和组织学生参加国内外大学生学生科技活动，重点组织和资助 TI 杯全国大学生电子设计竞赛、恩智浦杯全国大学生智能车大赛和 ACM 程序设计竞赛，从电路系统、计算机软硬件技术、控制技术等多个方面对学生开展训练，收到了较好的效果。2016 年，学院组织了战车争霸大赛（针对低年级，200 多人参加）、电子测量大赛（全国电子设计竞赛选拔赛，70 支队伍参加）。学生参与面广，基础扎实，技能优良，参加当年的学生科技竞赛均取得好成绩，在大学生电子设计竞赛中，获省一等奖 11 个，二等奖 8 个，三等奖 8 个，仅次于电子科技大学，在四川排名第二，属历史最好成绩（当年没有国家比赛）；在恩智浦杯智能车大赛中，参赛学生 40 余人，获得国家二等奖两项；在 ACM 程序设计大赛中，参培学生 70 余人，获得了赛区金奖的历史最好成绩。加上"西门子杯""蓝桥杯"等，每届合计有 350 人次参加学生科技活动，占学生总数的三分之一以上，从而带动学风，提高学生考研、保研质量，促进学生就业、创业等。有以下经验值得介绍和推广：

一是从培养学生兴趣入手，针对低年级的学生，学院学办和基础教学部门负责，通过基础培训和有趣味性的竞赛活动，提高学生对科技活动的认识，进而投入学生科技活动中。其中如战车争霸大赛，针对大一新生，每届参赛队数 70 支，近 200 人参赛，以提高学生参加科技活动的兴趣为主要目的，重在培养学生在控制和电力电子方面的能力。电子测量竞赛，以大二学生为主，在学生参加大学生电子设计竞赛之前开展，参赛队数近 70 个，共 200 名学生参加竞赛，培养学生在电子测量技术方面的能力，也作为学生参加大学生电子设计竞赛的选拔赛。

二是从学生基础能力出发，有意识地打造重点项目，由三个专业系部负责，从电子技术、控制技术、软件技术等三个方面的能力培养出发，打造学院学生科技竞赛的公共平台。比如电子工程系负责的全国大学生电子设计竞赛，每年在众多经过培训的队伍中选拔 40 个队伍（120 人）参赛。自动化系负责的恩智浦杯智能车大赛和通信工程系负责的 ACM 程序设计竞赛都有一定的参赛规模，在各自专业学生的培养过程中起到了较好的引领作用，也获得了全国一等奖、国际金奖等奖励，为学校于 2013—2020 年多次名列全国普通高校科技竞赛前 60 名做出了重要贡献。其中 2017 年的学院得分，几乎占到全校学生总得分的近一半。

三是重视专业的差异性，支持各专业教师和团队，指导学生参与各专业赛事，在培养学生的同时也提高了教师的专业工程能力。学院资助的赛事包括"蓝桥杯"设计与创业大赛、"西门子杯"工业自动化挑战赛、"美新杯"全国大学

生物联网创新创业大赛、生物医学工程创新设计竞赛等，为各专业教师和学生参加专业比赛提供经费保障。

四是鼓励开展卓越工程师班、创新班的指导工作，从而带动学风，培养一批有创新意识的高技能人才。学院目前有两个卓越工程师计划班、三个校级创新班和大量由教师团队自发组织开展的学生创新活动，发挥了较好的作用。

举措之三　以申报国家一流专业建设为契机，落实工程专业认证对本科教学条件的基本要求，推动学院的课程体系及基础实验条件建设

2016 年以来，随着国家"以本为本"战略新思路的提出，教育部将本科水平作为学科评估的基础指标。学院审时度势，为改变"唯论文、唯帽子、唯职称、唯学历、唯奖项"时期的错误倾向，开始将专业建设和教学基础建设作为学院工作的重点，取得了较好的效果。几年内，相继开展了包括电子信息工程专业水平评估、自动化专业工程专业认证、电子信息工程专业认证、电子信息工程专业申请国家一流专业、自动化专业申请国家一流专业、通信工程专业申请省级一流专业等一系列工作。学院借助这一契机厘清思路，统一思想，强化认识，将工作重心迅速转移到教学建设的工作上来。围绕工程专业认证标准，特别是补充标准中对于电气工程和电子信息大类的课程体系规定，结合学院实际情况，在公共课程体系、公共实验体系、实习基地建设及教学质量体系的建设上，做了以下工作：

与全院教师达成共识，确立符合工程专业认证标准的学院基础课程体系和实验体系。信息工程学院的本科专业包括电子信息工程、通信工程、物联网工程、生物医学工程、自动化、电气工程及其自动化，基本符合专业认证标准中电气工程与电子信息大类，其补充标准中对大类的课程体系有一个基本要求。但学院专业在长期的形成过程中，因为创办初期的条件，或创办人的学科背景有不同的理解，造成培养方案课程五花八门，体系乱、成本高，特别不适应现代大批量的本科教育实际情况。而大类补充标准正好出台了课程体系标准。学院以此为契机，经过多次研讨不断形成共识，在学院的六个专业中，设置了 12 门公共基础课，进行重点建设。已形成电路、电子技术、微机原理、C 语言、工程电磁场、信号与系统、控制理论、通信原理、计算机网络等多个固定的基础课程团队，保障课堂教学的顺利开展。在实验教学方面，针对现代信息类人才的技能要求，在电工电子（包括电工学、电路、电子线路）、控制技术（包括 PLC、嵌入式）、计算机硬件（微机、单片机、FPGA、DSP）、计算机软件（C 语言）等方面，建设形

成了有一定规模的学院公共实验平台。三是网上教学资源，包括申请建设了省级精品资源共享课程"自动控制原理"，省级专业综合改革项目精品开放课程"现代电子系统设计""计算机控制系统""自动控制理论"等；与高等教育教出版社签订《电子技术实验》数字出版合同，目前正投入力量重点建设。

加强与董事单位的联系，开展联合办学，完善实践环节。信息学院各专业与绵阳地方经济密切相关，而信息技术的发展日新月异，需要不断升级换代。信息技术系统性强，也需要行业的带动和引领，才能够做到深入。学院基于上述考虑，重视以下两项工作，一是在绵阳周边董事单位建立大学生（或研究生）校外实习基地，近十年来，与中国工程物理研究院、西南自动化所、长虹、九洲、绵阳铁塔、绵阳创力、江油电厂、绵阳烟厂、湖山音响等企业建立一大批联合实验室，或挂牌成为学院的学生实习基地。其中与长虹公司共同申报国家级实习基地获批，教育部资助200万元建设经费。目前每年接收电子信息工程、通信工程、物联网工程的200多名学生开展为期3周的生产实习，成为教学的重要环节。二是与国外大公司建立联合实验室，学院与美国TI公司、ALTERA公司、XLINX公司、飞思卡尔公司等建立了联合实验室，在DSP、FPGA、ARM等嵌入式方面，接受企业馈赠，为教师提供培训，为学生设置专题科技比赛等。2016年，在德州仪器中国大学计划20年纪念大会上，TI－西南科技大学联合实验室被授予优秀联合实验室。路锦正、曹文获得教育部产学合作综合改革项目2项。

加强教学督导，建立质量体系。工程专业认证是一个基于反馈，不断改进提升的质量保证体系，需要一个较为健全的、常态化的教学督导过程，这是必须要投入教学成本的。在申请一流专业和工程专业认证的过程中，学院有意识地培育建设教学督导机构，包括专职实验室管理机构，使之从无到有，独立开展工作，给予一定权限，成为学院的权威部门。在评价过程中，评教结合评学，及时反馈到教学执行部门和学生管理部门，取得了较好的效果。在专业建设的重点时期，2014到2018年，学院的本科学生升学率，从12.46%上升到25.7%，提高了近一倍。而电子信息工程专业、自动化专业获得国家一流专业建设，通信工程专业获得省级一流专业建设。自动化专业通过了教育部工程专业认证，电子信息工程专业获得教育部工程专业认证申请受理，也算是对这一阶段工作成效的完美总结。

与历史同发展，与时代共脉搏

——土木工程与建筑学院发展纪实

王月明[*]

摘　要：本文作者见证了土木工程与建筑学院从创立至今的发展历程，总结出了三个发展阶段，详细阐述了各阶段的深刻变化和重大成就，也对未来提出了殷切展望，提醒全院师生牢记过去，正视现实，展望未来，努力向前。

关键词：土建学院；发展历程；总结过去；展望未来

光阴荏苒，岁月如歌。在改革的大潮中，土木工程与建筑学院伴随着西南科技大学的发展步伐，秉承"厚德、博学、笃行、创新"的校训，弘扬"艰苦奋斗，开拓创新"精神，与学校同呼吸共命运，昂首前进，取得了丰硕的成果。

一　忆过去

土木工程与建筑学院，自 1986 年成立建筑工程系至今，随着改革的大潮，已历 36 年，大致经过了以下三个发展阶段：

第一阶段，1986—2000 年。这是一个较为漫长的阶段，这是学院的前身，叫建筑工程系。在这一阶段，尽管发展速度慢，但为今后的发展壮大奠定了坚实的基础。自 1986 年起，首先受地方委托，为其培养工民建专业专科生，连续两届。到 1988 年，在全国范围正式招收全日制普通专科生。这时的招生规模每年只有一个班，三四十人，而教师也就只有十多人，没有教授，也几乎没有什么科研力量。到 1994 年，招收第一届建筑工程本科专业，1998 年因国家本科专业目录的调整，改名为宽口径的土木工程专业，同时在这一专业中设置建筑工程和工

---

[*] 王月明（1964—　），西南科技大学土木工程与建筑学院副院长，教授，研究方向：工程管理、教学管理。

程造价与监理两个方向，为今后申报工程管理本科专业奠定了基础，而于1993年招生的建筑装饰工程专科专业，为2001年招收建筑学本科专业打下了牢固的基础。

第二阶段，2001—2004年，这是一个发展迅速的阶段。2000年8月西南科技大学土木工程学院挂牌。这时的学院学生规模每届有近三百人，教师有五六十人，并有6名教授，科研工作也有了大的起色。在这一阶段，本科专业由原来的1个增加到3个，分别于2001年和2002年增设了建筑学和工程管理专业，尤其是自2002年开始，有了结构工程专业的硕士研究生，这使得整个学院上了一个新台阶。

第三阶段，2005—2022年，这是一个发展壮大的阶段。由于本科教学水平评估的需要，在全校范围内进行了学科专业大调整，由原来土木工程学院的相关专业，以及原城建学院的城市规划专业、原环境工程学院的空调专业、原机械制造学院的工程力学专业合并组建了今天的土木工程与建筑学院，这使得整个土建学院的专业设置更趋合理，"大土木"格局基本形成。在这一阶段，由于本科教学评估的促进，学院的师资队伍、实验室建设、科研工作以及联合办学方面都有了迅猛发展，土建学院迅速壮大为西南科技大学五大工科学院之一。

自2007年教育部本科教学水平评估结束，学院意识到，未来的教育教学评估，重点应放在专业评估和认证上，学院的教学管理工作，也应围绕专业评估这一中心工作展开，这也是促进教学管理工作更加规范化和常规化的一个有力抓手。于是，在庆祝本科教学水平评估顺利完成的第二天，即将专业评估工作作为未来工作的目标。经过数年的努力建设和精心准备，终于在2012年，土木工程专业一举通过了住建部的专业评估和行业认证，在整个西南科技大学首屈一指。通过第一次土木工程专业的评估，我们摸清了程序和规律，积累了经验，其他几个专业也顺势而为，相继申请评估。2014年，工程管理专业通过评估。2015年，建筑环境与能源应用工程专业通过评估。学院已通过评估的这三个专业，分别于2017年、2019年、2020年顺利通过了二次复评，有效期都是最长的，6年有效期。同时，在2013年教育部本科目录调整之后，学院于2014年开始招收工程造价专业本科生，至此，学院共有7个本科专业，都在一本线上招生。

二　看现在

经过这三个阶段，三十多年的发展，如今，土木工程与建筑学院已拥有了土木工程和城乡规划两个一级学科硕士点，土木水利和工业设计工程两个专业学位的工程硕士授权领域。有土木工程、建筑学、城乡规划、工程力学、工程管理、工程造价、建筑环境与能源应用工程7个本科专业。拥有城乡规划和土木工程两个省级本科人才培养基地。土木工程、工程力学、建筑环境与能源应用工程专业已确定为省级特色专业。并拥有"工程结构与材料动载特性"四川省重点实验室、"力学与结构省级实验教学示范中心"、"力学与工程安全虚拟仿真"省级实验教学中心。2021年，土木工程专业申报成功为国家一流专业，工程力学、建筑环境与能源应用工程专业申报成功为四川省一流专业。2022年，工程管理专业成为四川省一流专业。

学院现有教职工超过200人，其中专职教师170多人。在校本科生与研究生4000人左右。学院每年承担各级各类科研项目近百项，经费逾千万元，教师、学生各级各类获奖逾百项，发表学术论文数百篇。尤其值得一提的是，我院教师在全校青年教师教学比赛中，首次获得了一等奖，有一名教师在学校首届教学创新大赛中获得一等奖，并代表学校参加四川省比赛获得一等奖，随后代表学校参加国家级比赛，获得三等奖。有一位教师被评为绵阳市师德标兵，其所在党支部，继成为四川省先进样板党支部之后，又被推举参加国家级的样板支部评选。近年来，学院也涌现出了多名校级教学之星或教学名师，为将来进一步培养省级教学名师奠定基础。

学科建设是龙头，是学院生存和可持续发展的核心竞争力。在学科建设中，凝炼学科方向，建设师资队伍，营造学术氛围一直是学院追求的目标和努力的方向。2020年凝聚力量，创造条件申报过一次土木工程一级学科博士点，但由于种种原因，没能如愿。这是我院的一个痛点，也是未来长期努力的一个目标和方向。

在师资队伍建设中，积极引进人才，坚持"教师培训工程"的制度化，常态化。此外，选送教师到设计院和施工企业进行工程实践锻炼，力促"双师型"教师的形成。

教学质量是学院的生命线，学院通过管理制度、组织机构、过程监控、信息反馈、教学效果和质量的评价五个环节，形成科学的教学质量保证体系，确保教学质量。

在课程建设中，积极申报线上线下省级精品课程、课程思政，以品牌课程为牵引，立足现实，着眼长远，提高品位，突出特色。在教材建设中，积极参与国家规划教材的编写。

课堂教学是主阵地，聚焦课堂、研究课堂是学院一贯的着力点。倡导教师积极参与教学改革和研究，研究教学规律，苦练教学基本功。要求教师认真备课，从严执教。在教学内容上求精，在教学方法上求治，在教学过程中求实，在教学手段上创新。与此同时，在第二课堂上，积极组织开展科技文化竞赛，心理健康教育，成为第一课堂的有效延伸。从而形成第一、第二课堂相互结合、相互补充，巩固深化第一课堂。

学院每年定期在学生中举办科技活动月，效果显著。参加全国的力学竞赛、空调设计大赛、优秀毕业生评选等，均榜上有名，成绩卓著。每年学生自发组织的"1+1"献爱心助学活动，以及泸沽湖支教活动，成为学院学生工作的亮点，受到中央、省市有关部门和相关媒体的高度关注。

三 展未来

曾几何时，人财物紧缺的学院，举步维艰，壮志难酬。但土建人始终以顽强的敬业精神拼搏、奉献，无怨无悔地踏实工作。伴随着学校把握历史机遇不断发展壮大的过程，土建人也用自己的努力换来了学院由小到大，由弱到强，由学科单一到多学科互补的学科群。土木工程一级学科博士点，以及国家一流专业的建设与成功申报，将是我们未来一个时期奋斗和追求的目标。专业评估与认证，以及课程建设、教材建设、名师培养，仍然是我们未来的工作重心和关键抓手。

土建人在变革中发展，在发展中突破，在突破中创新。学院今天取得的成果，使业已退休的老同志感到欣慰，也使年轻教师对未来充满了希望。

以学生发展为中心，全面提升数理学院办学质量

田宝单[*] 周自刚

摘　要：数理学院以"明理勤学，致远求真"的院训激励着全院师生，掀开了从基础部到数理系、理学院，再到数理学院，几代人不忘初心、筚路蓝缕、砥砺前行的奋斗历程。经过 70 年的办学和 20 载的办院，学院主动适应国家经济社会发展和国家高等教育改革发展要求，遵循人才培养规律，坚持共建与区域产学研联合办学模式，在前进中不断理清、端正和发展办学定位与发展目标。自 2002 年建院以来，学院深入推进从"本科教学工程"到"双万计划""新工科建设""卓越计划 2.0""课程思政"等一系列教育教学改革，以基础教学与专业教育质量并重为落脚点，在学科专业、课程平台、成果推广等方面实施本科教学"2154"工程，全面提高学院本科人才培养质量。

关键词：学生发展；"2154"工程；办学质量

一　发挥两个基础学科龙头优势，全面提升数理基础教学质量

要成为优秀的人才，必须要有坚实的理论基础，要具有坚实的学科基础、开阔的视野、能够成长为相关领域的领军人才，必须要有坚实的基础学科知识支撑，毕业后能跻身国际一流科学领域科研队伍，突破眼下高校同质化的培养模式，对制约学生的个性发展，不利于拔尖创新人才成长的人才培养模式进行创新。

数理学院以物理学、一级学科优质资源为引导，建设好现有省级线上一流课

---

[*] 田宝单（1981—　），西南科技大学数理学院副院长，教授，硕士生导师，主要研究方向为应用数学及高等教育管理。

程"大学物理实验"、精品课程"大学物理",规划教材《新编大学物理实验》、特色教材《大学物理》,以大学物理实验教学示范中心,校级物理教学名师、校级基础物理重点教学团队、基础物理教改成果、功能模块化物理教学方法与推广等为基础,全面提升公共基础物理教学质量。

打造一批课程教学团队,深化大学物理和数学公共基础课教学改革,通过开展"大学物理教学试点班"和"基础数学教学试点班"的小班教学形式,鼓励一批中青年骨干教师不断开展基础数学和物理的教学理念、模式、内容和方法的改革,投入到大学物理和数学公共基础课的教学与应用之中。

通过数学和物理学两大基础学科建设,突出大学生个性化培养,让学生有自由探索的时间和空间,积极组织学生参加物理学术竞赛、物理实验竞赛、物理知识竞赛、大学生数学竞赛、数学建模、"蓝桥杯"等科技竞赛,鼓励学生自主学习并参加科研项目训练,培养他们的科研兴趣,从而使他们志向更加远大、心态更加平和,为成为未来的一流学者奠定坚实基础。

二 建好一个一流专业示范标杆,全面提高专业人才培养质量

学院围绕"特色鲜明的高水平大学"和"数理基础学科特色鲜明、综合实力雄厚、具有一定影响力的教学研究型学院"这一目标,将高质量人才培养根植于全面实施地方特色高水平大学建设方案中,坚持育人与育才并举,把思想引领贯穿于教育教学全过程,引导学生培育和践行社会主义核心价值观,增强社会责任感,努力造就"基础理论扎实、科学素养高、工程能力突出、创新意识强"的数学类、光电类高级复合型人才。学院根据学生个性发展需要和人才市场需求,在人才培养方案修订中,始终将"通识知识课程多一点、专业基础课程实一点、专业必修课程深一点、专业选修课程宽一点、工程实践课程全一点"作为基本原则。学院根据学生个性和潜能,在人才培养方案中组织丰富多彩科技活动,结合IT和光电两个行业、针对数学和物理两个专业领域人才需求和办学实践,坚持理工并重、服务基层的理念,建立完备的工程实践教学体系,依托与行业、地方紧密的产学研合作,不断拓展校外实习实训基地,学院牵头联合九洲集团共建国家级工程实践教育中心。此外,学院开展创新教育和人文素质教育并重,系统培养学生的创新意识、创新思维和创新能力,建立了"1124创新平台",即一个国家级卓越工程师班(光电信息科学与工程)、一个校级科技创新团队(微纳光学科技创新团队)、两个校级协会(数学建模、光电)和四个校级创新班(数学建模、光电设计、科学计算、大数据技术)。

学院以国家级光电信息科学与工程一流专业建设点为依托,通过国家级线上

线下混合式一流课程"光电子技术"、省级线上一流课程"光电子技术""基础光学""光电创新创业教育""偏振光的产生与检测虚拟仿真实验项目"等，发挥四川省物理光电虚拟仿真实验教学示范中心教学资源优势，利用综合改革创新实验项目——太阳能电池综合创新实验的成果，依托省级"课程思政"教学团队，以光电卓越工程师班为试点，按照"两家一师"潜质培养目标，通过"一原三品"个性化培养，建立学生实习、毕业设计、就业和专业教师工程阅历培训为一体的实践教学体系，以光电设计大赛、挑战杯为科技活动训练平台，系统推进本科人才培养模式、教学团队、课程教材、教学方式、教学管理等环节的综合改革与建设，引领省内同类专业建设与发展。学院通过严格实施培养方案，突出学生实践能力训练，建设好光电信息科学与工程专业综合改革试点，逐步带动数学与应用数学、信息与计算科学、应用物理学、数据科学与大数据技术等专业发展。

三 加强五个本科专业内涵建设，建立"三全育人"教育体系

学院通过专业内涵建设，促进教育链、人才链与产业链、创新链有机衔接，从而推动学院转变教育观念，改革人才培养模式，加强全员、全程、全方位育人环节，提高学生创新能力、实践能力、社会责任感和核心竞争力。

（一）发挥国家级光电信息科学与工程一流专业的特色和优势

光电信息科学与工程专业自2019年开始试行大类招生，采用"1+3"培养模式，树立"面向工业、面向未来、面向世界"的工程教育理念，以学生为中心，以成果产出为导向，持续改进，以落实立德树人为根本任务，秉承立足四川，服务地方，辐射"一带一路"的理念，培养一批"基础理论扎实、科学素养过硬、工程实践突出、创业意识强烈"的复合型人才。该专业具有19年的办学历史，经历了理科（2002—2012年光信息科学与技术）到工科（2013年光电信息科学与工程）两个阶段，连续16届为国家和社会培养本科毕业生共1216人。该专业以激光技术及加工、照明与新型显示、光电传感与检测等国家和四川省战略性新兴产业应用为引导，有机整合光电、机械、计算机等完整知识链条，突出以光子和电子为信息基本载体的信息特征，旨在培养具有国际视野的高级人才。学生在毕业五年后，能够进行光电信息科学与工程研究、产品开发、工艺与设备设计和生产管理；在光电信息科学与工程及相关行业具有就业竞争力，或有能力进入更高阶学习；具有良好的人文社会科学素养、社会责任感、法律意识和道德水准；有意愿创新实践，能够通过自主学习和终身学习拓展自己的知识和能

力；具有良好的交流能力、合作精神以及组织管理能力，能够成为团队的骨干或者领导。该专业许多学生毕业后能在激光、光纤通信、光电显示、光电探测、光电成像、光电材料等领域从事研究、设计、开发和管理等工作，同时为本专业及相关专业培养优秀的研究生生源。

（二）加强其他四个专业内涵建设

1. 数学与应用数学专业

该专业培养具有良好思想道德、文化素质修养、健康的体魄和良好的心理素质，适应国家新时期下经济建设和地方经济发展需要，具有崇高的敬业精神和强烈社会责任感的复合型应用数学人才。毕业生具有良好的数学素养和扎实的数学基础，具有应用数学理论和知识解决实际问题的数学建模、数据统计与分析的能力，能在证券、保险、信托等相关行业从事投资管理和服务工作，能在能源、交通、教育领域行业，以及互联网＋行业公司从事商务统计、数据建模的研究分析和服务工作，具备团队合作能力、沟通表达能力和科学化管理能力；具备创新精神、自主学习和持续发展的能力。该专业毕业生能在应用数学、金融证券、保险精算、统计预测与分析等领域从事研究、设计、开发和管理等工作，并能在数学及其他相关专业攻读研究生。

2. 信息与计算科学专业

该专业培养满足社会主义现代化建设需要，以信息处理、科学与工程计算为背景，系统学习数学专业基础知识，具有良好的数学基础和数学素养，掌握信息科学、科学与工程计算、软件开发与大数据分析与处理的相关专业知识，熟练使用科学与工程计算、数据处理等常用软件，接受数学建模、软件开发与程序设计、科学与工程计算、大数据分析与处理等方面的实践训练，培养具有本学科及跨学科的科学研究与开发能力的复合型工科人才。该专业学生毕业五年后，具备信息分析所需的数学基础；具备使用工具软件和开发专用软件对信息技术进行分析与处理的能力，具备良好的团队合作能力、沟通表达能力和工程管理能力；具有创新精神，具备自主学习和持续发展的能力。毕业生主要到 IT 行业从事信息分析与处理和计算应用软件开发工作；也可以到科研单位、学校、政府等部门从事信息分析、处理、应用软件开发等工作；或继续攻读本专业和相关学科研究生学位。

3. 数据科学与大数据专业

该专业培养满足社会主义现代化建设需要，以互联网、科学与工程计算、政务、医疗等领域大数据分析与处理为背景，培养具有良好的数学基础和数学思维能力，掌握数据分析的基本理论、方法与技能，具备数据的存储和管理、数据建模、数据分析与处理的实践能力，能熟练运用计算机等现代手段从事数据应用软件开发、大数据分析与处理的应用复合型人才。该专业学生毕业五年后，具备大数据分析所需的数学基础；具备使用工具软件和开发专用软件对大数据进行分析与处理的能力；具备良好的团队合作能力、沟通表达能力和工程管理能力；具有创新精神，具备自主学习和持续发展的能力。该专业毕业生主要到IT行业从事大数据分析与处理和数据应用软件开发工作；也可到科研单位、学校、金融、政府、医院等部门从事数据分析、数据处理、数据应用软件开发等工作；或继续攻读本专业和相关学科研究生学位。

4. 应用物理学专业

该专业强调基础、理工渗透、突出应用，重视对学生实践动手能力和创新能力的培养，使其具有坚实的数学与物理基础，较强的实践动手和技术开发能力。掌握半导体物理学、光学工程和材料科学所必需的基础知识、基本理论和相应的实践技能。该专业设有"半导体器件与电路"和"光电功能材料与技术"两个专业方向。方向一：半导体器件与电路方向。熟悉半导体器件的设计、制备与检测，系统级电路的设计与开发，芯片级电路设计与算法验证；具有半导体物理、半导体光电子器件、电路与微电子学领域的理论知识、实验动手能力和技术开发能力。方向二：光电功能材料与技术方向。熟悉光电信息材料制备与性能检测，光电功能器件的设计与开发；掌握扎实的光电功能材料的基本理论和光电材料制备与检测技术，具备光电功能材料及器件的设计和应用技术开发能力。该专业学生毕业五年后，具备半导体器件与电路和光电功能材料与技术所必需的基础知识、基本理论和相应的实践技能；具备一定的计算软硬件使用能力、编程能力和初步电子电路分析与设计的能力；具备半导体器件的设计、制备与检测，系统级电路的设计与开发，芯片级电路设计与算法验证方面的知识；具有光电功能材料制备与性能检测，光电功能器件的设计与开发验证方面的知识；具有自觉学习和运用本专业知识分析半导体器件与电路、光电功能材料与技术领域复杂工程问题的能力。该专业毕业生可在科研机构、高等院校、企事业单位从事应用物理学领域的研究、教学、开发、管理工作，也可继续攻读物理学、光学工程、微电子学、电子信息、材料物理学等相关学科的硕士研究生。

通过遵从各专业教育规律和学院本科人才成长规律，对学生构建有针对培养方向的实践教育方案，由参与共建的企事业单位共同制定实践教育的教学目标和培养方案，共同建设实践教育的课程体系和教学内容，共同组织实施实践教育的培养过程，共同评价校外实践教育的培养质量。因此，针对当前各专业培养方向特点，分别建立一个针对性强的实践基地，同时把学生认识、生产与毕业实习、课程与毕业设计、就业与创业、专业教师工程阅历与工程师承担教学等结合起来，建立完善的校内外实践教学体系。

四 培育四项综合改革教学成果，全面促进教学成果示范推广

近年来，学院不仅在教学方法、教学手段、教学模式上有独特成果，如学院省级教学名师杨汉生教授创建的框图教学法，毛祥庆老师建立的功能模块化物理实验教学方法，陈翰林教授建立的四维一体数学建模培养模式等，而且在特色教材、精品课程、试点教学、创新实验、科技活动等方面也取得了一定成绩。

（一）夯实专业基础理论知识，培养学生主动建构新知识的意识

1. 坚持以 OBE 理念引领专业持续改进，以学习成果为导向，夯实学生基础理论知识

基于建构主义学习理论，将 OBE 理念贯穿教育教学全过程，以学生学习成果为核心，培养学生意义建构的能力，激发学生主动学习动力。利用翻转课堂教学模式，采用同伴教学法，借助自主开发的"优士通"课程学习评价系统，为师生实时交流、互动搭建无缝衔接平台。

2. 完善学习质量评价体系，试行学习激励办法，不断激发学生自主学习和合作学习动力

为了改变学生死读书和考试一锤定音的弊端，对专业课程推行课程学习激励办法。主要目的是激发学生主动学习兴趣，加强对合作学习的引导，鼓励主持或参与本课程相关的科研项目、专利、会议、论文、竞赛、报告、专著、创业等活动，根据其贡献度，给予 1 到 10 分不等的分数奖励，并纳入课程总成绩。

3. 建立专业课程群，整合优质课程资源，丰富新时代专业内容，提高教材与培养目标的吻合度

根据专业建设点、卓越工程师培育计划等要求，结合各专业定位和目标，通过把"基础光学""工程光学""光电子技术""光电传感技术"等组成光电子技术方向专业基础课程群，建立课程负责制，理清课程间知识点，完善理论和实验同步教学大纲。利用"光电子技术"等省级精品课程教学资源，针对课程体系和教学计划，利用数字化教材《基础光学》和《光电子技术基础》，注重教学知识点、重点和难点的传授，改进教学方法手段和考核方式，实施课程质量分析，坚持持续改进。

（二）建立科技创新培养体系，增强学生科技原创性动力和素养

1. 建立师生科技创新协作团队，制定个性化培养和评价体系，准确掌握学生学习状态，并对教学方法和手段持续改进

从 2006 年创建微纳光学科技创新团队，2011 年建立光电器件设计创新实践

班以来，团队以"开拓自我，发展自我，超越自我"为理念，以"走进微纳小空间，开拓光电大视野"为目标。学生从大二开始就能进入科技创新协作团队，由导师组对每位同学量体裁衣，针对性地制定培养方案、考核体系，施行创新能力个性化培养的教学方案。

2. 建立科研过程行为规范，采用合作学习法，组建个性化科技小组，引导学生进入科技探索教学情境

科技创新团队和各创新实践班通过组建个性化科技小组，邀请知名专家、学术带头人每隔一周来团队讲学，以小组讨论、认知体验等多种方式与学生交流互动。积极开展专业相关的学生学术报告交流会，引导学生对科学探索的主动性和积极性，培养学生严谨的科学思维和基本科学素养。通过合作学习和引导激励方式，从主观意识上激励学生科学探索的主动性和自主性，做到早进课题、早进实验室、早进团队，从而建立完整的科学探索行为规范。

3. 以科技活动为载体，培养学生发现问题的能力，切实增强学生的科技原创意识和实力

通过指导学生发表论文、参加比赛、申报专利、主持项目、参加国际学术会议等活动，提高学生专业理论知识应用能力，用科学方法和手段解释科学道理，并通过实际案例提出科学问题和科学研究，引导学生去辨析、发现、求证和创新。

（三）注重工程技术实践并重，提高学生解决复杂工程问题能力

1. 建立专业实践教育中心，加强过程管理和监控，保证工程实践教学质量

针对实践基地与专业方向不对口、实践过程形式化、实习内容简单化等问题，学校在2012年与九州集团联合建立国家级工程实践教育中心，该中心通过管理机制、培养方案、教学大纲、流程内容、质量保障、考核方式等环节，利用中心人财物资源，实施《本科生实践教育基地管理办法》，确定实践学分、学时、学期和周数。建立工程实践质量保障体系和形式多样的考核机制，以实习日记、调研报告、实物展示、毕业设计、科技竞赛、学术会议、发明专利等进行考核，合格后认定相应学分。

2. 建立双师型教师队伍，鼓励教师企业兼职，提高学生专业知识与工程实践能力

为了提高专业教师适应社会需要，并能胜任指导和解答学生在工程技术训练中出现的专业理论问题，学校从2013年开始，每年暑期派出教师到相关企业进行为期1个月的挂职锻炼。挂职的岗位涉及光电产品的研发、设计、制作、封装等。教师们通过到相关企业挂职锻炼来加强工程实践操作训，更好地将专业理论联系到实际应用之中，为课堂理论教学提供一些丰富的工程实践案例。

3. 采用情境教学方法，建立双导师负责制，培养学生具有掌握尖端技术能力和素养

为了对工程、技术、科技关系有进一步的了解，学校实施"卓越工程师教育培养计划"实施办法。学校为学生选配校内导师，注重培养学生创新意识，促进个性发展；企业为学生配备技术工程师，注重培养学生掌握工程设计和技术，提升职业素养，提高分析、沟通、表达、协作和管理等能力。

（四）构建专业创业教育体系，培养学生的创新精神和创业意识

1. 建立双能型教师队伍，完善专业与创业教育无缝衔接机制

学校一方面派教师参加专业和创业培训，到行业企业开展调研或挂职锻炼，另一方面从企业单位聘请两名高级工程师作为各专业产业教授，建立一支由专业教师、科研人员、工程师、创业培训师和企业管理者等组成的专兼职导师队伍。学校每年开展"创新创业教育"和SYB知识系统培训，组织师生参加科博会、高交会和仪器设备展销，与企业共同开展科学项目研究、成果转化、产品设计和生产工艺等活动，促进专业教学与创业教育协同，让师生对科学技术的市场有较全面了解。

2. 采用支架式教学，搭建师生创新创业平台，积极引导学生创新动力和正确的创业意识

运用最近发展区理论，利用国家大学科技园资源优势，通过典型案例、指南发布、创业观摩、创业交流和项目答辩等环节为学生搭建支架，为学生创业机会、团队和资源（蒂蒙斯创业模型三要素）提供可靠保障，让学生逐渐发现和解决学习中的问题，对创业环境有所认知并具备一定的创业经历，成为开创个性的人才，具备企业家的基本素养和能力。

3. 建立双向兼职顾问机制，组建师生创业团队，增强学生对研究成果的市场化意识

依托科技创新团队建立师生创新创业团队，成立科学与技术顾问团，对学生开办公司进行科技攻关指导。聘请公司工程技术人员到科研团队兼任成果转化咨询专家，主要针对团队研发产品的原创性和技术含量进行准确及时评估和市场引导。

五　结论

学院通过建立"四梁八柱"治理体系和"一议两会三赛四系五专"的治理能力，以建构主义为理论指导，坚持OBE教育理念，积极营造良好的课堂学习、科学探索、工程实践和创新创业环境，遵循学生观、教学观、知识观和学习观之

间的内在规律，采用同伴教学、合作学习、情境教学和支架式教学等方法，发挥学生、教师、教材和教学媒体之间的作用和优势，不断促进学生对知识的主动探索和主动建构，不断深化产学研融合，促进教育链、人才链与产业链、创新链的有机衔接，对人力资源供给侧结构性改革起到积极的推进作用。

新时代地方高校计算机人才可持续竞争力培养探索与实践

——计算机科学与技术学院本科人才培养发展纪实

范 勇[*]

摘 要： 全面回顾和梳理了计算机科学与技术学院本科办学历程，对学院办学特色和近年来取得的办学成果进行了概括和总结，以助推学院在新时期实现创新发展、进一步提高办学水平。

关键词： 计算机科学与技术学院；本科办学历程；人才培养特色

今年是西南科技大学建校 70 周年，也是学校开办计算机类专业第 29 个年头，在二十余年的办学过程中，学院以学生成才为目标，以技术发展和社会经济建设的需要为导向，形成了"面向工程、项目驱动、能力培养、全面发展"的"产学研结合"工程应用型人才培养优势。

一 顺应时代发展，完善专业人才体系

人才培养是大学的本质职能，本科教育是大学的根本，在高等教育中具有战略地位。人才培养的基础是专业建设，学院根据国家经济社会发展不同时期的人才需求，结合区域经济建设和学校自身实际，按照传统专业"整合资源、改造内涵、拓宽面向"，特色专业"重点建设、突出优势、彰显特色"，新办专业"加强建设、保证质量、提高水平"的建设思路，扎实进行本科专业建设工作，不断完善专业人才培养体系。

---

[*] 范勇（1972— ），西南科技大学计算机科学与技术学院院长，教授，硕士生导师，主要研究方向为机器视觉检测、图像分析与理解、算法测试等。

（一）西南工学院阶段（1993—2000年）

1993年，四川建筑材料工业学院更名为西南工学院，学校在专业结构上由过去以建材类为主的专业调整为既突出建材特色，又适应地方及西部区域经济发展需求的全方位、宽专业体系，考虑到学院发展需要，国家建材局考虑到学院发展和联合办学的需要，新审批了计算机及应用本科专业、计算机应用与维护专科专业，归属电气自动化系，1993年开始在全国招生。

1998年，根据当年颁布的《本科专业目录》，计算机及应用专业更名为计算机科学与技术专业。

1999年，由信息与控制工程系（原电气自动化系）分出计算机系，设计算机及应用本科专业和计算机应用与维护专科专业。

（二）西南科技大学阶段（2000年以后）

2000年，教育部正式批准同意西南工学院与绵阳经济技术高等专科学校合并组建西南科技大学。根据国家、四川经济发展和绵阳科技城建设的需要，学校组建后，对学科和专业进行了全面调整。计算机系更名为计算机科学与技术学院。按照加强基础学科、发展优势学科、扶持新兴学科、重视交叉学科的原则，学院新增了信息管理与信息系统专业并于当年开始招生。

2002年，根据四川新兴经济的发展，新增了软件工程专业并于当年开始招生。

2004年，为加强对传统优势专业的改造，依托计算机科学与技术专业，申报并获批开办信息安全专业，并于当年开始招生。

2005年，根据学校专业布局需要，信息管理与信息系统专业划转至经济管理学院。

2012年，根据学校发展需要，学校成立医学院筹备组，由学院牵头申报医学影像技术专业。

2013年，医学影像技术专业获批并在当年开始招生，与绵阳市中心医院、绵阳市四〇四医院、绵阳市第三人民医院、四川省科学城医院等单位联合开展本科人才培养工作。

迄今，学院已有计算机科学与技术、软件工程、信息安全、医学影像技术4个本科专业，在校全日制本科学生达到2600余人。

二 坚持质量内涵拓展，构建专业建设与人才培养的系统工程

专业建设与人才培养是系统工程，涉及教育教学各个环节与层次的系列改革与科学有序地推进。核心是质量，效果在学生，基础在专业建设。

（一）质量工程

2001 年计算机科学与技术专业被批准成为"四川省计算机科学技术本科人才培养基地"。

面对扩招带来的压力和公众对大学教育质量的更高要求，2002 年，学校提出提高本科教学质量的"8111 品牌计划"，2003 年，计算机学与技术专业被确定为西南科技大学"8111 品牌"专业，为后来的特色专业建设打下了基础。

2007 年，教育部开始实施"质量工程"，学校将"8111 品牌计划"提升为"特色专业"等六大计划，计算机科学与技术专业获批四川省特色专业，学院获批四川省计算机应用实验教学示范中心。

2010 年，软件工程专业获批四川省特色专业。

教育部从 2010 年开始实行"卓越工程师培养计划"，学院主动跟踪国家教育攀登进程，软件工程专业于 2012 年获批为国家卓越工程师培养计划专业，计算机科学与技术专业于 2013 年获批为四川省卓越工程师培养计划专业，学院深入开展工程教育改革进入实质阶段，对提升西南科技大学的品牌战略和工程技术人才培养质量具有重要意义。

2012 年，信息安全专业入选校级特色专业。

2018 年，教育部以建设面向未来、适应需求、引领发展、理念先进、保障有力的一流专业为目标，实施一流专业建设"双万计划"。学院计算机科学与技术专业、软件工程专业于 2021 年获批入选 2020 年国家级一流本科专业建设点。

学院坚持"科学规划、共享资源、突出重点、提高效益、持续发展"的指导思想，以全面提高学生创新精神和实践能力为宗旨，以共享优质实验教学资源为核心，以建设信息化实验教学资源为重点，持续推进实验教学信息化建设和实验教学资源开放共享，推动实验教学改革与创新。2021 年，学院获批四川省省级虚拟仿真实验教学中心。

学院聚焦基础软件、核心工业软件等制约我国软件产业发展的关键环节和发展短板，全面落实学生中心、产出导向、持续改进的理念，强化科教结合、产教融合和实践育人，大力培养适应产业发展需求的领军型人才、复合型人才和高技能人才，2022 年，获批四川省首批省级特色化示范性软件学院。

（二）实施专业评估，有效监控教学质量本科教学工作评估是监控教学质量的重要方式和运作机制

　　1997年国家教委对学校进行了本科教学工作合格评估，对学校计算机科学与技术等17个本科专业进行了评测。专家组对学校坚持以教学为中心，积极实行"共建"体制促进产学研结合的办学管理体制改革，自力更生、艰苦奋斗办教育，井然的秩序等方面的工作，给予充分肯定。

　　2005年12月至2006年5月，为加强学校对本科专业的宏观指导，根据《西南科技大学本科专业评估方案》，学院对学校组织校内外专家组对学院3个本科专业，进行了首轮专业评估，并于2006年下半年进行了回访。无论是学院的专业自评，还是学校组织的专业评估，对于学院各个专业的建设和本科教学工作的提高，都起到了极大的推动和促进作用。

　　2007年11月，教育部评估专家组进校对学校计算机科学与技术、软件工程、信息安全等60个本科专业进行了实地考察评估。2008年3月教育部公布评估结果，学校本科教学工作水平评估获优秀成绩。

　　学院领导重视工程教育认证工作，积极推进学院本科人才培养工作对照认证文件和标准进行改革。2021年，软件工程专业工程教育专业认证获工程教育专业认证协会受理，同年自评报告顺利通过计算机专业类认证委员会审核，2022年5月，按照中国工程教育认证协会工作部署，工程教育专业认证专家组对软件工程专业进行了线上集中考查；2022年，计算机科学与技术专业的工程认证申请获得受理。通过不断增加专业建设投入，落实"学生中心、成果导向、持续改进"的专业认证理念，完善教学质量保障体系，专业内涵建设和人才培养水平不断迈向新台阶。

　　进入新时代，学院将围绕学校"十四五"发展总体目标和办学传统、优势特色和发展定位，以"双一流"建设为契机，在学校"共建与区域产学研联合办学"体制下，积极与区域国防军工单位、科研院所、企业开展人才培养，提升专业建设水平，为实现学院愿景"成为全国地方高校在计算机人才培养、学科建设等方面的引领者"而努力奋斗！

以核为主体，以兵器为两翼

——国防科技学院军民融合人才培养改革实践纪实

李显寅[*]　代晓茜[**]

摘　要：本文回顾了国防科技学院十五年专业建设及人才培养历程中的重要节点及建设成效。十五年来，国防科技学院始终坚持自力更生、艰苦创业的国防精神，探索与实践"局省共建""区域共建"军民融合人才培养模式，构建了"以核为主体，以兵器为两翼"的学科专业体系，走出了一条契合时代，符合行业、社会和地方需求，适合自身发展需要的人才培养之路。

关键词：军民融合；人才培养；专业建设；改革实践

2006年12月12日，四川省人民政府、国防科工委共建西南科技大学协议签字仪式在北京举行，时任国防科工委副主任陈求发、四川省人民政府副省长刘晓峰授西南科技大学国防科技学院院牌，国防科技学院正式开启军民融合人才培养之实践征程。

十五载探索，国防科技学院坚持自力更生、艰苦创业的国防精神，以学科建设为龙头、专业建设为基石，在四川省科工办、教育厅等单位的大力支持下，因地制宜、协同董事单位、军工科研院所、部队、科技企业和共建高校以及清华大学、西安交通大学等各方资源共享共建，构建了以核工程与核技术、核化工与核燃料工程、辐射防护与核安全三个核专业为主体，特种能源技术与工程、信息对抗技术两个兵器专业为两翼的"一体两翼"学科专业体系，奠定了西南科技大学国防特色学科基础，培养了一批批专业基础扎实、技能过硬、作风硬朗、吃苦耐劳的高素质军民融合人才。

---

[*] 李显寅（1964—　），原西南科技大学国防科技学院副院长，教授，主要研究方向为安全工程，高等教育管理。

[**] 代晓茜（1981—　），西南科技大学国防科技学院教学科研办公室主任，助理研究员，主要研究方向为教育管理、教育技术。

十五载磨砺，国防科技学院不忘初心，坚持"局省共建""区域共建"模式，走出了一条契合时代，符合行业、社会和地方需求，适合自身发展需要的军民融合人才培养之路。

一 第一个五年（2006—2010年）：风雨兼程，探索之路

2006年，国家提出建设创新型国家的重大战略并构建国防科技工业创新体系。学校顺应大局、抢抓机遇，于同年3月成立西南科技大学工程物理学院筹备组。5月22日，时任四川省副省长柯尊平、率省国防科工办主任史志伦、省教育厅副厅长唐小我带领学校党委书记王俊波、校长肖正学、副校长楚士晋等，到国防科工委与时任副主任陈求发等领导深度商谈国防科工委与四川省人民政府共建西南科技大学事宜并达成共识。8月22日，时任国防科工委副秘书长陈根甫一行来校，就国防科工委与四川省人民政府共建西南科技大学进行实地考察和调研。11月8日，学校成立国防科技学院和国防科技学院党委，撤销工程物理学院筹备组。11月16日，学校党委书记王俊波兼任国防科技学院首任党委书记，校长肖正学兼任国防科技学院首任院长，李磊民任国防科技学院常务副院长。12月12日，四川省人民政府、国防科工委共建西南科技大学协议正式签约。自此学校主动担当、为国家重大战略建设提供人才培养策源地的种子生根发芽，专业建设等各项工作稳步启动。

2007年，核工程与核技术、辐射防护与环境工程（2013年更名为辐射防护与核安全专业）、信息对抗技术三个专业开始面向全国一本招生。2月2日，辐射防护与环境工程专业被国家国防科技工业局列为"十一五"国防特色紧缺专业。7月17日，由四川省国防科工办主办，我校承办的"四川核专业人才需求与人才培养座谈会"召开。8月20日，学校党委书记王俊波出席国防科技学院首届新生入院教育仪式。

2009年7月，国防科技学院首次承办了教育部高等学校核专业教学指导委员会专家组会议。

2010年9月，特种能源工程与烟火技术（2013年更名为特种能源技术与工程）专业开始面向全国一本招生。同年10月13日，时任国家国防科工局副局长胡亚枫、四川省人民政府副省长黄彦蓉，分别代表国家国防科工局和四川省人民政府续签局省共建西南科技大学协议书。

国防科技学院的成立，标志着学校正式纳入国防科工局与地方政府共建高校序列。作为国防科工局在我国西部地区唯一的共建高校，在第一个五年发展中，学院风雨兼程，坚持"不求所有，但求所用""资源共享，人尽其才，物尽其用，共同发展"的开放办学理念，先后与中物院、中核、中广核等军工集团下属

科研院所签署了战略合作协议，不断加强教育资源统筹，坚定地走在完善军民融合人才培养体系的探索之路上。

二 第二个五年（2011—2016 年）：自力更生，砥砺之路

在办学历程中，作为地方院校，军民融合人才培养办学积淀少，其自身办学体制机制、办学市场孕育、办学平台建设、办学历史与行业认同等方面还存在着明显的不足，面临行业领域内新兴战略产业专业学科内涵跨度大、科学技术工程知识复合强度高、军工技术工程的极端性或挑战性大、专业化精细化与复合交叉化要求高等难题，学院不畏挑战，砥砺前行，开展了一系列改革实践和探索。

2011 年 9 月，核化工与核燃料工程专业开始招生。"以核为主体，以兵器为两翼"的国防特色军民融合人才培养体系初显雏形。"一体两翼"五个专业均属于军工新兴战略产业人才专业，应对军工专业办学的挑战，学院聚焦新兴战略产业所需的军民融合人才培养目标，创新联合办学与人才培养发展机制，尝试"大开放式"的非国防高校培养新兴战略产业军民融合人才培养，改革和试验人才培养创新模式。

通过对人才市场、办学机制、产业发展在内的人才培养体系核心要素分析及全过程育人模式、策略研讨，在院内形成了统一的人才培养思想理念，确立了培养"吃得苦，用得上，干得好，留得住"的军民融合人才培养目标和面向西部国防军工、区域经济建设输送工程创新性复合型人才的培养定位，切实提高人才培养质量，推动非国防普通高校国防科技办学的能力提升，为国家紧缺专业的人才培养尽力。

2011 年 5 月 26 日，中国核学会"2011 院士专家西南行"科普资源包启动仪式在校隆重举行。中国工程院院士钱绍钧、杜祥琬、胡思得、陈念念，时任海军工程大学校长郭立峰、国家环保部安全管理司副司长周士荣等参加启动仪式。

2012 年 2 月 14 日，中国工程院院士、原中国工程物理研究院院长胡思得到国防科技学院指导工作。3 月 26 日，中国科协副主席冯长根教授来校调研。4 月 2 日，四川省国防科工办主任罗长森一行来校指导工作。8 月 21 日，国防科工局系统工程二司司长王敏正来访。9 月，学院招收第一届粒子物理与原子核物理（物理学二级学科）研究生，开始了研究生培养与学科建设的新征程。

2013 年 3 月 13 日，中国科学院近代物理研究所副所长夏佳文受聘为我校国防科技学院名誉院长。同年 12 月 20 日，国防科技学院名誉院长夏佳文当选中国工程院院士。

2014 年 9 月，由重庆市（四川省）兵工学会主办、西南科技大学国防科技学院承办的 2014 年度弹箭技术学术研讨交流会成功举行。

2015年7月5日，学院与中国科学院高能物理研究所东莞中子科学中心联合共建"中子科学技术"实验室揭牌。7月19—24日，由教育部高等学校核工程类专业教学指导委员会主办，西南科技大学承办、清华大学协办的首届"全国核工程类专业青年教师教学培训班"成功举办。9月23日，由中国核学会主办、西南科技大学承办的"中国核学会2015年学术年会"青年论坛隆重举行。同年11月，学院特种能源技术与工程专业支撑的"新型含能材料军民融合协同创新中心"获得四川省教育厅财政厅批准认定。

2016年1月18日，四川省军民融合研究院揭牌仪式在西南科技大学国家大学科技园广场隆重举行。同年7月，国防科技学院—中核四川环保工程有限责任公司教学实践基地入选2016年校级实践教学基地，成为学院继雅化集团后的第二个校级实践教学基地。8月，国家国防科工局与四川省人民政府续签署"十三五"共建西南科技大学（国防科技学院）协议。10月，辐射防护与环境保护被国家国防科工局批准为"十三五"首批国防特色主干学科。

2016年12月12日，国防科技学院十周岁。十年来，学院通过探索共建与产学研联合办学体制，建立完善了军民融合长效机制；通过开放办学，构建了特色鲜明的国防特色学科体系；通过推进全程育人工程，提高了军民融合人才培养的质量。《礼记·曲礼上》："人生十年曰幼，学。"郑玄注："名曰幼，时始可学也。"学院认真全面总结了10年来军民融合人才培养的探索与实践之路，在《国防科技工业》杂志（2016年第11期）刊发了题为《认真坚持开放办学，推进军民融合发展》的文章，深刻剖析自身，以期更好地为国家战略服务。

三 第三个五年（2017—2021年）：行稳致远，发展之路

第三个五年，学院总结前十年的人才培养经验，开启了学科专业建设与人才培养改革的新征程。"体制机制是前提，思想观念是关键。"通过探索共建与产学研联合办学体制，学院进一步完善军民深度融合长效机制，建设特色鲜明的"一体两翼"国防特色学科体系，努力提高军民融合人才培养质量。据统计，超过20%的学生进入中核、中广核、兵器、电子等军工企业、军民融合企事业单位工作，实现高质量就业；超过30%的本科生考取清华、北大、原子能科学研究院、中国辐射防护研究院、中国和动力研究设计院、中国科学技术大学、英国谢菲尔德大学等多所国内外重点科研院所和高校。学院正在逐渐成为西部核学科、兵器学科、网络空间安全学科军民融合人才培养的重要基地。

2017年1月，《地方高校军民融合人才培养的探索与实践》获西南科技大学第五届优秀教学成果奖特等奖，《军民融合战略下构建地方高校国防科技人才培养体系》获西南科技大学第五届优秀教学成果奖一等奖，学院实现校级教学成果

奖零的突破。3月,以学校审核式评估为契机,学院启动教学质量保障体系综合改革,同时在辐射防护与核安全专业试点工程教育专业认证改革。

2018年4月,《特色地方高校军民融合协同育人的创新与实践》获四川省第八届高等教育优秀教学成果奖一等奖。学校学院军民融合人才培养经验与成效获得同行认可。

2018年9月30日辐射防护与核安全专业递交了工程教育专业认证申请书,并于同年11月18日在核工程类教指委会上作认证申请汇报。工程教育专业认证委员会受理申请。辐射防护与核安全专业工程教育专业认证建设工作正式启动。10月,以学校审核评估工作为契机,"以评促建、以评促改,评建结合",学院着力梳理了教学管理流程,规范教学管理环节,完善教学管理质量监控机制,总结整理教学相关材料,形成了一系列包括《国防科技学院教学管理文件汇编》《国防科技学院科研反哺教学总结材料》《国防科技学院本科教学审核评估自评报告》在内的重要总结材料,收集整理了近三年教学管理过程全套支撑材料。作为学校特色项目和拔尖人才培养支撑点之一,为学校本科教学审核评估提供了真实详尽的支撑材料,起到了重要的支撑作用,顺利完成西南科技大学本科教学质量审核评估工作。

2019年6月,国防科技学院院长段涛带队核科学系共20位骨干教师,前往中广核阳江核电举办了为期一周的"走进阳江核电—西南科技大学核学科教师工程实践能力培训班",同时签约中广核阳江核电成为学院校外师资培训基地。同月,辐射防护与核安全专业获批四川省第一批一流专业建设点。7月,辐射防护与核安全专业提交工程教育专业认证自评报告,11月15日认证委宣布2019年工程教育专业认证自评结果,学院辐射防护与核安全专业的自评结果专业认证委员会已采纳,辐射专业启动入校现场考察准备阶段。

2020年7月,学院第一个国家级新工科研究与实践项目"新工科军民融合多方协同育人模式改革与实践"顺利结题验收。10月26—29日,以中山大学王彪教授为组长,成都理工大学葛良全教授、中核北方核燃料元件有限公司研究员级高级工程师任永岗、重庆大学潘良明教授、福州大学陈少靖老师为成员的专家组一行5人对学院辐射防护与核安全专业进行了工程教育专业认证现场考察,学院人才培养过程管理与人才培养成效得到专家一致好评。

2021年1月,《构建师生共同体,培养面向军工信息技术的复合创新型人才》获西南科技大学第七届高等教育优秀教学成果奖一等奖。2月,特种能源技术与工程专业获批四川省一流专业建设点。6月,中国工程教育专业认证协会正式公布《关于公布浙江大学机械工程等305个专业认证结论的通知》(工认协〔2021〕13号),国防科技学院辐射防护与核安全专业名列其中,认证有效期为6年(2021年1月至2026年12月,有条件)。10月,辐射防护与核安全、特种能源技术与工程两个专业申报国家一流专业；核工程与核技术专业申报省一流专业。2022年6月，教育部下发了《教育部办公厅关于公布2021年度国家级和省级一流本科专业建设点名单的通知》，辐射防护与核安全、特种能源技术与工程两个专业双双入选国家级一流专业建设点，核工程与核技术专业入选省级一流专业建设点。

第三个五年，学院行稳致远，人才培养模式、培养质量、学科建设、科学研究等方面取得了长足的发展，社会、行业认可度不断提升。

2021年12月10日，国防科技学院成立15周年暨"十四五"高质量发展研讨会隆重举行。国防科技学院院长段涛作了题为《守正创新，行稳致远，奋力建设军民融合特色鲜明的国防科技学院》的报告，全面回顾了国防科技学院15年的办学历程，从学院办学机制、学科建设、科学研究、师资队伍、人才培养和服务社会等方面对"十四五"期间学院发展作了展望。

四 下一个五年（2022年—）：守正创新，致远之路

2022年，一个全新五年伊始。

在国防科技学院成立15周年暨"十四五"高质量发展研讨会上，学院教师代表聂小琴、王敦举、吕会议、何毅、伍春、李波、艾立梅分别作了题为《核科学与技术博士点建设的思考》《能源动力（含能材料）学科建设的发展与思考》《浅谈核医学发展》《科研论文发表经历分享：从眼见为实到见微知著》《信息对抗技术专业为国防军工企业服务经验交流》《核专业国际合作思考与展望》《风沐雨十五载初心不改，弦歌不辍敦行致远再出发——学生工作回顾与展望》的专题汇报，从博士点建设、学科发展、科学研究、国际合作和人才培养等方面为学院的发展和建设理清思路、建言献策。

"格物安邦国，正德明攻防"，"十四五"期间，国防科技学院将全面贯彻落实全国教育大会和新时代全国高校本科教育工作会议精神，继续坚持"开放办学，服务军民"的办学定位，牢固树立"正德树人，格物致知"的教育理念，持续推动新工科建设，全面实施"一流专业"提升计划，着力完善提升"以核为主体，兵器为两翼"国防特色学科体系。提高人才培养质量，实现高等教育内涵式发展，守正创新，行稳致远，为建成在西部地区具有较大影响力、军民融合特色鲜明的国防科技学院而努力奋斗，力争在学院成立20周年之际，以更加辉煌的成绩向中国人民解放军建军100周年献礼。

参考文献

《西南科技大学校史》，电子科技大学出版社 2007 年版。

《西南科技大学国防科技学院成立 10 周年纪念册》，内部资料，2016 年。

肖正学：《认真坚持开放办学，推进军民融合发展》，《国防科技工业》2016 年第 11 期。

文艺融合谋发展，协同育人出实效

——文学与艺术学院教学发展纪实

郑剑平[*] 饶晓露

摘 要： 西南科技大学文学与艺术学院，由原艺术学院和文学院合并组建而成，合并使学院办学资源得到了更有效的利用，有利于进一步深化教学改革、加强科研能力和提高对外服务能力。本文回顾了学院发展的历程，从学院学科融合、院企协同育人实践、国际合作交流等方面介绍了学院教学改革发展情况，明确了学院发展的目标和方向。

关键词： 文艺融合；协同育人；教学；发展纪实

今年是西南科技大学建校70周年，也是文学与艺术学院第一个本科专业"艺术设计"招生的第二十个年头，一路走来，学院秉承"文化奠基、质量立院"的办学理念，践行"重德、励志、尚美"的院训，倡导"团结、求实、创新"的院风，始终把教学工作放在学院工作的中心地位，不断深化教学改革，加强教学基本建设，规范教学管理，努力提高教学质量，在"文艺融合、协同育人"中探索出了学院教学改革发展之路。

一 文学与艺术学院教学发展历程回顾

2000年12月11日，经教育部批准，由西南工学院与绵阳经济技术高等专科学校合并组建的西南科技大学正式成立。在学校建设综合性大学的背景下，2002年，艺术学院成立。同年9月，获批开设的艺术设计专业正式招生，设有艺术设计、美术基础两个教研室。

---

[*] 郑剑平（1962— ），原西南科技大学文学与艺术学院院长，教授，硕士生导师，主要研究方向为语言学理论、近代汉语、现代汉语、方言语法。

2003年，艺术学院音乐学专业正式招生。

2003年，文学院成立。同年9月，汉语言文学专业正式开始招生，设有语言、大学语文、文学文论三个教研室。

2004年，艺术学院音乐表演专业正式招生。

2004年，文学院蒋宗许教授主持的"汉语词缀研究"获国家社会科学基金立项，此为学校首项，也为绵阳市首项。同年，"巴金文学院西南科技大学创作研究基地"正式挂牌。

2005年，文学院与艺术学院正式合并组建成立文学与艺术学院。设有四个系：中文系、新闻传播系、艺术设计系、音乐系，八个教研室：语言、大学语文、文学文论、艺术设计、美术基础、声乐、器乐、音乐理论。

2006年，汉语言文字学硕士点正式招生。广播电视新闻学本科专业正式招生。

2007年，学院郝志伦教授主编的《新编大学语文》（汕头大学出版社）列入"全国高校面向21世纪人文素质教育统编教材"。

2008年，对外汉语专业正式招生。中文专业学生崔岸儿撰写的长篇小说《龙图腾》获得国际"霍尔拜恩幻想文学奖"。

2010年，对外汉语专业成功申报省级特色本科专业，"语言学概要"成功申报省级精品课程。

2013年，对外汉语专业更名为汉语国际教育专业，广播电视新闻专业更名为广播电视学专业，艺术设计分为视觉传达设计和环境设计两个专业。

2014年，学院第一个省级重点科研平台"四川省网络文学发展研究中心"正式挂牌。

2015年，汉语国际教育专业硕士点正式招生。学院谢宏图教授主持的《茶马古道上的背夫》获国家艺术基金立项，为学校首次获得该项资助。

2016年，广播电视学专业成功入选四川省卓越新闻人才教育计划。

2018年，中国语言文学获批一级学科授权点。

2019年，汉语国际教育专业获批省级一流专业。

2020年，广播电视学专业获批省级一流专业。成功申报四川省第一批高校重点中华优秀传统文化学院。"中国当代音乐欣赏""网络文学密码"两门课程在"学堂在线"上线。

2021年，艺术专业硕士学位授权点获批。省级重点科研平台"四川省文艺评论研究中心"正式挂牌。"语言学概要"获批省级一流课程。

2022年，视觉传达设计专业置换为数字媒体艺术专业。"合唱与指挥""语言学概要"获批省级课程思政示范课程。

迄今，学院有汉语言文学、汉语国际教育、广播电视学、环境设计、数字媒体艺术、音乐学、音乐表演 7 个本科专业，中国语言文学 1 个学术型硕士点和汉语国际教育、艺术（音乐领域）2 个专业硕士学位点。在校学生为 2200 人，其中研究生 203 人。

二　学院学科融合教学改革探索

学院按照文科建设自身的规律，结合学校理工学科为主的背景，依托优势专业，促进多学科融合，培养具有专业基础扎实、专业知识全面、实践能力强、综合素质高、具有创新精神的复合型人才。

1. 依托学院跨学科优势，制订以提高学生能力为导向的跨学科课程体系建设。学院搭建专业教育、文学艺术教育、实验实习教育三结合的教育平台，实现由知识传授到能力培养的重大转型；在课程体系建设中开设实际应用性课程、文学修养、艺术修养课程。积极响应新文科建设，开展跨学院合作。2021 年，学院联合计算机学院，成功申报数字媒体艺术专业，进一步融入现代信息技术赋能文科教育。

2. 更新教学内容，院内优势学科互补，改革教学方法与手段。学院利用专业科研实力强劲的优势，注重教学和科研的互融，将学习、研究、产出三项相结合，优化课堂质量，提高育人水平。基于兴趣导向，学院鼓励学生参加文学与艺术融合的人才创新班，将文学研究与新闻写作、音乐、数字媒体或者创意写作联系起来。运用现代多媒体教学手段调动学生的积极性，让学生参与课程学习的全程。搭建课堂学习与课后学习、实践的桥梁，把课堂作为锻炼学生认知能力，检验学生学习效果的平台。

3. 建设跨学科双导师制度，体现人文关怀，注重对学生创新能力的培养。学生所学专业具有极强的灵活性和拓展性，更需要与其他学科专业相融合，延伸学习范围，开拓研究视野。采取开放的组织形式，鼓励学生辅修其他专业，聘请其他专业的老师共同参与教学研究，定期举办跨学科的项目、研讨等。依靠学院科研平台与教师科研课题，提升专业学生的专业能力。倡导教师科研反哺教学，引领教师带领学生科研，并把这些措施写进学生实践学分，以利长期进行。

通过建设，学院目前有省级重点科研平台 2 个（四川网络文学发展研究中心、四川文艺评论研究中心），省级一流专业 2 个（汉语国际教育专业、广播电视学专业），省级卓越新闻传播人才培养计划建设专业 1 个（广播电视学专业），省级一流本科课程 1 门（"语言学概要"），省级课程思政示范课程 2 门（"合唱与指挥""语言学概要"），省级创新创业示范课程 1 门（"网络文学创意写作与实践"）。教师队伍中有天府青城计划社科精英入选者、省学术与技术带头人后备人选、省级教学名师、优秀专家、省市政府津贴获得者、曾宪梓教育奖励基金获得者、四川省优秀教师、中国音乐金钟奖获得者、省本科教学指导委员会成员、绵州文化名家等多名。

三 院企协同育人实践教学改革探索

从2012年起，文学与艺术学院以实践教学出成果，人才培养有实效为目标，积极与企业开展合作，加强了企业和学院的相互联系，进一步促进产学研相结合，开始了高校和行业、企业联合培养人才新机制的探索历程。

（一）教学管理有计划、有落实

以创新实践教学基地为平台，进行实践教学改革。学院一手利用学院师资抓好基础教学与理论教学，着重厚基础、宽口径；一手引进企业技术力量抓好实践教学和专业教学，追求高质量、高品质。

院企双方在专业建设上共同探讨校企合作人才培养模式，制定创新实践教学培养方案，教学大纲和指导书，联合申报教改项目，撰写教改论文与出版专业教材，构建校企合作人才培养框架。学院先提供课时课程植入，置换校内学分。实现基础课与理论课由学院教学；实践课与技能课由企业承担的双师型教学模式。在每学年安排一至两周企业生产实训，由学院组织学生参与校外生产实践，企业提供企业实践环境和实习岗位。院企双方共同推荐安排学生就业，经过四年校企联合培养，筛选优秀学生采取自主自愿的原则进入企业进行综合实习和顶岗实习，顺利完成企业实习并考核通过的学生，由企业负责安排对口就业，未能一批次通过考核学生，企业继续提供实习，直至上岗就业。

（二）培养模式有特色

学院充分融合双方专业骨干、企业精英和行业专家为一体，集中校企文化艺术、科学技术和项目资源，全面探索"一体两翼"的校企合作人才培养模式，即以学院人才培养方案为一体，专业与企业为两翼进行校企合作，形成"专业与企业对接、虚拟与真实交替、实践教学与生产融通"的创新实践人才培养模式。

1. 拔尖班示范教学。通过报名与考核，选拔组建拔尖班，进行试点教学，成功后再相机推广。拔尖班教学坚持理论与实践并重。50%课时为基础与理论课时，50%课时为集中实践课时。理论与基础课在校内讲授，实践课程在行业公司实践基地进行创作、表演实践完成。

2. 双师型授课。由企业资深设计师担任学校兼职教师或外聘专家，与本校专业教师组成教师团队，共同承担教学任务，本校专业教师主讲理论课与基础课；企业设计师主持实践教学。

3. 订单式培养。将专业课、专业实训、毕业实习和毕业设计等系列课程答辩、成绩考评与行业需求和企业用人计划有机统一，形成"实习实训—毕业设计—公司成功就业"灵活绑定的创新实践教学一条龙。

4. 课程置换。将既有培养方案的部分专业选修课置换成课程内容与教学要求相近或相关的精英班创新实践课程，增大实践课程比重，强化学生实践能力训练。

5. 学分互换。在学校教务处的大力支持下，选修拔尖班课程的学分可以冲抵课程性质相近或相关的部分专业课程学分。

6. 协同创新。校企以创新实践教学基地为平台，集中校企资源共同开展文学、艺术与文创项目申报、理论研究和产品开发等协同创新工程。

（三）人才培养有实效

学院基于校企协同育人中的实践教学模式基本形成并初见成效。学院借助企业提供的一流实训基地，解决了我院多年实践教学条件不足的问题，使学生能够真正完成实训课程任务。通过引入企业具有丰富经验的企业导师承担实践教学任务，解决了我院师资不足特别是实践类教师严重短缺的问题。通过院企合作办学，提高了我院专业教师的实践教学技能，优化了师资结构。学生通过实践教学基地极大地提高了专业水平，丰富了项目研发经验，增强了就业竞争力。近年来，学院学生在"米兰设计周——中国高校设计学科师生优秀作品展""全国三维数字化创新设计大赛""四川高校环境设计大展""《TOOTOP》2020 校园歌手大赛"等国内各级赛事中均斩获佳绩。依托于校企合作培养的学生就业体现出高质量就业和提前就业的良好态势。

四 国际合作交流模式探索

2014 年，学院艺术小组赴巴拿马参加庆祝中华人民共和国成立 65 周年系列文化活动等重要外事活动，开启了学院国际合作交流的新篇章。为更好服务国家战略，在中华文化海外传播、繁荣中外人文交流方面主动作为，学院于 2017 年设立国际合作与交流办公室，负责组织和协调学院国际合作与交流工作。

学院具有接受留学生教育资格，承担留学生汉语预科、汉语言文学、汉语国际教育本科和汉语国际教育研究生学历教育。学院先后招收汉语国际教育、音乐学、汉语语言留学生共计 300 余人，学生国籍涵盖俄罗斯、西班牙、美国等 18 个国家。学院着力培养留学生对汉语的习得能力，对中国文化的感知能力，同时借助语言文化的教学技能训练、管理类课程等，促进其全面发展。哈萨克斯坦留学研究生爱贝娜在国家汉办组织的汉教英雄会中获得三等奖；留学生庞廷忠等人参演的朗诵节目《我的南方和北方》在四川省 2019 年中华经典诵写讲演系列活动中获得留学生组二等奖，并在 2020 年参加教育部、国家语委主办的"诵读中国"经典诵读大赛全国留学生组总决赛，在全国 50 个队伍中脱颖而出，获得二等奖。留学生毕业后就职于各国外贸企业、中文学校、旅游公司，为中外人文交流，传播中国文化，做出了贡献。

学院积极参加教育部语言合作中心项目申报，共成功申报"走进巴蜀文化"线上团组交流项目等 7 项，立项经费达 154.3 万。项目均以体验、欣赏中国文化为核心，同时引导在文化体验中学习语言，将民歌学习、书法体验学习等与语言能力学习相结合，使得学生在体验和感受中国文化的同时提高语言能力，传播中国文化，彰显国家文化自信。其中六门课程入选教育部语言合作中心优质资源库，翻译为多国语言对外推广。此外，我院积极参加教育部语言合作中心的汉语志愿者项目，历年分批次不定期地向海外输送对外汉语教学和传播中国文化的志愿者共计 70 余人次，有力地支持了国家对外发展战略。

回顾过去的二十年，是学院从建立到成长、不断开拓进取的二十年。面向未来，学院将继续发扬"艰苦奋斗，拼搏创新"西南科大精神，为学校建成特色鲜明的高水平大学而努力奋斗！

谨以此文，为学校 70 周年献礼。

参考文献

朱强：《西南科技大学校史》，电子科技大学出版社 2007 年版。

潮头扬帆竞百舸，立己达人谋发展

——外国语学院教育教学发展历程回眸

陈清贵[*]

摘　要：本文纵观西南科技大学外国语学院走过的历程，从三个阶段对外国语学院20年来的办学历程进行了总结。在初始创办阶段（1993—2004年），外国语学院完成二级学院建制，正式举办本科专业，在完成学校大学外语公共课教学的同时踏上了学科专业建设的办学征程；在快速发展阶段（2004—2010年），学院完成了大学外语教学改革试点，新办两个本科专业，获得一个硕士专业学位授权点，建设了一个省级重点学科，申报成功"四川外国语言文学研究中心"，初步完成了学科专业建设的布点布局工作，形成较突出的比较优势；在全面发展阶段（2011—2021年），外国语学院建设了"西南科技大学拉美研究中心""四川历史文化故事普及基地"等省部级以上的平台体系，建设了西班牙语等四川省首批"一流专业建设点"，实现省级一流课程零突破，获批增列"外国语言文学"硕士学位授权一级学科，即将开办四川省第一个西班牙语硕士点，全面实现了学院办学层次的提高，将步入一个内涵式发展的全新阶段。

关键词：西南科技大学外国语学院；外国语言文学；办学历程

西南科技大学外国语学院办学历史可追溯至其前身四川建筑材料工业学院于1993年9月开设的科技英语专业专科和绵阳经济技术高等专科学校外语系1997年9月开设的英语专业专科。

2000年8月，西南科技大学组建成立，次年4月3日成立了外语系，2002年4月更名为外国语学院。一直以来，学院始终把自身建设与学校的发展紧密联系在一起，以课程建设、学科专业建设为主线，坚持教育教学中心地位不动摇，

---

[*] 陈清贵（1965—　），西南科技大学外国语学院院长，教授，主要研究方向为外国语言学及应用语言学。

大力推动专业建设、师资队伍建设、研究生教育，强化科学研究能力，积极推进对外交流、合作办学和继续教育。现在已经建设发展成为既承担全校大学外语公共课教学，并拥有英语、日语、西班牙语、翻译及商务英语四个本科专业；拥有"外国语言文学"一级学科硕士点和"翻译硕士"专业学位授权点；拥有教师150余人、研究生和本科生近2000人的专业学院。

一 改革探索，与时俱进——学院发展历程

纵观西南科技大学外国语学院走过的历程，大致分为三个阶段：初始创办阶段—快速发展阶段—全面发展阶段。

（一）初始创办阶段（1993—2004年）

1993年9月，原四川建筑材料工业学院招收第一届英语专业专科生，每年招生30人左右，专职教师30多人。1997年，原绵阳经济技术高等专科学校成立外语系，同年招生首批英语专科专业（含经贸英语和旅游英语两个方向）63人，教师总数20多人。在此期间，外语教师的中心任务是保障公共英语教学，同时，不断探索英语专业的办学方法和办学特色。2000年8月西南科技大学组建成立的次年4月学校成立了外语系，2002年4月更名为外国语学院。2000年11月四川省教育厅批复同意西南科技大学筹建英语语言文学专业，2001年9月试招第一届英语专业本科生，2001年12月正式批复学校增设英语语言文学专业。2003年11月四川省教育厅批复西南科技大学试办日语语言文学专业，2004年9月，学院开始招收第一届日语专业本科生。2003年9月省学位办批复学校设立英语语言文学硕士点，2004年9月学院开始招收英语语言文学硕士研究生。经过4年发展，学院教职工人数发展到80多人，在校英语日语专业学生发展到500多人，在学院承担全校大学外语教学任务的基础上，成功开办了第二个外语专业即日语专业，也初步完善了英语语言文学学科培养体系。

十年间，外国语学院完成二级学院建制，正式开办本科专业，在完成学校大学外语公共课教学的同时踏上了学科专业建设的办学征程。

（二）快速发展阶段（2004—2010年）

从2004年春季起，教育部将大学英语教学改革作为实施高等学校教学质量工程的项目之一，启动以课堂多媒体教学与学生网上自主学习相结合为中心内容的教学改革试点工作。西南科技大学成为首批全国180所高校试点单位，外国语学院就是具体的组织者和实施者。六年中，外国语学院以试点改革为契机，形成了英语教学改革的新思路，探索出符合校情的发展新模式。借2007年教育部普

通高校教学工作水平评估之机，学院的外语学科专业和大学英语课程建设水平整体提高，受到专家组的高度肯定。2007年12月成功申报的"四川外国语言文学研究中心"由四川省教育厅授牌，该中心是四川省教育厅人文社会科学重点研究基地之一，为四川省外国语言文学的科学研究与对外交流搭建了良好的学术平台。2008年8月学院英语语言文学专业被四川省学位委员会确认为"省级重点学科"。2008年4月外国语学院新增四川省首家西班牙语专业，成为全国为数不多的西班牙语招生教学点之一。2010年2月经教育部批准学校新开办商务英语本科专业，成为全国17个试点商务英语专业学校之一；同年学院获批"翻译硕士"专业学位授权，开始在"英语笔译""英语口译"两个方向招收专业学位硕士研究生。

六年时间，学院完成了大学外语教学改革试点，新办两个本科专业，获得一个硕士专业学位授权点，建设了一个省级重点学科，申报成功"四川外国语言文学研究中心"，初步完成了学科专业建设的布点布局工作，形成较突出的比较优势，开始服务地方经济社会，多语种协调发展的学科发展新征程。

（三）全面发展阶段（2011—2021年）

2011年，西班牙著名国立大学本科留学"西语直通车"项目启动，从当年度开始每年有近30%的西班牙语专业学生通过该项目前往西语国家交流交换学习。同年12月教育部批准学院参与建立的"西南科技大学拉美研究中心"为"区域和国别研究培育基地"，并在2013年5月被四川省教育厅确立为首批"四川省国别和区域重点研究基地"。2011年，在西班牙驻华使馆支持下，学校与西班牙塞维利亚大学共同筹建成立"西班牙教育文化交流中心"，促进了学校与西班牙高校文化教育交流与合作，为国际化人才培养提供了平台保障。从2011年开始学院连续出版教育部"十一五"规划教材《科技英语阅读》（高等教育出版社）、《新通用大学英语》（高等教育出版社），与教学研究出版社推出《新世纪海外英语》等精品教材及规划教材。2012年，托福等海外考试考点建设启动，同时开设BEC应考、托福应考、GRE应考、雅思应考、英语国家文化等课程供学生选修。2012年翻译系获批设立，2013年9月首批本科生进校，学院开始尝试构建翻译专业的本硕一体化、立体化培养体系，成为四川省为数不多的英语类专业齐备的学院。2015年以后，学院相继与外研社、盐亭县等地方、企事业单位开展深度合作，成立"中国优秀文化外译中心""嫘祖文化研究所"等协同创新平台，并在此基础上于2016年获批四川省社科普及基地"四川历史文化故事普及基地"。

在有效平台的支撑下，学院办学获得长足进步：2019年，西班牙语专业获批四川省首批"一流专业建设点"；2020年，翻译专业获批四川省一流本科专业建设点；2021年，两个省级一流本科专业（西班牙语、翻译）获四川省推荐申请国家级一流本科专业，英语专业获学校推荐申请四川省一流本科专业；2022年，"硕士生英语"省级课程思政项目立项，实现省级一流课程零突破。

尤其是在2021年国务院学位委员会、教育部相继发布《国务院学位委员会关于下达2020年审核增列的博士、硕士学位授权点名单的通知》（学位〔2021〕14号），学院"英语语言文学"二级学科硕士学位授权点获批增列为"外国语言文学"硕士学位授权一级学科，标志着学院教育教学与学院办学水平全面进入高层次发展阶段。

二 融先进教育理念，求个性发展——学院发展特色

外国语学院发展能很快在四川省内高校外国语学院中脱颖而出，归功于多年来校院两级领导及全体职工始终不断融合国内外先进教育教学理念，努力探索出一条适合本院发展的高质量、高效益的办学之路。

（一）创新办学模式

西南科技大学坚持开放办学，不断深化办学体制改革，多年的建设与发展形成了"共建与区域产学研联合办学"的鲜明办学特色。外国语学院坚持服务地方经济和社会发展对人才的需要的办学目标，充分利用学校董事单位的资源和人才优势，走内涵发展和对外交流的发展道路，充分发挥社会服务功能，长期为学校董事单位和其他企事业单位举办外语类培训、翻译各种资料；在办学理念上，充分依赖学校的理工特色，同时强调创新性，大胆探索、创新建设学院的人文环境。学院举办西班牙语专业、商务英语专业、申报翻译硕士学位授权都是这些理念和举措的具体体现。

（二）坚持教学研究与改革

外国语学院承担着全校公共外语、本院四个外语专业和俄语、德语、法语等选修课的教学工作，是学校最大的基础教学单位。在高等教育大众化和学生发展个性化的新形势下，学院一直把教学改革摆在中心地位，不断坚持，艰辛探索，十多年如一日，深入开展教学研究和教学改革。以2004年首批全国180所高校大学英语教学改革试点单位建设为契机，如今终成硕果。突出表现在：

1. 变革教学模式，广大师生受益

结合社会对外语类人才水平和能力要求，学校和学院结合实际积极修订了教学大纲和人才培养方案，更为科学的、系统的、个性化的课程设置体现学校人才培养方案的科学性。同时变革教育教学模式，英语教学采用以课堂教学与基于局

域网和校园网的自主学习相结合的教学模式，即"改进了原来的以教师讲授为主的单一课堂教学模式，采用以现代信息技术为支撑，特别是网络技术，使英语教学朝着个性化学习、不受时间和地点限制的学习、主动式学习型结合方向发展"新的教学模式，"确立了学生在教学过程中的主体地位"。既保证了充分利用现代信息技术手段教学，也充分考虑和合理继承现有教学模式中的优秀部分，更使通过省、部共建的外语自主学习中心使用效率大大提高，真正实现了学生受益、教师受益的双重效能。

2. 教改促进理念创新，教学科研成绩斐然

首先，人人争做教学改革，教学质量明显提升。学院先后涌现出一批严谨治学、从严执教、教书育人、教学质量高的教师。2006年获四川省第六批学术和技术带头人后备人选称号的陈清贵教授，2007年2月获"四川省有突出贡献的优秀专家"称号的刘捷教授是杰出代表。2004年至今共立项校级及校级以上教改项目200余项，其中，教育部立项3项，省部级教改立项12项。目前学院建有省级精品课程"英语笔译"和"基础英语"两门，校级精品课程5门。近几年，教师在学校举行的教学比赛中共获得一等奖3项、二等奖2项、三等奖3项，教学质量奖20项。英语专业、日语专业四级一次性通过率逐年上升，多年超过全国平均水平和全国工科院校平均水平。其次，科学研究意识增强，成绩斐然。目前，学院已具备教育部区域和国别研究基地、省部级社科普及基地、四川省教育厅人文社会科学重点研究基地等高级别平台，同时积极与国外高校、出版社、地方单位共建协同创新平台，已形成纵向涵盖教育部、四川省以及学校的各级研究基地，横向涵盖海外共建、校际共建、校地共建、校企共建等各类研究基地的"纵横结合"的学科教学、科研与服务平台体系。

（三）狠抓队伍建设

外国语学院从只有30多名专职教师为家底开始创办，多年的办学历程中，学院通过专任和兼职相结合的形式，走院内培养与院外培养相结合的师资队伍发展道路，建设了一支具有很强凝聚力和责任心的教师队伍。

学院一方面坚持"请进来"加强学术交流，另一方面坚持"走出去"提高学术水平的政策，采取"以老带新、委以重任、敢于推新，学院安排青年教师跟踪国内外名家"等方法提升教师的综合能力。此外学院从校外选聘富有经验的退休教授、副教授，还从董事单位聘请了多名"双职型"教师和工程师，保障教学秩序的稳定和教育质量的提高。学院教师队伍中还有一支相当稳定的兼职教师队伍和外籍教师队伍，这些教师主要是全国重点院校和科研院所的教师和研究员，其中教授、副教授占60%以上。学院成立有专家、教授组成的教育督导组，开展教育评估和督导，进行教学指导。专任和兼职相结合的教师队伍，为培养学

生成才提供了基础保障。

（四）坚持学术交流

长期以来，外国语学院一直坚持"请进来"的学术交流策略，坚持聘请外籍教师和学术水平高、在国内外享有较高社会声誉的人士作为兼职教授到校讲学、进行学术交流和参加指导学院的学科和专业建设。这些举措极大地促进了学院学科专业科研的协调发展。

近年来，外国语学院与美国、加拿大、日本、以色列等驻华大使馆联络，通过国际渠道，争取项目、经费，引进包括富布赖特专家的外籍人士前来讲学，尽可能地获取科学研究的前沿资料，同时与国外高校强化合作培养，将专业学生送到国外知名高校接受专业教育。学院有计划地邀请众多国内外一流的专家学者到学院访学，逐步建立了良好的学术交流平台，并获取了大量的最新图书信息及资源。目前，学院图文信息中心在建设档次、藏书质量、可持续性建设方面堪称国内新建外语院校一流水平，受到行内专家好评。

三 开拓进取，共创未来——学院发展前景

17年的成长历程，外国语学院将步入一个更高速发展的全新阶段，也将面临更高要求的挑战。全院师生员工将继承和发扬西南科大精神，认真研讨和拟定好学院的总体规划和学院近期、中期和长远发展目标，积极探索创新人才培养、科学研究和服务社会的模式，努力加强师资队伍、学科专业、教学环境、图书资料和信息化服务等保障体系建设。同时继续在办学模式、办学层次及办学途径手段上坚持多样化发展方向，加强国际合作和交流，拓宽国际化人才培养的新视野，在教学、管理、科研工作中沉淀"立己达人，共同发展"的理念，创建浓厚的、有鲜明特色的学院文化，逐步为把西南科技大学外国语学院办成四川省乃至西部地区一流外国语学院而努力。

"专业+"复合型、应用型人才培养模式的探索与实践

——法学院本科专业发展纪实

翟 瑞[*] 徐 文 王洪友 陈幼平 张 鑫

摘 要：法学院在20年的本科专业建设与发展中不断地探索与实践，逐渐形成"法律+""心理学+""知识产权+"的复合型、应用型人才培养模式。法学专业以"法科融合，科技法学"为定位，形成培养适应国防科技行业和军民融合产业法治需求的复合型卓越法律人才培养模式。应用心理学专业逐步确立培养具有灾后心理危机干预及社会心理服务能力的专业人才的培养目标，形成了"心理学"+社会服务的应用型专业人才培养的特色优势。知识产权专业立足四川、面向西部、服务全国，为国家实施知识产权战略培养高级知识产权专业人才，逐渐形成融合法学、工学和管理学知识架构的特色鲜明的"新文科"人才培养模式。

关键词：法学院；"专业+"；复合型人才；应用型人才

法学院现有法学、应用心理学、知识产权三个本科专业，在校全日制本科生1450余人。法学院着力探索与实践"专业+"的复合型、应用型人才培养模式，为四川、西部乃至全国输送符合社会需要的专业人才。

一 法学院专业建设的发展历程

（一）西南工学院阶段（1993—2000年）

20世纪90年代，随着我国市场经济体制的建立和改革开放步伐的加快，国

---

[*] 翟瑞（1964— ），西南科技大学法学院党委副书记、法学院院长，教授，硕士生导师，主要研究方向为思想政治教育、心理健康教育。

家需要大批经济法律人才，而西部地区、建材行业对相关人才的需求更加迫切。为了适应国家对法律人才的需求、丰富学校本科专业门类结构，西南工学院贸易经济系向学校提出申办"经济法"本科专业，经学校研究同意并通过国家建材局人教司向国家教委申报经济法本科专业。1995年国家教委批准西南工学院设立"经济法"本科专业，归属于贸易经济系。1996年9月招收第一届本科生。1998年12月，西南工学院根据专业学科设置调整，将"贸易经济系"更名为"经济与法律系"。1996—1998年，连续三年每届招收一个班，人数分别为29人、40人、45人。1999年，经济法专业更名为法学专业，招生人数首次扩招至276人。

（二）西南科技大学阶段（2000年以后）

2000年8月23日教育部批准组建西南科技大学，法学专业从"经济与法律系"独立出来，正式成立法学系。2002年4月5日，法学系更名为法学院。2005年1月，法学院与社会科学学院合并组建成立新的法学院，承担全校思想政治理论课教学以及法学、政治学与行政学、应用心理学三个本科专业的教学工作。2009年4月，学校按照国家对高校思想政治理论课建设的新要求成立政治学院，政治学与行政学专业以及全校思想政治理论课程划入政治学院，法学院保留法学和应用心理学两个本科专业。2012年，法学院申办知识产权专业获教育部批准，于2013年开始招生，授予法学学士学位。

1. 法学专业的发展

法学专业作为法学院建立伊始唯一的本科专业实现了跨越性发展。2003年，法学专业获得西南科技大学首批"8111"品牌专业建设立项。2005年学校迎接教育部本科教学工作水平评估，法学院秉承"以评促建、以评促改、评建结合、重在建设"的工作原则，推动法学专业本科教学规范化建设。2006年，法学专业被列入西南科技大学重点批次招生专业。2007年，法学专业圆满通过西南科技大学"品牌专业"验收，并在教育部本科教学工作水平评估中获得进校专家优秀评价。2013年，西南科技大学获批"四川省卓越法律人才培养基地"。2020年，法学专业被评为四川省"一流"本科专业建设点，2021年法学专业被认定为四川省"课程思政"示范专业。

2. 应用心理学专业的创办与发展

2004年，西南科技大学社会科学学院申办应用心理学专业获得教育部批准，授予理学学士学位。社会科学院、法学院合并成立新的法学院，加大对新办专业的建设与管理，提升新办专业办学水平。2006年，应用心理学专业正式招生，首届招生65人。2012年，应用心理学专业获得西南科技大学示范专业建设立项。2016年，应用心理学专业开始一本招生。2018年，中国科学院心理研究所与西南科技大学签订战略合作协议书，扶持我校应用心理专业建设和学科发展。2020年，学校与中科院心理所、中国心理学会签订结对共建协议书，合力提升应用心理学科的科研与社会服务水平。2022年，我校应用心理学专业入选2021年四川省一流本科专业建设点。

3. 知识产权专业的创办与发展

根据国家知识产权战略规划和西部区域经济发展需要，法学院向学校提出申办知识产权本科专业。2012年，教育部批准西南科技大学设立知识产权专业，西南科技大学成为四川省第一所设立知识产权本科专业的高等院校。2013年知识产权专业正式招生，首届招生73人。2020年，西南科技大学开始招收知识产权第二学士学位。经过约十年的建设，知识产权专业已经基本形成融合法学、工学和管理学知识构架、鲜明特色的"新文科"专业。

二 "专业+"复合型、应用型人才培养模式的探索与实践

法学院三个本科专业经过一定时期的建设与发展，逐渐形成"法律+""心理学+""知识产权+"复合型、应用型人才培养模式，各专业特色日渐凸显。

（一）"法律+"专业人才培养

西南科技大学地处中国科技城，近年来，学院以"法科融合，科技法学"为定位，培养适应国防科技行业和军民融合产业法治需求的卓越法律人才为培养目标，形成法学专业培育"新文科"人才的特色优势。第一，打破学科藩篱，实行交叉培养。法学专业通过建设"法律+"复合型人才培养平台，打破传统意义上的学科藩篱，提供更加多元的课程模块，使个性化教学成为专业名片。第二，发挥科技特色，强化实践教学。法学专业实施校地联合培养，通过科技课堂、标准化实践基地和虚拟仿真实验室强化实践教学，培养学生运用人工智能系统解决法律问题的能力。法学专业持续深化专业综合改革取得显著成效，具体措施如下。

1. 理论教学方法创新，六种模式建设"金课"

为高质量培养实践性、复合型法律服务与管理人才，在"金课"建设中多角度引入体验式教学，深化课程内容与意义。自2015年起，法学专业综合运用项目制教学、团队式教学、角色扮演式教学、观摩式教学、头脑风暴式教学、圆桌会议式教学，分门别类改革"法律文书写作""模拟审判"等课程的实践内容，提升人才培养的针对性。

2. 科技人文交叉融合、显隐推进新文科建设

该专业培养方案显性体现新文科建设：不仅在课程体系设置上紧抓"人文智慧、科技文化"两个目标，而且在实践教学设计上紧扣"科学技术、应用文科"两个宗旨。法学专业培养理念隐性推进新文科建设："法律+"复合型拔尖人才实验班成功实现"法律+经济""法律+外语""法律+科技"三个方向，通过专题讲座、实地调研、学术夏令营等多种方式强化学习效果。

3. 多种形态课程思政，三维落实立德树人

为多种形态推进课程思政建设，法学专业紧紧围绕三个"维度"构建课程思政体系。一是紧紧抓住教师队伍"主要力量"，以点带面推进课程思政建设，重点培育省级课程思政示范课程，广泛培育校级课程思政课程；二是紧紧围绕课堂教学"主要战场"，通过集体备课确定授课主线、深挖思政元素、进行实操演练；三是巧妙运用课外教学"主要渠道"，利用品牌活动"午餐师说""新时代青年读书会"实现课程思政浸润第二课堂。

4. 灵活搭建"虚拟教研"，校地协同共建共享

为解决跨学科师资配置问题，更好搭建教学团队的知识结构，法学专业通过与教学实践基地深度合作，利用产业教授、兼职教授等优质社会实务师资探索虚拟教研室建设，在不影响原有教学团队与教研室成员的基础上，根据教改课题与研究专长统筹师资开展课程思政建设，培育教学成果。

（二）"心理学+"专业人才培养

应用心理学专业从创办伊始就坚持"学用结合，服务社会"的专业发展定位，逐渐确立以培养具有灾后心理危机干预及社会心理服务能力的专业人才的培养目标，形成"心理学"+社会服务的应用型专业人才培养的特色优势。第一，创新专业实践教学模式，定制化社会服务。应用心理学专业以社会需求为导向、以社会服务为载体、以双创型实践人才培养为目标，对接社会多方资源，搭建社会实践自主平台，实现教学、科研和社会服务的融合，开展社区、学校和灾后心理援助和成长等工作。第二，建立"三位一体"人才培养体系。即培养融"知识、技能、素养"、培养内容融"通用能力、专业能力、拓展能力"、培养途径融"课堂教学、实验操作、基地实训"为一体的人才培养标准。第三，培养"双师型"教师，打造专兼结合的教学科研团队。将教师教学科研、职业发展与社会服务相结合，为培育"双师型"教师提供孵化平台。实务部门专业技术人才担任兼职教师，提升学生的实践应用能力。应用心理学专业持续深化专业综合改革取得显著成效，具体措施如下。

1. 聚焦灾后危机干预与社会心理服务，打造专业特色

一是清醒把握专业特色，关注灾后危机干预。充分发挥专业的应用价值与社

会价值，通过"评估+干预+教育+宣传"模式开展灾后危机干预服务。二是充分发挥专业实力，依托与中科院心理所联合共建的"社会心理服务与心理危机干预研究中心"和四川省文明办主管的"四川省未成年人心理健康研究与辅导中心"积极开展专业培训、知识普及、课题研究、特色专项等社会心理服务工作。三是打造了一支专业素质过硬、服务辐射面广的"心老师""心志愿者"团队。

2. 抓住智慧教学改革契机，推进课程、教材和教学团队建设

一是以新技术、新媒体为主要传播手段，积极构建"线上+线下"金课集群。先后获得四川省精品资源共享课1门，四川省课程思政示范课程1门，四川省"线上线下"混合式一流课程1门，四川省线上一流课程1门，校级（精品）在线开放建设课程4门，校级课程思政示范课程4门。二是加强教材建设。先后编写了《大学生心理健康教育》《现代心理学实验理论与操作》《创造改变——青少年心理成长辅导手记》《应用心理基础教程》等教材。三是打造了高水平的教学团队。团队成员先后荣获四川省教书育人名师、教育部智慧教学之星、绵阳市优秀教师等荣誉称号。

3. 打造"三梯度"实践教学模式，提升学生的实践能力

依托自主平台的资源和优势，从培养方案、教学过程、师资配备上打造了"观察—练习—实战"的三梯度实践教学模式，实现了学科发展、教学科研、社会服务、人才培养、创新创业的协同发展。先后与中国扶贫基金会、中国宋庆龄基金会等组织深度合作，通过"加油，在运动中成长""乡村少年宫""乡村夏令营""绿色飞扬·特殊儿童心理关怀"等项目，为专业学生提供累计超过一万多个实践学时的实战训练。

4. 推进"三全"育人，促进学生成长成才

多措并举推进全员、全过程、全方位育人理念，成效显著。在学科竞赛上，30余人次获得"挑战杯""全国大学生心理辅导课教学竞赛"等国家级、省部级奖项，10余支学生团队获得国家级大学生创新创业项目立项；在科学研究上，40余人次发表学术论文。在荣誉表彰上，多名学生荣获省市三好学生、优秀学生干部等荣誉称号，获得涪璋奖学金。

（三）"知识产权+"专业人才培养

知识产权专业立足四川、面向西部、服务全国，为国家实施知识产权战略培养高级知识产权专业人才，逐渐形成融合法学、工学和管理学知识架构的特色鲜明的"新文科"人才培养模式。第一，需求导向型培养方案。基于社会需求确定人才规格及培养方案，始终坚持关注国际国内行业对知识产权人才需求状况，持续改进培养方案，体现对社会需求的回应与关切。第二，校社联合型培养模

式。通过打造专兼结合的教学团队，借助行业资源，学校资源共同培养知识产权专业人才。第三，理实结合型培养过程。通过理论课与实践课穿插结合，提升学生理论联系实际和运用理论知识解决实际问题的能力；精心设计理论课程与实践实习课程体系，确保实践课程具有连续性、实用性和纵深性。知识产权专业持续深化专业综合改革取得显著成效，具体措施如下。

1. 实施专业交叉培养，探索复合型知识产权人才培养途径

自 2017 年起，知识产权专业启动"知识产权+"复合型拔尖人才改革建设，鼓励并指导部分学生利用个性化教育平台，在完成知识产权主干课程学习的同时，完整修读一个经济类、外语类或科技类专业的辅修课程，打造"知识产权+经济""知识产权+外语""知识产权+科技"复合型人才，通过专题讲座、实地调研、学术夏令营等多种方式强化学习效果。

2. 内化 OBE 要求，更新卓越知识产权人才教育培养理念

知识产权专业全面内化"以学生为中心的教育理念，成果导向的教育取向，持续改进的质量文化"的 OBE 教育理念，完成培养标准、实践能力培养模块、实践能力培养路线图等板块设计，对专业知识和技能培养提出了更明确的要求。

3. 创新实践教学体系，构建应用型知识产权人才培养模式

从专业设置开始，知识产权专业对培养方案中全部 31 个学分的专业实践类课程进行了全新设计：实行集中专业实习，并执行"前—中—后"动态教学管理；推行标准化实践基地建设，即建立组织管理与考核体系、"双"实习指导教师队伍、实习规章制度、考勤档案等；推进流程实验室建设，创造性开设流程实践课程改革；推行案例式毕业论文写作改革，注重理论联系实际。

4. 利用合作办学资源，推进校社联合型培养模式

与教学实践基地深度合作，利用产业教授、兼职教授等优质社会实务师资资源，打造专兼结合的教学团队，共同培养知识产权专业人才。在"专利文献检索与分析""知识产权代理实务"等课程长期坚持产业师资授课，认识实习等实践课程坚持集中实习，培养了学生的动手能力和社会实践能力，毕业生广受用人单位好评。

法学院根据学校"强工升理精文"的战略，将重点聚焦"依托新工科、建设新文科"的思路，依托学校多学科综合性大学的优势，整合校内外资源，不断加强和完善"新文科"语境下的"法律+""心理学+""知识产权+"复合型、应用型人才培养模式，为建设四川省一流乃至国家一流专业不懈努力。

栉风沐雨奋进路，铸魂育人踏歌行

——马克思主义学院思想政治理论课建设成就回顾

崔一楠[*]

内容摘要：思想政治理论课是马克思主义学院的立院之本，强院之要。党的十八大以来，马克思主义学院全面贯彻落实习近平总书记关于思政课建设的重要论述，因事而化、因时而进、因势而新，点面协同推进教学改革，努力打造政治强、情怀深、思维新、视野广、自律严、人格正的教师队伍，大力发展马克思主义理论学科，不但深化校内外合作共建，持续开展理论宣讲活动。通过长期努力，西南科大的思政课建设取得了一系列成绩，思政课的思想性、理论性、亲和力、针对性不断增强。

关键词：马克思主义学院；思政课建设；教学改革；铸魂育人

习近平总书记在学校思想政治理论课教师座谈会的讲话中强调指出，思想政治理论课是落实立德树人的关键课程。马克思主义学院作为思政课教学承担部门，认真贯彻落实立德树人根本任务，主动对标教育部《高等学校思想政治理论课建设标准》《高等学校马克思主义学院建设标准》《新时代高校思想政治理论课教学工作基本要求》及学校人才培养目标，始终坚持加强教学改革，提升教学质量，不断增强思政课的思想性、理论性、亲和力和针对性，努力将思政课打造成学生真心喜爱、终身受益、毕生难忘的"魅力课程"。

一 点面协同改革创新：思政课教学质量不断提升

学院根据思政课教学因事而化、因时而进、因势而新的特点，转时态、转语

---

[*] 崔一楠（1983— ），西南科技大学马克思主义学院副院长，副教授，硕士生导师，主要研究方向为思想政治理论课。

态、转状态、转心态，持续推进教学改革，推进"课堂革命"。自2012年以来，学院教师共有70余项省级、校级教改项目立项，发表教学改革研究论文30余篇，获得四川省优秀教学成果奖9项。2017年2月，《中国教育报》以《西南科技大学打造思政教育"两支队伍"：让理论从"本本"中走出来》为题对学院的教学改革进行了深度报道，《教育导报》、教育部网站、四川省教育厅网站、中国社会科学网等权威媒体、主流媒体纷纷转载。2018年6月，《四川日报》和《教育导报》对学院教学改革活动进行了报道，引起了广泛关注。2021年11月，党建网以"西南科技大学：用活专业资源打造思政实践金课"为题，对学院的实践教学改革成果进行了深度报道。

学院重视加强质量工程建设，在课程建设上取得丰硕成果。"马克思主义基本原理""中国近现代史纲要""毛泽东思想和中国特色社会主义理论体系概论""思想道德与法治"先后获评省级一流课程。"中国近现代史纲要""马克思主义基本原理""教育学原理"获评省级课程思政示范课程。

实践教学是思想政治理论课教育教学的重要组成部分，是课堂教学的拓展和延伸，是使学生在实践活动中将所学理论化为思想与行动的关键环节。近年来，学院坚持深化实践教学改革，通过内外联动形成合力打造实践育人平台。学院根据思政课实践教学特点和需求，建立了民族文化与爱国主义教育基地、民族企业精神教育和创新创业教育基地、国防和科技教育基地、警示和法制教育基地、社会主义新农村建设实践基地等不同类型的实践教学基地20家，并在各基地推荐的基础上选聘了部分基地负责人作为实践教学的兼职指导教师，构建起一个又一个"行走的课堂""创意的课堂"，每年组织全校各专业2000多名学生到相关基地开展实践教学。学院不断深化思政课实践教学改革，构建了"2234"实践教学模式（两大目标、两大主题、三个环节、四类成果），获得了学生和同行专家的高度评价，实践教学课程获评国家级一流课程、省级一流课程。

二 "五师"工程名师领航：高素质教师队伍有效培育

习近平总书记强调，办好思想政治理论课，关键在教师。一直以来，学院高度重视教师队伍建设，扎实推进"师道提升、师楷塑造、师途帮扶、师能助推、师绩展示""五师"工程，采取师德师风一票否决制，结合党建工作强化师德师风建设，要求教师以德立身、以德立学、以德施教，对照"四有好老师"标准（有理想信念、有道德情操、有扎实学识、有仁爱之心），把握"四言四语"（党言党语、学言学语、生言生语、同言共语），努力打造一支以中青年教师为骨干，专兼结合、政治过硬、结构合理、素质优良、富有活力的高素质教师队伍。

近年来，学院教师队伍水平得到大幅提升，师资队伍中有四川省学术技术带头人 1 人，后备人选 8 人，"天府万人计划" 1 人，四川省有突出贡献优秀专家 1 人，四川省优秀中青年思政课教师择优资助计划 2 人；师资队伍中获得"全国优秀教师"称号、"全国高校优秀思想政治教育工作者" 2 人；获得"全国高校思政课教学能手" 1 人，获得"高校思政课教师年度影响力提名人物" 1 人；被评为"四川省高校优秀思想政治理论课教师" 1 人，"四川省大学生思想政治教育先进工作者" 2 人；获四川省"教育育人"名师 1 人。西部高校思政课师资队伍建设研究获得"2018 年度教育部高校示范马克思主义学院和优秀教学科研团队"重点资助。

三 发展学科支撑教学：课堂教学效果显著增强

马克思主义理论学科是学校的传统优势学科，2003 年 4 月成功申报马克思主义理论与思想政治教育硕士点，2004 年招收首届硕士研究生。2006 年 1 月，获得马克思主义基本原理、思想政治教育、马克思主义中国化研究三个硕士学位授权点。2011 年，获得马克思主义理论一级学科硕士学位授权点，2018 年被列为学校加快发展学科和博士点培育学科。马克思主义理论学科坚持马克思主义与当代经济社会发展相结合，坚持文本研究与现实问题研究相结合，坚持马克思主义理论的整体性，深入开展马克思主义基本理论研究，形成马克思主义基本原理、马克思主义中国化研究、思想政治教育和中国近现代史基本问题研究四个优势学科方向。

近年来，学院不断加强学科内涵建设与质量建设，综合发展态势良好。2017 年，在全国第四轮学科评估中，马克思主义理论学科评估为 C，处于 50%—60%，是学校上榜的四个学科之一。在 2019—2021 年软科中国大学排名中，学校马克思主义理论学科始终处于前 45%。据 2016—2021 年度《中国研究生教育及学科专业评价报告》显示，学校马克思主义理论学科年均排名为 36.93%，是学校年均排名进入前 40% 的三个学科之一，学科建设水平居四川省属高校前列。

学院充分发挥学科建设的龙头带动作用，带动课堂教学效果的明显增强，近年来，学院教师参加教学竞赛成绩优异。在教育部第一届、第二届高校思政课教学展示活动中 1 人获特等奖、5 人获一等奖、1 人获二等奖，获奖等次、数量均位列全国高校前茅，11 人次在省级教学比赛中获奖；获省级教学成果奖 2 项，省级教学改革项目 1 项；获得省级思想政治教育名师工作室 1 项。2019 年，学院荣获"四川省思想政治理论课建设先进集体"称号。

四　深耕学术助推教学：理论教学穿透力不断加强

　　学院依托四川青少年思想道德建设研究中心、四川王右木研究中心、三线建设历史与文化研究中心、国际科技战略与政策研究分中心（科技部战略研究院）等研究平台和西部大开发、三线建设、灾后重建、中国（绵阳）科技城建设等地域特色和历史文化资源，围绕生态文明与城乡发展（西部城乡关系变迁、西部地区贫困治理）、四川红色文化与青少年思想道德建设（四川灾后青少年精神家园重建、"抗震救灾"精神与"两弹一星"精神研究）、中国共产党执政史与执政经验（三线建设与军民融合、微博问政与党的执政方式创新）等研究领域深入开展马克思主义基本理论与重大现实问题研究，取得了一批具有较大影响力的学术成果。2012年以来，学院教师共承担国家级项目25项（其中国家社科基金项目20项、其他国家级科研项目5项）、省部级项目70余项，立项科研经费1200万元；省市级科研成果奖40余项，其中省部级科研成果奖11项；出版专著40余部，发表学术论文300余篇，22篇论文被《新华文摘》、人大复印报刊资料全文转载，获批四川省高水平社会科学团队（后备）1个。

　　学院通过开展学术会议、邀请名家举办学术讲座、大力支持教师参加学术会议等措施不断加强学术交流，拓展教学与学术视野。近年来，学院先后举办了"中国特色社会主义战略布局、发展理念与中国道路"学术研讨会、"四个自信"与马克思主义创新发展学术论坛"等全国性学术会议和"马克思主义与当代社会发展论坛"、四川省高校"思想道德修养与法律基础"课程建设高端论坛等省级学术会议。学院连续两年承办国际学术会议（"共建一带一路：中国道路的经验与启示"国际论坛，"共建'一带一路'，中国特色贫困治理的探索与启示国际论坛"），共有来自海内外近两百名专家学者参加会议，产生了较大影响。

　　2012年以来，学院先后邀请美国马里兰大学林静，美国德州大学圣安东尼奥分校徐小禾，中国社科院邓纯东、黄平、罗文东，中国人民大学张雷声、张旭，清华大学吴潜涛、肖贵清，复旦大学高国希等国际国内知名专家学者来校举办学术讲座120余场。大力支持教师赴韩国、俄罗斯、美国、丹麦、日本、英国等国参加"中韩伦理学国际学术大会"、第二届"中俄国际学术论坛"、生态文明国际论坛等国际学术会议达10余人次；支持教师参加第三届"国际移民与侨乡研究"国际学术研讨会、首届世界马克思主义大会、"世界社会主义的历史与当代新发展"学术研讨会等学术会议达200余人次。上述科学研究及学术交流成果，被充分应用到教学当中，增强了课堂教学的深刻性和穿透力，学术科研已经成为学院教师提高思想政治课教学水平的助推剂，成为增强思政课感染力和吸引力的孵化器。

五　合作共建拓展资源：优质教学资源充分共享

本着"加强合作、优势互补、资源共享、共谋发展"的原则，学院坚持用新思维探索建设发展的新机制和新模式，持续开展与社会力量的深度合作，积极拓展共享教学资源，大力促进思政课建设。2012年、2016年分别与四川省社科联、四川省社科院共建马克思主义理论学科；2016年1月、5月，又分别与中国社会科学院马克思主义研究院、绵阳市委宣传部正式签署共建马克思主义学院协议，在实践基地、人才培养、研究平台、教师队伍、思政课教学改革等方面实施共建，实现产学研互利共通，进一步提升思政课教学质量和学科建设水平，努力将学院建设成为四川省乃至西部地区重要的马克思主义理论研究基地、思政课教育教学基地、高素质思想政治教育人才培养基地和马克思主义理论宣传阵地。

学院充分利用学校合作办学机制，依托校地共建、院校共建，聘请了中国社科院马克思主义研究院院长邓纯东研究员、中国人民大学张雷声教授、清华大学肖贵清教授等10余名知名学者担任学院兼职教授、客座教授、特聘教授，进一步充实了师资队伍。

六　理论宣讲实践锤炼：教学能力训练持续推进

学院充分发挥学科优势，将理论宣传与特色党建相结合，与教育教学相结合，打造理论传播全链条体系，持续推进教师教学能力实践锤炼。学院建立"理论创新宣讲团"，切实做好党的创新理论成果宣传普及工作，受地方政府部门、企事业单位邀请开展各类宣讲280余次，在校内开展理论宣讲100余场。学院积极组织地方干部培训，在推动理论传播大众化、时代化和中国化过程中提升教学水平。学院组织教师积极为绵阳市、南充市、攀枝花市、阿坝州、凉山州等地区举办地方干部培训班25期，培训地方干部3000余人次，打造精品讲座近30个。

学院积极推动理论传播与基层党建深度融合，与绵阳市游仙区、北川县、涪城区及广元市青川县等地乡镇共建"流动党校"，开展"校地结对建党校，村民在家上大学"系列理论传播创新活动。学院组织党员教师深入到"流动党校"宣讲党的理论、党史党建、时事政治等，一方面，创新了基层党建的形式与内容，另一方面，党员教师将理论学习与农村基层实际相结合，丰富了课堂教学内容。活动社会影响广泛，先后被中宣部党建网、四川在线、绵阳市政务网转载和宣传推广。

学院建立理论传播新媒体矩阵，组织教师参与，不断拓展思想政治教育新空间。学院创办了"思想有力量SWUST""桑榆清语"等微信公众号和微博平台，构建起新媒体矩阵，建立了课堂内外、校园内外、入学前到毕业后的立体化、跨时空、零距离的网络思政教育空间，实现了在"马"言"马"、在"马"信"马"、在"马"用"马"、在"马"兴"马"。通过推出融合"e 党建"等品牌栏目，结合思想政治理论课实践教学，注重实践养成，推动理论传播"线上"+"线下"互动，传播正能量，唱响主旋律。

马克思主义学院教师始终牢记立德铸魂的育人责任与使命，拼搏奋进，砥砺前行。学院先后获得"四川省大学生思想政治教育先进集体""四川省委教育工委先进基层党组织""绵阳市先进基层党组织""基层党建'3+2'书记项目市级示范党组织""新时代四川省高校党组织对标争先计划标杆院系培育单位"等多项荣誉称号。

回顾过去，思政课建设与学院发展离不开学校对学生思想政治教育工作高度重视和坚强领导；离不开学校对思政课建设的大力支持和提供坚实的条件保障；离不开学院广大教职工在思政课教学一线的长期坚守和默默奉献。展望未来，学院将坚持以习近平新时代中国特色社会主义思想为指导，坚持深入学习习近平总书记在学校思想政治理论课教师座谈会上的重要讲话和视察中国人民大学时的重要讲话精神，坚持推进思政课守正创新，努力将学院建设成为马克思主义理论教学、研究、宣传和人才培养的坚强阵地，为学校人才培养及建设特色鲜明高水平大学做出新的更大的努力与贡献。

参考文献

《习近平主持召开学校思想政治理论课教师座谈会强调，用新时代中国特色社会主义思想铸魂育人，贯彻党的教育方针落实立德树人根本任务》，《人民日报》2019 年 3 月 19 日。

《习近平在中国人民大学考察时强调，坚持党的领导传承红色基因扎根中国大地，走出一条建设中国特色世界一流大学新路》，《人民日报》2022 年 4 月 26 日。

教育部课题组：《深入学习习近平关于教育的重要论述》，人民出版社 2019 年版。

与时俱进，精心打造工程训练与创新实践公共平台
——工程技术中心工程训练与创新教育教学发展纪实

张宝述[*] 张立红 王银玲

摘 要： 为加强大学生动手实践能力与创新能力培养，学校于2002年组建了工程技术中心。20年来，中心不断跟踪学习国内外工程实践与创新教育教学的先进经验，搭建了多学科交叉融合的工程训练与创新实践硬件平台，构建了包括工程感知、工程基础训练、工程综合训练、综合创新四个层次的工程训练与创新实践教育教学服务体系，现已成为学校规模最大、学生受益面最广的公共实践平台，取得了显著的成绩，大力支撑了学校的发展及人才培养工作。

关键词： 工程训练；创新实践；公共实践平台

在庆祝西南科技大学建校70周年之际，也迎来了工程技术中心建立20周年。工程技术中心是学校2001年底发文设立的正处级二级机构，于2002年5月在原校办实习工厂和相关学院实践教学资源基础上正式组建而成，是西南科技大学工程训练国家级实验教学示范中心的主要依托单位。经过20年来的发展，中心已成为学校工程实践与创新教育教学规模最大、学生受益面最广的公共平台，在工程训练与创新教育教学方面取得了显著的成绩，大力支撑了学校的发展及人才培养工作。现将工程训练与创新实践公共课程建设情况和创新教育教学开展情况做一简单回顾，以期对中心今后的发展有所帮助。

一 工程训练与创新实践公共课程建设情况

中心成立以来，贯彻现代工程教育理念，跟踪学习国内外同行的先进经验，

---

[*] 张宝述（1965— ），西南科技大学工程技术中心副主任，副教授，主要研究方向为材料物理与化学和工程实践教育教学。

搭建了多学科交叉融合的工程训练与创新实践硬件平台，将公共基础、专业基础、专业学科实验教学与综合创新实践有机结合，基本实现了传统单一型"金工实习"向现代工程训练的转变，初步构建了包括工程感知、工程基础训练、工程综合训练、综合创新四个层次的工程训练与创新实践教育教学服务体系。开设了针对理工农医类专业的"工程训练"系列课程、针对文科类专业的"科学技术概论"和"工程实践与劳动教育"，以及针对全校所有专业的"创客思维与设计实践""陶艺创新设计与制作""趣味机械创新设计与实践"三门工程创新实践类选修课程。

（一）起步建设阶段

学校公共工程实践教学起源于1952年建校之初的"金工实习"。为适应高校扩招和国内高等工程教育的发展趋势，加强大学生工程实践能力与创新能力培养，学校于2001年底成立了全校性公共实践教学平台——工程技术中心。中心组建之初，面向全校学生开设了三门课程："金工实习""电子安装实习""创新教育与实践"。后来，根据学科发展与社会需求，通过整合资源、精简优化教学内容，将这三门课程分别更名为："工程训练""电子实训"和"创造学与创新实践"。

与此同时，为适应教学改革与发展对教学条件的需求，中心建立了两大实践基地：工程训练基地和大学生创新创业实践基地。在学校的大力支持下，中心更新增补基础实训项目设备，新增现代制造工艺实训项目，体现学科交叉与创新实践能力的培养。2005年，工程训练基地和大学生创新创业实践基地立项为校级品牌基地，"工程训练"和"创新教育与实践"作为校级品牌课程立项建设。这两门面向全校学生提供具有不同特色、不同教学要求和较大发展空间的实践性教学内容，以加强对学生进行基础知识、工业意识和综合能力的培养。

教研室教师根据教学需要积极进行《工程训练实训指导书》的编写，2005年学校与西南交通大学、西南石油大学和西华大学联合编写《机械制造工程训练教程》并于2006年8月在西南交通大学出版社出版。由于工程训练课程学生量大面广，为了便于学生学习交流，中心积极进行工程训练课程网站建设。

（二）全面发展阶段

随着学校本科教学的评估，学校以培养高素质、强能力的高级应用型专门人才为目标，高度重视实验教学工作。在日元贷款、省部共建等项目的支持下，建设了面向全校多专业综合型实验教学平台，先后完善了基础工程训练基地和大学生创新创业实践基地。工程训练课程教学目标为：学习工艺知识，增强工程实践能力，提高综合素质，培养创新精神和创新能力。形成了工程感知、工程基础训练、工程综合训练、综合创新四个层次教学体系。将传统的、现代的机械制造技术、电子信息技术、工业管理技术等进行有机的融合，再现和模拟现代工业主流技术，形成一个特色明显、比较完善的实践教学体系，大力加强学生工程能力和创新能力的培养。至 2008 年，学校先后共计投资约 1800 万元，加强中心的硬件建设，引进现代加工设备。按照教育部本科教学评估指标和教育部工科机械基础课程指导委员会颁布的《高等工业学校金工实习基本要求》《普通高校本科金工实习教学评估指标体系》《金工实习教学评估实施细则》《工程训练示范中心建设规范和验收标准》四个指导性文件，在补充完善传统加工设备的基础上，引进了数控车床、数控铣床、数控电火花、数控线切割、加工中心等先进加工设备，建成专用计算机房及局域网，大力改善工程实践教学的硬件条件和教学环境。

2007 年，中心被评为"四川省实验教学示范中心建设单位"，同年，作为本科教学评估亮点之一，受到了参评专家的一致好评。2008 年，西南科技大学工程训练中心以网络评审成绩优秀，教育部专家会审免答辩并全票通过的优异成绩被评为"国家级实验教学示范中心建设单位"。课程建设也迈上了一个新台阶，"创造学与创新实践""工程训练""电子系统创新设计与实践"分别于 2007 年、2009 年和 2010 年获得省级精品课程立项建设。

2009 培养方案提出，以提高教育教学质量、全面推动素质教育为目标，大胆探索和实施创新教育，努力构建理工融合、文理交叉的培养体系，培养具有创新精神和专业能力的高素质复合型人才。中心在完成原有的三门实践性系列课程教学的基础上，承担面向全校文科生新开设的三门通识性课程："现代科学技术概论""工程技术概论""科学技术史"。同时面向全校学生新开设 19 门素质类选修课，为 2009 版培养方案中提出的"使素质教育模块成为知识、能力、素质三者协调发展的共同基础平台"提供有力支撑。中心针对此三门通识性课程将所有的教师分成三个课程组，大家一起调研兄弟院校开课情况，梳理具有我校特色的教学体系，整理教学内容，编写教学大纲于 2012 年 9 月对全校文科生全面开课。

在准备教学资源的同时，课程组老师针对 2009 版培养方案人才培养模式与课程特色积极编写各课程教材，2009 年 1 月《机械制造工程训练教程》（非机械类）出版，2009 年 8 月《电子实训教程》出版，2011 年 8 月《创造学与创新实践》出版，2012 年 1 月《现代科学技术概论》出版，2013 年 9 月《工程技术概论》出版，2015 年 1 月《科学技术简史》出版。中心教材建设创历史新高。

（三）提质增效阶段

随着工程教育专业认证工作的开展，产出导向人才培养体系的持续推进，以毕业要求为准绳综合评价培养质量，着力培养学生解决复杂工程问题的能力，各专业充分重视实践教学，强化实践育人意识。2016 版培养方案各工科专业纷纷提高实践教学学分，中心重构了实践课程体系，实现中心各实训项目大融合，将电子实训课程内容并入新的工程训练课程，形成新的工程训练教学体系，面向全校的三门通识性课程合并为一门课程"科学技术概论"。为支持 2019 版培养方案培养体系的"个性化培养平台"，为学生自主性、研究性、实践性学习创造条件，学校进行了个性化培养平台素质课遴选，中心"创客思维与设计实践""陶艺创新设计与制作""趣味机械创新设计与实践"三门素质类课程成功入选。

自 2018 年教育部召开新时代中国高等学校本科教育工作会议以来，建设一流本科已成为全国所有高校的热点和重点工作，一流课程是一流本科人才培养的核心要素，打造一流课程即要提升大学生的学业挑战度、合理增加课程难度、拓展课程深度。根据 2019 版本科人才培养方案和各专业人才培养目标与毕业要求，持续进行工程训练课程改革与资源建设，培养学生解决复杂（工程）问题的综合能力（包括技术能力和非技术能力），以支撑各专业人才培养目标和毕业要求的达成。"工程训练"课程成功申报"西南科技大学 2020 年精品在线开放课程建设项目"，2020 年建设完成，2020 年 12 月下旬成功在"学堂在线"上线运行。2021 年"科学技术概论"课程成功申报"西南科技大学 2021 年精品在线开放课程建设项目"，目前线上视频资源已录制完成，正在进行后期编辑工作，即将上线。

在《西南科技大学课程思政建设实施方案》（西南科大党委发〔2019〕5 号）要求下，在中心成功申报"科学技术概论""工程训练 A""工程训练 B"3 门课程思政建设课程，"科学技术概论"课程思政建设课程已经结题，正积极准备申请省级课程思政课程，另外两门课程也在积极建设中，即将结题验收。

2021 年下学期，根据《西南科技大学学生劳动教育实施方案》（西南科大发〔2021〕13 号），工程训练中心依托工程训练必修课开设生产劳动实践教育模块，探索具有我校特色的劳动教育项目与教学方法，为学校劳动教育体系提供有效的支撑，促进学生德智体美劳全面发展，成功申报"工程实践与劳动教育"生产劳动实践课程。

为满足 2016 版培养方案新的工程训练教学体系的教学要求，2017 年 1 月针对不同专业不同学分的学习要求，工程训练中心出版两本教材《工程训练教程》（机械类及近机械类）和《工程训练教程》（非机械类），其中《工程训练教程》（非机械类）被评为科学出版社"十三五"普通高等教育本科规划教材。在 2020 年线上线下混合式课程建设的前提下，根据线上课程资源，结合各实训项目的特点，为支持线下实验室开放以及学生课外科技活动的实践需求，修订教材内容，建设新形态教材，《工程训练教程》（非机械类）（第二版）教材在 2021 年 8 月正式出版，并在 2021 年下半年被评为科学出版社"十四五"普通高等教育本科规划教材。

二 中心创新创业教育开展情况

作为学校重要的公共实践教学平台,中心从成立之初,一直多渠道跟踪学习国内外高校开展创新教育的先进经验,积极探索适合学校发展的大学生创新能力培养途径。在学校建设特色鲜明的高水平大学的过程中,坚持以适应社会发展所需、以生为本的原则来推行创新实践教育教学,不断深化改革,以培养大学生创新意识、创新精神和创新能力为核心,构建了"以课内外科技创新活动为载体,以科技竞赛和开放团队为阵地,以校内外创新实践教学为保障"的创新教育体系,促进学生知识、能力、素质的协调发展。

（一）搭建了多学科交叉的综合型开放式创新实践平台,积极开展创新教育

中心在2002年组建之初,就整合学校相关资源,建立了大学生创新创业实践基地。经过20年的探索与实践,形成了以创新教育系列课程、"智能机器人"创新实践班、西科众创空间为主阵地,以学生科技活动、创新训练项目、学生社团为支撑的"3+3"的创新教育教学模式,第一课堂与第二课堂相结合,搭建了全校性创新教育教学公共基础平台。通过不断完善教学体系、优化调整课程内容、加强教师培训等措施,创新教育教学改革得到稳步推进,教学服务能力不断提高。

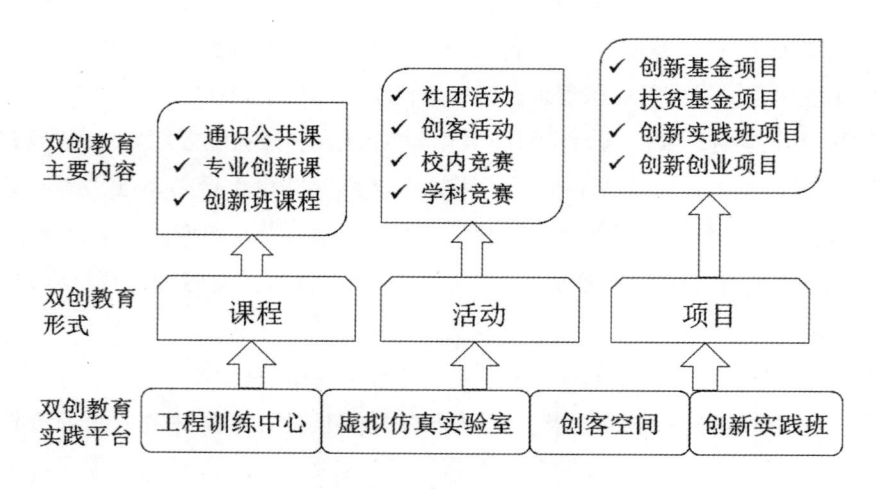

图1 工程技术中心创新教育体系架构

（二）不断探索课内创新思维启发与创新实践课程建设

早在1988年,万朴教授率先在全校开展"创造发明"的专题讲座,1998年刘继光教授开设了"创新才能培养""创造性思维"等全校性32学时选修课。2003年,由工程技术中心作为管理单位,面向全校学生开设了32学时的

"创新教育与实践"全校性必修课。经过两年的实践与建设，2005年，课程更名为"创造学与创新实践"并获批学校品牌课程。2007年"创造学与创新实践"获批四川省级精品课程。

2011年，由工程技术中心作为管理单位，面向全校学生开设了16学时的"创新实践"限选素质课。2017年，"创新思维方法与实践"被认定为四川省首批创新创业示范课程。

（三）成立创新实践班，探索大众化教育背景下的精英教育范例

中心大力探索大众化教育背景下的精英教育。从2007年开始创立"智能机器人"创新实践班，在完成大学本科一年级课程的全校学生中选拔多专业的优秀学生，按"实践育人、追求卓越"的目标和"兴趣、团队、积累"的理念，开设实践性强的系列课程，坚持学、研、产相结合，以实践环节为主，按照项目管理方式，培养具有解决实际工程问题能力、自我获取知识能力和创造性能力的拔尖人才。

经过十余年的不断改进，已探索出一套完整的、较好的教学、管理与运行机制，受到校内外同行的赞许和认可，在校内起到了良好的示范辐射作用。目前，创新实践班招收15期，毕业12期学生400余人，覆盖十几个学院、30多个专业，50%的学生通过保研、考研取得国内知名高校进一步深造的机会，其余学生就业率100%，就业质量高。

（四）建立"西科众创空间"，探索创新创业教育新模式

2015年12月，在学校领导和教务处的支持下，依托工程训练国家级实验教学示范中心，成立了学校首个创客空间——西科众创空间。

西科众创空间为学生个性化创造、学科竞赛、项目研究提供了实践平台和技术支持，服务全校所有学生和教师。定期开展"周六开源造物、周日创客工坊、创客沙龙、前沿技术"等学期特色活动；不定期开展创客培训、创客竞赛、创意工作坊、创客马拉松等创客教育活动项目。

西科众创空间重视创客导师队伍建设，不定期安排教师走访国内发展成熟的创客空间，参加创客导师研修班和创客教育高峰论坛，提高创客导师指导技能。到该空间参加创客活动的学生每年达1200余人。所培养的创客和孵化的创客作品在中美青年创客大赛、金砖国家创客大赛、微软"创新杯"全球学生科技大赛、"一带一路"暨金砖国家技能发展与技术创新大赛等获得优异成绩。

（五）不断改进大学生科研训练项目管理，服务学生科技创新能力培养

在学校教务处、团委和学生工作部（学生处）的指导下，做好国家级和省

级大学生创新创业训练计划项目和校级大学生创新基金（含精准资助困难学生基金）项目的管理工作。在项目组织申报、评审、中期检查、结题验收、经验交流、工作总结和相关数据汇总上报等日常管理方面，不断改进工作方法，做好学生和指导教师的服务工作。

年均资助国家级和省级创新项目 150 余项，资助经费近 200 万元；大学生创新基金和精准资助专项 200 余项，资助经费近 30 万元，参与本科生近 2000 人。

（六）积极组织和指导学生科技活动，提高大学生创新训练效果。

积极组织教师指导大学生学科竞赛，主要有中国大学生工程实践与创新能力大赛（原全国大学生工程训练综合能力竞赛）、全国大学生机械创新大赛、全国电子设计大赛、"挑战杯"科技作品竞赛、"互联网＋"大学生创新创业大赛、中国工程机器人大赛、全国大学生 3D 打印大赛、四川省机器人大赛、中美青年创客大赛、金砖国家创客大赛、全国无线电测向锦标赛、ERP 沙盘模拟经营大赛等十余项省级以上学科竞赛，并获得优异成绩。

通过比赛的磨炼，参赛学生在基本科研训练、实践动手能力、团队合作精神及创造创新能力等方面得到了明显提升，为评先推优和保送研究生提供了良好支撑，为进一步深造和就业创业打下了良好的基础。

（七）探索产教融合、产学合作，联合共建教育教学资源

与绵阳惠捷公司共建校内实习基地。与北京数码大方科技股份有限公司、北京正天恒业数控技术有限公司、上海曼恒等共建实验室；与北京神州泰岳、北京正天激光、北京太尔时代、北京博创尚和、机器时代、深圳越疆、巨林科教等十余家企业共同探索产学合作协同育人，通过产学合作协同育人项目与企业共同探索教学资源建设、师资培训和创新创业能力的提升。

三　结束语

20 年来，工程技术中心与学校同向同行，甘苦与共，艰苦创业，取得了一定的成绩。但我们不能故步自封，应该借助建校 70 周年校庆之机，总结过去，展望未来，积极推进工程训练国家级实验教学示范中心高质量发展，进一步提高教育教学水平与质量，为学校复合型创新型人才的培养提供有力支撑，为西南科技大学建成特色鲜明的高水平大学作出新的贡献。

参考文献

尹显明：《以工程实践能力培养为牵引，建设一流工程训练中心》，西南科技大学 60 周年校庆文集《涪水华章》，2012 年。

《工程技术中心本科教学审核评估自评报告》，内部资料，2017 年。

适应社会需要，坚持内涵发展

——应用技术学院专业发展纪实

杨 剑[*] 施 蓉[**]

摘 要： 系统总结教育教学成果，对深化教学改革、提高教学质量，具有重要意义。本文从适时调整专业布局、修订人才培养方案、本专科一体化教学管理运行模式、校企深度融合、人才培养成效等方面，较为全面地梳理了应用技术学院专业发展历程。学院将踔厉奋发、笃行不怠，着力建设成为特色鲜明的应用型高级专门人才的培养基地。

关键词： 专业建设；人才培养；内涵发展

西南科技大学应用技术学院成立于 2004 年，位于西南科技大学西山校区，最初与成人教育学院、网络教育学院、长虹信息学院合署办公。2006 年应用技术学院单独设置，独立举办专科教育。学院现有专科、专科升本科、高端技能型本科等多类型、多层次学生。学院秉承西南科技大学"质量立校、人才强校、特色建校、和谐兴校"的办学理念，是以培养面向地方经济建设的高水平应用技术型人才为主要特色的学院。

一 适应学校事业发展和地方经济发展需要，学院适时调整专业布局

2004—2007 年，学院普教专科先后开设有机械制造自动化、建筑工程技术、园林工程技术、法律事务、会计学、市场营销等专业，主要为预科升入专科学习

---

[*] 杨剑（1963— ）博士，原西南科技大学应用技术学院院长，教授，主要研究方向为城乡规划理论与方法。

[**] 施蓉（1970— ），西南科技大学应用技术学院教科办主任，副研究员。

的学生。

2008—2014 年，学院在全省范围招收专科学生，专科专业在原有的 6 个专业基础上增设了计算机应用技术、应用电子技术 2 个专业，专业数达 8 个。2014 年专科学生停招。

2017—2019 年，学院恢复专科招生，有法律事务、会计、建筑工程技术、工商企业管理、经济信息管理、计算机信息管理、机电一体化技术、行政管理等 8 个专业。2020 年专科学生再次停招。

学院在举办专科教育的同时，还负责 2017 级、2018 级、2019 级、2020 级专升本机械设计制造及其自动化、法学、计算机科学与技术、电子信息工程、工程造价、土木工程、测绘工程、材料科学与工程、工商管理、会计学、信息管理与信息系统等专业的教务工作；负责 2017 级、2018 级高端技能型本科机械设计制造及其自动化、土木工程、材料科学与工程等专业的教学协调工作。

二 重视人才培养质量，适时修订人才培养方案，人才培养适应社会经济发展需要

专科人才培养方案的制定是学院的一项重要工作，历任学院领导都高度重视人才培养方案的制定。

2007 年，学院以国务院《关于大力推进职业教育改革与发展的决定》为指导思想，重新修订了专科人才培养方案，提出了学生培养侧重于职业技能和动手能力的培养，同时为学生继续教育、终身教育打下基础。

2008 年，为适应全省对外招生的需要，全面落实教育部《关于以就业为导向，深化高等职业教育改革的若干意见》（教高〔2004〕1 号）的精神，办好学院 8 个专科专业，培养德智体美全面发展、具有创新精神和实践能力、适应地方经济建设和社会需要的应用型人才。按照教育部《关于制订高职高专教育专业教学计划的原则意见》（教高〔2000〕2 号）的要求，结合学院具体情况，提出专科人才培养方案修订的指导思想。把坚持德、智、体、美、劳全面发展，注重素能培养，突出实践教学，贯彻产学结合，把握层次定位，推进和落实"订单式"培养模式，敬业教育等 8 个原则作为人才培养方案的制定原则。组织学院教学、管理骨干教师外出考察、调研，进行多次讨论，完成专科人才培养方案初稿。最后分专业聘请了校内相关学院专家和校外企事业单位专家作指导，再一次进行了修改、完善。2008 年版专科人才培养方案具有以下特色：课程结构按通识文化课、专业主干课、方向限选课、综合素质选修课、实践教学五个模块进行课程设置，专业主干课程和专业方向课程按专业模块设置；首次开设了综合素质选修课程；确定了理论、实践教学比例，各专业理论教学学分占总学分 60%—65%，实

践教学环节学分占总学分34%—40%，强化实践环节和动手能力培养；课程进程按照"3+2+1"培养模式进行，即前3学期完成通识文化课和专业主干课的学习及相关实验实训，第4、第5学期完成专业方向课程的学习及相关实验实训，第6学期进行专业岗位实习。

2010年，制定了《西南科技大学应用技术学院岗位实习管理办法（试行）》，规范了学生的顶岗实习。

2012年，学院对培养方案再次进行了修订。遴选了法律、机械设计及自动化、建筑工程技术、应用电子技术四个专业，增加了专业方向，细化了人才培养目标。同时各专业增加了专业拓展课程，尽可能使人才培养贴近社会需求。

2017年，专科恢复招生后，在教务处牵头下，应用技术学院协同各专业学院对培养方案修订进行了充分讨论，2017年版专科人才培养方案更加强化了实践教学在人才培养中的重要地位。

学院还积极推进学生"双证"培养，鼓励学生在学习之余取得职业资格证书。

三　采用本专科一体化教学管理运行模式，切实保证人才培养质量

由于学院地处西山校区，2006—2016年专科人才培养工作一直独立运行。2017年后，为了保证人才培养的质量，采用了本专科一体化管理模式，从培养方案拟定、招生管理、师资选拔、教学运行及管理等方面充分依托和整合校本部各学院资源，有效地保证了教学质量、规范了教学管理。

教学整体运行过程的统一。从教学任务下达、教材征订、教学过程及检查等环节都统一执行教务处规定；学院专门成立了教学督查专家组，对课堂教学、试卷评阅、资料归档进行督导和规范；通过网上评教、督查专家听课检查、期中教学检查、学生教学信息员信息反馈，全面监控和评估教学状态。

四　校企深度融合，探索项目驱动与人才培养的学分置换，推动人才培养，满足社会需求

学院紧密结合社会需求，科学规划，以就业为导向，不断深化教育教学改革。建立了成都国信安信息产业基地有限公司、四川长虹空调有限公司、绵阳市凌洋科技有限公司、绵阳同成智能装备股份有限公司等教学实践基地十余个，为学生广泛参与社会实践、提高专业技能提供了有力保障。

实践环节明确了实习实验、集中实习和课带实验课程的管理要求，落实了相

应的实践教学管理人员，加强了实习实训指导，严格执行培养方案中各类实习教学计划。

2012级、2013级计算机应用技术专业全体学生第5、第6学期课程学习在成都国信安信息产业基地有限公司进行，校企合作成果显著。

五 人才培养结硕果，服务地方社会经济见成效

学院在人才培养中坚持正确处理培养学生高素质和高技能的关系，正确处理培养学生专项操作性技能和综合职业能力的关系，正确处理培养学生职业岗位的针对性和职业岗位的迁徙能力的关系，正确处理培养学生技术应用能力和创新能力的关系。充分发挥校本部相关学院专家、企事业单位专家的作用，进行课程体系的构建及课程的开发，人才培养凸显学生的素质和能力培养的层次，并将创业教育融入整个人才培养计划中，实现素质教育、能力培养与创业就业教育的全面融合。多年来，学院学生在服务社会和地方经济建设，实现自我成长成才上取得了较大成绩。

汤智德：园林工程技术专业2014级学生，在校期间曾获四川省优秀毕业生、国家奖学金、绵阳市"三好学生"等荣誉。2017年通过自考本科学历考取福建农林大学研究生。

黎熠睿：园林工程技术专业2011级学生，在校期间曾获校"三好学生"、国家奖学金、四川省"优秀毕业生"等荣誉。2014年专升本到西南科技大学生命科学与工程学院，2016年考取西南科技大学研究生。

范月鹏：建筑工程技术专业2010级学生，在校期间曾获绵阳市"优秀学生干部"、四川省"优秀毕业生"等荣誉。毕业后在肯尼亚长青实业有限公司工作，现担任江苏省沭阳县厚邱村村主任。

严兴伟：建筑工程技术专业2010级学生，在校期间曾获国家奖学金、国家励志奖学金、校"优秀共产党员"、校"优秀毕业生"等荣誉。2014年考取燕山大学研究生，现就职于秦皇岛市政集团。

韩波：2007届机械设计与自动化专业毕业生，大学期间任学院分团委副书记、学生会主席等职。毕业后自主创业，现任成都泰瑞科技有限公司总经理、华锐石油化工工程有限公司总经理。

邓全洪：2015届会计专业毕业生，大学期间获国家奖学金、校"三好学生"等表彰奖励。通过专升本到西南科技大学经济管理学院继续学习，2017年本科毕业后，参加西藏自治区国税局公务员招聘考试，喜获成功。

学院将继续积极探索特色教育模式，强化实践教学，注重学生实践技能、应用能力和创新精神的培养，着力将学院建设成为特色鲜明的应用型高级专门人才的培养基地。

西南科技大学继续教育发展历程和历史成就

王营池[*]　王天恒[**]　万　嵩[***]　陈　蓉[****]

摘　要：继续教育是高等学校人才培养和社会服务的重要组成部分。回顾西南科技大学继续教育近70年发展历程，着重梳理和总结了学校2000年以来，实施学历继续教育和非学历教育全领域融合发展，在育人体系建设、办学质量提升、社会影响力扩大等方面取得的办学成果和经验。

关键词：继续教育；人才培养；社会服务；全领域融合发展

西南科技大学70岁了！学校继续教育在探索中前行、在前行中发展、在发展中壮大，走过了近70个年头，在各个历史时期无不彰显着"艰苦奋斗、拼搏创新"西南科大精神，凝聚了几代西南科大人的倾心付出，已形成覆盖全部继续教育领域，服务国家战略、地方经济建设和行业发展的继续教育体系，已成为学校人才培养的重要力量，交流合作的重要窗口，服务社会和办学声誉的一张靓丽名片。

一　发展历程概述

1953年，学校以"短训班"为主要载体，开启了非学历教育的探索历程。1982年，学校正式开办成人高等教育，1993年9月成立成人教育学院。1993年开始实施以加拿大国际开发署（CIDA）项目为代表的远程教育国际合作，1995年，成立"中国西部远距离教学中心"。1996年，学校开设首个应用型自学考试

---

[*] 王营池（1962—　），西南科技大学继续教育学院，教授，主要研究方向为远程教育管理。
[**] 王天恒（1967—　），西南科技大学继续教育学院，副教授，主要研究方向为思想政治教育、继续教育教学与管理。
[***] 万嵩（1974—　），西南科技大学继续教育学院，高级实验师，主要研究方向为技术经济与管理、教育理论。
[****] 陈蓉（1968—　），西南科技大学继续教育学院，副教授，主要研究方向为继续教育教学与管理。

专业，成为四川省高等教育自学考试主考院校。2000年，学校利用国际合作项目建立了10个远程教育示范站。2001—2010年，学校参与实施国家农村中小学现代远程教育工程，承担了教育部"西部农村中小学现代远程教育"等系列项目。2001年3月，学校成立网络教育学院，2002年获批成为全国现代远程教育试点高校，开展网络教育人才培养。2002年6月，成人教育学院与网络教育学院合署，归口管理学校继续教育工作。2009年，成为四川省高等教育自学考试主考院校。2022年3月，成人教育学院、网络教育学院更名为继续教育学院。

二　办学成果丰硕

学校继续教育与国家高等继续教育改革同行，在探索与实践中，逐步建立、完善了经济、高效、要素依赖度低的继续教育模式和配套教学、技术方案，形成了自身的优势和特色，实现了办学规模、办学质量、办学结构和办学效益的协调发展。

自2000年西南科技大学组建以来，在前期探索与实践的基础上，依托"共建与区域产学研联合办学"体制优势和学校学科、专业特色，全面推进继续教育快速发展，继2002年成为全国现代远程教育试点高校，2004年被教育部、国家发展改革委员会、财政部三部委批准为"四川省农村中小学现代远程教育工程项目培训中心"，2011年成为全国高等学校继续教育示范基地，2013年成为高等教育自学考试全国示范学习服务中心和四川省专业技术人员继续教育基地，逐步完善了覆盖学历与非学历全领域的继续教育体系，有力地支撑了行业和地方经济发展的人才体系建设，持续为全民终身学习的学习型社会贡献力量。

（一）构建了完善的育人体系

1. 继续教育与全日制普通教育相得益彰

在全日制普通教育专业建设的基础上，结合国家战略、行业和地方发展的应用型人才需求，先后面向社会开设了64个学历继续教育本科、专科专业，教学资源利用效率不断提升。共有13个教学学院承担了560门学历继续教育课程的建设与教学工作。通过学历继续教育教学、资源建设和教学改革，有效提升了学校教师信息化教学水平，青年教师教学能力显著提升，部分教师已将"普教继教一体化建设"的教学资源应用于全日制普通教育"翻转课堂"教学，成效显著。一批优秀教学团队通过教学资源共建共享，在全国继续教育领域为学校赢得了良好声誉。

2. 各类学历继续教育协同共进

通过继续教育综合改革，积极发挥各类学历继续教育形式的比较优势，实施教学体系和教学模式深度融合。学校将现代远程教育试点的成功经验有效扩延到成人高等教育教学和高等教育自学考试助学工作。以网络教育数字化教学资源建设与改造为基础，结合其他形式继续教育教学的需求，进行在线课程学习资源和线下教学资源的整合再造，赋予网络教育教学平台共建共享新功能。结合多种学历继续教育的需求，学校建立"共建共享数据系统，分设差异功能模块"的教学教务管理平台，推动"成教、自考、网教"联动，实行学历继续教育统一招生、统一管理、统一教学的一体化运行。通过一体化教学规范管理措施，建立并完善了共性与个性相结合的多种混合教学模式和教学方案。

3. 非学历教育与学科建设、科学研究互通共进

充分发挥学科特点和科研特色，集聚23个教学、科研、教辅部门开展非学历教育（培训），在环境工程、国防军工、农业农村、基层治理等38个领域开展各类应用型人才的非学历培养。一批学术造诣高、研究能力强的教学科研团队在非学历教育（培训）中崭露头角，同时为学科建设和科学研究注入新的活力。结合学校自身优势，深化校际、校企合作，积极服务国家战略、地方经济建设、行业转型发展人才支撑体系建设，正逐步构建由学校主导、多方参与的一主多元非学历教育服务体系。

4. 校际、校外合作成效显著

在强化教学资源自主研发和在线教育内涵建设的同时，以教学资源共建共享为抓手，大力推进校际、校企合作。与北京交通大学等高校联合发起建立了"网络教育教学资源研发中心"，先后加入"百校千课联盟""高校继续教育网络思政工作建设联盟"，积极参加由北京大学等高校联合成立的"普通高等学校继续教育数字化学习资源开放联盟""在线教育联盟土建类高校'构建卓越工程师e梦计划'"等数字化学习资源开放联盟，实现了校际优质教材、融媒体课程等共建共享和学分互认。

学校与全国多类型学校、社会办学机构开展学历继续教育办学合作，学历继续教育覆盖全国24个省、自治区、直辖市，先后建立了69个成人高等教育校外教学站点、52个高等教育自学考试助学中心、166个网络教育校外学习中心，建设了160个校外实践教学基地。

（二）办学质量稳步提升

1. 教学质量和运行保障体系不断完善

学校继续教育教学质量和运行保障体系不断完善，形成了"规范是最好的服务"的服务理念，构建了覆盖继续教育全过程的质量保障体系，确保了继续教育持续稳定健康发展。持续加强继续教育制度建设和学习支持服务体系建设，根据不同时期继续教育的需求，积极推进继续教育教学综合改革，建设并完善了继续

教育管理制度和运行规范，构建了以线上教学为主，线上、线下混合教学有机结合的多渠道学习支持服务体系，人才培养质量不断提升。

2. 专业和教学资源建设成效明显

以国家和社会需求为导向，依托学校学科资源优势，不断优化继续教育专业布局，先后在工学、农学、理学、经济学、法学、文学、管理学、教育学、艺术学等9大学科门类开设了覆盖成人高等教育、高等教育自学考试、网络教育的64个学历继续教育专业，累计建设课程资源560余套，共建共享素质教育在线课程70门，专家讲座283讲，出版远程与继续教育系列教材22部，形成了一批包括国家精品课程、国家精品资源共享课、全国优秀教材、通识教育精品数字教材、精品在线课程、省级精品课程在内的优质课程资源，建设了一批智能教学软件、虚拟仿真实验、远程实验实训等特色数字化教学资源。出版的教材被多所院校选用，教材发行总量超过260万册。

3. 人才培养质量不断提高

学校继续教育全面落实立德树人根本任务，以为党为国培育复合型应用型建设者为宗旨，针对继续教育学习者特点，注重以能力培养为导向，加强立体化教学改革和人才培养全过程质量控制体系建设。通过课程思政和思政课程融通、专业教育与素质教育衔接等方式，全面提高学生的专业和综合素养。社会用人单位对学校继续教育毕业生质量的反馈评价好，普遍认为学校继续教育毕业生在学习能力、创新能力、业务能力等方面表现突出，"用得上，还好用"成为用人单位的共识。

（三）社会影响不断扩大

1. 应用型人才培养彰显活力

近70年来，学校继续教育为国家经济社会发展、行业和地方建设培养了一大批优秀应用型人才。2000年以来，学历继续教育毕业学生60余万人，非学历教育（培训）7万余人，为国家、地方和行业发展作出了积极贡献。

2. 教育教学研究成果转化能效显著

学校通过设立"远程与继续教育研究中心"开放科研平台，积极开展继续教育教学研究与改革，有序推进教育教学研究成果在继续教育领域的快速转化。近年来，学校先后开展各级各类继续教育研究课题203项，形成了一批包括高质量学术专著、学术论文、研究报告、教学软件等的理论和应用研究成果，获得教学科研成果奖10项，有力地支撑了学校继续教育综合改革。

深度融入学校教育科研成果的资源建设成效显著。"管理学原理"等继续教育和全日制教育共享课程被评为国家精品课程、国家精品资源共享课程；素质教育课程"羌族文化"等被多所高校继续教育学生选修，累计选修已超过26万人次。

学校在继续教育服务体系建设、自学考试过程性考核、混合教学模式创新等方面的研究成果在全国广泛推广。《国际合作推进少数民族及边远地区远程教育与高等教育改革走产学研道路，培养工科大学生创新能力的研究与实践》《西南科技大学网络教育模式的研究与实践》获四川省高等教育教学成果一等奖，《共建共享多元化多样化继续教育服务体系的探索与实践》获四川省高等教育教学成果三等奖，"以区域与产学研联合办学特色构建远程教育多元服务体系""西南科技大学三教融合的实践探索"等12篇案例入选教育部"产教融合校企合作"典型案例、全国高校继续教育特色案例、中国高校远程与继续教育优秀案例、乡村振兴优秀案例等案例库。

3. 办学声誉显著提升

经过几代西南科大人的辛勤奋进，学校继续教育办学声誉不断提升、社会影响不断扩大，继续教育已成为学校办学声誉和服务社会的一张靓丽名片和交流合作的重要窗口。近年来，学校继续教育先后获得"终身教育特别贡献机构""网络教育资源建设共建共享优秀奖""全国高等教育自学考试先进集体""全国现代远程教育十年贡献奖""十大热门现代远程教育试点高校""中国现代远程教育（1998—2016）终身教育特别贡献奖""'停课不停学'突出贡献奖""抗疫先进单位""远程教育宣传工作先进单位""四川省高等院校自学考试工作目标考核一等奖""自学考试命题工作考核一等奖""自学考试发展奖""最具社会满意度网络教育学院""中国最具社会影响力高校网络教育学院十强""中国最具社会影响力高校网络教育学院""首届全国优秀教材二等奖（职业教育与继续教育类）"等荣誉50余项。1名教师被评为"全国百优继教名师"，多名教师获得"四川省优秀教育工作者""绵阳市优秀共产党员"等称号。

三 结束语

回顾过去，丰硕成果来之不易；展望未来，前进征程更具挑战。站在新的起点，学校将坚持以习近平新时代中国特色社会主义思想为指导，落实立德树人根本任务，贯彻新发展理念，构建新发展格局，秉承"厚德、博学、笃行、创新"的校训，弘扬"艰苦奋斗、拼搏创新"西南科大精神，办好人民满意的继续教育，为党育人、为国育才，为学校发展作出新的贡献！

（继续教育学院供稿。主要参与人员：王营池、张昌健、王天恒、叶旭、刘玉莲、李菊芬、陈蓉、万嵩、周红燕、冉利龙、张果、龙祖利、敬淇文、李青）

应用心理学专业发展的特色之路

——以社会心理服务系列平台孵化建设为例

王 斌[*] 翟 瑞 辛 勇

摘 要：应用心理学专业借助灾后心理援助，探索了一条"自主搭建社会服务孵化平台、创新应用心理学专业实践教学模式"的特色之路。通过自主孵化和联合共建社会心理服务系列平台，对接社会需求，引入社会服务，促进双创型实践人才的培养和社会服务项目的孵化。人才和项目反哺专业实践教学，实践教学项目又为社会需求提供精准有效的专业服务。实践教学对接社会资金、实践导师和实践场所，完成实践教学运作系统的良性循环，实现了教学科研、社会服务、人才培养、创新创业的协同发展，形成专业对接社会服务，孵化实践教学成果的可复制推广的实践教学模式。基于系列平台，团队及个人先后荣获中央文明委等授予的"全国志愿服务示范团队"、四川省教学成果三等奖等系列荣誉。

关键词：应用心理学；实践教学；平台；孵化

应用心理学专业自2006年开办以来，坚持应用心理学特色建设，借助2008年地震灾后心理服务量猛增的契机，勇担重任迎难而上，探索了一条"自主搭建社会服务孵化平台、创新应用心理学专业实践教学模式"的特色之路。通过自主孵化和联合共建社会心理服务系列平台——绵阳为乐志愿服务与研究中心、四川绵阳未成年人心理成长指导与研究中心、社会心理服务与心理危机干预研究中心等（以下简称"中心"），对接社会需求，引入社会服务，促进双创型实践人才的培养和科研、社会服务项目的孵化。人才和项目反哺专业实践教学，实践教学项目又为社会需求提供精准有效的专业服务。实践教学对接社会资金、实践导师和实践场所，完成实践教学运作系统的良性循环，实

---

[*] 王斌（1980— ），西南科技大学社会心理服务与心理危机干预研究中心主任，副教授，主要研究方向为积极心理成长，心理危机干预。

现了教学科研、社会服务、人才培养、创新创业的协同发展，形成专业对接社会服务，孵化实践教学成果的可复制推广的教学模式。基于系列平台，团队及个人先后荣获中央文明委等授予的"全国志愿服务示范团队"，中宣部等 13 个部委授予的全国志愿服务"四个一百"之最佳志愿服务组织、教育部高等学校心理学类专业教学指导委员会全国大学生心理健康课二等奖、团中央"创青春"全国大学生挑战杯公益创新创业大赛全国总决赛银奖，中国灾害防御协会抗疫突出贡献奖，四川省教学成果三等奖，四川省十佳志愿服务项目，绵阳市首届公益大赛银奖等荣誉。

一　应用心理学专业实践教学模式的主要内容

（一）通过搭建自主实践平台和培育服务项目，全面提升学生的实战能力，促进实践教学体系的完善

用心理学专业将中心建设成为校级实践教学基地，由专业教师向中心提供专业技术支持，促进中心向高水平专业化综合型社会组织发展，专业学生在其中获得深度实习实战机会。中心通过政府采购社会服务项目的投标、与各大基金会和公益社会团体合作等方式，取得专业社会服务项目和资金支持，使专业学生实习实战机会具有可持续的保障。自 2013 年以来，中心先后与国际美慈基金会、中国扶贫基金会、中国宋庆龄基金会、耐克公益等组织深度合作，通过"加油，在运动中成长""乡村少年宫""乡村夏（冬）令营""绿色飞扬"等公益项目，开展未成年人积极心理品质培养与提升、社区居民和空巢老人心理健康促进与教育等公益服务，为专业学生提供累计一万多个实践学时的实战训练。

依托中心资源和专业优势，应用心理学专业实践教学形成了"观察—练习—实战"的三梯度训练流程，确保专业实践教学要求的落实。观察阶段的学生以观察者身份参与平台组织的心理学专业社会服务项目，着重学习项目执行中的整体安排与细节处置。练习阶段的学生以项目助理身份参与项目方案设计，着重学习项目设计和管理。实战阶段的学生以小组领导者身份执行项目，专业老师对项目进行总体负责。三梯度训练流程使实践教学工作更具现实性、针对性和系统性，同时在学生中形成"传帮带"的优良传统。将学生的主观能动性提升到一个较高水平，有效克服传统实践学习形式多于实质、组织松散、专业对口性差、专业要求得不到落实等弊端。

（二）将专业发展理念融入社会服务，巩固与夯实专业特色，实现特色人才的培养

专业办学特色之路是我国高校应用心理学专业发展的大势所趋，而实践教学

则是办学特色实现的重要途径。自 2005 年应用心理学专业创办以来，我们一直在探索和凝练本专业的办学特色。通过中心这一自主平台开展的实践活动，我们渐渐明确了自身的特色和人才培养的定位。即以心理干预和心理援助为主线的心理健康服务是我们的专业特色，人才培养定位也将围绕这一特色而展开。这一特色的凝练是基于 2008 年 "5·12" 汶川地震后，中心与中国科学院心理研究所、中国扶贫基金会、宋庆龄基金会等专业机构和慈善组织的合作。合作以心理援助项目的形式，对方提供实践经费和进行监督，中心组织本专业的师生执行项目，确保项目的顺利开展。通过此种形式，我们持续开展了多项心理援助服务项目，为灾区和相关地区的群众提供了大量专业有效的心理支持和援助服务。同时，也进一步确立了以心理援助和心理干预为特色的专业发展方向。2013 年来，更是吸引了国际美慈基金会、四川团省委、四川省精神文明办、绵阳市政府等机构与部门与中心合作，开展了未成年人、留守儿童、空巢老人的心理援助与干预服务。在服务过程中，一方面专业教师根据积累的心理干预经验指导和监督平台项目的设计与实施；另一方面专业学生通过 "三梯度" 实践流程真正参与项目的组织与管理实战。因此，基于自主平台的专业实践教学模式不仅使专业特色得以加强和巩固，也促成了专业师生在心理干预领域实战能力的提升，夯实了以心理干预和心理援助为主线的心理健康服务的专业特色。

（三）以社会需求为导向，将实践教学与中心项目相对接，创造理论与实践相统一的良性循环教学模式

应用心理学专业的实践教学平台多为学校与外部单位建立的实践基地，学生观摩多，操作少。而自主平台的建设是专业师生集体努力的结果，专业的发展理念和特色也深刻地注入平台，从而确保专业的理论教学与平台项目的实操训练的吻合。专业师生在参与平台项目的过程中可以检验专业理论知识与实战业务的匹配程度，积累的经验又可以反馈到理论教学过程中，从而引导理论与实践的协调统一。

社会需求是实践教学的指挥棒和试金石，准确把握社会需求是人才培养定位的基础。根据专业自身特点，并结合平台特色，着力打造 "服务型" 应用心理学实践教学体系。从 2008 年汶川地震后的心理援助行动到 2016 年的 "绿色飞扬" 活动，通过具体项目的实施为数百名处于心理特殊期或者存在心理障碍的个体进行了科学系统的干预处理，为 2 万余名青少年进行了心理素质拓展及普及教育活动，取得了良好效果，得到了服务对象、政府和社会公益等组织的一致好评。因此该实践模式的探索与实践，着力提升学生专业素养和实践能力，专业师生在参与社会服务的过程中检验专业理论知识与社会需要的匹配程度，并在实践中不断总结和完善培养体系和内容，构建理论与实践有机结合并且良性循环的实践教学模式。

（四）通过共建平台获取社会资源，保障实践教学的可持续开展与"双师型"师资队伍建设

靠学校实践教学的资源，不能满足深度的专业实践教学工作需要。共建平台实践模式通过与政府、基金会等机构和组织的合作，最大化争取资金、人力、物力等资源条件，有效保障专业实践教学工作的可持续开展。到目前为止，平台吸纳了用于实践教学、社会服务的资金400余万元，较好地补充了专业实践教学资金的不足。同时，平台还为专业争取到了公益基金会、政府机构、国有企业和社会机构等共计10余家的支持，有效扩充了专业的实践资源，为专业的实践教学创造了良好的外部环境条件。另外，借助平台项目的开展，也引进了一批高水平专业理论导师和实践导师（如中国科学院心理研究所张建新研究员、深圳大学李红教授、清华大学樊富珉教授、北京大学第六医院马弘教授、四川精神卫生中心文红主任等），逐步建立起校内导师与校外导师共同组成的"双师型"实践教学团队。从参与体验式学习，项目方案制订和完善，项目方案执行到后期考核评估和督导的全过程，学生均能得到"双师型"导师的直接指导，保障了实践教学工作的专业性和实用性。

二 应用心理学专业实践教学模式的主要创新点

（一）促成了实践教学平台的自主运用、创新发展

实现了实践教学自主化转变，实践教学由完全被动变为主动，有效地保障和完善了实践教学，促进了专业人才培养质量提升。

（二）实现了基于社会需求的实践教学内容定制化

以社会需求为导向，根据不同群体的社会需要设计多样化的社会服务项目，实现实践教学内容的定制化，形成了"规划—设计—培训—演练—实战—督导—奖励"的实践教学操作流程。

（三）实现人、财、物和组织的可持续发展

以往实践教学缺乏自身"造血功能"，本实践教学模式中，实践导师与理论教师互补、学校经费与社会资金互补，教学场所多样化，教学单位突破了一时一地的时空限制，实现了人、财、物和组织的可持续发展。

（四）实践教学模式可复制可推广

以应用心理学专业为代表的人文社会科学专业，均可参考以上实践教学模式，取得实战机会自主权，对接社会需求，建立互补型导师团队，补充实践教学经费，孵化社会服务人才和科研社会服务项目。

三　应用心理学专业实践教学模式针对性解决的主要问题

应用心理学专业实践教学模式需解决的主要问题如下。

（一）实战机会无法保障，实践教学体系完整性不够。尽管培养方案中有认识实习、应用实习和毕业实习等要求，但以往的实践教学全部依赖外部单位，不能确保学生均能参与实战。从而无法确保见习、实习到实战的实践教育体系的完整性。

（二）专业特色在实践教学中得不到强化和巩固。地震心理救援以来逐步形成了以心理干预为特点的专业特色。但因以往教学中缺乏实战，导致专业特色在实践教学中得不到巩固，师生的专业素养和技能得不到提升。

（三）缺乏自主、良性发展的实践教学平台，实践教学与理论教学不匹配、与社会需求脱节。

（四）实践教学资源相对不足，社会资源亟待对接。以往实践教学中缺乏实战导师的指导，在经费、场地和物资等方面不能因具体需要有所补充，而社会资源却因缺乏专业机构合作而得不到充分利用。

四　应用心理学专业实践教学模式成果的推广应用效果

（一）成果的推广应用

基于孵化平台，该成果从以下三个方面进行了有效的推广应用。

1. 常态化的社区和学校心理服务。师生利用专业实习实践课、课余时间、节假日、寒暑假深入绵阳市涪城区迎宾路社区、三里社区、红星街社区等十余个社区，绵阳市第十二中学、城郊乡小学、青义小学、九岭学校等30余所中小学，吴家镇、柏林镇、龙门镇等20余个乡镇，开展关爱留守儿童、流动儿童、空巢老人等常态化心理服务活动。2015年起在贵州威宁县分批次开展"青少年积极心理课程"，2017年在甘肃陕西等地继续复制心理服务。

2. 特色化的心理成长营活动。"加油！乡村夏（冬）令营"是为乐公益与政府机构、各基金会长期合作的独具特色的社会心理服务项目。以该项目为依托，2013年以来，共计200余人次专业师生深入四川、贵州、云南、江西等地为近5000名留守儿童、流动儿童、重性精神疾病患者子女、残障儿童等人群提供了专业化的心理服务。

3. 专业化的灾后心理援助工作。2013年以来，通过平台，专业师生近百人次先后深入"4·20"芦山地震灾区、"8·3"鲁甸地震灾区,结合"震后学校发展性心理教育模式""加油,在快乐中成长"青少年心理教程等实践教学成果,在危机冲突、过渡安置和灾后重建中有针对性地开展心理服务,连续三年坚持组织和参与在芦山、天全、石棉、鲁甸等灾区60多所学校近万名青少年学生中开展"加油计划"。

(二)成果推广的效果

1. 满足了多元化的社会心理需求,弘扬了社会主义精神文明主流价值。通过平台开展的目标明确、专业化水平要求高、针对性强的专业实践教学活动,有效地回应了社会转型时期的多元化社会心理需求,针对老人、儿童和企事业单位工作人员开展的心理咨询、团体训练等志愿服务,既有效地服务了社会和人民群众,还传播了"助人为乐"等志愿服务理念和精神文明价值,推动了学生思想道德素养和人生观、价值观的显著提升。近年来,本专业受到校级以上表彰的学生有30余名,其中省优秀毕业生5名、获得国家奖学金3名;郭长波、胡星等同学荣获"四川省优秀青年志愿者""绵阳好人"等荣誉称号。人民日报社、光明日报社、中央电视台、中国日报社、四川日报社、绵阳电视台等各级各类媒体进行了百余次报道,中心先后荣获中央文明委"全国志愿服务示范团队"和中宣部中组部等联合评选"全国'四个一百'之最美志愿服务组织"等国家级奖励。

2. 提升了学生的专业实践技能和研究水平,学生创新创业成效显著。基于平台项目,邀请了台湾辅仁大学、香港大学、清华大学、中科院心理所、浙江大学等知名专家,开展有关绘画疗法、表达性艺术、焦点解决短期疗法、教练技术和团体心理辅导训练等专业技术的培训,学生在专业实践过程中心理学专业技能显著提升,还激发了学生创新创业的热情。2013年以来,20余人次荣获国家级、省部级奖项,如2013级学生王珂等人作品"为乐乡村积极心理成长营"荣获创青春全国大学生挑战杯公益创新创业大赛四川省金奖、全国总决赛银奖;2017级学生张欢荣获全国大学生心理健康课大赛二等奖;3个学生团队获得国家大学生创新创业训练项目立项,得到资助经费5万元。

3. 促进了教师队伍专业实践技能和科研水平的双提升,形成了"双师型"的专兼职"心教师"创新团队。基于平台的组织化和项目化专业实践,聘请了中科院心理所张建新研究员、清华大学樊富珉教授、北京大学第六医院马弘教授、深圳大学的李红教授等一批心理学领域的高水平导师,与我校专职教师一起打造了"双师型"专兼职创新团队,推动专业教师先后在《心理学报》《心理发展与教育》《心理科学》《青年研究》《中国临床心理学杂志》《中国学校卫生》《社会心理科学》等杂志发表了相关的学术论文40余篇;辛勇等人的专著《西部地区农村留守儿童关爱服务体系》获"四川青少年思想道德教育研究中心"项目资助，王斌等获得共青团四川省委"四川省留守儿童之家调研专项"项目资助，沈潘艳等负责的"加油——青少年心理成长课程修订"获得国际美慈基金会资助，谢倩等撰写的《青少年危险行为及其心理防范》获得四川省社会科学界联合会项目资助。6名专业教师荣获中国扶贫基金会"加油"主培训师或培训专家称号。平台以积极心理学理论为指导，以强化学生的实操技能为内容，还开发了系列课程。先后编写了《加油——青少年积极心理成长辅导手册》教师手册、学员手册等20余万字，完成书稿《活动宝典》《积极心理三十六计》等15万字。在四川、云南、贵州、江西、吉林等地开展青少年心理专题讲座和工作坊，让一万余名青少年、教师及家长受益。

4. 提升了专业知名度和影响力，为专业的长足发展发挥了积极作用。有声有色的专业实践教学活动促进了专业的发展，专业知名度得到了提升。在"走出去，引进来"思路指导下，灾后心理援助工作和积极心理成长等研究实践获得国内外的高度认可。2014年国际心理科学联合会"灾后心理援助论坛"、2016年中国心理卫生协会青少年心理卫生专业委员会"'互联网+'背景下的青少年心理素质提升"第十三届全国学术大会先后在我校召开。辛勇等在生命教育论坛做积极心理专题报告，冯春在墨西哥开展社会心理主题报告，王斌在"海峡论坛"开展积极心理成长工作坊等。与中国台湾十大杰出青年基金会、张老师心理热线，以及中国台湾十余所大学30名师生、韩国十余所高中30余名师生等先后在平台上开展青少年心理成长的交流与培训。2016年，中国扶贫基金会"加油乡村夏令营全国培训基地"落户本专业。四川绵阳未成年人心理成长指导与研究中心在西南科技大学建成并升级成为四川省示范中心，应用心理学专业在西南科技大学发布的2013—2015年度本科教学水平评估中位列全校77个专业第15位。2019年学校联合中国科学院心理研究所共建社会心理服务与心理危机干预研究中心，发起北川国际心理论坛，应用心理学专业的知名度和影响力不断获得提升。

西南科技大学教学大事记

2000年——西南工学院、绵阳经济技术高等专科学校合并组建西南科技大学，学校成为全日制多学科普通本科高校，进入跨越式发展时期。加拿大驻华使馆发展参赞司来校考察远程教育项目开展情况。加拿大国际发展署（CIDA）项目专家组来校考察"中国西部远程教育"项目实施情况。

2001年——教育部将学校确定为国家重点建设的西部地区14所高校之一，并安排中国科技大学对口支援。学校按照加强基础学科、发展优势学科、扶持新兴学科、重视交叉学科的原则，对学科、专业进行了调整、整合，组建了13个学院、3个系、2个部。确立"培养基础扎实、能力强、素质高，具有创新潜能和协作精神的高级应用型专门人才"的培养目标。全面推行选课制、选教制。"物理基础课实验教学示范中心"获批为省级实验教学示范中心。参与教育部"西部中小学现代远程教育"项目。

2002年——对学科和专业进一步调整，新组建成立了艺术学院、工程技术中心、网络技术中心、文学院筹备组，并将原外语系、法学系、数理系、马列思政学科部分别更名为外国语学院、法学院、理学院、社会科学学院。实施本科教育"8111"品牌计划（即重点建设8个左右品牌专业，100门左右品牌课程，培养100名左右品牌主讲教师，建设10个左右功能完善、设施先进的开放式基础创新品牌实践基地），评选出了首批11个重点建设的品牌专业。学校获批为"推荐、接收本科优秀毕业生免试攻读硕士学位"授权单位及现代远程教育试点高校。

2003年——推行学分制。进一步推广现代教育技术手段在实验室建设中的运用，加强本专科实验室及实验教学管理，打破按课程设置和按原专业目录设置实验室的界限，对实验室进行结构重组，尽量发挥或成立较大规模的实验中心。第一门省级精品课程"工程力学"获批。

2004年——国际留学生由1名增加到3名；多个学院开展了与港澳台地区特别是香港多所大学的交流与合作。围绕教育部本科水平评估方案，开展全校性转变教育思想观念的大学习、大讨论，深刻领会评估指标体系的内涵，整理完善现有教学资料。被教育部、国家发展改革委员会、财政部三部委批准为"四川省农村中小学现代远程教育工程项目培训中心"。

2005年——采用了"通识教育、专业教育、综合教育"的模块结构,结合学分制改革,对各类专业知识体系的学分分配提出了指导性意见,制定了2005版人才培养方案。5月31日,原中共中央政治局常委、国务院副总理李岚清第三次来校视察工作,为学校师生举行"音乐·艺术·人生"讲座。12月18日,启动首轮本科专业评估。教育部高教司远教处处长刘英、四川省教育厅高教处赖英莉来学校检查现代远程教育工作。"西南科技大学网络教育模式的研究与实践"获四川省教学成果一等奖。

2006年——国防科工委与四川省人民政府签署协议,对西南科技大学实行共建,学校成立国防科技学院,开始发展国防军工学科专业。"发掘地域产学研优势资源,共建有创新潜能的应用型人才培养体系的研究与实践"获教育部立项。杨汉生教授获四川省教学名师奖。环境工程、自动化两个专业首次获批成为四川省特色(品牌)专业。学校被批准为"工程硕士"授权单位,同时,批准材料工程、控制工程、地质工程3个领域招收工程硕士研究生。

2007年——学校通过教育部本科教学工作水平评估,获优秀结论。启动"教学质量工程"和"教学改革工程",即"双工程"。"现代电子系统设计"首次获批国家级精品课程。材料科学与工程专业首次获批为国家级特色专业建设点。与中国石油大学(华东)等联合发起并成立了"网络教育教学资源研发中心"。学校"十一五"网络教育系列教材建设立项工作全面启动。《程序设计语言VB》《线性代数》《管理学原理》等首批网络教育系列教材建设项目正式立项。

2008年——开展区域多校园联合办学,与中国科技大学、南京工业大学开展联合办学,并签署本科生课程交流合作协议。实施"五个一"本科教学改革循环推进计划,逐步形成教改项目研究→教改试点班实践→教学成果提升→教学成果应用→教学成果辐射推广的教学改革模式。工程训练中心首次获批为国家级实验示范教学中心。

2009年——学校被批准为博士学位授予权建设单位。肖正学教授负责的"区域产学研联盟培养高级应用型人才的探索与实践"获国家级教学成果奖二等奖,实现学校国家级教学成果奖的零突破。学校获得"高校教师在职攻读硕士学位"招生资格,在9个专业招生。学校被批准为新增"法律硕士"和"工商管理硕士"专业学位研究生培养单位。"管理学原理"被评为2009年度国家网络教育精品课程。学校被全国高校远程教育协作组评为"网络教育资源建设共建共享优秀奖"。

2010年——在制造学院、材料学院、土建学院和计科学院四个学院首批试点"卓越计划",旨在探索高层次工程人才培养的有效模式,突出工程实践,培养造就一批创新能力强、适应经济社会发展需要的高质量各类型工程技术人才。学校被批准为"翻译硕士"专业学位研究生培养单位。学校被确定为立项建设的新增博士学位授予单位,立项建设材料科学与工程、控制科学与工程、环境科学与工程为博士学位授权一级学科,立项建设机械工程、生物学、土木工程为博士学位支撑一级学科。

2011年——本科教学改革年。获批成为教育部"卓越工程师教育培养计划"第二批入选高校。与伊犁师范学院签订《校际合作框架协议》和《联合培养本科学生协议》,首批伊犁师范学院16名交流学生到校参加学习。隆重召开海峡两岸及港澳地区高等教育学术交流会。新增马克思主义理论、物理学、化学、生物学、工商管理等13个硕士学位授权一级学科。学校被教育部批准为"高等学校继续教育示范基地"建设单位和"普通高等学校继续教育数字化学习资源开放服务模式的研究及应用项目单位"。

2012年——启动"本科教学工程",大力推进教育教学改革与机制创新,切实提高人才培养质量。机械设计制造及其自动化、软件工程、材料科学与工程三个专业入选国家级卓越计划。学校获"2012年度最具社会满意度网络教育学院"称号。"数控机床加工工艺与编程远程实验"荣获"全国现代远程教育优秀实践教学软件与装置二等奖"。

2013年——学校成为博士学位授权单位。新增"医学影像技术"专业;光电信息科学与工程、自动化、土木工程、环境工程四个专业入选国家级卓越计划。获批"高等教育自学考试全国示范学习服务中心"建设单位、"四川省专业技术人员继续教育基地"。成为云南省高等教育自学考试新开考"电气工程与自动化"(独立本科段)专业主考学校。成人高等教育学分制改革试点。全面实行网络教育素质教育课程校际课程互选、学分互认。"管理学原理"成为首批上线爱课程网站课程,被评为第二批"国家级精品资源共享课"。"音乐欣赏""羌族文化"课程被全国高校现代远程教育协作组评为"2013年全国高校网络教育通识教育精品数字教材"。完成教育部网络教育教学工作自评估。

2014年——农学专业获批省级农林卓越计划实用技能型试点项目。学校新增金融、农业推广和汉语国际教育3个硕士专业学位类别。"共建与区域产学研联合办学体制下工程专业学位研究生培养定位和培养目标研究"获得全国工程硕士教学指导委员会立项支持。控制工程专业学位硕士研究生教育实践基地建设获四川省教育厅立项支持。获评"2013年度十大热门现代远程教育试点高校"。荣获"2011—2013年度四川省自学考试命题工作一等奖"。"高等学校建材行业继续教育示范基地建设项目"通过验收。

2015年——深化教学综合改革,实施"公共基础课程提升计划";正式引入清华"学堂在线",推进"互联课堂"计划;积极探索多样化人才培养途径,试点"产教协同""科教协同"等协同育人等人才培养模式改革。全面启动专业学位研究生课程案例教学工作。获"2015 中国最具社会影响力高校网络教育学院十强"称号。获四川省 2014 年度自学考试"目标考核一等奖"和"发展奖"。学校成为投资理财、工业自动化、道路与桥梁工程等三个专升本专业主考学校。"西科在线"微信服务公众号正式启用。

2016 年——以课程体系和教学内容改革为突破口,试点大类人才培养模式改革,构建"以学科大类培养为基础,拔尖型、创新型、复合型个性化发展为特色"的本科人才培养方案,并在 2016 级本科专业中正式实施。启动专业学位研究生导师实践指导能力提升工作。获"2016 中国最具社会影响力高校网络教育学院""中国现代远程教育(1998—2016)终身教育特别贡献奖",获四川省 2015 年度自学考试"目标考核一等奖""2014—2016 年度四川省自学考试命题工作一等奖"。"管理学原理""政府经济学""数控机床加工工艺与编程"被教育部评为国家级精品资源共享课程。"实施有机整合促进协同发展——西南科技大学拓展三教融合的实践探索"入选"2016 中国高校远程与继续教育优秀案例库"。

2017 年——通过科教、产教、校内、校际多方协同,推进多元培养模式改革,成立"拉美复合型""大数据可视化""物联网应用技术"等方向 22 个拔尖人才班、创新实践班。大力推进"双创"教育工程,获得首批省级"深化创新创业教育改革示范校"。新增材料与环境学科(群)、信息与控制学科(群)2 个省级"双一流"建设学科(群)。新增军用软件国防特色学科方向。获"2017 中国最具社会影响力高校网络与继续教育学院"称号。网络教育学习平台移动端"西科在线"应用上线。

2018 年——学校"本科教学工作年"。学校通过教育部本科教学审核评估。成为四川省教育体制机制改革试点单位。机械设计制造及其自动化、采矿工程专业通过国家专业认证,土木工程专业通过住建部专业评估(认证)复评。落实《普通高等学校本科专业类教学质量国家标准》,完成了 77 个本科专业的对标分析。获四川省第八届教学成果奖 13 项。学校新增生物学一级学科,新增材料物理与化学、植物学、微生物学等 15 个二级学科。学校动态调减电路与系统、情报学、教育技术学 3 个二级学科硕士学位授权点和集成电路工程 1 个工程硕士领域等 4 个学位授权点。动态调增并成功获批核科学与技术、应用经济学 2 个一级学科硕士学位授权点和公共管理 1 个专业学位授权点。将原有的 12 个工程硕士领域对应调整为电子信息、机械、材料与化工、资源与环境、土木水利等 5 个专业学位类别。启动专业学位研究生联合培养工作。获"2018 中国最具社会影响力高校网络与继续教育学院"称号。成为首批"百校千课共享试点基地"及联盟理事单位。"西南科技大学网上校园文化建设之'专家讲坛'"获评优秀案例并入选"2018中国高校继续教育优秀成果及特色案例集"。

2019年——全面贯彻全国教育大会精神，颁布《一流本科教育2025行动计划》，切实推进一流本科教育建设与改革。实施大类培养改革，构建了"基础稳、专业强、素质高"的大类培养体系，按17个专业类开始实行大类招生、大类培养。获批国家级一流专业建设点4个，省级一流专业建设点13个。材料科学与工程、工程管理两个专业通过国家工程教育专业认证。获得四川省学位与研究教育工作先进单位。"计算机文化基础""财务管理与分析"课程荣获"2019年高等学校继续教育精品在线课程"二等奖、三等奖，学校荣获"2019年高等学校继续教育精品在线课程优秀组织单位"。"基于泛在学习的学习支持服务模式探索与实践""持续开展远程与继续教育研究推动高校继续教育可持续发展"获优秀案例奖并入选"2019中国高校远程与继续教育优秀案例库"。基于人脸识别的在线考试系统建设完成，课程在线考试试运行。

2020年——获批国家级一流专业建设点9个，省级一流专业建设点8个。自动化专业通过国家工程教育专业认证。新增"人工智能""数据科学与大数据技术"2个专业。获新工科建设国家级项目1项，新农科建设国家级项目1项。获批国家级一流课程3门。获省级"三全育人"综合改革试点高校，获批省级"课程思政"课程4门。变疫情危机为教改契机，召开在线教学研讨会5次，启动37项混合式教学模式改革项目。组织法学、物理学、材料科学与工程、信息与通信工程等19个学科参加了教育部学位与研究生教育发展中心组织的第五轮学科评估。新增光电材料与工程、模式识别与智能系统、体育产业管理3个二级学科。获"2020中国最具社会影响力高校网络与继续教育学院""2020网络与继续教育抗疫先进单位"称号。"扶贫先扶智，扶智先通语——西南科技大学语蒙计划：阻断贫困代际传递""小学分课程视频教学资源建设的实践探索"获"2020中国高校远程与继续教育优秀案例奖"，并入选"中国高校远程与继续教育优秀案例库"。全面修订成人高等教育和网络高等教育各专业人才培养方案，按要求开设思想政治理论课和实践课。

2021年——新增"应急技术与管理""机器人工程"两个专业，2021年撤销了"政治学与行政学"专业，停招"市场营销"专业，辐射防护与核安全专业通过国家工程教育专业认证，学校通过认证专业达到8个。"四新"建设取得新进展，获批教育部新文科研究与实践项目2项，四川省新文科项目1项。获批省级一流课程29门。《计算机应用基础》获全国优秀教材奖。获批省级"课程思政"课程6门、"课程思政"示范专业1个，"课程思政"示范教学团队2个，学校立项建设校级课程思政示范项目134项，示范课程覆盖全校所有专业。学校新增能源动力、生物与医药、艺术3个硕士专业学位类别。荣获"四川省高等教育自学考试命题工作先进集体"荣誉称号。成为"高校继续教育网络思政工作建设联盟成员单位"。被评为"终身教育特别贡献机构""2021最具社会影响力高校网络与继续教育学院""中国高校继续教育优秀成果及特色案例优秀组织机构"。"西南科技大学远程教育开展'探游式'教学的探索与实践"被评为"2020中国高校继续教育优秀成果及特色案例","网络教育思政课程资源建设的实践探索——以西南科技大学'思想政治理论课实践教学'网络教育课程资源建设为例"获"2021中国高校远程与继续教育优秀案例奖",并入选"中国高校远程与继续教育优秀案例库"。召开学校首次继续教育大会。

2022年——"智能制造工程""数字媒体艺术"2个本科专业获准新增备案,撤销了"视觉传达设计"专业,停招"信息与计算科学"专业,学校本科专业总数达到83个。获批国家级一流专业建设点19个,省级一流专业建设点19个,获批省级一流课程12门。获省教学成果奖12项。成人教育学院、网络教育学院更名为继续教育学院。

后 记

　　七十年栉风沐雨,七十年春华秋实。西南科技大学历经几度搬迁、调整、更名、合校的坎坷与变革,人才培养层次从中专、大专到本科、硕士、博士,不断完备,人才培养服务面向从聚焦建材行业到适应区域经济发展再到主动对接国家战略,不断调整,走出了一条有自己特色的办学路子,在不断进取中实现了华丽蝶变。

　　龙山传薪火,涪水育芳华。

　　学校坚持"育人为本、德育为先、科学理性、开放包容、彰显卓越"的办学理念和"质量立校、人才强校、特色建校、和谐兴校"的办学思路,以破解制约人才培养的关键问题和薄弱环节为突破口,扎实开展教育教学改革与研究工作,教育教学理念在继承中不断创新、发展,教学改革与全国高等教育改革发展"同频共振",形成了一系列有理论指引、有实践检验、有显著成效的教学成果。

　　在庆祝学校建校七十周年之际,我们编撰了《涪水芳华》教学成果论文集。文集记载了西南科技大学创建、发展、壮大的历程,展现了教育工作者在育才耕耘过程中的所学、所思、所行,体现了学校在"五育"培养、"四新"建设、课程思政等方面取得的丰硕成果与显著特色。我们旨在通过此书的编撰,既对学校前期教育教学建设、改革工作进行梳理与总结,也将勉励和鼓舞教师们秉承前志,不忘初心,以更加饱满的热情投身到高等教育教学改革与研究中,唱响学校教学质量励精图治、修学储能的永恒旋律。

　　在文集的出版过程中,我们有幸得到了文博专家、学界前辈以及学校相关部门的鼎力支持。原教育部副部长、同济大学校长吴启迪在百忙之中为本书惠赐序文;韩永国、周自刚、张德明、陈建新、周冰、张俊之、尹兴等7名专家对文稿甄选、框架设计、文字润色等方面给出了宝贵的意见和建议,在此对专家们的辛勤付出谨致谢忱!

　　征程万里阔,奋斗正当时。立足高等教育现代化的时代使命,西南科技大学将坚持面向国家重大战略需求、面向经济社会高质量发展需要、面向高等教育国内国际双循环发展态势,努力打好打赢人才培养的"结构优化攻坚战""模式创新攻坚战""学习技术攻坚战"和"质量体系攻坚战",全面推进一流本科教育,加快建设高质量教育教学体系,为国家创新驱动发展、军民融合深度发展、建设社会主义现代化四川和中国(绵阳)科技城提供坚实有力的人才支持和智力支撑,贡献智慧和力量!

编委会
2022 年 7 月